壬辰倭亂期 嶺南義兵研究

崔孝軾

국학자료원

국립중앙도서관 출판시도서목록(CIP)

임진왜란기 영남의병연구 / 최효식 著. -- 서울 : 국학자료원, 2003
  p. ;   cm

ISBN 89-541-0069-4 93900 : ₩31000

911.0553-KDC4
951.902-DDC21   CIP2003000745

이 책은 모두 영남지방의 임진왜란기(1592~1598) 의병활동에 관련된 것을 연구한 글이다. 아는바와 같이 영남지방은 인재의 보고요 정치권에서는 늘상 주도권을 행사하여 왔다고 해도 과언이 아닐 것이다. 411년전 우리민족이 치루어 냈던 임진왜란은 대표적인 수난사 중 하나이다. 전란을 맞은 영남은 지리적으로 최전선에 위치해 있던 까닭에 강화교섭이 진행되는 중에도 전투는 끊임없이 지속되었던 곳이다.

오늘날 세계는 국제적인 테러, 이라크 전쟁, 소위 북핵문제 등 전 세계가 피아관계를 불문하고 하나의 공동체가 되어 급박하게 움직이고 있다. 그 가운데 북한과 인접한 한국은 그 핵심의 한가운데 있다 해도 과언이 아니다. 분단을 극복하여 통일국가를 건설하는 것이 우리가 처해있는 상황이며 그 일이 아무리 힘들더라도 우리가 능동적으로 해결해야 될 소명이요, 책무요, 임무라 아니할 수 없다.

임란당시 우리민족이 처한 상황 또한 매우 힘들고 어렵고, 괴로웠을 것이다. 그러나 우리 선조들은 이 국난을 당당하게 이겨냈던 것이다. 따라서 역사의 현장은 언제나 역동적이고 힘든 것이라 아니할 수 없다고 본다.

저자가 임진왜란에 관심을 갖기 시작한 것은 영남에 소재한 대학에 근무하면서부터이며 10여 년 전에는 『경주부의 임진항쟁사』를 발간하였고, 지난해에는 경주에 초점을 두어 『한국향토사연구』를 학계에 제출하였다. 이번에 출간된 『임진왜란기 영남의병연구』는 위에서 언급한 두 저서의 연장선으로 볼 수 있는 바, 임진 항쟁에 있어 영남전역에서 전개된 의병 활동에 초점을 맞추어 정리한 것이다.

이 책은 제1편 임진왜란, 제2편 정유재란 그리고 제3편 구국항쟁과 논공행상으로 이루어져 있으며, 제1편 임진왜란은 전쟁발발에서부터 그 다음해까지 영남의 주요 지역을 중심으로 하여 격렬하게 전개되었던 의병활동을 살펴보았다. 동래성의 항전은 송상현부사의 활약이 컸는데 송부사는 이 지역 군사의 책임자인 병사와 감사가 적세에 놀라 도주하였음에도 불구하고 적은 병력과 궁활 등 구식 무기로 동래부민과 함께 당당하게 왜군에 맞서 순절하고 말았다. 이 소식은 전국에 알려져 의병항쟁에 있어 자극제가 되었다. 경주의 지식인들은 문천蚊川회맹의 결의를 갖고 비격진천뢰를 발명하여 의병과 관군의 합세로 경주읍성을 탈환하는데 성공하였다. 이 문천회맹은 대구 팔공산회맹, 창녕 화왕산회맹의 결성에 커다란 영향을 주었던 것이다. 다음으로 진주지방의 의병활동을 다루었다. 경상우도에 위치한 진주는 호남지방의 보장처로써 의병군과 왜군에게 다같이 전략상 요지였다. 따라서 1592년 10월과 다음해 6월에 걸쳐 혈전이 전개되었다. 전자는 의병과 관군의 철저한 준비로 조직적인 항전이 거둔 승리였다면 후자는 지도층의 분열과 명군의 지원 또한 소원한 국지전으로 대처하여 처절하게 패배하였던 것이다. 김성일은 경상우도의 초유사와 감사를 맡아 의병과 관군을 아울러 융합하였으며 국난의 어려운 상황속에서 뛰어난 지휘력으로 백성의 안정을 꾀하는데 기여한 인물이라 할 수 있다. 그는 의병장 곽재우, 정인홍 그리고 의병도대장 김면 등을 격려하고 융화시켰으며 그들을 지원하는데 주저하지 않았다. 이들의 항전 활동은 결국 낙동강선을 저지하고 왜군의 호남 진출을 막아내는데 성공하였던 것이다. 그리고 영천성 전투는 의병군이 육전에서 전개한 최초의 승리로 왜군의 교통, 통신 등 경상우도로 옮기지 않으면 안되게 하였다. 따라서 경상좌도를 회복하는 계기가 되었다. 안동지역의 의병활동은 김해金垓를 의병대장으로 추대하여 여러 의병들이 연합전선을 구축하였다. 그들은 안동 뿐아니라 진주, 경주까지 이동하여 활동한 특성을 갖고 있었다. 그리고 임진왜란기에 중요한 부분을 차지하고 있는 명군의 래원과 그 활동, 조선군과 명군의 협조와 갈등 등을 살펴 정리하고자 하였다.

제2편 정유재란은 왜군의 재침에 대한 정부의 대비책과 새로운 회맹을 살피고 경주와 울산을 중심으로 하여 의병진의 항쟁을 정리 하였다. 특히 울산 도산성을 중심으로 전개된 제1차, 제2차 항전은 의병과 관군 그리고 명군과 왜군간의 피나는 항전을 다루었다. 조·명군은 왜군을 격퇴하기 위해 경주에 지휘본부

를 두었으며 연합군의 계속된 공략에도 왜군의 울산 도산성은 어려운 기후의 변동과 일본의 지원군을 받아 쉽게 무너지지 않았다. 조·명군은 승리를 목전에 두고 전략·전술의 미숙과 천기마저 불리하게 작용하여 결국 성공하지 못하였다. 그러나 이 전투에서 왜군에게 안겨준 충격은 매우 커 결국 그들은 도산성을 버리고 서생포성으로 후퇴하고 말았다. 이 과정에서 경주와 울산지역의 의병군 활약을 정리하였다.

제3편 구국항쟁과 논공행상은 최전선에 위치해 있던 경주와 울산지역의 의병 활약에 관한 정부의 지원과 성원 그리고 평가와 논공행상 등 의사들에게 베풀었던 공과를 정리하였다. 의병연구에 있어 의병장 기록의 사료적 가치와 보존 실태 등을 살폈으며 마지막으로 의병활동의 태동과정과 의병의 기반을 분석 정리하고자 하였다.

본 연구서는 임진왜란기의 영남의병활동의 초점을 당시 의사들은 왜 몸바쳐 구국의 선봉에 서기를 주저하지 않았는가, 그들의 활동은 우리 역사에서 어떠한 영향을 주었는가 등에 맞추어 정리 하였다. 그러나 이 연구의 전제로 영남의 곳곳을 답사하고 필요한 자료도 국내는 물론 일본, 중국측의 것도 섭렵해야 될 것이나 시간과 여러 제약 등으로 인해 제대로 이루어지지 못한 것 같아 자괴하는 바이다. 더구나 처음부터 계획된 주제에 따라 일관되게 쓰여진 것이 아니어서 미흡한 점이 많을것으로 생각된다.

　끝으로 이 책을 출간하게 된 것은 학부學父 소헌素軒 남도영南都泳 박사님를 비롯한 여러 스승의 은혜와 선배 동학들의 격려와 지도에 힘입은 바 크다고 생각한다. 지금까지 다방면으로 도와준 대학원생, 국사학과 학생들에게 이 자리를 빌어 고마운 마음을 전하다. 더구나 출판계의 어려운 사정에도 불구하고 흔쾌히 이 책을 출간하는데 도움을 주신 국학자료원 鄭贊溶 사장님께도 감사의 뜻을 표하는 바이다.

2003. 8. 15

이천 송라문화연구원 一松齋에서 崔孝軾 識

제3편 구국항쟁과 논공행상

제1편 임진왜란

제1장 임란 전 영남의 상황

1. 사회상과 군사적 실상

조선시대의 행정조직을 『경국대전經國大典』에서 살피면, 중앙을 제외한 전국을 8道로 나누고 그 밑에 부府·대도호부大都護府·군郡·현縣의 330여 읍邑을 두는 것이었다. 그리고 도에는 관찰사觀察使(종2품), 각 읍에는 수령守令을 두었다. 따라서 재지토호 세력을 중앙권력기구에 편입시켜 전국을 하나의 정령으로 다스릴 수 있게 짰다는 것이다.[1] 그 수령은 외관직으로서 부윤府尹(종2품)-대도호부사大都護府使(정3품)-목사牧使(정3품)-도호부사都護府使(종3품)-군수郡守(종4품)-현령縣令(종6품) 등을 지칭하는 것으로 모두 임기를 정해서 중앙에서 파견하였다.[2] 그런데 경상도는 부가 1, 대도호부가 1, 목이 3, 도호부가 7, 군이 14, 현이 41이 되었다. 이것을 표로 작성하면 다음과 같다.

---

1) 李存熙, 『朝鮮時代 地方行政制度硏究』 일지사, 1990, pp.201~222, 李樹健, 『朝鮮時代 地方行政史』 민음사, 1989, pp.37~109.
2) 『經國大典』 권1, 吏典 外官職條.

<표 1-1> 경상도 행정관할표 (『경국대전』이전, 병전의거)

부	대도호부	목	도호부	군	현	비고
경주	안동	상주 진주 성주	창원 김해 영해 밀양 선산 청송 대구	합천 함양 초계 청도 영천 예천 영주 흥해 울산 양산 함안 금산 풍기 곤양	영덕 경산 고성 의성 남해 거제 동래 의흥 개령 봉화 인동 고령 창령 거창 청하 진보 현풍 신령 사천 삼가 언양 문경 산음 예인 기장 의령 칠원 함창 단성 영일 웅천 하양 진해 지례 군위 장기 용궁 하동 안음 비안 영산	
1	1	3	7	14	41	총계 67

    그리고 경상도 감영監營은 임진왜란이 일어난 다음 해까지 상주로 잠깐 옮긴 것 이외에는 대체로 경주부에 있었다.[3] 감영의 관원 구성은 중앙에서 파견되는 관원과 행정실무 및 보조 업무를 맡은 이예직이 있다.

    선초에 중앙에서 파견되는 관원의 명칭은 도관찰출척사道觀察黜陟使, 안렴사按廉使, 그리고 보조관으로는 경역經歷이 있었으나, 성종 때부터 전자는 관찰사, 후자는 도사都事(종5품)로 정착된 듯 하다. 모든 정령은 중앙의 육조六曹로부터 도의 감영으로, 그리고 각 읍으로 연결되는 일관된 행정체계에 의하여 전달되어 집행되었던 것이다.

---

3) 유석우, 『慶州市誌』 1971, 경주시편찬위원회, pp.368~370 참조

관찰사의 임기는 1년으로 임무는 도의 행정 사법 군사를 통괄하였고, 그에 속해있는 여러 읍의 행정을 감독하였다. 관찰사를 보좌하는 관리로는 도사가 있고 실무적인 사무를 보는 영리의 수는 20여 명 이었으나 점차 상주, 진주, 안동, 금해, 성주 등 읍에도 선발하였고 선조 때에는 울산, 선산, 창원, 함안, 예천 등 읍에까지 확대 되었다. 경주부의 관원도 초기에는 부백을 도사라 하였으나 세종 때 부윤이 된 것 같다.4)

그런데 임란 전 중앙에서 파견된 관원은 종 2품관인 부윤과 판관判官(종5품), 교수(종6품) 각 1명이 있었다.5) 그 임무는 소관구역의 행정업무를 장악하여 실천하는 것이었다. 『경국대전』에 의하면 수령은 농상農桑, 호구, 학교, 군정, 부역, 사송, 간할의 일곱가지 일을 중점적으로 관장하였는데 관찰사가 평가를 하도록 되어 있었다.

각 읍의 행정업무는 중앙의 6조와 같이 이·호·예·병·형·공의 6방으로 나누어 토착적인 향리가 그 실제업무를 나누어 담당하였다. 각 읍의 최소의 행정 단위는 자치 행정적 기능을 가진 면面(사社, 방坊)과 리里(동洞, 사社)가 있었다. 그리고 자치 기능을 가진 읍 단위에 향소가 있어 수령의 보좌역을 담당하면서 향리의 폐단과 향풍을 바로 잡는 일 등을 맡았다.6) 이러한 지방 통치체제는 조선 사회의 중앙집권화에 박차를 가하였지만 지방 중심의 새로운 사회세력이나 산업적 발흥은 불가능하게 만들었던 것이다.7)

---

4) 『慶州先生案』 중 「道先生案」과 「府先生案」에서 그 변화의 사실 등이 파악되고 있음.
5) 『新增東國輿地勝覽』 권 21, 慶州府 官員條.
6) 최효식 『한국향토사 연구』 국학자료원 2002.
7) 정시채 『한국행정제도사』 법문사 1985, pp204~301.

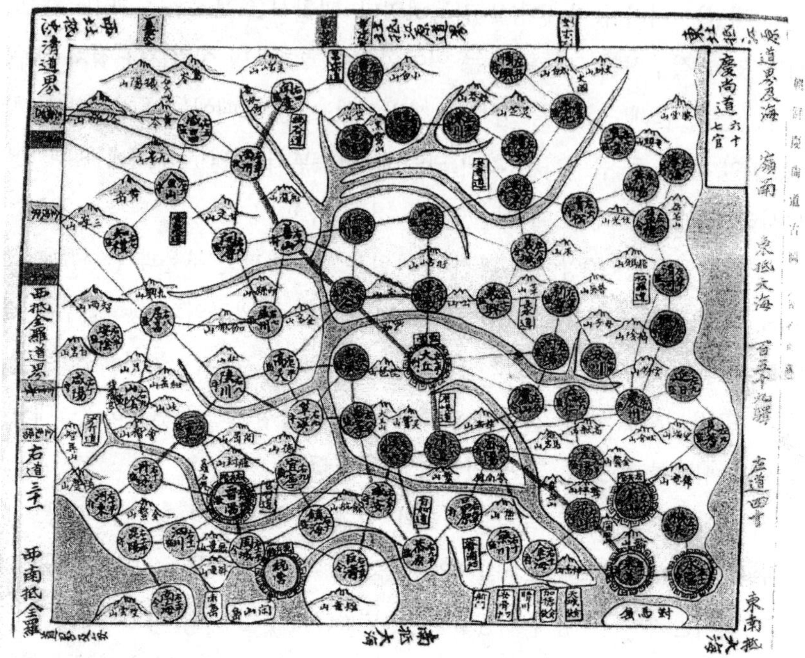

이 관도는 임진왜란시 일본인이 작성하여 사용한 지도임(『경상도 700년사』 제4권 자료편, 1999간)

다음으로 군사체제를 보면, 국민 개병과 병농일치라는 대원칙에 입각하여 중앙군과 지방군으로 나뉘어 운영되었다. 그 중 지방군은 조선왕조 개창 이후 여러차례 개혁을 거쳐 세조 때 비로소 진관체제鎭管體制로 확립되었다.[8] 그것은 각도를 군사기지의 거점으로 해서 그 아래 요지에 진鎭을 설치하고 그 지역의 행정관원이 지휘자를 겸하도록 하였다. 따라서 병마절도사兵馬節度使(종2품)의 치소가 주진이 되고 목사가 겸임하는 경우 많은 첨

---

8) 閔賢九, 「近世朝鮮前期 軍事制度의 成立」, 『韓國軍制史』近世朝鮮前期篇, 육군본부, 1968.

절제사僉節制使가 거진의 지휘자가 되었으며, 말단의 여러 진은 군수 이하가 동첨절제도사同僉節制度使 만호萬戶 절제도위節制都尉 등의 직함을 갖고 군병을 지휘하였다. 이와 같이 전국의 행정조직인 군현을 동시에 군사조직으로 편성하고 거진을 중심으로 자전자수토록 구성된 것이 바로 진관체제였다.[9]

지방군은 절도사의 관장아래 각 읍단위로 육군과 수군의 두 가지 병종으로 구분하여 군적대장을 만들어 그 순번에 따라 영營·진鎭 등의 요지 방어에 임하였다. 그리고 일부는 번상하여 도성수비를 맡기기도 하였지만 평상시에는 비번인 상태로 거주지에서 생업에 종사하였다.

경상도는 광활할 뿐 아니라 일찍부터 왜구의 침입에 대한 대비책이 강구되어 왔다. 그런 까닭에 여러 차례 통폐합이 없지 않았으나 방위체제나 행정의 원활한 운영을 위해 남북으로 흐르는 낙동강을 경계로하여 동편을 좌도, 서편은 우도라 하였다.[10] 좌도에 위치한 경주는 태종 때 부윤이 관찰사, 병사, 수사까지 겸직한 일도 있었지만 좌병영이 울산으로 옮긴 뒤에 거진을 설치하였다.

한 예로 경주부를 보면 경상관찰사 감영이 있는 거진으로서 부윤은 병사와 같은 품관이지만 병마첨절제사를 겸하였기 때문에 병사와 감사의 지휘하에 있었다. 부윤의 임기는 900일 내외를 임기로 교체하도록 되었으나 절제도위인 판관은 1790일 내외 근무를 임기 만료로 하였다. 경주부윤의 관할구역은 4군(울산, 양산, 영천, 흥해 : 이상 동첨절제사)과 6현(청하 영일

---

9) 閔賢九, 「鎭管體制의 確立과 地方軍制의 成立」, 『韓國軍制史』 近世朝鮮前期篇, 1968, pp.152~171; 吳宗祿, 「朝鮮初期 兵馬節制使의 成立과 運用」, 『震檀學報』59, 60, 1985 ; 吳宗祿, 「朝鮮初期변진방위와 兵馬僉使 萬戶」, 『歷史學報』123, 1989 ; 張炳仁. 「朝鮮初期 兵馬節度使」, 『韓國學報』34, 1984.

10) 『太宗實錄』 권 14, 7年 9月 乙丑條, 『중종실록』 권 36, 14年 6月 辛未條, 이수건 『朝鮮時代 地方行政史』 민음사, 1989, pp.189.

장기 기장 동래 언양 : 경주판관포함 절제도위)을 관장하였다. 이것은『경상도지리지慶尙道地理志』의 내용과 동일한 것이지만 임진왜란 때까지 진관영역 체제는 큰 변화가 없었던 것을 알 수 있다.

조선왕조는 국초이래 영·진을 중심으로 하였던 지방 군사조직이 세종을 거쳐 드디어 세조 3년 10月에 모두 진관체제로 개편되었다.[11] 육군은 행정의 중요한 지역을 주진·거진으로 하고 그 주변 지역의 제진을 거진에 소속케 하는 조직을 갖추었던 것이다. 이에 따른 경상도의 방어체제를 8개 권역으로 나누었는데 이를 표로 정리하면 다음과 같다.[12]

<표1-2> 경상도의 鎭管組織

경주진	안동진	울산진	창원진	대구진	진주진	성주진	상주진	비고
청하 홍해 영일 장기 영천 밀양	풍기 영천 봉화 의성 예안 진보 청송 군위 비안 영해 영덕	기장 동래 양산 언양	금해 고성 웅천 칠원 함안 진해 거제	영산 창영 현풍 인동 의흥 신령 하양 경산 청도	사천 곤양 하동 남해 단성 산음 의영 함양 삼가 안음	초계 합천 거창 고영 지례	선산 개영 금산 함창 용궁 문경 예천	
6	11	4	7	9	10	5	7	총계59

경상도 수군은 정3품의 수사를 좌수영[동래]과 우수영[거제]을 두었으며 종3품의 첨절제사가 지휘하는 2개의 진관이 있었다. 좌도는 부산포이고 우

---

11)『世宗實錄』권 2, 원년 9月 癸未條.
12)『世宗實錄』권 9, 3年 10月 庚戌條, 그러나 유성룡은『징비록』권1, 이순신 발탁조에서 울산, 성주진을 제외한 6개 권역이라고 하고 있음.

도는 제포이다. 이를 표로 만들면 다음과 같다.[13)

<표1-3> 경상도 수군 지휘체제

	지휘진관	지　역	계
좌도	부산포	두모포진, 감포진, 해운포진, 칠포진, 포이포진, 오포진, 서생포진, 다대포진, 염포진, 축산포진	10
우도	제포	옥포진, 평산포진, 지세포진, 영등포진, 사량진, 당포진, 조라포진, 적량진, 안골포진	9

그러나 16세기 조선사회는 사회전반에 걸쳐 큰 변화가 일어나고 있었다. 그 현상 가운데 군역과 군사제도를 중심으로 언급해보기로 한다.

군제는 병농일치제라고 하지만 토지제도와 일치되지 못하였기 때문에 농업 국가였던 조선 사회는 당초부터 많은 문제점을 안고 있었다. 양정 중심의 병역의무자들이 토지경제를 바탕으로 하여 편성되지 못하고 인적 보조만을 근거로 하여 편성된 봉족奉足제도는[14) 군사력이 유지될 기반이 확고하지 못하였던 것이다.

이 제도는 평화가 지속되면서 점차 군역의무자의 수만 증가되었으며, 그만큼 농민층의 부담감만 가중되어 군역을 대신 지게 되었던 까닭에 기피하는 일이 많아지게 되었다.

또한 군역문제는 점차 관리들의 부정의 온상이 되어 갔다. 관리들은 농민의 현역복무를 오히려 막고 대신 그 대가를 받아 착복하는 소위 방군수포放軍收布가 시행하게 되었다. 그런 까닭에 16세기 중반에는 소위 군포제軍布制가 정식으로 실시되었던 것이다.[15)

---

13) 『경국대전』 권 4, 병전 외관직조 ; 장학근 『조선시대 해양 방위사』 창미사, 1998.
14) 이재룡, 『조선초기 사회구조 연구』, 일조각, 1984.

이러한 상황에서 발생한 것이 명종 때 을묘왜변乙卯倭變(1555)이다. 이 사건은 왜구에 대한 경각심을 일깨워 준 자극제가 되었다. 그런 까닭에 국가에서는 비변사를 설치하였고 국방운영체제의 근간으로 삼아왔던 진관체제가 분군법에 의한 제승방략으로 전환하는 계기가 되었다. 그것은 유사시에 병력을 진관지역에서 담당방어 지역으로 이동시킬 수 있는 여유를 주자는 것이었다.16) 따라서 최전방 방어에 집중적으로 병력을 이동 운영할 수 있는 장점이 있었다. 그러나 단점으로 이 체제는 소규모 국지전에는 적용될 수는 있으나 대규모의 광역전에 대비할 수는 없는 것이다. 제승방략적 분군법에서는 수령에게 군령권이 주어지지 않음으로써 수령의 역할은 군령권자에게 군사를 인솔해 넘겨주는 것 뿐이어서 지휘자가 중앙에서부터 파견될 때 까지 기다려야 하는 문제점도 없지 않았다.

그렇기 때문에 대규모전이 발생하였을 때를 대비해서 비변사는 선조 24年 10月 진관체제로의 복구를 주장해서 각도에 이 뜻을 의논케 하였지만 경상 감사 김수金晬의 반대로 중지되고 말았다고 한다.17) 따라서 군제의 정비가 정돈되지 않은 상태에서 임진왜란을 맞게 된 것이다. 그러나 왜란에 대비해서 국방사무에 밝은 재신을 뽑아 경상, 전라, 충청도를 순찰하여 국방수비 대책을 강구하였다. 그 중에서도 경상도는 직접 왜의 침입로가 되기 때문에 특히 성지수축에 힘썼다.18) 그리고 신립申砬 이일李鎰 등으로 하여

---

15) 車文燮,「壬亂以後의 良役과 均役法의 成立」,『史學硏究』10, 11, 1961 ; 李泰鎭, 「近世朝鮮前期 軍事制度의 動搖」,『韓國軍制史』, 1968, pp.201~253 참조 ; 崔孝軾, 『朝鮮後期 軍制史硏究』, 신서원, 1995.

16) 許善道,「制勝方略 硏究」,『震檀學報』36, 37. 1973~1974.

17) 李炯錫,『壬辰戰亂史』上, 임진전란사 간행위원회, 1976, pp.123~124.

18) 柳成龍,『懲毖錄』권1,「朝廷憂倭 擇地邊事宰臣 巡察下三道以備之 金晬爲慶尙監司 李洸 爲全羅監司 尹先覺爲忠淸監司 令備器機修城池 慶尙道 築城尤多 如永川淸道 三嘉大兵星州 釜山東萊晋州安東尙州左右兵營 或新築或增修 時昇平旣久 中外狙 守 民以勞役爲憚怨聲載路……」

금 제도를 순시하여 병비를 강화시키는 등의 조치를 계속하였다.[19]

　조선시대 군병은 대개가 재가하면서 생업에 종사했고 유사시에는 급히 군병으로 징집되었다. 그리고 일정한 교대규식에 따라 중앙 상번군과 지방 부방군으로 복무하였다.[20] 그렇다면 경주부 군 운영의 실 예를 들어보자 이 지역은 사번四番으로 편성되었으며 한번에 490명씩 6개월 복무 교대 되었음을 알 수 있다. 따라서 총군액은 약 1,960명이란 셈이 된다. 그러나 실제 병적에 등재된 군액은 1500여[21]라고 한 것을 감안하면 매번에 110명 정도의 차이가 생긴다. 이것은 아마 병마절제사 고유의 권한으로 징집한 잡색군이 아닌가 한다. 경주부의 군병은 이외에 『동경통지東京通誌』 등에 수록된 군관, 봉수군 등의 여러 병종이 더 있었을 것으로 생각된다.

　그러면 당시 영남 사람들의 실제는 어떠했을까 임란 발발 직전의 향촌사회의 모습은 이시기 지방관들의 보고를 통해서 그 사정의 일단을 살필 수 있을 것이다. 이 때 모든 백성들의 군역 부담은 고을 단위로 배정되어 있어서 그것을 부담해야 할 사람 수에 관계없이 미리 배정된 양을 채워야 했다. 경상도 언향현의 경우 명종 22년 현감 임훈林壎의 보고서인 「언양진폐소彦陽陳弊疏」[22]가 있어서 수군의 실태를 다음과 같이 설명하고 있다.

　　당초에 수군으로 정해진 戶는 249호였고, 軍丁은 996명이었습니다. 지

---

19) 『宣祖修正實錄』 권 26, 25年 2月條.

20) 鄭夏命, 「鎭管體制의 確立과 地方軍制의 成立」, 『韓國軍制史』近世朝鮮前期篇, 육군 본부, 1968.

21) 朴毅長, 『觀感錄』 권2, 呈各衙門陳軍民弊政狀과 呈備解職狀條 등에 "束伍元軍 一千五百餘名 而今未亡兄有千名" 이라 하였음. 이 군액 수는 전쟁기간 중 정예병으로 계속 유지 되었던 것이다. (『宣祖實錄』 권94, 30년 11月 丁酉條 참조).

22) 林壎, 『葛川文集』卷 2, 「彦陽陳弊疏」
金潤坤, 「壬辰亂, 勃發 直前의 地方郡縣實態 - 丹陽郡과 彦陽縣-」『망우당곽재우연구』 2, 1988. ; 정진영, 「16세기 향촌문제와 재지사족의 대응」『민족문화논총』 7, 1986.

금에 와서는 物故者가 236명, 도망자가 238명, 老除者가 9명, 그리고
중복 기록된 자가 9명이며, 현재 잔존한 자는 겨우 500여 명 뿐입니다.
…… 사람 수는 날로 줄어가는데 군포의 액수는 옛날과 같습니다. 유망
자가 있으면 그 일족에게 책임지우고 일족이 감당하지 못하면 이웃에게
까지 책임지웠는데 잔존인 한 사람이 다른 4·5·6인 분의 役을 부담하고
있습니다. 본현의 잔폐는 바로 여기에 근원이 있습니다.

위 내용을 중심으로 언양의 군정실태를 살펴보면 원래 정해진 수군의 호
수는 249호였고 군정은 996명이었다. 그러나 실제로는 사망자, 도망자, 늙
은이로 제외된 자 그리고 중복된자 등을 제외하면 거의 2/1로 절감된 상태
이다. 따라서 한 사람이 최고 6명의 부담을 안고 있는 셈이다.

이와 같이 절박한 사정은 『쇄미록鎖尾錄』에서 다음과 같은 내용을 통해
충분히 살필 수 있다.

영남사람들에게 들으니 섬 오랑캐가 화를 꾸밈에 비록 민심이 渙散되
어 막지 못하였다고 하나 실제로 막지 못하였던 것은 영남 方伯때문이
라고 한다. 영남 방백 金睟는 작년 초부터 많은 농민을 내몰아서 지키지
도 않을 성을 쌓음이 금년 봄까지에 이르러서도 오히려 마치지 못하여
농민들로 하여금 농사에 때를 잃게하여 怨苦가 가득하였다. 그래서 노
래를 지어 부르기를 "굽은 성 높이 쌓아 누가 능히 지키리요, 성이 성
아니요, 백성이 성이로다."하였다. 좌도병사 申길은 軍威를 세우고자 큰
杖으로 때리고 끓는 물로 튀기는 등 도처에서 엄형을 하여 채찍 아래
죽는 자가 심히 많아 사람들이 憤冤한 마음을 품고 도리어 모두 적이
이르기를 기다렸다. 난리가 일어나자 한 사람이라도 義로 일어나 적을
무찔러 君父의 수치를 설욕하고자 함이 없이 숲 속으로 도망하여 목숨
을 보존하고자 하는 것은 비단 영남 만이 그러한 것이 아니라 전라도의
인심 또한 그러하다.[23]

---

23) 吳希文, 『鎖尾錄』「壬辰南行日錄」한국사 사료총서14, 상/하, 국사편찬위원회, 1962.

왜군의 침략을 뻔히 알면서도 그들의 침략을 능동적으로 대처하지 못했던 것은 민심이 떠난 지도부층 안에 더 심각한 문제가 있었기 때문이었다.

1. 머리말

임란 당시 동래는 도호부都護府였다. 동래를 중심으로 거리를 보면 동으로 기장이 20리, 서로 양산군 8리, 북으로 동군이 29리, 남으로 바닷가 15리이고 서울은 962리로 11일 일정이다. 북쪽 대구에 위치한 감영監營이 250리로 3일 일정이고, 동쪽 울산의 병영兵營이 110리로 하루 반 일정이다. 남쪽 10리에 수영水營있다. 서쪽 통영統營이 340리고 3일 반 일정이다.[1]

선초에 동래는 현이었으나, 명종때 도호부로 승격되어 정 3품 당상관인 문관출신으로 수령을 임명하였다. 이것은 일본 사신의 접대를 위해 의주와 동격으로 한 것이었다. 정부에서 일본을 의식하여 동래성을 최전선의 방위 체제로 강화하고 있었던 것이다.[2] 임란 1년 전 송상현宋象賢이 동래부사로 임명되었던 것이다. 송부사는 문인이었지만 군사에 관한 상당한 지식을 가지고 있던 관계로 부임하면서 군사훈련을 강화하는 동시에 수성방어체계를

---

1) 『신증동국여지승람』, 권 23, 동래현조.
2) 『釜山市史』 권1, 부산시사편찬위원회 1989. p663.

갖추어 나갔던 것이다. 정부는 임진왜란이 일어나 왜와는 강화 할 수 없다
는 굳은 의지의 실현을 위해 현으로 강등시켰다. 그러나 선조32년 천장天
將을 접대하기 위해 부사로 격상하여 당상관 무신을 두도록 하였으며 무신
출신의 판관도 두었던 것이다. 선조 34년 일본과의 평화관계를 위해 판관
제도는 폐지하고 다시 문신으로 임명하였던 것이다.[3]

동래성 전투는 육전에서 전개된 임진왜란의 첫 전투라 할 수 있다. 왜군
의 주장 소서행장小西行長이 이끈 대병력을 맞아 제승방략의 분군법과 진
관체제의 군사방어 지휘계통에 따라 경상감사 김수, 좌병사 이각 등이 병력
을 이끌고 신속하게 동래성으로 모여들었다. 그러나 적병의 기세에 겁먹은
감사와 병사가 도망을 가자 동래부사 송상현을 중심으로 하여 양산군수 조
영규趙英圭, 울산군수 이언함李彦誠, 조방장 홍윤관 등은 추호의 흔들림없
이 군민과 함께 최후의 마지막까지 당당하게 왜군에 대항하여 순국하였던
것이다.

본장에서 부사 송상현을 중심으로 하여 격렬했던 동래성전투에서 의연
히 대처하고 끝까지 항쟁 하였던 부민의 활동에 대해 살펴보고자 한다.[4]

---

3) 『輿地圖書』동래부조.
4) 忠烈祠는 선조 38년(1605) 동래부사 尹暄이 동래읍성의 남문 안에 임진란 때 순절한
   충열공 宋象賢을 받들어 모시기 위해 宋公祠를 세운 데서 비롯된다. 그 뒤 인조 2년
   (1624) 선위사 李敏求의 청에 의해 賜額되면서 그 때 순절한 부산진첨사 鄭撥, 다대포
   첨사 尹興信 양산군수 趙英圭, 동래교수 盧蓋邦, 유생 文德謙, 비장 宋鳳壽, 金希壽,
   겸인 申汝櫓, 향리 宋伯, 부민 金祥등을 함께 모시었다. 그 60년 뒤 효종 21년(1652)
   동래부사 尹文擧가 사우의 위치가 낮고 습기가 찬데다 규모 또한 작아 보 잘 것이 없어
   서 현 위치로 옮기면서 安樂書院을 만들었다. 송상현의 학행과 충절은 후학들의 사표가
   되기 때문이며 이 서원에 모신 여러 영령들의 충성심을 드높여 후세에 귀감으로 삼기
   위한 것임.: 池內宏, 「동래안락서원과 부산 동래2성 함락고」『청구논총』, 26, 1936. 참조.

2. 송상현의 생애

송상현(1551-1592)은 동래부사로서 동래성을 최후까지 지키다가 순국한 충의의 열사이다. 그는 여산礪山 송씨이며 청주 강서에서 출생하였다. 호는 천곡泉谷이며 자는 덕구德求이다.

송상현은 성품이 곧고 강직하였으며 10세 때 경서에 통하였다. 그리고 26세인 1576년에 문과에 합격하여 승문원 정자가 되었다. 1584년에는 질정관으로 명나라에 다녀온 후 호조, 예조, 공조의 정랑을 거쳐 재물관리의 책임자인 군자감을 맡아 임무를 성실히 해나갔다.

1591년 통정대부에 승진되어 동래부사로 부임하였다. 일본과의 긴장관계가 전개될 때여서 성곽을 수리하면서 성 외곽에는 커다란 나무들을 빽빽하게 심어 성책을 삼아 방패 역할을 하도록 하였다. 그리고 동시에 수성군에게는 철저하게 군사교육을 시켜갔다. 참호를 파고 성곽을 보수하여 성의 방어시설을 보강하고, 부단히 군사를 훈련시켜 방어력을 강화하였다.[5]

그 후 임진왜란이 발발하자 부산 첨사 정발은 결사적으로 분전하였으나 힘의 열세로 전사하여 부산포진을 빼앗기고 말았다.[6] 왜군은 사기가 하늘까지 닿아 그 다음날인 4월 15일 10시경 동래성에 이르렀다. 동래부사 송상현은 왜군을 맞아 성문을 굳게 닫은 후, 죽음을 각오하고 대처하고 있을 때 적장은 선발대를 보내 송상현에게 이르기를 "우리와 싸울 테면 싸우고 싸우지 않으려면 즉시 길을 비켜라." 라고 위협해 왔다. 이에 부사 송상현은 "네 놈들과 싸우다 죽더라도 길은 절대로 비켜 줄 수 없다"[7] 라고 응수하면서 결사항전을 다졌다. 그리하여 왜군과의 피나는 전쟁은 시작되었다.

---

5) 부산대 편집부 편, 『부산의 역사와 문화』, 부산대학교 출판부, 1998.
6) 『임진왜란사』국방부군사편찬위원회 1987, p36-p38; 이형석, 『임진전란사』상, 임진전란 사간행위원회, 1976, 240-249.
7) 송철호, 「壬丙兩亂 人物傳 연구」, 부산대 대학원 석사학위 논문, 1995.

송상현은 병사들의 선두에 서서 겹겹이 둘러싸고 쳐들어오는 왜군을 마구 활로 쏘아 죽여 버렸다.8) 그러나 왜군 대병력과의 전투는 불가항력이었다. 이 때 송상현은 42세로 나라를 위해 당당한 최후를 맞았다.9) 그는 충의가 매우 뛰어난 사람이었다.10) 그의 장렬하고 비통하게 순절한 소식은 전국으로 삽시간에 번져나갔다. 유교의 충효사상으로 무장된 많은 젊은이들에게 나라를 구하겠다는 위국충절의 기풍을 불러일으켜 의병 봉기의 시발점이 되었던 것이다. 그런 까닭에 전국 각 처에서 의병들이 일어나 위급한 나라를 구하고자 하였다.11)

현재 보물 393호인 '동래부사 순절도'는 송상현이 장렬히 싸우다 순절한12) 당시의 모습을 담은 그림으로 그 때의 처참한 상황과 격전을 보여주고 있다.13) 송상현은 충렬이라는 시호를 받았고, 이조판서에 추증 되었다. 그리고 그의 시신은 고향인 청주로 이장을 하였고 충렬사와 정려문을 건립하여 나라를 위해 장렬히 목숨을 바친 그의 넋을 오래도록 기리고 있다.14) 그리고 부산에 충렬사 송공단, 이외에 고부에 정충사旌忠祠, 청주에 신항서원莘巷書院, 개성에 숭열사崇烈祠, 경성에 화곡서원禾谷書院 등에 묘향 하였던 것이다.

---

8) 『임진왜란사』국방부군사편찬위원회, 1987, p36-p38; 이형석, 『임진전란사』상, 임진전란사간행위원회, 1976, p240-249.

9) 『선조실록』 권26, 25년 4월 임인조; 동 권57, 27년 12월 병진조

10) 『선조수정실록』 권26, 25년 12월조

11) 이재호, 「임란의병의 일고찰」『역사학보』35·36합집, 1967.: 이장희, 「義僧軍의 蜂起」 『壬辰倭亂史研究』, 아세아출판사, 1999.

12) 『선조실록』 권 57, 27년 12월 병진조.

13) 국립진주박물관, 『사료로보는 임진왜란』, 혜안, 1999.

14) 『忠烈祠志』 권1. 충렬공유사 贈官과 旌閭.

3. 동래성전투와 송상현

　　고니시유끼나가가 이끄는 왜군은 부산 앞바다에 모습을 드러낸 다음날
인 4월 14일 아침 5시경 안개 낀 새벽을 이용하여 우암동 쪽으로 상륙하여
부산진성을 공격하였다. 왜선은 700여척이었고 왜군은 2만 명이었다고 한
다.15) 현재는 바다를 매립하여 지형과 달라졌지만 부산진성은 바다에 인접
해 있었던 듯 하다.16)

　　성은 평지와 산악을 이용한 평산성으로 남문을 둔 앞쪽은 지대가 낮고
망루에서 바다로 침입하는 왜적을 감시할 수 있도록 지형적인 이점을 잘
활용한 성곽이었다.17) 부산진 순절도에 보면 성의 남문에는 첨사 정발18)로
보이는 장군복 차림의 인물이 성밖 왜병들의 공격에 활로 대응하고 있으나,
성안 조선군의 수효는 당시 1000여 명이 방비를 하고 있는 것이 보인다.
당시 종군했던 스페인 선교사 세스페데스의 보고서를 보면 다음과 같다.19)

　　　"고니시는 이만 명의 전투원과 함께 총 643척의 크고 작은 배에 편승
　　하여 쓰시마 섬을 출발하였다. 특히 부산성 이라고 불리는 요새는 일본

---

15) 국립진주박물관, 『사료로보는 임진왜란』, 혜안, 1999.

16) 김성희, 「동래 읍성의 형태적 특성과 변화 연구」, 부산대 교육대학원 석사학위 논문,
　　2001.

17) 국립진주박물관, 『사료로보는 임진왜란』, 혜안, 1999.

18) 정발은 司僕寺 副正을 거쳐 정3품 당상관 折衝將軍으로 부산진첨사에 임명된 뛰어난
　　무관임.『부산시사』권1. 부산시사 편찬위원회, 1989, p671-p674 참조.

19) Ceopedeo, Gregoriode(1551-1661): 예수회소속 스페인 천주교 신부로 일본에서 포교 중
　　임진왜란 때 小西行長의 초청으로 한국의 熊川城에 온 사람이다. 그는 경상도 일대의
　　해안지대에 머물면서 보고들은 당시의 상황을 글로 남겼다. 따라서 그는 16세기 한국
　　땅을 밟은 최초의 서구인이란 점, 임진왜란을 직접 목격한 유일한 서방세계의 증인이란
　　점에서 그의 기록은 매우 큰 가치가 있다. 이 내용은 세스뻬데스의 1592년 '예수 선교
　　회연례보고서 부록편' 의 기록으로 현재 스페인에 보관되어 있다고 함.『국립 진주 박
　　물관』임진왜란 1998, pp, 185.

인들이 들이닥칠 첫 관문인 관계로 그곳에는 육백여 명의 병사가 있었으며, 그 외에도 마을에서 모은 평민들이 있었다. 연도에는 모두 적의 침입을 막기 위해 진지 앞에 끝이 뾰족한 쇠들을 뿌려 놓았으며, 요새 내부에는 구리로 만든 작은 포들이 이천 개나 배치되어, 그중 어떤 것들은 작은 포환을 발사하기도 하고, 또 어떤 것들은 크기가 두 뼘 정도 되는 화살촉들을 발사할 수 있는 것이었다.

꼬라이 병사들은 모두가 매우 견고한 가죽으로 만든 가슴받이를 몸에 두르고 무장을 하고 있으며 머리에는 화살을 막아내기 위해 철모를 쓰고 있었는데 그들 가운데는 궁수들이 많고 또한 미늘창을 쓰는 병사도 있었다. 마침내 고니시는 음력 4월 12일에 요새 밖의 모든 마을들을 일차적으로 불지를 것을 명령했다. 그리고 나서 요새의 대장 앞으로 항복할 것을 권하고 목숨만은 살려 주겠다는 내용의 서찰을 보냈다. 이 서한을 받은 대장은 이를 비웃으며 국왕에게 보고하여 허락을 한다면 항복하겠노라고 회답하였다.

꼬라이 병사들은 훌륭한 무사들로서 왕에 대한 충절이 넘쳐흘러 최후의 한 사람까지 용감히 싸웠다. 수비대장이 앞장서서 처음으로 전사하였으며 아무도 살아남은 자가 없었다. 가문 있는 꼬라이 여인들은 정결하고 수절하는 것으로 명성이 나 있었다. 한편 양반집 남녀 자제들은 용모가 반듯하며 교육도 받은 자들인데, 다리를 저는 병신이나 입을 꼬아 비뚤어지도록 위장을 하였다. 그러나 일본군들은 사실을 알아차리고 그들을 포로로도 살려 두려 하지 않았다.[20]

라고 한 바와 같이 부산진성에는 조선수비군 600여 명과 마을에서 긴급하게 모병한 의병군이 있었던 것이다. 그리고 성 앞의 침입로에는 왜군이 쉽게 진격할수 없도록 날카로운 쇠틀을 설치해 놓았으며, 성위에는 소포 2000여 개와 뇌쇠를 많이 설치하여 매우 삼엄한 실상을 사실적으로 기록하고 있다. 그는 조선 병사의 모습은 머리에는 철모를 쓰고 가슴에는 가죽으로 된 군장을 한 궁수들이 많았으며 한편은 미늘창을 갖춘 군사들도 있었

---

20) 「서구인이 본 임진왜란」, 『임진왜란』, 국립진주 박물관, 1998. p185

다고 하였다. 그들은 훌륭한 무사들로서 당당하게 최후의 한사람까지 용감히 싸웠다고 하였다.

조선군은 무기와 병사수에서 왜군의 상대가 될 수 없었다. 어느 비장이 정발에게 달려와 성밖으로 몸을 피한 후 원병을 기다리는 것이 어떠냐고 권유하였으나 정발은 "남아로서 싸워 죽을 뿐이다"라고 단호하게 말하고 검과 활로써 적병을 방어하다가 4월 14일 정오 무렵 조총의 탄환이 그의 투구를 뚫고 들어가 끝내 순사하고 말았다한다.[21]

부산진성을 함락시킨 왜군은 다음날인 4월 15일 10시경 동래부사 송상현이 수비하는 동래성을 진격하였다.[22] 당시 전투를 이해하는데 도움되는 동래부 순절도가 있다.[23]

동래라는 지명은 8세기 중엽 통일신라시대부터 유래하여 임진왜란때 행정군사의 중심지로 부산을 대표하는 지명이었다. 동래의 중심지는 지금의 동래시장을 중심으로 한 복산동, 안락동, 명륜동 일대였으며 읍성터가 잔존하고 있고, 1979년부터 1999년까지 읍성 북문과 북문일대의 석벽을 복원하였다. 그리고 근간에는 동장대 서장대도 복원하였다.

동래성은 현재 일부가 남아있어 부산시 기념물 제5호로 전한다.[24] 『신증동국여지승람』 권23 동래현 읍성조에 의하면 '원수 박위朴葳가 1387년 8월19일 성축에 착수하여 한 달 이상 걸려서 완공하였다' 라 하고 있다. 박위가 동래현에 축성하게 된 까닭은, 왜구에 의해 동래현이 여러번 침탈을

---

21) 『宣祖修正實錄』卷26, 25年 壬辰 4月條.

22) 『임진왜란사』 p36.

23) 국립진주박물관, 『사료로 보는 임진왜란』 혜안, 1999. 동래의 화가 변박(卞璞)이 영조 36년(1760) 동래부사 홍명한의 요청에 의해 낡은 순절도를 보고 모사 한 것이다. 동래부순절도(보물392)는 기록화로 부산진순절도(보물391)와 함께 현재 육군사관학교 박물관에 보존되어 있다. 이와 다른 송상현 종가집 소장본인 동래부순절도가 전해오고 있다.

24) 『동래구지』부산시 동래구지 편찬위원회, 1995, 12.

겪게되고 성이 황폐해 짐에 따라, 박위는 일찍 김해부사로 있을 때 망산성
望山城을 쌓아 왜구를 크게 물리친 경험을 토대로 동래에 축성의 필요성을
느꼈기 때문이다. 그 당시 이 성은 석축으로서 둘레 3,090척, 높이 13척에
6개의 우물이 있었다고 한다. 이는 세종조에 편찬된『경상도속찬지리지』읍
성조의 '정통 병인년 석축 둘레가 3,092척, 높이 15척'이라는 기록과 비슷
하기 때문에 그 규모를 짐작케 한다.[25]

동래부 순절도를 보면 성은 북쪽으로 산등성이를 포용하여 방벽으로 삼
았고 평지를 감싼 석성으로써 산성과 평지성을 절충한 평산성이다. 읍성 둘
레의 형태는 지세에 따라 굴곡이 있고 타원형이며 굳게 닫힌 동서남북 4방
의 성문 주위에 왜구가 포위하고 왜군의 일부는 동북쪽 성벽을 넘어 읍성
안으로 진군하고 있다. 읍성 안에는 동래부사청으로 보이는 목조기와의 관
아건물이 중앙에 있고 그 이외 목조기와건물과 일반 민가로 보이는 초가집
이 부사청 좌우와 뒤쪽에 배치되어 있다. 동래부사 송상현은 남문건물, 동
벽, 부사청 앞 세 곳에서 보이는데 남문과 동벽에서는 자주색 관복을 입고
비장과 일반 병사들 사이에서 성밖 왜구정세를 망연히 주시하고 있다.[26]
죽음을 각오한 듯 송상현은 부사청 앞으로 와서 궁궐이 있는 북쪽을 향하
여 꿇어앉아 마치 통곡하고 사죄하는 것 같아 보인다.

송부사의 수성 계획은 진관체제의 방수책에 따라 경상좌병사휘하의 군
사 및 인근 군현의 군사의 힘을 합하여 싸울 예정이었던 것 같다. 당시 경
상좌도 군사 책임관은 경상좌도 병사 이각이였다. 그는 울산 좌병영에서 왜
군침입의 소식을 듣고 15일 아침 동래부로 달려왔다. 이때 양산과 울산군
수도 약간의 병력을 이끌고 왔다. 당시 위급했던 상황의 일단을『선조수정

---

25) 박민정, 「조선후기 동래부의 역사 지리적 연구-18·19세기 취락체제 중심-」; 부산대 교
　　육대학원 석사학위 논문, 1995.
26) 국립진주박물관,『사료로보는 임진왜란』, 혜안, 1999.

실록』권 26, 25년 4월조에서 찾으면,

> 동래부사 송상현은 적이 바다를 건넜다는 소문을 듣고 지역 안의 주민과 군사 그리고 이웃 고을의 군사를 불러 모두 몰고 성에 들어가 나누어 지켰다. 병사 이각도 병영에서 달려왔으나 조금 지나서 부산이 함락되었다는 소식을 듣고는 겁을 먹고 어쩔줄 모르면서 핑계대기를 '나는 대장이니 외부에 있으면서 협공하는 것이 마땅하다. 즉시 나가서 소산역에 진을 쳐야 하겠다.' 고 하였다. 상현이 남아서 같이 지키자고 간청하였으나 그는 따르지 않았다. 성이 마침내 포위 당하자 송상현이 성의 남문에 올라가 전투를 독려 했으나...

라고 하여 송상현은 왜군 침입에 대비하기 위해 군사와 주민을 징집하여 동래성의 요소요소에 배치하였던 것이다. 그리고 남문에 올라 독전하였던 것이다.

경상감사 김수는 진주에서 변이 일어났다는 소식을 듣고 동래로 향하면서 제승방략에 따라[27] "도내 각 군현의 수령들은 밀양에 군사를 집결 시켜라"고 명령을 하달하였다. 그러나, 이 명령은 제대로 전달되지 않았다. 더구나 그는 도중에 적이 접근해 왔다는 소식을 듣자 우도로 되돌아가 어찌할 바를 모르고 열읍에 격문을 발하여 민으로 하여금 적을 피하라고 하였다고 한다. 이같이 각급 지휘관들이 효과적인 방어대책을 수립하지 못하였던 것이다.[28]

그 때의 좌병사군의 동정을 『임진동래유사』[29]에서는 다음과 같이 적고 있다.

---

27) 『선조수정실록』권26, 25년 4월조 참조.
28) 유성룡, 『징비록』권1, 영남제성함락.
29) 『壬辰東萊遺事』는 『忠烈祠志』중에 실려있다. 이 기록은 임진왜란기의 첫 전투인 동래성에 관한 귀중한 사료로 효종 때 閔鼎重이 동래 부사(1658-1659)로 있을 때 쓴 것으로 1668년 간행되었다.

적이 승전의 기세를 타고 바로 동래부로 향하였는데, 동래부사 송상현
은 남문루에 올라가 성을 지키면서 적에 대비하였다. 이날 아침에 좌병
사 이각이 변을 듣고 달려와서 보졸 수백명을 호출하여 조방장으로 하
여금 상황을 살피게 하였다. 그는 부의 남쪽 10리쯤에 이르렀다가 곧 돌
아와서 보고하기를, "적은 많고 우리는 적으니 당할 수 없다고 하니, 이
각이 말하기를 부사는 마땅히 이 성을 지켜야 할 것이요, 우리는 뒤에서
계속 지원할 것이다."[30]

하고는 성문을 열고 도망갔다. 조방장 홍윤관은 부사에게, "사태가 위급
하니 일단 소산으로 물러나서 험고한 지형에 의지하여 적을 막는 것이 좋
겠습니다."하고 성에서 물러날 것을 건의하였다. 그러나 송상현은, "성주가
자기 성을 지키지 않고 어디로 간단 말인가?"하고 성을 떠나지 않았다.[31]
따라서 동래성은 송부사의 유시 그대로 '외로운 성에 달은 흐르고 있다'[32]
라는 표현대로 고립무원의 상태였던 것이다.

부산의 해안 방어를 맡고 있던 경상좌수영은 동래성 남쪽 10리 해변가에
위치 해 있다. 현재 부산 수영구 수영동 일대를 말하는 바 수영성은 석성으
로 성주위가 9,198자이고 높이 16자 우물 3개가 있었다. 좌수사는 종 3품
관이 주재하여 낙동강 동쪽에서 경주까지 바다를 방어하는 총책을 맡고 있
었다.[33] 당시 수사는 박홍이었다. 그는 부산포성에 적의 대군이 밀어닥치자
"부산진성에 붉은 깃발이 가득 차 있는 것을 보니 성이 함락된 듯 합니다."
하는 내용의 장계를 조정에 올린 다음, 좌수영에서 북쪽의 언양으로 도망하
였다. 그래서 동래성은 양산군수 조영규와 울산군수 이언성, 조방장 홍윤관
이 부사 송상현과 함께 군민을 지휘하여 방어태세를 갖출 수밖에 없었다.

---

30) 『난중잡록』1, 임진, 상, 4월 14일, 16일조.
31) 『선조수정실록』 권 26, 25년 4월조
32) 최영희, 『임진왜란』, 세종대왕사업기념회, 1999.
33) 『부산의 문화재』부산시 문화예술과, 1998, 2.

　　왜군은 부산진을 함락한 후, 여세를 몰아 동래성으로 진격해 왔다. 송부사는 만반의 태세를 갖추고 성안의 군민을 독려하면서 대비하고 있었다. 이에 왜군은 본격적인 공격에 앞서 먼저 100여 명으로 조직된 선발대를 보내 "싸우려면 싸우고 싸우지 않을려면 길을 내놓아라"라고 쓴 목패를 남문밖에 세워 동래성 군민들의 항복을 촉구하는 최후 통첩을 보내왔다. 이를 본 송상현은 "싸워서 죽기는 쉬워도 길을 내주기는 어렵다"[34]는 글을 쓴 목패를 적중에 던져 단호한 항전의지를 표시하였다.

　　그러자 왜군은 항복 권유를 포기하고 전면공격을 개시하였다. 왜군은 2만병을 3개 부대로 나누어 한 부대는 성의 북쪽에 위치한 황령산 기슭부터, 한 부대는 남문을 중심으로 하여 서편 대로로부터, 또 다른 한 부대는 취병장으로부터 바로 남문으로 향하여 세 겹으로 성을 포위하니 송부사를 중심으로 동래의 군민은 비장한 일전의 각오로 대치하였던 것이다.

　　왜군은 동서남 세 방면에서 조총을 난사하면서 성을 넘으려 하였던 것이다. 조선군은 사력을 다해 격전을 치루었다. 이에 왜군은 뒷산 동북쪽 산의 경사진 성벽을 파괴하고 노도와 같이 난입해 성안으로 들어왔다. 순식간에 성안은 대혼란 속에서 아비규환의 대접전이 벌어졌다.

　　이 싸움은 왜군의 소서행장이 직접 전투를 지휘하였던 것이다. 그 상황에 대하여 "총성은 울려 퍼지고 그 검광은 백일을 무색케 하면서 차례로 적군은 성중에 들어와 사람으로 메우다시피 하였다"고 하였으며, 『임진동래유사』에는 "성은 협소하고 사람은 많은데다 적병 수 만명이 일시에 성으로 다투어 들어오니 성중은 메워져 움직일 수 없었다"고 하였다.[35]

　　이러한 대혼란 속에서 한동안 아비규환의 백병전이 벌어진 것이다. 군졸들은 말할것도 없거니와 이곳 백성들도 함께 힘껏 싸웠다. 무기를 갖지 못

---

34) 송철호, 「壬丙兩亂 人物傳 연구」, 부산대 대학원 석사학위 논문, 1995.
35) 김홍, 「임진왜란시 軍事史的 연구」, 경북대 대학원 박사학위 논문, 1993.

한 성민들은 혹은 맨손으로 적에 부딪치고, 혹은 막대기를 휘두르며, 혹은 괭이, 낫, 도끼, 칼 등 손에 잡히는대로 가지고 싸웠다. 심지어는 지붕에 올라가 기와를 거두어 적을 치기도 하였다.[36]

동래부민 김상金祥과 그의 처 그리고 딸은 기와집 옥상에 올라가 싸웠다. 여자 두 사람이 기와를 깨뜨려 주면, 김상이 이를 왜적에게 던져 쳐 죽였다. 적이 물러간 다음에 김상의 어머니가 현장에 가보니, 아들과 며느리 그리고 손녀가 같이 죽어 있었다. 그리고 동래부사 송상현에게는 두 소실이 있었다. 소실 금섬金蟾은 미인으로 소문나 있었다. 왜군이 성안으로 쳐들어와 전투가 치열할 때, 송상현이 죽기를 각오하고 금섬더러 관복을 가져오라고 하였다. 금섬이 관복을 가지고 송상현에게 가까이 갈 즈음 왜군에게 사로잡히게 되었다. 이에 금섬은 며칠간 왜군에게 욕을 그치지 않다가 결국 피살되고 말았다. 또 다른 소실 이씨도 붙잡혀 일본에 끌려갔으나 끝내 절개를 지켰다. 이들에 대해 후일 송상현 두 첩의 사당을 지어 추모하였다.[37]

대세는 시시각각 우리측에 불리해져 갔고 마침내 송상현이 적군에게 포위되는 절박한 상황에 이르렀다. 이에 송부사는 문인답게 죽을 각오로 호상에 걸터앉아 조복을 가지고 오게 하여 갑옷 위에 입고 의연한 자세로 움직이지 않았다. 당시 적은 송부사를 생포하려 하였던 것 같다. 그런데 적중에는 평조익平調益 이라는 송부사와 면식이 있는 자가 있었다.

그는 송부사를 피신시키려 하였으나 송부사는 그것에 개의치 않고 조용히 호상에서 내려와 북향사배 하고는 경황이 없는 사이에도 붓을 잡아 부채에 "외로운 성에는 달이 흐려지고 다른 성진에는 기척도 없구나 군신의 의리는 무겁고 부자의 정은 가벼우리"라는 한시를 써서 부모님께 하직의 인사를 하였다한다.[38] 그리고 달려드는 왜군에게, "이웃나라의 도리라는

<hr>

36) 최영희, 「임진왜란중의 사회동태에 관한 연구」, 단국대 대학원 박사학위 논문, 1975.
37) 『임진왜란』, 국립진주박물관, 1998. p58.

것이 이런 것이냐? 우리가 너희들에게 잘못한 것이 없는데, 너희들의 이 같
은 침략행위가 과연 도리에 합당하다고 생각하느냐?" 하며, 왜군의 침략행
위를 질책하고는 왜군의 칼날 아래 장렬한 최후를 마쳤던 것이다.[39] 경상
감사 김수는 임금께 당시 상황을 이렇게 보고한다.[40]

> 정발과 송상현이 혹자는 죽지 않았다고 하지만 죽은 게 틀림없습니다.
> 잘못 전해진 말 가운데 심지어는 송상현이 적장이 되었다고 하지만 전
> 혀 그렇지 않습니다. 포위를 당했을 때 洪允寬이 성밖으로 나가기를 권
> 했으나 송상현은 말하기를 '지금 성을 빠져 나가더라도 어디로 간단 말
> 이냐?' 하고는 남문위에 팔짱을 끼고 앉아 있으니 적이 들어와 죽이고,
> 바로 그의 목을 대마도로 전송했다고 합니다.

이윽고 왜군은 그가 굴하지 않을 것을 알고는 칼을 들어 살해하였던 것
이다. 뒤에 적장 평의지平義智 등은 송상현의 절의에 탄복하고 칭찬하였을
뿐 아니라[41] 송부사를 살해한 자를 죽였다고 한다.
　당시 상황을 유성룡은 『징비록』 권1 영남제성함락에서 다음과 같이 기록
하였다.

> 4월 15일에 왜적이 동래로 쳐들어와서 성에 육박하였다. 부사 송상현
> 은 성의 남문으로 올라가서 군사들의 싸움을 독려하였으나 반나절만에
> 성이 함락되었다. 이때 송상현은 그 자리에 버티고 앉아서 적의 칼날에
> 맞아 죽었다.

---

38) 『충열사지』, 권1 忠烈公遺事 宋東萊傳에 "孤城月暈 列鎭高枕 君臣義重 父子恩輕"
　　라고 함.
39) 『난중잡록』1, 임진, 상, 4월 16일조.
40) 『선조실록』 권 32, 25년 11월 신사조.
41) 『선조실록』 권 59, 28년 1월 을유조.

이 때 부사 주위에는 관군 송봉수, 김희수 등 4~5명, 향리 대송백, 소송백, 관노 철수, 매동 등이 좌우에 서 있었는데, 적병들이 앞으로 다가오자 격투 끝에 송부사, 김희수, 대송백 등은 전사하였으며, 부사를 도우려 왔던 양산군수 조영규 등과 군민 다수도 차례로 전사하였다. 이 동래부 전투에서 이름을 전하는 자는 송부사의 측근으로 종행한 신여로, 김섬, 교수 노개방, 교생 문덕겸 등이었다. 부민으로는 다만 김상과 그의 처와 딸의 행적 등이 전한다. 이같이 전개된 백병전에서 성안의 백성까지 장렬하게 전사하였던 것이다. 이러게 해서 동래성은 반나절만에 함락되고 말았다.

임진난 후 17년에 동래부사로 부임해온 이안눌李安訥의 "동래맹하유감東萊孟夏有感"에 그 당시 상황은 잘 나타내고 있다. 이를 보면

4월 15일 平明에 집집마다 곡소리가 일어나, 천지가 蕭瑟하고 서참한 바람이 林木을 진동하기에 놀라서 老吏에게 물으니, 바로 이 날이 임진년 성의 함락된 날 이란 것이다. 송부사를 좇아 성중에 모였던 지방민들은 같은 시간에 피바다로 변하고 쌓인 시체밑에 투신하여 천백명 중에 한 두명이 생명을 보전할 정도이며 祖孫·부모·부부·형제·자매간에 무릇 생존한 자는 이 날에 죽은 친족을 祭하고 통곡한나는 것이다. 이 말을 듣고 눈물을 흘리노라니 노리는 다시 말하길 「哭해 주는 사람이 있는 것을 오히려 슬프기가 덜할 것이나, 휘두루는 적의 白刀 아래 온 가족이 다 죽어서 곡해줄 사람조차 남기지 못한 집이 얼마나 많은지 모른다.」[42]

이렇게 동래성은 수만의 군민이 살해되어[43] 처절하게 함락되고 말았다.

---

42) 朴師昌, 『東萊府誌』영조 16년(1740) 간행에 등재되어 있음.
43) 『선조실록』권 44, 26년 11월 갑오조

4. 동래부민의 항전활동

동래성이 왜군에게 처참하게 무너지자 그 충격과 좌절은 매우 클 수 밖에 없었다. 그러나 송부사의 순국은 항전운동의 표상이 되었다.[44] 그래서 많은 사람들이 이를 딛고 일어났다. 동래성의 항전에서 살아난 장정들은 민족의 울분과 가족 친지의 죽음과 또 향토가 유린당한 상황에서 적개심을 억누를 수 없었다. 그들 중에는 고향을 떠나 어디서나 왜군의 잔악성을 널리 알렸을 것이고 그곳에 봉기하고 있던 의병군에 참가하여 항전투쟁에 앞장서서 참가하였다. 예를 들면 영천에서 기병하여 좌도에서 활약하여 명성을 떨치고 있던 권응수權應銖 휘하에 의령에서 거병하여 우도에서 활동하여 명망이 높던 곽재우郭再祐 휘하에 들어간 이도 있었다. 향토 동래부 출신의 의병장 김정서金廷瑞, 김일덕金一德의 휘하에 참가하여 분전한 이도 있었다. 그외 여러 곳에서 항전 활동하는 이가 많았다. 그 가운데『선무원종공신宣武原從功臣』록권[45]에 실린 공신은 66명이나 되었다. 부사 이안눌이 부임하여 와서 여러 부로父老에게 문의하여 그 중 두드러지게 뛰어난 24명을 선정하였는데 이들을 별전공신 또는 24공신이라 한다.[46] 이를 정리하여 표로 하면 다음과 같다.

---

44)『선조실록』권 43, 26년 10월 기유조; 동 28년 7월 경인조,『선조수정실록』권 26, 25년 12월조

45)『선조실록』권186, 38년 4월 경진조에 의하면 선무원종공신은 총 9060명으로 공로에 따라 1등, 2등, 3등으로 구분되었다. 동래성 전투와 연관된 한 지역의 공신이 66명은 적지 않은 수이다. 그러나 李安訥이 난 후 17년에 동래부사로 부임하여 공과를 재정리한 바 42명에 대한 신상파악은 어려웠던 것 같다.(최효식,『경주부의 임진항쟁사』경주문화원, 1993 참조)

46)『忠烈祠志』附錄2, 別典功臣條.

<표 2-1> 東萊 別典功臣

	관직	성명	증직	비고
1	僉使	金廷瑞	掌隷院 判決事	창의거병, 곽재우 휘하활동
2	折衝	鄭承憲	掌隷院 判決事	창의거병 선조 錦衣하사
3	正	文世輝	掌隷院 判決事	창의거병
4	正	鄭順	掌隷院 判決事	力戰討賊
5	權管	金一介	掌隷院 判決事	창의거병, 울산성수비
6	正	金一德	掌隷院 判決事	동래代將, 모병토적
7	正	宋昌文	掌隷院 判決事	의병장 金廷瑞 휘하종군
8	正	金根祐	司導寺僉正	의병장 監軍察院, 위관 朱所佇 哨探將
9	主簿	姜介連	司宰監僉正	명장萬世德 휘하종군
10	判官	金屹	繕工監副正	代將 金一德 휘하종군
11	主簿	李彦弘	繕工監副正	代將 金一德 免鄕교지받음
12	兼司僕	金大義	軍資監判官	의병장 金廷瑞 휘하종군
13	參奉	吳鴻	掌隷院司評	代將 金一德 휘하종군
14	官奴	朴仁壽	典涓司參奉	동래부 官을 지킴
15	折衝	金達	掌隷院 判決事	의병장 權應銖 휘하종군
16	正	宋南生	掌隷院 判決事	의병장 金廷瑞 휘하종군
17	判官	金琦	繕工監副正	동래부 官을 지킴
18	部將	皇甫祥	司宰監僉正	동래부 官을 지킴
19	判官	李應弼	繕工監副正	의병장 金廷瑞 휘하종군
20	守門將	宋繼男	司導寺僉正	力戰한 공로자
21	兼司僕	李福	軍資監判官	力戰한 공로자
22	部將	吳春壽	司宰監僉正	力戰한 공로자
23	僉正	金福	繕工監副正	力戰한 공로자
24	兼司僕	宋義男	軍資監判官	力戰한 공로자

　　이같이 동래부 항전은 왜군을 물리치기 위하여 각 지방에서 의병이 봉기하였다. 의병의 봉기에 대하여 『선조수정실록宣祖修正實錄』은 다음과 같이 기술하고 있다.

　　　각 도에서 의병이 일어났다. 이 때에 3도(충청, 전라, 경상) 兵使들은
모두 인심을 잃고 있었다. 때문에 왜란이 일어난 뒤에 병량을 독촉하니
사람들은 모두 질시하여 왜적을 만나면 피신하였다. 마침내 도내의 거
족으로 망명있는 사람과 유생 등이 조정의 명을 받들어 일어나니, 소문
을 들은 자는 격동하여 원근에서 이에 응모하였다.…흩어진 인심과 국
가의 명맥은 이에 힘입어 유지 되었다.[47]

　이 기록은 임진란 초기 의병이 일어날 때의 전반적인 상황과 의병장의
성분 그리고 민중의 동태에 대한 간략한 설명이다. 그 때에 송상현과 같은
일부 용감한 수령들은 적은 병력으로 굳세게 저항하였으나 대부분의 수령
들은 성을 버리고 도주하거나 싸우려고 하지 않아 스스로 무너져 버렸다.
이는 국가기강이 문란하여 군대라기 보다는 오합지중에 가까운 질서 없는
무리들 이였다. 그런 까닭에 정부로부터 인심은 완전 떠나 있었던 것이다.
그러나 구국의 열기는 의병 창의활동으로 계속 일어나게 되었던 것이다.

5. 맺음말

　임진왜란의 발발과 함께 전개된 동래성의 항전활동은 조선 사람들의 구
국애족정신을 몸을 던져 극명하게 보여준 것이라 할 수 있다.
　조선왕조가 개국되어 유지된 오랜 평화는 임진왜란에 대한 준비를 갖추
기도 전에 왜군의 대병력의 침입을 맞게 되었다. 군사지휘계통은 제승방략
에 따른 분군법과 진관체제에 의한 방어 병력이 지휘계통에 따라 빠른 속
도로 동래성에 집결된 것은 국방 병력체계가 살아있음을 보여준 것이었다.
그러나 관직의 고위층인 감사, 병사 그리고 수사의 옹렬한 대처 방식과는

---

47) 『宣祖修正實錄』 권 26, 25년 6月條.

다르게 동래부사 송상현을 위시한 현직관료와 관군 그리고 백성들의 적극적인 대처는 국민 혼을 극명하게 보여준 것이라고 본다.

　동래부사 송상현을 중심으로 한 왜군에 비해 열악한 무기와 군병속에 백성과 관료가 혼연일체가 되어 국방에 대한 대처능력을 보여 주었고 위기상황에서도, 몸을 던져 구국의 대열에 앞장선 표본이라 할 수 있다. 우리는 그들의 영혼을 기리기 위해 충렬사를 짓고 그 뜻을 잊지 않기 위해『충렬사지忠烈祠志』를 편찬하였다. 우리는 지금도 안락서원에서 선열들의 구국의 충정을 받들게 된 것을 자랑스럽게 생각하는 바이다.

제3장 경주의 의병활동

1. 머리말

경주가 신라천년의 고도古都라는 것을 모르는 사람은 없다. 그러나 임진 왜란 7년 동안 최전선에 위치해 있던 경주부의 민초들이 계속 항전하여 왜 군을 물리친 자랑스런 의병의 고장이란 사실을 아는 사람은 많지 않은 것 같다. 국토의 동남에 위치한 경주는 왜군의 강력부대로 정평이 난 가등청정 加藤淸正군의 침입로로 점령당해 병참기지화 되었다. 그래서 적진 속에 놓 여 고립무원이 된 상태에서 경주의 지식인들은 창의거병하여 흩어진 관군 을 수습하고 영남좌도의 의병들을 집결하였다. 그리고 문천회맹蚊川會盟을 결행하여 영천과 경주읍성을 탈환하는데 성공하게 된다. 그러나 한성회담 이후 강화회담이 진행중임에도 가등청정군은 울산 서생포성西生浦城에 주 둔하면서 수시로 경주를 침입하여 왔다.

따라서 최전방에 놓여진 경주는 군사상 요충지로 전란의 피해가 클 수밖 에 없었다. 소위 명·일간의 강화회담이 진행되는 동안에도 회담에서 유리 한 위치를 확보하기 위한 왜군과의 전투가 타 지역과는 달리 계속 되어 정 유재란 때 피해는 더욱 심하였던 것이다.

본 장에서는 경주 의병군을 중심으로 그들의 활동상을 보다 명확히 밝혀 보고자 한다. 그리고 영남 좌도 의병의 행동방향을 설정하게 되는 문천회맹의 결행과 그 영향은 무엇인가 경주의 의병과 관군이 연합하여 읍성을 탈환한 과정을 종합적이고 체계 있게 정리해 보고자 한다.

2. 창의거병

경주지방의 창의태동에 대해서는 이 책 제 3편 제 3장에서 논구하게 되는 바, 여기서는 경주부의 의병 활동에 관해 살펴 보고자 한다. 먼저 거병의 몇 가지 예를 들어보고자 한다. 김응하金應河는 임진란이 발발하기 전해에 신령新寧 불골사佛骨寺에서 김우옹金宇顒, 이덕홍李德弘, 장현광張顯光, 조호익曺好益, 최동보崔東輔, 홍한洪瀚, 이삼한李三韓, 이계수李繼秀, 최인崔認, 문위文緯 등 18명과 함께 학문을 논하고 우의를 다졌다. 그리고 이 뜻을 지키기 위해 동고록同苦錄을 작성하여 이 절의 금강문金剛門 대들보에 끼워 놓기도 하였다.[1] 김응하는 임진년 2월 고향 개화동開花洞 부동釜洞[2]에 돌아와 훈도를 하면서 같은 마을에 사는 처질妻姪 이눌李訥과 함께 학문과 왜침에 관한 대책 등을 논하였다. 하루는 효령孝嶺(筬嶺)에 산다는 노인이 나타나 태공太公의 병법책兵法冊과 약을 주고 갔다고 한다.[3] 이 노인을 신옹神翁이라 부르며 그는 주요 전쟁 때에 나타나 작전을 지시해 주기도 했다. 따라서 의병장 김응하와 이눌은 유학자이면서도 도학자적인 지도자였다고 하겠다.

---

1) 金應河, 『忍心齋日記』, 「艮齊李公德弘遺記中」, 辛卯 三月十六日.
2) 金應河, 『忍心齋日記』, 「遺蹟」.
3) 李訥, 『樂義齋日記』, (壬辰日記) 2月 21日條.

이미 세상은 왜침의 우려 때문에 인심은 극도로 흉흉하였다. 김응하, 이눌은 1592년 3월 20일경부터 왜침에 대비해 각 가정에 있는 철물을 수집해 창검을 만들기 시작하였다.[4] 그것은 불국사 시회 등에서 이미 결의한대로 이행한 것이 아닌가 한다. 그런 까닭에 4월 10일 천사장天使將 이눌李訥이 마을 사람들에게 선포하기를,

> 우리 嶺左 二百年에 養士를 배출하였는데 누가 몸을 바쳐 效死로써 나라를 지키지 않겠는가. 사람의 자식으로서 어찌 참아 어려운 때에 구차하게 살기를 바라겠는가. 願컨대 여러 父兄은 각기 돌아가 전투에 참가할 준비를 하시오.[5]

라고 하여 동민들에게 철두철미한 정신무장을 시켰던 것이다. 4월 18일 왜군이 침입한 소식이 있자 천사장 이눌을 중심[6]으로 하여 분용장奮勇將 김응하金應河, 선봉장先鋒將 김응생金應生, 유격장遊擊將 오열吳悅 등 의병군을 편대하였다. 그리고 이들이 만든 창칼로 무장하였던 것이다. 이 소식을 듣고 김득복金得福이 동해東海에서 군대를 끌고 와 앞으로의 대책을 논의하였고 울산蔚山 의병장 김흡金洽, 윤홍명尹弘鳴, 윤대농尹大農, 김대명金大鳴, 박손朴孫, 박문朴文 등이 의병을 대동하고 왔다.

김득복의 거병은 어일魚日 남동리南洞里에서 동생 득상得祥과 함께 분용장奮勇將이라 대서기면大書旗面하고 의리義理로써 산 속에 흩어져 은둔하고 있던 장정들을 효유하여 60여 명을 모집하였다. 그는 4월 21일 경주 읍성이 함락되어 부윤 등 행정부가 죽장현으로 피난 갔다는 말을 듣고 즉시 불국사 뒷산에 가서 이눌李訥과 만나 앞으로 왜군을 막을 대책에 대해

---

4) 金應河, 『忍心齋日記』, 壬辰 3월 22일.
5) 金應河, 『忍心齋日記』, 壬辰 4월 초10일조
6) 李訥, 『樂義齋實紀』 권1, 壬辰 4월 18일조.

논의하였던 것을 보면 알 수 있다. 이때 김득복이 작성한 초유문을 보면 다음과 같다.

아! 생각하니 억만 백성들이 태어나서 살아가고 있는 이 목숨이 二百年동안 나라의 德化를 어루만져지고 보살펴짐이 아닌 것이 없다. 다만 머리털로부터 발끝까지 내 한몸만 치우치게 깊은 은혜를 입은 것이 아니라 곰곰이 생각해 보니 고조 증조부터 부모에 이르기까지도 배불리 입은 덕이 이미 오래되었다. 큰 띠에 笏을 꽂고 벼슬하는 귀인들만이 크고 깊은 은혜를 입은 것이 아니라 약초 캐고 葦布입은 천민에 이르러서도 내리신 은혜를 입은 것이 실로 많을 것이다.

옛날 몸과 마음이 한가하고 편안할 때에 있어서 누가 우리 임금의 은혜를 입지 않았다고 말하겠으며, 오늘날 위태롭고 어려운 때를 당하면서도 누구를 막론하고 우리 임금의 신하가 아니라고 하겠는가. 비록 조정과 민간의 구별이 있다고는 하지마는 이미 군신의 義理는 똑같은 것이라 지금 宗廟와 社稷이 기울어져 엎어질 지경이 되었는데, 어찌 떳떳한 충정으로 분격하는 天理가 일어나지 않겠는가 ….

더욱이 적군의 괴수는 저희 임금도 무시하고 권력을 제멋대로 부리니 저희나라를 봐서도 큰 역적이요 가까운 이웃 나라를 침략하여 틈이 생기게 하였으니 우리 나라의 원수인 것이다. 한편으로는 교만한 군사요 한편으로는 탐욕하는 군사이니 이르되 교만하고 탐욕함은 軍事學에 밝은 사람이 가장 꺼려하는 것이다. 이치로써도 반드시 패할 것인즉 또한 무엇이 두려워 위축될 것이 있겠는가.

엎드려 원하오니 여러 선비들은 붓을 던지고 칼을 잡고 대를 베어 깃발을 세우고 일제히 일어나 많이 모여서 장엄하고 정숙하게 정돈한다면 거의 천 백명의 적이 있다해도 가히 싸워 볼 만한 용기가 생길 것이다. 은혜에 보답할 것을 꾀한다면 국가의 큰 다행이요 향리의 큰 다행일 것이다.[7]

---

7) 金得福, 『東广實紀』 卷上, 招諭文 壬辰 4월.

동대산맥의 동안을 보통 동해라 하는데 대체로 부府의 내동內東과 외동外東에서 장정들이 이곳으로 모여들었다. 그래서 김득복 의병군은 임진 6월에 들면서 300여명 이상이 되었다.8)

이언춘李彦春의 거병도 김득복과 유사하였던 것 같다. 왜군이 침입하였다는 소식을 접하자 경주부 동천 마을 훈장이었던 이언춘은 '사족의 후예로서 이러한 판탕板蕩의 난을 만나 무사하게 피신하여 살기를 도모할 수 없다'하고 즉시 동리 사람들을 모아 대책을 논의하였다. 아들 상립尙立의 주관으로 비단에 물감 들여 군복을 만들고 가축과 가정의 주요 물건 등을 토굴에 감추는 등 전쟁 대비에 착수하였다. 마을 인구를 조사한 결과 총 인구 260여 명 중 실한 남자 116명, 여자 87명을 파악하고 의병군을 조직하였다. 이시랑李時良을 좌영장左領將으로 삼아 건실한 남자 60여명을 소속시켜 좌대左隊라 하고, 이상립李尙立을 우영장右領將으로 삼아 건실한 남자 60여명을 소속시켜 우대右隊라 하여 총 149명으로 편성하였다. 따라서 특이하게도 여성의 참여가 30여 명 이상이었던 것을 알 수 있다.

정예병은 전투에 대비해 훈련을 받도록 하였다. 그리고 비정예병은 남자의 경우는 대장간을 설치하여 병기를 만들도록 하였고, 여자는 채소를 가꾸는 등 모든 일에 있어서 전쟁에 필요한 것들을 마련하도록 하였다. 이것은 전시 체제로의 전환을 말한다. 이런 때 울산 의병장 윤홍명尹弘鳴, 이응춘李應春, 장희춘蔣希春 등이 이언춘에게 편지를 보내 협력하기를 요구해 왔다.

이외에 전 봉사奉事 김호金虎의 거병이 있었고 왜군이 경주읍성에 도착하자 부윤 윤인함은 안강 뒤에 있는 도덕산道德山 두덕암斗德庵에 있었는데 이곳으로 피난온 권사악權士諤은 바로 여기서 가솔을 이끌고 거병하였

---

8) 金得福, 『東广實紀』 卷上, 「從軍錄」, 壬辰 4月 17日 21日조 의병군은 4월 21일 경주의 내외 등에서 50여 명, 5월 11일 70여 명, 6월 4일 90여 명이 來附하였다고 기록하였음.

다. 권사악은 오래전부터 손시孫時, 이의잠李宣潛, 백이소白以昭, 이눌李訥 등과 강무회講武會를 갖는 등 친분이 두터웠던 사이였다. 권복흥權復興은 강동江東 단구리丹邱里사람이다. 왜군이 파죽지세로 북상할 때 권복흥은 의병군을 모집하여 반대로 적 치하가 된 부산 다대포多大浦로 출전하였다. 권복흥은 어려서부터 다리를 절어 보행이 불편하였다. 여러 사람이 그의 발병을 염려했으나 권복흥은 오히려 마음은 병들지 않았다면서 지금 임금이 피난을 가는 형편인데 발을 전다고 해서 한 번 죽지 못하겠는가 하고 서사보국誓死報國의 자세로 다대포多大浦로 가 화살이 다할 때까지 싸우다 전사하고 말았다. 경주사람들은 권복흥을 포함해 임진왜란 때 순절한 이팽수李彭壽, 김호金虎, 이희용李希龍, 이문진李文軫 등을 동도오절東都五節이라 부르며 그 순절의 고귀한 정신을 높이 평가하고 있다.[9]

위에서 창의거병의 몇 가지 예를 간략하게 살펴보았다. 이들 의병장의 신분은 대개 유림儒林이며 무인武人출신도 없지 않다. 그 중에는 전·현직 관료로서 경주지방의 명망인名望人으로 영향력이 큰 인물들이 많았다. 의병에는 상민에서 천민에 이르기까지 함께 거병하게 된 것은 민족적 저항과 근왕勤王정신 뿐 아니라 향토애鄕土愛에 기반을 둔 때문이다. 많은 사람들이 의병에 참가한 현상은 의병장의 영향력도 무시할 수 없겠지만 특히 지역적 향토의식鄕土意識과 혈연血緣의 유대가 강하게 작용하였던 까닭이다. 그래서 의병장을 중심으로 한 친척 동문인同門人, 소작인, 노복과 같은 마을 사람들이 중심이 되어 스스로 궐기하였던 것이 대부분이었다.[10]

대개 의병은 충의심에 의해 자발적으로 거병하였다. 그 중 일부는 병사

---

9) 權復興, 『五慕齋實紀』, 「遺事條」. ; 蔡弘遠, 『嶺南人物考』, 1978, 탐구당 ; 경상북도, 『慶北偉人傳』, 1987 참조

10) 崔永禧, 「壬亂 義兵의 性格」『史學研究』8, 韓國史學會 1960. ; 李載浩, 「壬亂 義兵의 一考察 -특히 官軍과 明軍과의 관계를 中心으로」『歷史學報』35·36 合輯, 1967 참조

부윤 등 관官으로부터 의병장의 직함을 부여받기도 하였다. 이를테면 김석견金石堅의 경우를 보면,

> 壯士 黃希安 등 수십인이 왔다. 마침내 그들을 따라 府尹을 謁見하였다. 부윤이 힘을 합쳐 적병을 쳐 없앨 것을 말하였다. 來會하는 壯士가 수백인이나 되었는데 부윤은 우수한 자를 擇하여 領將을 삼았다.[11]

라고 하고 김석견 자신도 영장領將에 임명되었던 것이다.

3. 해중릉·김유신묘의 制勝祈祭 거행

왜군이 동래에 침입한 후 맹렬한 기세로 경주부를 향해 북진하고 있을 때 부윤 윤인함은 향교에 있던 성현의 위패를 안전지대로 옮기는 한편[12] 왜적 격퇴의 상징성이 높은 홍무왕興武王 김유신金庾信 묘에 우선적으로 제례祭禮를 거행토록 하였다. 이것은 항왜전선을 구축하기 위한 결심에서 나온 것이 아닌가 한다. 그리고 의병장들도 동해구東海口의 대왕암과 울산 무용암武龍岩 그리고 단석산斷石山 등에 빈번하게 기제祈祭를 올린 것은 이와 같은 취지에서였다.

동해구는 통일신라의 군주 문무왕文武王의 해중릉이 있는 곳이다. 이곳에서 의병장 이눌李訥, 유정柳汀 등이 여러 차례 용신제龍神祭를 거행하였다. 대왕암 제문을 소개하면 다음과 같다.

---

11) 權士諤, 『梅窩實紀』, 「訓正金公 龍蛇事蹟」. 府尹 尹仁涵으로부터 李彦春은 領兵大將(『東溪實記』, 壬辰 4月 19日條), 朴仁國은 領軍大將(『靖广實紀』 권1, 「龍蛇日記」, 壬辰 9月 10日條), 李彭壽는 경상좌병사로부터 선조 29년에 蔚州伏將(『杜村實紀』, 遺事條)을 각각 받은 바 있음.

12) 鄭士誠 『芝軒集』 권 3, 壬辰日記 壬辰 4월조

아! 大王이시어 靈妙한 德을 보심이 이로웠습니다. 어리석은 이 南蠻
이 몇 년이나 나라를 침범하였습니까. 원컨대 睿念에 감화되어 이에 능
히 强域을 보전하였습니다. 12島夷를 攻伐하는데 어찌 人力만을 바라
겠습니까. 아름답고 또 영흠하시어 다시 降陟하심을 나타내소서. 생각
지도 않은 倭奴가 방자하게 독기를 부리는 것이 측량할 수 없으니 영험
이 만약 알고 계시면 반드시 죽일 것이라 생각되옵니다.

아! 잊지 않고 늘 가슴속에 생각하고 있는 것은 안타까운 臣民이 가시
덤불 속으로 달아나 숨어있는 일이며 倭寇는 航海하는데 萬頃에 波蘭
이 멈추었습니다. 怒濤처럼 분발하여 공격하는 것은 우리 왕의 법칙이
니, 저 狂瀾을 挽回하는 데 어찌 傾覆시키지 않겠습니까. 나부끼는 빠
른 바람에 경쾌한 艫로 추격하게 하소서. 나라를 근심하는 寸心에 이렛
밤을 목욕재계하였습니다.

아! 東京이 함몰되는 것을 차마 못 보겠습니다. 돛대와 노를 꺾어 놓
았으니 斬伐에 百倍였습니다. 臣은 바로 신라의 백성이니 痛切함이 (어
찌) 감히 다하겠습니까. 한 하늘에서 더불어 살 수 없는 일이라 격분하
여 달려가 돌격하고 바람처럼 중국에 사신보내서 갑자기 顚敗시키겠습
니다. 나라의 수치를 씻게 되면 일월처럼 빛이 떠오르겠습니다.[13]

단석산斷石山은 경주 서편 827m에 위치한 신라 오악五岳중 중악中岳에
해당된다. 이 산 거의 북향北向의 정상부분에 마치 칼로 내려친 'ㄷ'자형字
型의 바위가 있어 단석산이라 이름하였다. 일찍이 김유신이 이곳에서 수도
하여 신비한 힘을 얻었다고 한다. 의병장들은 이곳에 산제山祭를 지내고
왜적격퇴를 기원했다. 선조 25년 8월 21일 거행된 의병장 최동보崔東輔의
산제山祭 내용을 소개하면 다음과 같다.

엎드려 살피오니 거룩하신 신령이시여
옛날에 떨치신 그 빛 밝기도 하옵니다.

---

13) 柳汀, 『松壕日記』, 壬辰 5월 2일조.

이땅에 精氣가 뭉쳐 이 나라를 열었사옵니다.

나라가 艱難에 빠짐에
남쪽 지방에 奸狡한 무리가 猖獗하옵니다.
감히 都城을 놀라게 하니
임금의 大駕가 창황하옵니다.
죽음으로써 태어난 나라 은혜 갚고져
지금 의병을 일으켰사옵니다.
병사를 정돈하여 격려하옴에
사방에서 구름같이 모여 들었사옵니다.
小將이 군사를 일으켜 지금 해변을 향해 가옵니다.
人家가 연기에 묻히고 들이 고요하여
요사스런 기운이 눈에 가득하옵니다.
죄 없는 우리 백성들이 들에 쌓이도록 죽었사옵니다.
적을 討伐할 一千 군사의
無氣가 크게 떨칩니다.
병사들이 배불러 노래 부르고 말들이 그 양식을 나르옵니다.
칼을 斷石에 갈아 衷腸으로 아룁니다.
신이시여! 밝게 비추어 洋洋하게 옆에 계시소서.
蒼生들을 쓰다듬어
영명하신 大王께 먼저 감사드립니다.
신이시어, 오직 이르시어 이 出陣을 도우소서.14)

　최동보는 제문祭文에서 전쟁 수호신으로 믿었던 김유신에게 죽음으로써 나라에 보답코자 거병한 이유를 고하고 칼을 단석斷石에 갈아 충성忠誠할 것을 맹서하니 우리와 함께 하여 도와주소서라는 내용이 간절하였다.
　우리들이 잘 아는 바와 같이 경주는 긴 역사의 고장이다.15) 따라서 어느

---

14) 崔東輔, 『憂樂齋實紀』, 祭金角干庾信文.
15) 鄭士誠, 『芝軒集』壬辰日錄, 壬辰 4월 16일조

지방보다도 문적文籍과 유물이 많았다. 그러나 임진왜란을 맞아 무자비하게 파괴, 소실되고 말았다. 이런 누란累亂의 와중에서도 그나마 보존된 것은 지사志士들의 애국적인 수행殊行에서 온 것이다. 그 몇 가지를 언급해 보고자 한다.

먼저 태조太祖 이성계李成桂의 어진御眞을 안전한 곳으로 모셨다. 조선 왕조는 경주와 전주全州에 왕기의 땅이라 여겨 각각 집경전集慶殿과 경기전慶基殿을 짓고 창업군주인 태조의 어진을 극진히 모셔왔던 것이다. 전란이 터지자 부윤 윤인함은 4월 16일 태조의 어진을 우선적으로 참봉參奉 정사성鄭士誠, 홍여율洪汝栗에게 명하여 대피하기를 지시한다.16) 이들은 태조의 어진을 받들고 양동良洞에 있는 수운정水雲亭과 죽장竹長을 거쳐 동년 8월 7일 안동安東 예안禮安에 있는 참봉 이영도李詠道의 안가에 봉안하였던 것이다.17)

둘째, 『경상도지리지慶尙道地理志』, 『경상도속찬지리지慶尙道續撰地理誌』, 『도선생안道先生案』, 『부선생안府先生案』, 『호장선생안戶長先生案』, 『신라시조세계족보新羅始祖世系族譜』 등 경주지역의 주요 문적을 보관시켰다는 것이다. 경주부 서리胥吏 최락崔洛은 당시 상황을 기록하였을 뿐 아니라 앞에서 언급한 문적들을 무장산鍪莊山 깊은 석실石室중에 보관하였다18)가 기림사로 옮겨 오늘날까지 전하게 한다. 이 사실은 『동경통지東京通志』 권12, 수행조殊行條에서 찾으면 다음과 같다.

> 본주는 바로 新羅의 古都로서 예부터 유전하던 古蹟이 모두 兵火에 망실되고 오늘에 남아있는 것은 오직 本道地理誌와 續地理誌 營主先生案 府尹判官先生案 신라시조 世系족보 등 약간 뿐이다. 당시 急亂

---

16) 『慶州先生案』, 윤인함, 임진 4월 17일조
17) 孫曄, 『龍蛇日記』, 壬辰 8월 2~7일조
18) 『慶州先生案』, 「戶長先生案」.

을 당하던 날 내가 이 寶籍을 갖고 나와 굴을 파고 깊이 묻어 두었다가
적이 물러간 뒤 다시 깊숙한 山寺에 옮겨 두어 마침내 화재를 면하였다.
이로써 후세에 전하여 古今 沿革의 자취를 잇게 되었으니 이 어찌 다행
한 일이 아니겠는가. 이로 인하여 記를 해 둔다.

최락은 호장선생안에 따르면 증조曾祖 예노汭老 때부터 대대로 경주부
호장을 지내온 가문이다.[19] 이같이 문적이 보전된 후부터 나라가 어려울
때 문적 보관에 더욱 관심이 고조되었던 것이다.

셋째, 조선 왕조는 성리학性理學을 국가 건국 이념으로 삼았다. 경주부
에서도 신라 국학國學 자리에 향교鄕校를 마치 성균관成均館과 같게 지어
5성聖 10철哲, 송조宋朝 6현賢 뿐 아니라 신라新羅 설총薛聰, 최치원崔致
遠, 고려 안향安珦, 정몽주鄭夢周 등 4현賢을 모셔 국가 이념理念과 교육
을 일으켰다. 임란이 터지자 교생校生 문응성文應星, 박이순朴而淳, 이기
종李起宗, 이집李緝, 손응벽孫應壁, 이시인李時仁, 이시립李時立 등 8명[20]
은 대성전大聖殿과 동무東廡와 서무西廡에 모셔 왔던 위판位版을 받들고
현곡見谷과 안강安康 경계에 위치한 비장산臂長山 북편에 있는 금곡사金
谷寺에 일단 모셨다.[21] 그해 9월 옥산서원玉山書院을 거쳐 도덕산道德山
두덕암斗德庵에 안치하고 돌아가면서 숙위宿衛하였다. 전쟁이 끝난 선조
33년 부윤 이시발李時發이 우선적으로 대성전을 중건하고 성무위판聖廡位
版을 환안한 것이다.[22] 그리고 박언수朴彦秀는 신라시조왕묘新羅始祖王廟
의 위판位版을 받들고 부府의 서편 7리에 위치한 선도산仙桃山에 숨겨 온
전하게 보전한 것[23] 등은 높이 평가되어야 마땅하다.

---

19)『慶州先生案』,「戶長先生案」.
20)『慶州先生案』,『東京通志』 권12, 殊行條.
21) 李宜潤,「壬辰日記」, 壬辰 9월조
22)『東京通志』 권6, 學敎條.
23)『東京通志』 권12, 殊行條.

4. 蚊川會盟 결성

문천회맹은 선조 25년 6월 9일 경주 문천蚊川가에 위치한 월성月城에서 있었다. 문천[24]은 남천南川이라고도 하는 바 일찍이 경주지역을 대표하는 호칭이기도 하였다. 더구나 뒤에 언급되겠지만, 이들이 결집할 수 있는 장소는 전략적으로 읍성이 내려다 보이는 곳으로 공격하기에 매우 유리하다고 생각된다. 따라서 문천가에는 월성 밖에 다른 곳이 없다고 본다. 오늘 그들의 뜻을 기리기 위해 경주의 지사들이 세운 문천회맹기념비에도[25] '문천은 반월성을 끼고 도는 경주의 남천南川이다. 이곳은 지금부터 405년 전 임진왜란이 일어났을 때 위란에 처한 나라를 구하고, 향토를 수호하기 위해 창의의 기치를 높이 들고 일어선 의사들이 의동사생義同死生의 혈맹을 다짐한 문천회맹이 있었던 곳이다.'라고 규정하고 있다. 그렇다면 의병들은 왜 월성회맹月城會盟이라 하지 않고 문천회맹이라고 하였을까. 그것은 많은 세월이 가도 산천의 변함이 없다는 데서 그렇게 명명한 것이 아니겠는가 생각된다. 이 회맹會盟은 팔공산八公山, 화왕산火旺山 회맹會盟보다 앞선 것으로 임란사壬亂史에 길이 빛날 것으로 믿어진다.

회맹은 중국 주周나라 때부터 있었는데 그 뜻은 같은 목표의 달성을 위해 여러 사람이 모여 굳은 결의와 실천을 위해 서약하고 살생과 의식을 거행한 것을 말한다.[26] 당시 경주에는 의주에서 국왕이 보낸 경상도 사민에

---

24) 『新增東國輿地勝覽』 제21권, 慶州府 山川條에 蚊川은 府의 5里에 있다. 金克己의 祓禊 詩에 '南山 1만 송이 푸른 빛 소라(靑螺) 들어나네. (산의) 세찬 형세 5백리를 달려오다가, 중도에 비스듬히 솟았네. 그 아래 한 줄기 蚊川이 있으니, 만 번 꺾고, 천 번 서려 구불구불 흐르네. (달려서) 月精橋 어귀 향해서 나가니, 놀란 물결 부서져 옥을 울리는 소리로다'라고 하였다. 따라서 문천과 반월성은 인접해 있음을 알겠다.

25) 경주 壬辰義士 추모사업회에서는 1998년 6월 당시 열렬히 항전했던 의사들의 깊은 뜻을 기리기 위해 경주 황성공원에 壬辰義士 倡義와 蚊川會盟 및 殉節義士의 碑를 세우고 『倡義錄』을 펴낸 바 있다.

26) 金一出, 「春秋會盟考」 『歷史學硏究』, 역사학회편, 1949.

게 보낸 초격문草檄文과 초유사 김성일이 보낸 격문 등이 함께 도착하게 된다. 그래서 더욱 분격하여 거방하게 된다.[27] 경주 의병진에서 사발통문通文을 보냈는데 이 통문을 받은 많은 의병들은 문천회맹에 참가하기 위해 모이기 시작한다. 이같은 사실은 『관란문집觀瀾文集』권2, 임진일기초壬辰日記抄에서,

> 滄州崔先生 汝琥日錄에 말하기를 5월 29일 慈仁 李承曾, 淸道 幼學 朴慶宣의 通文이 도착하였는데 자못 奮義討賊의 계책이 있다.[28]

라고 하여 대구에 있었던 최동보崔東輔는 이승증李承曾과 박경선朴慶宣으로부터 '분의토적奮義討賊할 수 있는 계책'이 있다는 통문通文을 받고 6월 2일 의병군을 대동하고 문천에 도착하였다. 이를 볼 때 의병을 문천에 모두 모이게 한 것은 의병진이 중심이 되어 통문을 발송한 것이 아닌가 생각한다. 이 때에 의주에서 국왕이 보낸 격문과 초유사 김성익의 초유문이 경주의병진에 도착한다.[29] 당시의 관계 기록이 대동소이하나 『동계실기東溪實記』에 따르면 5월 28일 이언춘은 동해안으로부터 월성月城으로 진지를 옮겼다. 이때 부윤 윤인함이 단기로 와 격려하였다. 29일에 이계수李繼秀 등 10여餘 의사義士가 문천에 온 것을 시작으로 6월 5일에 이경연李景淵 등 11인人은 울산에서, 정세아鄭世雅 등 14인人은 영천永川에서, 김천목金天穆 등 8인人은 연일延日에서, 서방경徐方慶 등 3인人은 장기에서, 정인헌鄭仁獻 등 11人은 홍해興海에서, 박희근朴希根등 6인人은 양산梁山에서 각각 의병을 거느리고 왔다. 그 다음날 최계종崔繼宗 등이 정병 300

---

27) 李說, 『愛日堂實紀』「龍蛇日鋒」壬辰 5월 24일조 '金公誠-招諭文 義州義陣草檄文 並來到…'

28) 李承曾, 『觀瀾文集』권2, 「壬辰日記抄」.

29) 이설, 『애월당실기』, 「용사일록」, 이것이 5월 24일 도착하였다고 함.

여 명을 거느리고 와서 모였다. 그리고 6월 7일에는 박의장朴毅長이 합세
하니 4,200명30)에 이르렀다. 이와 같이 의병과 관군의 합세로 병세兵勢는
매우 강했다. 이들의 목표는 아마 읍성의 탈환에 있었던 것 같다.

이때 의병장들이 문천회맹蚊川會盟에 참여하기 위해 군사를 이끌고 모
여든 기간은 7일간이 걸린 셈이다.

의병들은 읍성탈환을 위한 여러 가지 대책을 논의하기도 하고 휘병耀兵
하면서 군용을 과시하였을 것으로 보인다. 6월 17일 문천蚊川전투가 전개
된다. 이때 왜군 수천명이 언양彦陽으로부터 경주로 오면서 마구 분탕질을
해댔다. 그리고 경주읍성에 있던 왜군도 출동했으리라 생각된다. 적을 맞은
아군은 양편대로 나누어 남산南山으로 올라갔고 관군과 경주 의병진은 남
천에 진을 치고 왜군에 대응하였다. 활과 돌로 맹렬하게 공격하니 왜군은
크게 패하고 놀라 일부는 읍성으로 되돌아갔지만 대부분은 서쪽을 통해 운
문산雲門山으로 도망쳤다. 이 전투에서 아군은 왜군 400여 명을 사살하고
칼, 창, 조총鳥銃 등 무기 27병柄을 노획하는 성과가 있었다. 군용을 한껏
적에게 보여준 전투였다. 그러나 어찌해서 읍성 공격을 뒤로 미루었는지는
알 길이 없다. 하지만 이들의 연합과 힘의 과시는 후일을 기약하기에 충분
하였으리라 짐작이 간다.

또한 이 자리에 모인 의병 지도자들은 좋은 날을 잡아 6월 9일 부윤府尹
판관과 함께 짐승을 잡아 서로 피를 마시고 서약을 꼭 지킨다는 단심丹心
을 표시하기 위해 회맹록會盟錄을 작성하였다.31) 이 회맹에 참여하여 굳은

---

30) 金得福,『東广實紀』권1, 諸賢記蹟, 壬辰 6月 初 7日條. ; 李大任,『竹溪實記』권1,
    諸賢 記述 및 遺事. ; 李繼秀,『詠風亭實紀』,「龍蛇日錄」의 同日字.「종군록」,『松皐
    實紀』,『梅窩實紀』,『愛日堂實紀』,『詠風亭實紀』,『霽月堂實紀』,『花岩實紀』 등에
    의하면 의병장들은 壬辰 5월 29일부터 南川으로 모여들기 시작하여 6월 5일에는 울산,
    영천, 장기, 홍해, 양산, 동래 등 의병장들이 많은 의병군을 이끌고 왔다. 그리고 6월
    7일에는 경주 판관 박의장의 관군까지 합세하게 된 것이다.
31) 孫曄,「龍蛇日記」, 壬辰 6月 초9일조.「昧爽 興崔繼宗權應生白以昭李龍甲李訥孫時

의지를 표현함으로써 훗날 의병항쟁에 큰좌표가 되었으리라고 본다. 그 참
여 의병장의 명단을 『경주읍지慶州邑誌』에 의거 작성하면 다음과 같다.

<표3-1> 蚊川 會盟錄

지역	의 병 장	비고
경주	李台立 李繼秀 堅川至 李三韓 金光福 金應生 金得福 黃希安 金得秋 崔繼宗 權應生 白以昭 李龍甲 李汝良 崔海南 李彭壽 李訥 孫時 崔奉天 孫曄 李宜潛 金弘燁 金以寬 權士諤 金天錫 金夢良 李元明 徐思迪 金春龍 李承級 金鸞瑞 李芳隣 金夢和 金得祥 金應福 李夢龍 朴榮立 朴仁國 黃希喆 李昌後 金萬齡 金永壽 吳悅	43명
영해	白中立 鄭承緒 南慶熏	3명
울산	柳汀 李景淵 徐仁忠 李應春 李逢春 李承金 李遇春 蔣希春 金洽 尹弘鳴 全應忠 朴孫 全玠 李翰南 朴文 柳榮春 柳伯春 田永芳 朴慶悅 朴應福 朴仁立 高處謙 朴鳳壽 徐夢虎	25명
영천	曹以咸 曹以恒 祖以節 鄭四震 鄭世雅 鄭宜藩 全三益 全三達 趙時彥 曹德驥 曹瓊 徐道立 李止孝 曺俊驥	14명
대구	崔東輔 孫處謙 崔認	3명
영일	金天穆 金見龍 鄭大容 安信命 沈希淸 權汝精 金元龍 金宇淨 金宇潔 金宇灝	10명
장기	徐方慶 李大任 徐克仁	3명
흥해	朴夢瑞 鄭仁獻 扈民秀 崔興國 李大立 鄭三畏 鄭三戒 李華 李大仁 陳奉扈 鄭三顧 李說	12명
동래	朴希根 李仁宜 梁通漢	3명
양산	李夢鸞 安瑾 鄭好仁 鄭好義 崔沂	5명
언양	辛荃	1명
자인	金遇鍊 金遇鎔 全克昌 朴夢亮 安天民 崔敬止 崔熙止 李春馣	8명
현관	慶州府尹 尹仁涵 慶州判官 朴毅長	2명

崔奉天 率精兵三百餘人 會汶川上」라고 하여 蚊川會盟을 맺었다. 그러나 蚊川 전투에
관해 6월 7일과 17·19일 등으로 각기 다르게 기록한 것이 있으나 會盟 명칭에 대해
이의가 없다. 회맹일자에 대해 金得福,「從軍錄」, 壬辰 6월 19일조 '歃血修會盟錄'이
라 하였고 徐方慶『直齋實紀』와 朴仁國『靖广實紀』에는 壬辰 5월 29일자로 '鰲山會
盟'이라 하여 마치 별개의 회맹이 또 있었던 것같이 표현되었을 뿐이다.

따라서 의병장은 12고을에 총 132명이 된다. 이 회맹에 참여한 자들이
중심이 되어 곧 경주 읍성의 탈환 계획을 구체적으로 세워, 실천에 옮겨지
고 있었다.

5. 慶州邑城 탈환

이제 영남의 거진巨鎭인 경주읍성은 선조 25년 4월 21일 왜군에게 함락
되고, 같은 해 9월 8일 탈환에 성공하기까지의 관官·의병義兵의 활동을 중
심으로 살펴보고자 한다.

왜군이 동래東萊에 침입하였다는 급보를 받은 경주부慶州府 판관判官
절제도위節制都尉 박의장朴毅長은 관군을 이끌고 좌병사左兵使 이각李珏
의 막하에 소속되어 동래로 갔다. 그러나 경주성을 지키라는 명을 받고 회
군하여 읍성수비에 들어간다.

왜군은 부산 동래를 점령한 다음 삼로三路로 나누어 북상하기 시작하였
다. 조정은 이런 비보를 접하자 우선 이일李鎰을 순변사巡邊使로 삼고 중
로中路에, 성응일成應一은 좌방어사左防禦使로 동로東路에, 조경趙儆을
우방어사右防禦使로 서로西路에, 유극랑劉克郎 변기邊機는 조방장助防將
으로 죽령竹嶺과 조령鳥嶺을 각각 지키게 하고, 경주부윤 윤인함尹仁涵은
늙고 나약하다는 이유로 강계부사江界府使 변응성邊應星과 교체시켰다.
그리고 출동할 때 군관軍官을 대동하도록 하였다.[32) 그러면서 제승방략制
勝方略에 따라 경상도 수령守令들에게 관군을 끌고 대구大丘에 집결토록
하였다.[33) 경주는 방어전략상에서 일단 제외되어 경주는 고립무원 상태가

---

32) 『再造藩邦志』1, 壬辰 4월 16일조 ; 『宣祖修正實錄』권26, 25년 4월조
33) 『燃藜室記述』권15, 壬辰倭亂 大駕西狩 4월 21일조

되었던 것이다. 경주는 동로에 위치해 있었는데 가등청정加藤淸正이 22,800여 명을 이끌고 이 길로 무섭게 북상하였다.

울산 좌병영에는 안동安東을 비롯한 13읍邑의 군사가 운집했지만 하양河陽과 용궁현龍宮縣의 지원군이 중도에서 되돌아갔기 때문에 경주읍성의 수비는 본부병本府兵과 장기 현감 이수일李守一 군사뿐이었다.34) 부윤 윤인함尹仁涵은 포망장捕亡將으로 성밖에 있어 실질적인 군사권을 갖게 된 판관判官 박의장朴毅長은 이수일李守一과 함께 경주읍성의 사수를 결의하고 모든 장수와 군사들에게 지첩指堞을 만들게 하여 성문을 굳게 닫고 방어에 임하였다.

한편, 왜 제 2군 선발대 휘원輝元은 언양에서 병사를 끌고 사잇길로 경주에 쳐들어 왔다.35) 당시 상황을 『난중잡록亂中雜錄』1, 임진년壬辰年 4월 21일조에서 찾으면,

> 賊兵의 또 한패는 彦陽으로부터 사잇길로 해서 전진하여 경주를 함락 시켰다. 그때 부윤 윤인함은 포망장으로 西川에 있었고 판관 朴毅長과 장기현감 李守一 등은 성안에 있었다.

고 하여 경주읍성 수성장으로 경주판관 박의장과 장기현감 이수일이 적과 대치하고 있었던 것을 알 수 있다. 이보다 앞서 부윤 윤인함은 강계부사로 발령됨과 거의 같은 때에 경상좌병사 김수金睟로부터 포망장에 보임된다. 그 까닭은 초유사 김성일金誠一, 병사 유숭인柳崇仁 등도 윤인함이 인심을 잃고 있지 않았기 때문에 군軍을 격려하기 위한 계책에서 온 것이 아닌가 한다. 윤인함은 이각李珏 막하의 500여 군졸을 떼어 판관 박의장 군

---

34) 『亂中雜錄』1, 壬辰年 4월 21일조
35) 『宣祖中興志』권1, 壬辰 4월조, "輝元 分兵 自彦陽間道 進攻慶州府."

에 소속시킨 다음에 포망장직을 수락하였다고 한다. 윤인함은 경주읍성이 수복될 때까지 포망장으로 활동했다.[36] 당시 성안의 상황을 『관감록觀感錄』권1, 가전家傳에 의하면 피난길에 오른 사람들이 함부로 집을 불살라서 연기가 가득 찼고 탐정군은 달아나 적이 가까이 왔어도 알지 못 하였다. 총소리가 10리里밖에 들리니 장수와 군사들이 무기는 빈약한데다 적이 갑자기 닥친 까닭에 성을 넘어 도망가서 남은 군사가 얼마 되지 않았다고 한다. 그런데도 박의장은 이수일과 함께 군사를 이끌고 싸웠으나 중과부적衆寡不敵이었기 때문에 경주 북쪽에 위치한 기계杞溪, 죽장竹長으로 일단 후퇴하고 말았다. 또한 이의윤李宜潤『임진일기壬辰日記』4월 22일조에 보면 왜적이 읍성 남문인 징례문徵禮門에 도달하였을 때 장기 현감 이수일은 서문인 망미문望美門으로, 경주 판관 박의장은 동문인 향일문向日門과 북문 공진문拱辰門을 열고 후퇴하였는데 이때 추격하는 왜군에 의해 많은 사람과 말이 사살되었다.[37]

이같이 급박한 상황을 경주부 호장戶長 최락崔洛은 『경주선생안慶州先生案』에서 다음과 같이 기록하고 있다.

> 21일 凶賊이 이미 本府를 쳐들어 왔다. 府尹은 捕亡將으로 城밖에 나갔다가 그대로 북쪽으로 달아났다. 守城將은 本府判官 朴毅長, 장기 현령 李守一이 군사를 영솔하여 치려 하였으나 賊氣가 너무 강해 我勢가 와해되어 相敵하지 못하고 무너지고 말았다. 府尹·判官은 지경을 떠나지 않고 杞溪·竹長 사이에 있었으며 흩어진 병사와 義兵을 모집하였다.

---

36) 金德龍, 『龍猴錄』.

37) 川口長孺, 『征韓偉略』, 壬辰 4월 21일조, "淸正自態川 行略地至慶州 諸城逃兵鳩集 淸正進攻之斬獲三四千 城陷 淸正留兵 諸城護之 進向京城"라고 하여 3~4천을 참획하고 성을 함락시켰다고 함. 李炯錫, 『壬辰戰亂史』 상, 新現寶社, 1974, pp.256~258 참조.

그런 까닭에 일단 경주 북쪽에 위치한 산악지대인 기계杞溪, 죽장竹長으로 후퇴한 윤인함, 박의장 등은 초모이민招募吏民하기를 게을리 하지 않았고 의義로써 격려하여 의병을 일으키도록 하였다. 그러나 경상우도에 있던 초유사招諭使 김성일金誠一은 경주慶州의 부윤府尹과 판관判官이 깊은 산 속에 숨었다[38]라고 한 것을 보면 경주가 고립무원 상태였던 것을 알 수 있다.

이러한 상황에서 부윤 윤인함은 흩어진 관군을 수습·정비하고 의병을 격려하였기 때문에 의병장 이극복李克福은 찬획종사贊劃從事할 것을 맹서하였고,[39] 박인국朴仁國, 김석견金石堅, 황희안黃希安 등을 영장領將에 임명하여 항왜전선을 구축해 나갔다.

왜군은 경주읍성을 함락시킨 다음 복도정칙福島正則의 부장 다천내기多川內記가 성 안에 주재하고 이곳을 병참기지화하면서 주민들을 상대로 하여 약탈과 파괴, 방화 등을 일삼았다. 그리고 빼앗은 재물을 읍성으로 실어 나르는 짐바리가 도로에 가득 찼다고 한다.[40] 특히 왜군은 경주, 영천, 대구, 성주, 선산, 개령開寧, 금산金山, 상주 등지의 거점을 축으로 한 기각埼角[41]의 태세를 갖추어 경상도를 완전히 장악하려고 하였다.

이러한 상황에서 경주읍성 탈환 추진은 영천성永川城 수복이 성공한 1592년 7월 하순경이 아닌가 한다. 경주성 탈환전투는 제 1차 임진壬辰 8월 21일, 제 2차 같은 해 9월 7~8일에 있었다.

제 1차는 좌병사 박진朴晋에 의해 주도된다. 이각대신 좌병사가 된 박진朴晋은 7월 중순 경주, 영천 중간에 위치한 요충지 안강安康에 좌병영左兵

---

38) 『亂中雜錄』 2, 壬辰年 8월 초 24일조 : 李魯, 『龍蛇日記』, 壬辰年 기록.
39) 李克福, 『慕義堂日記』, 壬辰 4월 22일조
40) 『宣祖實錄』 권28, 25년 6월 丙辰條.
41) 李魯, 『龍蛇日記』, 壬辰 5월 4일조 기록.

營을 설치한다. 그리고 영천성 탈환이 성공하자 경주성 수복전에 전념하기 시작하였다. 더구나 의주義州에 있던 국왕이 연릉부원군延陵府院君 이호민李好閔을 시켜 작성한 경상도 사민士民에게 내린 특별 교서敎書가 이때 경주 관군과 의병진에 접수된다.[42] 이 교서를 접한 사민士民들은 크게 감격하고 보국진충의 뜻을 더욱 굳혔던 것이다. 이 사실을 『나곡실기蘿谷實紀』壬辰 8월 19일조에서 찾으면,

> 傳敎의 辭意는 眞文과 諺文으로 謄抄하여 본진에 호유하니 老少가 북쪽을 바라보고 절하며 통곡하니 一軍이 다 울었다. 모두가 死心을 갖게 되고, 이 날 이후 군사훈련을 더욱 열심히 하였다.

라고 한데서 확인된다. 이런 상황에서 경주읍성 탈환 계획추진을 최락崔洛은 『경주선생안慶州先生案』에서 다음과 같이 기록하고 있다.

> 이때 賊은 이미 鳥嶺을 넘었고 기세가 충천하여 향하는 바에 거리낌이 없었다. 兵使가 약간 의 군졸을 모집하여 거느리고 고을 守令이 왜병을 잡는다는 소문을 듣고 적의 숲을 뚫고 나와 邑의 수령과 함께 대책을 논의하니 점점 軍勢가 떨치기 시작했다.

라고 하여 경주·장기 양읍의 수령과 의병진과 함께 경주읍성 공략에 관한 대책을 세웠고 그리고 적극적으로 추진한 것이 아닌가 한다.

특히 영천성 탈환의 성공으로 관·의병의 사기가 고조되자 박진朴晉은 모든 읍의 군사를 좌병영이 있는 안강安康으로 집결토록 하였다.[43] 그리고 병사 박진朴晉 자신도 청송靑松, 안덕安德, 영천永川, 등지를 돌아 흩어진

---

42) 朴春茂,『蘿谷實紀』「龍蛇日錄」, 壬辰 8월 11일조
43) 孫曄,「龍蛇日記」, 壬辰 7월 27일조 ; "傳令 聚軍爲擊賊計 一府官屬 及精兵皆到."

군사와 백성을 격려하여 군졸 수합에 나섰던[44] 것이다.

그 결과를 『난중잡록亂中雜錄』 2, 임진년壬辰年 8월 27일조에서 찾으면,

경상좌병사 朴晋이 모든 장사와 더불어 安康에 모여서 軍官 權應銖, 判官 朴毅長으로서 선봉을 삼았다. 16邑 군사 萬餘名을 거느리고 밤에 40里를 행군하여 경주읍성에 육박하였다. 장사를 뽑아서 성밖의 민가를 불지르니 연기와 불꽃이 하늘에 가득하여 지척을 분별할 수 없었다. 大軍이 포위하고 공격하였다.

라고 하여 요새지 안강安康에서 8월 20일 군사 검열을 마친 밤 11시경[45] 경주 판관 박의장軍과 영천 탈환의 주역인 군관軍官 권응수군權應銖軍을 선봉으로 하여 경주읍성을 향해 40리里 길을 떠났다. 앞으로 이 대병大兵을 복성군復城軍이라 칭하고자 한다.

그러면 먼저 전투 날짜는 언제였던가. 『경주읍지慶州邑誌』 권8, 서천순절조西川殉節條에는 8월 20일로 되어 있고 권응수『백운재실기白雲齋實紀』에는 동월 22일로 되어 있어 마치 3일간 전투가 있었던 것 같이 되어 있다. 그러나 손엽의 『용사일기龍蛇日記』, 박의장의 『관감록觀感錄』 등 타 기록에는 21일 단 하루 뿐으로 기록되어 있다.

따라서 20일은 군병을 안강에 총 소집하여 검열을 마친 그날 밤 군병이 출발하였고 실제 전투는 그 다음날인 21일 하루뿐이었던 것을 알 수 있다.

다음 관·의병으로 구성된 복성군이 참여한 고을 및 병력수도 기록마다 차이가 있다. 『선조수정실록宣祖修正實錄』, 『징비록懲毖錄』, 『난중잡록亂

---

44) 孫曄, 『龍蛇日記』. ; 崔奉天, 『耘庵實紀』. ; 박의장, 『觀感錄』 등에 좌병사 朴晋은 靑松·安德·永陽에서 8월 18일 돌아왔다고 함.
45) 孫曄, 『龍蛇日記』, 壬辰 4월 21일조 "十一邑軍 齊會合三萬七千餘人 兵勢大振 二更末 進軍"이라 하였음.

中雜錄』, 『재조번방지再造蕃邦志』 등에는 16읍邑 1만여명萬餘名으로 되어 있으나 손엽의 『용사일기龍蛇日記』에는 11읍邑 37,000여 명이고 최락崔洛은 『경주선생안慶州先生案』에서 16읍邑 50,000여 명으로 기록하고 있다. 그렇다면 실제 이 전투에 참여한 바 있는 손엽의 기록에 더 신빙성이 있지 않을까 한다. 그리고 참전한 읍은 경주, 영천, 울산, 영일, 대구, 장기, 흥해, 영해, 양산, 언양, 자인 등 문천회맹蚊川會盟에 참여한 고을의 의병으로 추측된다.

한편 읍성 안의 주둔 왜군은 다천내기多川內記군과 영천성의 마강馬强이 패잔병과 자인慈仁 등지 병력 만여명萬餘名 병력이 있었다.[46) 그리고 복성군의 경주성 탈환 계획을 탐지한 왜군은 언양에 있는 대병력을 뽑아 읍성 근처, 그리고 동쪽 백률산栢栗山과 남쪽 향교鄕校 등에 매복하고 있었다.[47)

전투에 임하는 복성군은 "경주읍성慶州邑城 탈환은 쉬운 일"이라고 한 것[48)을 보면 군의 사기는 최고조에 달하였던 것을 알 수 있다. 중무장하고 밤새 행군한 복성군은 8월 21일 새벽 경주성문 앞에 도착했다. 그리고 지휘본부를 읍성이 한 눈에 내려다보이는 금장대金丈臺 위에 두었던 것으로 본다. 금장대는 돌출된 작은 산으로 서천 건너 읍성으로부터 약 5里에 위치한 금대金臺라고도 한다. 그래서 전투가 진행될 때 소산小山에 올라 부내府內에서 아군의 활동상황을 살폈고[49), 의병장 권복시權復始, 최진립崔震

---

46) 金見龍, 『水月齋實紀』, 壬辰 8월 19일조 "賊馬强等 收散亡之卒一萬 留 于西川之上"에서 확인됨.

47) 孫曄, 『龍蛇日記』, 壬辰 4월 21일조, '賊伏兵在 或自柏栗 或自鄕校 … 前一日 賊大兵 自彦陽 上來 散초城外 及鄕校里'라고 한데서 확인됨. 국방부전사편찬위원회, 『壬辰倭亂史』, pp.115~116, 왜군은 8월 1일부터 경주성 방비를 강화시켰다고 한다.

48) 李宜潤, 『壬辰日記』, 壬辰 8월 20일조, "邑軍三萬六千餘人 兵勢大振 皆云 항寂易矣 鷄鳴 兵使 行軍."

49) 孫曄, 『龍蛇日記』, 壬辰 4월 21일조, "登小山 上望府內 我軍始入焚蕩城底人家."

立 등도 금대金臺 위에서 적의 변동을 예의 주시한 것 등은 모두 같은 장소로써 작전본부인 금장대金丈臺를 말한 것이 된다.

지휘본부에 있던 좌병사 박진朴晉의 작전명령에 따라 복성군은 경주성을 동서북 3면面으로 포위하고 성 밖의 민가에 불을 지른 것을 신호로 하여 읍성을 공격하였다. 대체로 북문北門을 중심으로 하여 동쪽은 판관 박의장朴毅長이 선봉이 되었고, 서쪽은 주로 권응수權應銖[50]가 영천군을 지휘하였다.

복성군은 처음부터 미리 준비한 벼 가마니에 풀과 볏짚을 넣어 성 아래 해자垓字를 메우고 성안으로 진입하려는 적성지계積城之計를 폈고, 영천성永川城 탈환과 같이 화공작전火攻作戰으로 임하였다. 언양으로부터 왜의 지원군이 있다는 것을 알고 있으면서도 크게 염려하지 않았던 것 같다. 복성군은 성을 포위하고 맹렬하게 공격하였다. 성 안의 왜군도 조총鳥銃과 포포砲砲를 비오듯이 쏘아댔기 때문에 부상자가 속출하였다.[51] 이날의 전투 상황을 영일 의병장 김현룡金見龍은 『수월재실기水月齋實紀』에서 다음과 같이 기록하고 있다.

> 각 邑의 諸義士들이 西營으로 달려가 合軍하여 적을 쳤다. 李宜澤은 형을 대신하여 軍糧을 調給하고 權復始, 崔震立은 金臺에 올라 賊勢의 변동을 관찰하는데 순식간에 적이 邑城으로 들어갔다. 이때 부윤 尹仁涵은 성의 북쪽에 出陣하였고 적세는 강해서 그 官守者들은 적을 막

---

50) 『선조실록』 권50, 27년 4월 신유조

51) 孫曄, 『龍蛇日記』, 壬辰 8월 21일조, “兵勢大振 二更末進軍 軍不食者多 人持 擧兩柄 又持空石納草 爲積城外計 各帶食佩 刃重不能運營 軍官輩從後促之 器械 皆棄中道 及城下空手無所爲圍城 畢賊後城上 放砲如雨 傷者甚衆賊 伏兵在外 或自柏栗或自鄕校來圍之 大軍 潰散 賊從後亂斫 死傷不可勝數 前一日 賊大兵自彦陽上來散屯 城外 及鄕校里 兵使及諸將 雖聞 此奇 只以圍城爲急不爲之備 意爲所敗 興海迎日等先 兵使從而山 走永陽境.”

지 못한 책임을 면하지 못하게 되었다. 판관 朴毅長은 群吏에게 말하기를 '진실로 復城하지 못한다면 어찌 當官의 이름이 있겠는가?' 하고 吏卒들을 이끌고 나아갔다. 또 여러 義士들은 協謀合陣하여 적병을 크게 깨뜨렸다. 李訥, 李芳隣, 權應銖는 적을 공격하여 무너뜨렸고, 鄭世雅, 鄭大任은 허점을 보아 實討했으며, 崔仁濟, 孫德沈, 鄭宜藩은 力戰하였으나 전사하였다.

이와 같이 금장대金丈臺의 지휘본부 명령에 따라 복성군의 활약은 뛰어났다. 왜군은 복성군의 대병력을 맞아 싸우다 크게 패하여 읍성邑城안으로 돌아갔다.[52] 박의장은 어깨에 부상을 입었고 권응수는 말에서 떨어졌으나[53] 전투는 지속되었다. 이 전투에서 복성군은 왜군을 천여 명이나 사살시켰다.[54] 그러나 복성復城이 성공하는 듯 보이던 정오경 언양에서 온 지원군이 백률산栢栗山과 향교鄕校에 매복해 있다가 복성군의 배후를 포위 공격하는 한편 성안의 왜군도 북문을 열고 반격해 왔다. 이제 복성군은 밀리기 시작하였다. 병사兵使와 홍해興海·영일迎日을 비롯한 제읍諸邑의 현령들이 패하여 안강으로 달아났다. 그러나 서문西門에 배치된 경주·영천을 중심으로 한 울산·영일 등지의 의병은 서문西門 밖 계연鷄淵을 배경으로 끝까지 항전하였다.

아군의 피해는 경주군 500여 명을 포함 전체 전사자가 2,000여 명에 이르렀고, 서천西川 물이 핏빛이었다고 한다.[55] 당시 상황전개의 일단을 일본측 기록에서 찾으면 다음과 같다.

---

52) 『宣祖修正實紀』, 권 26, 25년 8월조. 朴晉 등이 경주성을 포위 공격하자 '賊大敗還'이라 기록하고 있음.

53) 權應銖, 『白雲齋實紀』 권2 行狀條.

54) 李訥, 『樂義齋實紀』, 倡義事實, 임진 8월 27일조

55) 孫曄, 『龍蛇日記』, 壬辰 8월 21일조 ; "慶州軍死者五百餘人 合計他邑至二千餘人云"; 이탁영 『정만록』 임진 8월 25일조; 이형석, 『임진전란사』 상, pp.478~482.

그때 我兵이 충만하였다. 李昖(宣祖)의 聲問이 통하지 않아 南方의 인심이 동요하였다. 朴晋이 兵使가 되어서 흩어진 백성이 점차 모이게 되고 權應銖가 永川을 회복하자 晋이 左道의 兵 만여 명을 이끌고 慶州城 아래에 진격하여 압박하였다. 我兵이 몰래 北門을 나와 조선군의 뒤를 엄습하니 晋이 도망하여 安康으로 돌아갔다.[56]

이같이 왜군倭軍이 복성군의 뒤를 엄습하였던 까닭에 제 1차 경주성 탈환은 실패로 돌아가고 말았다. 이를 서천西川 전투 또는 계연鷄淵 전투라고도 한다.

이와 같이 제 1차 경주읍성 탈환전투는 복성군의 대병력 동원과 높은 사기에도 불구하고 실패하고 말았다. 그것은 전략·전술의 미숙함에도 있지만 작전상 기본이라 할 적에 대한 정보가 없었던 점이다. 문천회맹蚊川會盟에서 확인된 구국의 굳은 결의와 국왕교서에 따른 열화 같은 16邑의 의병과 관군의 참여와 영천성 수복에서 얻은 자신감만 믿고 성급하게 공적을 세우려는 데서 온 것이 아닌가 한다. 더구나 야밤에 대병력의 무리한 강행군 뿐 아니라 휴식할 여유도 없이 작전에 돌입한 점 등을 꼽을 수 있겠다. 그런 까닭에 출동군사 중 식사를 못한 자도 있었고 행군 중에는 기계器械를 버린 것이 많았다고 한다. 이런 것들은 병사兵使가 적을 너무 가볍게 본 데 문제점이 있었던 것이 아닌가 한다.

제 2차 경주읍성 탈환전투는 동년 9월 7일 밤부터 다음날 밤늦게까지 계속된다. 이 전투는 경주 판관 박의장朴毅長에 의해 주도된다. 작전상 안강으로 후퇴한 복성군은 대병력의 투입보다는 수시로 결사대를 파견하여 읍성을 공략하는 전략 전술의 수정을 가져왔다. 『난중잡록亂中雜錄』 2, 임진

---

56) 川口長孺, 『征韓偉略』 권2, 壬辰 7월조에 "時我兵充滿 李日公 所在聲聞不通 南方 人心搖動 及聞晋爲兵使 散民稍集 及權應銖復永川 晋卒左道兵萬餘進薄慶州城下 我兵潛出北門 俺其軍後 晋奔 還安康."

년壬辰年 9월 16일조에,

> 경상좌병사 朴晉이 安康에 주둔하여 흩어진 군사를 수합하고, 朴毅
> 長으로 하여금 군사를 거느리고 낮에는 성 밑으로 달려가 돌격하여 군
> 사의 위엄을 보이고 밤에는 산 위에 횃불을 벌여서 砲를 쏘 아 놀라게
> 하였다.

이와 같이 경주성 작전권이 판관 박의장에게 주어졌다. 그래서 박의장은
경주 관군과 김득복金得福, 이방린李芳隣 등 의병군을, 그리고 병사兵使의
군사 가운데 용감한 자만을 뽑아서 천여 명으로 결사대를 조직하였다.[57]
『관감록觀感錄』 권1, 부민원유장조府民願留狀條에 보면,

> 兵使 朴公은 安康에 주둔만 하였을 뿐이고 실제는 우리 府尹만이 기
> 병과 결사대를 이끌고 날로 돌격전을 감행하여 활과 돌로 맞섰다.[58]

라고 하여 박의장은 기병과 결사대를 이끌고 곳곳에 군사를 매복시키고
자신이 직접 돌격전에 나섰던 것[59]이다. 특히 결사대의 편성에 있어 동도
복성비東都復城碑에 보면 위장衛將에 김득복金得福, 첨사僉使에 박춘석朴
春碩, 장좌將佐에 김린수金麟壽, 황희안黃希安, 박춘무朴春茂, 전응충全應
忠, 박봉수朴鳳壽, 박이손朴利孫, 김윤복金允福 등 경주·울산 의병장이 많
이 포진되었던 것을 알 수 있다.

한편 박의장의 결사대가 경주성을 공략할 때인 8월 하순부터 심유경沈惟

---

57) 『再造藩邦志』2, 萬曆 20年條. ; 『然藜室記述』 권17, '宣祖朝故事本末', '壬辰諸將
條' 등에 보임.

58) 『觀感錄』 권1, 府民願留將條, "兵使朴相公 雖駐安康 而實惟我府伯令公 先率驍騎
日日突 擊衝矢石."

59) 『觀感錄』 권1, 巡察使啓條.

敬과 소서행장小西行長 사이에 평화교섭이 明·日 간에 진행 중이었다. 왜倭
는 울산 서생포西生浦와 거제도巨濟島 사이 해안 및 도서지역에 13본성本
城 6개 지성支城을 축조하고 있었다.[60] 그것은 평화교섭에 유리한 국면을
만들기 위한 것 같다.

경주성 공략은 8월 25일경부터 다시 시작되었다. 이때 경주출신 군기시
軍器寺 화포장火砲匠 이장손李長孫[61]에 의해 비격진천뢰飛擊震天雷가 발
명된다. 그리고 읍성공략에 집중적으로 사용하였다.[62] 『재조번방지再造藩
邦志』 2, 만력萬曆 20년조에 보면,

震天雷는 예전에 없었던 무기인데 軍器寺 火砲匠 李長孫이 새로 창
안해 낸 것이다. 마름쇠와 鐵片 등을 引火 장치와 함께 하나의 圓球를
만들어 大碗口에 실어서 불을 던져 발사하면 능히 5백·6백 보를 날아서
땅에 떨어진지 한참만에 불이 그 속에서 일어나 폭발한다. 적이 이것을
가장 두려워하였다.

고 한다. 복성군의 주요무기는 궁시弓矢를 비롯 지자총통地字銃筒, 현자
총통玄字銃筒, 대완구大碗口 등이나 왜는 장검長劍과 조총鳥銃 등을 사용
하였다. 특히 조총은 소화기小火器로 우리의 승자총통勝字銃筒보다 우수
하여 신기神器로 여겼다고 한다.[63] 그러나 조총은 사정거리가 백보 내외로

---

60) 국방부전사편찬위원회, 『壬辰倭亂史』, p.169. ; pp.245~246.

61) 이장손에 관해서는 『경주읍지』 권8, 雜記補遺에서 '卽慶州人'이라 해서 고향을 밝혔
고, 大阪金太郎 『取味의 慶州』, 1931, p223에서 경주 쾌릉사람이라고 하였음, 진사 金
浩直은 『漢陽歌』에서 「慶州判官朴毅長은 東都復城壯할시고 古無其制震天雷를 李
長孫이 創造하야 敵中에 投入하니 爭相取觀推轉한다. 自內로 砲發하야 中死卽斃不
知數라 一軍眩倒하야 西生浦로 遁去로다. 神出鬼沒 그 兵器를 後無用이 可恨일다」
라고 소리높여 노래하고 있다.

62) 孫曄, 『龍蛇日記』, 壬辰 8월 25일조, 兵使 來安康.

63) 육군본부, 『韓國古代武器体系』, 한국군사연구 5집, 1979, pp.150~157.

명중률이 높았고, 궁시弓矢는 수백보가 되어 유리한 점도 없지 않았다. 그러나 이제 신무기 비격진천뢰의 사용으로 전투의 양상은 달라지기 시작하였다.

집중적인 읍성탈환 전투는 9월 7일 밤부터 시작된다. 이 공략작전은 경주부 절제도위節制都尉 박의장朴毅長이 주도하였다. 손엽孫曄의 『용사일기龍蛇日記』 임진壬辰 9월 8일조에 병사兵使는 2～3일전 관찰사觀察使에게 갔다고 하였고 그 때 관찰사 김성일金誠一은 신령新寧을 거쳐 대구 동화사桐華寺에 이르니 좌병사 박진朴晋이 적을 토벌할 일을 가지고 먼저와 있었다하여 경주에 부재중이었고, 『임진잡록壬辰雜錄』 2, 임진년壬辰年 9월 16일조에 부윤府尹 윤인함은 기계杞溪에 있으면서 박의장으로 하여금 군사를 거느리고 성을 지키게 하였던 것 등에서 확인되고 있다.

그런 까닭에 박의장은 결사대의 직접 선봉장이 되어 지휘하였던 것이다. 그리고 좌병영군 4,000여 명으로 엄호토록 하는 한편 군軍을 주위 산에 배치, 일제히 봉화를 올려 마치 수많은 군병으로 가장하였다. 그리고 화공작전火攻作戰을 구사하여 여러 발의 비격진천뢰를 성 안에 쏘아댔다. 비격진천뢰는 일종의 시한탄으로 객사客舍를 비롯하여 여기 저기에 떨어졌지만 즉시 폭발되지 않았다. 이상하게 여긴 왜적들은 다투어 모여들어 서고 밀고 굴려 보기도 하였다. 그때 갑자기 터지자 사망자가 30여 명이나 되었고 부상자 또한 많았다.[64] 신무기를 앞세운 아군의 집요한 공격에 왜군의 방어전도 만만치 않아 전투는 다음날 늦은 밤까지 계속 되었다.

이 전투에 직접 참전한 의병장 김득복金得福은,

> 용감한 의병장들과 함께 야밤에 성 아래 육박하여 震天砲를 쏘았다. 그리고 또 金得福을 將左로 삼아 死力을 다하였다.[65]

---

64) 柳成龍, 『懲毖錄』 권1, 壬辰 9월조

라고 하여 많은 의병군이 참여하고 있음이 확인된다. 그러면 당시 상황을 박의장의 『관감록觀感錄』에서 찾으면 다음과 같다.

> 9월 초 7일에 용감한 군사만을 뽑아서 밤중에 성을 덮쳐서 震天雷를 성중에 터뜨리니 성안에 있던 적병들이 불에 타서 죽은 자가 수없이 많았다. 적이 넋을 잃고 소리지르며 당황하더니 이튿날 밤에 부산으로 도망쳐가거늘 추격하여 적병 30여명을 죽이고 그 날로 성을 탈환하였다. 성안에는 아직도 창고에 곡식이 四萬여 석이나 있었기 때문에 군사나 백성을 먹이는 데 넉넉하였다.[66]

박의장군은 9월 8일 밤 적이 경주성을 버리고 도주하자 추격군을 편성왜 30여 명을 죽이고 그 날로 성안으로 들어갔다. 손엽의 『용사일기』에

> 9월 초8일 水雲亭에서 잤다. 밤중에 경주 읍내를 바라보니 성안에 불길이 하늘에 닿더니 날이 샐 무렵에 꺼졌다. 그날 낮에는 彦陽으로부터 적들이 숫자를 알지 못할 정도로 말과 소를 끌고 들어와 食米를 싣고 二更에 경주에 있던 적과 함께 하나도 없이 도망하였다. 이튿날 아침에 판관이 성안으로 달려들어갔다. 11일 내가 성을 둘러보고 判官을 뵈오니 성안은 잿더미가 되어 있었고 시체들이 길에 깔리었는데 그 냄새가 지독하여 코를 막고 지나 다녔다.

이와 같이 경주성 탈환전의 격렬한 면을 살필 수 있다. 왜군은 서생포西生浦와 부산釜山으로 각각 철수했고 아군은 마침내 경주읍성을 탈환하였던 것이다. 이와 같이 박의장의 작전도 주효했지만 신무기 비격진천뢰의 위력이 유감없이 발휘되었던 것이다.[67]

---

65) 金得福, 「從軍錄」, 壬辰 9월 27일조, 細註 참조

66) 朴毅長, 『觀感錄』 권1, 家傳, 九月初七日條.

67) 金得福, 『東广實紀』 권하, 附 飛擊震天雷鐵錢丸影조에 보면, '살펴보니 宋紀 金人편

이 같은 사실을 일본측 기록인 『정한위략征韓偉略』 보면,

> 밤에 또 사람을 시켜 몰래 성 아래 매복하고 城안에 飛擊震天雷를 쏘아댔다. 我兵이 취하여보니 조금 있다가 포탄 안에서 스스로 불이 붙어 터졌다. 천지가 진동하고 쇠 파편이 별과 같이 흩어져 맞은 자는 즉사하였고, 맞지 않은 자는 넘어졌다. 我兵은 그 제도를 알지 못하였다. 그래서 놀라고 이상해서 西生浦로 돌아왔다. 비격진천뢰는 朝鮮에도 그 제도가 없었는데 火砲匠 李長孫이 창안하여 제작하였다. 5~6백보를 육지를 날아와 오래 있다가 불이 안에서 일어나 터졌다.

라고 하여 왜군은 비격진천뢰를 가장 두려워했던 것을 알 수 있다. 박의장이 경주성에 들어가 보니 태조어진太祖御眞을 모시는 집경전集慶殿은 무너졌고 나머지 건물은 불탔으며 다만 빈현루賓賢樓 객사客舍의 서청관西淸館과 동창東倉이 온전할 뿐이었다. 길거리는 옥사屋舍를 마구 뜯어서 바리게이트를 만든 흔적이 그대로 남아 있었다. 그런데 동창東倉에는 4만여 석의 곡식이 남아 있어 군사와 백성을 먹이는데 풍족하였다고 적고 있다.

그러면 복성군의 경주읍성 진입은 언제인가. 손엽孫曄은 9월 9일 아침이라고 하였으나 박의장·최락崔洛·김득복의 기록은 왜적이 물러간 그날이라고 하였다. 따라서 왜군이 패주한 이경二更에 정병을 뽑아 추격전을 폈던 것과 동시에 읍성에 진주하였던 것이 아닌가 한다.

이와 같이 경주성탈환에 있어 판관判官 박의장朴毅長과 경주 관·의병의 역할이 많았던 것이 분명하지만 좌병사 박진朴晋은 자기의 공인양 조정에 보고하였던 것이다.

에 火砲란 것이 있는데 이름을 진천뢰'라고 했다. 쇠로 만든 관을 사용하여 화약을 담고 탄환을 넘은 다음 점화를 하면 발포되는데 그 소리가 우뢰와 같음으로 진천뢰라 이름했다고 한다. 우리 나라에서는 軍器寺에서 李長孫이 고안하여 발명한 것인데 경주를 復城할 때 그 제도를 따서 주조하였던 것이다라고 하였음.

어쨌든 경주성을 탈환한 것은 임란사壬亂史에 있어 큰 개가였다. 이와 같은 사실을 『선조실록宣祖實錄』 권32, 25년 9월 신미조辛未條에서 찾으면 다음과 같다.

> 신료들이 함께 아뢰기를 朴晉이 嶺左를 수복한 공로는 李舜臣의 공과 다름이 없는 것으로 영좌에 자못 생기가 돌고 있습니다. 박진은 색깔이 있는 말을 탔었는데 처음에는 적이 알아볼까 염려하여 진흙으로 발라 말의 색깔을 없앴다가 지금은 명성이 이미 적들에게까지 났기 때문에 일부러 말의 색깔을 내보여 적이 보기만 하여도 놀라게 하고 있다 합니다.

경주는 영남의 거진巨鎭으로 전략상 요지일 뿐 아니라 주요 치소治所였기 때문에 이를 탈환함으로써 국토의 동로東路를 확보하게 되었다. 따라서 왜군의 보급로와 통신망을 차단하게 되어 그 의의가 매우 크다 하겠다. 더구나 명군明軍의 주력 부대가 조선에 파병된 것은 이 해 12월 말경이었다. 이 때 국왕은 국토의 끝 의주義州에 있고 왜군은 평양성과 회령會寧까지 진출하였다. 그럼에도 불구하고 경주를 중심으로 한 의병과 관군은 고립무원 상태에서 자체의 결집된 힘만으로 왜군을 격퇴시켜 이로써 경상좌도에 생기가 돌고 일대 수습되는 계기가 되었던 것이다.

6. 맺음말

경주는 임진왜란 때 최전선에 위치해 있어 천연의 요새지로 부각되었다. 경주의 지식인들은 임진왜란이 발발하자 창의거병하였다. 그리고 왜군에게 빼앗긴 경주읍성을 탈환하고자 관군을 수습하고 영남좌도의 12고을 의병장을 월성에 모아 문천회맹蚊川會盟을 결행하였다. 여기서 영천성·경주읍성 탈환을 결의하였다. 문천회맹은 뒤에 대구 팔공산八公山회맹, 창녕 화왕산火旺山회맹으로 계승된다.

일단 후퇴한 부윤 판관 등 행정 담당자들은 산악지대인 기계杞溪·죽장竹長 등에 웅거하면서 흩어진 군졸과 의사義士들을 규합해서 경주읍성을 탈환하고자 하였다. 제 1차는 선조 25년 8월인데, 좌병사 박진朴晉은 11개 읍 37,000여의 군병을 모아서 경주읍성 탈환을 전개하였으나 실패하였다. 제 2차는 경주부 절제도위 박의장은 의병진과 합세하여 소수정예를 투입한 게릴라전을 전개하였다. 비격진천뢰를 사용하여 마침내 임진 9월 8일 130여 일만에 경주읍성 탈환에 성공하였다. 이로써 경상좌도를 회복하여 조선군의 사기가 진작되었고 왜군의 전략전술에 있어 커다란 타격을 주었던 것이다.

제4장 진주 혈전과 의병활동

1. 머리말

왜군[1]의 주력 부대는 동래東萊 점령후 김해에 전진 보급 기지를 설점한다. 그리고 서울과 평양을 점령한 왜군은 내륙지역의 침공을 서두르게 되는데 곡창지대인 전라도 방면으로 나가기 위해서는 진주성의 점령은 필수적인 요건이었다. 이러한 진주성의 전략적 중요성으로 인하여 왜군은 선조 25년 10월에 대규모 공격을 감행하였으나 대패하고, 이듬해 6월에 총력을 기울인 재차 공격을 통하여 결국 진주성은 함락되었다. 일반적으로 전자를 제1차 진주성 전투라 하고 후자를 제 2차 진주성 전투라고 부른다. 제 1차전을 임란의 3대첩 중의 하나로 "진주대첩"으로 불리는 반면, 제2차 전투는 9일 여에 걸친 저항 끝에 함락과 동시에 대학살로 이어졌던 큰 패전이었다.

임진왜란에 대한 연구는 원인 규명과 전개과정 등 여러 측면에서 다수의 논고[2]가 있지만 본장에서는 두 번에 걸친 진주성 전투에 대해서 집중적으

---

1) 지금까지 壬亂을 다루는 논고들에서는 倭軍을 "왜구·적·적도·왜" 등 다분히 주관적인 표현이 사용되었으나, 보다 객관성을 유지할 필요성과 본 장의 주제가 "전투"이기 때문에 攻城軍을 군사훈련을 받은 정병이라는 의미를 부각시키기 위해 왜군이라는 표현을 사용 하고자 함.

로 다루고자 한다. 이에 선행하여 진주성 전투 이전의 상황과 이어서 제1차 전투기간, 제 2차 전투기간으로 나누어 살펴고자 한다. 특히 진주성 방어전은 여러 기록을 통하여 일별 전투 상황을 가급적 그대로 기재하려고 한다. 이것이 당시의 상황을 가장 잘 파악할 수 있는 방법이라고 생각하기 때문이다. 아울러 진주성에서의 승리와 패배의 원인에 대하여도 약간의 논고를 해보고자 한다.

2. 진주의 주변상황

왜군은 부산으로 상륙한 직후 울산, 양산, 김해의 3로路로 나뉘어 북상하였다. 침략 20여일만인 1592년 5월 3일 서울을 점령한 왜군은 8도를 분활해서 점령할 계획을 세우고 실행에 들어갔다.[3] 같은해 10월 진주성 전투이전의 경상우도에는 웅천·김해 등 12개 처[4]에 진을 두고 있었다.[5]이 때 한

---

2) 이형석, 『임진전란사』 상, 임진전란사 간행위원회, 1976.
　　허선도, 「학봉선생과 임진의병 활동」『국역학봉전집』 학봉선생기념사업회, 1976.
　　______, 「임진왜란의 극복과 嶺右義兵-그 전략적 의의를 중심으로」, 『진주문화』 4, 진주교육대학 진주문화권연구소, 1983.
　　박성식, 『임진란의 진주성 전투』 태화 출판사, 1992.
　　池承鐘, 「16세기말 晋州城戰鬪의 배경과 전투상황에 관한 연구」, 『경남문화연구』 17, 경상대학교 경남문화연구소, 1995.
　　北島万次, 「임진왜란과 진주성 전투」, 『남명학연구』 7, 경상대학교 남명학연구소, 1997.
　　崔永禧, 『壬辰倭亂中의 社會態動』, 韓國硏究院, 1975.
　　김준형, 「진주 주변에서의 왜적방어와 의병활동-제 1차 진주성 전투이전」, 『경남문화연구』 17, 경상대학교 경남문화연구소, 1995.
　　朴翼煥, 「壬亂時 一次晋州城大捷에서의 鶴峰과 金時敏의 功業」, 『東國史學』 30, 동국사학회, 1996.
3) 이형석, 『임진전란사』 상, 임진전란사 간행위원회, 1976, p.146~150 참조
4) 12개 鎭은 다음과 같다. "熊川·金海·昌原·鎭海·固城·星州·金山·開寧·善山·尙州·咸昌·聞慶"

진의 병력은 수백명의 규모였고, 지역에 따라서는 수천까지도 주둔했는데 경상도에 주둔한 왜군은 약 5만 명 정도로 추정된다.[6] 사실 진주를 비롯한 경상우도의 서쪽 내륙지방은 초기 왜군의 주 전장인 서울로의 북상로에서 벗어나 있었기 때문에 전초에는 적극적인 공격을 받지 않았다. 그러나 상술하였듯이 전장이 확대되면서 진주 역시 공략의 목표가 되었으며, 10월의 1차 진주성 전투 이전에도 수 차례의 침공[7]을 받아 전투 상황 속에 있었다.[8] 그러나 이때까지의 왜군은 적극적인 공세를 펴지 않았으며, 동원된 병력도 소규모였다. 후술하겠지만 진주성은 천험의 지형조건[9]을 가지고 있었기 때문에, 소규모의 왜군 병력으로는 함락시키기가 쉽지 않았다.

이와같은 전황은 9월말에 접어들면서 변화하였는데 진주가 왜군의 대대적인 공격목표로 설정되었기 때문이다. 그 배경은 크게 두 가지 측면에서 이해될 수 있다. 첫째, 진주성을 중심으로 그 곳의 수성군이 각처의 의병과 함께 왜군을 효과적으로 막아내고 있었다. 실제로 9월 중순경 조선군이 고성·창원을 수복하자 왜군의 입장에서는 진주성을 함락하지 않고는 경상도를 완전히 장악하지 못할 것이라는 걱정이 생긴 것 같다. 김해에 주둔한 왜장 가등광태加藤光泰, 장강충흥長岡忠興, 장곡천수일長谷川秀一, 목촌중

---

5) 박성식, 『임진란의 진주성 전투』태화 출판사, 1992.
   허선도, 「학봉선생과 임진의병 활동」『국역학봉전집』학봉선생기념사업회, 1976.
   池承鍾, 「16세기말 晋州城戰鬪의 배경과 전투상황에 관한 연구」, 『경남문화연구』17, 경상대학교 경남문화연구소, 1995, pp.140~141.
6) 趙慶男, 『亂中雜錄』2, 임진 10월 10일조
7) 1592년 10월 이전에 진주는 5회 정도 침입을 받았던 것으로 보여진다. 『宣祖實錄』권 40, 26년 7월 경오조.
8) 1차 진주성 전투 이전의 진주 부근에서의 전투 상황에 대하여서는 다음의 논문이 상세하다.
   김준형, 「진주 주변에서의 왜적방어와 의병활동 -제 1차 진주성 전투 이전-」, 『경남문화연구』17. 경상대학교 경남문화연구소, 1995 참조.
9) 진주성은 남강을 남벽으로 이용하고 있고, 사방의 조망 또한 용이하다. 정의도 「진주성 공북문」『고고역사학지-단운 김영란정년기념논총』16, 동아대 박물관지, 2000 등 참조.

자木村重玆 등은 작전회의를 통해 결론을 내리기를 "경상우도의 병마의 주력이 진주성에 있는 듯 하니 이에 뿌리를 먼저 뽑아버린다면 다른 지방에서 시끄럽게 움직이는 조그마한 군사들은 싸우지 않고서도 스스로 흩어질 것이니 먼저 이 성을 대병력으로 일격에 함락하는 것이 최선의 방책일 것이다[10]."라고 한 것이 이를 뒷받침한다. 또 다른 하나는 진주성이 호남으로 향하는 주요 경로였다는 점이다.[11] 당시 호남의 곡창지대는 조선군 군량의 주요 공급지 역할을 하고 있었던 것이다. 조선군의 입장에서는 진주성을 방어해야만 호남이라는 주요 병참 기지를 지킬 수 있었던 것이다. 따라서 양국의 생각은 같았다고 할 수 있겠다. 난초부터 해상의 주도권을 잃은 왜군에게 영남에서 호남으로 향하는 길은 육로뿐이었고 여러 가지 이유로 진주성은 주요한 전략지가 되었던 것이다.[12] 이런 까닭에 왜군은 3만여 병력[13]으로 김해에서 창원으로 진군을 시작으로 10월 5일 진주성 주변으로 집결하게 되었다.

이제 진주성의 조선군 상황에 대해 살펴보도록 한다. 우선 경상도를 책임맡는 관찰사 김수金睟는 왜군이 부산에 침입한 시점부터 소극적인 자세로 떠돌았고, 진주목사 이경李璥은 왜군이 총 공격할 기미를 보이자 방어

---

10) 李炯錫, 『壬亂戰亂史』上, 임진전란사 간행위원회, 1967, p.557.

11) 李魯, 『龍蛇日記』에도 호남의 중요성을 강조하고 있고, 北島万次는 왜군이 진주성을 중심으로 한 의병의 활동 때문에 각 진영과의 연락이 어렵기도 했지만 더 주요한 원인은 6월과 7월 小早川隆景등이 전라도를 침법하려다가 실패한 것을 원인으로 들고 있다.
北島万次, 「임진왜란과 진주성 전투」, 『남명학연구』 7, 경상대학교 남명학연구소, 1997. p.39.

12) 허선도, 「임진왜란의 극복과 嶺右義兵-그 전략적 의의를 중심으로」, 『진주문화』 4, 진주교육대학 진주문화권연구소, 1983. pp.284~285.

13) 이때의 병력 규모를 『宣祖實錄』권 33, 25년 12월 신묘조에서는 萬여 명으로 기록하고 있고, 李炯錫은 일본 측 자료로 살필 때 2萬여명이라고 한다. 또 『鶴峰集』과 『亂中雜錄』의 金誠一의 狀啓에는 三萬이라는 기록이 있는데 여기서는 『학봉집』의 의견에 따른다.

를 포기하고 판관 김시민金時敏과 함께 지리산으로 도피했다. 이 때 초유사 김성일金誠一이 진주에 도착하자 김시민은 다시 돌아왔지만, 이경은 도피처에서 병사하였기 때문에 진주성은 수성장조차 없는 상태였다. 다만 수성군은 천명 있었으나 오합지졸에 불과하였다. 김성일은 진주성의 전략적 중요성을 깊이 인식하고 다각적으로 방어책을 모색하였다. 사실상 1차 진주성 전투에 대해서는 김성일金誠一의 관·의병과 김시민을 중심으로 한 진주성 민의 단합으로 성공할 수 있었다.14)

경상우도의 초유사 김성일은 먼저 수성군의 위용을 갖추기 위하여 김시민을 목사로 삼았고15) 그를 중심으로16) 진주 주변의 의병과 패잔병등을 새로이 모병하여 병력을 증강시킨다. 그리고 병기수선, 군량축적, 군사 훈련 등의 노력을 하였다. 더구나 왜군의 조총을 모방한 총통을 제작한 것도 이 때의 일이었다.17) 이런 노력으로 진주성은 목사 김시민 휘하에 3천 7백 명, 곤양군수 이광악李光岳의 군사가 백명으로 도합 3천 8백의 군사로 증가되었던 것이다. 그리고 성내에 만 여명의 민간인이 있었다. 전투 당시에 김성일을 직접 성에 들어가진 않았으나 각지의 의병군을 적극 호응케 함으로써 승리에 도움을 주었을 것으로 생각된다.

---

14) 『선조수정 실록』 권 26, 25년 10월조; 崔永禧, 『壬辰倭亂中의 社會態動』, 韓國研究院, 1975; 許善道, 「鶴峰先生과 壬辰義兵活動」, 『國譯 鶴峰全集』, 鶴峰先生記念事業會, 1976; 李載浩, 「歷史記錄의 虛實에 대한 검토」, 『鶴峰의 學問과 救國活動』, 鶴峰先生記念事業會, 1993; 李載浩, 「慶尙右道에서의 鶴峰의 討賊救國活動」, 『鶴峰의 學問과 救國活動』, 鶴峰先生記念事業會, 1993.

15) 『선조실록』 권 68, 28년 10월 병진조

16) 金誠一의 치계에 의하면 守城將으로 固城縣令 金絢을 임명하였다고 하나, 그 활동 내용은 보이지 않고, 실제로는 김시민이 그 책임을 맡은 것으로 보여진다. 김현의 활동상황에 대하여서는, 김준형, 「진주 주변에서의 왜적방어와 의병활동-제 1차 진주성 전투이전」, 『경남문화연구』 17, 경상대학교 경남문화연구소, 1995. pp.98~102 등이 있음.

17) 趙慶男, 『亂中雜錄』 2, 임진 10월 10일조. 지승종은 "銃筒七十餘柄"의 총통이 鳥銃이라고 보고 있다. 지승종, 앞의 논문, p.51.

3. 제 1차 진주성 전투

이제 진주성의 일전은 불가피하게 되었다. 학봉 김성일과 김시민이 전투 준비를 갖추는 것과 함께 이미 진주성은 격전의 소용돌이 속에 들어가 있었다. 왜군이 처음 몰려와 많은 피해를 입고서 물러가기까지의 1차 전투 중의 진주성의 사정을 가장 잘 보여주는 것이 학봉 김성일의 「학봉진주수성절차鶴峰晉州守城節次」이다.[18) 이 기록은 「치계진주수성승첩상馳啓晉州守城勝捷狀」[19)의 초안으로 보여지는데[20) 일별 상황을 기재한 이 기록을 토대로 10월 5일부터 10월 10일까지 약 6일간 피나게 전개된 진주성의 전황을 비교적 자세히 살필 수 있다. 이를 날자별로 정리해 보고자 한다.[21)

제 1일[22) (10월 5일)[23)

왜군의 선봉 천여 명이 진주성 동쪽 마현馬峴의 북쪽 봉우리에 이르렀

---

18) 이 자료의 원소장자는 1993년 당시 안동군 임하면 천전동 金時應이고, 이 자료를 찾아 낸 사람은 당시 조선사편수회 사관이었던 中村榮孝이다. 현재는 국사편찬위원회 도서관에 金誠一, 「晉州守城節次」로 남아있다.

19) 『鶴峰全集』, 학봉선생 기념사업회, 1976, pp.131~133.

20) 朴翼煥, 「壬亂時 一次晉州城大捷에서의 鶴峰과 金時敏의 功業」, 『東國史學』30, 동국사학회, 1996, p.222.

21) 진주성 전투를 정리하는데 이형석등 선학들의 연구를 참작하였음을 밝힌다.

22) 전투 개시시점에 대하여서는 약간의 이견이 있어 보인다. 그러나 여기에서는 왜군의 본부대가 출현하는 시점을 전투개시선으로 보는 지승종의 의견을 따른다. 池承鐘, 「16세기말 진주성전투의 배경과 전투상황에 관한 연구」, 『경남문화연구』17, 경상대학교 경남문화연구소, 1995. 『宣祖實錄』권33, 25년 12월 신묘조의 金誠一의 장계에 "去十月初五日賊以兵萬餘 分爲三起 直犯晉州"라는 기록이 있다.

23) 初五日先鋒鼠倭千餘名 直到州東馬峴北峯周覽形勢 橫馳耀 兵牧使傳令城中 親若不見 不評妄費一丸一箭 但令城中騎士五百餘人 馳突於賊所見處 又於城內通望處 建龍大旗多張弊㦬 盡被城中老翊男女 皆著男側 以狀軍容 是日申時 賊徒還來路 牧使節抄驍健人登山候望則 賊衆數萬結陣球于州東十里臨淵臺等處. 김성일, 『학봉전집』, 『馳啓晉州守城 勝捷狀』.

다. 형세를 두루 살피고, 오후 4시경에 왜군은 왔던 길을 도로 갔다. 말을 달리며 위세를 보이며 군세를 과시하려 하였다.

목사 김시민은 성중에 모든 군민에게 엄하게 영을 내려, 적을 못 본 듯이 하고 화살하나 총알 하나를 함부로 낭비하지 못하도록 하였다. 성안에서 왜군이 잘 바라볼 수 있는 곳에 큰 용이 그려진 깃발을 세우고 장막을 겹겹이 쳤다. 성중의 노약남녀까지 모아 남장을 시켜 왜군에게 군세를 웅장하게 보이도록 하였다.

이에 김시민은 날래고 건장한 사람들을 뽑아 산에 올라 왜군이 바라볼 수 있게하였다. 적의 무리 수만 명이 진주성 동쪽 10리쯤 되는 곳에 있는 임연대 등지에 진을 치고 있었다. 양군은 군용을 과시하면서 탐색전을 전개하고 있었던 것이다.

제 2일(10월 6일)[24]

이른 아침, 적이 대탄大灘으로부터 일시에 진격해 들어왔다. 세 패로 나뉘어 산을 덮으며 소리치며 내려왔다. 한 패는 동문 밖 순천산에 진을 치고 성중을 굽어보는 것 같았다. 또 한패는 개경원에서 곧장 동문을 지나 봉명루 앞에 늘어섰다. 또 한 패는 향교 뒷산으로부터 곧장 순천산을 넘어 봉명루의 적과 합하여 한 진을 만들었다. 그 밖에 각 봉우리에 둘러선 왜군은 마치 벌이나 개미처럼 진지를 구축하고 전투태세를 갖추었다.

그 모양을 보면 말을 타고 멋대로 달리는 자는 자루가 긴 둥근 금부채를 휘두르거나 흰바탕에 누런 무늬를 둔 금익金翼을 짊어졌는데, 온갖 채색으

---

24) 初六日早朝 賊白大灘 一時長驅 驅馬慌馳者晟揮長良園金扇白後黃文金捷 畵以雜
　　彩 大風驅動 光彩閃藥成者溪羽冠 成者被髮假面 誠者宥育金便面 各育雜色旗廠 成
　　長成黃 不知其數 奉靑蓋 成持紅簝 白創懷日 發氣蓮天 九苛形怪狀驚或人眼 分作
　　三蓮 滿山不來 一蓮東門外順天 堂上… 김성일, 『학봉전집』, 『치계진주성승첩장』.

로 그림을 그렸고, 바람에 따라 펄럭이니 광채가 번쩍였다. 혹은 닭털로 만든 관을 쓰거나 머리를 풀어헤친 가면이나 뿔이 있는 금 가면을 썼다. 그리고 갖가지 온갖 색깔의 깃발을 짊어졌는데 그 깃의 수를 헤아릴 수 없었다. 혹은 푸른 일산을 받들고, 혹은 붉은 일산을 지니기도 하였다. 흰 칼날이 햇빛에 번쩍이며 살기가 하늘에 닿았다. 모든 기이한 형상은 사람의 눈을 놀래고 미혹하게 하기에 충분하였다. 적장 6명은 모두 검은 옷을 입고 쌍두마를 탔는데, 창·칼을 지닌 자가 앞뒤로 호위하였다. 흰 소복을 입은 여인이 쌍두마를 타고 왜군을 많이 거느리고 적장의 앞에 섰으며 걸어서 따르는 여인의 수도 많아 보였다.

순천산에 진을 친 왜군은 조총수가 천여 명 가량 되어 보였다. 성중을 향해 일제히 총을 발사하였다. 뇌성이 진동하고 우박이 날리는 것 같았다. 3만의 왜적이 일시에 크게 소리치니 천지를 진동하는 것 같았다.

그러나 진주성안은 전혀 동요하지 않아 마치 사람이 없는 것처럼 적막하였다. 적은 민가로 흩어져 들어가 문판·관판·마루판등을 뜯어와서는 성 밖 100보되는 곳에 늘어 세웠고, 판자 뒤쪽에 가만히 엎드려 끊임없이 총을 쏘았다. 나머지 적은 사방으로 흩어져 서편 민가를 분탕질하며, 또 동편 초가집을 뜯고 민가의 대나무를 베거나 짚을 실어 날라 일시에 막사를 지으니 연이어 6, 7리에 뻗쳤는데 모두 푸른 장막으로 둘렀다. 적장은 향교 안에 들어가거나 민가에 거처하였다. 동쪽으로부터 우마에 짐을 실은 행렬이 한낮에서 저녁까지 끊임없이 들어왔다. 초저녁에 한곳에서 호각을 불자 곳곳에서 상응을 하였고, 떼지어 큰 소리로 외치기를 끝이지 않았다. 조총소리가 밤새도록 그치지 않았고 막사 곳곳에서 밤새도록 불을 피웠다.

이날 밤, 곽재우가 침대승을 보내 군사 2백여 명을 거느리고 향교 뒷산에 올라가 호각을 불고, 횃불을 들게 하니, 성 안 사람들도 호각을 불며 호응하였다. 왜군이 크게 놀라 소란을 피우며 횃불을 들고 산에 오르고 밤새도록 잠을 자지 못하는 것 같았다.

제 3일(10월 7일)

적은 아침부터 저녁까지 끊임없이 조총을 쏘았고, 장편전을 성중에 어지러이 쏘았다. 사방으로 흩어져 분탕질하여 수 십리 안의 민가는 모두 잿더미가 되어 버리는 것 같았다.

적이 원근의 긴대나무를 가져다 묶거나 엮고, 소나무가지를 많이 꺽어다 밖에 높이 쌓았으며 큰 나무를 베어 끊임없이 실어들였다. 성중에서는 그 용도를 미처 알지 못하였다.

김시민은 군사의 마음을 진정시키는 데 힘써, 밤이면 악공을 시켜 문루 위에서 피리를 불게 하여 한가로움을 보였다. 적진에 어린애들이 매우 많았는데, 서울말을 쓰거나 방언을 쓰면서 매양 성 주위를 다니면서 크게 외치기를 '경성이 이미 함락되었고 8도가 무너졌는데, 너희 새장 같은 진주성을 어찌 능히 지키겠는가 속히 항복하는 것이 나을 것이다. 오늘 저녁 장수가 오면 마땅히 너희 세 장수의 머리를 깃대 위에 달 것이다.'라고 하였다. 이에 성 안 사람들이 분노하여 큰 소리로 꾸짖으려 하였다. 그러나 김시민이 말상대하는 것을 금하게 하였다.

이날 밤, 달이 진 후 어둠을 이용하여 적이 수 백 보에 달하는 대나무를 엮은 죽편을 동문 밖에 몰래 세운 다음, 그 안에 판자를 늘어 세우고는 빈 가마니에 흙을 담아 층층히 쌓아서 언덕을 만들었다. 이것은 성을 내려다보며 조총을 쏘고 화살을 피할 곳으로 만들었던 것이다. 죽편이 앞을 가렸으므로 아군은 처음에는 깨닫지 못하다가 다음날 아침이 되어 바라보니 이미 토루가 완성되어 있었다.

제 4일(10월 8일)

왜군이 대나무 사다리를 무려 수천 개나 만들었다. 또 대를 빽빽이 엮어서 너비가 한 칸쯤 되는 황제를 만들었는데, 멍석을 덮어 비늘처럼 연이어 배열하여 여러 군사가 성벽을 곧장 올라갈 수 있는 수단으로 삼았다.

왜군이 압성의 용도로 3층 산대를 만들기 시작하였다. 김시민이 현자총통을 쏘게 하여 세 번 관통하자 산대를 만들던 왜군이 놀라고 두려워하며 물러갔다.

김시민은 적이 소나무가지를 많이 쌓아놓은 것을 성을 넘어오는 방편으로, 죽편으로 앞을 가리운 것은 성을 압박하는 방편이라고 여기고, 화구를 미리 준비하였다. 생나무라 물기가 많아 타기 어려울 것이라 여겨, 묶은 섶 속에 종이로 화약을 싸서 넣고 이를 성 밖에 던져 송지를 태우도록 하였다. 성 위에 진천뢰·질려포·대석괴를 설치하여 성에 육박하는 왜군을 치도록 하였다. 그리고 또 자루가 긴 도끼·낫 등을 준비하여 윤전산대를 깨뜨리도록 하였다. 성벽의 안담 안에 가마솥을 많이 비치하여 물을 끓여서 왜군에게 들이붓도록 하였다. 낮에는 군사를 성가퀴 안에 숨기되, 내다보지 않도록 하고, 풀로 인형을 많이 만들어 활시위를 당긴 자세로 성위에 세워 놓았다. 그러면서도 군사를 엄히 단속하여 헛되이 화살을 쏘지 않도록 하고 수시로 돌을 던져 왜군이 성에 근접하지 못하도록 하였다.

이날 밤, 왜군이 죽편을 많이 설치하여 차츰 성에 가까이 다가와서 흙을 점점 더 높이 쌓았다. 두 곳 산대는 4층으로 만들었고 전면에 판자를 달아서 조총쏘는 곳으로 만들었다.

밤 10시경에, 고성현령 조징도趙徵道와 진주복병장 정유경鄭惟敬이 군사 5백여 명을 거느리고 각자 십자 횃불을 켜들고 남강 건너 진현 위에 이르러 호각을 불었다. 성 안 사람들이 원병이 이르렀음을 바라보고 즉각 큰 종을 울리고 호각을 불어 호을하였다.

적이 놀라고 두려워하며 시끄럽게 떠들다가, 즉시 각 막사에 불을 피우고 복병을 강변에 보내 원병을 차단하려 하였다.

제 5일(10월 9일)

새벽, 왜군 2천여 명이 단성丹城쪽 길로 향하여 사방으로 흩어져 분탕질하였다. 한 패는 단계현으로 향하다 합천가장 김준민金俊民에게 쫓기었고, 다른 한 패는 단성읍내를 분탕질하다가 역시 김준민에게 쫓겼다. 한패는 하동쪽으로 향하다가 정기룡鄭起龍[25]·조경형曺敬亨에게 쫓겨 도망갔다.

남아있는 성 밖의 왜군은 조총과 활을 종일토록 그치지 않고 쏘아댔다. 그리고 흙을 져나르는 일을 전보다 더욱 급하게 하였다. 왜군이 산대에 올라 무수히 조총을 쏘았다. 성중에서 현자전을 세 번 놓으니 죽편을 꿰뚫고 또 큰 판자를 뚫으며 한 전은 왜군의 가슴을 뚫어 그 자리에서 죽었다. 이렇게되자 왜군은 감히 산대에 오르지 못하였다.

오후 2시에 복병장 정유경이 군사 3백여 명을 거느리고 진현으로부터 사천에 이르렀다. 군세를 과시했고 또 용사 20여명을 뽑아 남강 건너편에서 분탕질하던 왜군과 대나무를 베던 왜군을 무찔렀다. 본진에 있던 왜군 2백여 명이 강을 건너 쫓자오자 정유경 부대는 잠시 물러갔다.

이 날 저녁, 왜군이 횃불을 들고 줄지어 왕래하여 마치 서로 약속하는 듯한 형상을 하였다. 진주에서 왜군의 포로가 되었던 한 아이가 도망쳐서 신북문에 이르렀다. 불러들여 적정을 물으니 '내일 새벽에 힘을 합쳐 성을 공격할 것'이라고 대답하였다.

---

25) 엄기표, 『정기룡장군전』 세음사, 1978.

제 6일 (10월 10일)

새벽 2시에 왜군이 막사에 불을 밝히고 짐바리를 실어 나가며 거짓 퇴각하는 모양을 꾸며 조선군을 나타하게 한 연후에 불을 끄고 몰래 진격하려고 하였다. 두 패로 나뉘어, 만여 명의 한 패가 동문쪽 새로 지은 성벽에 육박해 들어왔다. 각기 긴 사다리를 지녔는데, 혹은 방패를 지고 혹은 향교의 제기를 쓰고 혹은 멍석을 잘라 머리를 싸고 혹은 쑥대나 풀엮은 것으로 관을 삼아 시석을 피하려 하였다. 3층 가면인형을 만들어 차례로 사다리에 오르게 하여 아군을 속인 연후에 왜군이 성에 기어올랐다. 그리고 기병 천여 명이 뒤를 따라 돌진해 들어왔다. 총알이 비오 듯 쏟아지고 외치는 소리가 뇌성과 같았다. 적장은 말을 달려 횡행하면서 칼을 휘두르며 독전하였다.

목사 김시민은 동문 북격대에서, 판관 성수경成守慶은 동문 옹성에서 결사대를 거느리며 죽음을 각오하고 힘써 싸웠다. 혹은 진천뢰·질려포를 놓고 혹은 화철을 던지고, 혹은 짚을 태워 어지러이 던지고, 끓는 물을 왜군에게 들이부었다. 왜군들은 마름쇠를 밟고, 화살에 맞고, 머리와 얼굴을 태우고 덴 부상자들이 헤아릴 수 없이 생겨났다. 또 진천뢰에 맞아서 죽은 자가 마치 산과 같이 많았다.

바야흐로 성 동쪽 싸움이 무르익을 때, 또 만여 명이 되는 한 떼가 어둠을 틈타 잠행하여 갑자기 구북문밖에 이르렀다. 긴 사다리를 지녔고 방패를 짊어지고 있었는데, 그 형세가 곧 뛰어 올라올 듯이 보였다. 성가퀴를 지키던 자들이 모두 놀라 무너졌다. 전만호 최덕량崔德良과 목사군관 이눌李訥, 윤사복尹思復이 죽음을 무릅쓰고 막아 싸웠다. 그런까닭에 흩어졌던 군졸들이 다시 모여 죽음으로써 왜군을 막았다. 노약한 남녀까지도 또한 돌로 내리치고 불을 달려 왜군에게 던졌던 것이다. 그래서 성중의 기와, 돌, 초가

지붕이 거의 다하게 될 정도였다.

한참 후 동방이 밝으려 할 때 적의 기세가 조금 누그러졌다. 이 때 김시민이 왼편 이마에 총알을 맞고 정신을 잃었다. 곤양군수 이광악李光岳이 대신 북격대를 지키며, 군사를 거느리고 용맹을 떨쳐 힘써 싸웠고, 쌍두마를 탄 적장을 쏘아 죽였다.26)

새벽 2시경부터 교전하여 8시경이 되자 왜군이 비로소 물러갔다. 두 곳 싸움터에서 죽은 왜군이 부지기수였으나, 그들이 시체를 끌고 가서 민가의 불 속에 던져버렸으므로 파악할 수 있는 시체는 겨우 30여명에 지나지 않았다. 이 진주성 혈전에 대해 경상우도 감사 김성일이 장계로 국왕께 보고한 것을 보면,

> 중위장 목사 김시민은 본래 군사와 백성들에게 인심을 얻었으므로 성을 수호하고 적을 물리친 것이 모두 그의 공로입니다. 곤양 군수 李光岳은 고을의 날랜 군사 수백 명을 거느리고 김시민과 함께 군주의 성을 지켰는데, 8일에 김시민이 '아마도 성을 온전하게 하기는 어려울 듯하니 몰래 수문을 열어서 노약자를 내보내야겠다.' 고 하자, 이광악이 '이와 같이 하면 군사들의 마음이 크게 변하여 성을 수호할 수 없다.' 고 하면서 큰소리로 말렸으며, 김시민이 탄환에 맞은 뒤에는 혼자 한 모퉁이를 담당하여 왜적을 쏘아 죽이고 마침내 적을 물리쳐 성을 온전하게 하였습니다. 판관 成受慶은 적이 성에 오를 도구를 많이 준비하여 처음부터 동문을 오로지 공격하였지만, 밤낮 5일 동안 굳게 지키면서 용맹을 떨치며 혈전하여 무수히 적을 살해하여 마침내 적을 물리치고 성을 완전하게 하였습니다.27)

왜군이 물러난 후 민가에 인골이 곳곳에 쌓여 있었다. 왜군이 포로와 우

---

26) 『선조수정실록』 권 26, 25년 10월조
27) 『선조실록』 권 34, 26년 1월 정축조

마를 버리고 도망갔으나, 목사가 총상을 입고 장사의 힘이 다한 데다가 원병 또한 없었으므로 달아나는 적을 추격해서 다 죽여 없애지는 못하였다. 왜장 소평대小平大를 사로잡는 등28) 처절한 승리였던 것이다. 이로써 진주목사 김시민은 통정대부에 기자되었던 것이다.29)

3. 제 2차 진주성 전투

제1차에 이어 치열한 전투는 다음해인 1593년 6월에 있었다. 그 해 1월에 조·명 연합군은 평양성을 수복하였고, 왜군은 4월에 강화를 통하여 서울을 내어주고 부산으로 남하 하였다. 이런 때에 왜군은 병력을 집중하여 다시 한번 진주성을 공략하는 계획을 세우게 되었다.30)

왜군이 진주성을 무리하게 다시 공격하려는 이유는 크게 두 가지로,31) 첫째 제1차 전투의 참패와 대한 설욕의 의미로 이해할 수 있다. 곽재우의 장계에 다르면 왜군의 진주성 공격 이유는 "일전에 피살된 원한을 풀려는 것"이라고 했다.32) 풍신수길은 12만 1천 6 백 명을 동원하라는 상식 밖의 명령과, "진주성을 공격하여 1인도 남기지 말고 죽일 것"이라는 광기 어린 지시를 내렸다고 한다.33)

---

28) 『선조실록』 권 31, 25년 10월 임진조.

29) 『선조실록』 권 31, 25년 10월 임진조; 동 신묘조.

30) 豊臣秀吉은 1593년 2월 27일, 3월 10일, 4월 11일, 5월 1일, 5월 20일 등 수차례 진주성 공격 하라는 내용이 포함된 명령을 하달하였다. 李炯錫, 『壬辰戰亂史』上, 임진전란사간행위원회, 1967. pp.724~727.

31) 왜군이 두 번째로 진주성을 공격한 원인을 두 가지로 보는 것에는 학자들의 의견을 같이한다. 다만 '설욕'과 '호남경영'의 두 이유 중 어느 것에 더 중점을 두었는가 하는 차이가 있는데, 李炯錫, 朴性植, 최영희 등은 '설욕'의 의미에, 池承鐘, 조계래등은 '호남경영'에 더 비중을 두고 있는 것 같다.

32) 『宣祖實錄』 40, 26년 7월 갑자조, 『宣祖實錄』 40, 26년 7월 무진조.

그러나 이러한 비합리적인 원인보다 더 중요했던 것은, 역시 진주성이 지녔던 전략적 중요성 때문이었다. 명군이 개입한 이후 전황은 이미 왜군에게 불리하게 전개되어 갔다. 특히 군량 확보와 보급로의 위협이 왜군에게는 전세를 가장 어렵게 만드는 요소들이었다. 패배의 설욕이라는 의미도 있겠지만, 무엇보다도 군량 확보를 겸한 호남 진출의 현실적인 목적이 크다고 할 수 있다.[34] 그런 까닭에 왜군은 9만 3천여 명에 달하는 병력으로 6월 15일 김해, 창원으로부터 진주성을 향하여 출발하였다.[35] 6월 16일부터 함안 등지에서 분탕질을 시작하였고, 이어 6월 21일에 진주 방면에 주둔하게 된다. 2차 진주성 전투 당시 진주 목사는 서례원徐禮元[36]이었고 경상우도 병마정도사는 의병장 최경회가 맡고 있었다. 진주목사 휘하의 진주군은 대략 2,400여 명이었다.[37] 당시 명군은 남하하는 왜군을 따라 내려와 함안에 주둔하고 있었다.[38] 그런데 정작 왜군이 함안으로 진출하자 전라도관찰사 권율權慄은 전라도 방비를 명분으로 운봉雲峰으로 돌아갔고, 곽재우, 홍계남, 고언백 등은 후퇴하였다. 이 중 최경회崔慶會·황진黃進·김천일金千鎰·

---

33) 李炯錫, 위의 책. pp.723~727.

34) 진주성이 공격목표로 설정된 데에 관해서는 北島万次는 일본적인 시각으로 다루었다. 北島万次, 「임진왜란과 진주성 전투」, 『남명학연구』 7, 경상대학교 남명학연구소, 1998. pp.40~47 그는 여기에서 豊臣秀吉이 평양 전투이후 명과의 화의를 거치면서도 어떤 정치적인 속셈이 있었음을 주지하고 진주성을 다시 공략하는 의도를 서술하고 있다.

35) 병력에 대해서는 李炯錫은 9만 3천 여명을 제시하였고, 지승종은 그 의견을 따랐으며, 北島万次는 9만 4천, 조원래는 10만의 병력을 추정하였다. 그런데 박성식은 30만 병력을 추산하였고 출발시점도 6월 14일로 보고 있음.

36) 목사 徐禮元은 김해부사로 있을 때에도 도주한 경력이 있고 2차 전투 이전에도 明軍과 함께 상주에 있다가 창황이 돌아오는 등 성주로서의 역량이 없었다. 때문에 목사가 있음에도 의병장인 金千鎰이 도절제의 임무로 전투를 주도하게 되었으며, 張潤으로 하여금 가목사의 직책을 맡게 하였다. 조원래, 「제2차 진주성전투와 김천일의 전공문제」, 『군사』 5, 국방부전사편찬위원회, 1982. p.235.

37) 『宣祖實錄』 권 40, 26년 7월 갑술조.

38) 『宣祖實錄』 권 40, 26년 6월 임자조.

김준민金俊民 등이 진주성에 들어가 수성태세를 갖추었던 것이다.[39] 한편 명군은 대구, 남원 등지에 머물면서 조선의 요청에도 불구하고 방관하는 자세를 취하고 있었다.[40] 그런 까닭에 진주성은 백리내에 원군이 없는 고립무원의 상태가 되었다.[41]

병력면으로 본다면 상술한 진주군 2,400여 명과 진주성이 위급하다는 소식을 듣고 6월 14일 입성한 창의사倡義使 김천일金千鎰이 최경회崔慶會, 황진黃進과 함께 모은 3천명[42], 그리고 여기에 약간의 의병과 관군을 합쳐 8천 여명 내외가 되었을 것이다.

이를 날짜 별로 하여 전투상황을 정리해 보고자 한다.[43]

제 1일 (6월 21일)[44]

왜군의 기병 2백여 명이 동북쪽 순천산 위에 출몰하였다.

제 2일 (6월 22일)

아침 8시경에 왜군의 기병 5백여 명이 북산인 비봉산에 올라 진을 벌이고 군세를 과시하였다. 10시에 많은 왜군이 계속해서 이르렀다. 두패로 나

---

39) 『宣祖實錄』 권 40, 26년 7월 계해조 및 무진조
40) 『宣祖實錄』 권 40, 26년 7월 신유조. 당시 명군은 왜군이 복수를 위해 진주성을 함락하면 더 이상 공격할 의도가 없다는 뜻을 밝히자 방관하였다고 한다. 지승종, 위의 논문. pp. 177~178.
41) 2차 진주성 수성군의 구성 및 병력에 대한 자세한 연구는 池承鐘의 위의 논문, pp.178~183이 참고된다.
42) 『宣祖實錄』 권 40, 26년 7월 임술조
43) 이하 일별 전투 상황은 『宣祖實錄』 권 40, 26년 7월 무진조에 기록된 내용을 바탕으로 하였음.
44) 二十一日 賊 二百餘騎 出沒於東北山上, 김성일 『학봉전집』, 『치계 진주성 승첩장』. 참조

뉘어, 한패는 개경원 산 허리에 진치고, 한 패는 향교 앞길에 진을 쳤다.

처음 한 번 교전하여 성중에서 왜군 30여 명을 쏘아 맞추었다. 왜군이 군사를 거두어 물러났다. 초저녁에 다시 왜군이 진격하여 크게 싸우기를 한참 하다가 10시가 되자 다시 물러갔다. 12시에 다시 진격하고 성안에는 맹장 황진黃進, 이종영李宗永, 장윤張潤, 김준민, 오유吳宥, 이잠李潛, 강희보姜希輔, 강희열姜希悅 등이 직접지휘하였다. 적은 성벽안에 시체를 남기고 4시경에 비로소 물러났다.

이날 왜군이 성 서북쪽 물채운 해자를 터서 물이 빠지기를 기다린 다음 흙을 져다 매워서 대로로 만들었다.

이날밤 늦게 호위병 부장 강희보가 '적의 병세가 이 같이 크게 떨치니 결사의 용사 한 사람을 성밖으로 보내어 관군의 구원을 요청 하고자' 하자 김천일이 동의하며 강희보의 막하인 임우화林禹華를 구원의 특사로 파견하였다. 그러나 얼마못가 왜군에게 나포되고 말았다. 왜군은 임우화를 결박한채로 공격할때면 공격조의 맨 앞에 배치하여 심리전을 전개하여 조선군의 사기를 무너뜨렸던 것이다.

제 3일 (6월 23일)

세 번 싸워 세 번 물리쳤다. 밤에 또 네 번 싸워 네 번 물리쳤다. 적이 야음을 타서 일시에 크게 외치니 소리가 천지를 진동하는 듯 하였다. 성중에서 활을 난사하니 왜군중에 죽은 자가 헤아릴 수 없이 많았다.

제 4일 (6월 24일)

왜군의 군사 5, 6천 명이 더 와서 마현에 진을 쳤고, 또 5, 6백 명이 증원되어 동쪽에 진을 쳤다.

제 5일 (6월 25일)

왜군이 동문 밖에 흙을 매워 언덕을 만들고 거기에 흙집을 지어, 성중을 내려다 보며 조총을 쏘았는데 총알이 비오듯 하였다. 충청병사 황진黃進 또한 성안에 대응하는 언덕을 높이 쌓았다. 황진은 저녁부터 밤까지 의관을 벗고 친히 돌을 져 날았다. 이를 본 성중 남녀들이 감격하여 울면서 힘을 다하여 축조를 도왔던 것이다. 그래서 하룻밤에 다 마쳤다. 이에 현자총통을 놓아 왜군의 소굴을 맞추어 부수어 버렸으나 왜군이 곧 다시 복원하여 만들었던 것이다. 이날 세 번 싸워 세 번 물리쳤고, 또 밤에 네 번 싸워 네 번 물리쳤던 것이다.

제 6일 (6월 26일)

왜군이 생가죽으로 싼 나무궤짝을 만들어 각자 짊어지고 와서 화살과 총알을 막으면서 성을 헐었다. 성중에서 큰 돌을 굴려 내리고 활쏘기를 비 오듯 하였다. 적이 이에 물러났다. 왜군이 동문 밖에 두 큰 나무를 세우고 그 위에 판자집을 만들었다. 그리고는 성안으로 불을 많이 던져놓아, 성 안 초가집들이 일시에 불에 타서 연기와 불꽃이 하늘에 가득찼다. 목사 서예원이 겁을 내며 어찌할 바를 알지 못하였다. 김천일이 의병부장 장윤으로 가목사를 삼았다.

이 때 큰 비가[45] 와서 궁시弓矢가 모두 풀어지고 군사의 힘도 이미 피곤하였다. 적이 성중에 글을 던져 '대국의 군사도 장차 항복할 것인데 너희

---

45) 1593년 6월에는 실제로 비가 많이 왔던 것을 확인 할 수 있다. 지역적으로는 약간의 차이가 있지만, 이순신의 『난중일기』를 살펴보면, 6월중에는 거의 매일 '비가 오다 말다했다' 라는 기록을 볼 수 있고, 특히 25일과 26일에는 '큰비가 종일 내리고 바람도 몹시 불었다' 라고 전하고 있다. 이순신, 이민수 역, 『난중일기』 범우사, 1984, pp.56~64.

나라가 감히 항거하는가' 라고 했다. 성중에서 답하기를 '우리는 죽음을 무릎쓰고 싸울 따름이다. 천병 30만이 지금 너희들을 추격하여 남김없이 무찌를 것이다' 라고 했다. 적이 볼기를 내어 두드리면서 '당장唐將은 이미 모두 물러갔다'고 했다.

이 날 세 번 싸워서 세 번 물리쳤고, 또 밤에 네 번 싸워서 네 번 물리쳤다. 이와 같이 격전은 계속 되었던 것이다.

제 7일 (6월 27일)

왜군이 동문과 서문 두 문 밖에 다섯 언덕을 쌓고 대나무를 엮어 누각을 만들었다. 그들은 성중을 내려다 보며 총쏘기를 비오듯 하였다. 성중에 죽은 자가 3백여 명이었다. 또 커다란 궤짝으로 네 바퀴 달린 수레를 만들고는 적 수십 인이 각기 철갑을 입고 궤짝을 호위하며 밀고 들어와, 쇠로 성을 뚫었다. 이때 김해부사 김종인金宗仁은 군중에서 힘이 제일 세웠다. 이종인이 다섯 적을 연이어 죽이니 나머지는 모두 달아났다. 성중 사람들이 횃불을 묶어 기름을 부어서 던지니 궤짝에 든 적이 모두 타 죽었다.

초저녁에 왜군이 다시 신북문을 범하였다. 이종인이 수하 군졸과 함께 힘써 싸워 물리쳤다.

제 8일 (6월 28일)

날이 밝을 무렵, 이종인이 지키던 성가퀴로 돌아와 보니 지난 밤 서예원이 야간 경비를 제대로 하지 않아 왜군이 몰래와서 성벽을 뚫어놓아 장차 무너지게 된 것을 알았다. 이종인이 크게 노하여 책망하였다. 왜군이 성 아래까지 육박해 들어왔다. 성중에서 죽을 힘을 다해 싸워서 적을 죽인 것이 매우 많았다. 적장 1인이 총에 맞아 죽었기 때문에 여러 적이 시체를 끌고 갔다.

황진黃進이 성 아래를 내려다보며 '오늘 싸움에서 죽은 적이 천 여명 되겠구나'라고 하였는데, 한 왜적이 성 아래에 잠복해 있다가 위를 보고 총을 쏘았다. 나무 판자를 가로 맞추고 튀어서 황진의 왼쪽 이마를 맞추었다. 이 때 황진과 장윤은 가장 힘껏 싸워서 여러 장수의 으뜸이었고 성이 의지하며 중히 여겼다. 황진이 총에 맞아 죽으니 성중이 흉흉하고 두려워하였다.

제 9일(6월 29일)

황진을 대신하여 서예원을 순성장으로 삼았다. 그는 겁을 먹고 두려워하였다. 전립을 벗은 채 말을 타고서 울며 다녔다. 병사 최경회崔慶會가 서예원이 군사의 마음을 놀래어 흔들리게 한다고 하여 참하려다가 중지하고 장윤으로 대신하게 하였다. 오래지 않아 장윤도 탄환에 맞아 죽었다.

오후 2시경에 동문 쪽의 성이 비로 인해 무너졌다. 많은 적이 개미떼처럼 붙어서 올라왔다. 이종인이 수하 군졸과 함께 활과 화살을 버리고 창과 칼을 써서 상대하여 싸웠다. 죽인 적이 산처럼 쌓였다. 적이 이에 물러갔다. 왜군이 신북문46)으로 높은 소리로 외치면서 돌진해 들어왔다. 창의사 김천일47)의 군사가 무너져 흩어지자 모두 촉석루에 모였다. 적이 성에 올라 칼을 휘두르며 날뛰었다. 서예원이 먼저 날아나고, 여러 군사가 일시에 무너져 흩어졌다. 이종인은 탄환에 맞아 죽었다. 좌우에 있던 사람들이 김천일을 부축해 일으키며 물러나 피하도록 권하였으나 김천일은 굳게 앉아 일어나지 않았다. 당시 상황을 사관은『선조실록』권 49, 27년 3월 무술조에 다

---

46) 원문에는 西北門으로 되어있는데 방향으로 따지면 舊北門에 해당하겠지만, 여러 정황으로 살펴보아, 당시 가장 치열한 격전지였던 新北門의 오기로 생각된다. 池承鐘, 「16세기말 진주성전투의 배경과 전투 상황에 관한 연구」,『경남문화연구』17, 경상대학교 경남 문화연구소, 1995, p.193.
47)『선조실록』권 49, 27년 3월 무술조

음과 같이 전한다.

　　김천일이 군중에게 말하기를 '너희들이 죽게 되기는 마찬가지이니 반
드시 한 놈의 적이라도 죽이고 죽어라. 이러한 때를 당하여 싸우다 죽는
것은 영광스럽고 구차하게 살려고 하는 것은 욕이 된다. 우리들이 지금
에야 죽는 것도 너무 늦은 것이다. 다만 나는 의리상 흉적의 손에 죽을
수 없다.' 하고 마침내 그의 아들 상건과 함께 촉석루 아래 남강에 몸을
던져 죽었다. 당시에 그를 애도하는 사람이 살아서는 의로운 장수가 되
었고 죽어서는 충신이 되었으니 무슨 유감이 있으랴.

　　라고 하였다.

　　이때 성중에서 죽은 사람이 6만여 명이었다.[48] 왜군은 진주성을 때려부
수어 평지를 만들었다. 이같이 진주성은 함락되었던 것이다.

5. 전투의 勝·敗 요인

　　진주성[49]은 말 그대로 천혜의 요새이다.[50] 실제로 2차 진주성전투 당시
조정에서 10만 왜군에 포위된 소식을 접하고도 이에 따른 식량 부족 문제
만을 염려했던 것은[51] 그만큼 진주성이 신뢰할 만한 천혜의 요새였던 것을
말해준다[52]. 그런 까닭에 진주성 전투에 있어서 조선군의 주 전략은 장기

---

48) 유성룡, 『징비록』 권1, 왜적들은 바닷가에 진을 치고 진주성을 침.
49) 晉州城에 관한 내용은 진주의 향토사료인 『晉陽誌』와 李魯의 『龍蛇日記』 등이 도움
　　이 된다.
50) 그러나 진주성이 가진 지형적인 이점이 전승의 결정적인 요인이었다고는 말할 수 없다.
　　일례로 진주성은 2차전 중에 비해 성벽이 무너지는 등 구조적인 결함도 보인다.
51) 『宣祖實錄』 권 40, 26년 7월 무진조
52) 진주성의 방어적 입지를 살펴보면, 南面은 촉석루가 있는 곳으로 南江을 접한 험준한
　　절벽이 있기 때문에 사실상 접근이 불가능하고, 西北面 또한 해자를 파서 사실상 접근

적인 수성전이었다. 그러나 1592년의 제 1차 진주성에서의 승리는 지형적인 이점이 결정적인 것은 아니었던 것 같다. 무엇보다도 진주목사 김시민의 뛰어난 지도력을 들 수 있다. 김시민은 전투가 임박하여 병사 유숭인柳崇仁이 입성하려 하자, 이를 거부하였다. 그것은 중대한 하극상의 문제인데, 김시민은 유숭인이 입성하면 수성의 주장이 바뀌는 결과를 가져올 것이고 지휘의 혼란이 있을 것을 우려해 성 밖에서 원군이 되어주기를 청하였다.[53]

또 김시민은 매우 엄격하였으나, 한편으로 '부하를 사랑하여 그의 부인과 같이 병사들의 식량을 가지고 돌아다니면서 먹게 하였다. 이에 장병들이 모두 감읍하여 목숨을 걸고 싸우려했다'[54] 고 전해지고 있다.[55] 이와 함께 김성일의 판단력과 튼튼한 준비태세는 제 1차전에서의 승리를 가지고 올 수 있는 주요한 요인임이 분명하다. 따라서 김성일과 김시민의 수성준비와 일원화된 지휘체계하의 수성군과 성민들의 단합된 승리라고 할 수 있는 것이다. 또 한 가지를 부언하자면 진주성 전투기간 중 많은 원군의 전투모습에서 승리의 원인을 찾을 수 있다. 이들은 다분히 게릴라 전술을 이용하여 왜군의 심리적 압박감을 조성하고, 실제로 적세에 타격을 미치기도 한 것이다.[56]

제 1차 전투와 대조적으로 1593년 6월 2차 전투의 패배원인은 무엇인가 그 원인을 첫째로 제 1차 진주성 전투에서 패배한 왜군이 이 성의 지형을

이 불가능했다. 趙湲來, 「제2차 진주성 전투와 김천일의 전공문제」, 『군사』 5, 국방부 전사편찬위원회, 1982. p.235.

53) 郭再祐는 후에 金時敏의 이 계책으로 능히 성을 지킬 수 있었다라고 찬양했다. 한편 柳崇仁은 咸安郡守 당시 성을 버리고 도주하였던 일이 있었고 인물됨이 부족하다라는 평가를 받기도 하지만, 진주성 밖에서 분투하다가 전사했다.

54) 『春坡堂日月錄』 卷之八 ; 李炯錫, 위의 책 p.565에서 재인용.

55) 김시민은 전복을 입은 상태에서 순사 했는데, 성중의 곡성이 10리 밖에 들렸다고 한다. 李炯錫, 위의 책 p.564.

56) 주 22), 23) 등에서 보듯이 성밖의 원군은 호각을 불거나 횃불을 들어 적중을 혼란시켰고, 晋峴등지에서 왜군을 격멸하였다.

숙지하고 수성군의 작전을 분석하는 등의 사전준비를 하였다는 점이다. 제
1차 전투가 단순히 진주성의 전략적 중요성 때문이었다면, 2차 전투는 동
일 목표물에 대한 총력을 기울인 보복전의 성격도 포함되는 특수성이 있다
는 것이다.57) 두 번째로 진주성 공격에 총동원된 왜군은 10만여 병력과 장
비를 갖춘 정예병이었지만, 진주성의 주둔 병력은 관군과 의병을 합쳐 8천
여명에 불과하였다. 셋째 성중에는 전혀 훈련되지 않은 민간인과 남해안 일
대에 사는 피난민들이 6만명이나 들어와 있었다.58) 진주성처럼 그다지 크
지 않은 성안에 6만여 명이 들어차 있었다는 것은 효과적인 전투수행을 불
가능하게 했으며, 대부분이 전투력이 없는 양민이였다는 점은 곧 2차 전투
가 잔혹한 패전으로 끝날 수 밖에 없는 원인으로 지적될 수 있을 것이다.

　그러나 이러한 가시적인 원인 이외에 보다 큰 패인으로 생각되는 것은
정치적 파당성과 차별적 지역주의59)로 인한 수성군의 편성이었다. 더구나
성중에서의 내분과 무질서등 이였다고 생각된다.60) 유성룡柳成龍도 선조와
함께 패인을 논한 자리에서도 "진주성이 함락될 때에 각지의 군사가 많아
호명이 일치하지 않았기 때문이라고 보았던 것이다. 만약 수성군의 인적 구
성이 잘 되어 있었다면 진주는 대읍이라 반드시 함몰에까지 이르지 않았을
것입니다."61)라고 하였기 때문이다. 이런 혼란과 더불어 순성장 황진의 전
사는 패인의 직접적인 원인으로 작용되었던 것이 아닌가 한다.62) 전투를

---

57) 정동주, 「진주성 전투와 논개」, 『남명학연구』 7, 경상대학교 남명학연구소, 1998, p.90
58) 『宣祖實錄』 권 40, 26년 7월 무진조 기사의 세주에는 성 중에 죽은 자가 6만여, 혹은
　　8만, 혹은 3만여라고 하는데, 정확한 사실은 알 수 없으나, 성중의 민간인은 6-7만명
　　정도 있었을 것으로 추정된다.
59) 정동주, 「진주성 전투와 논개」, 『남명학연구』 7, 경상대학교 남명학연구소, 1998, p.90
60) 정치적 파당성이니, 차별적 지역주의라는 말은 소설가인 정동주의 말이긴 하나 조원래
　　는 논문 전문을 할애하여 이에 대하여 설명하고 있다. 조원래, 「제2차 진주성 전투와
　　김천일의 전공문제」, 『군사』 5. 국방부전사편찬위원회, 1982. pp.234~241.
61) 『宣祖實錄』 권 49, 27년 3월 무술조
62) 『宣祖實錄』에 따르면 黃進은 여러 전투에서 명성을 떨쳤고, 2차 진주성 전투에서도

전후한 아군의 동향 역시 진주성 방어에는 불리한 여건이었다. 주변의 관병과 의병들은 적세에 대한 소문에 이미 전의를 상실하고 도주하거나 의도적으로 진주를 방어하는 일을 회피하고 있었던 것이다. 소수의 의병들이 진주성에 입성한 상태였으나, 곽재우의 입성불가는 어떤 공포심에서 나온 것이라기 보다는 포기라는 측면이 더 크다. 그는 "왜군은 강성하고 천하에 당할 자가 없는데 3리 밖에 안되는 성을 어찌 능히 지킬 수 있겠는가?"[63] 라고 하여 전략적으로 거부의 뜻을 밝혔다.[64]

결국 제2차 진주성 전투는 엄청난 병력의 차이가 있었고, 진주성은 여러 모로 불리한 상황이었다. 그 패배의 직접적인 원인은 지휘체계의 공백과 혼란, 아울러 성밖 아군의 파벌성에 의한 대립으로, 그리고 명군의 미온적인 태도 등으로 진주성은 고립무원의 상태가 되었기 때문이 아닌가 한다.

6. 맺음말

진주는 영남에서 호남으로 나아가는 전략적 요충지로서 임진왜란 당시 최대의 격전지 중 하나였다.

왜군은 3만의 대군을 동원하여 1592년 10월 제 1차로 진주성을 공략하였으나, 6일간에 걸친 끈질긴 진주성민의 항전 끝에 왜군은 패주 하였다. 당시 진주 수성군은 3천 8백명으로 왜군과는 병력과 장비면에서 비교가 되지 않았지만, 김성일과 김시민의 오랜 준비로 일원화되었으며 뛰어난 지휘

가장 큰 공을 세웠는데, 6월 28일에 전사하면서 지휘체계가 무너지고 군민이 크게 동요한 것이 패전의 직접적인 원인이 아닌가 함.

63) 『燃藜室記述』 16, 宣祖朝 晋州城陷明兵. 朴性植, 「계사 진주성전투소고」, 『경북사학』 4, 경북대사학과, 1982. p.23.

64) 수성불가론자들은 전략적인 이유를 들어 입성을 거부하였지만, 전후 상황을 살펴보았을 때 그것이 전략적 이유가 될 수 없다라는 의견도 있다. 조원래, 위의 논문 p.240.

통솔로 전투를 승첩으로 이끌 수 있었다. 또 여기에는 성밖의 의병들의 응수도 일조하였을 것으로 보았다.

전란은 1년여의 기간을 거치면서 명의 개입과 이순신을 위시한 해전에서의 연승에 힘입어 양상의 변화가 있었다. 왜군의 기세는 점차 약화되어 평양성에서 패전한 후 후퇴하기 시작하였다. 조·명군은 한양을 수복하고 계속해서 남하하는 왜군을 한반도 남부로 몰아내었다. 이때 왜군은 다시 한번 진주성을 함락하려는 계획을 진행시켰다. 전년도에 패배한 설욕을 하기 위한 것도 있지만 진주성의 전략적 중요성은 이전에 비해 더욱 커진 까닭이다. 왜군은 10만 가까운 대군을 이끌고 8천명이 수비하는 진주성을 공격하여 9일만에 함락시켰고, 6만 여명의 주민까지 학살하였다. 1593년 6월 29일의 일이다.

이 2차 진주성 전투는 처음부터 패배할 수 밖에 없는 전투였다. 병력, 장비면에서도 왜군과 비교가 되지 않았을 뿐 더러 진주성에서는 1차 전투와는 달리 수성에 대한 준비도 없었다. 무엇보다도 수성군은 일정한 통제를 받지 못했으며, 명군의 미온적 태도 뿐만아니라 조선군의 주 병력의 지휘계통에서도 이미 진주 수성을 포기했음을 알 수 있었다. 고립무원 상태의 진주성은 이미 죽음을 전제로 하였고, 오로지 구국의 의지만을 가진 소수의 외로운 항전이었던 것이다.

제5장 학봉 김성일의 구국활동

1. 머리말

임진왜란은 우리 민족이 당한 가장 큰 국난이었다. 이 국난을 극복한 주체는 그 당시 정규군인 관군과 구원군인 명군보다도 민중의 의용군인 의병이었던 것이다. 임난이 발발하자 국방을 담당한 관군은 쉽사리 붕괴되어 전 국토가 왜군의 점령하에 들어가게 되니 각 지방의 의사들이 솔선하여 창의하고 군민들이 이에 호응하여 토왜전열에 앞장섬으로써 비로소 침략군을 물리치고 국토를 보존할 수 있게 되었던 것이다.

그러나 전국 각지에서 일어난 의병은 처음부터 관군과는 서로 견제대립하려는 상관관계가 되어 관군과 의병장 사이에는 시기상극하는 실정에 놓여 있었다. 그런데도 유독 영남지방의 의병만은 학봉 김성일(1533~1593)의 지도력에 힘입어 관군과 서로 협조하여 타도에 비하여 왜군에게 패사한 사람이 적었으며 또 의병장인 김면·곽재우·정인홍 등은 모두 왜군을 토벌하여 큰 공훈을 세우게 되었던 것은 김성일이 관군과 의병을 조정한 때문이었던 것이다.

그러므로 본 장에서는 김성일이 왕명을 받아 의병을 초모한 경위와 그 당시 의병과 관군이 서로 견제에 의한 상황에서 이들 관·의병을 조정 영도하여 호남지방으로 침범의 관문인 진주성을 잘 보전하였고 왜군에게 점거되었던 영남일대[1]를 거의 수복하여 국가중흥의 터전을 마련한 것을 중점적으로 살펴 정리하고자하는 바이다.

2. 초유사의 활동

학봉 김성일은 임진왜란기 나라가 매우 위급한 최전선 영남 우도에서 초유사와 관찰사를 역임하면서 구국활동에 헌신한 대표적인 인물이다. 당시 성리학이 만개된 사회에서 퇴계 이황·남명 조식·율곡 이이 등의 학풍이 성립되었던 것이다. 그 중 김성일은 안동 임하현 출생으로 퇴계의 수제자 중의 한 사람이었다. 그는 승문원, 예문관, 춘추관, 경연관등 청요직을 두루 역임하였고 특히 영남사림의 숭상의 대상이 되었던 것이다.

그런 까닭에 김성일은 사림들의 의병 봉기에 힘이 되었던 것이며 관·의병간의 대립에 있어 융화 화합할 수 있게 할 수 있었던 것이다.[2] 정계에서는 동인의 수장격인 위치에 있었다고 볼 수 있다.[3]

통신부사로 일본에서 돌아온 김성일은 성균관 대사성겸 승문원 부제조에 임명되었다. 선조 25년 봄 형조참의에 특배되었고 다시 4월 11일 경상우도 병마절도사에 제수되었던 것이다.[4]

---

1) 李魯, 『용사일기』, 전규태 譯, 을유문화사, 1974년판을 인용하였음.
2) 석희, 「학봉의 주체사상과 애민의식」『학봉의 학문과 구국활동』학봉 김성일 선생 기념사업회, 1999.
3) 이완재, 「영남학파에 있어서의 학봉선생의 위치」『학봉의 학문과 구국활동』 학봉김성일 선생 기념사업회, 1999
4) 『학봉선생연보』

그러나 임란이 발발하자 통신사일에 있어 정세보고를 잘못한 건으로 김성일 55세때 나명이 우역편으로 전해지자 창원에서 스스로 서울로 가던 중 충청도 직산에서 갑자기 경상우도 초유사로 임명되었던 것이다.[5]

그러나 전쟁발발로 나라가 매우 위급해졌기 때문에 국왕 선조는 죄의정 유성룡과 대간 최현 등이 극력 해명했으며, 김성일 자신이 창원에서 왜군을 사살하고 올린 장계에서 한번 죽어 나라에 은혜로 갚겠다고 치계한 것 등이 받아들여졌기 때문에 초유사로 임명하였다.[6] 그래서 김성일은 직산에서 급하게 가던 길을 되돌려 전주, 남원, 운봉, 팔랑치로 넘어 5월 4일 경상우도 함양에 도착하였던 것이다.[7] 마침 이곳에는 단양출신인 조종도가 장인의 상을 당하여 와있었고, 의령출신 이노도 창의거병을 위해 이곳에 있었다. 김성일은 이들을 만난 것을 하늘이 나를 도운것이라고 할 정도로 매우 반가워했으며[8] 즉시 경상도의 사민들을 초유하는 글을 지어 널리 반포하였던 것이다.[9] 이를 소개하면 다음과 같다.[10]

나라의 운수가 중간에 와서 부색해져서 섬 오랑캐가 군대를 몰래 동원하여 우리 국경을 함부로 침범하여 동·서 두 방면에서 돌진 하니 큰 성과 큰 진도 일찍부터 예방의 구실을 할 수가 없었다. 열흘사이에 적병은 벌써 험관·준령을 넘어서 곧바로 서울을 공격하게 되자, 주상께서 서울을 떠나 피란하시고, 온 나라 사람이 도망가 숨게 되었으니 우리나라

---

5) 이노, 『용사일기』p34.
6) 『宣祖實錄』 권 26, 25년 5월 壬午條; 『학봉집』 권 2 행장, 부록권1 연보
7) 이노, 『용사일기』 p37 참조
8) 이노, 『용사일기』 p38~39.
9) 『학봉선생문집』 권3, 「招諭一道士民文」; 최현, 『訒齊集』 권13, 학봉선생언행록; 김시황, 「학봉선생의 초유문에 대하여」『학봉의 학문과 구국활동』학봉 김성일선생기념 사업회, 1999, p433~456.
10) 이재호 「경상우도에서의 학봉의 토멸 구국활동」, 『학봉의 학문과 구국활동』학봉 김성일선생기념사업회, 1993, p343-351,번역문 참조

가 생긴 후 오랑캐의 화란이 오늘날처럼 참혹한 때는 일찍이 없었던 것이다.

여러 도의 장수들은 국가를 방위하는 임무를 맡고 있었는데도, 혹은 적병이 침범했다는 소문만 듣고는 병졸을 흩어 버리고 달아나기도 하고, 혹은 적병을 무서워하고 겁을 내면서 물러나 몸을 움츠리고 있기도 했으며, 군수와 현감은 한 고을을 통치하는 직무를 맡고 있었는데도 모두 그 처자를 안전한 곳으로 옮겨 놓고 무기고를 불태우거나 버리고서, 한 사람도 의병을 일으켜 충성을 분발하여 선두에 서서 적병을 공격하는 자가 없었으니 불쌍한 우리 군사와 백성들은 누구를 믿고 의지하고 도망해 흩어지지 않을 수가 있겠는가.

적병의 침입하는 기세는 마치 사나운 물결과 같았으므로, 이 물결이 몰아치는 앞에 방비하는 제방이 한번 무너지매 다시 물결을 막아낼 도리가 없게 되었다. 성에는 창을 들고 적병에 대항하는 병졸이 없었고, 고을에는 죽기를 각오하고 적병과 싸우는 관원이 없었으므로, 적군의 침략은 마치 사람이 전혀 없는 땅에 들어오는 것처럼 되어, 마침내 영남 일도가 함락되어 적병의 소굴이 되어 버렸고, 우리의 형세는 마치 흙이 무너지고 기와가 깨지듯이 산산조각이 나서 아침에 저녁 일을 보장할 수가 없게 되었으니 이것이 얼마나 큰 현시의 변고이겠는가.

그러나 이것이 어찌 변장이나 군수·현감들의 과실뿐이겠는가. 이 지방의 선비와 백성된 사람들도 또한 그 책임을 회피하지는 못할 것이다.

옛날에도 큰 난리를 만나 나라를 잘 지키게 된 것은, 윗사람은 죽기를 각오하고 진력할 뜻이 있었고, 아랫사람도 상사를 위해 대신 죽으려는 마음이 있었기 때문인데, 지금은 적병이 이르지 않았는데도, 선비와 백성들은 앞장을 서서 먼저 도망하여 산림 속에 숨어 있으면서 구차스럽게 목숨을 아껴 살아 남으려는 계책을 세우고 있으므로, 수령들은 백성이 없게 되고, 장수들은 군졸이 없게 되었으니 장차 누구와 더불어 적병을 막을 수가 있겠는가. 어떤 사람은 말하기를,

"옛날 추나라가 노나라와 전쟁을 할 때 추나라 관리들은 전사자가 30여 명이나 되었는데도 백성은 한 사람도 죽지 않았으니 이것은 관리가 평상시에 백성의 고통을 돌보아 주지 않았던 까닭이다. 이번 에 사민들

이 흩어져 달아난 변고는 어찌 孟子의 이른바 당사자의 잘못 저지른 것
은 곧 당사자에게 앙갚음이 되돌아간다란 것이 아니겠는가."

　라고 하는데, 아아 이것이 무슨 말인가. 근년 이후로 조세도 과연 번
가했으며, 부역도 과중했으므로, 백성들이 명령을 감내하지 못했을 것이
다. 그러나 성과 해자 등 적병의 침입을 방비할 기구는 모두 전쟁을 미
연에 방비하기 위한 준비이니 성상께서 백성을 보전하려는 생각은 먼
앞일을 헤아렸던 것이다. 어찌 백성들을 학대하면서 자신을 이익되게
한 것이겠는가.
　더구나 추나라와 노나라의 전쟁은 비록 한쪽은 이기고 한쪽은 진 것
이 있었지마는 다 같은 중국 안의 일이었으므로, 백성들에게는 그다지
이익과 손해가 없었던 것이다. 그런데 다만 이 염치풍속을 가진 왜적들
은 우리 땅에 부녀를 잡아가서 그들의 처첩으로 만들고, 우리의 장정을
마구 죽여 씨를 남기지 않으며, 땅에 가득 찬 민가는 모두 불태워 잿더
미가 되었고, 관청이나 개인의 저장물은 모두 저들이 차지하게 되어, 독
기는 사방에 가득 차게 되고, 죽은 사람의 피는 천리에 흘렀으니 백성들
의 참화는 어찌 차마 말할 수가 있겠는가.
　이때는 실로 지사는 창을 베고 자면서 적병 죽일 것을 기다리고 있을
날이요, 충신은 국난을 구하기 위하여 목숨을 바쳐야 할 시기인데도, 경
상도 67주중에서 아직까지 용기를 내면서 의병을 일으키는 사람은 없
고, 오히려 남보다 먼저 도망하지 못할까, 깊은 산속에 들어가지 못할까
를 두려워하고 있으니 어찌 탄식을 금할 수가 있겠는가.
　설령 산속에 들어가서 적병을 피하고 마침내 자신과 가족을 보전시킨
다 하더라도 오히려 이 일을 수치로 여길 것인데, 하물며 자신과 가족을
보전할 도리가 절대로 없을 것이니 어찌하겠는가.
　당직은 사리를 자세히 말하여 사민들의 의혹을 환하게 깨우치려고
한다.
　지금 적병은 서울을 침범하는 일에 서둘러서 행로를 지체하지 않고
갔기 때문에 병화가 여러 고을에 두루 미치지 않았지마는, 적병이 제 목
적을 달성한 뒤에 흉악한 무리들의 국내에 가득 차게 된다면, 그때는 산
골짜기가 과연 죽음을 도피할 만한 곳이 될 수가 있겠는가.

이를 비유한다면 마치 큰 물결이 하늘까지 장악하듯이 거센 불길이 들판을 태우듯이 될 것이니 가련한 우리의 많은 백성들은 다시 어느 곳에서 몸을 붙이고 살수가 있겠는가. 산골짜기에서 나오지 않는다면 시일이 오래 됨에 따라 식량이 떨어져, 앉아서 깊은 산속에서 굶어죽게 될 것이고, 산속에서 나온다면 부모나 처자가 왜적에게 사로 잡혀 욕을 당할 것이며, 예의를 지키는 사족은 짓밟혀 결단이 나게 될 것이다. 왜적에게 항복하면 영원히 무도한 종족이 될 것이고, 항복하지 않으면 모두가 왜적의 칼에 맞아 죽은 귀신이 될 것이니 이것이 어찌 지혜 있는 사람만이 알 수 있는 일이겠는가. 그러나 이것은 다만 이해와 생사만을 가지고 말했을 뿐이다.

아아, 군신간의 대의는 천지간에 영원히 변치 않는 도리로서 이른바 사람이 지켜야 할 떳떳한 법도인 것이다. 모두 이 땅에서 살아가고 있는 사람으로서 임금께서 피란하시고, 종묘사직이 장차 넘어질 지경이며 많은 백성들이 다 죽을 지경인데도 아무런 관심도 없이 마음을 움직이지 않는다면 그것이 천지간의 변치 않는 도리에 대하여 어떻게 되겠는가. 더구나 부모가 적병의 칼날에 죽게 되고, 형제·처자가 서로 보전하지 못하게 되어 제 가문의 화변이 또한 위급한 처지인데도 자제된 사람들이 머리를 싸쥐고 쥐처럼 숨고서, 죽을 각오를 하고 같이 살아남기를 생각하지 않는다면 그것이 자식된 도리에 어떻게 되겠는가.

지난 일을 생각해 보건대, 영남지방은 본래 인재의 부고로 일컬어져 왔으며 일천년의 국운을 유지한 신라와 오백년의 국운을 지탱한 고려, 그리고 우리 조선 이백년 동안에도 충신·효자의 영성과 의열은 역사에 빛나고 있어, 아름다운 절의와 순후한 습속은 우리나라에서 으뜸이 되었으며 이것은 진실로 사민들이 다같이 알고 있는 바이다.

또 근년의 일로써 말하더라도 퇴계·남명 두 선생이 한 시대에 나란히 나서 관학을 처음 강명하여 인심을 순환시키고 윤기를 바로잡는 일로써 자기의 임무로 삼았으니 배우는 선비들이 두 선생의 교육에 감화되어 흥기하고 학행을 본받은 사람이 많았던 것이다. 이들이 평일에 많은 성현의 글을 읽었으니 이들의 자부가 어떠했겠는가. 그런데도 갑자기 왜변을 만나게 되자, 다만 살기만을 구하고 죽기를 피하는 일을 서둘러서 스스로 군주를 버리고 어버이를 소홀히 하는 죄악에 빠지게 된다면, 구차히 한 목숨 부지하더라도 장차 어찌 다른 사람과 한 하늘 아래에서 같이 살수가 있겠으며, 죽어 지하에 돌아가더라도 또한 어찌 우리 선현들을 뵈올 수가 있겠는가. 의관·예악을 가진 문화민족으로서 치욕을 당할 수가 있겠으며, 단발문신의 야만풍속을 따를 수가 있겠는가. 이백년을 지켜 내려온 종묘·사직을 차마 왜적의 손에 넘겨 줄 수가 있겠으며, 수천리나 되는 강산을 차마 왜적의 소굴로 버려 둘 수가 있겠는가. 문명한 나라가 변하여 오랑캐 나라가 되며, 인류가 변하여 금수가 될 것이니 이런일을 참을 수가 있겠으며, 이런 일을 할 수가 있겠는가.

적병의 목을 베어오는 것을 장려하는 진나라도 처음부터 순수한 오랑캐의 나라가 아닌 데도 노중련은 "진나라의 무도한 것을 미워하여" 오히려 바다에 빠져 죽는 것을 달갑게 여기면서 살기를 원하지 않았는데, 무지한 이 섬 오랑캐는 얼마나 더러운 종족인데도 그들에게 우리의 토지를 훔쳐 차지하게 하고, 우리의 백성들을 욕보이도록 맡겨 두고서 이들을 몰아내고 이들을 베어 죽일 것을 생각하지 않고 있겠는가.

어떤 사람은 말하기를 "왜적의 병졸은 용감한데 우리의 병졸은 겁을 잘 내고, 왜적의 무기는 예리한데 우리의 무기는 무디니 비록 군사를 일으키더라도 일을 할 도리가 없을 것이다." 라고 하지만 이것은 너무도 생각이 모자란 말이다.

옛날의 충신과 열사는 실패할 것이라 하여 의지를 변경하거나 상대보다 힘이 약하다 하여 기세가 꺾이지 않았다. 의리상 당연히 할 일이라면, 비록 백번 싸워서 백번 패퇴하더라도 화살이 없는 활시위를 당기고 시퍼런 칼날을 무릅쓰고서 강적과 맞서 싸워 만번 죽어도 후회하지 않았는데, 하물며 왜적이 비록 강하다고는 하나 후원 없는 군대로서 우리 땅에 깊숙히 쳐들어온 것은 바로 작전상의 금기를 범한 것이니, 어찌 낭패를 당하지 않고서 잘 돌아갈 수가 있겠는가.

우리 군졸이 비록 겁을 낸다고 하지만 용감하고 겁내는 것이 어찌 늘 그렇겠는가. 충의가 격발되면 약졸도 강병이 될 수가 있고, 적은 병력으로서도 많은 병력을 대적할 수가 있으니, 이것은 다만 단시일에 대처할 수 있는 문제일 뿐이다.

현재 도망한 병졸이 산곡에 가득 차 있는데, 처음에는 그들이 비록 몸을 빠져나와 살려고 도망했지만, 끝내는 한번 죽음을 면하기 어려운 줄을 알게 된다면 모두가 분발하여 나라를 위하여 힘쓸 것을 생각하고 있을 것인데, 다만 이 일을 솔선 인도하는 사람이 없을 뿐이다. 이런 시기를 당하여 만약 한 사람의 의사라도 분발하여 일어나서 한번 큰소리로 외치기만 한다면 원근지방에서 구름처럼 모여들고 메아리처럼 호응할 것이니 그 자리에서 계책을 세울 수가 있을 것이다.

더구나 성상께서는 이미 자기를 책망하는 애통의 교지를 내리셨고, 보잘것없는 소신에게 사민들을 초유하는 책임을 맡기셨으니 옛날 당나라의 무사들도 오히려 홍원의 조서를 보고는 감동하여 울었던 일이 있었는데, 하물며 우리나라의 예의를 숭상하는 선비들이야 어찌 팔을 걷어붙이고 의분심을 일으켜 군부의 위급함을 구원하려고 전장에 나오지 않겠는가.

내가 진실로 원하는 것은, 이 격문이 도착되는 날에 군부와 현감은 그 고을 백성들을 효유하고, 변장은 그 토졸을 격려하고, 문관·무관이나 부노·유생 등 모든 사람들은 서로가 전달 고유하여, 동지를 먼저 불러모아 충의로서 단결하여, 혹은 방비시설을 만들어 스스로 지키기도 하고, 혹은 군졸을 이끌고 싸움을 도우기도 하며, 부민은 유차달(柳車達)처럼 많은 곡식을 운반하여 군량을 보급하고, 용사는 원충갑(元沖甲)처럼 무기를 휘둘러 적병을 무찔러서, 집집마다 사람마다 각자가 싸우겠다는 각오로서 한꺼번에 똑같이 일어난다면 군성이 크게 떨쳐져서 의기가 백배나 날 것이므로, 괭이·곰방메·몽둥이 같은 것들도 단단한 갑옷과 날카로운 무기의 구실을 할 수 있으니 적병이 비록 장창과 대검을 가지고 있더라도 우리가 무엇을 두려워할 것인가. 일이 성공한다면 나라의 수치를 완전히 씻을 수가 있을 것이며, 성공하지 못하더라도 의로운 귀신이 될 수가 있을 것이니 제군들은 힘쓰기를 바란다.

당직은 한 사람의 쓸모 없는 유사이므로, 비록 군사관계의 사무는 배우지 못했지마는 군신의 대의에 대해서는 대강 듣고서 알고 있었는데, 경상 일도가 뒤엎어진 뒤에 토민들을 초유하는 임무를 맡게 되었다. 그러므로 조국을 보존시킬 뜻은 간절하지마는, 초나라 신포서(申包胥)의 충성을 본받을 수가 없으며, 다만 조국에 통곡한 뒤 군병을 일으킨 장순(張巡)의 충열을 사모하고 있을 뿐이다. 그래도 의사들의 힘을 입어, 기울어진 국가를 다시 회복시킨 공을 세우기를 바라고 있다. 조정의 상격은 후면에 기록되어 있으니 아울러 마땅히 잘 알아야 할 것이다.

이와같이 초유문은 왜군의 침입에 대해 영남지방은 유구한 충의의 전통이 있으며 퇴계·남명사상으로 무장된 유사들에게 토왜구국의 앞에 설 것 등을 호소하였다. 그 핵심은 우리가 어찌 앉아서 바라만 볼 수 있겠는가 문화수준이 높은 우리 민족이 저 오랑캐 왜군에게 굴복할 수 있겠는가 비록 무기병력의 우열이 있다할지라도 몸을 던져 왜군을 물리쳐서 국토를 보존시켜야 될 것이 아닌가하는 국토를 수호할 결연한 뜻을 표했던 것이다. 그 문장이 마음에서 우러나왔기 때문에 단시간에 작성[11]되었지만 충의로써 분발하였던 까닭에 여러 사람을 감동시키기에 충분하였던 것이다.[12]

그리고 그가 아끼는 자들에게 의병 소모관의 임무를 주어 조종도은 단성, 산청, 함양으로, 이노는 삼가, 의령, 합천 방면으로 파견하였고, 김성일 자신은 산청, 단성을 거쳐 경상 우도의 본부라 할 진주로 갔던 것이다.[13] 그는 촉석루에 올라 삼장사시로 비장한 심경을 토로하였다.[14]

김성일은 진주의 중요성에 대해 선조에게 보고한 내용을 보면

> 진주는 남방의 거진으로서 영남·호남 양도의 요형에 있으니 만약 진주를 지키지 못한다면 보존된 영우 사방일대의 고을도 단시일에 토분와해의 형세가 되어 보전하지 못할 뿐 아니라 왜적은 반드시 호남까지 침범하게 될 것입니다. 진주성은 마치 당나라 때 수양성이 강회지방의 보장이 된 것처럼 오늘날 영·호 양도의 보장이 되었으니 이곳은 반드시 수비해야 할 지역입니다. 그런데도 경상도내는 지금 감사의 권왕병 소

---

11) 이노, 『용사일기』 p316.
12) 『宣祖實錄』 권 60, 28년 2월 기유조.
13) 『학봉집』 권 2.
14) 이재호, 「역사기록의 허실에 대한 검토-특히 촉석루 삼장사시 작자의 경우-」 『학봉의 학문과 구국활동』학봉김성일선생기념사업회, 1999.

집으로 도내가 텅 비어 잇으며, 진주의 정병도 이미 감사·병사의 소집에 응하여 가다가 모두 무너져 산속으로 들어가 버렸으며, 나머지 수성하는 군병이 천여명인데 활쏘는 아병은 겨우 6,70명뿐입니다. 신이 본주(진주)에 유둔하여 군병을 감독 조직하여 이 진주성을 굳게 지켜 호남과 내륙지방을 방비할 계책을 세우려고 합니다. 신이 편의에 따라 진을 버리고 달아난 수령·변장등에게는 공을 세워 나라를 위하여 진력하도록 하고서, 이미 자처한 가덕검사 정응린과 고성현령 김면에게는 의병장 곽재우와 함께 의령의 정암진을 파수하도록 하고, 권관 주대청등에게는 판관 김시민과 더불어 진주성을 지키도록 조치하였습니다.15)

이와같이 진주성의 군사전략상 중요한 위치인 것16)을 강조하였다. 그리고 군령을 엄중히 시행할 것과 백성들에겐 폐정개정의 확고한 의지를 보여준다면 지금이라도 단시일내에 왜군을 토멸할 수 있다고 주장한다. 그런 까닭에 김성일은 군대에 기율이 없는 것을 통탄하고 우선 군령의 조목을 정하여 열읍에 반포 하였다. 군령의 골간은 군졸 10명이 도망하면 통장을 참형에 처한다. 통장이 도망하면 도훈도를 참형에 처하고, 일군이 다 도망하면 영장을 참형에 처하도록 한다는 것이다. 동시에 막하인 조종도를 단성, 산청, 함양에, 이노를 삼가, 의령, 합천등에 보내어 점검토록 하였다.

어느정도 군대의 기강이 확립되자 김성일은 여러지역을 순시하고 군사를 격려하기를 게을리 하지 않았다. 진주에서 삼가를 거쳐 거창으로 갔다. 거기서 김면金沔 등 여러 장군을 만나 격려하고 의병장 이정李瀞을 함안으로 보내 군병을 모집하고 군량 또한 모으도록 조치하였다. 그리고 합천으로 가 의병장 정인홍鄭仁弘 등을 독전하였던 것이다. 수령이 없는 영산, 창령, 현풍에 격문을 지어 사민들을 달래고 가수, 별장, 소모관을 임명하였던 것이다. 이러한 노력으로 어느정도 사회분위기가 달라지자 왜군에게 부역한

---

15)『宣祖實錄』권 27, 25년 6월 병진조.
16) 이노,『용사일기』p64~68.

이민들은 서로 뉘우치고 두려워하게 되었으며 이들 대부분은 의병에 응하게 되었던 것이다.

1592년 6월에는 의병장 손인갑이 초계에서 역시 노략물을 싣고 내려오는 왜군선을 쳐부수고 전사한 바가 있으며[17] 거창의 김면도 멀리 성주지역의 무계포까지 나가 왜군선을 격파하고 포획한 물건들을 진주에 있던 김성일에게 수송하기도 하였다.[18]

7월에 거창에서 왜군이 진주를 침범할 것이란 정보를 접하고 즉시 단성으로 가서 함양, 의령 등지의 군졸을 진주로 집결시켜 대비토록 하였다. 이때 왜군은 남강까지 진군하였으나, 이 정보를 알고 감히 진격하지 못하고 도망하고 말았다. 그 여세를 몰아 사천, 진해, 고성등 해변의 여러 고을들을 수복하게 되었다. 이어 곽재우를 보내 창녕, 현풍, 연산 등의 왜군을 모두 물리쳤던 것이다.

그리고 김면, 정인홍 두 장수와 낙동강 요지의 초계군에 곽율을 가수로 삼아 전치원, 이대기 등의 의병과 힘을 합쳐 낙동강 연안의 왜군을 격멸시켜 버렸다.[19] 의병장 김준민이 다시 무계에서 왜군선을 쳐부수고, 또 곽재우가 현풍, 창령의 낙동강 일대에서 연달아 공파함으로써[20] 이후 왜군은 낙동강통로를 완전히 잃고 둔책마저 철거하였으며, 오직 대구를 경유하는 육로에만 의존할 수밖에 없었다. 그래서 무계진에서 정암진에 이르기까지 왜군이 함부로 들어오지 못하게 되니 전략상 중요한 낙동강 통로를 두절하게 되었던 것이다. 따라서 경상우도와 좌도가 비로서 연락이 가능하게 되었다. 이때 영천에서 60여명이 와 전 참봉 권응수를 의병대장으로 임명[21]하

---

17) 『宣祖修正實錄』 권 26, 25년 6월조.
18) 이노, 『용사일기』, p96.
19) 이노, 『용사일기』, p39~40.
20) 『宣祖修正實錄』 권26, 25년 7월조
21) 이노, 『용사일기』, p100, 101.

여 영천성을 수복하게 되었다. 상주, 함창, 문경지방에도 이봉을 의병장, 정
경세를 소모관으로 임명하여 활동하게 하였다. 이와 같이 임란 발발 3개월
여만에 왜군의 치하에 교통이 두절되었던 경상좌·우도가 열리게 되었던 것
이다. 따라서 초유사로 적의 치하에 놓여 있던 사회를 안정시켰으며 의병
창의하도록 하였던 것이다.

　김성일은 무엇보다도 진주성에 관한 군사적 중요성을 인식하여 방비를
게을리하지 않았던 것이다. 제1차 진주성 전투는 치계진주수성승첩장[22]에
잘 나타나 있다. 김성일이 전투를 대비하여 진주성의 동쪽에서는 삼가 의병
장 윤탁·의령가장 곽재우·초계가장 정언충, 북쪽에서는 합천가장 김준민,
서쪽에서는 전라의병장 최경회, 남쪽에서는 고성가장 조응도·복병장 정유
경 등으로 하여금 사방에서 성원토록 조치하였다. 그리고 왜군의 포위공격
이 본격화되자 김성일도 직접 산청에서 의령으로 진주하여 목사 김시민, 곤
양군수 이광악 등과 여러 장졸에게 진심으로 협력하여 끝까지 슬기롭게 사
수하도록 독전하였고 또한 군기 등을 성안으로 수송하여 지원 하였던 것이
다.[23]

　10월에 조정에서 김성일에게 가선대부로 가자[24]했으니 그것은 경상감사
로써 제 1차 진주성 전투를 승리로 이끌었고 민심수습에 공로가 많았기 때
문이었다. 이에 대해 사관은 아래와 같이 쓰고있다.[25]

　　김성일이 홍문관부제학으로 있을 때, 차자를 올려 시폐를 논하면서 말
　이 매우 솔직하니 선조께서 겉으로는 우용함을 보였으나 속으로는 좋아
　하지 않았다. 전란이 발발하자 병사로서 부임하는 도중에 적장을 사

---

22)『宣祖實錄』권 33, 25년 12월 신묘조
23)『宣祖修正實錄』권 26, 25년 10월조
24)『선조실록』권 31, 25년 10월 신해조 ; 동 계축조
25)『宣祖實錄』권 31, 25년 10월 계축조

살하여 적군의 기세를 꺾었으며, 초유사로서 부임해서는 도민을 초무하여 안정을 얻게 했으니 김성일의 공로가 컸던 것이다. 이때 절도사·순찰사등 여러 진영의 관원들이 모두 의관차림도 없이 군중속에 섞여 있으니 김성일은 '어찌 우리나라 군문의 위용을 변경할 수가 있겠는가.' 하고는 군관들에게 홍의에 새깃 관을 쓰도록 했으니 그가 평시에서나 전시에서나 절도가 동일한 것은 이런 일에서도 징험할 수가 있겠다. 이때에 와서 선조께서 김성일이 공로가 많은 이유로써 가선대부로 승자시킨 것이다.

이랬던 까닭에 1593년 6월에 전개되었던 제2차 진주성 전투때에 만약 김성일이 살아있었다면 그렇게 무참히 패하지는 않았을 것이라고 유성룡과 사관들은 말하고 있다.[26]

3. 김성일의 지도력과 관·의병의 조정

임란 발발과 함께 관군이 맥없이 붕괴되고 흩어지자 각지에서 창의거병한 의병진이 왜군 격퇴의 전면에 나서게 되었다. 따라서 의병장들의 활약이 커지자 지방의 군수권을 가진 감사와 병사가 서로 의병진을 청기하고 견제하려는 갈등이 없지 않았던 것이다.[27]

경상우도에서 첨예하게 대립된 것은 의병장 곽재우와 감사 김수와의 관계라 할 수 있다. 의병장 곽재우는 전쟁이 발발하자 4월 24일 의령에서 전국 최초로 거병하여 많은 공로를 세웠다. 무엇보다 의령에서 낙동강의 정암진은 막아 왜군이 곡창지대인 호남지방으로 진출을 못하게 한 것은 임란기

---

26) 『징비록』 권 2, 왜적들은 바닷가에 진을 치고 진루성을 침 ; 『宣祖實錄』 권 60, 28년 2월 기유조.
27) 『宣祖修正實錄』 권 26, 25년 12월조.

에 있어 큰 공로라 아니 할 수 없다.[28]

그러나 경상감사 김수는 경상도의 병권을 장악하였음에도 왜군을 맞아 피하고 싸우지도 않으면서 열읍에 공문을 보내 의병장에 예속된 군병을 많이 빼앗아 갔다던 것이다. 그런 까닭에 의병진이 붕괴할 지경에 이르게 되자 많은 사람들이 크게 분노하게 되었던 것이다. 곽재우는 격문을 보내어 김수를 베어 죽이려고 하였다.

> 김수는 재차 경상감사로 부임하여 학정을 행하여 민심을 이반시켰으며, 뒤에 적군이 쳐들어오자 자신이 먼저 도망하여 한번 교전하지도 않고서 적군을 맞아들였으니 김수의 죄상은 낱낱이 들추어 내어 목베어 죽여도 인심을 만족시킬 수 없다고 즉언 중간에 김수의 죄상을 8조목을 거론하고는, 끝에 가서 네가 신자의 본분을 안다면 네 군관을 시켜 네 머리를 베어서 천하·후세에 사죄해야 할 것이고, 그렇지 않는다면 내가 곧 네 머리를 베어 신·인의 분노를 풀어야겠다는 것이다.[29]

이 격문을 받은 감사 김수는 매우 두려워하고 어찌해야될지 주저하다가 자구책을 마련하게 된다. 그는 곽재우는 역적과 다름없다고 정부에 보고하였던 것이다.

의주에 가있던 비변사의 여러 관원들은 경상도에서 일어나고 있는 이런 일들을 알길이 없었을 것이다. 그래서 오히려 곽재우를 의심하고 있었던 것 같다.

> 宣祖는 곽재우가 김수를 죽이려고 하는 것은 그 병세를 믿고서 행동하려는 것이 아닌가 하고 의심하면서 김수도 재차시킬 수가 없고, 곽재우도 견책할 수가 없으니 윤두수의 건의를 받아들여 김성일로 하여금

---

28) 『宣祖實錄』 권 27, 25년 6월 병진조
29) 『망우집』 권 1, 창의시자명소.

과복을 개유하여 사태를 수습하도록 하고, 김수의 계사에 '신의 생사가 단시일에 달려 있다.'는 말을 하면서 김수의 형세가 상필 위급한 것을 인정하고 있었다.[30]

이같이 국왕 선조도 의병장과 감사간의 대립갈등에 대해 왜군과 대전하는 상황에서 이러지도 저러지도 못하고 매우 낭패할 수 밖에 없었다. 따라서 김수의 위축된 상황의 타개를 위해 김성일로 하여금 조정하도록 할 정도였던 것이다. 이에 대해 김성일은 곽재우와 김수에게 각각 서신을 보내어 서로 화의하기를 강력하게 권하였던 것이다. 이때 김수는 근왕한다는 명분을 내세워 경기도 용인까지 갔다가 패배하였다. 그래서 김수에 대한 분노가 한층 높아갔다.

한편 김성일은 정부에서 감사 김수의 말만듣고 곽재우는 살피지 않고 패역의 주형을 가한다면 보통 일이 아닐 것이라 생각하였다. 그런 까닭에 경상도의 인심을 잃을 것을 염려하여 정부에 보고를 올려 곽재우를 구하고자 하였던 것이다.

> 곽재우는 일개 사민으로서 도주(감사)를 범하려고 격문을 보내어 죄장을 성토했으니 그 자신은 나라를 위하여 분개했다고 하지마는 행동은 난민에 관계됩니다. 재우는 온 나라가 함몰된 뒤에 능히 고군을 일으켜 분발하여 왜적을 쳐서 도내의 잔민들이 그를 의지하여 간성으로 여기고 있는데, 지금 난언한 죄로써 곧 그를 죽인다면 왜적을 막아낼 계책도 없고 군민들도 실망하여 한꺼번에 궤산될 것입니다. 신이 사태를 수습하기 위하여 재우에게 재삼 계칙했더니 이미 명령을 따르고 있는데, 이 일 때문에 순찰사(김수)에게 득죄하여 형세가 서로 용납할 수가 없기에, 신이 또 김수에게 서신을 보내어 재우를 잘 대우하도록 하였으니 근심할 만한 변고는 없을 듯합니다. 다만 김수가 재우를 반적으로써 이미 계문

하였고, 또 타인이 지주한 것으로서 말을 하고 있으니 이같은 일로써 주
형을 가한다면 그가 복죄하지 않을 뿐 아니라, 일도의 인심을 수습할 수
가 없을 것입니다. 그의 충의가 분개하여 용기를 내어 왜적을 토벌한 형
장은 일도에 널리 나타나서 아동과 주졸이 모두 곽장군을 일컫고 있으
니 광망에 대한 주벌을 용서해 주신다면 반드시 성효가 있을 것입니
다.[31]

이 장계로서 곽재우에 관한 의심이 풀려 정부에서는 즉시 김수를 영남으
로 되돌아가게 하였다. 그래서 겨우 인심이 진정되었다고 한다.

이같은 김성일의 조정으로 감사 김수가 죽임을 당할지도 모를 일에서 면
하게 되었던 것이다. 따라서 영남의 의병장 곽재우와 감사 김수의 대립갈등
하였던 것을 위기에서 김성일의 지도력에 의해서 화해하여 해결되었던 것
이다.[32] 최전선 영남에서 관·의병의 갈등과 대립을 김성일과 같은 유능한
지도자가 있었기 때문에 사태가 잘 수습되었던 것이다.[33] 그런 까닭에 곽
재우와 김시민은 상호협력하여 진주성 전투에서 왜군을 물리칠 수 있었던
것이다. 정부에서 의병장 정인홍은 제용감정으로, 김면은 합천군수로, 박성
은 공조좌랑으로, 곽재우는 유곡찰방으로 제수하여 그들의 전공을 표창하
여 장려하였으며, 판관 김시민을 발탁하여 진주 목사로 임명하였다.[34] 김시
민은 진주를 안정시키고 나가 싸워서 여러번 왜군을 물리쳤다. 그런 까닭
에 김천 이하에서 진지를 구축하고 노략질하던 왜군이 모두 도망하였던 것
이다.

당시의 상황에 대하여 사관은 다음과 같이 기록하고 있다.

---

31)『宣祖修正實錄』권 26, 26년 6월삭 기축조
32) 이노,『용사일기』, p137~140.
33)『宣祖實錄』권 32, 25년 11월 신사조
34)『선조실록』, 권68, 28년 10월 병진조

이때 김순민은 수군을 거느리고서 서해의 입구를 지키고 있었으며, 김성일 등은 진주의 관문을 지키고 있었으니 왜병은 금산군을 경유하여 호남의 경계로 침입하려다가 여러 번 좌절되어 왔던 길을 도로 따라 물러났으므로 호서(충청도)도 또한 왜군에게 함몰되지 않게 되었다. 국가에서는 이 이도(경상·전라)의 방위에 힘입어 군용물자를 공급하게 되었으니 그때 장사들의 방수한 공노가 또한 컸던 것이다.[35]

그리고 경상도 북부지역인 상주에 전검열 정경세, 함창에 전찰방 권경호 문경에 사인 신담을 각각 소모관으로 임명하였다.

이때에 정부에서 경상도를 나누어 좌·우 감사를 두어 이성임을 우도관찰사로, 김성일을 좌도관찰사로 임명했으니 대개 영남은 지역이 넓어서 이를 효율적으로 다스리기 위해서이다.

그러나 우도의 사민들이 정부에 상소하여 김성일을 우도에 종전대로 두기를 청하였던 것이다. 그런 까닭에 김성일을 우감사로 영해부사 한효순을 좌감사로 임명하고 경상감사였던 김수를 한성부판윤으로 임명하였던 것이다.[36]

4. 우도 관찰사 김성일의 공과

『학봉집』연보에 의하면 김성일이 1592년 6월 1일 경상좌도 관찰사에 보임된 것을 안 것은 두달 뒤인 8월 11일 이었다. 이렇게 늦게 알게 된 것은 아마 전시의 통신이 두절된 때문일 것이다. 그러나 우도에서 선정을 베풀었던 김성일에 대한 사민들의 만류가 많았다. 초계군 의병장 이대기는 만원서

---

35) 『宣祖修正實錄』 권 26, 25년 8월삭 무자조
36) 『宣祖修正實錄』 권 26, 25년 6월삭 기축조

를 올려 평생을 군려를 풀지 않았고 관군과 의병간의 화의를 도모하였다고 하였고[37] 합천유생 박이문朴而文, 함양유생 정유명鄭惟明[38]등은 청유금성소를 임금께 상소하였던 것[39]이다. 그래서 김성일은 9월 4일 직무 수행을 위해 하양에 이르렀을 때 다시 우도 관찰사에 보임되었던 것이다. 그는 9월 14일 대구 동화사에서 좌병사 박진을 만나 방비책을 논하고 9월 16일 팔려 하빈을 처거 우도인 고령에 도착하였던 것이다.[40] 거창에서 김수와 만나 관찰사 직책의 인수인계를 하였고, 산청으로 가서 우감사 진영을 마련하게 되었던 것이다.

그런 까닭에 산중에 은거하였던 조동도, 이노, 박성, 오장 등이 다시 나와 우리가 소생하고 국가의 회복을 기필코 할 수 있다고 기뻐하였던 것이다. 이때 경상좌·우도에 수령의 결원이 많았는데 김성일은 정부의 명령에 따라 정기룡을 상주판관으로, 김준민을 거제현령으로, 강덕룡을 합창현감으로, 박사제를 의령현감으로, 박정완을 거창현감으로, 변혼을 문경현감으로, 여대노를 지례현감으로, 이정을 사근찰방으로, 정인홍을 성주목사로 임명하였던 것이다. 이들의 임용이 중망에 아주 합당하였으므로 민심이 복종하게 되었던 것이다.

당시 사관이 김성일에 대한 평가를 다음과 같이 하고 있다.

임진년 봄에 영남절도사에 임명되자 남변으로 급히 달려가니 왜병은 벌써 이르러 열군이 토봉와해되어 망풍분궤하는 상태이었다. 그런데도 성일은 결연부동하면서 국사를 보수할 계책을 세우고 있었다. 왜병이

---

37) 『宣祖修正實錄』 권 27, 26(계사)년 4월조.
38) 정유명(1539-1596)은 林薰문인으로 안음에서 유림대표로 창의하였고, 김면의 참모로 활약하였음. 성팽년과 동문수학하였음. 대사헌 鄭蘊의 아버지임.
39) 이노, 『용사일기』, p115~116.
40) 이노, 『용사일기』, P120~122.

웅천에 들어올 적에 그는 말에서 내려 호상에 걸터앉아 비장을 독려하여 선봉의 왜장을 목베어 죽이니 흉악한 왜세가 이 때문에 조금 꺾이게되었다. 그때 조정에서는 성일이 왜구는 두려워할 것이 없다고 말하여방비를 해이하게 했다는 이유로써 잡아와서 국문하려 하다가 특별히 용서하고 이내 초유사로 임명하니 도로 영남에 들어가서 동지를 창솔하여의병을 규합하였다. 이에 원근지방에서 죽 따라 일어나서 왜군에게 점거된 고을을 수복한 것이 10분에 6,7분이나 되었다. 그가 경상도 사민들에게 초유한 격문은 충의가 분발하고 사지가 격력했으므로, 비록 어리석은 민중이라도 이 내용을 들으면 반드시 모두가 마음이 감동하여 눈물을 흘렸을 것이다. 우도 순찰사로 승진되었는데, 계사년 여름에 병으로서 진중에서 운명하니 이 소식을 들은 사람들이 모두 비통하게 여겼다. 아아, 성일은 옛날의 '유직'이라고 말할 수 있겠다.[41)

라고 하여 김성일은 인물을 적재적소에 임명배치 하였고 민심을 수습하였던 것이다. 그는 군에 대하여 잘 안다고 할 수 없겠지만[42) 의병을 규합[43)하고 격려하였을 뿐 아니라 의병과 관군간의 융화에 적극적이었다. 그는 대민 구호사업에도 게을리하지 않았다.[44) 당시 유행하던 역질[45), 장티푸스에전염되어 사망하고 말았다.[46)

5. 맺음말

임진왜란이 발발한 초기에 국방을 맡은 수신들은 왜군과 제대로 교전하

---

41) 『宣祖實錄』 권 60, 28년 2월 기유조
42) 『선조수정실록』 권 27, 26년 4월조
43) 『선조실록』 권 72, 29년 2월 계축조
44) 『선조실록』 권 31, 25년 10월 계축조
45) 이노, 『용사일기』, P178.
46) 『선조실록』 권 28, 26년 5월 을해조

지도 않고 거개가 망풍도주하고 말았다. 그런 왜군은 파죽지세로 진격하여 단시일에 우리의 국토를 점거하게 되었던 것이다. 이런 위급한 시기에 김성일은 초유사의 중책을 맡아 경상도에 내려와서 초유문을 포고하여 흩트러진 관군을 소집하고 지방의 의병을 소모하여 대왜구국의 전열을 정비하였다. 그래서 낙동강 유역의 초계, 영산, 창령, 현풍 등 고을에 가수와 소모관을 임명하여 백성을 안정시켰던 것이다. 의병진을 격려하고 조직화하였다. 그래서 낙동강 전선을 확보하여 경상좌도와 우도의 통로를 개통하게 되었다.

이때 최전선에 위치한 경상우도에서 가장 난처한 문제는 관군과 의병이 서로 대립 시기하는 일이었다. 의병과 관군은 그 성격과 기상에서 서로 대립되는 면이 있었지만 의병장은 대부분 유사들로서 이들은 국난을 당하여 망신수국하려는 결심으로 전선에 나왔던 것이다. 반면 방위에 책임이 있던 관군장이 왜군을 보고는 싸우지도 않고 먼저 도주한 것을 본 의병장은 매우 분개하고 있는 실정이었다. 이같은 갈등과 대립은 의병장 곽재우와 경상감사 김수간에 매우 심각하였다. 이런 이 두 사람의 상극관계는 김성일의 조정 영도가 없었다면, 김수가 의병들에게 그 목숨을 잃었던지 아니면 곽재우가 김수에게 역적으로 몰려서 조정의 죄벌을 받았을 것이다. 다행히 김성일과 같은 유능한 지도자가 있었기 때문에 관·의병이 서로 화해 협력하여 왜군을 물리치고 국토를 수복 보전하게 되었던 것이다. 김성일은 그 외에 기민을 구휼하는 일에도 너무 노심초사하여 밤낮을 가리지 않고 구휼작업을 계속하였다. 이런 과로로 인해 결국 장티푸스인 역병에 감염되어 진주공관에서 56세로 운명하고 말았다.

김성일은 관·의병을 수합 통솔하여 진주의 요새지를 왜군의 침입에서 지켜내는데 성공하였다. 김성일은 육지에서, 충무공은 해상에서 왜군의 호남지역으로의 침범을 차단 방어함으로써 결국 국가중흥의 기초를 세웠던 것이다.

가선대부인 김성일은 선무원종 일등공신이었고 문충공으로 자헌대부 이조판서가 증직되었다. 이같이 김성일은 평생에 군려를 닦진 않았지만 난국에 처해 몸을 던져 나라를 구하려고 하였다. 특히 지극정성으로 관군과 의병 사이를 조화시킨 애국과 민족애를 먼저 실천한 뛰어난 인물이었던 것이다.

 곽재우의 의병항전

1. 머리말

임진왜란 때 대표적인 의병장으로 곽재우를 꼽을 수 있을 것이다. 그는 관직으로의 진출을 거부하고 재야에 있었으나 왜란이 발발하자 41세로 경남 의령에서 분연히 창의 거병하여 정암진鼎岩津 전투를 비롯하여 진주성 전투, 창녕의 화왕산 전투를 승리로 이끌어 내는데 성공하였다. 따라서 관군이 괴멸되어 국력이 쇠미할 때 의병진을 주축으로 하여 경상우도를 지켜냈던 것이다. 이로써 왜군이 호남으로의 진입을 막는데 혁혁한 공헌을 하였다.

이 같은 곽재우는 최근까지도 전설적인 신화가 되어 어린애가 울면 '곽지가 온다'고 하여 울음을 끝이게 하였던 것이다. 저자도 어릴적 이 말을 들으며 자랐다. 이제 영남의 의병활동을 고찰함에 있어 망우당 곽재우에 대해 살펴봄은 당연한 일이 아닐 수 없다. 그는 임란의 공헌으로 보아 당연히 고위직으로 나가야되나 골이 깊은 당쟁의 외중에 고향에 망우정忘憂亭을 짖고 솔잎을 생식하며 살다간 깨끗한 선비였던 것이다. 특히 망우당은 오늘 같은 혼탁한 세상에 귀감이 될 수 있는 훌륭한 인물이라 아니할 수 없다.

그간 곽재우에 관한 연구는 계속되었지만[1] 본 장에서는 선학의 연구에 힘입어 곽재우의 삶과 철학 그리고 의병활동 뿐만 아니라 역사적 평가에 대해 중점적으로 살펴보고자 하는 바이다.

2. 곽재우의 생애와 학문

곽재우(1552~1617)는 본관은 현풍玄風 자는 계수季綬 시호는 충익忠翼이고 망우당忘憂堂을 자호로 하였다. 현 경북 달성군 현풍면 대동리에 세거하는 대족으로 조부는 중종대에 문과에 급제하여 성균관 사성을 지냈고, 부친 월越은 명종대에 문과에 급제하여 삼사의 청요직을 거쳐, 의주목사와 황해감사 등을 역임하였다.[2] 숙부 규赿도 문과에 급제하여 통례원 통례를 지냈으며, 임진왜란때 의병을 일으켜 많은 공을 세웠다. 그리고 정유재란때 황석산성에서 왜군과 맞서 싸우다 두 아들과 딸, 그리고 자부와 함께 순절한 곽준郭越은 장군의 재종숙이었다. 곽재우는 이러한 가문을 배경으로 명종 7년 8월 28일 경남 의령군 유곡면 세간리 외가에서 탄생하였다. 외조부는 목사를 지낸 강승두姜承斗였고, 세간리에 세거해온 대부호였다.

곽재우가 외가에서 출생한 것은 당시로는 자연스런 풍속이나 그 전에 부친이 이곳으로 이사하여 용연정을 짓고 기거한 데서 연유된 것이다. 곽재우가 이곳을 의병의 본거지로 삼은 것도 지리적인 특수성만이 아닌 출생 성장지라는 친자연적인 인식과 동지 규합에도 용이하리라는 점을 감안한 것

---

1) 貫井正之,「곽재우」『조선학보』 83, 1977.
　김윤곤,「곽재응의 의병활동」『역사학보』 33, 1967.
　『홍의장군곽망우당』 망우당기념사업회, 1959.
　이선근, 신석호,『홍의장군』, 곽망우당 기념사업회, 1972.
　이장희,『郭再祐硏究』 양영각, 1983.
2) 『선조수정실록』 권26, 25년 6월조

이 아닌가싶다.3) 곽재우는위로 두 형과 아래로 이복의 두 아우, 그리고 두 누이가 있었다. 모친 강씨가 세살때 세상을 떠나자 계모 허씨의 보살핌을 받고 성장하였던 까닭에 계모에 대한 효성이 남달렀던 효자였다. 곽재우는 16세에 김행金行의 딸과 결혼하였다. 부인 김씨는 부제학 언필彦弼의 손녀로 남명 조식曺植의 외손녀이다.4) 그리고 곽재우는 동강 금우옹金宇顒과는 동서지간이 된다. 곽재우는 기상이 침착하고 태연하였으며, 눈에서 빛을 발하여 범인이 감히 침범할 수 없는 용모를 갖고 있었다. 그는 26세때 부친이 동지사가 되어 명에 갔을 때, 수행하여 다음해 2월에 귀국한 바 있다. 그는 이국의 새로운 풍물을 접하고 시야를 넓힐 수 있는 좋은 기회가 되었을 것으로 본다. 곽재우는 선조 때 34세로 별시 2등으로 뽑혔으나, 지은글이 왕의 뜻에 거슬려서 발표된 지 수일만에 무효로 된 일이 있었는데5), 이러한 일로 인하여 관로에 뜻을 두지 않았던 것 같다. 다음해 부친이 타계하자 고향에서 낚시로 소일하면서 야인으로 평생을 은거하려던 것이다. 그러나 임란이 일어나자 분연히 자리를 박차고 일어나 의병을 일으켰다.

곽재우는 처외조부인 남명에게서 도학의 심오한 뜻을 배웠던 것이다. 그는 유학경전에 국한하지 않고, 천문, 지리 등에도 열심이여서 학문의 폭이 넓고 깊었던 것이다. 그 뿐 아니라, 무경칠서 등의 각종 병서에도 뛰어난 일가를 이루었던 것이다. 더구나 학문의 여가를 빌어 궁술과 병마를 익히는 데도 게을리 하지 않았던 것이다. 그가 이같이 노력하게된 것은 장인 김행이 만호를 지낸 무인이었다는 점과 부친이 특수지인 의주목사로 부임했을 때 부친의 재임기간을 곽재우는 병서를 깊이 터득하였던 것이다. 따라서 곽재우는 문무겸전의 용장으로 대성할 수 있는 호기를 잡을 수 있었던 것이

---

3) 이장희, 『곽재우연구』, 양영각, 1983, pp.9~10.
4) 이노, 『용사일기』, P89.
5) 郭再祐, 『忘憂集』 참조

아닌가 한다.

곽재우 생애에 큰 전환점이 된 것은 임란이 계기가 된다. 그해 7월 군공으로 유곡찰방[6]이란 첫 관직으로 출발하여 곧 5품질이 주어졌고[7] 그의 전공으로 인해 두 달 사이에 당상관이 되었다.[8] 그는 죽을 때까지 <표 6-1>와 같이 30여회에 걸쳐서 관직이 제수되었으며, 경상우도 조방장,[9] 경상좌병사,[10] 함경도관찰사등의 중책을 맡기도 하였다. 그러나 곽재우는 벼슬에 대하여 탐탁하게 생각지 않았던 것 같다.[11] 관직이 제수되었으나 그 절반인 15회만 응했고 나머지는 벼슬에 나가지 아니하였다. 실제 관직에 있었던 기간은 얼마되지 않았다는 것을 알 수 있다.[12] 곽재우가 벼슬을 기피한 것은 크게 세가지 이유로 설명 될 수 있을 것 같다.

<표 6-1> 곽재우에게 내란 관직

임 명 시 기	직 책	부임여부	비 고
1592(宣祖 25) 7	幽谷察訪	미임	의병대장 〃
〃	刑曹正郎	〃	
〃	折衝將軍 兼 助防將	부임	
1593(宣祖26) 12	星州牧師 兼 助防將	〃	가을에 사직
1595(宣祖28) 春	晋州牧師	〃	모친상으로 사직
1597(宣祖30)	慶尙左防禦使	〃	起復거절
1599(宣祖32) 春	慶尙右防禦使	미임	울산島山城 수축건의
〃	慶尙左兵使	늦게 부임	

---

6) 『선조실록』 권 27, 25년 6월 정사조
7) 『선조실록』 권 28, 25년 8월 계묘조
8) 『선조실록』 권 31, 25년 10월 기유조
9) 『선조실록』 권 58, 27년 12월 계유조
10) 『선조실록』 권 120, 32년 12월 무자조
11) 『선조실록』 권 73, 29년 3월 무진조
12) 『선조실록』 권 32, 25년 11월 신사조

연대	官職	부임	비고
1604(宣祖 37) 春	察理使	부임	城池상황보고후 곧 사직
	善山府使		
〃 5	安東府使	부임	
〃 8	折衝將軍兼龍驤衛副護軍	〃	
〃 10	嘉善大夫 龍驤衛上護軍	부임	
	察理使		
〃 11	忠武衛司正	〃	
	同知中府事	〃	
1605(宣祖 38) 1	漢城府右尹	〃	
〃	仁同縣監	〃	
〃	慶尙左兵使	〃	
〃 3	龍驤衛副護軍	〃	상경, 4月에 사직
〃 8		미임	
1608(光海君卽位年)		〃	
8		〃	
1609(光海君 1) 1	慶尙右兵使	〃	
〃 3	三道統制使	〃	
〃 7	龍驤衛副護軍	〃	
1610(光海君) 6	虎賁衛副護軍	부임	光海君의 간청으로 입경
〃 7	虎賁衛大護軍兼五衛都摠府副摠管	〃	
〃 8	漢城府 左尹	미 부	1日 발령
〃	咸鏡監司 兼 兵使水使	부 임	任地로 가지 않고 사임
	咸興府尹		
1612(光海君 4) 4	全羅兵使	미 부	곧 퇴직
1616(光海君 8)	掌隸院判 事	미 부	

첫째, 왜란초 의병활동기에 전공으로 유곡찰방과 형조정랑 등의 관직이 제수되었을 때 나가지 않은 것은 관의 구속을 받지 않고 전략, 전술을 자유로이 구사할 수 있는 의병의 활동이 왜군을 격퇴하는데 있어 더 효과적이라는 판단이었고, 둘째, 왜란이 명·일간에 강화교섭기로 접어들면서 각 지역에서 빈번한 반란이 일어났는데, 군공을 세운 의병장들이 반민의 모함으로 희생되는 일이 허다했을 뿐만 아니라, 전공을 시기하는 자들이 이를 기화로 반란에 끌어들여 의병장을 해치려는 일이 자주 있어서 이를 경계한 데서였다. 선조 27년 '송유진의 난'때 의병장 이산겸이 무함으로 희생된것

이나, 2년뒤 '이몽학의 난'때 충용장 김덕령과 그 막하 최담령 등이 원사한 것은 그 대표적인 예이다. 특히 이몽학의 난은 장군에게 큰 충격을 주었다. 잘 아는 연하의 장수 이덕령이 억울한 죽음을 당했다는 이유도 있었겠지만, 반적의 공술에서 장군도 반란에 가담했다는 전혀 터무니없는 말을 토했기 때문이다. 요행히 화를 면하기는 하였으나 그런 일이 언제 다시 밀어닥칠지 전혀 모를 일이기 때문이다. 그런 까닭에 벼슬에 나가지 않았거나 나갔다 하더라도 곧 사퇴하였던 것이다. 셋째, 선조가 승하하고 광해군이 즉위하자 북인일파에 의해 난정이 시작된 것이 곽재우로 하여금 벼슬을 기피하게 된 까닭이라 생각된다. 광해군은 곽재우의 인물됨을 잘 아는지라 벼슬에 나올 것을 간청하였지만 이원익 같은 현상賢相이 조정에서 밀려나고 간신들이 들끓는 가운데 영창대군까지 해를 당하자 벼슬할 시기가 못됨을 깨닫고 은퇴를 결심하였다. 이것이 만년에 벼슬에 나가지 않은 이유라 하겠다.

3. 창의거병과 활동

1) 창의와 의병활동

전쟁이 발발하기 전 경사도민들은 성지축조 등 여러 잡역에 동원되어 정부로부터 인심이 떠나있었던 것이다. 임란이 발발하자 목숨을 바쳐서 싸우려는 장수가 적었던 것이다. 거기다 관부는 비었고 고을은 방치된 상태였다.13)

이러한 치안의 공백기를 이용하여 토적들은 관창을 털거나 무기를 약탈하여 이적행위를 하는가 하면, 왜군의 속임수에 넘어가 그들을 위해 향도가

---

13) 「선조실록」 권27, 26년 6월 병진조; 이노, 『용사일기』, 전규태 譯, 을유문화사, 1974년 판, P37.

되기도 하였고, 왜인을 가장하여 민가를 약탈하기도 하였다. 심지어 첩자가
되어 정보를 적에게 빼돌리는 자도 나타났다.

그러나 왜군의 만행이 그 본성을 드러내면서 경상도 사민들은 자각하게
되 급속히 저항의식이 고조되기 시작하였다.[14) 그런 까닭에 의병에 가담하
여 왜군과 맞서 싸우게 되었던 것이다.[15) 곽재우의 창의거병은 백성들에게
새로운 것이다. 경상도내의 전반적인 의병활동은 5월 이후로 접어들면서였
지만, 곽재우는 이미 독자적인 의병활동을 할 수 있을 만큼 그 세가 확장되
어가고 있었다. 그가 의병을 일으킨 날짜는 기록에 따라 그 설이 일치하지
않는다. '4월 20일'설[16)과 '4월 22일자 '4월24일'[17)이라는 설, '4월 27일
자'설[18)등이 있다. 이와 같이 날짜가 기록에 따라 수일의 차이를 보이는 것
은, 창의거병을 모의하여 의병집단을 구성하기까지에는 다소의 시일이 소
요되었을 것이며, 이로 인하여 장군의 '기병일'을 보는 견해가 다를 수 있
기 때문이다. 그러나 그가 「자명소」에서 '4월 22일자'를 최초의 기병일로
말하고 있는 것을 보면 이 날로 보아야 할 것이다.[19) 이 날자는 왜군이 이
미 김해, 창원을 함락하고 칠원을 거쳐 영산, 창녕, 현풍으로 침입할 즈음에
해당되고 있다.

곽재우의 기병활동은 다음과 같이 세 가지 이유로 설명될 수 있다. 첫째,

---

14) 『선조실록』 권 32, 25년 11월 신사조
15) 이노, 『용사일기』 임진 5월 4일.
16) 『선조실록』 권 32, 25년 11월 신사조
17) 「선조실록」 권 27, 25년 6월 병진조.
18) 이긍익, 『연려실기술』 권 16, 선조조 고사본말 임진의병 곽재우.
19) 곽재우의 거병일에 관하여 이재호교수(「임란 의병의 일고찰」, 『역사학보』 35·36합집,
    1968.)는 4월24일로, 김윤곤 교수는 4월 22일(「곽재우의병활동」 『역사학보』 33집,
    1967) 이장희 교수는 『곽재우연구』 양영각, 1983 에서 4월 22일을 주장하고 있음. 학
    자들 대부분이 '4월 22일'을 그의 기병일'로 보는 까닭은 곽재우 '自明疏'의 기병일자
    가 가장 확신할 수 있다는 이유에서 일 것이다. ; 곽재우, 『망우당전집』 권 3 부록 龍蛇
    別合集.

여러진의 주장과 방백, 수령들이 왜군을 맞아 싸우지 않고 가족과 함께 피신한데 대한 분개에서 나라를 위해 죽기로 결심하고 싸워야겠다는 충의단심에서였고, 둘째, '자보향리' 즉 스스로 향리를 지킨다고 하여 백성들을 왜군의 살생으로부터 구제 해야겠다[20]는 확고한 신념이 있었으며, 셋째, 세록의 후손으로 나라가 망해가는 것을 좌시할 수 없다는 구국충심의 양심에서 우러나온 것이었다고 할 수 있다. 곽재우는 그의 자호에서도 보이듯이 고기잡이와 낚시질로 세월을 보냈다고 하나, 그것은 맹목적은 아니었으며, 앞으로 왜란이 닥쳐올 것을 예견하고 나라를 근심하면서 그 대비책을 구상하고 있었던 것으로 보여진다. 그리고 곽재우가 왜란이 일어난지 열흘이 못되어 의병을 일으킬 수 있었던 것도 이미 난이 있을 것을 예측하고 이에 대처할 마음의 준비를 갖추고 있었던 데서 가능했을 것이다.

곽재우는 처음 의병을 일으킬 때 인원은 가동 10여명에 불과했다.[21] 그는 관직에 한번도 나아갈 일이 없었으나 의병대장이 되었다. 그런 까닭에 당상관복장으로 붉은 비단으로 홍의를 지어 입고 총립鬃笠을 썼던 것이다. 그리고, 백마를 타고 스스로 '천강홍의장군天降紅衣將軍'이라 칭하면서 이불을 찢어서 군기를 만들고 그 위세를 드높였던 것이다.[22] 이 같은 차림을 당상무관의 복장으로 곽재우의 상징과 같이된다. 그는 가재를 털어 마을 사람들에게 나누어주고 오직 의병모집에 전력을 기울였다. 곽재우는 휘하의 의병들을 끔찍이 사랑하였을 뿐 아니라 그 가족도 정성껏 보살폈다. '그의 옷을 벗어 전사를 입히고 처자의 옷을 벗겨 전사들의 처자에게 입혔다'는

---

20) 이긍익, 『연려실기술』 권 16, 선조조 고사본말 임진의병 곽재우.

21) 이노, 『용사일기』, p88~92.

22) 이선근, 신석호 공저, 『紅衣將軍』 홍의장군곽망우당기념사업회, 1972, pp.17, 35 참조, 곽재우의 상징이 된 홍의복은 그의 부친 越께서 선조 11년(1578) 동지사로 명나라에 갔을 때 神宗께서 하사한 비단으로 만든것이라고 한다. 즉 무관 당상관 복장인 擊毬服이고 타고 다닌 白馬의 안장도 신종의 하사품이다.

사실은 그가 얼마만큼 의병에 대한 애착심을 느꼈는가를 잘 보여준 것이라 할 수 있다. 그런 까닭에 휘하의 의병은 그 수가 50여명으로 늘어났고 다시 수백명에서 천여명 이르는 대의병력으로 발전하였던 것이다.[23] 곽재우는 처음 의병을 모집할때부터 재략과 용기를 겸비한 참모진을 찾기에 부심하였다. 그는 재주와 용기가 있는 사람과 사귀어 정을 맺고 응하지 않는 사람에게도 화복을 논하며 설득하였다.

<표 6-2> 군무 담당원 내역

직임	성명	거주지	기타
삼가대장(三嘉大將)	윤탁(尹鐸)	삼가	
도총(都總)	박 사제(朴思薺)	삼가	
수병장(收兵將)	오 운(吳澐) 이운장(李雲長)	영주(榮州) 의령	
선봉장(先鋒將)	배맹신(裵孟伸) 심대승(沈大承)	의령 의령	
독후장(督後將)	정연(鄭演)	의령	
돌격장(突擊將)	권란(權鸞)	의령	
복병장(伏兵將)	안기종(安起宗)	의령	
군량조달(軍糧調達)	허언침(許彦琛) 노순(盧錞) 정질(鄭晊)	의령 초계 삼가	
군기제조(軍器製造)	강언룡(姜彦龍) 허자대(許子大)	의령 삼가	
정호기찰(鼎湖機察)	심기일(沈紀一)	의령	
군관(軍官)	조사남(曺士男) 주몽룡(朱蒙龍)	의령 진주	

23) 『선조수정실록』 권 26, 25년 6월조; 이노, 『용사일기』, p53~54.

곽재우는 의병의 수가 급격히 증가하자 효율적인 전투수행을 위해 군무를 분장할 참모진을 구성하기에 이르렀다. 창의 초 군단의 군무분장원으로 장군 휘하에 대장 1인, 도총1인, 수병장 2인, 선봉장 2인, 독후장 1인 등 17인의 참모로 구성되었다. 이들은 의병군단의 핵심인물이었다. 그들의 출신성분을 보면 전직 목사에서 훈련봉사에 이르는 전직 관료층이 다수를 점하고 있다. 그리고 유학을 공부한 인물이거나 지략을 갖춘 사람, 그리고 지주층에 속하는 사람들로서 대부분이 양반계층에 속하는 인물들이었다. 군무분장원도 각기 재질에 따라 적재적소에 배치하였다. 그들의 거주지는 영주, 초계, 진주 등도 있지만 대개가 의령, 삼가지방의 토착인들이었다. 따라서 그들이 결사적으로 왜군의 침입을 막고 스스로 고장을 지켜야겠다는 굳은 결의를 하게된 것도, 의병지휘부의 핵심인물들이 그 고장 출신이라는데서 더욱 그러했을 것이다.

이와 같이 곽재우 의병군이 확고한 조직체를 결성할 수 있었던 것은 초유사 김성일의 도움도 적지 않았던 것 같다.[24] 장군은 군무 분장의 참모진을 구성하여 임전 태세를 갖추었지만 의병의 수가 2천명에 이르자 그들에게 지급할 무기와 군량미 조달이 매우 어려웠던 것이다. 그리하여 무기 조달은 처음에는 관가에 방치된 것을 가져다가 의병에게 지급하였지만 이제 이것으로 부족하여 무기를 제조하여 보급하지 않으면 안되었던 것이다. 군량미도 처음에는 장군 자가의 재곡이나 그 지역 부호들의 후원으로 해결할 수 있었으나, 그것으로 부족하여 관곡으로 충당하는 일도 있었다.[25]

이렇게 하는데는 많은 제약이 따랐다. 그것은 특히 경상감사 김수와의 관계였다. 곽재우가 왜군이 침입하는데도 감사는 병사나 수장등이 도주를

---

24) 『망우당집』 권3, 부록 용사별곡, 삼가의병이 장군의 휘하로 들어오게 된 것은 김성일의 권유에서였다.

25) 이장희, 『곽재우연구』, 양영각, 1983, p.84~97.

한데 대한 공분을 느껴 감사를 공박하였던 것이다.26) 이에 감사는 곽재우를 모함하여 역적으로 몰아세우는 글을 막료를 시켜 곽재우의 진중에 보내기까지 하였던 것이다. 이같이 양인의 관계는 더욱 격화되었던 것이다. 그런까닭에 일시 곽재우의 의병진은 한때 해체의 위기에까지 직면하였으나 초유사 김성일의 중재로 어렵게 위기를 극복할 수 있었던 것이다.27)

2) 전략전술과 주요전투

임란초 관군이 대패한 원인 중에 하나는 무기면에서 현격한 차이를 들어낸 것을 들 수 있다. 우리는 궁시가 중심을 이루었던 반면, 왜군은 신무기인 조총과 예리한 칼을 소유하였기 때문에 야전에 있어서 서로 맞서 싸우거나 뒤섞여 백병전이 벌어질 경우 의병진에 매우 불리하였던 것이다.

우리나라는 예전부터 외적과의 큰 싸움에 있어서 야전을 피하고 수성전에 주력한 것이 특징이었다고 할 수 있다. 그리하여 각 고을에 읍성을 쌓아 변란에 대비하였으며 외침이 있을 기미가 보이면 백성을 동원하여 성곽을 신축하거나, 보수하는 등의 큰 토목공사를 폈던 까닭은 여기 있었던 것이다. 임란때 왜군과 싸워 대승을 거둔 싸움이 거의 수성전이었음은 주지의 사실이다.28) 그러나 곽재우는 수성전에 주력하지 않고 전략요충지를 설정한 후 유격전을 전개한 것이 특징이다. 난초 장군은 전략기지로서 의령에 위치한 세간리와 정암진을 본거지로 삼았던 것이다. 세간리는 곽재우가 처음 북을 치고 의병을 모집한 고향으로 이곳을 전략기지로 삼은 것은 의병 모집이 용이할 수 있었을 것이고, 정암진은 낙동강과 남강이 합쳐지는 낙동

---

26) 이노, 『용사일기』, p85, 86.

27) 吳希文『쇄미록』권 1 壬辰 8月 상; 이노, 『용사일기』, p109~110.

28) 壬辰 9월 黃海道招諭使 李廷馣에 의한 延安大捷, 동 10월에 있었던 金時敏의 晋州大捷, 다음해 2월에 있었던 權慄의 幸州大捷도 모두 守城戰이었다.

강에서 그리 멀지 않는 곳에 위치해 있었다. 이 지형은 곽재우로서는 낙동강을 오르내리며 서울로 병력과 군수물자를 운반하는 왜선을 차단하여 큰 타격을 가할 수 있는 전략적인 판단 때문이 아닌가 한다. 그런 까닭에 유성룡이 '적을 막기에 가장 중요한 곳'이라 지적했듯이, 전략적 요충이라는 지리적 특수성을 고려한 때문이었다. 이로써 낙동강과 남강의 합류지점인 기강에 위치한 세간리와 정암진는 지형적으로 삼각관계를 이루고 있으며 수로를 통하여 양진영을 능동적으로 왕래할 수도 있었고, 직선코스인 육로를 통할 수 있어 교통이 매우 편리한 곳이다. 그러므로 이 두곳을 천연의 전략적 요충지로 기강을 활용하여 왜군을 저지할 수 있었을 뿐 아니라, 낙동강을 오르내리며, 군수물자를 운반하고 약탈한 물건을 실어나르는 왜선단을 적절하게 차단 할 수 있었던 것이다.[29]

곽재우의 전략은 의령을 고수하면서 가까운 현풍, 창녕, 영산, 진주 등까지를 그의 작전구역으로 삼았던 것이다. 정암진에서는 수로나 육로를 통하여 진주와 영산에 병력을 출동하기가 용이하였고, 세간리에서는 낙동강 건너편에 있는 영산과 창녕을 기습 공략하기에 편리한 지점이었다.

이러한 지리적인 상식에 확고한 전략을 세운 곽재우는 전술에 있어서도 남다른 지략과 용병술을 발휘할 수 있었던 것이다. 그는 천강홍의장군이라 칭하여 장졸들에게 위엄과 자긍심마저 보이고 적의 많고 적음을 가리지 않고 단기로 왜진에 돌진함으로써 유성룡이 말한 왜군의 삼장기중의 하나로 꼽았던 '왜군의 돌진을' 압도하여 적에게 위축을 주는 전술을 구사하였던 것[30]이다.

이와같이 곽재우는 지리적인 이점을 최대한 활용하였다.[31] 그리고 위장

---

29) 곽재우, 『곽망우당집』 권3 부록.
30) 유성룡, 『징비록』, 권1, 의병이 일어나서 왜적을 무찌름.
31) 『선조실록』 권 47, 26년 12월 경오조

전술을 펴서 적을 유인하여 준비된 매복병으로 하여금 급습을 하였던 것이다. 이같은 지리지형을 이용한 신출귀몰의 유격전을 펴서 적을 섬멸하는 것을 특징으로 삼았다. 소수의 의병 병력으로 대적을 상대로 싸움을 벌이자면 수성전이 불가피했을지는 몰라도 뛰어난 그의 용병술은 다른 장수에게서는 찾아보기 어려운 독자성과 특이성을 갖고 있었다. 더구나 곽재우의 응기합변은 독특한 전술에 감히 누구도 따를 수 없을 정도로 특이하였던 것이다.[32]

그런데 곽재우가 적에 당황하지 않고 전략전술을 세울 수 있었던 것은 조총의 사정거리 등 기능을 잘 알고 있었고 그때그때 보고 받아서 혹은 공격하고 혹은 구축하였던 것이다. 이같이 적으로 하여금 함부로 침범 할 수 없는 전략과 전술을 구사하였던 것이다. 이와같이 능동적으로 활약함으로써 피해를 최소화하였고 적에게 치명타를 가하였던 것이다.

임진왜란중에 곽재우가 주도한 대표적인 주요전투는 정암진의 승첩, 현풍, 창녕, 영산의 수복전, 제1차 진주전을 꼽을 수 있을 것이다.

먼저 정암진[33] 승첩은 임진 6월 초에 있었다. 이즈음 왜군은 경상도를 담당한 모리휘원과 전라도를 담당한 소조천륭경小早川隆景의 부대였다. 소조천륭경은 당초 전라도 해안에 상륙할 계획이었으나 이순신 함대에 의해 왜수군이 전멸하였으므로 길을 바꾸어 경상도 함안, 의령, 단성, 함양을 지나 전라도 운봉으로 들어가 남원, 임실을 거쳐 전주로 침입할 작전계획을 세웠던 것이다. 그러나 5월 하순경 함안을 완전 점령하고 정암진 도하작전을 기도하였다. 왜군은 소조천륭경의 심복인 안국사安國寺의 승려 혜경惠瓊이 인솔한 부대가 곽재우의 의병과 맞부딪히게 되었다. 이때 곽재우는 단성에서 초유사 김성일로부터 의령 지방의 의병군에 대한 총지휘권을 받

---

32) 곽재우, 『망우당집』 권3, 부록 용사별록.
33) 유성룡, 『징비록』, 권1, 의병이 일어나서 왜적을 무찌름.

아 가지고 왔을 때였다.[34] 곽재우는 신출귀몰하는 작전을 전개하여 적의 간담을 서늘하게 하였던 것이다. 왜군은 미처 곽재우의 전략전술을 간파하지 못하였기 때문에 왜군은 대패하여 큰 희생자만 내고 퇴각하지 않을 수 없었던 것이다.

이 전투는 곽재우가 왜군과 싸워 이룩한 최초의 승첩이며, 그의 의병활약상 가장 손꼽을 수 있는 승전이었던 것이다.

이 정암진의 승첩으로 경사우도를 보전할 수 있게 되었던 것이다. 따라서 농민들은 평시와 같이 경작할 수 있었으며, 왜군의 진로를 차단함으로써 적의 호남 진출을 저지할 수 있었던 것이다. 곽재우는 당시 주요한 교통로인 낙동강의 주도권을 장악하였던 것이다. 따라서 낙동강을 오르내리는 왜선단을 격파하고 사살한 왜군의 수가 헤아릴 수 없이 많았던 것이다. 기강岐江을 중심으로 하여 여기에서 정암진에 이르는 지역과 또 현풍부근에 이르는 낙동강 연안의 지역은 곽재우의 의병활약의 주무대하여 활약하였다.

둘째 현풍, 창녕, 영산의 수복전이다. 현풍, 창녕, 영산에 주둔한 왜군은 김해와 성주와 연결하여 활발한 활동을 하고 있었다. 7월 중순에 곽재우는 정암진승첩의 여세를 몰아 현풍을 위협하자 이곳에 주둔한 왜군들도 소문을 듣고 철수하였다. 오직 영산의 주둔한 왜군은 그 세가 강한 것을 믿고

---

34) 왜장혜경이 조선군을 얕잡아 보고 전라도로 들어간다고 떠들면서 선발대를 정암 나루에 보내어 도하 장소를 결정하였다. 때마침 여름비가 온 뒤라, 정암진 벌판에 진흙이 쌓여서 행군하기가 매우 불편하였다. 적은 단단한 곳을 골라서 나무를 꽂아 표지(表識)로 해 두었다. 이 보고를 받은 장군은 밤중에 10여명의 용사를 데리고 정암진에 가서 왜적이 꽂아둔 나무를 뽑아서 진흙이 많이 쌓인 곳에 바꾸어 꽂아두고 강가에 군사를 매복 시켰다. 장군은 복병군에게 신호하여 일제히 활을 쏘게 하여 진흙 속에 빠진 왜군을 전멸시켰다. 곽재우는 적과 싸우려면 특별한 전술을 쓰지 아니하면 안되겠다고 생각하고, 날랜 장수 10여명을 뽑아서 장군과 꼭 같은 모습으로 홍의를 입고 총립을 쓰고 백마를 타게하여 이산 저산에 들어가 숨어 있게 하는 등 여기저기서 나타나 활동하도록 하여 왜군에 혼란을 주도록 하는 접법을 썼던 것이고, 또 복병을 이곳저곳 수풀 사이에 잠복시켰다.

쉽게 퇴각하지 않자 곽재우는 의병을 인솔하여 강공을 펴자 왜군은 더 이상 버티지 못하고 야음을 이용하여 도망하고 말았던 것이다. 이로 인하여 창녕일로는 왜군의 왕래가 단절되고 말았던 것이다.

그후 경상우도와 방비는 현풍, 창녕, 영산등을 강상의 방비는 장군이 직접 담당하였던 만큼 왜군은 감히 범할 수 없었던 것이다.[35] 이 지역의 확보됨으로써 경상좌도와 우도의 연락을 취할 수 있게되었다. 따라서 왜군은 오직 대구 청도를 통하는 중로로 통할 수 밖에 없었던 것이다.

셋째 1592년 10월에 있었던 1차 진주전이다. 이 전투에는 곽재우가 직접 싸움에 참여하지 않고 심복군관인 심대승沈大升을 선봉장으로 삼아 200여 병력을 이끌고 가서 성 밖에서 지원하도록 하였다. 곽재우가 왜 이 싸움에 직접 참여하지 않은 이유는 알 수 없으나, 김시민이 진주대첩을 거두기까지는 곽재우가 보낸 휘하 의병의 활약도 적지 않았던 것이다.[36]

이상은 임진왜란중 의병장으로 활약한 곽재우의 전공을 개괄적으로 살펴본 것이다. 이외에도 곽재우는 정유재란때 경상좌방어사로 창영의 화왕산성火旺山城을 수비하는 등 많은 공을 세웠던 것이다.[37]

4. 곽재우의 역사적 평가

곽재우는 임난을 당하여 초야에서 가장 먼저 의병을 일으켰을 뿐 아니라, 전공 또한 타의 추종을 불허하였다. 특히 정암진의 방어와 승첩은 경상우도의 안전을 보장할 수 있어서 곽재우의 의병활동 중에 가장 빛나는 전

---

35) 『홍의장군』 p.47~50 ; 이노 『용사일기』.

36) 『홍의장군』 p.63~67.

37) 이긍익 『연려실기술』 권 16 선조조고사본말 임진의병 곽재우. 『선조실록』 권 78, 29년 11월 정미조

과로 꼽히고 있다. 그를 가리켜 '진실로 하나의 장성'이라고 표기한 『광해
군일기』의 기사는 장군에 대한 적절한 평가라 하겠다.[38]
   그리고 『선조실록』 권 122, 33년 경사 갑오조甲午條에서 사관은 장군을
다음과 같이 평하였다.

   곽재우는 영탁불기한 선비이다. 본래 전원에서 자랐으며, 문달을 구하
   려 하지 않았다. 나라가 위급에 처하매 의병을 일으켜 王室을 부흥시키
   는 것을 자기의 임무로 삼았으니 족히 강개하고 충용하다고 칭할만하다.

라고 하였던 것이다.

   곽재우는 조정의 명을 받기 전에 자진하여 의병을 일으켰으나 출세를 위
한 것은 아니었다. 전투에서 획득한 왜군의 수급을 기록해서 보고하지 않고
모두 강물에 던진 것을 보면 알 수 있듯이, 어디까지나 왜군을 격퇴해야 되
겠다는 결의로 싸움에 임했던 것이지 공을 앞세워 의병을 일으켰던 것은
결코 아니었던 것이였다.

   당시 사관이 "옛날의 벽곡辟穀은 보신을 하기 위함이었으나, 금일의 벽
곡은 화신일 뿐이니 가히 세도가 더욱 엷어졌음을 알 수 있다"[39]라고 한
것은 곽재우가 만년에 벽곡으로 도인생활을 하는 것이 얼마나 마음적으로
도 편치 못했는가를 말해준 단적인 예라 할 수 있겠다.

   곽재우의 전공에 대하여 이덕형은 「죽창한활竹窓閑活」에서,

   權慄이 행주대첩과 李舜臣의 한산대첩은 왜란때의 최고의 공으로 중
   흥의 근거가 되어 여러 역사를 살펴봐도 고인에 부끄러울 것이 없는 것
   이요, 곽재우가 의병을 일으켜 영남을 지킨것과, 洪季男이 고군으로 호

우을 지킨 공도 작다고 할 수 없다. 이밖에 비록 벌반토역으로 사직을
보존한 것은 다 나라안의 일이라 장수의 열에 혼동하여 논의하는 것은
옳지 않다.

라고하여, 권율과 이순신의 전공과 같이 곽재우의 공을 높이 평가하였던
것이다.

실학자 이수광李晬光도 『지봉유설之峰類說』에서 선조대에 인물이 많았
던 것을 열거하면서 양장으로 이순신과 홍의 장군 곽재우 두 사람을 꼽은
것을 보면 곽재우의 전공이 당대 제일이 분명하여진다 하겠다.

비록 곽재우가 선무공신에 누락되어 후대 사람들로부터 논공이 불공정
했다는 비난을 면치 못하기는 했으나, 그렇다고 장군의 공적이 후세에 가려
지는 것은 아니며, 그 위업은 길이 추앙을 받아왔고, 그 정신은 앞으로도
영구히 그 빛을 잃지 않을 것이다.

5. 맺음말

망우당 곽재우는 문반집에 태어나 과거에 합격하였으나 출사에 관심이
없었다. 그는 경서뿐 아니라 무서에도 통달하였고 무예를 닦은 매우 출중한
문무를 겸전한 인물이었다. 그는 젊었을 때 부친을 따라 국경지대인 의주에
서 살았고 명나라를 다녀와 군사와 국제관계에 대한 지식도 갖고 있었다.

임란이 반발하자 의병을 창의하여 지리적인 지식을 배경으로 유격전으
로 왜군을 공격하여 적군에게 큰 타격을 주었다. 곽재우는 정암진과 세간리
世干里의 전투 그리고 창녕, 영산지역의 수복, 진주대첩 등 혁혁한 공적도
쌓았다. 그래서 경상우도를 적으로부터 보존할 수 있었던 것이다. 뛰어난
전략가였으며 임진왜란 의병 활동에 우뚝 솟았던 것이다. 그러나 그는 이

전쟁이 끝난 뒤에도 현달할 수 있었으나 치열한 당쟁이 일어나 본인의 뜻이 펴지지 못하자 스스로 초야에 묻혀 살았던 강직한 인물이였다.

앞으로 그의 연구는 전적지와 그가 관여하였던 산성들을 중심으로 실지 답사와 보다 심도있는 연구를 하여 치밀하게 정리하여야 될 것으로 생각한다.

제7장 곽율의 의병운동

1. 머리말

  예곡禮谷 곽율郭赾(1531~1593)은 현풍 솔레동 출신으로 임란 당시 62세였다. 초유사 김성일은 그의 학행을 듣고 관원이 없는 초계군草溪郡에 임시 군수로 임명하게 된다. 곽율은 초계군수로 부임하여 관군을 조율하고 의병진과의 적극적인 협조로 왜군의 호남진로를 방어하는데 커다란 공헌을 하였던 것이다.[1] 이를테면 『선조실록』 권27, 25년 6월 병진조에 경상우도 초유사 김성일이 의병이 일어난 일에 대하여 보고하기를

> 근일에는 高靈에 사는 전 佐郞 金沔, 陜川에 사는 掌令 鄭仁弘이 그
> 의 동지인 현풍에 사는 전 군수 곽율, 전 좌랑 朴惺, 유학 權瀁 등과
> 더불어 鄕兵을 모집하니 따르는 사람이 많습니다.

  라고 하여 전군수 곽율은 김면, 정인홍, 박성, 권양 등과 거병하니 많은 사람이 따르었던 것이다.

---

1) 한상규, 「禮谷郭赾의 선비정신」, 『南冥學硏究』4, 경상대 남명학연구소, 1994.

이같이 곽율2)은 향토의 이대명李大明, 전치원全致遠 등 의병장 뿐아니라 합천, 고령, 거창, 상주 등 인근의 다섯고을 의병과 연합전선을 형성하여 수시로 출동하여 왜군을 격퇴시켰던 것이다. 그래서 낙동강전선을 유리하게 이끌어 나갔다. 따라서 본 장에서 당시 왜군의 이동과 군량의 보급 등 전선형성에 중요한 길목이였던 낙동강변에 위치한 전략상의 중요한 초계군을 중심으로 곽율의 역할과 그 활약상에 초점을 맞추어 살펴 보고자 하는 바이다.

2. 초계군의 군사적 위치.

현재 초계는 면으로 행정구역상 합천군에 소속되어 있다. 그러나 임란 당시 초계는 군으로 700여리의 낙동강 중간에 위치해 있다. 이곳에는 마진馬津 등 나루터가 있어 북상중인 왜군에게 군량의 보급과 군사 통신 연락 등 매우 중요한 교통로였던 것이다. 따라서 초계군에서 낙동강의 차단은 군사전략상 그 의의가 매우 크다 하지 않을 수 없다. 따라서 곽율은 이 초계군수로 관군과 의병군을 정비하고 유효적절하게 움직인 것은 그 의미가 매우 크다 아니 할 수 없다.

곽율은 초계군에서 멀지 않은 현풍 출신으로 평소부터 초계지역의 지리와 인물들에 대해 잘 알고 있었다고 봐야 될 것이다. 곽율은 남명南冥 조식曺植의 제자로 당시 학계와 정계에 돈독한 친구들이 많이 있었다. 곽율의 절친한 친구는 정한강구鄭寒岡 逑, 배낙천신裵落川 紳, 김오계부륜金梧溪 富倫, 김동강 우옹金東岡 宇顒, 박대암 성朴大庵 惺 등이다.3)

---

2) 『禮谷集』(한국역대 문집 총서) 2095, 경인문화사 1997, 영인.
3) 곽율 『예곡집』 권상, 7. 행장조

3. 곽율의 의병활동

임란이 발발하자 초계군도 다른 지역과 상황이 다를 리가 없었다. 관아를 지켜야 될 군수 이유검李唯儉은 낙동강하류에 위치한 김해가 왜군에게 점령당했다는 소식을 듣고 성을 버리고 도망하고 말았다. 이 소식에 접한 군내의 아전과 주민들이 곡식창고와 무기고를 파괴하고 모두 가져가 버렸던 것이[4] 이런 혼란 중에서 초계군에서 의병이 창의한 것은 곽율이 가군수로 발탁[5]되는 것과 궤를 같이 하고 있다.

이해를 돕기 위해 곽율의 일생에 대해『예곡집禮谷集』에 의거 정리해 보면 다음과 같다.

중종 26(1531), 10. 14 玄風 率禮洞 戴尼山아래生

명종 15(1550) 봄 20세, 부친별세,

명종 13(1558) 35세, 生員

명종 때 요승 普雨 배척 疏首

선조 5(1572) 冬 42세, 造紙署 別提

선조 6(1573) 春 43세, 金泉察訪

선조 13(1580) 10월 豊儲倉直長 內贍寺直長

선조 15(1582) 春 2월 52세

선조 18(1585) 55세 松羅察訪

선조 19(1586) 春 56세 學行薦, 司圃署別提,

夏 鴻山縣監, 軍資監 判官, 醴泉郡守

선조 25(1592) 62세, 6월 金誠一草溪郡都事추천

9월 草溪郡守-殉國之志

선조 26(1593) 63세, 4월 13일 八溪館舍에서 병으로 순직

高陽 龍潭壬坐에 모시다.

---

4) 이노, 『용사일기』, p39 ; 전치원『灌溪集』, 「壬癸別錄」.

5) 이노, 『용사일기』, p110~111.

그럼 곽율의 가수 취임 과정을 보자. 이노李魯의 『용사일기』에 보면

> 이때 초계에는 관원이 없어서 전 군수 곽율을 가수로 삼았다. 공이 노
> 를 보내려고 했으나 노가 말하기를 "전 군수 곽율은 치정 혜민에 능숙
> 해서 그 치정이 현저한 바인데 지금은 가야에 있읍니다"라고 말하였으
> 므로 공은 "내가 들은 바다"라 하고 선 자리에서 전령을 써서 노에게
> 부탁하되, 가서 나오라고 권유케 하였다. 노가 합천에 달려가니 율이 인
> 갑에게 와 있었는데, 수가 거창에서 보낸 합천가수첩이 동시에 이르렀
> 다. 혹은 말하기를, "순찰에 따를 것이냐, 초유에 따를 것이냐"하니, 합
> 천 사람들은 그의 현명함을 알기 때문에 합천가수가 되어주기를 원하여
> 모두 순찰을 따름이 옳다 하므로, 율이 웃으면서 하는 말이 "다 감당하
> 기 어려운 일이나 부득이한 일이라면 나는 초유를 따르겠다"하고 즉일
> 로 달려가 초계로 부임하였다.

이같이 학덕이 높았던 곽율은 초유사 김성일의 추천에 따라 초계군가수
가 되었던 것이다. 그래서 1592년 6월 9일 의병장 이대기[6] 전치원[7] 등은
고향의 오랜 친구인 가수 곽율을 맞아 창의거병을 논의한다.[8] 이에 곽율은
관속과 군장비 뿐 아니라 군수물자까지 적극적으로 지급해 주었다. 그리고
그의 의병진의 "참모도총參謀都摠"으로 참여하는 적극성을 보였다.[9] 이때
를 전후하여 경상우도에서 김면金沔, 정인홍鄭仁弘, 박이장朴而章, 문홍도
文弘道, 곽준, 하훈, 조응인曹應仁, 문경호文景虎, 이노李魯, 박성朴惺, 곽
재우, 전우全雨 등이 왜군을 격퇴하기 위한 창의거병의 횃불이 거세게 일
어나고 있었다.[10]

---

6) 유성룡, 『징비록』 권1, 의병이 일어나 왜적을 무찌름.
7) 조경남 『난중잡록』 1, 임진 7월조
8) 이탁영, 『용사일록』, 임진 6월 19일조
9) 전치원, 『탁계집』; 이노, 『용사일록』, p74.
10) 이노, 『용사일기』 敎慶尙道士民等書.

곽율이 초계에서 의병도총으로 참여할 당시 주요 인물은 노세기盧世麒, 유세온柳世溫, 정양조鄭錫祚, 이해룡李海龍, 변옥희卞玉希, 전재全齋 이대약李大約, 이임李祉, 김준金俊, 정양희鄭錫禧, 안흔, 안극가安克家, 정유일鄭惟一, 이정李精, 김영金瑛, 정순신鄭舜臣 등 천여명이었다. 당시 전개되었던 중요전투를 이노의 『용사일기』를 중심으로 정리해보자. 이들은 6월 15일 초계지역의 방어와 왜군의 낙동강 보급로를 차단하는 전투로 시작하였다. 이어 6월 22일, 6월 23일, 24일, 25일 연이어 4일간 낙동강에서 전투가 전개되어 왜선을 나포하고 왜군을 참수했다. 그러나 6월 28일 의주행재소에 있는 국왕에게 초유사 김성일이 올린 보고서에 의하면

> 草溪郡·陜川郡은 군수가 혹은 처형당하고 혹은 체직당하였으므로 순찰사가 崔夢星·孫仁甲을 초계군과 합천군의 假將으로 삼았는데, 잇따라 치보하기를 '이달 16일에 적선 2백여 척이 강을 뒤덮고 초계 지방으로 올라와 상륙하여 도적질하니, 인민들은 달아나 숨고 최몽성은 군을 버리고서 산중으로 들어갔다. 18~19일에 왜적이 연달아 합천 지경을 침범하였다.'고 했습니다. 兵使가 현재 거창에 있지만 휘하의 군졸이 다 도망하여 한 명도 없으므로 응원할 방책이 없습니다. 적이 만약 합천으로 들어온다면 內地에 보존된 너댓 고을이 차례로 함락 당하게 될 것입니다.11)

라고하여 초계군에 순찰사로 임명한 최몽성이 산중으로 달아나 버려 초계·합천지방의 적세가 매우 거세던 것을 알 수 있다.

이러한 상황에서도 7월 22일 초계, 합천, 성주, 거창, 고령 등 5읍의 의병들은 연합하여 낙동강으로 진격하는 왜선 8척을 추격하여 마수원馬首院에서 대파시키는 전과를 올렸다. 그러나 이 전투에서 합천 가장 손인갑孫仁甲

---

11) 『선조실록』 권 27, 25년 6월 병진조

이 아깝게도 전사하고 말았다. 이 무렵 왜군은 마산을 짓밟고 함안을 분탕질하자 김성일은 산음, 단성, 삼가, 의령고을의 유생들과 함께 정호鼎湖에서 병력을 과시하니 산음등 네고을의 관원과 오운, 조종도, 이노, 곽율 등이 달려왔다. 여기서 깃발을 많이 만들어 좌우의 산위에 즐비하게 꽂아 군인이 많은 것 같이 위장하였다.[12] 그리고 8월 8일 낙동강 해안에서 사막沙漠 황강黃江 전투가 전개되었다. 『용사일기』에 보면

> 초계의병장 전치원 이대기도 역시 사막·황강의 적을 쫓아서 적으로 하여금 경내에 들어오지 못하게 하였다. 차원이 좁은 곳에서 적을 만났는데 앞은 강이고 뒤는 산이라 거의 퇴할수 없음으로 몸을 날리고 말을 달려서 험준한 언덕길을 내달아 피했다. 그때 치원의 나이 66세였다. 사람들이 말하기를 노익장이라고 하였다. 그 아들 雨는 화살에 맞은 적을 강 가운데까지 뛰어들어 목을 베어 입으로 그 머리를 물고 나왔다고 한다.

이 같이 의병장 전치원은 66세의 노장으로 선봉에서서 왜선 45척을 맞아 큰 성과를 올렸던 것이다.

8월 29일 박사현朴思賢, 박사재朴思齋, 이지李旨, 곽율 등은 낙동강 진지에 모여 작전 계획을 짰다. 9월 8일 정인홍 의병대장 명령으로 오읍의장五邑義將이 합천의 고양高陽 안림安林으로 진격하였다. 9월 9일 형전리에 병력을 집결시켰다. 9월 10일 새벽에 의장이 오읍五邑의 군병을 각기 인솔하여 초계 두곡리에 복병시키고 좌·우중위로 나누어 현풍 무계의 왜군을 공격하여 크게 물리쳤다. 9월 15일 오읍五邑의 병력을 이끌고 성주로 출전하여 적을 격파시켰다. 9월 16일 합천의 고양에서 정인홍 대장, 곽율, 이계 의병장 등과 함께 밤늦도록 전략을 숙의하다.

---

12) 이형석, 『임진전란사』 상, p445.

이같은 곽율의 활동에 대해 초계출신 유생 정유명鄭惟明[13] 등은 초계를 지나 흐르는 낙동강이 군사전략상 요충지여서 왜군은 반드시 여기는 경유해야된다고 강조하고 초계군수 곽율이 낙동강을 제압하여 많은 공을 세웠으니 선처할 것을 상소할 정도였던것이다.[14] 그런 까닭에 당시 김성일은 경상좌병사의 직책을 갖고 있었는데 장계를 올려 전군수 곽율은 초계의 가수가 되어 직무를 잘 보아 군사와 백성들이 사모하여 모두 진군수가 되기를 바란다.[15]고 올렸고 이대기 등 30여도 진정하기를

> 지금 병기가 잘 들고 날카롭지 않음이 아니오 城池가 높고 깊지 않음이 아닙니다. 진실인즉은 邑宰에 어진 사람이 없고 鎭守에 적합한 사람을 얻지 못하여서 政事가 맹호보다 가혹하고 법망이 楸茶보다 번일합니다.

라고하여 훌륭한 읍재를 갈구하고 있었다. 11월 9일 명明의 이여송李如松 유정劉綎 등을 파견 조선을 지원하게 되자 의병은 차츰 희망을 가지면서 승리를 기약할 수 있었다. 곽율은 애국심이 깊고 높으면서도 매우 합리적인 화합형의 인물이였다. 예를들면 초계군의 변덕수卜德壽가 홍의장군 곽재우를 시기 모함하여 죽이려고 할때 이를 달래기 위해 이대기·전치원에게 보낸 편지에서 잘 보여 주고 있다.

> 난리중에 그리워하고 쌓인 회포는 어찌 말로다 할 수 있겠는가. 언제 흉악한 적을 쳐 부수고 태평한 세월을 다시 보겠는지. 요즘 귀군의 卜德壽란자가 곽재우를 죽이려고 기회만 엿보고 있다는 소문을 듣고 놀랍고 해괴한 일이 아닐 수 없네. 곽이 자의로 한 책임은 피할 수 없다 할는지

---

13) 『東儒師友錄』 권30, 林熏의 문하임, 성팽년과 동문수학함.
14) 『예곡집』 권 상, 행장조 『국조 인물집』 권2.
15) 『亂中雜錄』2. 임진 8월 9일조 ; 『경상순영록』.

몰라도 그의 본심은 결코 반란을 일으킬 자는 아닐 것인데. 한 고을의 干城을 죽인다는 것은 왜군의 두목 秀吉의 충신이 되고 우리나라의 반적이 될 뿐일세. 덕수의 생각은 郭의 죄를 다스려 순찰사를 치고자 함이라. 순찰사만 죄가 없다고 보겠는지. 덕수는 의리가 어디 있는지 모르고 못된 거동을 한다면 자기 자신도 어디서 죽을지 모르네. 국사도 수습치 못하면 덕수의 죄를 어찌 용납할 것인가. 가만히 그자를 불러서 잘 타일러 흉악한 모사가 없게 한다면 다행이겠네.[16]

그리고 초유사 김성일을 대신 해서 그의 고향 현풍의 지도층에게 보낸 글에서 소모관 곽찬, 솔례촌 말역촌 유사 곽종도, 김진구, 지산묘동 유사 이시중, 도경성, 서부동부 유사 엄풍일, 김삼, 유가무만 유사 김경, 정숙모 노촌진촌 유사 곽휘, 엄식, 논공거을산 유사 문응순, 채원록 오혈산전 유사 곽종민, 김진기, 왕지답곡 유사 박사유 등에게 충성을 다하고 합심협력하여 군병을 모집할 것을 당부하고 있다.[17] 예곡 곽율은 임란을 당해서 성리학 중심사회에서 매우 중요시 여긴 초계군의 성현들의 위판을 잘 모셔 피해를 입지 않게한 훈도 김광우를 극구 칭찬하였다. 그리고 별감 이경남 등이 초계군의 창고를 보존하게 하여 의병들에게 군량을 지급하였을 뿐 아니라 민간에서 곡량을 수급한 점은 높이 평가하고 있다.[18] 그리고 현풍의 도사 김응몽의 딸이 17세로 왜군이 겁탈하려하자 끝까지 정조를 지켜 죽음을 당한 일이 있었는데 곽율은 이 일을 열녀라 하고 매우 칭찬하고 있는 것 등이 보인다.

따라서 곽율은 행정체계를 장악하고 백성의 안녕을 도모하면서 의병진을 물심양면으로 적극 도왔던 것이다.

---

16) 『예곡집』 권 상, 與草溪內外面義將李大期全致遠條.
17) 『예곡집』 권 상, 代招 諭使玄風任司諸人條.
18) 『예곡집』 권 상 聞見錄.

1593년 1월 15일 곽율과 전치원, 이대기, 김충의金忠義, 김영 등이 합천의 고양 안립의 김면 진영에 모여 군무를 논의하였다. 곽율의 의병활동은 초계, 무계, 사막, 마진 등지의 낙동강 유역에서 왜군이 나타날 때마다 관민합동 작전을 전개하였던 것이다. 곽율은 의병군에게 군수물자와 군기를 제때에 보급해 주었고, 자신도 일선에서 왜군과의 항전에 적극적으로 참전하였던 것이다.

이 같은 곽율의 창의활동에 대해 의주 행재조에서 비변사 간원들이 국왕에게 보고하기를

> 金誠一의 書狀에 전 군수 곽율과 幼學 權瀁이 鄕兵을 불러 모았는데 의거를 일으킬 만하다고 하니, 곽율은 陞敍하고 권양은 관직을 제수하여 권장하소서.[19]

라고 하였던 것이다. 이에 국왕은 7월 경상도 사민에게 교서를 내릴 때 곽율에게 예빈시 부정의 직함을 내려 공로를 치하하였던 것이다.[20] 그리고 초유사 김성일은 많은 사람들에게 열읍 군읍 중 초계와 같이 진심으로 백성을 아끼고 환란을 걱정하여 국가의 회복을 걱정하고 다스리는 사람은 곽율을 따를 자가 없다고 하였으며 이노는 『용사일기』에서 그의 의병항전에 대해 비교적 소상하게 기록하고 있다.[21] 이와 같은 곽율의 활동으로 경상우도를 보존할 수 있었던 것이다.[22]

예곡 곽율은 1593년 4월 13일 그의 동생이 당시 유행하던 장길부사에

---

19) 『선조실록』 권28, 25년 7월 계해조.
20) 『국조인물지』 권2; 조경남, 『난중잡록』2, 임진년 8월조.
21) 『예곡집』 권 상, 행장조; 이노『용사일기』 p106, 이때를 전후하여 곽율은 초계군의 진 군수가 되었음.
22) 『東儒師友錄』 권29.

걸리자 손수 약을 다리고 정성을 다하여 치료하였다. 그런 중에 그도 염병
에 전염되어 팔계관사에서 63세로 죽고 말았다.

4. 맺음말

  예곡 곽율은 남명 조식의 수제자중 한사람으로 임진왜란을 맞아 초계군
수로 재직하면서 왜군을 물리치는데 62세란 당시로서는 적지 않은 나이에
온 몸을 던져 활약하였던 것이다.

  곽율은 현풍출신으로 명종 때 보우를 물리는데 영남유림의 대표격으로
상소하였던 성리학의 실천정신에 앞서갔던 선비였다. 그는 임란이 발발하
자 학덕으로 초유사 김성일의 추천을 받아 군수가 되었다. 곽율은 부임하자
흩어진 백성을 수습하여 안정을 도모하면서 적극적으로 의병진에 참여하여
의병도총이 되어 관의 병기와 물자를 가지고 의병을 지원하는데 적극적이
였다. 그는 전란중이였지만 선정의 표본이 되었다. 그래서 익히 잘 알고 있
던 교통·전략의 요지인 낙동강의 동맥을 유효적절하게 활용하여 왜군을 제
압하는데 커다란 공로를 세웠던 것이다.

  그래서 초계를 중심으로 합천, 성주, 거창, 고령 등 5읍 의병진을 형성하
여 적극적으로 참여하여 활동하였다. 곽율은 군수 재직을 10여 개월이었으
나 그러나 난초의 매우 어려운 시기에 낙동강 전선을 장악하여 능동적으로
대처하여 나갔다. 그런 까닭에 가군수 3개월 만에 진군수가 되었으며 예빈
시 부정에 승진되었다. 무엇보다도 예곡 권율은 왜군의 주력부대가 호남으
로 진출하는 것을 막아 경상우도를 보존하는데 큰 업적을 세웠던 것이다.

제8장 의병 도대장 김 면 연구

1. 머리말

동래성을 무참히 짓밟은 왜군의 한 부대는 김해를 병참기지화하고 중로를 택하여 창원-창령-현풍-무계진-성주-추풍령을 거쳐 상경한다. 따라서 경상우도의 전란에 대한 피해가 클 수밖에 없었다. 김면[1]의 의병항쟁은 고령, 거창, 합천 등에서 시작된다.

김면은 남명 조식의 문하로 37세에 음서로 공조좌랑[2]이 되었다. 그는 고향 고령에서 모친을 봉양하면서 학문에 열중하던 중 임란이 발발하였다. 난중에 경상감사 김수가 거창에 왔을 때 정인홍과 함께 감사를 만나 토왜를 논의하였으며 의병을 창의하였다. 김면의 창의 활동을 『선조실록』 권 36,

---

1) 이노, 『용사일기』, 전규태 譯, 을유문화사 1974년판을 인용하였음.
   김면에 관한 기록은 『松菴年譜』 국사편찬위원회 소장.
   鄭慶雲, 『孤臺日錄』
   文緯, 『茅谿日記』
   李擢英, 『征蠻錄』
   고령문화원, 『의병도대장송암선생실기』, 1978. ; 유병규, 『송암선생일대기』, 1998.
   李魯, 『용사일기』 등이 있음.
2) 『송암년보』.

25년 9월 신사조에 찾으면,

> 비변사가 아뢰기를, "의병장 金沔은 여러 차례 전공을 세워 이미 正
> 職에 제수되었는데
> 이번에 또 한 방면의 부대를 지휘하여 능히 고을을 수복시킨 공을 이
> 룩하였습니다.
> 친히 전쟁을 독려한 공은 없다 하나 중상을 내림이 마땅할 듯 합니다.

라고 하여 전 공조좌랑 김면은 창의하여 고령, 거창, 개령 등의 왜군을 격퇴하였던 것이다. 그런 까닭에 경상우도를 수비하여 왜군이 호남지방으로의 진출을 차단 하였다. 김면은 경상우도의 의병도대장이 되어 모든 의병을 연합하여 왜군을 공격하는데 선두에 있었던 것이다. 이런 공로가 있어 드디어 경상우도 병사가 되었던 것[3]이다.

경상우도의 의병장들은 독자적인 활동을 하기도 하고 연합해서 싸우기도 하였다. 이러한 의병들은 상호간의 견제나 주도권 장악이라는 측면에서 대립적이기도 하였다. 본 장에서 임난 초기 적극적인 의병활동을 전개한 송암 김면 의병의 기반과 구성, 그리고 그의 역할을 살펴보고자 한다. 그래서 경상우도로 대표되는 김면 의병진의 운동이 차지하는 위치는 어떠했던가. 그리고 그 역사적 위치를 조망해 보고자 하는 바이다.

2. 김면의 생애와 창의

김면金沔(1541~1593)의 자는 지해志海이고 호는 송암松庵이다. 본관은 고령으로 고려 후기에 사족으로 성장하였다. 조선조에서도 계속해서 상경

---

3) 『선조수정실록』 권26 25년 11월조

종사 하였으며 향리에서 또한 확고한 사족의 기반을 다져나갔다. 이런 김면의 가문은 명문거족으로 만여석의 경제적 기반을 마련한 재지사족이였던 것이다

김면의 족보에 의하면 선조 김사행金士行은 세종조에 문과급제 하여 홍산군수·여산부사 등을 지내고 고령에 정주하였다고 한다. 김면의 증조 장생莊生은 병조참판을 지냈으며, 조부 탁鐸은 문과에 급제하여 경상좌병사를 지냈다. 아버지 세문世文은 경원도호부사로 오랑캐의 침입을 물리쳤으며, 숙부 혜문惠文은 을묘왜변에 제주목사로서 왜구를 대파하여 한성부판윤에 특진되고 새로운 전술인 제승방략制勝方略을 상주하여 실시케 한 문무겸전의 명장이었다. 김면은 아버지 세문과 어머니 김해 김씨 사이에 3형제 중 장남으로 중종 36년 4월 2일 고령군 개진면 양전동에서 태어났다.

고령은 물산이 풍부하고 낙동강을 이용한 수운이 편리한 지역으로 풍속은 속상강무俗尙强武하다 하여4) 무예를 숭상하는 고장이라 할 수 있다. 『송암년보松菴年譜』에 보면 김면은 퇴계 이황과 남명 조식 문하에서 수학하였다.5) 따라서 김면은 자연환경과 어울려 성리학적인 사상적기반에 군사적 전통과 의리정신도 또한 철저하게 계승받았던 것으로 짐작할 수 있다. 그의 오랜 친구 정인홍, 정구, 김우옹, 이기춘, 조종도, 정곤수, 오건, 이홍랑, 곽율, 김담수, 성팽년,6) 이홍기, 이홍수, 곽준, 전치원, 이대기, 하흔, 문경호, 주국신, 문홍도, 조응인 등은 김면이 의병 활동을 전개하는 데 있어 주요한 기반이 되었던 것이다.

김면은 남명으로부터 송암이란 호를 받은 수제자 중 한사람이였다. 31세

---

4) 『新增東國輿地勝覽』 권29, 고령군 풍속조

5) 『南冥編年』에는 『송암년보』보다 1년뒤 20세인 명종 15년으로 되어있고, 蔡齊恭이 찬한 신도비명에는 약관에 조남명을 스승으로 삼았다고 되어있음.

6) 성팽년(1540~?)은 임훈, 조식 문인으로 창의 거병하였음, 정유명과 동문수학 함.

에 효행으로 참봉이 되었으나 나아가지 않았다. 39세 때 모친병환을 지극 정성으로 간병중 음서로 공조좌랑을 제수받았다. 그는 『명륜지明倫誌』, 『역리지易理誌』 등을 저술하는 등 상당한 수준의 학자였다.

김면 52세 때 임란이 반발하자 창의 거병한다. 고령에서 거병하여 거창을 무대[7]로 단독으로 때로는 의병 연합군을 편성하여 왜군을 격퇴한다. 이런 공로로 정부로부터 합천군수가 되고[8] 다시 장악원 정[9]으로 승급하였던 것이다. 당상관이 되고[10] 의병도 대장이 되었다. 마침내 병사로 승진되어[11] 경상우도의 군권을 장악하게 되었다. 그러나 병약한데다[12] 과로로 인해 당시 유행병인 장티푸스에 감염되어 1593년 3월 53세로 성주침공을 지휘하던 중 순국하고 말았던 것이다.[13]

그러면 김면의 창의거병에 대해 살펴보자. 임진왜란이 일어나자 김면은 정인홍과 함께 거창에 있던 감사 김수金睟를 찾아가 비어의 계책을 논의하였으나 김수의 소극적인 반응에 실망하고 돌아왔다.[14] 그러나 김성일이 초유사가 되어 열읍에 통문을 보내 창의할 것을 권의하자 김면은 정인홍, 곽준, 하혼 등과 함께 합천 숭산동에 모여 창의토적을 결의한다.[15]

김면金沔의 창의에 관련된 중요한 사료를 통해 살펴보면 다음과 같다.

---

7) 文緯『茅谿日記』 5월 19일에 김면은 愼宗紀와 함께 高陽에서 거창으로 온 것으로 되어 있음.
8) 『선조실록』 권 27, 25년 6월 정사조
9) 『선조실록』 권 30, 25년 9월 병인조
10) 『모계일기』 임진 11월 13일조
11) 『선조실록』 권 45, 26년 11월 기축조
12) 이노, 『용사일기』 p157.
13) 『선조실록』 권 37, 26년 4월 을사조 ; 동 38, 26년 5월 을해조
14) 이노, 『용사일기』, p33.
15) 鄭慶雲, 『孤臺日錄』임진 5월 10일조

① 壬辰 4월 19일 드디어 의병을 舊里에서 모으니 촌락이 온통 비어
   형세가 소집하기 어려웠다. 22일 즉각 家僮들을 모아 혹은 槍을
   들고 혹은 몽둥이를 가지고 나선 장정이 79인이요, 境內에 發文하
   여 약속을 정하다.[16)
② 먼저 家僮 700여 인을 인솔하여 起兵하니 원근에서 다투어 응모
   하여 왔다. 고령에 賊兵이 이르니 김면은 고령이 협소하다고 하여
   드디어 거창으로 달려갔다. 그때 거창의 선비와 백성이 약간의 군
   사를 모아가지고 있다가 김면에게 붙였다. 4~5일 동안에 군사
   200여 명을 모았다.[17)

　김면은 오랜 조상 대대로 걸쳐 이 지방에 살면서 통혼을 해왔으며, 명문
재지사족으로서 인근 지방에 강한 영향력을 갖고 있었다.
　이런 기반위에 김면은 조종도趙宗道, 곽준, 문위 등과 창의 거병하였던
것이다.[18) 김면은 가동이나 민을 결집시키는 노력을 기울였으며[19) 고향 거
주지 근처의 향병들이 적극적으로 참여하였던 것[20)이다. 그래서 의병 초창
기에 많은 군사들을 모을 수 있었던 것이다. 이와 같이 하여 어느정도 군용
이 갖추어지자 산음山陰에 있던 초유사 김성일에게 가서 의병창의에 대한
것을 보고 하였던 것이다.[21)

---

16) 『松庵年譜』 壬辰 4월.
17) 『燃藜室記述』 제16권 임진왜란때의 의병 김면; 조경남 『난중잡록』1, 임진 6월조.
18) 『東儒師友錄』 권28.
19) 募兵된 兵의 숫자 700여명 가운데는 솔거노비, 외거노비, 전호 등이 혼재된 것으로 보
    아야 할 것이다. 강효석 『동국전란사』 권4, 한양서원, 1927. p.73.
20) 조경남, 『난중잡록』, 1, 임진 5월조.
21) 문위, 『모계일기』 임진 5월 28일조.

3. 의병진의 조직

먼저 김면 의병진의 조직을 살펴보면 1592년 4월 말 고령에서 기병[22]하여 5월 11일 거창에서 재지사족을 중심으로 하여 조직화되기 시작하였다.[23] 문위『모계일기』권3, 의병주장사적義兵主將事蹟에 보면 초에 김면은 박성朴惺, 곽준, 그 문하 사람과 거병하였고 통문을 작성하여 합천, 안음, 함양사민에게 반포하였다. 의병진의 조직도 착수하여 전팔고全八顧,[24] 하흔, 권린, 조응인, 문경호, 정인영, 정함 등을 참모와 각수유사로 하였고, 박이장, 문홍도 등으로 군량관으로 삼았던 것이다. 각 전투를 수행하는 과정에서 다소의 인사가 첨삭되었지만, 의병진은 상층지도부와 하층의병으로 나누어 볼 수 있겠다. 그리고 1592년말 명과 일본간에 강화교섭이 진행되면서 전쟁은 소강상태에 접어든다. 이때에 김면은 의병도대장이 되었으며 의병진은 준관군화라는 커다란 변화를 맞고 있었다.[25] 이를 전후해서 의병진 구성도 전기와 후기로 나누는 것이 일반적이다.

김면 軍의 상부 조직을 구성한 인사의 면모를 보면 참모와 종사 10여명, 군관 40여명, 아병 200여명, 대졸 300여명, 배리陪吏 8명, 나장 20여명이었고, 의병 행군할 때는 20여리에 늘어섰다고 한다.[26] 김면군의 초기 의병조직을 정리하면 <표 8-1>과 같다[27].

---

22) 이노,『용사일기』, p59~60.

23) 이노,『용사일기』p.59.

24) 전팔고(1540~1612)는 조식의 문인으로 창의하였고 교우로는 정구, 김우옹, 이선술, 유성룡, 최영경 등이 있음.

25) 김강식,『임진왜란과 경상우도의 의병운동』혜안, 2001.

26) 이노,『용사일기』, p154.

27) 김면의『松庵集』, 권2「壬辰同苦錄」,「倡義略錄」을 기반으로 작성하였다.

<표8-1> 김면군의 초기의병조직

직 책	성 명	거주지	비 고
의병장	金 沔	고령	前佐郎, 曹植·李滉 문인
참모장 서기	郭 赵	현풍	曹植 문인, 곽재우 再從叔
참모장 서기	文 緯	거창	曹植·鄭逑 문인
참모장 서기	尹景男	거창	문위와 교유
참모장 서기	朴廷璠	고령	禮賓寺 主簿, 鄭逑문인
참모장 서기	柳中龍	거창	司馬試 합격
搜粟官	朴 惺	현풍	前佐郎, 前縣監
調軍	金 澮	고령	前參奉, 김면 동생
往來謨畫	李 承	성주	
선봉장	卞 渾	거창	武科급제
선봉장	金弘漢	청도	김면 從姪
복병장	金 瑄		
복병장	李 亨	함안	判官, 武科
돌격장	朴廷玩	고령	士人
돌격장	鄭 庸	거창	士人
좌부장	黃應南	창원	薺浦 만호
우부장	閔 惕		
중위장	徐禮元		김해 부사
돌격장	張士佶		
돌격장	朴應星		
主義	權世春	단성	司圃著 別提
주의	諸 沫	고성	前守門將
假將	孫承義	단성	前主簿
가장	權應星	금산	士人
召募官	呂大老	금산	知禮 縣監
軍官	張應隣	거창	
군관	孫敬宗		
군관	柳嗣弘		

이 표에 나타난 인물들을 분석해 보면 먼저 신분별로는 재지사족으로 보이는 자가 22명이고 분명치 않은 김선金瑄, 민척閔惕, 장사고張士佶, 박응성朴應星, 장응린張應麟, 유홍柳弘, 이죽李竹 등 7명이다. 이들은 대부분 각 전투에 참여한 자들로 생각된다. 다음 출신지 성별로는 거창 6명, 고령 4명, 단성 2명, 금산 2명, 현풍 2명, 함안·성주·청도·고성이 각 1명이며, 확실치 않은 것이 8명이다. 전체적으로 보면 고령과 거창이 합쳐 10명, 인근 지역인 성주·단성·금산·현풍·함안이 8명으로 다수를 점하고 있다. 김면의 주요 활동무대가 거창이었던 것만큼 그 방면의 지리와 향토의 사정을 잘 알고 있는 인사가 필요하였을 것이다. 그러나 다소 먼 지역 출신의 사람도 보이고 있으며, 또 도망갔던 관리 등이 초유사에 의해 김면 군에 보내져 의병진의 일원으로 참여하고 있다.[28] 도주자들을 처벌하여 군의 기강을 세우고 민심을 바로잡는 것도 중요하겠지만, 이들에게 기회를 주어 더욱 고군분투하게 하였던 것이다. 의병진은 인근 지역의 인사들을 주축으로 하고 김면의 명성을 듣거나 소모에 의해 합류한 의병들이 대부분이었다고 보여진다. 이것이 김면 군의 조직상의 특징중의 하나이다.

이처럼 김면 군의 의병 상층부의 출신 지역은 일차적으로 고령·거창 중심이었기 때문에 지역연합군이란 성격이 강하다 할 수 있다. 이런 점에서 지역방어를 위한 향토군의 성격을 벗어난다고 할 수 없다. 김면군은 농민·전호·가노 등 일상생활 속에서 상호 밀접한 관계를 맺고 있었기 때문에 강력한 결속력과 단결력을 가질 수 있었다.[29] 그리고 의병의 하층부는 다양한 계층이 참여하였다. 그들의 참여는 자발적인 경우와 반강제적인 경우로 나눌 수 있다. 그들을 유형별로 살펴보면 첫째, 상층부의 구성원들은 재지

---

28) 黃應男은 창원 부사로써 난 초기에 도망했다가 招諭使 김성일에 의해 김면 군에 보내졌으며, 김해부사였던 徐體元도 같은 경우 임.
29) 『선조수정실록』 권26, 25년 12월조.

사족들 때문에 많은 수의 전호와 노비들이 동원되었던 것이다. 이들은 전해지는 의병장들의 토지분재기에 나타난 경우와 비슷하다 할 수 있다. 김면 자신도 가동 700여 명을 거느리고 의병을 일으켰던 것이다. 그의 휘하 참모인 박정번朴廷璠이 가동 수십인을 거느리고 왔다는 사실은 가노가 기병의 토대였음을 보여주는 것이라 할 수 있다. 따라서 이런기반위에 김면은 짧은 시간에 많은 군사를 모집할 수 있었던 것이 아닐까한다. 둘째 거주지를 중심으로 한 향민이 대다수였다.[30] 이 향민들은 향토 보전과 그들의 삶의 터전인 생활공동체를 지키기 위한 필요성에서 자발적으로 참여였다.[31] 이 들은 신분상으로 대부분 양민이었다.

> 金沔이 직접 향토를 보전할 것을 기획하여[32], 동·서·남면의 군사를 모았으며, 卜渾이 향병을 일으켜 金沔에게 소속한 사실 등에서도 알 수 있다. 이처럼 휘하의 여러 장수들이 모두 각 지역에서 향병을 모집하여 데리고 온 것이다. 셋째, 가동을 비롯한 천민층의 참여가 많았던 것이다. 이들은 해당 지역의 지리에 밝아서 의병의 주요 전술형태였던 유격전을 통해 많은 전과를 올일수 있었던 것이다. 비변가가 아뢰기를,

> 壬辰年에도 金沔이 거창의 山尺 수백 인으로 하여금 牛峴을 방어케 했는데, 많은 적들이 여러 번 진격했으나 이기지 못하여 거창 이북이 이 때문에 끝까지 보전되었으니,. 이는 이미 겪은 경험입니다.[33]

라고 하여 산척山尺들도 적극적으로 참여하였다. 이와같이 여러계층의 참여는 외침에 대한 적개심도 작용하였지만 곤궁한 식량문제의 해결을 위

---

30) 임진왜란 시기의 募兵法의 여러 가지의 종류 중에서 土民이 鄕兵을 공동으로 소집하는 경우가 가장 일반적이라고 할 수 있음.
31) 『燃藜室記述』 권7, 宣祖朝 故事本末 總論義兵.
32) 고령문화원, 『松菴先生實記』 권1, 선생기문조
33) 『선조실록』 권83, 29년 8월 경오조

해서이기도 하다. 아울러 군공을 세우면 신분이 해방 될 수 있었기 때문이다.[34] 넷째, 피난민을 동원하는 경우도 있었다. 도피했던 민들이 의병장에게 모여든 것은 의병장의 활약이나 그의 인망에 감복하여 모이는 경우, 초유사의 소모로 촉발되는 경우로 나눌 수 있다. 특히 후자의 경우에는 해당 지역의 향토 보전을 위해서 각 지역의 소모장에 해당지역의 유력한 재지사족을 직접 임명하여 의병을 모집하였다. 이들은 촌단위의 유사를 두어 촌락 공동체적인 연대의식에 기반하였다. 마지막으로 경상우도 의병 조직은 김면을 중심으로 체계화되었다는 점이다. 이것은 김면이 경상우도 의병도대장에 임명된 시점부터였다. 이때에 와서 김면은 의병의 관적인 측면에 더 무게를 주어 졌던 것이다.[35] 준관군으로 변하였던 것이다.[36] 사실 김면은 뛰어난 용장이라기 보다는 높은 인품을 지닌 덕장에 가까웠다.

김면 군의 후기 의병 조직을 제시하면 <표8-2>와 같다. 이제 경상우도의 의병은 국가에 의해 일원적 편제로 바뀌고 있음을 보여준 것이다. 이것은 국가가 반란군이 될 수도 있는 의병을 흡수·통제하기 위한 방편이었다. 경상우도에서는 김면을 통해서 의병을 장악하려 하였다. 이것은 전쟁이 소강 상태라는 이유도 있었지만 국왕 중심의 관료 체제가 서서히 제 역활을 하기 시작했다고 봐도 될 것이다. 김면군의 후기의병 조직을 『송암실기』의 동고록에 의거 작성하면 다음과 같다.

---

34) 조정에서는 募兵을 위해 招諭使의 檄文을 통하여 公·私賤人을 막론하고 적을 베면 錄勳하도록 하였음.
35) 전치원의 『壬癸別錄』에 자세하게 나타나 있다.
36) 高敬命의 경우도 義兵과 官軍의 將을 겸하면서 활동하였고 대표적 호남 의병장 金千鎰의 경우 처음부터 왕조에서 倡義使로 삼아 그를 통해 의병활동을 지원하도록 하였음.

<표 8-2> 김면 군의 후기의병 조직

직 책	성 명	지 역
의병도대장	김면	고령
의병좌장	곽재우	의령
의병우장	정인홍	합천
초모유사	김응성	
기병유사	정유명	안음
기병유사	이노	
기병유사	성팽년, 김경근	단성
기병유사	노사상, 이유성	함양
기병유사	노사예	함양
기병유사	노흠, 박선, 이홀	삼가
기병유사	오현, 박사제, 오장	산음
기병유사	이운기, 임응빙, 곽재우, 곽근	의령
조방장	김시민	
참모장 서기	곽준	현풍
	문위, 윤경남	거창
	박정반, 유중용	고령
유격장	장사길	
조군	조종도, 박응성	함안
	김회	고령
가장	권응성	
전향	박성	현풍
	손인갑	창령
왕래참획	이승우	성주
	손승의	진주
선봉장	변혼	거창
성주모병관	이홍우	고령
	김홍한	청도
단성소모관	권위	
복병장	김선	
고령가장	곽대성	해남
	이형	
초계가장	정언충	초계
돌격장	정용, 진한언	
상도위장	김준민	
가수	곽율	현풍
하도위장	이광악	서울

소모관	여대노	금산
중위장	서예원	
영주위장	우도남	
주의	권세춘	단성
풍기의병유사	안두	
사사	이죽	
안동의병	김송	
별장	정국상	
종사관	한명윤	
위장	한응린	
	박이룡	황간
	이후경	경산
	강절, 이도민	회덕
	신계을	서울
의병부장	황응남, 홍문유, 민척	
외방장	전치원	성주
군관	장응린	
	장희춘	울산
	손경종, 이승규	
	유사홍, 김흡	
	허익, 전응춘	
	배설	성주
	서인충, 고득후, 고경륜	
	장윤, 서몽호	
	유분, 이경연, 강대익	
	김영남, 김주, 민여운, 송이장	
	신초	영산
	유보춘	
	이대기	초계
	장유현	
	장봉한	인동
	이동길	
	김충민	영산
	하광원	
	전우	성주
	신종남, 장의국	
	변희황	

	오운	영주
	신수	
	오여운	의령
	양면	
	윤탁	삼가
	정임	
	서적	합천
	백은옥, 조우인	
	최의준	
	정사서	합천
	주몽룡	
	임계영	
	권응수	신령
	장학익, 정경원, 정유회	
	노사계, 김몽린, 정종각	
	여응망	
	곽이상	현풍
	이득춘	고령
	성변규	
	전영기	성주
	신철	
	박정완	고령
	김응감	창원
	배응충, 이성식, 배립, 이윤식	
	김영	초계
	이규수, 이후응	
	제말, 정순, 손필, 이종민	
	배승무	순천
	윤선	
	신종기	고령
	정인영	합천
	마천목	합천
	서준신	
	안극가	초계
	박명윤, 안철	성주
	이유길	영산
	윤홍명	울산
	강연, 백신	
	육공신, 박이장	거창

족친의사	김회	고령
	김연	성주
	김양	개령
	김함	의령
	김급	지례
	김성	금산
	김홍한	
	김홍원	

후기 의병진의 조직을 보면 다음과 같은 특징이 있다. 첫째, 지역적으로 경상우도 전역을 포괄하고 있다고 할 수 있다. 경상우도는 물론 경상좌도의 일부 지역 인사들까지도 참여하고 있다. 이는 경상도 전역의 의병이 국가에 편입되어 의병의 관군화의 진척이 마무리 단계였음을 알 수 있다. 둘째, 의병 구성 인사를 보면 각 지역에서 독자적인 의병운동을 하다 이미 관군으로 편입된 자나 관군의 장이었던 자가 예속되는 모습을 볼 수 있다. 이는 의병 활동과도 무관하지는 않겠지만 도민들에 의한 지지와 전투에서의 전공이 의병장 관계를 설정하는 데 있어 커다란 요인이 되었을 것이다. 셋째, 각 지역 의병장간 사이의 관계가 정립되고 있다. 정인홍 의병진도 김면의 예하에 편제되고 있었다.[37] 즉 김면이 의병도대장으로 행차시 정인홍은 그를 수행하였던 것이다. 이처럼 김면의병군의 후기 조직은 경상우도 의병장 상층부의 조직이었으며, 관군과 대립관계에 있던 의병진과 함께 편제되는 체제였다고 볼 수 있다.

<표8-2>에서 이같이 경상우도의 의병장들은 대부분 남명 학파였다는 공통점이 있다. 김면, 곽재우, 정인홍, 권세춘權世春, 권제權濟가 대표적인 경우이다.[38] 한 가문에서 여러명의 의병장이 나오기도 하였다. 이는 남명의

---

37) 김강식 「金沔 軍의 慶尙右道에서의 位置와 役割」 『부산대 석사 논문』 1991.
38) 조경남, 『亂中雜錄』 권1 임진 7월 6일 권제『壬丁日記』.

가르침이 퇴계와는 달리 의義와 경敬을 중시하였던 것과 관련이 깊었을 것이다.

둘째, 의병의 모병과 의병 상호 간의 결합 과정에서 주목되는 사실은 거리상으로 멀고 가까운 지역성이 반드시 중요한 것은 아니었다는 점이다. 이것은 정치사적으로 남인과 북인의 분파와 관련하여 주목해야 할 문제이다. 한 예로 함양의 노사예盧士豫는 의병도유사로 임명되었는데 초유사 김성일이 그를 정인홍의 군에 합류시키려 하였지만, 김면 군에 합류하여 활동하였다[39]. 이러한 모습은 전쟁 초기부터 나타났으며, 전쟁이 소강 상태에 접어들자 더욱 빈번해지고 있었던 것이다.

4. 의병활동

임진왜란기 전략과 전공을 두고 관군과 의병간의 갈등이 표출되어 나타났다. 이런 관계를 조정해 가면서 관군과의 대립에서 효율적인 전투를 수행할 수 있게 노력한 사람이 바로 김면이었다[40] 그렇기 때문에 그의 역할은 임진왜란 초기의 의병활동과 관련해 올바르게 평가되어야 할 것으로 보여진다. 먼저 그는 김수金睟와 곽재우郭再祐의 대립을 조정함으로써 김수로부터 각종 지원을 받게 된다. 예를 들면 사랑암전투시 김시민이 필요하여 보내 줄 것을 청하자 김수는 김성일金城一이 좌도로 간 사이에 김면에게 보내주었으며,[41] 이후에 함양과 산음의 군사를 김면에게 배속시켜서 도와주고 있다.[42] 한편 곽재우도 김면을 만나고 나서, '내가 김장군을 살펴보니

---

39) 鄭慶雲 『孤臺日錄』 家狀.

40) 李魯 『용사일기』, p95~96.

41) 李魯 『용사일기』 참조.

42) 조경남, 『亂中雜錄』 권1, 壬辰 6월.

기도가 엄의하고 거지가 안한하여 흉적을 소멸하고 영남을 보전할 사람은 이분이다' 라고 하여 그의 인품에 순응하였던 것이다.[43] 그리고 김면은 초기부터 초유사의 도움을 받으면서 의병활동을 적극적으로 전개해 나갔던 것이다.

초유사 김성일과의 관계는 서로 도움을 주고받으면서 왜군에 대항하였다. 이는 김면이 김성일에게 전쟁수행과 관련해서 올린 글과 문안 편지를 보낸 사실,[44] 그리고 김성일이 거창, 함양, 산청, 합천의 군사 3,000여명을 모아 그에게 배속시켜준데에서도 알 수 있다. 한편 초유사와의 관계는 퇴계 문하에서 수학한 동학관계였으며 그 아래의 종사관이었던 이노, 조종도와는 남명문도로서 이들과 수학을 같이한 점 그리고 초유사에 의해 박성을 김면에게 보내준 사실[45]등에서 그들 사이의 유대를 짐작할 수 있을 것이다.[46]

정인홍과의 관계는 오랜 친구로 갈등과 협조하고 있었다. 이런 사실은 김수가 임금에게 아뢴 당시의 논의에서도 알 수 있다. 임금과 김수의 대화 중에 상이 이르기를 "정인홍은 친히 진에 나가 용병하고 있지 않던가"하니 김수가 이르기를 "비록 스스로 싸우지는 못하지만 나라를 위해 죽을 생각을 하고 있습니다. 김면은 기강이 있어 정인홍 보다는 조금 낫습니다."라고 한데서도 알 수 있다.[47] 평소에 김면은 공적인 것을 사적인 것 보다 먼저

---

43) 이노, 『용사일기』 p.97~98 참조
44) 『松菴集』先生遺稿, 권1 書에 보면 김성일에게 모두 세 편의 글을 보내 협의하고 도움을 청하고 있다.
45) 김성일은 옛친구인 박성을 만나 일을 같이 하기로 하고 幕下에 두었다가 군량조달을 위해 김면에게 보냈다.
46) 김성일은 평소 김면. 정인홍 대장에게 엄하였으므로 김면이 김성일의 지휘를 받기도 하고 때로는 맞서기도 해 둘 사이가 나쁜 줄로 알고 있었으나 김성일은 김면이 사망 후 전란 중 처자가 10리밖에 있는데도 가보지 않았다고 하면서 김면을 높이 평가해 이런 오해를 풀게되었다고 함; 李魯, 『용사일기』, p157~158.
47) 『선조실록』 권 32, 25년 11월 신사조

해야 된다는 인식과 법의 엄정한 집행을 통해 민의 지지를 얻고 있었던 것이다.

이상에서와 같이 김면 의병진은 거창을 거점으로 하여 점차 강화시켜나 갔던 것이다. 때로는 왜군을 치기 위하여 연합전선을 구사하였다. 참모로 현풍인 곽준, 거창인 문위,[48] 그리고 윤경남, 박정반, 유중용 등이었고, 박성을 군량관으로 삼았다. 그리고 친아우 김회를 열읍에 보내 격문을 보냈던 것이다. 그 내용을 보면

> '모두 일어나 의병의 초모에 응하라 그리고 씩씩하게 싸워라 좌우가 협격하여 수미로 영남 일도를 구제하라 그래서 왜적을 물리친다면 영광 이 아니겠는가 그 공로로는 천추에 길이 빛이 빛날 것이다. 충의와 간사 의 구분도 여기에서 결정되고 패망이나 광복의 판단도 여기에서 좌우될 것이다.[49]'

그리고 열읍에 각각 기병유사를 다음과 같이 두었다. 안음-정유명鄭惟明, 성팽년成彭年, 함양-노사상盧士尙, 노사예盧士豫, 박선朴選, 산음-오현吳偄, 오장吳長, 임응빙林應聘, 단성-이노李魯, 김경근金景謹, 이유성李惟誠, 삼가-노흠盧欽, 이흘李屹, 박사재朴思齋, 의령-이운기李雲紀, 곽재우郭再祐, 곽근郭近. 그래서 2,000여명의 의병진이 형성되었던 것이다. 그리고 군 사를 나누어 거창, 고령의 우현, 마령 등 각처의 요지를 지키게 하였다. 이 것은 일차적으로는 김면의 적극적인 의병활동에서 기인하는 것이지만 중앙 정계와의 연관을 고려되어야 할 것이다. 당시 유성룡, 김우옹 등이 정국을 주도하고 있었으며 김면과는 교유와 학연으로 연결되어 있었다. 정계에도

---

48) 文緯(1554~1631)는 전괄고, 정구 문인으로 김면 의병진의 참모로 선무원종공신 3등에 녹훈됨, 임란연구의 자료인 『모계일기』를 남겼음.
49) 『송암선생실기』.

동인과 서인의 대립과 교체속에서 정인홍과 유성룡은 즉 북인과 남인의 대립이 진척되고 있었다.[50]

이와 같은 상황의 전개는 김면이 의병활동을 하는데도 상당한 기반이 되었을 것이다. 김면은 폭넓은 조정자로서 정부의 지원 속에 활발한 의병활동을 전개하였던 것이다. 이에 김면은 경상도도의병대장으로 임명되었으며[51] 그리고 경상우병사가 되었다.[52] 경상우감사 김성일이 국왕에게 올린 장계에서

> 병사 김면은 본래 병이 많은 자로 산림에서 병을 요양하고 세상일에 뜻이 없더니 병란이 일어난 처음에 분연히 몸을 돌보지 않고 의병을 일으켜서 이들 적과는 같이 살지 않으리라 맹세하고 1년이 넘도록 血戰을 거듭해서 여러번 적의 예봉을 꺾었으니 江右일대가 지금까지 보존된 것은 대부분 그의 공로였나이다. 군사를 일으킨 뒤에 그 처자가 가까운 땅에서 流離하고 굶주려도 한번을 찾아보지 않았을 뿐더러 여름이 지나고 겨울이 접어들자 사뭇 서리와 눈 속에서 누구나 반드시 죽으리라는 것을 알았지만 그는 마음을 조금도 움직이지 않았나이다. 나라를 위하는 지성은 炳然하기가 丹心과 같았사오며, 은전을 입어 병사로 제수된 뒤로는 더욱 책임의 중대함을 두려워하였나이다.[53]

라고 하여 김면은 초야에서 창의거병하여 1년여동안 혈전을 거듭하여 경상우도를 보존시키는 공을 세웠다.

서울을 점령한 왜군은 점령지의 각도를 일본과 마찬가지로 취급하기로

---

50) 具德會, 「선조대 후반(1594~1608) 政治體制 재편과 政局의 동향」『한국사론』20, 서울대, 1988.
51) 李魯, 『용사일기』 p141~147; 선조 26년 1월 초4일 김면에게 도대장을 명하는 교서를 내렸다.
52) 「宣祖修正實錄」 권 26, 25년 壬辰 11월조
53) 李魯, 『용사일기』 p157~158.

하고 다음과 같이 분담하여 지키도록 하였다.54)

경상도 - 毛利輝元	전라도 - 小早川隆景
충청도 - 福島正則	경기도 - 宇喜多秀家
강원도 - 毛利吉成	황해도 - 黑田長政
평안도 - 小西行長	함경도 - 加藤淸正

이에따라 경상도는 모이휘원毛利輝元이 담당하기로 하였다. 그는 일단 일만여명을 이끌고 본부를 경상도 개령현에 두었다.55) 그리고 부장 촌상경친村上景親을 현, 고령읍에서 6km 동북간에 위치한 낙동강변 무계역茂溪驛으로 파견한다. 촌상경친村上景親은 가까운 위치에 있는 무계진茂溪津에 보루를 구축하였다. 그의 임무는 주요한 교통로인 낙동강선의 도선장을 확보하고 왜군의 군량운수 등을 원활히 하고자 하는데 있었던 것같다. 무계진은 고령 양전에 있는 김면의 집에서 그리 멀지 않은 곳에 위치해 있어 지형지리를 잘 알고 있는 작은 나루터였다. 김면은 의병진이 갖어지자 왜군과의 항전에 나선다. 그 대표적인 전투를 열거해보고자 한다.

첫째, 무계전투는 1592년 6월 6일에 있었다. 왜군의 무계진 이동의 정보를 입수한 김면은 정인홍군과 연합하여 이들을 공략하기로 하였다. 선봉장으로 손인갑孫仁甲56)을 임명하였다. 손인갑은 선발대를 먼저 파견하여 적정을 살피도록 하였다. 그리고 전열을 정비하고 밤에 출동하여 6일 새벽에 무계에 도착 즉시 왜군의 진지를 포위하였다. 선봉장 손인갑은 정병 50여명을 이끌고 진지로 돌입하였다. 자다 놀란 왜군에게 사정없이 칼과 창등을 휘둘러 30여급을 목베었다. 왜군의 일부 군사가 부대안으로 뛰어 들어가

---

54) 이형석, 『임진전란사』 상, p146 참조
55) 이형석, 『임진전란사』 상, p149-150.
56) 李魯, 『용사일기』 p72.

의병진의 침입이란 위급한 상황을 알리자 진중에서 종소리가 요란하였고 일대혼란이 일어났다. 당황한 왜군은 조총을 마구쏘아 댓으나 모두 앞 산을 향하여 헛 사격만 하는 것이었다. 얼마 안되어 이번에는 화살을 쏘아댓다. 이때에 초소 부근에 있던 일부 막사안에서 불길이 일어났다. 왜군은 소화작업과 의병진에 대항해야 되는 진퇴유곡에 빠지게 되었다. 이에 왜장 촌상경친村上景親이 크게 노하여 평복위에 갑옷을 걸치고 장창을 쥔 채로 진두에 나서니 종사 수명이 활과 칼을 갖고 그 뒤를 따랐다. 손인갑孫仁甲이 먼저 흑각궁黑角弓으로 그 종자를 쏘아 죽이자 촌상경친村上景親과 접전이 치열하게 전개되었다. 화력의 도움을 받은 의병은 쫓기는 왜군을 쫓아 도끼로, 마치 썩은 나무 찍듯 하였고 덤벼드는 왜군을 칼과 창으로 베고 찔러 죽여버렸다. 촌상경친村上景親도 몸에 10여 화살을 맞고도 진두지휘하다가 마침내 쓰러지자 종사들이 사지를 들어 옮겨갔다. 조총대가 집중사격을 하여 왔는데 진지의 벽이 흙으로 된 까닭에 마침내 불길이 멎게 되었다. 손인갑孫仁甲은 급히 꽹과리를 울려 일진일퇴하면서 군사를 독려하였다. 이 전투에서 왜군 백여명을 죽였디. 더구나 왜군은 수장의 중상으로 사기가 떨어져 버렸다.

이와같이 김면 의병군은 이 전투 과정에서 군선을 나포하였던 것 같다.57) 거기서 수합한 물건들은 매우 많아 짐이 두어 짐바리나 되었다. 이것을 초유사 김성일 진영에 보내 행재소에 보내도록 하였다. 그 가운데 중요한 내역을 보면 다음과 같다.

> 김대장 면(沔)은 무계에서 승첩하였을 때 적의 군선에서 얻은 보화를 공에게 두어 짐바리나 보내면서 행재소에 전송하라고 했다. 공이 촉석루에 앉아서 그 수량을 점고하연서 보았는데, 비단옷감과 진귀한 보석

---

57) 이탁영,『정만록』임진 6월 18일 ;『송암실기』附李松菴龍蛇錄.

등이 많았다. 채단은 길고 짧은 것이 20단, 기초 푸르고 누른 것 40단,
사환 넓고 좁은 것 60속, 능라 전·반 30속, 정주 3백 필, 동견 3백 필,
문금 50폭, 비포 19령, 백사 20량, 홍화 30근, 광국공신 연회계축도 1첩,
세조시어사휘현백 1첩, 심향약함 1통, 왜장 금안 1좌를 마루에다 해쳐놓
으니 광채가 눈을 현란케 했다.[58]

이 가운데에는 조선과 명나라사이에 있었던 종계宗系 문제가 해결되어
공신들이 연회하는 광경을 그린 것, 세조께서 명주 족자에 이름을 써서 부
처님께 올린 것 등 매우 진귀한 것들이 많던 것이었다.

이로써 왜군의 활동은 약해져서 오직 수성에만 전념하였고 의병군의 활
동은 크게 떨치게 되었다. 7월말에 의병장 김준민金俊民이 다시 의병군을
거느리고 무계진에 나가서 성을 공격한 다음 후문으로부터 쳐들어가 막사
를 파괴하고 공사장 창고로부터 왜군의 배후를 쳐서, 많은 전과를 올리고
철수하였다. 왜군은 이 때도 추격하지 못하고 죽지 않은 것만을 다행하게
여기는 것 같아 보였다. 이렇게하여 왜군은 낙동강상에 커다란 활동을 하지
못하였던 것이다.

둘째, 같은해 6월 9-10일의 개산포 전투이다. 개산포는 개포라고도 하는
바 고령 양전 김면의 집에서 약 4km 정도 동쪽 낙동강변에 위치한 나루터
이다. 강건너 현풍에선 쌍산강雙山江이라 하는 곳이다. 9일 오전 8시경 왜
군의 선단이 현풍에서 낙동강 하류방향으로 내려오고 있었다. 여기를 지키
고 있었던 군관 만호 황응남黃應男이 정병 30여명을 데리고 적신이 임박해
오자 일시에 배안으로 화살을 퍼부어 적병 80여명을 사살하였다. 이때 우
리나라 여인 5-6명도 그 배에 타고 있었다. 왜군이 확급히 도망하자 황응남
이 승기를 타고 추격하여 배에 타고 있던 왜군은 2-3인만 남고 모두 죽었

---

58) 이노, 『용사일기』 p69-70 참조.

다. 의병군이 그들조차 참수하려 할 때 왜선 한척이 쌍산강에서 내려와 구원하였는데 의병군은 화살이 다 떨어지고 추격할 배가 없어 더 이상의 추격은 하지 못하였다.[59] 이 때에 의병군은 적선 2척을 포획하는 전과를 올렸다. 많은 자료들에서 이 전투를 대첩이라 기록하고 있으나 모계일기는 적이 많아 대첩을 이루진 못하였다고 기록하고 있다.[60]

셋째, 우척현 전투[61]는 같은 해 6월 15일경[62]에 있었다. 우척현은 소백산맥 중턱으로 고령읍에서 북쪽으로 약 60km 거리로 거창과 개령의 경계에 있는 비교적 험준한 고개이다. 당시 경상도에서 호남 지방으로 가려면 반드시 이 고개를 넘어야 되었다. 한편, 왜장 소한천융경小早川隆景은 입화立花, 모리휘원毛利輝元과 같이 성주, 선산, 부산 등에 주둔시키고 별군은 창원에 주둔케 하였는데 풍신수길豊臣秀吉의 지역을 나누어 점령하라는 지침에 따라 전라도에 침공하려 웅치熊峙와 이치梨峙에서 싸웠다. 또 일부는 지례와 거창을 침범하려 하였다. 김성일은 고령에 있던 김면에게 급히 기별하여 왜군을 섬멸토록 하였다. 이리하여 지례에서 거창에 들어가는 접경지상에 있는 우척현에서 양군사이에 저투가 벌어지게 되었다. 말하자면 일진의 침공작전의 하나였던 것이다.[63] 당시 경상감사 김수는 거창에 피난하고 있었다.

왜군은 지례를 공략한 다음 남쪽 거창을 향하여 진격하였다. 왜장은 은빛 가교를 타고 유유히 전진하여 우척현을 넘으려고 하였다. 그 옆에는 큰 기치 세 개를 바람에 휘날리며 가는 모습은 위풍도 당당한 것 같이 보였다.

---

59) 『고대일록』 임진 6월 14일 ; 『모계일기』 임진 6월 9일.

60) 『모계일기』 임진 6월 9~10일.

61) 유성룡, 『징비록』 권1, 의병이 일어나서 왜적을 무찌름.

62) 전투일자를 이형석 『임진전란사』 상 p410-413 은 7월 10일로, 유병규 『송암선생일대기』 고령문화원, 1998, p98-101에서는 6월 14-18일로 기록하고 있음.

63) 문위 『모계일기』 임진 6월 13일.

의병장 김면은 직접 이 작전[64]을 지휘하였는데 군사 2천여명을 요소요소에 매복시키고 있다가 일시에 일어나 협공을 하였다. 왜군은 뒤도 안돌아다 보고 금산쪽으로 달아나 버렸다. 이를 전후 하여 왜군 약 1천여명은 금산 방향에서 우척현을 가만히 넘어서 거창방면으로 들어오려고 하는 것을 김면군이 갑자기 기습하자 왜군은 또다시 퇴각하였던 것이다.[65] 김면은 황응남黃應男을 좌부장으로 삼았는데 그는 이 전투에서 으뜸가는 공을 세웠다.

거제현령인 김준민金俊民은 우부장으로 먼저 산위에 올라가서 많은 왜군을 대궁으로 쏘아 죽였고 거창의 산척 10여명도 싸울때마다 앞장서서 돌진하여 용감하게 싸웠다. 이로써 왜군의 기세는 꺽이게 되었다.[66] 판관 이형李亨은 복병장으로 싸울 때 마다 전공을 세우다가 이 전투에서 용전한 끝에 순국하였다. 이형은 순찰사 김수의 군관이었는데 전쟁이 발발하자 좌병사 이각李珏에게 파견되었는데 왜군에게 포위되었다 탈출하여 돌아와 보니 김수는 이미 근왕한다고 떠나고 없었다. 그래서 초유사 김성일에게 나아갔던 것이다. 초유사는 이형을 우척현 복병장으로 삼아 지키게 하였다. 이때 지례를 분탕하고 있던 왜군이 우척현을 넘으려 공격해오자 이형이 대적한 것이다. 이형은 산척을 거느리고 힘써 나아가 싸웠다. 산척들은 말을 타고 물러나기를 청했으나 그는 듣지않고 '내가 물러나면 어떻게 독진할 것인가'하고 거절하고 마침내 전사하였던 것이다.[67] 이런 보고를 받은 김성일은 말하기를 '만약 이지李旨가 없었더라면 어찌 이런한 전공이 있었겠는가'라고 하였다. 거창에 있던 출신 변혼卞渾은 처음에 의병을 일으켜 김면에게 소속되었었는데 싸울때마다 선두에서 전공을 세웠던 것이다. 이번에 이

---

64) 조경남, 『난중잡록』, 권1, 임진 6월 19일조
65) 『선묘중흥지』 권 1, 참조
66) 『선조실록』 권 28, 25년 8월 갑오조
67) 『모계일기』 李亨事蹟, 이노, 『용사일기』 임진 7월 15일 장계.

전투에서 황응남과 함께 쌍벽을 이루었다. 김면은 '거창은 진주 등 10수읍을 지키는 요충'이라고 하여[68] 장수를 정해 고령을 지키게 하였다.

이렇게 하여 왜군을 격퇴하였던 것이다.[69] 그들이 침격하여 올 만한 통로를 온전히 차단하기 위하여 우척현과 성초, 그리고 육십현六十峴 등의 산악지대 여러곳에 미리 복병을 마련하여 놓고 주야교대로 감시를 엄밀하게 하였다. 그런 까닭에 왜군은 거창 경내에 침입하여 엿보지 못하게 되었는데 이 모두가 김면의 공이라 할 것이다.

김성일은 의병들의 군량을 보충하기 위하여 산청현감 김락金洛으로 하여금 쌀을 구하여 김면에게 보내게 하였으며 거창현감 정삼섭鄭三燮[70]은 탐욕심이 많아 유민을 구제한다고 하여 부민의 사재를 모조리 터는 등 가렴주구를 함부로 하였다. 그러나 의병진에게만은 후하게 지원하였다. 김면은 왜군이 정암진의 남쪽에 주둔하고 있다는 말을 듣고 군사를 이끌고 나아가 정암진 북쪽에 진을 치고[71] 의병장 곽재우의 군사와 협동하여 왜군을 막았다.

넷째, 지례전투는 같은해 7월말 8월초에 걸쳐 있었다. 이곳은 현 김천시 지례면에 해당된다. 이 전투는 김면 의병군이 지금까지의 방어적 매복작전에서 규모있는 공격적 작전으로 전환한 전투중의 하나이다. 지례관사에 주둔하고 있던 왜군을 화공으로 모두 태워 죽인 전투이다.[72] 이때 금산·전주로 향했던 왜군의 수천병력이 지례에 유둔하면서 지례·무주 통로는 왜군의 천지가 되어 있었다. 김면은 왜군 1,500여명이 지례현에 주둔하고 있는 것을 탐지하고 정병 수천을 거느리고 시위를 하였다.[73] 이어 전부사 서예원徐

---

68) 『모계집』 권 3, 잡저 金松庵사적.

69) 『선조실록』 권 27, 25년 7월 무오조

70) 李魯, 『용사일기』 p77.

71) 李魯, 『용사일기』 p97~99.

72) 『모계일기』, 『고대일록』, 『난중잡록』.

禮元과 전만호 황응남黃應男을 좌우위장으로 삼아 복병하게 하는 등 작전을 진행시켰다. 서예원으로 지례에 매복케하고 공격을 시도하였으나 망현茫峴에 있던 적이 성원할 움직임이 있어 취소하였다. 7월 29일 비가 오는 가운데 군마를 갖추어 서예원이 지례근처로 나가 진치고 작전을 개시하였으나 저녁에도 비가 와서 중지하고 말았다.[74] 8월 1일 왜군은 사창, 객사, 관아 등을 점거 하고 있었다. 김면이 직접 진두지휘하여 독전하였다. 의병진은 사창을 일시에 포위하고 나무를 쌓아 불을 질러 모두 태워 죽여버렸다. 날이 저물자 나머지 왜군이 금산로로 도망을 가는데 미리 매복해 있던 복병으로 일시에 엄습하여 소탕하여 마침내 지례를 수복하였다.[75] 그러나 배설裵楔이 김면의 명령을 듣지 않아 섬멸하는데는 실패하였다고 한다. 『선묘중흥지』에 의하면 '이때 잔적들이 금산로로 해서 성주성으로 달아나려다 정인홍군에게 습격당하여 씨도 없이 몰살되었다'라고 기술되어 있다.[76] 조정趙靖은 이때 경상우도는 진주, 함안, 사천, 단성, 거창, 함양, 산음, 안음, 합천 등을 보존하였고, 김면, 조종도, 박성 등 의병진이 거창을 지키고 있다. 만약 이들이 상도로 달려온다면 안동 지역의 왜군을 토벌할 수 있을 것[77]이다라고 기록하고 있다.

다섯째, 거창 사랑암沙郎岩 전투는 8월 3일에 있었다. 우척현전투에서 무참하게 패한 왜군 소한천융경小早川隆景부대는 거창을 거쳐 전라도로 진입하여는 야망을 버리지 않고 호시탐탐 기회를 엿보고 있었다. 김면은 김해성을 빼앗기고 거창에 와 있던 전부사 서예원등과 힘을 모아 싸우는 한편, 금산 의병장 성균관박사 여대노呂大老와 가장 권응성權應星 등과 같이

---

73) 『고대일록』 임진 7월 15일자.
74) 『모계일기』 이민 7월 30일.
75) 『고대일록』 임진 8월 3일자.
76) 『모계일기』 임진 8월 1일.
77) 조정, 『난중일기』, 임진 7월 25일조.

왜군을 협공할 계책을 세웠다. 김면 의병군은 거창에서 지례, 금산의 길을 막고, 정인홍鄭仁弘은 성주에서 고령, 합천의 길을 막으며, 곽재우는 의령에서 함안, 창령, 영산 방면에 진출하려는 왜군을 막자는 것이었다.

개령과 금산 방면의 소한천군小早川軍의 위세가 강하여 연달아 침공하니 초유사 김성일은 더욱 거창, 함양, 산청, 합천 지방의 군사 3천을 모아서 모두 김면에게 배속케하여 왜군을 막도록 하였다. 이때 김면은 진주판관 김시민金時敏이 장사들의 신망을 얻고 있다는 말을 듣고 격문을 김시민에게 보내어 응원을 요청하자 김시민은 곧 정병 천여명을 이끌고 거창으로 급히 달려왔다.[78] 이렇게 해서 의병군과 왜군은 거창 사랑암 앞에서 만나 전투를 벌이게 되었다. 의병장 김면은 말을 타고 칼을 뽑아 휘두르면서 판관 김시민에게 소리쳐 가로되 '국가가 공을 대접하기를 높은 벼슬을 준 것은 참으로 오늘을 위함이 아니겠소. 남아는 차라리 죽음이 있을지언정 후퇴함이 있을 수 없소이다.'라고 하였다. 이 말을 듣고 더욱 감격하여 용기를 얻은 김시민은 활을 울리면서 반격하여 왜군을 연달아 쓰러뜨리니 모든 군사가 일시에 뒤따라서 돌격하였다.

이 싸움에서 김시민은 김면과 말머리를 나란히 하고 적중에 뛰어 들어가서는 서로 힘을 모아서 베고, 찌르고, 또 밟아 죽여 버렸다.[79] 이때 왜군은 그 그림자만 보아도 벌써 도망치기만 하는 것이었다. 김시민이 왜군의 앞을 막으면 김면이 그 옆을 쳐서 죽이고 또 김면이 왜군의 뒤를 따르면 김시민이 활을 쏘아 그 왜군을 넘어뜨리는 등, 매우 눈부신 활약을 전개하였다. 김시민은 백병전으로 크게 승리하였다.[80] 왜군은 산사태가 나는 듯이 한꺼번에 우루루 밀려 내려가면서 도망치고 말았다. 의병군은 승승장구하여 다

---

78) 鄭慶雲, 『孤臺日錄』 임진 9월 8일, 동 16일.
79) 『난중잡록』 임진 10우러 10일조
80) 『모계일기』 임진 10월 8일.

시 왜군을 지례까지 밀어내고야 말았다.

김면은 기병한 이래로 몇 달동안이나 갑옷을 벗지 않았으며 또 싸우지
않는 날이 없어서 낮에는 왜군을 유인한 다음 포위하여 격침하고 밤에는
왜군의 태만한 틈을 타서 직접 기습을 하는 등 큰 싸움을 무려 10여차나
하였고 왜군을 물리치기를 30여차나 하였다.[81] 이리하여 낙동강 이서지역
의 영남지방을 확보하게 되었고 호남지방을 수호하는데 곽재우와 더불어
위대한 공을 세워 그 이름이 왜군에까지 떨치게 되었던 것이다.

여섯째, 김면 의병진의 성주성 공략은 타 의병·관군과 연합하여 3차에
걸쳐 이루어졌다. 제 1차는 임진년 8월 20일에 있었는데 참전 의병군은 정
인홍, 전라도 의병장 최경회, 임계영任啓英, 운봉현감 남간南侃, 구례현감
이춘원李春元 등이었다. 왜군이 처음에 장수長水에 진을 친 다음 무주를
점령하였다. 이 왜군이 모두 성주와 개령방면으로 이동하면서 거창에 진출
하였던 것이다. 여기에서 의병장 김면은 의병장 임계영任啓英과 의병장 정
인홍과 협력하여 성주성을 치기로 하였다. 이때에 성주성의 왜군은 무계 현
풍의 지원이 끊겨 고립된 상태였다. 마침 정철鄭澈은 호서湖西를 거쳐서
호남지방으로 내려와 있었는데 경상우감사인 김성일은 성주성을 치는데는
병력이 부족하다고 생각하였으므로 정철에게 지원을 요청하게 되었다. 그
는 곧 운봉현감 남간과 구례현감 이춘원에게 정병 5천여명을 주어 지원케
하였다.[82] 이렇게하여 의병군의 병력이 2만여명에 이르게 되었다. 이 당시
에 성주성을 지키고 있던 우자수승羽紫秀勝의 군사들은 8월 11일에 현풍
으로 후퇴하게 되고 개령에 있던 모리휘원毛利輝元은 부장 계원강桂元綱
을 보내 군사를 거느리고 성주성을 지키도록 하였다. 그 병력은 1만여 명으
로 추정된다.

---

81) 『모계일기』 권3, 임진사적.
82) 『고대일록』 임진 12월 2일.

김면은 정인홍, 임계영, 남간, 이춘원과 같이 합천 해인사에 모여 작전 회의를 하여 8월 21일을 기하여 합천에서 고령을 거쳐 성주성 남쪽에 진출하기로 작전을 세웠다. 그리고 공격준비에 착수하여 일거에 공략하기로 합의를 보게되었다. 이 작전계획대로 김면은 성주성에서 오리정도의 거리에 주둔하였다. 이때 동원된 군사는 김면, 정인홍군은 각각 1천여 명이었다.

8월 19일 새벽에 의병군은 합세하여 성을 포위했는데 김준민이 선봉에 서서 공격하였다.[83] 왜군은 성을 굳게 지키면서 성중에서 탄환을 퍼부었는데 의병군은 성에 들어갈 방도가 없었다. 이에 의병군은 성 밖에서 종일토록 진퇴를 거듭하면서 왜군을 유인하였으나 왜군은 나오지 않고 총만 쏘면서 지키고 있었다. 의병군의 희생자가 많아 날이 저물어서는 할 수 없이 후퇴하게 되었다.[84] 성주성밖에 진출하여 포위준비를 착수하였는데 이 때 성의 수장인 계원강桂元綱은 의병군의 병세가 수만이나 된다는 정보를 듣고 개령 본진에 보고하여 구원병을 요청하게 되었다. 모리휘원은 곧 부장 길견원뢰吉見元賴에게 명령하여 수병을 거느리고 급히 가서 성주성의 위급을 구하게 하였다.

왜 지원군은 오후 4시경 성주성에 도착하였다. 의병군은 대책을 세우기도 전에 왜군으로부터 후방에서 일제히 급습을 받게 되었다. 그런 까닭에 각 의병군 상호간의 연락과 협조가 충분히 이루어지지 못하였던 것이다. 그래서 김면, 정인홍을 비롯한 여러 장군들은 모두 철수하지 않으면 안되었다.

제 2차는 20여일 뒤인 9월 10일경에 있었다. 제1차 성주성 전투에서 실패한 의병장 김면, 정인홍 등은 재차 성주성 탈환의 기회를 노리고 있었다. 그런데 7월말 현풍의 왜군은 의병장 곽재우군에 패한 뒤로 거창쪽으로 철

---

83) 『문수지』, p576.
84) 『모계일기』, 임진 8월 19일조

수하였고, 무계의 왜군도 6월 손인갑에게 패하고, 7월말 의병장 김준민에게 연달아 패한뒤에 성주성에 고립되어 있던 왜장 계원강桂元綱은 적극적인 행동을 하지 않고 있었다. 이러한 정보를 입수한 의병장 김면, 정인홍은 서로 연합하여 성주성을 다시 공격하기로 하였다. 의병장 김준민은 아직 형세가 불리하다고 하여 선뜻 응하지 않았다. 그러나 여러 장수들의 공격결정에 의하여 이를 따르게 되었다. 김면, 정인홍은 성주성 밖 5리쯤되는 가평可坪에 진지를 구축하였다. 9월 10일부터 의병군은 공격을 시작하였다. 그러나 왜군은 성밖으로 출격하지 못하고 가만히 성안에서 조총으로 응전만 하였을 뿐이었다. 의병군은 충분한 공격자제를 준비하지 못한 까닭에 큰 성과를 거두지 못하였다.

의병장 김면은 합천군수 배설裵楔을 불러서 복병을 부상현扶桑峴에 배치하여 개령쪽에서 올 것으로 짐작되는 왜군의 응원군을 차단하여 그 합류를 막도록 명령하였다. 그러나 그는 옆에 있는 사람들에게 말하기를 '내가 어찌 저런 서생들의 절제를 받아서 중로에 복병같은 것을 배치하는 심부름을 할 수 있단 말인가 정말 아니꼽구나.' 하면서 끝내 나아가 복병을 배치하지 않았던 것이다.

그런데 이날 저녁 성주성의 수장인 계원강桂元綱은 개령에 급사를 보내어 위급한 정세를 보고하고 지원병을 청하니 부장인 모리원강毛利元康과 길견원뢰吉見元賴 구원군을 이끌고 급히 성주성으로 왔던 것이다. 의병진에서는 이러한 상황은 전혀 모르고 이날 밤을 그냥 지내버렸다.

11일에는 아침 일찍부터 공성에 사용할 도구로 운제, 비루, 충차등을 만들면서 궁수를 정비하고 있었는데 왜군은 부상현扶桑峴에 복병이 없으므로 그냥 풍우같이 달여와서 학익진형을 펴고 의병군의 측면을 불시에 치게 되니 의병군은 당황하여 우왕좌왕하면서 어찌할 바를 몰랐다. 이 때에 성주성안에 있던 왜군도 또한 성문을 열어제치고 일시에 출격하여 양쪽에서 협공하였다. 고령사람으로서 정인홍의 별장이던 손승의孫承義는 도망치는 군사들을 소리질러 격려하면서 양쪽에서 덤벼드는 왜군 가운데 단기로 뛰어들어 장검을 휘둘러서 10여명의 왜군을 찍어 죽였지만 왜병의 조총에 맞아서 장열하게 전사하였다. 의병장 김준민은 이전에 성주성 밖에서 유격전을 벌여 노략질 하는 왜군 4백여명을 격파하고 왜장 한 사람을 베었을 때 이마에 육각이 있는 적장의 준마를 빼앗은 일이 있었던 바 이날 싸움에서도 이 말을 타고 지휘하였으며 퇴거하는 군사를 다시 모아 맨 뒤에 서서 따라오는 왜군을 활로 쏘고 칼로 찔러서 선혈이 전신에 낭자하였지만 끝까지 싸웠다. 이리하여 이날도 적장 한 사람을 베었다. 왜군의 협공으로 인해 의병장 김면은 먼저 말을 타고 후퇴하였다. 이것을 본 의병군은 일시에 군기와 북을 버리고 궤멸상태에 빠지게 되었다. 그러나 의병장 정인홍은 홀로 태연자약하여 흩어지는 병졸들의 수습을 명령하였다. 이때에 좌우에 있던 막하장사들이 그를 양옆에서 껴안고 억지로 말위에 올려 놓아 말을 몰고 물러서게 하였다는 것이다.

제 3차는 12월 중순에 전개 되었다. 의병도대장 김면은 정인홍, 최경회, 임계명, 장윤 등 여러 의병진과 연합전선을 구성하여 진격하였다. 무계진을 지키고 있던 적장 촌상경친村上景親은 9월 11일에 성주성을 철수하여 수장 계원강桂元綱의 수하에 들어와서 함께 있었다. 개령에 주둔하고 있던 모리휘원毛利揮元군은 막강한 군사를 이끌고 성주성의 위기를 그 때마다 구원하였다. 거창에서 활약하던 의병장 김면은 장수에 있던 전라좌의병장 최경회에게 편지를 보내어 성주와 개령의 왜군을 합세하여 토적할 것을 요청하게 되었다. 이렇게 하여 최경회崔慶會군은 금산과 무주에서 철수하는 왜군을 따라 영남지역으로 지원하게 되었던 것이다. 그는 김면군과 협력하여 개령의 왜군을 치기로 하였던 것이다. 김면은 왜군을 공격하기 위해 동분서주하여 편안한 날이 없었다. 정부에서는 그의 공을 인정하여 특서로 경상도 의병도대장으로 임명하여 영남의 의병을 통합 지휘케 하였던 것이다.
또 최경회를 통정대부로 승급토록 하였다. 의병도대장 김면은 부장 장윤張
潤으로 하여금 개령의 왜군을 습격케 하여 공을 세웠다. 의병장 정인홍은
전라좌의병장 임계영任啓英과 같이 협력하여 성주성의 왜군과 싸우고 있
었는데 전세가 불리하게 되어 김면에게 구원을 요청하였던 것이다. 이에 김
면은 최경회군을 개령에서 성주에 전진하여 응원하도록 하였다. 그래서 성
주의 왜군을 치기로 하였는데 김면의 부장 장윤은 왜군과 중로에서 만나
접전한 끝에 왜군을 물리치니 적세가 차츰 수그러지게 되었다. 전라 좌의병
장 임계영任啓英은 성주성에 있던 왜군의 부대가 개령으로 가만히 이동하
는 정보를 얻어 부상현에 복병을 두었다가 이동하는 왜군을 습격하여 크게
물리쳤던 것이다. 김면과 정인홍은 힘을 합한 뒤에 성주성을 목표로 과감한
진격 작전을 전개하게 되었다. 12월 7일 의병진은 공격준비를 마치고 성주
성 밑에 다달았다. 말을 탄 왜군 10여명이 선두에 서고 보병 수십명이 그
뒤를 따라 성문을 나오는 것을 보고 의병진은 활을 쏘아 선두에 선 왜군을
죽이니 다른 왜군들은 깜짝 놀라 성문 안으로 되돌아 들어갔다. 다음날 왜
군이 서문으로 나가려다가 의병진의 공격으로 성안으로 되돌아 갔다. 의병
진의 공격이 치열하였다.[85] 의병들은 작전회의를 한 결과 14일을 기하여
일제히 성주성을 포위하고 공격하기로 하였다. 부장 장윤을 개령으로 보내
모리휘원毛利揮元의 군을 견제키로 하였다. 장윤은 분전하여 왜군 2백여명
을 사살하고 포로로 잡힌 조선군 4백여명을 석방시키는 커다란 전과를 세
웠다. 의병진은 작전 계획에 따라 성주성을 포위하고 여러부대가 앞을 다투
어 하루 종일 치열한 전투가 벌어졌다. 왜군도 여러번 성문을 열고 성밖까
지 역습하며 대항하였다. 왜군의 사상자가 2백여명에 이르렀다. 그런까닭

---

85) 『모계일기』 임진 12월 24일조

에 성문 부근에는 전사자의 시체가 언덕을 이루었던 것이다. 대세는 의병군에게 유리했다고 볼 수 있다. 이날 싸움에서 적장 촌상경친村上景親은 무계전에서 부상한 바 있는데 또다시 부상당하였다. 따라서 왜군의 사기는 급속히 떨어졌다. 왜군은 개령에서 다시 원군을 보내 왔으나 부장 장윤은 이 왜군을 선산에서 격퇴함으로써 그들의 간담을 서늘케 하였다. 성안으로 철수한 왜군은 성문을 굳게 닫고 퇴각할 기회만을 노리는 듯 저항을 하지 못하였다. 이 전투뒤에 성주성의 왜군은 다만 성을 지키고 있다가 한달 뒤인 1593년 1월 중순에 일시에 성문을 열고 철수하였다. 따라서 의병군은 커다란 저항없이 성주성을 회복할 수 있었던 것이다.[86]

5. 맺음말

김면은 경상우도 고령 출신으로 이황과 조식의 문하에서 성리학을 공부한 대표적인 유학자 중의 한사람이었다. 돈독한 효행의 실천으로 여러차례의 걸쳐 참봉에 제수 되었고 음서로 공조좌랑이 되었다. 김면은 52세 때 임란이 반발하자 고령에서 창의 거병하여 거창을 무대로 적극적인 의병활동을 전개하였다. 그런 까닭에 의병도대장과 경상우도 병사가 되었다.

경상우도는 호남을 지킬 수 있는 전략적인 요충이었으며 왜군은 후방 병참기자화의 확보란 점에서 이 지역을 중시하였다. 그런 까닭에 이곳에서 격렬한 전투가 벌어질 수밖에 없었다.

김면은 첫째, 경상우도의 관군과 의병, 의병과 의병, 군관과 군관 사이의 대립 국면 속에서 이를 원만히 조정하며 효율적인 의병활동을 전개했던 조정자로서의 위치에 있었음을 알 수 있었다. 이는 당시 동인, 남인의 양립이

---

86) 『난중잡록』 계사 2월 16일조

라는 중앙정치 무대의 향배와 궤를 같이 하는 것이었다. 둘째, 경상우도에서는 거창을 중심으로 활동한 김면 의병의 결속은 고령지방의 상무적인 풍속과 남명학파라는 학적인 맥락과 사상적 기반을 갖이고 있다. 그리고 사족 상호간의 중첩적인 통혼에 기반한 유대관계와 그들간의 향촌통제로 민을 결집시킬 수 있었기 때문이었다. 셋째 김면은 퇴계와 남명 양문인 학적 요인에 기반 수많은 주요 인사들의 교류로 의병활동을 활발하게 전개 할 수 있었다. 후반기에 의병이 관군화 되어가는 과정을 겪으면서 왜군에 대한 저항 의식과 애국심이 강하게 표출되었던 점을 확인할 수 있었다.

김면의 활동은 크게 무계, 개산포, 우척현, 지례, 사랑암, 성주성 등에서 치열한 항쟁을 벌인다. 그는 1592년 6월부터 전선에서 53세로 순국할 때인 다음해 3월까지 8개월여란 의병장과 경상 의병도대장으로 의병연합군을 결집하여 큰 전투 10여 차례였고 그 외 30여회에 걸쳐 결국은 왜군을 막아냈다. 그래서 경상우도를 지켰고 왜군의 호남지방으로의 진출을 차단한데 커다란 공적을 남겼던 것이다.

제9장 육전 최초의 승리 영천전투

1. 머리말

왜군의 선발대가 선조 25년 4월 14일 동래에 상륙하였다.[1] 제1군 소서행장小西行長은 동래를 점령한 다음 중로를 거쳐 상주로 향하고 있을 때 4월 18일 상륙한 제2군 주장 가등청정加藤淸正은 22,800여명을 이끌고 동로를 택하여 언양, 울산으로 가고, 선발대는 사잇길로 경주를 점령한 다음 4월 23일 영천에 무혈 입성하였다.[2] 그리고 주둔군만 남겨 놓은 채 주력부대를 이끌고 신령을 거쳐 의흥, 용궁을 지나 조령에서 제 1 군과 합류 충주로 향하였다.[3]

그러나 왜 주둔군은 병참기지 역할을 하면서 약탈 방화 등 닥치는 대로 파괴하고 살육을 자행하였다. 이런 국난을 당하자 영천의 지식인들은 힘없이 관군이 분산된 상태에서 구국의 선봉이 되고자 분연히 창의거병하였

---

1) 『宣祖實錄』권 29, 25년 8월 甲年候에 왜군의 동래 상륙 일자에 대해 金敬老가 국왕에게 보고하기를 4월 14일이라고 하였다.
2) 金見龍 『水月齋實記』壬辰 4월 23일조 참조. 丁仲煥 「日本記錄에서 본 壬辰亂」『港都釜山』3, 1963 부산시사편찬위원회.
3) 『宣祖修正實錄』권 26, 25년 5월, 庚申條, 『再造藩邦志』1, 壬辰年 5월 1일조 참조

다.[4] 그리고 우선 치안을 회복하는 동시에 영천성을 되찾기 위한 계획을 세운다. 왜군 선봉이 평양성과 회령을 점령하는 등 전국이 왜군의 말발굽 아래 초토화되고 있을 때 영천의 의사들은 산발적으로 분기한 의병들을 한데 모으고 영천성 탈환에 나서 마침내 성공하고 만다. 이와같은 사실을 『선조수정실록宣祖修正實錄』 권26 25년 8월조에서 찾으면 다음과 같다.

別將 權應銖가 永川의 賊을 공파할 때에 倭賊 1천여인이 永川城에 둔거하고 있었다. 安東에 있는 賊과 相應하여 一路를 삼았는데 永川의 士民이 의병과 연결하여 주둔하고 있던 적들을 모두 격파하려고 朴晋에게 군원을 청하였다. 晋이 別將 主簿, 鄭大任, 鄭世雅, 曹城, 申海 등의 병사와 함께 永川城을 진격하여 포위하였는데 賊이 성문을 닫고 나오질 않았다. 옹수가 合軍으로 포위하고 공격하여 성문을 부수었다. 옹수는 특히 大斧를 잡고 먼저 들어가 적을 죽이어 諸軍이 용기를 더욱 내어 북을 치고 진격하였다.

賊兵이 敗하여 官倉으로 들어가니 官軍이 쫓아 들어가 불을 질러 창고를 태웠다. 적은 모두 타 죽었고 도망간 자들은 我軍에 의해 잡혀 죽었다. 살아 돌아간 자는 겨우 수십인이고 斬首자가 수백급으로 마침내 城을 되찾아 軍聲이 자못 떨쳤다. 安東 이하에 주둔한 賊이 모두 철수하여 尙州로 향하여 경상좌도 수십읍이 안전을 찾게 되었다.

이와 같이 왜군의 치하에 있던 선비와 백성들은 힘을 합쳐 영천성을 탈환하기 위해 경상좌병사 박진朴晋에게 군원을 요청하였다. 그리고 그해 7

---

4) 영천의병활동에 대해 살필 수 있는 기록은 다음과 같은 것이 있다.
鄭世雅『湖叟實紀』; 權應銖『白雲齋實紀』1786; 鄭大任『昌臺實紀』1953; 『昌臺先生略歷』1986; 鄭湛『復齋實紀』; 李鼎秉『琴坡文集』; 李說『愛日堂實紀』1864; 曹景溫『林溪實紀』; 金見龍『水月齋實紀』필사본; 權應平『東岩實記』1978; 『永陽誌』1917; 『益陽誌』1917; 『輿地圖書』永川郡誌1760; 『永川郡邑誌』순조 31 1831; 『永川郡邑誌』철종 10 1859; 『嶺南邑誌』永川誌 고종 7 1870; 『嶺南誌』永川編 고종 31 1894; 『慶尙北道邑誌』 중 永川郡邑誌 1899. 등

월 27일 화공전火攻戰을 구사해 힘을 합쳐 왜적을 거의 몰살시키고 마침내 복성에 성공하고 말았다. 밀리고만 있던 조선군이 육전에서 최초의 승리였다. 그래서 경상좌도의 수십읍이 안전을 되찾았다. 그런 까닭에 영남에서 교통이 열리고 군성이 크게 떨치게 되었던 것이다.

본장에서 임진왜란 초기 영천 의병의 창의를 비롯하여 복성전투를 중심으로 한 의병군 활동을 규명해 보고자 한다. 그것은 당시 영천군민이 중심으로 된 구국의 결의와 그 항쟁의 일면을 밝혀보는 것은 매우 중요한 의의가 없지 않다고 본다. 따라서 개인이나 한 가문의 활동상을 규명하는 것이 아님을 분명히 밝혀둔다.

2. 새 읍성의 축조

우선 영천군의 영역을 『신증동국여지승람新增東國輿地勝覽』 권 22 영천군조에서 찾으면 다음과 같다.

> 동쪽으로는 慶州府 安康縣까지 42리요 남쪽으로는 같은 府 慈仁縣 경계까지 33리요 서쪽으로는 河陽縣 경계까지 23리요 북쪽으로는 任內 新寧縣 경계까지 25리요 서울과의 거리는 6백 87리이다.

영천은 동서남북의 거리가 각각 90여리가 되고 지세는 둥글고 남쪽으로 약간 경사가 되었다. 주위는 산악으로 싸여있다.5) 멀리 동쪽에 등뼈산맥이라할 태백산맥이 있고 서북쪽에는 팔공산 사이에 위치해 있어 마치 커다란 분지를 이루고 있다고 할 수 있겠다. 따라서 높지 않은 구릉과 평야가 펼쳐

---

5) 『永陽誌』 권2, 「疆域條 東西相距九十里 南北九十里 地勢圖 南面傾斜 周圍山嶽」이
라 하였음.

있는 전형적인 곡창지대를 이루고 있다. 『세종실록지리지世宗實錄地理志』
에 보면 그 토지는 비척이 상반이라고 하고 있다. 조선초 서거정은 영천을
경상도 안에 제일 아름다운 군이라고 칭한 바 있다.[6]

영천의 지세를 흔히 이수삼산에 비유하여 말하고 있다. 이수란 치소인
읍성을 끼고 흐르는 남천과 북천을 지칭한다. 이 물은 금호강으로 흐르는
낙동강 상류가 된다. 그리고 삼산은 이수의 발원지라 할 유봉산遊鳳山, 마
현산馬峴山, 작산鵲山을 말한다. 이 산들은 마치 족足의 모양을 이루고 있
는데서 온 연유인 것 같다[7] 영천은 신라때 절야화切也火라고 칭하던 것을
경덕왕 임고臨皐라고 고치었고, 고려때 와서 도동道同, 임고천臨皐川 등
두 고을을 더 병합하여 영천이라고 고쳤다. 성종때 자사剌使를 두었고 현
종은 한때 영천을 경주에 소속시킨 일까지 있었다. 그러다가 고려 말 창왕
때에 다시 독립 승격시켜 지주사를 파견하였다. 그러다가 조선왕조 태종 13
년에 지금 이름으로 고치고 군으로 삼았다고 한다. 영천은 별호로 익양, 영
양, 고울 등이 사용되고 있다.[8] 그리고 4품인 군수란 직함을 갖고 처음으로
최호崔灝가 영천에 파견된 것은 세조 12년의 일이었다.[9]

이런 영천은 교통의 요지에 해당되고 있다. 그런 까닭에 일찍부터 역로
와 봉수가 이곳을 경유하게 된 것은 물론이다.[10] 교통로는 영천을 중심으
로 할 때 동쪽으로 모양毛良을 거쳐 경주부로, 남쪽은 압량을 거쳐 청도와
대구방면으로, 서쪽으로 신령을 거쳐 안계, 상주방면으로 또 신령에서 의

---

6) 『新增東國輿地勝覽』 권22, 영천군 樓亭條 참조

7) 『新增東國輿地勝覽』 권22, 영천군 建置沿革條.

8) 『慶尙道地理誌』 永川郡;『永陽誌』 권1.

9) 『永陽誌』 권2, 守官「郡守崔灝 丙戌閏三月來 改官號郡守 是年八月辭至」;
   李存熙『朝鮮時代 地方行政制度研究 』一志社 1990, 조선왕조의 행정조직이 정비되
   면서 郡制가 적극적으로 시행된데 따른 조치였다고 한다.

10) 南都泳,「朝鮮時代 軍事通信組職의 發發」『韓國史論』9, 국사편찬위원회 1981, pp.7
   3～143.

홍, 안동방면으로, 북쪽으로 청송방면으로 가는[11] 그야말로 사통팔달의 교통요지로서 일찍부터 시장이 발달하였다.[12] 그리고 속현으로 신령이 있다.[13] 영천군의 관직으로는 군수 1, 좌수 1명이고 읍성을 수비하는 군관을 비롯하여 인이, 사령, 일수 등이 있고 약간의 관노와 관비가 있었다.[14] 이해를 돕기위해 영천군의 임진왜란전 군사적 실상이 어떠하였던가는 매우 관심이 간다. 그러나 이를 명쾌하게 전하는 기록은 없는 실정이다. 더구나 조선왕조가 안정되고 평화가 오래 지속 되면서 군사제도 운영은 점차 해이해졌다. 힘들고 어려운 군역 대신 포를 내고 면역하는 경향이 점차 농후해져 갔던 것이다. 이것이 이른바 방군수포제의 실시이다.[15] 따라서 군적대장에는 군인이 있었으나 실제는 군인이 많지 않았던 것이다. 15C 경상좌도 지상군의 현황을 보면 <표 9-1>과 같다.

<표 9-1> 경상좌도의 군사현황[16]

군 현	관 군	수성군	군 현	관 군	수성군	군 현	관 군	수성군
경 주	115	64	의 성	-	28	안 동	-	23
밀 양	20	-	경 산	11	18	현 풍	-	14
울 산	86	13	동 래	1	-	의 흥	-	13
예 천	-	25	창 녕	-	10	양 산	41	-
청 도	45	29	언 양	15	10	용 궁	-	14
영 천	2	51	하 양	-	9	군 위	-	10
신 녕	-	19	기 장	2	-	비 안	-	19
대 구	60	22	영 산	1	9	합 계	399	400

---

11) 영천시 『永川의 傳統』1982, pp.130~133 참조

12) 劉敎聖, 「韓國商工業史」『韓國文化史大系』 Ⅱ 고려대, 민족문화연구소 1965. pp.1075~1156 참조.

13) 『新增東國輿地勝覽』 권 22, 영천군 속현조

14) 『永陽誌』 권1, 官職條.

15) 車文燮, 「壬辰以後의 良役과 均役法의 成立」『史學硏究』10~11, 1961.

16) 『慶尙道地理志』 경상도편.

당시 영천군의 호수는 863으로 그 중 남자 3,672명이고 여자 4,432명이었다.[17] 그렇다면 군적대상에는 적어도 2천여명일 것으로 추측되나 실제 나타나 보이는 군사를 시위군侍衛軍 29, 진군鎭軍 90, 선군船軍 336명으로 총 455명에 지나지 않았다.[18]

황윤길黃允吉을 정사로 한 통신사일행이 일본을 다녀온 선조 24년에는 왜가 조선에 쳐들어 올지 모른다는 걱정이 많아졌다. 그래서 정부는 제승방략制勝方略에 따른 군사운영에서 그 지역에서 군사를 효율적으로 활용할 수 있는 진관체제로의 복귀를 서두르고 있었다. 그러면서 국방사무에 능력이 많은 재신을 선발해서 경상, 전라, 충청도의 국방사무를 다시 점검하고 그 대책을 강구하도록 하였다.[19] 특히 경상도는 왜적의 침입로에 해당되기 때문에 우선적으로 국방강화 대상지역이 되었다. 이같은 사실을 『징비록懲毖錄』 권1 신묘조에서 찾으면

조정에서 왜의 동태를 걱정하여 국방사무에 밝은 宰臣을 뽑아서 下三道를 巡察하여 방비하게 하였다. 金睟로 경상감사를 삼고 李洸으로 전라감사를 삼고 尹先覺으로 충청감사를 삼아서 兵器를 준비하고 城池를 修築케 하였는데 그 중에서 慶尙道에는 성을 많이 쌓아서 永川, 淸道, 三嘉, 大丘, 星主, 釜山, 東萊, 晋州, 安東, 尙州의 左右兵營을 혹을 新築혹 은 增修케 하였다. 이때 泰平이 오랫동안 계속됨에 안팎이 편안에 젖어서 백성들은 役을 꺼리어 원망하는 소리가 길거리에 자자하였다.[20]

---

17) 『慶尙道地理志』 永川郡條.

18) 『世宗實錄地理志』 永川郡條.

19) 『宣祖修正實錄』 권 26, 25년 2월조.

20) 『懲毖錄』 권1, 辛卯條, 「朝廷憂倭 擇知邊事宰臣 巡察下三道以備之 金睟爲慶尙監司 李洸爲全羅監司 尹先覺爲忠淸監司 令備器械修城池 慶尙道築城尤多 如永川淸道三嘉 大丘星州釜山東萊晋州安東尙州左右兵營 成新築或增修……」

이와 같이 왜란에 대비해서 영천을 비롯하여 청도, 삼가, 대구, 성주, 부산, 동래, 진주, 안동, 상주 등의 요새처에 성지를 새로 쌓거나 증축하도록 하였던 것이다. 이와같은 조정의 긴급명령에 따라 성지城池는 대개 견고하고 크게 신축되거나 증축하였던 것21)이다.

그럼 국책에 따른 축성사업을 영천에서 어떻게 해냈던가 살펴볼 필요가 있다. 영천에는 고읍성古邑城을 비롯하여 골화성骨火城, 금강성金剛城, 영천성永川城 등의 성이 옛부터 있어왔다.22) 그 중 고읍성은 고려 우왕 8년(1382) 부사 이후李侯가 쌓았는데 둘레 1,300척이며 우물이 셋이나 있다고 한다.23) 『영양지永陽誌』 권1 성곽조에 보면 이후李侯가 왜구방어를 효율적으로 하기 위해 그해 가을에서 겨울사이에 걸쳐 '약 3리 정도의 길이에 성치가 백여개가 되는 성을 쌓았다.' 는데 이 성의 위치는 남천과 북천의 이수가 빙 돌려친 삼면이 높은 청통역淸通驛위에 해당된다고 한다.24) 새 읍

---

21) 『慶尙道地理志』, 『慶尙道續撰地理誌』, 『大東地志』에 의거 경상도지방의 城池현황을 작성하였음.

서명 읍명	慶尙道地理志	慶尙道續撰 地理誌	大東地志	비 고
영 천			1902 척	선조 24 신축
청 도	190 보		1590보 (?)	선조 24 신축
삼 가			3259 척	
대 구	451 보			선조 24 신축
성 주	474 보	2845 척	6053 척	선조 24 개축
동 래	397 보	3092 척		
진 주	726 보 4척	4460 척	800 척	임란 후 개축
안 동	528 보	3947 척	2947 척	
상 주	576 보	3458 척	3883 척	

22) 『新增東國輿地勝覽』 권 22 永川郡 古跡條, 영천시『永川의 傳統』1982, pp.150~154.

23) 『大東地志』 권7 경상도 永川 城邑條 「古邑城 西二里 高麗辛禑 八年築 周一千三百尺井三」이라고 하였음.

24) 이같은 내용은 『新增東國輿地勝覽』 권22 영천군 古蹟條에 등재되어 있다. 그런데 『永陽誌』 권2 守官條에서 副使李展이 고려 우왕 8년에 '築 淸通驛城'이라고 하고 있어 李侯와 同一인물임을 알 수 있다.

성을 신축할 때까지 영천 읍성으로 사용되었던 것은 물론이다.

그러나 왜란에 대비하여 새로 읍성을 쌓았다. 『영양지永陽誌』권1 성곽 조城郭條에 '만역신묘萬曆辛卯 군수원사용郡守元士容 신축新築'이라고 되어있다. 그러나 성을 어떠한 방법으로 얼마만한 성을 쌓았는지 알길이 없다. 그런데 『대동지지大東地志』권7 경상도 영천 성읍조에 '읍성邑城 선조이십사년축宣祖二十四年築 주일천구백이척周一千九百二尺 정삼井三'이라고 되어 있어 고읍성으로부터 동쪽으로 약 2리 떨어진 곳에 우물이 셋있고 그보다 약 600여 척이 더 큰 둘레 1902척의 성을 축성했던 것을 알 수 있다. 군수 원사용元士容은 정부로부터 견고한 성을 만들라는 긴급 명령을 받고 크고 튼튼한 성을 새롭게 신축하고자 하였을 것이다. 그래서 백성을 동원하여 견고한 성을 신축하는 동시에 전쟁에 대비해 성안에 돌로 튼튼하게 무기고까지 신축하였다. 그러나 길지않은 기간에 엄청난 인력동원과 많은 노력을 집중적으로 방위산업에 쏟아 완성하였음에도 불구하고 원사용元士容은 그해 12월 오히려 교체되고 말았다.[25] 그것은 축성에 따른 부작용과 백성으로부터 원망이 높았던데서 온 결과때문이 아닌가 생각된다. 어쨌던 새로 완성된 성을 살펴볼 필요가 있다. 먼저 1760년에 『영천군읍지永川郡邑誌』편찬자의 말을 빌리면 이 읍성을 언급한 끝에 '병과후兵戈後 퇴폐불수頹廢不修 금견지근존今遺址堇存'이라고 하여 지금 성곽터만 겨우 남아 있는 실정이라고 기록하고 있다.[26]

조선시대 평지에 세워진 읍성은 대개가 평면으로써 거의 정사각형으로 되어 있는 것이 일반적이다. 그 대표적인 예는 경주부 읍성, 언양읍성 등에

---

25) 『永陽誌』권2 守官條에 보면 郡守 元士容은 선조 23년 3월에 부임하여 '築郡石 병軍器庫'하였지만 선조 24년 12월 貶去라는 불명예를 받고 떠나고 만다.

26) 영조 36년(1760)에 편찬된『興地圖書』에 등재된 『永川郡誌』城池邑城條에 있는 것을 본다면 읍성이 무너진 것은 상당히 오래되었던 것을 알 수 있다.

서 잘 드러나 보이고 있다. 영천읍성에도 예외는 아니었던 것 같다. 왜냐하면 『영양사난창의록永陽四難倡義錄』에 등재된 복성도를 비롯해 다른 읍지 등에 보이는 것으로도 그 실상은 충분하다 하겠다.[27]

영천읍성은 마현산을 배경으로하여 정방형에 가까운 전형적인 조선시대의 읍성이었던 것이다. 성벽의 사방 중앙에는 동문, 서문, 남문, 북문 등이 단층누각 지붕으로 되어 있다. 그리고 성의 둘레가 1,902척이라고 하였으니 약 6만여평이 되지 않을까 생각된다.[28]

우선 성의 외곽을 살피면 남쪽은 흐르는 남천에 청계석벽淸溪石壁을 이용하여 높은 축대를 쌓아던 것이다. 따라서 남천은 자연적으로 해자가 되었다. 그리고 그 중앙에 읍성을 상징할 영양남루永陽南樓[29]인 남문이 있다. 따라서 남문을 통과 하려면 반드시 해자인 남천을 건너게 마련이다. 남문 동편 언덕위에 명원루明遠樓가 있다. 지금 조양각朝陽閣으로 현존하는 이 누는 고려 공민왕 17년(1368)에 부사 이용李容이 지은 것[30]을 임란 후 그 자리에 중창한 것이다. 정면 5간 측면 3간, 겹처마 팔작지붕으로 된 각으로 영천들이 한눈에 내다 보인다.[31]

---

27) 『永川舊邑誌』는 영조 34, 순조 31, 철종 10, 고종 7년, 31년, 광무 3년 등 여러차례 발간된 바 있다.

28) 성의 모양이 정사각이고 그 둘레가 1,902尺이므로 한변이 475.5尺이 된다. 따라서 그 면적은 226,100.25尺2이니 邑城은 약 63,710坪이 되는 셈이다.

29) 『永陽誌』권1 公解條에 오직 永陽南樓란 남문의 명칭만 전한다. 전주읍성 남문인 豊南門을 潮南第一城이란 현판이 있고 경주 읍성 徵禮門은 古都南樓, 대구는 嶺南第一關 이라 하였다. 이와같이 남문은 매우 중요시하였다.

30) 『永陽誌』권2 守官條「副使李容 戊申二月到 卌明速樓 庚戌正月遞」라고 한데서 확인됨.

31) 복성전투 때 불탄 것을 군수 韓德及이 仁祖 16년 明遠樓 터에다 누각을 새로짓고 朝陽閣이라 하였다.『新增東輿勝濫』권22 영천군 樓亭條에 명원루는 진주 矗石樓, 안동 映湖樓, 밀양 嶺南樓, 울산 太和樓, 양산 雙壁樓, 김천 燕子樓와 함께 영남 7대루 중 하나이다.
『永陽誌』권8 樓亭齋閣條 明遠樓條「壬辰亂 後 撤而改卌 爲朝陽閣」, 同書 권 8,

북쪽은 마현산을 배경으로 하여 축성에 적합지 않은 지형은 땅을 고르고 나서 돌로 쌓았다. 동쪽은 도수장 골짜기를 이용하여 방어체제에 중점을 두어 최대한으로 계곡과 구릉을 만들었지 않았나 추측된다. 왜냐하면 지금은 도시계획으로 없어졌지만 몇해 전까지도 그 흔적이 분명하게 남아있었다고 한다. 서쪽도 성축은 남천에서부터 북쪽의 마현산 방면으로 넓고 높이 쌓았고 그 위에 성치와 함께 일직선이 되게 하였다. 그리고 중앙에 대문이 있었다. 지금도 이 쪽에는 상속골이 계곡으로 남아 있는 것을 본다면 자연적인 지형을 이용하여 축성하였던 것이라고 믿어 의심치 않는다. 따라서 자연적인 지형과 명원루와 같은 기존의 건물을 최대한으로 이용하여 석성과 사성으로 방어와 수비에 역점을 두어 축성하였던 것을 알 수 있다.

이제 성안을 보면 남문에서 바라볼 때 약간 북쪽으로 치우친 중앙에 객사가 위치한 것을 비롯하여 그 오른편 동쪽방향에 행정을 관장하는 관아와 동문 등이 있다. 그리고 남쪽에 명원루, 남문 그 왼편을 군사조련을 하던 양무당과 석조로 튼튼하게 신축된 무기고 등 군사시설이 있다. 서문앞에 군수의 자문기관이라 할 향청과 서북쪽으로 치우쳐 교육기관인 향교가 있고 그 위쪽에 북문이 있다. 따라서 각 건물의 배치는 국왕을 상징하는 궐패를 모셔두고 귀빈을 접대한 적관을 중심으로 배치되어 있어 조선시대 읍성의 전형을 따랐던 것이 확인된다.

그리고 우리나라 성 대부분이 외익성을 두고 있는 것을 볼 때 새로 쌓은 영천성도 예외는 아니었던 것 같다. 따라서 외익성으로 고읍성이 이에 해당되었을 것이다.[32] 그런 까닭에 특히 읍성의 서측은 고성으로 견고하게 축

朝陽閣條「在明遠樓 址 三面敵豁 下有大川南流」이같은 내용의 기록은 순조 31년 辛卯編 이후 永川舊邑誌에 보이고 있음. 同書 권2 守官條, 영천시『永川의 傳統』1982, pp.205~208.

32) 영천시,『永川의 傳統』1982, pp.150~154.

조하였다. 그것은 구읍지의 지도에 분명하게 보이고 있기 때문이다. 더구나 『영천구읍지』등에 나타나 있듯이 궐액과 진보가 전혀없는 상태에서 방어시설은 오직 읍성에 의존할 수 밖에 없었던 것이다. 따라서 읍성의 구축은 군사전략상 방어와 수비에 초점을 두고 새로 견고하게 쌓았던 것이다.

3. 창의거병과 활동

경주부를 4월 21일 무혈입성한 바 있는 가등청정加藤淸正의 2만萬여 왜군은 통칭되는 80여리를 이틀만에 행군하여 영천에 도착하였다. 그때 원사용元士容 후임 군수로 부임한 김윤국金潤國은 새로 쌓은 영천읍성을 한번도 싸워 보지도 않고 왜군에게 내어주었다 군수 김윤국은 풍문만 듣고 놀래어 성을 버리고, 높이 900여m의 기룡산騎龍山에 있는 묘각사妙覺寺로 도주하자 관군과 백성도 흩어 버렸다.[33] 그래서 읍성은 적에게 쉽게 함락되고 말았다.[34] 가등청정加藤淸正은 영천永川 점령사실을 풍신수길豊臣秀吉에게 보고하였다.[35] 그리고 약 1,000여명을 남겨 놓고[36] 신령, 의흥을 거쳐 북상하였다.

이노李魯 『용사일기龍蛇日記』 임진기사壬辰記事에 '적이 낙동강을 건너 서쪽으로 가지 못하고 한 갈래는 울산에서 경주, 영천, 신령, 의성, 인동

---

33) 鄭大任, 『昌臺實紀』 권2 行狀 「時永川郡守 金潤國 棄城而走 深入妙覺寺 一邑兵民 皆渙散 無所統」이라 하였다.

34) 金見龍, 『水月齋實紀』壬辰 4월 23일조 「賊兵陷永川」; 李烱錫 『壬辰戰亂史』상, pp.422~429. : 국방부전사편찬위원회 『壬辰倭亂史』 pp.113~115 등에 永川城 전투에 관한 연구가 있다.

35) 池內宏, 『文錄慶長の役』別編 第1, 吉川弘文館 1936, p.44. : 日本舊參謨本部 『日本戰史 朝鮮役』3冊 1924 村田書店.

36) 『宣祖實錄』 권 30, 25년 9월 壬申條.

仁同 등의 길을 거처 바로 서울로 진격하면서 경주, 영천, 대구, 성주, 현풍, 선산, 개령, 금산, 상주 등지를 나누어 점거하며 진영을 천리에 연결하고 앞과 뒤가 서로 기각의 태세를 취하였다.'[37]라고 한 것 같이 영천에 주둔한 왜군은 읍성을 거점으로 삼아사방으로 나와 약탈과 살육파괴를 일삼았다. 그 실상은 처참함을 지나 처량한 감이 없지 않았다.

당시의 상황을 『임계실기林溪實記』 권4 행장조行狀條에서 찾으면 다음과 같다.

> 倭寇가 졸지에 永川에 와 주둔하고 剽掠이 심하였다. 심지어 그들은 塚墓까지 도굴하였다. 公은 命家하여 深峽에 피신시키기를 여러차례 하였다. 公은 홀로 齋舍에 남아 있으면서 여러 三齋僧과 함께 邱墓를 수호하였다. 이웃 마을도 모두 피신하였다.
>
> 公은 탄식하여 말하기를 '지금 적병이 미치지 않은 바가 없으니 내 평생 誠孝를 다 하지 못하겠구나. 지금 어찌 先墓를 파괴하는 것을 참아 보겠는가, 槍끝과 살촉 중에서 홀로 살아 남기를 도모하겠는가' 하고 밤과 낮으로 계단사이에 있었는데 왜노가 난입하였다. 公이 정색을 하고 자리에 앉아서 두려워하는 기색이 없었으니 모든 倭가 놀라고 괴이하게 여겨 한 동안 서있다가 이내 힘을 내어 병기를 휘두르니 公이 모양을 하나도 흐트림이 없자 왜가 비로서 빙둘러서서 혹은 怒하고 혹은 웃으면서 여러 가지로 위협하였다. 公이 끝내 변색이 없자 왜가 탄복하고 무리를 이끌고 갔다. 날이 저물자 다른 倭가 또 왔다. 죽 둘러 앉아서 위협하기를 전과같이 했다. 경박한자가 칼을 휘둘러 찔렀다. 피가 계단에 흘렀다. 모든 왜들이 크게 놀라고 또 욕을 해대고 갔다. 이때 齋僧에게 '나는 寒士로서 失 石之間에 王室를 돕지도 못하였는데 지금 다행이 先墓의 아래에서 죽게되니 죽을 자리를 찾았다'고 말했다. 그 다음날 氣絶하니 이때가 壬辰 7월 27일 時로 나이 45세였다.[38]

---

37) 이노, 『용사일기』, 전규태 譯, 을유문화사, 1974년판, p100~101.

38) 曺景溫 『林溪實紀』 권4, 行狀 壬辰, 「倭寇猝至留屯永川 剽掠備近 甚至於掘人塚墓

지식인 조경온曺景溫은 영모재永慕齋를 짓고 승려들과 함께 조상의 묘를 지키고 있었다. 이런 유형은 사류가에서 일반적으로 시행되었던 것 같다. 그런데 위와같이 왜군들은 묘까지 마구 파헤치는 등 분탕질은 극에 달하였던 것이다.

이런 상황이 전개되고 국왕까지 의주로 파천하자 영천의 지사들은 분연히 창의거병하였다. 수많은 의병들[39]이 거병하기 시작한 것은 대개 5월 초였다. 그러나 왜군과의 치열한 전투가 횟수를 거듭하면서 의병진은 정세아鄭世雅 정대임鄭大任 신령의 권응수權應銖 등으로 점차 규합되어 갔던 것 같다.

우선 각 의병장의 창의를 살펴보자 정세아는 영천군 북쪽 자양, 노항촌 사람으로 강호정사를 짓고 제자를 육성하면서 경주, 울산, 영일 등 지사들과 폭넓게 교류한 단중한 전형적인 유학자였다.[40] 왜군이 영천성을 점령하

公卽 命家 累避于深峽 公則獨留齋舍 與數三齋僧 守護邱墓 隣里皆勸避 公歎曰 今
賊兵所觸禍無不到 吾平生未盡誠孝 今何忍委棄先墓 於鋒鏑之中 獨自圖生耶 常日
夜周旅於 階砌之間 倭奴果攔入 公正色危坐了 無惲怯之意 諸倭皆却立驚怪 俄復揮
兵奮戈而前 公稟然不勤 倭始投兵環坐 或怒或笑 威脅萬端 公終不變 諸倭歎陀 相
率而去 日暮他倭又至露刃 環坐威脅如前 中有輕悍者 揮戈刜之 血梁砌石 諸倭大驚
且罵歐之 使去時齋僧退伏林間 諸倭搜得之 共力扶入齋室 申囑救療而去 公謂齋僧
曰 吾以寒士 雖不能効力 於矢石之間 以衛王室 今幸死於先墓之下 庶可謂得其死所
矣 厥明氣絶 乃壬辰七月二十七日 卯時 得年僅四十五 先是 勸忠毅公應銖 公行誼
歎曰 微斯與歸遂以其女妻 公之長子 及倡義也……及公遇害 遂馳赴撫屍 而哭曰 生
能書孝 死猶抗節 君之生死 可謂節孝兩全矣 親自殯而歸 宣廟聞之 贈工曹參議

39) 洪慶承『壬辰日記』에 永川復城을 언급하는데 「永川郡守金潤國 本郡義將鄭大任 鄭
湛曹城申海 皆同時率兵來會」라고 하였고, 金應澤『栢岩實紀』권4 壬辰記事「壬辰
六月…是時環嶠南 倡義者玄風郭再祐禮安前翰林金垓校書正字柳宗介 永川鄭大任
鄭湛鄭世雅曹城慶州崔文炳金應澤慶山崔大期河陽申海 相繼而起此 雖危急存亡之
秋 以猶有諸多忠義 則吾宗社一脉先氣 庶幾復振焉(混庵 洪慶承日記)이라하여 郭再
祐, 金垓, 柳宗介, 鄭大任, 鄭湛, 鄭世雅, 曹城, 崔文炳, 金應澤, 崔大期, 申海 등 당
시 경상도에서 창의한 의병장들을 거명되고 있는데서 파악되고 있다.

40) 정세아는 선조 23년 7월 경주 山內에 있던 柳汀의 松壕精舍에서 경주 金光福, 金春
龍 영일 鄭三顧 안동 琴蘭秀 영천 金仁濟, 曺德驥 등 7인이 모여 우국충정을 논하였

고 유린하자 정세아는 5월초, 좌수 유몽서柳夢瑞, 생원 조희익曺希益 그리고 아들 의번宜藩, 안번安蕃 및 많은 제자들과 함께 거병하였다.[41] 그때 나이가 58세였다. 이같은 사실을 최벽남崔璧南『임진일기壬辰日記』에서 찾으면 다음과 같다.

4월 23일 왜적이 本郡에 이르러서 가는 곳 마다 모두 불살라 버려서 연기가 하늘을 충천하고 또 혹 山을 수색해서 죽이고 노략질하는 것이 수가 없었다. 5월간에 進士 鄭世雅가 강개해서 義兵을 일으키니 鄕人들이 世雅을 추대해서 義兵大將으로 삼고 나는 中衛將이 되어 힘을 합쳐 군사를 모집해서 상인과 僧軍이 2백여명이요, 의병의 군사가 7백여명이었다. 이때에 왜적이 本郡의 城을 점거해서 서로 더불어 섬멸할 것을 도모했다.[42]

고(柳汀『四義士實 』권2 龍蛇日記 庚寅 7월조) 8월에 佛國寺 汎影樓에서 열린 詩會에 참석하여 경주, 울산, 홍해, 영일, 양산, 안동, 대구 등지의 志士들과 교류하면서 倭의 침입에 관하여 防備를 논하였고(堅川至『松皐實紀』권1 詩條, 柳汀『四義士實紀』권2 松壤逸稿 庚寅 8월 1일조) 선조 24년 봄에 경주 李如良집 南岡齋에서 경주 李訥, 金應河, 李台立, 울산 尹弘鳴, 柳汀, 대구 崔東輔 등과 교류하였다.(尹弘鳴『花岩實紀』권2 事實撫錄條)이들은 壬亂이 발발하자 대개 의병장으로 활약하고 있다.(宣武原從功臣 3등 奉事 鄭世雅),『永川奮邑誌』권4 人物條『내고장 전통 가꾸기』1981, pp.119~112.

41)『燃藜室記述』권17 宣祖朝故事本末, 嶺南義兵條.
'鄭世雅는 영천사람으로 進士였는데 그때 나아가 67세였다. 적군이 영천을 占據하니 世雅는 座首 柳夢瑞 生肖 曺希益 등과 함께 흩어진 군사를 불러 모아서 적군을 잡아 죽인 것이 자못 많았다. 城을 보전시킨 戰捷은 모두 世雅 등이 의병을 먼저 일으킨 힘이라고 한다.' '世雅는 자는 和淑이며, 호는 湖叟요, 본관은 烏川이다. 임진년에 의병을 일으켜 적군을 격파하고 (그 공로로) 黃山察訪에 임명되었다. 뒤에 여러차례 증직되어서 병조판서까지 이르렀고 시호는 剛義이다. 公의 아들은 宜藩인데, 을유년에 진사에 합격하였다. 경주전투에서 세아가 포위를 당하니 의번은 두 번이나 여러겹의 포위를 뚫고 들어갔다가 마침내 적군에게 잡혔으나 굴복하지 아니하고 죽었다. 뒤에 旌閭하였다.'
42) 崔璧南,『壬辰日記』「壬辰 四月二十三日 倭賊到本郡 所過皆焚蕩 煙氣長天 赤探山 而殺掠無數 五月間 進士鄭世雅 慷慨倡義 鄕人鄭世雅義兵大將 以余爲中衛將 合力 募兵 常人僧軍 二百餘名 義兵之軍 七百餘名 時倭賊 本郡相與圖」(鄭世雅,『湖叟實

그리고 『난중잡록亂中雜錄』1 壬辰 5월 20일조에도 다음과 같이 기록하
고 있다.

> 경상도 永川사람 進士 鄭世雅, 新寧사람 奉事 權應銖, 河陽사람 奉
> 事 申海, 固城 사람 奉事 崔堈이 다 군사를 모집해서 왜적을 토벌하다.
> 世雅는 그때 나이 67세다. 왜적이 막 본성을 함락하고 있었는데, 세아는
> 座首 柳夢瑞, 生員 曺希益 등과 더불어 흩어진 군사들을 불러 모아 가
> 지고 왜적을 잡아 목베인 것이 무척 많았다. 그 후 온성을 회복하고 큰
> 승리를 거둔 것은 다 世雅 등이 먼저 나서서 일한 힘이었다.

정세아의 거병이 알려지자 얼마 안있어 900여 명의 의병이 모여들었다.
정세아가 이끄는 의병은 6월 5일 경주의병이 주동이 되어 부탈환을 맹약하
는 문천회맹蚊川會盟에 조이함曹以咸, 조이절曹以節, 조시언曹時彦, 조경
曹璥, 정안번鄭安藩, 정사진鄭四震, 전삼익全三益, 조시언趙時彦, 조덕기
曹德騏, 서도입徐道立, 이지효李止孝[43] 등과 함께 참여[44]하는 등 그 활동
이 활발하였던 것 같다. 그의 휘하에는 무인이면서 가사문학으로 이름이 높
은 박인로朴仁老[45] 등이 있어 그 의병활동이 널리 알려지자 좌병사 박진朴
晋[46]과 초유사영으로부터 영천군 의병장으로 삼았다고 한다.[47]

紀』 권4 敍述條.)

43) 趙應祿 『竹溪日記』 상, 선조 26, 계사 6월 16일조에 보면 이지효는 分朝 병조정랑인
조응록을 만나 국왕의 명령를 권율에게 전하는 직무를 띠고 같이 동행하고 있는 것이
보임.

44) 李彦春, 『東溪實紀』 壬辰 6월 5일조; 崔孝軾 「壬辰倭亂중 慶州 전투」『慶州史學』10,
1991, pp.98~101 참조

45) 『永陽四難錄』 壬辰倡義錄, 1967. 朴仁老 『蘆溪文集』 권3, 上 大平詞 등 군사활동에
관한 歌詞가 있다. 趙潤濟 『朝鮮詩歌史綱』 東光堂書店, 1936, pp.3058~312 참조

46) 孫曄, 『淸虛齋實紀』, 「龍蛇日記」 壬辰 7월 11일조 「永川鄭進士世雅 謁兵使事 往安
德歷 入見家君 兵使 命鄭義兵故 欲往辭焉」이라하여 증명되고 있음.

47) 鄭世雅, 『湖叟實紀』 권2, 年譜 7월조 참조; 영천군, 『내고장 전통 가꾸기』pp.109~

다음 정대임鄭大任의 거병을 보자.[48] 정대임은 영천군 북편 명산리 대전 마을 사람으로 정세아의 족제로 당시 40세였다. 정대임에 대해 대구 의병장 최동보崔東輔『우락제실기憂樂齊實紀』행록조行錄條에 보면

鄭公이 용모는 雅했고 같은 또래와 함께 앉아있으면 종일 옷깃을 여미고 먼저 말하지 않았다. 좋은 말을 들으면 내가 가진 것 같이 생각하였다.[49]

라고한 것을 보면 단아하고 행동에 있어 신중하였던 인물이었음을 알 수 있다. 정대임은 정대인鄭大仁, 조희익曺希益, 조성曺城[50] 이번李藩, 조덕기曺德驥, 신준룡申俊龍, 정천리鄭千里, 유몽서柳夢瑞 등과 결의하고[51] 당시 기룡산騎龍山에 있던 정세아를 찾아가 거병의 정당성을 역설한 것으로 되어 있으나 아마도 처음부터 정세아군軍과는 별도로 창의[52] 하였던 것이 아닌가 생각된다. 왜냐하면 거병한 5월에 의병들은 정대임을 대장에, 그리

112.: 이노, 『용사일기』 p 100-101 참조

48) 『燃藜室記述』권17 宣祖朝故事本末, 嶺南義兵條. '鄭大任은 본관은 迎日이다. 임진년에 의병을 일으켜서 적군을 토벌하였고, 계사년에 공으로 예천군수에 임명되었다. 龍宮·比安에 머물고 있는 적군을 추격하여 죽이고 사로잡은 것이 자못 많았고 또 병사 박진을 따라가서 경주·울산에 있는 적군을 쳐부수었다. 뒤에 兵曹參判에 증직되었다.' (선무원종공신 2등 虞候 鄭大任)

49) 崔東輔,『憂樂齋實紀』行錄條.「嘗與鄭公大任 鄭公世雅 及崔公睍 金公宇顒 論學於悟道菴中曰 吾幼而學而射而返于學故 常有自勝之病而 頗以敬裁之 然 病根尙未除也 鄭公大任曰 君之病已愈而赤可 釘吾頑矣 盖鄭公容貌端雅 與儕類坐 終日염袵無失發而 聞善言則若已有之者」

50) 『燃藜實記述』권 17 宣祖朝故事本末, 嶺南義兵條. '曺城은, 본관은 昌寧이다. 그의 형 瓊과 함께 公山에 가서 의병을 일으켜 적군을 토벌하여 여러번 이겼다. 공으로 軍資判官에 임명되었고 갑오년에 武科를 주어 벼슬이 節制使에 이르렀다.'

51) 鄭大任, 『昌臺實紀』年譜.

52) 『再造藩邦志』2 萬曆 20년 7월조. 이때에 각 도의 군사들이 여기 저기서 벌떼처럼 일어났다. 각도별로 거병자를 밝히는 중에 경상도에서 훈련봉사 權應銖 鄭大任 본도 兵使 朴晋 등을 열거하고 있음이 보인다.

고 조성曺城, 조덕기曺德驥, 이예, 김호金浩 등은 그 차장에 추대하고 있던
까닭이다.[53] 이와같은 것을 보면 정세아 정대임은 각각 창의거병하였던 것
이 분명해진다. 따라서 그들은 때로 힘을 합쳐 적을 치는 등 난국에 처하여
여러 일들을 하였다고 믿어진다.

　왜군의 침입으로 군수가 도망가는 등 기존의 지휘명령체계가 무너졌고
더구나 이각李珏 대신 밀양부사에서 좌병사가 된 나이 젊은 박진朴晉은 의
병을 억제하는 듯하자 6월에 정세아, 정대임, 조희익, 곽회근 등 60여 의사
들은 연명으로 경상우도 진주성에 있던 초유사 김성일金誠一 진영에 사람
을 파견하여 좌도의 상황을 알리는 것과 동시에 지휘체계를 바로 잡아줄
것 등을 요청하였다.[54] 그들에게는 새로운 명령체계의 수립이 무엇보다도
절실하였던 것이다. 이와같은 사실은 이노李魯 『용사일기龍蛇日記』에서
찾으면 다음과 같다.

　永川사람 進士 鄭世雅와 생원 曺希益과 전 현감 곽회근 등 60여인
은 公이 초유사가 되었다는 말을 듣고 數千言의 긴 글월로서 江左의
여러 수장들이 처음에는 도망쳐 숨었다가 이제야 나와서 義將을 억누르
고 있는 상황을 자세히 지적하고, 또 慶州府尹 尹仁 이 府使 吏胥 樂
士 등을 이끌고 물러가서 깊은 산속에 자취를 감추어 버리고 한 府를
적에게 온통 맡겼으며, 적이 이미 물러갔는데도 아직 한번도 산밖을 내
다보지 않고 도리어 의병을 방해하고 있다는 것과 兵使 朴晉이 의병을
호령하고 官軍을 구제함으로써 군사가 모두 흩어져서 수습할 수 없는
터이나 左道에서는 품명할 곳이 없으므로 슈公의 지휘를 받고자 한다
는 것을 충분히 말하여서 몇 사람으로 하여금 낮에는 숨었다가 밤에만
길을 걸어 와서 公에게 바쳤다.

---

53) 崔晛, 『壬辰日記』壬辰 5월 일조; 「永川土民 奮起義兵 推鄕鄭大任爲大將 曺城曺德
　　驥李 柵金浩等爲次將 處處設伏」(鄭大任『昌臺實記』 권5 諸賢記述)
54) 鄭湛, 『復齋實紀』永川復城日記; 이노, 『용사일기』, p100~101.

다음 신령사람 권응수權應銖의 창의를 보자 권응수는 위에서 언급된 양정鄭과는 달리 선조 17년에 별시 무과에 합격한 무인이었다. 임란 발발 당시 47세, 正3品 당하관堂下官인 어모장군禦侮將軍으로 경상좌수사 박홍朴泓의 막하에 있었다.[55] 그러나 박홍이 겁을 먹고 달아나자 관직을 버리고 고향인 신령 화산花山에 돌아와 동생 응전應銓, 응평應平, 응생應生 그리고 종숙 덕시德時 등과 향리인 이온수李蘊秀, 우응거于應据 등 백여명과 함께 거병하였다.[56] 거병과 함께 그는 왜적과 토적 희손希孫 등의 토벌에 나선다. 이같은 사실은 『난중잡록亂中雜錄』1 임진壬辰 5월 20일조에서 찾으면 다음과 같다.

> 權應銖는 애초에 水營軍官으로 奴僕을 거느리고 上道의 士賊을 목베어 죽이기도 하였고 요로에다 규사를 잠복시켜 흩어져 다니는 왜적들을 목베어 죽이기도 하였으며, 장정들을 모집하여 혹은 요격하고 혹은 추격하곤 하여 일찍이 두려워하고 피한 적이 없었고, 누차 습격도 당했으나 馬가 씩씩하였기 때문에 목숨을 보전할 수 있었다. 그리하여 초유사가 그를 義兵大將으로 하였던 것이다.[57]

영천의 의병진에서 경상좌도의 절제를 바라자 초유사 김성일金誠一은 그해 7월 권응수를 의병대장으로 삼았다.[58] 이같은 사실을 이노李魯『용사

55) 權應銖, 『白雲齋實紀』권1, 年譜「萬曆十九年 辛卯 慶尙左水使朴泓幕 秋援振威將軍冬陞禦侮將軍『壬辰倭亂史』상, pp.481~482 참조 : 영천군『내고장 전통 가꾸기』pp.30~32(宣武功臣 2등 花山君 權應銖)

56) 權應銖, 『白雲齋實記』권1, 年譜, 權應平『東岩實記』권1, 年譜 壬辰.
「四月二十日倡義起兵 公開守令方伯俱遁去慷慨發憤枚인 述以蕩條島寇以起義告家廟與伯兄應銖仲兄應銓弟應生 從叔 德時德咸從兄弟雲應鍾應端 再從應德應心德箕 從姪致庶子建從子 遭遇迪乙生莫胤進達逸 遂姪女壻鄭于藩曹城 響人李蘊秀丁應琚 等百餘人 義旅誓 心討賊.」

57) 『燃藜室記述』권17, 宣祖朝故事本末 嶺南義兵條에 同一내용이 보임.

58) 權應銖, 『白雲齋實紀』권1, 年譜 萬曆20年20日 7月조「爲義兵大將 列邑諸義兵皆屬

일기龍蛇日記』에서 찾으면 다음과 같다.

> 이내 訓鍊奉事 權應銖를 義兵大將으로 삼고 이웃 몇몇 고을에도 모
> 두 義兵將을 정하여서 權應銖의 명령을 받도록 하니 應銖가 公이 추천
> 해 주심에 감격하여 더욱 분발하여 힘을 썼다.

다음은 의병활동을 살펴보자. 그 활동은 각 의병장 중심으로 여러 의병장들이 연합하여 왜군에 대항한 경우로 나누어 볼 수 있겠다. 그 중에 정세아와 정대임의 활동에는 많은 의병장들의 이름이 양진영에 함께 나타나는 경우가 있는 것은 이와같은 까닭에서라고 하겠다.

먼저 정세아 의병활동을 보자. 정세아가 영천의 여러 의병장들과 함게 경주 문천회맹에 참여한 것을 비롯해 안동지방 의병들과 연합전선을 형성한다. 그래서 임진 6월 유종개柳宗介, 김해金垓, 신심申伈, 김익金翊 등 안동 의성, 의흥, 예안 등 의병장들과 함께 안동부 일직면 이정에서 회동하고 군사를 모아 향병이라 하였다.[59] 이것은 왜군토벌에 있어 더욱 활기를 찾게 되고 그 활동 범위 또한 넓어져간 것이 아닌가 한다.

정대임 의병군은 5월초 대동大洞에서 왜적을 물리친 것을 기점으로 활동이 시작된다. 그리고 7월 11일 당지산堂旨山 전투를 들 수 있겠다.[60] 영천군 북편에 있는 당지산은 신령 의성으로 통하는 주요길목에 위치해 있다. 정대임 의병진은 정병 2천여병을 배치하여 둔치게 하였다. 7월 5일부터 2~3백여명의 왜병이 매일 읍성을 나와 민가를 약탈하고 있다는 정보에 의한 것이었다. 우선 이번李藩, 박언국朴彦國, 정천리鄭千里를 비롯하여 사노, 벽이壁伊, 박문이朴文伊 등을 성황당城隍堂 언덕에 매복시켜 망을 보

焉」이라 하였음.

59) 鄭世雅, 『湖叟實紀』 권4 敍述條; 金垓, 『향병일기』, 임진 6월 11일조

60) 영천군, 『내고장 전통가꾸기』1981, p.110.

도록 하였다. 과연 왜병 3백여명이 신령으로 오고 있다는 정보를 입수하였다. 그래서 의병은 북습北習 와촌瓦村 방면으로 이동시키고 또 다른 부대는 당지산 아래에 매복시켜 대기토록 하였다. 왜군을 포위하도록 하였다. 왜군이 다다르자 한꺼번에 급습하였다. 태연한 마음으로 진군하던 왜군은 갑작스런 의병군의 일격에 크게 패하였다. 의병군의 포위망을 사력을 다해 일단 탈출에 성공한 왜군은 박언국, 정천리, 박문이 등이 왜장 마양馬楊을 추격하여 격살시킨 의병군의 일방적 승리로 전투는 마감되었다. 이 전투의 공과는 사살 20, 참수 40여명이었고 왜군이 노획했던 많은 물건을 되찾았다.[61]

권응수 의병군의 활동은 무인답게 초기부터 매우 활발한 것이 보인다. 그 해 5월 6일 신령 동편에 위치한 한천漢川에서 노략질하던 왜병을 격살시켰다. 특히 난리의 혼란한 와중에 영천군의 이속과 평소에 불만을 갖고 있던 무뢰한 2백여명이 결당하여 낮에는 왜군과 통하고 밤에는 도둑질하던 우당들이 있었다. 백성을 괴롭힌 그 두목은 관노인 희손希孫 등이었다. 권응수군은 이들을 사살 소탕시켜 버렸다.[62] 그래서 일단 치안이 확보되자 군안에 있는 장인 산척 등을 소집하여 의병군은 더욱 활기를 띄게 되었다. 이들 의병군은 겹림원迲林院 등 요로에 매복시켜 읍성을 나와 분주하게 분탕질하는 왜군을 물리쳐 버렸다. 그 전과를 보면 5월 18일 5급, 같은달 27일 10급 등을 사살시키고 20여명을 나포하였던 것이다. 권응수군은 6월 박진朴晋이 좌병사가 되어 우도에서 좌도 청송靑松으로 넘어 오자 좌병사진으로 달려갔다. 우선 안동, 예안 등지를 회복시키려는 의도에서였다. 그래서 박진朴晋은 권응수를 조방장에 임명하였다.[63] 그러나 박진은 권응수를

---

61) 鄭大任, 『昌臺實紀』 권4 慶尙左兵使朴晋 啓.

62) 權應銖, 『白雲齋實紀』 권2 啓 壬辰六月.

63) 『亂中雜錄』壬辰 9월 5일조에 보면 '좌병사 朴晋이 각 고을의 실태와 병사를 점검하고

견제하고 싫어하자 신령으로 되돌아오고 말았다. 그리고 그곳에서 다시 의병활동은 계속되고 있다. 요로 여음동餘音洞을 지켜 왜군의 왕래를 차단시키려 하였다. 그러면서 적극적으로 영천지역 인사들에게 의병진에 불러 들이려고 하였던 것 같다.64) 이때 초유사 김성일金誠一로부터 의병대장에 임명되지 않았나 보인다.65)

다음으로 의병장들이 연합하여 항왜활동을 전개한 것을 살펴보자. 그 대표적인 것으로 7월 14일의 박연朴淵전투를 꼽을 수 있겠다. 이 전투는 영천을 중심으로 한 신령, 하양, 의흥 등지의 의병장들이 연합하여 왜병을 물리친 전투이다. 영천 북쪽 신령땅에 위치한 박연은 안계, 의흥으로, 또 영천으로, 하양 등지로 통하는 교통의 요지에 해당된다. 왜군 백여명이 봉고어사封庫御史를 사칭하고 군위에서 영천방면으로 노략질하면서 내려오고 있었다. 영천 의병장 정세아, 정대임, 조성과 신령 권응수, 하양 신하申河,66) 의흥 홍천뢰洪天賚 등이 연합하여 대항하였다. 왜군은 우리나라 옷을 입고 민가를 노략질하면서 신령에 도달하였다. 복병장 박응기朴應琪, 박인입朴仁立 등은 겁림원 근처에, 조덕기曺德騏, 조성曹城, 이예, 김호金浩 등은 안로에, 권응수 휘하의 맹장 정응거丁應琚, 허운련許雲連 등은 여음동 등지에 매복하고 있다가 이들이 오자 싸움이 전개 되었다. 이것을 곧 박연전투라 한다. 왜군은 크게 패하였다. 왜군은 양분되어 북쪽 의흥과 서쪽 하양방면으로 도주하였다. 정세아, 정대임군은 하양으로 도주하는 왜군은 와촌瓦村에서, 그리고 의흥으로 도망간 왜군은 권응수, 홍천뢰 등이 소계召溪가지 맹추격하여 물리쳤다. 이날의 전과를 보면 참살이 37급이고 노획물은

権應銖를 助防將을 삼아 안동을 치려고 하였다.'라고 한데서 확인됨.

64) 權應銖, 『白雲齋實紀』 권2 逸稿條.
65) 李蘊秀, 『稼隱實紀』 壬辰 7월 9일조
66) 『燃藜室記述』 권17, 宣祖朝故事本末 嶺南義兵.

홍개 25병 장검, 장창 등 40여자루와 왜장의 기마 등이 있었다.[67] 이와같은
사실을 『난중잡록亂中雜錄』2 壬辰 8월 1일조에서 찾으면 다음과 같다.

> 적이 永川으로부터 封庫御史라 칭하고 新寧으로 향하는데 安東 의
> 병장 權應銖가 鄭大任, 曺誠 등과 더불어 朴淵에서 적을 마나서 크게
> 이겨 베인 것이 매우 많고 兵器와 돈과 곡식과 文書 등 물건을 빼앗
> 았다.

이 박연전투는 영천성 복성의 가능성을 보여준 커다란 계기가 되었다.
이후 영천의병진에서는 복성계획이 구체적으로 짜여져 간다. 이 계획은 어
느 한 의병장에 의해서가 아니라 의병군의 총연합전선이 구축되고 있었던
것이다. 의병의 연합작전은 복성직전인 22일과 24일에도 있었다. 22일 전
투는 길현의 사천에서 있었다. 권응수 최인제崔仁齊, 전삼익全三益, 최문병
崔文炳 등 의병군은 하양으로 진격하려는 왜적을 쳐부셨다. 그래서 대구로
를 차단시켜버렸다. 또 24일에는 영천에서 조위로 향하던 왜군 3백여를 겁
임원에서 만났다. 정대임, 권응수 등 의병연합군은 군위 소계역召溪驛까지
추격하여 격퇴시키고 말았다.[68] 이것이 겁림원 전투이다.

4. 읍성 탈환전투

박연朴淵 겁림원迲林院 등 전투에서 연전연승한 영천의병들은 왜군의
거점이 된 영천성탈환에 자신감을 갖게 되었다. 그래서 그들은 구체적인 영

---

67) 權應銖, 『白雲齋實紀』 권2 啓條.
68) 鄭大任, 『昌臺實紀』 권4 慶尙左兵使朴晋 又啓와 權應銖, 『白雲齋實記』 권2 啓條에
　　서 이 사실이 확인 됨.

천성 탈환작전을 세우게 되었다. 이와같은 사실을 정담鄭湛『복재실기復齋
實記』복성일기復城日記에서 찾으면 다음과 같다.

> 이로써 我軍들의 사기가 왕성하여지자 적의 세력이 쇠약하여지니 사
> 들 의사가 강하여 적을 공격하는 자가 많았다. 적들이 감히 진행하여 노
> 략질하지 못하는 지라 鄭大任이 제장수와 더불어 의논하여 말하기를
> '적이 연속 패전하니 겁을 내어 태연하지 못하고 또 뒤에 연속 할 수
> 없을 것이다. 이로인해 永川에 주둔한 적을 급히 공격한다면 성을 탈환
> 할 수 있을 것이다.' 이에 幕下의 군사를 파견하여 某日에 圍城할 계획
> 을 각 郡邑 의병진에게 알리고 원조를 請하였다.[69]

이와같이 영천의병들은 주동적으로 읍성탈환 계획을 수립한 다음 경주
판관 박의장朴毅長을 비롯하여 권응수權應銖의병군, 신령현감 한주韓倜,
하양현감 조윤신曹胤申, 의흥복병장 홍천뢰洪天賚, 자인복병장 최문병崔文
炳, 경산 의병장 최대기崔大期 등 주변 군읍의 의병진에게 군사를 거느리
고와 읍성탈환전투에 원군해 줄 것을 청하였던 것이다.[70]

군사를 소집한 날짜가 7월 24일이고 그 장소는 읍성남쪽에서 그리멀지
않은 추평楸平이었던 것이라고 본다. 왜냐하면 열읍의병들이 이곳으로 속
속 도착하고 있기 때문이다. 그렇다면 의병군은 박연 전투에서 돌아온 다음
즉시 행동으로 옮긴 것이 아닐까 생각된다. 이같은 계획은 권응수 의병진에
서도 별도로 진행되고 있었던 것 같다. 그들도 청송, 하양 등의 읍병을 모
으로 있었던 때문이다.[71] 그러면 이해를 돕기 위해 영천읍성 탈환전투 전
개상황을 정담鄭湛의 『복제실기復齋實紀』 영천복성일기永川復城日記와

---

69) 鄭湛,『復齋實紀』永川復城日記.
70) 鄭世雅,『湖叟實紀』권2 年譜, 鄭大任『昌臺實紀』권1 年譜 등에 이같은 내용이 기록
　　되어 있어 복성계획은 永川의 여러 의병장들이 참여하에 이루어진 것임을 알 수 있다.
71) 鄭蘊秀,『稼隱實紀』壬辰 7월 22일조

권응수權應銖의 『백운재실기白雲齋實紀』 권2 영천복성기永川復城記를 중심으로 하여 날짜별로 살펴 보기로 하겠다.

선조 25년 7월 23일 영천의병진은 먼저읍성 남쪽 추평에 의병본부를 설치하였다. 처음부터 화공전을 펴려고 하였던 것 같다. 왜냐하면 영천지방은 매년 7,8월이면 감이 떨어지고 나락이 쓰러질 정도로 강한 통칭 '건들매'라는 계절풍이 불어오기 때문이다. 따라서 화공전에 대비해 자목 등을 준비하게 하고 또 성을 넘어들어 가는데 편리한 사다리를 만들게 하는 등 제반 행동에 들어갔다. 한편 읍성 서북편에 위치한 마현산에 올라가 눈앞에 보이는 성안의 동태를 예의주시케 하였다. 이날부터 통문으로 연락을 받은 의병군들이 속속 도착한다. 먼저 권응수 의병군, 신령현감 한주, 의흥 복병장 홍천뢰洪天賚 등이 군사를 끌고 왔다.

24일에도 읍성 탈환에 참여하려는 의병군은 계속 오고 있었다. 하양 의병장 신해申海, 하양현감 조윤신曺胤申, 자인 의병장 최문병崔文炳, 경산 의병장 최대기崔大期, 경주부 판관 박의장 등이 그들이었다. 그래서 영천을 주축으로 한 경주, 신령, 하양, 자인, 의성, 의흥, 홍해, 영일, 대구 등 10여 읍의 관군과 의병이 추평에 모인 총군병수는 3,560~3,970여명[72]이 되었다. 따라서 영천군 남우의 총수와 비견[73]되는 무척 많은 의병군이 참여하였던 것이다. 마침내 문무의사의 추천에 의해 읍성공략에 있어 실제 필요한 편대를 삼보로 나누어 편성하였다.

> 義兵大將 權應銖 左摠 申海 右摠 鄭大任 先鋒將 洪天賚 別將 金淵國 贊劃從事 鄭世雅 鄭湛[74]

---

72) 鄭湛, 『復齋實紀』永川復城日記에는 3,560명이나 權應平『東岩實紀』 권5 에는 총 3,970명이라고 한다.

73) 『慶尙道地理志』安東道 永川郡條.

74) 이형석, 『壬辰戰亂史』상, p.423; 국방부전사편찬위원회『壬辰倭亂史』pp.114~115참조.

그리고 창의정용군이라 불렀다. 이는 기존의 편대를 넘어선 오직 읍성탈환에 초점을 둔 새로운 구성이었다. 처음에 대장은 영천군수 김윤국으로 삼으로 하였으나 그가 한사코 고사하였던 까닭에 초유사 김성일의 명대로 권응수로 하였다. 모든 군사의 작전을 짜고 군량, 군수 등 유효적절하게 구사했던 작전 참모격의 찬획종사를 두었다. 그리고 군대를 나누어 돌격부대격으로 좌·우·중총을 두었던 것이 아닐까 한다. 진격편대를 새로 구성한 창의정용군은 엄숙정연하였다. 중총인 정대임이 읍성탈환을 위한 행위지침 시달을 맡아 진중에 선포하였다. 그 중에서 특히 다음 사항을 어기는 자는 군율에 의해 참할 것이라고 하였다.

1. 겁을 먹고 불온한 말을 하는 자
2. 적을 보고 5步 물러서는 자
3. 마음대로 독단하고 將帥의 명령을 어기는 자
4. 전투에 임해서 隊伍를 이탈하는 자

이러한 지침에 대해 의병들은 모두 어기지 않고 지킬 것을 굳게 약속하였다. 의병들의 결의를 재차 다짐하였던 것이라 하겠다.

제장들은 작전회의를 가졌다. 북쪽에는 성을 내려다 볼 수 있는 마현산이 있고 남족에는 남천이 있기 때문에 왜적을 유린하여 공격하는 방안, 그날의 풍량을 봐서 화공을 쓰는 방안 등을 검토하고 결정하였던 것 같다. 이때 좌병사 박진은 안동에 있으면서 영천성을 의병들이 공격할 것이란 것을 듣고 군관 변응규邊應奎를 파견해서 군기, 화약 등을 보내 격려하였다.

의병본부에서는 작전계획에 따라 의병의 한 부대를 마현산에 보내 열입시키고 그 사이 사이마다 허수아비를 세워 성안에서 왜군이 볼 때 의병군이 많은 것 같이 위장케 하였다. 그리고 나무를 잘 다루는 사람들로 목책을

만들어 진 밖에 세웠다. 한편 의병장 권응평權應平에게 기병 5백을 주어
왜적이 잘 보이는 곳으로 돌격케하여 의병군의 위용을 보여주게 하였다.

25일, 새벽 2시경 달빛이 마치 대낮과 같이 밝았다고 한다. 다음날의 작
전을 위해 의병대장 권응수權應銖는 동생 응평應平과 함께 바로 성밖에 있
는 커다란 버드나무 위에 올라가 읍성안을 살펴 보았다. 성안에는 포로가
된 조선인이 2천여명이 있었다. 자세히 보니 왜군들은 조선일들을 포위하
고 있었다. 활을 잘 다루는 권응수는 편전片箭을 쏴서 한꺼번에 3인을 꿰뚫
어 죽였다. 왜적들은 갑작스런 공격에 놀라 불을 밝히고 화살이 날라온 나
무근처를 향해 조총을 마구 쏘아 댔다. 적중을 살핀 권응수와 응평은 새벽
에 가까워서야 본진으로 돌아왔다. 새벽에 장사 4백여명을 선발해 뽑아서
남천가 숲속에 매복해 두었다. 왜군이 말들을 목욕시키려고 남천가로 오자
급습하였다. 놀란 왜병들은 말을 몰고 급히 성중으로 들어간 뒤로는 물의
공급에 있어 매우 곤란 받게 되었다. 성안에 샘이 셋이 있다고는 하지만 많
은 군사로 인해 식수에도 넉넉지 못하였기 때문이었다.

이제 의병들은 준비한 마른나무와 건초를 모아 성밖에 쌓아 놓기 시작하
였다. 이들은 화공전에 대비해서 혹 습기로 불이 잘 타지 않을까 염려해서
종이로 화약을 싸서 넣기도 하였고 질려포蒺藜砲를 그 사이에 감추어 놓기
도 하였다. 그리고 산야에서 큰 나무와 긴 대들을 베어다가 성을 타고 넘어
갈 수 있는 장제, 적의 조총을 막을 수 있는 방태, 백병전에 대비한 네모진
몽둥이인 방장 등을 만들게 하였다. 이것도 부족하다고 여겨 민가에는 있는
개와 멍석까지도 모아 들였다. 이런 것들은 성을 공격할 때 매우 필요하였
기 때문이었다. 의병들은 밤 늦게까지 성을 공격하기 위한 기구들을 만들었
던 것이다. 그 중에 하나가 긴 나무를 엮어서 목책을 만드는 일이었다. 이
기구를 동쪽 성밖에 옮겨 세워놓고 그 안에 판목들을 붙인 다음 흙을 그
안에다 많이 넣었다. 왜냐하면, 성을 공략할 때 목책위로 올라가 성안을 내

려다 보고 활을 쏠 수 있을 뿐 아니라 왜군이 쏘는 조총 또한 막는 효과가 있었던 때문이다.

영천읍성을 탈환하겠다는 통보를 받은 경주, 영일, 흥해 등지의 의병이 출동하였다.[75] 이때 참여한 의병은 <표 9-2> 와 같다.

<표 9-2> 경주 영일 흥해지역 참전의병[76]

지 역	성 명					의병장 수
경 주	권복시	손 엽	이 눌	권사민	권사악	30
	이의잠	권응생	손 노	최진립	유복례	
	김 호	김석견	이세호	이광후	장계현	
	이선조	이용갑	이구갑	이홍간	이몽성	
	이순선	김정민	정 원	이몽룡	서사적	
	이창후	최원용	김춘용	이후근	신사충	
영 일	김현룡	김원용	김우호	김우정	김우결	5
흥 해	정삼외	정삼계	최홍국	최준민	이 설	13
	이대립	박몽서	이 화	진봉호	이대인	
	정인헌	안성절	호민수			

이들은 의병 수백명을 거느리고 안강 여현 창암을 지나 호각을 불어 신호하자 이곳에서 응답한 다음 영천의병진에서는 이들을 맞아 들였다. 이때 대구지역 의병들도 참여 하였던 것이 아닌가 보여진다. 이 의병들은 신령과 경주군이 많았다고 한다.[77]

이들은 성밖 수백보되는 곳에 주둔하고 왜군들이 보게 휘병토록 하였다. 군사가 많다는 것을 과시하기 위함이었다. 이날 의병진에는 호남에서 온 재주있는 악공이 많이 있었다고 한다. 그래서 이들에게 특별히 명가취각케 하

---

75) 이설, 『愛日堂實紀』「용사일록」.
76) 김현룡, 『수월재실기』「임진일기」 인진 6월 10일.
77) 김응탁 , 『백암실기』 권 10, 임진일사 8월 21일조

였다. 이들이 부는 피리 소리는 구성지면서도 한가로워 보였다, 왜군들은 이 피리소리를 듣고 비웃어 댔다. 이 사이에 권응수는 말을 타고 적진으로 달려가 흑색 비단옷을 입고 있던 왜장 하나를 쏘아 넘어뜨리니 성치에 올라가 있던 왜군들은 황급히 성안으로 숨어 버렸다. 한편 의병장 정천리鄭千理에게 별도의 의병군을 주어 높은 산위에 올라가 왜군의 응원군이 오는가를 망보도록 하였다.

26일, 휘병하면서 대치하고 있던 양군사이에 싸움이 시작되어었다. 전열을 정돈한 의병군은 결사대 5백명을 선발하여 권응평, 이은수, 홍천뢰가 선봉장이 되어 이들을 이끌고 남천으로 돌격하였다. 의병군의 진격을 맞은 성중의 왜군은 북을 치고 호각을 불어서 이에 대항하기 위해 군사를 모았다. 비상이 걸린 것이다. 왜장 두명이 명원루로 올라왔다. 왜장은 금관을 쓰고 검은옷을 입고 앉아서 쇠부채를 잡고 진두 지희를 하였다. 왜장이 앉아있는 양쪽에는 포로여인이 있었다. 왜장의 지휘에 따라 왜적은 의병군을 향해 조총을 비오듯 쏘아 댔다. 의병군에게 겁을 주어 마음의 동요를 끌어내려고 하는 듯 보였다. 왜장이 우리말로 엄포를 놓으면서 '너희들은 무슨 사람이기에 여러날 해산도 않고 또 전투도 하지 않느냐 서울도 벌써 함락 되었고 인도가 무너졌으니 약한 군졸로서 우리를 당적할 수 있느냐 항복해서 우리 깃발 아래로 와야 할 것이다' 라고 하여 엄포를 주려하였다. 그래서 왜군은 의병군을 더욱 가벼이 보게 되었다.

이때 권응수는 토산위에 올라가서 창의정용군이란 깃발을 세우고 포를 쏘았고 의병군들은 장제와 방패를 갖고 돌격태세를 갖추었다. 이에 왜군은 누상의 왜장의 지휘에 따라 성문을 열고 모두 나와 역습작전으로 나왔다. 그것은 의병군이 군사가 적은 것을 보자 퇴로를 막고 일격에 쳐부수려고 하였던 것같다. 이에 권응수는 결사대 5백명을 이끌고 왜군의 중앙을 돌격하였으며 권응평도 검을 휘두르며 군사를 끌고 나아갔다. 단번에 왜군의 머리 7급을 베어 버렸다. 권응수는 다시 토산위로 돌아와 진두지휘하면서 계속 활을 쏘아 죽였다. 왜군수 10여급이 사살되었다. 성중에 있던 적이 조총을 난사하자 의병군이 일시 주춤하기도 하였지만 전투는 계속 되었다. 의병군 진영에서 정예병으로 하여금 사살된 왜군의 시체를 끌어다가 파복출양케 하고 참두석안해서 적중에 마구 던지니 왜군들이 사기를 잃고 서로 밟고 밟히는 혼란에 빠졌다. 왜군의 시체가 30여급에 달하였다. 마침내 적은 성안으로 들어가 버렸다.

날이 어둡기 시작하였다. 성안으로 들어간 왜군들은 횃불을 켜 놓고 작전을 짜는 듯 보였다. 이때 불국사 승려로 성안에 포로가 되었던 자가 의병 진영으로 탈출하여 왔다. 찬획종사 정담鄭湛은 이 승려를 통해 적의 동태를 탐지 해냈다. 그것은 왜군이 총력전으로 나와 의병군을 격파시킬 것이라는 내용이었다. 이에 따라 의병군 진영에서도 그 대비책을 강구하였다. 우선 중총 정대임은 사다리 등을 동문과 서문쪽에 집중적으로 배치하는 동시에 의병장 정천리에게 결사대 5백을 주어 마현산에 주둔케 하였다. 이날밤 의병군은 편목을 촘촘히 댄 약 1간정도되는 광제를 다시 만들게 했다. 거기에 망석을 깔아 읍성을 넘을 때 활용하려는 것이었다.

이때 삼부체제를 다시 두부대로 편성하고 대오를 새롭게 정돈하였다. 영천성 탈환작전은 어디까지나 정세아 정대임 등 양정에 의해 주도 되었던 것 같다.[78] 물론 이같은 개편은 공격에 유효적절하게 대비하기 위한 때문이 아닌가 생각된다. 즉 서문과 북문을 맡은 부대와 동문과 남문을 분담한 부대로 양분하였다. 전자는 의병대장 권응수, 경주판관 박의장, 좌총 신해, 선봉장 홍천뢰, 신령현감 한주, 하양현감 조윤신 등이어었고 후자는 우총 최문병, 중총 정대임, 의병장 정세아, 찬획종사 정담, 영천군수 김윤국, 의

---

78) 박의장, 『관감록』 속편 상, 편년조, 임진 7월 27일.

병장 조희익, 신준용, 이번, 조덕기 등이었다.

당시 복성탈환전투에 참여한 영천 정세아 정대임 등을 비롯한 지도급 의병을 보면 다음과 같다.

幼學 曹　城, 領將 부제학 曹尙治 후손 모병하여 참전, 宣武 원종 1등공신 勳官 훈련원 판관.

幼學 尹　聘, 中衛將 吏曹參議 尹兢 현손 두 아들과 함께 참전, 전투중 포로가 되었으나 항복하지 않고 탈출, 증 참의.

崔璧南, 증참판 崔應泗의 아들, 무과, 선무원종공신 증 병조 참판

幼學 金三益, 召募將 竹山君 全元發 후손 奉化현감, 청백리 선무원종공신, 화왕동고록 등재.

曹德驥, 부제학, 조상치 후손 모병하여 참전, 선무원종 1등공신, 화왕동고록 등재

金　浩,

李　예, 軍資監正 선무원종 1등공신

幼學 朴應騏, 伏兵將 주부 朴龜壽의 아들, 典牲司 奉事

幼學 趙宗岳, 管餉 襄烈公 趙仁璧의 후손, 訓鍊院奉事 선무원종 3등공신

生員 曹希益, 청백리 曹致虞의 증손, 두 아들과 함께 참전, 散卒을 수습하여 討賊, 私財를 향미로 냄. 선조 26 의병장 정세아가 병이나자 代領함

幼學 鄭承緖, 판서 鄭光厚 후손, 선무원종공신

鄭榮男, 판서 鄭光厚 후손, 軍資監參奉

縣令 鄭懷瑾, 乙巳名賢 司諫 鄭珣의 아들

引義 全三樂, 召募將 全三益의 형, 선무원종공신, 증 工曹參義

訓導 徐　逸, 고려 貞平公 徐衡후손, 군자감 주부, 증 공군참의

幼學 鄭光胤, 판서 鄭光厚 후손, 선무원종 2등 공신, 訓鍊院判官

訓導 李定國, 고려 大提學 李釋之의 후예 忠莊公 李甫欽 후손 僉樞

幼學 盧　尊, 司直 盧琢의 후손 僉知

柳夢瑞, 集賢殿 주부 柳方善 후손, 권응수 정세아와 창의 선무
　　원종공신
　　權克立, 文節公 權中和 후손, 증 參判 선무원종공신
幼學 鄭三戒, 판서 鄭光厚 후손, 선무원종공신
幼學 全三達, 全三樂의 동생 선무원종공신, 兵使, 선조상사선유가 있
　　었음, 화왕산 동고록 등재
　　鄭四震, 판서 鄭光厚후손, 군자감 참봉, 선무원공신, 王子師傅
　　洗馬侍直
　　朴　點, 대사헌 朴憲 후손
　　曺　瓊, 忠貞公 曺尙治 후손, 宜樂堂 曺城의 형 선무원종신 奉
　　事
進士 李　幹, 禮賓寺주부 李應參후손
幼學 全三省, 全三益의 동생 형과 倡義 敎授文學
　　鄭大仁, 鄭大任의 6촌 동생, 僉樞
　　趙宗岱, 管餉 趙宗岳의 동생 敎授
　　趙以或, 생원 曺希益의 아들 선무원종 2등공신, 군자감 참봉
　　화왕동고록 등재
　　鄭安藩, 의병장 정세아의 아들 사과 화왕산동고록 등재
　　徐景澤, 訓導 徐逸의 아들
　　徐景涵, 訓導 徐逸의 아들 副護軍 임란창의 팔공산 회맹
　　徐繼道, 주부 鄭光胤의 再從姪
　　柳仁立, 대사헌 柳轅현손, 동생 義立과 함께 倡義 縣監 화왕산
　　동고록 등재
　　柳義立, 柳仁立 동생 선무원종공신 현감 화왕산동고록 등재
　　曺以鼎, 생원 曺希益의 종자 선무원종 2등공신 訓鍊院正 화왕
　　산동고록 등재
　　鄭四岳, 洗馬 鄭四震의 從弟, 화왕산동고록 등재
　　郭永鐸, 현령 郭懷瑾의 아들
　　李安仁, 李釋之의 후손
　　李止孝, 화왕산 동고록 등재
　　柳根晦, 柳夢瑞의 아들

柳榮晦, 柳夢瑞의 아들 선무원종공신 參奉

曹以節, 생원 趙希益의 아들 화왕산동고록 등재

徐道立, 달천군 徐彌性의 후손 13세에 가동을 끌고 의병참전,
군자감 주부特徐 僉智中樞府事 화왕산동고록 등재

金　靖, 경주 서천 싸움에서 순절한 金大海의 아들

李時華, 경주 서천 싸움에서 순절한 李之엄의 아들

盧起宗, 盧遵의 아들 훈련판관 화왕산동고록 팔공산회맹

趙時産, 襄烈公趙仁璧의 후손 화왕산동고록 등재

李得鳳, 경주 서천싸움에서 순절한 李得麟의 동생 화왕산등고
록 등재

曹以臨, 청백이 曹致虞의 현손 손무원공신 군자감 판관

尹從善, 中衛將 尹聘의 아들 선무원공신 군자감 봉사

參奉 金希路, 고려 貞肅公 金仁鏡 후손

幼學 李榮幹, 訓練 李定國의 아들

曹以恒, 청백이 曹致虞의 현손 첨정 선무원종 1등공신 화왕산
동고록 등재

進士 金　澣, 고려 貞肅公 金仁鏡후손, 선무원종공신 군자감 봉사

進士 朴士愼, 대사헌 朴啄의 후손 정세아와 함께 창의, 敦寧都正

曹俊驥, 召募將 曹德驥의 동생 군자감 봉사 선무원 공신 화왕
산동고록 등재

朴元甲, 화왕산동고록 등재

曹逸驥, 소모장 曹德驥의 동생 군자감 봉사 선무원종공신 화왕
산동고록 등재

參奉 辛俊龍, 文僖公 辛碩組의 후손 임란창의 정세아, 정대임, 조성
등과 함께 경주 서천 전투 참전

金如華,

曹紹宗, 吏曹正郎 曹始遜의 현손판관, 선무원종공신

李國賓, 獻納 李士澄후손 선무원종공신 直長

李君賓, 李國賓의 동생, 司宰監正

鄭雲和, 司　僕

鄭應敏, 別侍衛 鄭雲和의 아들

幼學　河達海,
　　　鄭大孝,
　　　鄭大信,
　　　琴鶴文,
　　　梁應澤,
　　　池得坤, 忠毅公 池龍圖 후손 임란창의
　　　朴仁老, 別侍衛 대사헌 朴啖의 후손 임란창의 좌병사 成允文
　　　막하 만호 居官廉첨 함.
　　　池彦平, 충의공 池龍圖후손 임란창의
　　　崔守良, 定虜衛
　　　曺有信,
　　　李　尙, 선무원종공신
　　　鄭　和, 선무원종공신
　　　曺大守,
　　　田福命, 고려典書 田組生후손, 선무원종공신 主簿
　　　孫大榮, 선무원종공신
甲士　金漢壽, 선무원종공신
　　　朴叔京,
　　　金希龍, 선무원종공신
正兵　鄭　寧, 鄭大仁의 서숙
　　　金善杰,
　　　楊　潤, 선무원종공신
　　　李　蕃, 선무원종공신
　　　兪玉卿, 선무원종공신 主簿
　　　朴彦國, 선무원종공신
　　　鄭千里, 영양공 鄭襄明후손 堂旨山 朴淵전투 복성전참전 比安
　　　전투 선무원공신 司僕
　　　鄭得賢, 선무원종공신
　　　李得雲, 선무원종공신
　　　陳銀孫, 선무원종공신
　　　李雲龍,

金운臣,

張　浚,

鄭　會,

鄭春希, 선무원종공신

申福大,

鄭巳龍,

鄭　湛, 榮陽公 鄭襲明의 후손 主簿, 의병장 권응수와 함께 복
성전투참전, 贊從事 증 禁府都事

鄭道俊, 圃隱 鄭夢周 후손, 임란창의 전사

鄭應瑞, 참봉 鄭産탐의 아들 訓鍊院正 선무원종 2등공신

鄭宜藩, 의병장 정세아의 아들 경주서천 참전전사 증 吏曹參判

鄭碩男, 경주서천전투 참전 전사, 증 工曹正郎

朴士활, 참봉 朴礪의 아들 임란창의 전사

孫德沈, 동생 俊龍과 함께 임란창의 훈련봉사

黃　邁, 참판 黃産彌 후손 임란창의 선무원종공신

權應銓, 의병대장 權應銖 동생 훈련원정 선무원종 2등공신

權應平, 의병대장 權應岫 동생 釜山僉使 선무원종 1등공신 증
兵曹判書

權應수, 의병장 權應銖 동생 참정 선무원종 3등공신

權　胤, 의병장 權應수 동생 좌병사우후 선무원종 3등공신

曹　유, 曹影溫의 아들 의전참여 울산 조산전투참전 軍資監正
선무원종 2등공신

李得禎, 전사 훈련원판관 선무원종공신

李蘊秀, 鷄林府院君 李達?후손, 모친왜군에 살해 權應銖막하,
訓練院正 선무원종 2등공신

李　潮, 의병대장 權應銖막하 永川수복전공적 세움 監事

成　勳, 동생 成積과 창의 의병대장 權應銖막하 副正 선무원종
공신

朴鳳祥, 임란창의 의병대장 權應銖 막하 司僕寺正 선무원종 2
등공신79)

읍성탈환전에서 특히 의병대장 권응수와 중총 정대임간에 결사항전을 약속한다.[80] 이와같은 사실은 『선조실록』 권 46 26년 12월 계축조癸丑條에서 영의정 유성용의 말을 인용하면 다음과 같다.

> 신이 영남에 있을 적에 영천에서의 싸움에 대해 상세히 들었습니다. 당시 권응수는 북문을 지키고 정대임은 남문을 지키면서 서로 약속하기를 '왜군이 그대의 성문으로 침범하여 오면 내가 달려가 베고 나의 성문으로 침범하여 오면 그대가 달려와 베자'하였는데, 이렇게 해서 6백여명의 왜군을 베었으므로 경주, 의흥에 있던 적이 모두다 도망하여 갔다고 하였습니다.

이와같은 결전의 자세는 이 두 장군에게만 있었다기 보다 모든 의병들도 같은 마음으로 결사항전태세로 임하였던 것이라 생각한다.

27일 마침내 영천성을 탈환하기 위한 결전의 날을 맞았다. 의병들을 배불리 먹이고 북을 울려 군사를 집합시켜 총점검을 마쳤다. 곧 작전이 전개되었다. 26일에 편성된 조직편대에 따라 영천의병군을 중심으로 한 주력부대는 동문과 남문을, 권응수 박의장 군은 서문 북문을 집중적으로 공략하였다. 먼저 동문 남문 진격군의 상황을 보자 의병군은 그 중 남문인 영양남루를 집중 공략했다.

왜군은 성위에 올라와 치뒤에서 소리치며 조총을 난사해 댔다. 왜군의 지휘본부는 어제와 같이 명원루에 두고 그곳에는 은빛투구와 금가면을 쓰고 비단도포를 입은 왜장 수명이 앉아 부채로 지휘하고 있었다. 의병들은 장제와 방패등을 짊어지고 성밑으로 가까이 갔다. 왜장은 성문을 열고 모두 나가 진격할 것을 명하였다. 왜군은 의병군의 숫자가 많지 않은 것을 보고

---

79) 『永陽四難倡義錄』 壬辰倡義條와 『永陽誌』 권 4-6, 人物列傳條에 의거 작성하였음.
80) 鄭湛, 『復齋實紀』 영천 復城日記.

한번에 짓밟을 생각으로 성문을 열고 나왔다. 의병군 선봉대 수백명이 돌진
하였다. 이때 성안의 왜군은 조총으로 암호사격을 해댔다. 의병군이 주춤하
는 듯 하자 중총 정대임은 여러 장수를 독전하면서 자신의 군병을 이끌고
돌진하였다. 치열한 접전이 전개되었다. 수 많은 왜군이 추풍낙엽같이 무너
졌다 전세가 점차 역전되기 시작하였다. 왜군은 마치 삼대 쓰러지듯 하였
다. 그들은 대오를 잃고 혼란에 빠져들었다. 의병군은 사기등등하여 갔다.
왜군이 성안으로 도주하고 말았다. 의병군은 남문을 부수고 마침내 성중에
진입하였다. 명원루에 있던 왜장 하나가 무참히 무너져가는 왜군진영을 보
고 남천으로 투신하였다. 정대임이 달려가 목을 치니 그가 복도정칙福島正
則의 주장인 법화法化였다고 한다.81)

　　한편 서북문의 진격상황을 보자 아침부터 공략을 시작하였다. 권응수, 홍
천뢰 신해 등은 5백여 의병을 나누어 이끌고 방장 창검 등을 휴대하고 성
아래로 진격하였다. 채안의 왜군을 죽이면서 의병군들에게 성을 넘어 진격
할 것을 명하였다. 그러나 의병군은 용기가 솟구쳐 있으면서도 선뜻 진격하
려는 자가 없었다. 권응수는 실제 의병장 권응전도 경솔하게 성안으로 들어
가지 못하게 하였다. 권응수는 대노하여 전진하지 않는 자 수명의 목을 그
자리에서 쳐 경계하고 서북문을 공파하도록 독려하였다. 이때 왜군 천여명
이 성중에서 나와 공격해 왔다. 의병군이 밀리는 듯 하자 권응수가 제장을
독려하고 직접 기를 휘드르면서 말을 달려 왜군 수십명을 사살하였다. 그러
자 의병군은 용기를 내어 성으로 진격해 들어갔다. 의병진에서 3차에 걸쳐
북을 쳐 진격 명령을 하달하였다. 성문을 파괴하고 소리를 지르면서 사다리
와 목책등을 타고 마치 거센 파도와도 같이 성안으로 들어갔다. 마현산에
둔치고 있던 5백여 정천리군도 북문으로 와서 활을 쏘고 돌과 모래 재 등

---

81) 이형석,『임진전란사』상, 422-429, : 영천시「영천의 전통」p84-87, : 日本舊參謀本部
　　　『日本戰史朝鮮役』3책, 1924, 村田書店 p207.

을 성중에 펴 날려 왜군이 눈을 제대로 뜨지 못하게 하였다. 화살과 돌이 빗발치듯 달아갔다. 천지가 진동하는 듯 하였다. 의병군의 사기는 마치 달리는 고래와 같고 성난 호랑이와 같았다.

이제 양군사이에는 백병전이 전개 되었다. 성중의 왜군은 전날의 전투에서 부상자가 많았다. 왜군의 조총이 그 위력을 완전히 상실하고 말았다. 의병군과 왜군사이에 다만 총통만 부딪치는 소리만 나는 듯 했다. 왜군 백여명이 참살 당했다. 그러면서 왜군이 밀리기 시작하였다. 그들은 병기를 버리자 300여명이 참살 당하였다. 공격군의 화살과 돌이 성안으로 마치 고슴도치와 같이 날아갔다. 왜군이 밀리기 시작하자 급해졌다. 그들은 병기를 버리고 관사나 창고에 숨는자도 있고 지붕에 올라가 기와를 던지는 자도 있었다. 마침 서북풍이 크게 불어왔다.[82] 정천리와 이온수는 조선인 포로에게 소리질러 말하기를 '이제 불을 지를 것이다. 빨리 도망하여 나에게로 오라'하였다. 의병군은 미리부터 준비해 두었던 나무에 불을 지르니 순식간에 화염이 창천하였다. 이 사이에 포로가 되었던 남녀가 앞을 다투어 도망쳐 나왔다. 불길속에 왜군들은 당황하여 마치 불타는 숲속의 참새와 같은 형상이 되어 버렸다. 이 와중에 객사, 관사, 창고, 명원루 등 건물에 불이 붙어 전소되고 말았다.[83] 불길을 뚫고 동남문으로 나오는 자도 있었고 명원루에 올라 남천에 투신하는 자도 많았다. 또 서북문을 통해 달아나는 자도 없지 않았다. 동남문으로 나오는 왜군을 정세아, 정담, 정대임군에 의해 목이 달아 낳고 서북문을 통해 탈출한다는 자들은 권응수, 신해 등이 공격하여 도륙되고 말았다. 의병군은 물에 들어가 왜군의 귀를 베었다. 그 광경이 마치 들오리가 줄을 지어서 고기를 잡는것과 같았다. 왜군을 모조리 격살시켰다. 계절풍을 이용한 화공작전[84]은 적중했다. 이같이 치열한 공격으로 왜군은

---

82) 鄭湛, 『復齋實紀』 復城日記, 『永川郡誌』 城池邑城條.
83) 『永陽誌』 권 8, 樓亭齋閣條 : 『영천의 전통』 p147-150.

갈곳을 알지 못하고 서로 밟혀 죽은 자와 불에 타서 죽은 숫자는 이루 말할 수 없었다. 의병군에 수급된 왜군의 머리는 517과였다.[85] 이중에서 탈출하여 경주로 도망간 자는 겨우 수십명에 지나지 않았다. 의병군측의 전사자와 부상자 또한 적지 않았다. 화영은 종일토록 타올라서 피비린내는 수십리 밖까지 풍기로 시체가 곳곳에 산더미 같이 쌓여 있었다. 이렇게 해서 영천성은 혈전 끝에 마침내 되찾게 되었던 것이다.

다음날 28일 의병군은 총점검을 하였던 바 전사가 80여명 부상자 230여명 노획한 군마 200필 총통이 900여개 그리고 말안장과 채색의복 등이 또한 많았다. 조선인으로 성중에 포로가 되었다가 탈출한 남녀가 1,090여명이었다.[86]

이와같은 전과는 모두 영천군수 김윤국이 관리하도록 위임하였다. 이 전과를 김윤국은 즉시 안동에 있던 좌병사 박진에게 보고하였다. 보고를 접수한 박진은 자기의 공인양 조정에 치계하였던 것이다.[87]

지금까지 현지 의병장기록을 중심으로 살펴보았다. 이제 영천성 복성에 대한 중앙 정계에 보고된 내용을 정리하여 제시하면 다음과 같다.

---

84) 火攻戰에 관하여 孫子兵法에서는 '火人, 火積, 火輜, 火庫, 火隊의 5種이 있다고 하였다. 화공에는 반드시 원인이 있어야 하는데 발화할 수 있는 도구를 미리 준비하고 발화에 적당한 때를 이용해야만 된다. 즉 천후가 건조하고 바람과 깊은 함수관계가 있다. 화공은 5火로 공격해야만 되는 變亂의 틈을 타서 일시에 군사가 쳐들어가야 한다. 즉 불이 적진에서 일어나면 밖에서 곧 호응할 것이며 만약 불이 났는데도 적진안이 조용하면 경솔하게 공격하지 말 것이다. 그러나 적진에 변화가 있으면 즉시 공격할 것이다. 그런데 적진이 소란하지 않으면 공격하지 말고 기다려야 한다. 그러나 화공이 가능하다면 적진 여하를 가릴 것 없이 호기를 타서 일시에 공격할 것이다.' 라고 하였다. (『孫武子』 제 12화공 참조) ; 이형석 『임진전란사』 상, p427.

85) 『선조실록』 권30, 25년 9월 임신조

86) 李蘊秀, 『稼隱實紀』 임진 7월 23일조

87) 鄭大任, 『昌臺實紀』 권2, 行狀.

(A) 왜군 1천여명이 영천군에 주둔하고 있었는데 7월 28일 경상병사 박
진이 돌격장 훈련원봉사 權應銖 등에게 응모한 군사 2천여명을 거느리
고 나아가 본군을 포위하게 한 다음 포로 성을 공격하고 불을 질러 관사
와 창고를 불태우자 적도들이 놀라 무너졌습니다. 장졸들이 승세를 타
고 추격하자 적들은 불러 뛰어들고 물에 빠져 죽은 자가 무수히 많았으
며 수급 5백 17과을 베었습니다.

(『宣祖實錄』: 권 30 25년 9월 壬申條)

(B) 응수가 두어 고을 군사를 거느리고 申海 정대임, 조성 등과 영천으
로 나아가서 楸坪에 있는 적에게 군사의 위엄을 보여 추격하여 강변에
이르렀다가 돌아오고 다음날에 여러 군사가 합세하여 나아가 포위하여
성문을 쳐부수고 북치고 부르짖으며 들어가니 적이 황급하여 달아나 官
舍로 들어갔다. 바람을 따라 불을 질러 거의 다 태워 죽이고 혹은 물에
뛰어들어 빠져죽었으므로 수백여명을 베다 병사 朴晉이 치계하여 응수
는 通政에 승급되고 大任은 醴泉郡守가 되고 조성 등 여러 사람에게
관직으로 상을 주기를 등차가 있게 한다.

(『亂中雜錄』2 壬辰 8월 1일)

(C) 晉은 前奉事 權膺銖 鄭大任 등을 시켜 鄕兵 1천명을 거느리고 永
川에서 적을 포위하였는데, 군사들이 적을 두려워하고 나아가서 못하자
두 사람이 다 담력과 용기가 있으므로 당장 몇 사람을 베고 몸을 빼어
나가 사졸들의 앞장을 서니 사졸들이 다투어 성을 넘어 들어가 크게 싸
웠다. 적은 이기지 못하여 창고 속으로 들어가기도 하고 명원루에 올라
가기도 하였다. 아군은 불을 놓아 공격하니 타 죽은 자가 매우 많아 냄
새가 멀리 밖까지 풍겼으며 남은 적은 慶州로 도망쳤다. 이 뒤로부터 新
寧, 義興, 安東 등지의 적은 모두 一路에 모였는데 左道의 군읍들이 보
전하게 된 것은 永川싸움의 공이 었다.

(『再造藩邦志』2 萬曆 20년,『寄齋史草』下, 壬辰日錄 4, 9월조)

(D) 密陽府使 朴晉은 적의 변란의 처음에는 전공이 있어 마침내 승직
하여 左兵使가 되었다. 그는 군사를 이끌고 永川에 나가 공격하다가 적

에게 습격을 받아, 겨우 죽음을 면했다. 그뒤에 新寧사람 권응수가 병정
천여인을 모집하여 병정마다 한 묶음의 섶을 가지고 밤을 이용하여 영
천을 공격하였다. 병정들이 바람을 따라 불을 놓으니, 적이 크게 궁지에
몰려, 불기을 무릅쓰고 포위를 뚫고 나가려고 하는 것을 아군이 난사하
니, 적이 나갈 수 없었다. 수천의 적이 다 불에 타 죽고 남은 자도 혹
벼랑에서 떨어져 물에 빠져 사람들이 가까이 가지 못했다. 이로하여 권
응수는 절풍장군 助防將으로 발탁 했다.

(『寄齋史草』下, 임진일록 4, 9월조)

(E) 훈련봉사 권응수, 정대임 등이 향병을 거느리고 영천의 왜군을 쳐서
깨트리고 영천을 수복하였다. 권응수는 영천사람으로 담력과 용맹이 있
어 정대임과 함께 향병을 거느리고 적군을 영천에서 포위할 적에 군사
들이 왜군을 두려워하여 앞으로 나가지 못하거늘 권응수가 몇 사람을
베어 죽이니 이에 군사들이 다투어 분전하여 성을 넘어 들어가 적군을
좁은 거리에서 치니 왜군은 당적하지 못하고 창고 속으로 도망해 들어
가고 혹 명원루에 올라가거늘 우리 군사들이 화공을 하여 쏘아 죽이니
화중에 타 죽은 냄새가 수리에 풍겼다. 남은 적병 수십명은 도망하여 경
주로 도주하였다. 이로부터 신령, 의흥, 의성, 안동 등지의 적은 모두 한
쪽길로 모였고 좌도의 군읍이 안전하였으니 이것은 영천에서 한번 싸운
공이었다.

(『懲毖錄』권1 임진 9월조)

(F) 義兵將權應銖 大敗倭人 於永川하고 復左六縣 이어늘 以應銖로
爲慶尙左防禦使하다.

　是時에 賊이 軍據嶺左諸郡하고 瓦相往來하니 賊兵이 自永川으로
向新寧에서는 權應銖 邀擊於朴淵하여 破之하고 奪其器械錢殼하고
戊子朔에 蒐合數郡義兵 進攻永川할새 士卒이 畏賊不進하거늘 應銖
卽斬數人하니 諸軍이 爭奪踰城하야 攻破城門하고 鼓噪齊人하다. 賊
이 巷戰에 亦敗하여 奔人倉中하여 或上明遠樓어늘 應銖 人風縱火燒
之하니 오聞數里러라. 諸軍이 乘勝하야 斬七百餘級하고 餘滴은 皆爲
所제하야 합江而死하다 義城安東醴泉豊山諸屯賊이 皆聞風撤屯하야

合于尙州하고 軍威屯賊도 賊撤走開寧하니 賊之左路 遂斷이라. 於是
에 賊이 皆失左右路하고 只由中路往來러라 事聞에 超陞爲左防禦使
하다.

(『宣廟中興誌』 壬辰 8월)

<표 9-3> 永川 復城 同苦錄

지역	성명	인원수	비고
영천	金潤國, 鄭世雅, 曺 珹, 郭懷瑾, 全三益, 鄭大任, 鄭 湛, 曺希益, 崔仁濟, 全三達, 鄭千里, 新俊龍	10	金潤國 영천군수
신령	權應銖, 朴應琪, 權應銓, 權應心, 韓 主, 李蘊秀, 丁應据, 權應平, 權應信	9	韓 主 신령현감
경주	權士愕, 孫 曄, 金應澤, 孫 時, 崔震立, 崔文炳	6	
하양	申 海, 曺胤申	2	曺胤申 하양현감
경산	崔大期	1	
의홍	洪天賚, 洪慶承	2	
기타	李擎天, 權 滉		鄭湛의 기록에는 義興으로 되어있음

위 사료(A)는 선조 25년 9월에 중국에 보고한 내용으로 왜군이 영천읍성
에 약 1천여명이 주둔하고 있는 것을 좌병사 박진朴晋이 권응수 등에게 지
시하여 2천여의병을 모아 화공전을 써서 5백 17급을 베었고 (B)는 권응수
신해申海, 정대임鄭大任 등이 화공전을 펴서 승리했다. 좌병사는 치계해서
권응수는 통정에 정대임은 예천醴泉 군수郡守가 되고 조성曺城 등에게 관
직을 주었다. (C)좌병사 박진朴晋은 권응수, 정대임 등을 시켜 1천여 향병
으로 공격에 주저하는 향병 몇 명을 베고 독전하여 화공작전火攻作戰으로
읍성을 탈환하였다. 남은 왜군일부가 경주로 도망하였다. 그래서 신영, 의

흥, 의성, 안동 등의 적이 물러나 좌도의 군읍이 보전된 것은 영천전투의 공이었다. (D)는 박진이 병사가 되어 영천을 공격하였으나 실패하고 권응수가 1천여 의병을 모아서 섶을 가지고 밤에 영천성을 공략하였다. 화공을 써서 왜군수천이 불에 타 죽고 커다란 전과가 되었다. 좌도의 적이 영천전투로 모두 상주로 모여서 좌로가 차단되었다. 그래서 조선군은 좌로 우로를 모두 되찾게 되었다고 하여 높이 평가하면서도 주동이었던 영천지역 의병진의 활동보다는 권응수에 대한 평가를 높이 하고 있는 것을 떨쳐 버릴 수가 없다.[88]

이와 같이 영천읍성탈환에 성공한 의병 지도자들은 영천복성에 대한 동고록을 맺고 더욱 보국진충하여 왜적을 결단코 물리쳐 버리고 말겠다는 굳은 결의를 다진다. 여기에 참여한 의사들의 명단을 보면 <표 9-3>과 같다.

다음은 논공행사에 대해 살펴 볼 차례이다. 영천 의병진이 중심이 되어 읍성탈환 계획을 세웠고 열읍의 군병의 지원을 받아 화공작전을 펴 결국 영천읍성을 탈환하고 말았다. 따라서 영천 의병진의 공로가 무어라해도 수훈이었다고 말할 숭 있을 것이다. 그러나 실상은 그렇지 못하였던 것 같다. 그것은 탈환전이후 전과물 처리 등 일체의 사무를 맡은 군수 김윤국으로부터 보고를 받은 좌병사 박진은 자기 공인양 조정에 치계하였다.

우선『연려실기술燃藜室記述』권 17 선조조고사본말宣祖朝故事本末 영남의병조嶺南義兵條여 보면

> 兵使 朴晉은 즉시 狀啓를 올려서 응수는 通政에 올랐고 大任은 醴泉郡守가 되었으며 曹城으로 받은 직위가 차등이 있었다.

라고 하여 의병장 권응수는 정 3품 당상관인 통정대부가 되고 정대임은

---

88) 金誠一, 『학봉전집』 속집 권 3.

종4품관인 예천군수, 그리고 조성등에게도 차등있게 상으로 지급되었고 했지만 좌병사가 중앙에 올린 첫보고에서 영천의병진의 전과는 누락된 듯 하다. 왜냐하면 박진은 안동에 있으면서도 보고에 접한 그는 자기가 진두지휘해서 세운 공인양 해서 관군에게 유리하게 보고하였다.

그래서 영천군수 김윤국은 수령 가운데에서 활동이 뛰어나서 난초에 도주했던 죄과를 모두 사면 받았고 박진朴晉은 1등에 가자되었다. 그리고 신령 현감 한주는 당상에 하양현감 조윤신, 경주 판관 박의장 등은 올려 실직을 주었고 의흥현감 등도 승서되었던 것이다.[89] 영천성복성에 있어 많은 의병군을 거느리고 빼어난 공이 많았던 정세아[90] 정대임 등은 일단 제외되었다. 그러나 좌도 감사가 된 초유사 김성일金誠一 등의 장계에 의해 정대임은 다음해 7월 비안현감을 거쳐 예천군수에 임명되었다.[91]

어쨌든 영천탈환은 관군과 의병군의 사기를 크게 진작시켜 주었다. 그런 까닭에 영천성 수복은 바다에서 연전 연승하던 이순신의 공에 비견될 정도의 평가를 받게 되었다. 이같은 사실은 『선조실록』 권 30, 25년 9월 신미조辛未條에서 찾으면 다음과 같다.

> 朴晉이 嶺佐를 수복한 공로는 李舜臣의 공과 다름이 없는 것으로 영좌에 자못 생기가 돌고 있습니다. 박진은 색깔이 있는 말을 탔었는데 처음에는 賊이 알아볼까 염려하여 진흙으로 발라 말의 색깔은 없앴다가 지금은 명성이 이미 적들에게까지 났기 때문에 일부러 말의 색깔을 내보여 적이 보기만 하여도 놀라게 하고 있다 합니다.

---

89) 선조 25년 8월 7일 경상좌감사가 된 초유사 김성일은 같은해 11월1일 국왕에게 올린 계문에서 영천복성에 관한 것을 보고하였음.

90) 『선조수정실록』 권 26, 25년 8월조

91) 『선조실록』 권 44, 26년 11월 을유조

이제 영천성을 탈환한 의병군과 관군의 탈환목표는 경주 읍성으로 모아졌다. 이에 앞장선 것은 좌병사 박진朴晋이었다. 박진은 영천성 탈환에 크게 자극을 받은 듯 고무되어 있었다.[92] 그런반면 왜군은 매우 위축되어 있었던 듯 하였다. 아군이 경주읍성 탈환에 앞서 자인慈仁으로 출동하여 왜군은 모두 격파시켜 버렸다.[93]

경주읍성 탈환은 좌병사 박진에 의해 주도 되었다. 같은 해 8월 21일 이었다. 영천복성에서 기개를 보였던 영천 의병군이 많이 참전하였다. 특히 정세아는 선봉대장이 되어 안강으로 향하던 중 고촌古村에 이를 때 의병군은 5천여에 이르렀다고 한다.[94] 그러나 박진은 공만 생각하고 작전은 하지 않았던 까닭에 성안에 도사리고 있던 1만 왜병을 군의 사기가 한껏 높았던 대병력을 가지고도 실패하고 말았다.

5. 맺음말

영천은 남천과 북천 그리고 유봉산遊鳳山, 마현산馬峴山, 작산鵲山을 이수삼산이라 여긴 사통팔달의 교통의 요지에 위치해 있다. 영천은 신영을 속현으로 한 관원은 군수, 훈도 각각 한명이 있고 읍성을 수비하는 군관을 비록 인리, 사령, 일수 등이 배치되어 있었다.

당시 군사 지휘체계는 지역행정 수반이 절도사·절제사 동첨제절사 등을 겸하도록 되어 있어 영천군수는 동천절제사로 경주부에 소속되었다. 임린 당시 영천의 관군현황은 호수 863으로 남자 3,672 중 시위군 29, 진군 90,

---

92) 일본 참모본부 『일본전사 조선역』 3책 1924. pp. 207-208.

93) 박의장, 『관감록』 속편상 년보

94) 정세아, 『湖叟實紀』 권 4, 敍述條.

선군 363명으로 총 455명이었다.

　조정은 임란에 대비해 선조24년 영천을 비록하여 청도, 삼가, 대구, 성주, 부산, 동래, 진주, 안동, 상주 등에 성을 신축 내지 증축토록 하였다. 영천에서 일찍이 고읍성, 골화성, 금강성 등이 있었지만 조정의 긴급명령에 따라 군수 元士容은 남천의 청계석벽淸溪石壁과 자연적인 지세를 최대로 활용하여 새로운 읍성을 고읍성 동편에 신축하였다. 이 성은 정방향의 전형적인 조선시대의 읍성으로 특히 방어와 수비에 초점을 맞추어 축조하였다.

　난초에 영천성을 왜군이 주둔하여 병참기지화되자 영천의 수많은 지사들은 분연히 창의거병하였다. 의병들은 항왜전선을 구축하면서 점차 정세아鄭世雅, 정대임鄭大任, 신령의 권응수權應銖를 대장으로 삼아 조직화되어 갔다. 두 정은 전형적인 유학자였지만 권응수는 경상 좌수영의 무인이었다. 그들이 무너진 명령체계를 새롭게 세우면서 활동은 본격화 되었다. 정세아는 경주 문천회맹蚊川會盟의 참여와 의성, 예안 의병과 함께 안동부까지 가서 활동하였고, 정대임은 대동 당지산전투, 그리고 권응수는 한천전투, 왜군과 결탁한 관노희손官奴希孫 등을 격퇴하였다. 더구나 여러 의병장이 연합한 항전은 박연朴淵전투, 고현의 사천 겁림원怯林院전투 등이 있다. 특히 박연전투의 승리는 항왜전선 구축에 있어 자신간을 얻게 된 영천 의병들이 중심체가 되어 본격적으로 읍성탈환작전계획을 세워 실천에 옮겨 나갔다. 마침내 선조 25년 7월 24일 읍성 남편에 위치해 있는 추평楸坪들로 인근의 의병과 관군을 모이도록 파발을 보냈다. 이에 권응수 경주판관 박의장, 영천군수 김육국, 신령현감 한주, 하양현감 조윤신, 의흥복병장 홍천뢰, 자인 복병장 최문병, 경산의병장 최대기, 경주의병장 이눌 등이 군사를 끌고와 총 3,970여명이 운집하였다. 이 군대를 창의정용군이라 이름 하였다. 그리고 총군을 3부로 편성하고 권응수를 의병대장으로 삼아 겁을 먹고 불온한 언동을 하는 자는 참한다는 등 4개항의 행위지침을 군중에 선언

하였다. 창의정용군은 정탐군을 별도 배치하는 한편 계절풍 건들매를 이용한 화공작전을 세웠다. 마른풀을 모으고 장제, 방패, 농장, 질려포을 준비하고 민가에서 기와, 멍석까지 수습하는 등 총력전으로 나갔다.

그리고 본격적인 읍성탈환작전은 동월 26-27일 양일간 끈질기게 계속되었다. 작전 중 의병군은 그 계획의 일부를 수정하여 3부체제를 2부체로 하여 공격조를 강화시켰다. 남문과 동문은 우총 최문병, 중총 정대임, 의병장 정세아, 정담, 조희일, 신중룡, 영천군수 김윤국 등이 맡았고 한편 서문과 북문은 의병대장 권응수, 경주판판 박의장, 좌총 신해, 선봉장 홍천뢰 등이 담당하여 마침 불어온 계절풍을 등에 업고 미리 준비한 화공작전을펴, 읍성에 있던 왜군을 거의 전멸시킨 커다란 승리를 이끌어 내었다.

임란초기 영천군민이 응결되고 타지역의 의병군이 도와 성공한 영천성 탈환은 육전에서 왜군에게 계속 밀리고 있던 아군에게 안겨준 최초의 승리였다. 이것은 해군의 한산도閑山島대첩 이상의 의의가 있다 하겠다. 그래서 신령, 의흥, 안동 등 경상좌도가 회복되고 군용이 크게 진작되어 영남의 거성인 경주부 읍성탈환의 결정적인 계기로 작용하였던 것이다.

제10장 안동의 의병활동

1. 머리말

영남의 북부에 위치한 안동지역은 예안·의성·군위·의홍·비안·봉화·영주·풍기·청송·진보, 영해, 영덕 등을 포함하고 있다. 이 곳은 정치·문화 뿐만 아니라 학문적으로도 동일문화권으로 볼 수 있을 것이다.

이 곳은 왜군의 침략에 있어서 피해를 상대적으로 적게 입은 지역이다. 왜군의 침입소식이 전해지자 민심은 흉흉하고 관리들은 도망하기에 급급하였다. 더욱이 상주가 함락되고 국왕 선조가 서울을 떠나면서 민심이 요동쳤는데, 그 가운데서도 관리와 양반들의 동요가 더욱 심하였다. 이같은 사실은 정사성鄭士誠『지헌집芝軒集』권3. 임진일록壬辰日錄 5월 15일조에서 찾으면

안동 읍내 투석수 500여 명이 모여 토적하고자 하나 主將이 없고 또 전일에 府使 鄭熙績이 성을 버리고 도망가면서 관가의 창고 문을 열어 米布와 軍器 등을 마음대로 가져가게 하여 각 고을마다 창고의 곡식이 일시에 텅비게 되었고, 군기 또한 분탕되었다. 지금 비록 군병을 조발하

고자 하나 고을이 온통 비었고, 군량미 또한 마련할 길이 없으니 부사
정희적의 죄는 죽여 마땅하다. 또한 鄕所 등에서도 한 사람이라도 막아
구하지 아니 하고 모두 도망가 숨어 나오지 않았으니 분통한들 어찌하
랴.[1]

라고하여 안동에는 투석수 500여명이나 모였으나 지도할 장군이 없었고
부사 정희찬이 먼저 도망치는 바람에 관가의 창고와 무기고가 떨려 버렸다.
따라서 통솔 할 수 있는 능력이 없어져 버렸던 것이다.

이런 상황은 비록 안동만의 사정은 아니었다. 상주를 함락한 왜군은 여
기를 거점으로 주위 군현에 출몰하고 있었다. 이러한 왜군을 맞아 예안현감
신지제申之悌는 6월 15일 군사와 일부 창의병을 영솔하여 용궁에서 싸웠
으나 패하고[2] 이 과정에서 안동의 선비 배인길裵寅吉이 전사하였다. 왜군
이 안동에 들어오고, 다음 달인 7월 1일에는 예안까지 들어왔다.[3] 이들 왜
군은 19일에는 풍산 구담촌九潭村으로 퇴각하는 듯 보였다.[4] 안동·예안의
왜군은 상주·용궁을 거점으로 한 소규모부대가 주둔하였다. 이러한 왜군을
맞아 안동지역 지식인들은 6월에 들어 전 한림 김해金垓를 중심으로 하여
창의거병이 시작되어 10월말이면 연합적인 의병진을 갖추게 된다. 그리고
낙동강 수로의 요지인 당교에서 왜군과 여러차례에 걸쳐 전투를 전개하여

---

1) 鄭士誠, 『芝軒集』卷3, 「壬辰日錄」 5月 15日條 『한국문집총간』56, 민족문화추진회
   1990. 정사성(1545~1607)은 안동사람으로 퇴계 이황 문하생 임. 임란 당시 경주 集慶
   殿참봉으로 태조 어진을 모셨고(최효식『경주부의 임진항쟁사』1993, p.102~103 참조)
   대구 八公山회맹에 참여하였음. 정유재란 때 화왕산성에 들어가 활동하여 곽재우 등과
   함께 동고록에 등재되었음.
2) 金垓, 『鄕兵日記』6月 15日條, 이 책은 국사 편찬위원회 『한국사료총서』43으로 2000년
   간행되었음. 『安東文化研究』創刊號에 金龜鉉에 의해 「향병일기」가 번역되어 실려있음.
   이하 『향병일기』로 표기하고자 함.
3) 『鄕兵日記』7月 1日條.
4) 『鄕兵日記』7月 19日條.

마침내 왜군을 격퇴한다. 이런 의병 활동은 김해金垓를 중심으로 하여 살펴보고자 한다.

2. 김해金垓의 의병 조직과 활동

관군이 흩어진 상황에서 왜군을 격퇴하기 위해서는 의병의 모집이 급선무였다. 임란이 발발하자 안동판관 윤안성尹安性은 진관체계에 따라 경상좌병사 이각의 명을 받고 울산좌병영으로 출전하였다. 그러나 도망친 이각을 죽이지 못한 것을 한하고는 안동으로 돌아와 3일간이나 부성의 종을 울려 병사를 모았으나 응하는 사람이 없었다고 한다. 그러나 예안현감 신지제는 관아를 지키니 아전들이 함부로 흩어지지 않았다고 한다.[5] 따라서 안동지방에서 창의가 비교적 활발하였던 곳은 예안이었다. 현감 신지제가 끝내 관아를 지키고 있어서 사민이 비교적 안정되었기 때문이 아닌가 한다. 안동지역은 퇴계이황의 고향으로 성리학 사상이 어느 곳 보다도 내실화되어 있었다고 할 수 있다. 따라서 퇴계의 문하제자들이 많이 있었던 것이 당연하다 할 것이다. 이들이 안동지역[6]의 창의거병의 선봉에 섯던 것이다.

먼저 근시재近始齋 김해金垓(1555~1593)에 대해 살펴보자. 그는 명종 10년 안동 예안 오천리에서 출생하였다. 임란 당시 38세로 안동 별읍향병의 대장으로 활약하여 난중일기인 『향병일기鄕兵日記』를 남겼다. 김해는 퇴계 이황에게서 사숙하였고 조목, 김성일, 유성룡에게도 공부하였다. 그는 병산서원에서 퇴계문집 수정작업에도 참여한 바 있었다. 1588년 사마시를 거쳐 이듬해 중광시에 합격하여 관직이 승문원 정자, 다시 추천으로 예문관

---

5) 『향병일기』임진 4월 14일조
6) 최영희 『임진왜란중의 사회동태』한국연구원 1975.

검열. 한림이 되었다. 그러나 그해 겨울에 발생한 정여립 사건과 연루된 분 초焚草사건과 정여립의 생질 이진길李震吉에 의해서 천거된 일이 있다하 여 파직 되었다.[7] 이런 과정에서 김해의 명망은 널리 알려지게 되었다. 그 는 곧 신원되었지만 더 이상 관직에 나가지 않고 고향에 있으면서 학문에 전염하던 중 임란이 발발하였던 것이다.[8]

처음에 안동의 진사 배룡길은 퇴계 이황의 사위인 한림 김용金涌을 찾아 가 창의를 논의하였다. 이때 마침 안집사 김륵金玏이 왕명을 받들고 안동 예안을 방문하였다. 그는 격문을 발하고, 여러 선비들과 만나 의병를 일으 킬 것을 상의 하여 군정을 모으기로 하였다. 그런 까닭에 6월 11일 지식인 들은 예안에 모여 창의거병의 햇불을 올리게 되었던 것이다.『향병일기』권 1, 임진 6월 11일조에 보면

> 禮安의 향인이 분의하면서, 서로 일러 말하기를 나랏일이 이에 이르 렀는데 우리들이 어찌 궁산에 숨어 엎드려 군부의 위급함을 앉아 보고 만 있겠는가! 이래서 중의가 前翰林 金垓를 대장으로 삼고, 進士 李叔 樑에게는 글을 맡기고, 생원 琴應壎을 都總使로 삼고, 글을 지어 別邑 에 포고토록 했다. 前郡守 趙穆, 前縣監 琴應夾, 金富倫 등은 쌀을 바 쳐 軍糧에 쓰도록 했다. 前學諭, 柳宗介, 生員 任屹이 춘양현에서 의병 을 창기했다.

라고 하여 약 300여명의 의사들이 모여 전 한림 김해를 '명유중망名儒重 望'이라 하여 대장으로 추대하였다.[9] 그리고 진사 이숙량李叔樑[10]에게는

---

7) 『선조실록』 권23, 22년 11월 기사조; 『근시재집』 권4, 행장조 「己丑夏延恩殿參奉 是 月登第 及拆號百僚 相賀選補 承文院正字 尋薦授 藝文檢閱 會有同僚 焚史草事坐 罷」 이 책은 한국 역대 문집 총서 1826, 경인문화사, 1996년 영인.
8) 김구현 「향병일기 해제」 『안동문화연구』 창간호 1986, 참조
9) 김해, 『近始齋集』 권4, 용사기사조 「名儒重望推 以爲大將」
10) 『동유사우록』 권28에 의하면 이숙량(1518~1592)은 聾岩 李賢輔의 다섯째 아들로 예

격문을 짓도록 하였고, 생원 김응훈金應壎을 도총사都總使로 삼아 여러 고
을에 포고하여 창의할 것을 촉구하였던 것이다. 이에 전군수 조목趙穆과
전현감 김응협金應夾, 김부륜金富倫[11] 등은 많은 쌀을 내어 군량에 쓰도록
하였다. 『연려실기술』제 17권 선조조고사본말조宣祖朝故事本末條 영남의
병嶺南義兵에서 찾으면,

> 예안 사람 전 한림 김해가 의병을 일으켰다. 종개가 죽음을 당한 후에
> 사람들은 모두 의병 일을 두려워하였다. 초유사가 격문을 띄워서 국은
> 을 잊었음을 책망하고 의병에 나갈 것을 격려하였으며 안집사 김륵이
> 또한 통문을 내었다. 이에 영천·풍기 선비들과 전 한림 김해·생원 김응
> 훈·진사 임홀 등 여러 사람이 모두 호응하여 잇달아 일어나니 군사가
> 만여 명이나 되었는데 모두 해의 절재를 받았다. 해는 본래 인망이 있었
> 으므로 사람들이 그를 의지하였다.

이 때에 조직된 의병의 조직을 보면 다음과 같다.[12]

    대 장 : 金垓
    도총사 : 金應壎
    정재장 : 金澤龍, 金圻
    부 장 : 金光道, 金光績
    군양총 : 金詠道
    군 관 : 金坰, 蔡衎, 金坪
    장 서 : 琴憬
    유 사 : 柳誼, 朴夢聃

안분천리에 살았다. 당시 74세의 원로 학자였다. 그는 의병창의에 앞장 섰고, 1592년
제1차 진주성 혈전에서 순사하였음.

11) 『東儒師友錄』 권28에 의하면 퇴계 이황 문인으로 富信의 동생으로 학행이 높았음.

12) 『鄕兵日記』6월 11일 참조 : 金龜鉉, 「壬辰倭亂中의 安東義兵」 『鄕土慶北』創刊號,
1987.

기　병 : 黃振紀, 遇成績 외 양반 21名
　　　　평인, 중인 32名 合 55명
보　병 : 李士純, 金址 외 양반 16명
　　　　평인 226名 합 244명 도합 367명(종속된 노비까지 포함)

이때 이숙량李叔樑에 의해 작성된 격문을 보면[13]은 다음과 같다.

　…나라를 지키는 것은 성곽과 兵甲에 있지 않고 사람을 얻어 적을 방
어하는데 있으며, 富과에 있지 않고 일신을 잊어버리는데 있다.…이른바
수령·방백은 어디 있으며, 병사·수사는 어디 갔는가. 백성이 의탁할 곳
은 수령·방백이요, 수령을 통솔할 자는 방백과 거늘….
　홍기한다는 것은 승첩에 영향이 있을 뿐 아니라, 고향을 지키면 일읍
을 가히 보존할 것이요, 이를 본받는다면 렬읍이 가히 안전할 것이며,
미루어 일국이 모두 이와 같다면 곧 국기가 튼튼할 것이다.…능히 한다
고 하는 자는 충신·효자인 것이요, 토적을 게을리 하는 자는 불충·불효
한 사람이다. 바라건데 諸公은 그 또한 생각할지어다.

이 격문에서 의병이 일어나게 된 상황과 고향을 왜군으로부터 지키고자
한 목적의 일단을 잘 보여주고 있다. 이것은 성리학 사상의 골간이 곧 충이
요, 평소 배운 바를 실천하자는 것이다. 이 때 문경 함창에서 창의는 한림
정경임鄭景任을 중심으로 시작된다. 정경임은 이홍도李弘道, 채유희蔡有喜
등과 거병을 논하였고 채중구蔡仲具는 청주에 가 이봉李逢 등 궁수 18여명
을 이끌고 왔다. 그래서 문경 함창의 사족과 궁수 50여명이 함창 황령사黃
嶺寺에 모여 이봉을 대장으로 창의 거병한다. 그 조직을 보면 대장 이봉,
중의장 이천두李天斗, 좌막 전식全湜, 송광국宋光國, 조광수趙光綬, 조정
趙靖, 장서, 채천서蔡天瑞, 홍경업洪慶業 등으로 하였다. 이들은 임금이 계

---

13) 李叔樑, 『梅岩文集』壬辰 6월 11일조 『論告列邑士民文』참조.

신 북쪽을 향하여 재배하고 몸을 던져 나라 구할 것을 맹약하였다.[14] 그리고 순찰巡察 등에 알렸다.[15] 이 사실을 함창사인 이종도와 상주사인 조정을 거창으로 파견하여 초유사영에 보고 하였다. 김성일은 이 봉을 의병대장으로 삼고 상주의 전 한림, 정경세와 함창의 전 찰방 권경호權景虎, 문경 유학 신담申譚을 소모관으로 삼았던 것이다.[16]

안동지방에 의병운동이 본격적으로 점화된 것은 이해 8월에 들어와서이다. 먼저 초유사 김성일의 '경상도 사민에게 초유하는 글' 을 받아본 지사 배룡길은 이 사실을 안동 전지역 사림에게 전하였다. 이것을 본 지사들은 여강서원廬江書院[17]에 모여[18]들었다. 그리고 곧 바로 아래와 같이 의병의 조직을 구성하였던 것이다.

대　　　장 : 생원 金允明
부　　　장 : 진사 裵龍吉
정제유사 : 金允思, 李亨男
장　　　서 : 李應䳧, 南祐, 權泰一, 金得蟻
향군도감 : 金得研, 柳復起
동부주장 : 權訥
서부주장 : 權紀
북부주장 : 權益亨

---

14) 조정, 『임난일기』 임진, 7월 30일조
15) 조정, 『임난일기』 임진, 8월 2일조
16) 이노, 『용사일기』, p103~104.
17) 廬江書院은 『永嘉誌』 권4 서원조에 '在府東廬山村 卽白連 寺旧基也 萬曆乙亥 刱建……一鄕士人爲先生(李滉)撤去之 建院立祠' 라고 하여 이 서원은 안동 동쪽 낙동강 위인 여산촌에 위치해 있는데 지금의 호계서원이다. 백련사 옛터에 이황을 모시기 위해 1575년에 세운 대표적인 서원임. (이수환 『조선후기서원연구』 일조각 2001. p58,82~3 참조).
18) 『향병일기』 임진 8월 5일조

남부주장 : 金瀹

안동부수성장 : 韓林 金涌[19]

이때 작성된 한림 김용金涌의 초모문招募文을 보면 다음과 같다.[20]

아! 지금이 어느 때인가! 지금이 어찌 몸을 숨겨 害를 멀리하고 스스로 편안함을 찾을 때인가! 임금의 수레는 파월하고 鳳城은 倫陷하여 12대 능침이 蒙塵하여 億萬姓이 肝腦塗地되었다! ……우리가 가히 오랑캐가 되어 가는데, 진실로 우리와는 한 하늘 밑에 살 수 없는 놈들과는 차라리 한번의 죽음으로 일어나 결단을 내리자! …… 나아가 죽어서 영광을 알고, 물러나 산다면 욕됨을 알라!…… 힘이 미치는데로 모병에 응하여 혹은 자제를 보내고, 혹은 노복을 보내고, 혹은 군략으로 쌀, 콩, 피곡 木定, 혹은 군기로 소용되는 류, 羽, 편죽철물 등 여러 가지로 돕자. …… 지금 우리의 죽음과 삶을 마땅히 토적이냐 未討賊이냐가 결판을 낸다! 爲國忠誠이 어찌 食祿不食祿으로 차이가 있는가! 일이 이루어지면 신인에게 설분을 함이오. 이루어지지 못하더라도 차라리 徒死함은 아닌 것이다. 오직 제현은 힘써 살펴라!

이러한 격문으로 7월 18일 경에는 예안에서 김해가, 영주에서 박록朴漉이, 안동에서 배용길 등이 의병을 일으켰다.[21] 이에 안동의 진사 배용길은 현감의 공문을 가지고 임하현에서 200여 인의 의병을 모집하였다. 따라서 병사 박진朴晋이 안동부에 들어오자 배용길은 이 군사를 즉시 박진에게 넘겨주었다.[22] 그러나 의병의 조직은 용이하지 않았고, 필요한 군량의 확보는 더욱 어려웠던 것이었다. 따라서 그 세력은 고단할 수 밖에 없었다. 이러한

---

19) 『향병일기』임진 8월 13일조.

20) 김용, 『雲川先生文集』, 「壬辰年 募兵文」.

21) 『향병일기』 임진 8월 18일조

22) 『鄕兵日記』 7월 19日條.

문제를 극복하기 위해서는 지역간의 연대가 필요하게 되었다. 안동을 중심으로 본격적인 의병의 조직은 다른 지역에 비하여 상당히 늦은 감이 없지 않았다. 이러한 지역의 사족들에게 적극적으로 의병조직에 나서게 된 계기는 초유사 김성일의 초유문招諭文[23]과 안집사 김륵金玏의 활동에 힘입은 바가 많았던 것이다. 김성일의 초유문이 이곳에 전해진 것은 8월 5일 이었다. 우경충禹景忠과 박연朴淵 등이 여러 곳을 다니면서 의병 연대의 필요성을 역설하여 마침내 안동을 위시하여 열읍의 사림들의 호응을 받게 되었다. 그래서 안동 남쪽에 위치한 일직一直에 모여 동맹하기에 이르렀던 것이다. 이와 같이 예안·안동을 중심으로 한 의병의 창의가 본격화하여 나갔던 것이다.

안동지역의 의병운동에 있어 새로운 단계로 열읍의 의병들이 적극적으로 참여하게 되었던 것이다. 이러한 의병활동은 8월 20일 한층 강화된 의병진을 결성하게 된다. 즉 안동, 예안, 의성, 의흥, 군위 등의 의사들이 일직현에 모여 김해를 대장으로 추대하였다. 그리고 '안동별읍향병安東別邑鄕兵'이라 병호하고 안동에 본진을 두기로 하였다.[24] 그런 까닭에 왜군은 '조선측의 저항이 심하여 헤어날 수 없는 수렁에 빠지게 되었다'라고 기록하고 있는 것을 보면 왜군의 행동반경은 안동의병의 창의로 인해 상당히 위축되어 갔던 것 같다.[25]

이것은 의병진의 강화를 위한 운동이 지속적으로 추진되고 있음을 보여주는 것이라 하겠다. 『연려실기술』제 17권 선조조고사본말조宣祖朝故事本末條 영남의병嶺南義兵에서 찾으면

---

23) 『학봉의 학문과 구국활동』, 학봉 김성일 선생 기념사업회, 1999, p343~351에 수록되어있음 ; 『학봉집』.
24) 『향병일기』임진 8월 20일조.
25) 北島萬次, 『朝鮮日記 高麗日記』.

좌도의 의병이 일직현에 모여서 맹세할 때에 해를 대장으로 추대하였
더니, 뒤에 김면이 본도 대장이 되었음을 듣고 의병 문서를 강을 건너
면에게 보내었다. 면이 열람하여 보니 모두 선비로서 부대가 편성되었
으므로, "이것이야말로 참 의병이다"하였다.

그리고 이숙량의 창기를 호소하는 격문도 계속되고 있다.

無智妄作할 노인 某는 천줄의 눈물을 닦으면서 同鄕同志之人에게
다시 고하노라. 우리가 평일에 배운 것이 무엇이며 讀論한 것이 무엇인
가. 백성이 되어 충에 죽어야 하는 데 있지 않았던가. 평일에 배우고 讀
論한 것이 과연 여기에 있었다면 어찌 홀로 금일에 아직 한 개 반개의
死忠死孝하는 자가 있음을 보지 못하는가……각각 자체로 하여금 다시
는 암혈에 숨는 몸이 되지 말게 하고,……타면의 군병과 합해서 협력하
여 같이 대항하되……낮에는 무비를 강습하고 밤에는 枕戈嘗膽하여 늘
잠시도 쉬지 않는다면, 外侮 가 어찌 끝내 모욕이 될 것이며, 토적이 어
려울 것인가.26)

비슷한 시기에 춘양·영주·풍기·예천·영해·청송 등지에서도 대거 창의하
였다. 춘양에서 전학유 유종개柳宗介와 생원 임흘任屹이 의병을 일으켰다.
이 사실을 『연려실기술』제 17권 선조조고사본말조宣祖朝故事本末條 영남
의병嶺南義兵에서 찾으면,

유종개가 의병을 일으켰다. 이때 경상좌도의 산골 10여 고을은 병화
에 조금 멀리 떨어져 있었다. 간혹 강개한 뜻을 가진 사람이 고을 사람
을 격려하여 적군 토벌할 것을 타일렀으나 백성들은 조석으로 편하게
지내는 것을 다행스럽게 여기고 군사 일으키자는 사람을 도리어 원망하
는 것이었다. 종개는 개연히 의병을 일으키는데 앞장을 서서 고을 군사

---

26) 이숙량, 『매암문집』 壬辰 7월 21일조 「論告一鄕士民文」.

수백 명을 모아서 산중에 진을 쳤다. 강원도의 적군이 횡행하면서 못된
짓을 하다가 광비촌을 넘어온다는 소문을 듣고 장령 윤흠신·윤흠도 등
과 함께 군사를 거느리고 전진하였다. 적군의 선봉이 변장을 하고 숨어
다녔으나 척후병이 이를 알지 못하여서 복병은 모두 흩어졌다. 종개 등
이 창졸간에 적군을 만나 용감하게 싸우고 후퇴하지 아니하다가 힘이
다 되고 원군이 없어 죽음을 당하였다. 적군은 드디어 불지르고 노략질
하고 갔다.

영주·풍기에서 김대현金大賢·곽수지郭守智가, 예천에서 전현감 이유李
愈, 진사 이광옥李光玉·권욱權旭, 영해에서 찰방 조현趙玹·생원 이함李涵·
유학 백견룡白見龍, 의성에서 신홍도申弘道, 의홍에서 이인호李仁好, 군위
에서 진사 이영남李榮男·홍위洪瑋, 북안에서 김희金喜, 청송靑松에서 민근
효閔根孝·권효창權孝昌·어린魚麟 등이 일시에 일어나게 되었던 것이다.

이와 같이 안동지역의 연합 의병부대는 9월에 들어서는 일직의 설산역雪
山驛에서 우선 합진하였다. 이런 분위기는 확산되어 영천 합천등의 의병진
과도 합진하고자 하였다. 이들은 군기를 엄하게 하고 장교將校를 엄선하여
위용을 자랑하였다. 안동별읍향병은 여기서 20여 일간 머물면서 조직과 대
오를 정비 하면서 군사를 조련하였다. 이 때 정비된 조직은 다음과 같다.[27]

    대   장 ： 金垓
    좌 부 장 ： 李庭栢
    우 부 장 ： 裵龍吉
    본진정제장 ： 柳復起, 金瀹, 金允思
    예안정제장 ： 金澤龍, 李弘道
    의성정제장 ： 金士元, 申弘道

---

27)『향병일기』임진 9월조 ; 김구현, 「임진왜란중의 안동의병」,『향토경북』창간호, 1987.

군위정제장 : 李榮男

군위별장 : 張士珍

의흥정제장 : 康忠立, 朴文潤, 李好仁, 洪慶承

북안정제장 : 趙端

선산정제장 : 吉云得

나성영병장 : 南庭筍

영 병 장 : 沈智

간 병 장 : 禹仁慶, 權復元

조 전 장 : 朴好仁

척 후 장 : 權克仁

복 병 장 : 李選忠, 金嗣權, 趙誠中

좌 위 장 : 金翌

중 위 장 : 金允思

우 위 장 : 申仳

군양도총 : 李詠道

전향유사 : 洪瑋, 權行可

모 의 사 : 安東 金允明, 禮安 琴應壎, 軍威 李輔, 善山 盧景仳

장 　　서 : 金墹, 琴夢駬, 金允安, 琴憬, 權杠
　　　　　　鄭藻, 辛敬立, 權得可

군 　　관 : 金坪, 崔料, 李適

도 군 관 : 柳復起, 金允思

병색군관 : 金兌, 總理軍簿責任

　이러한 조직은 가히 경상북부의 전 지역을 총 망라한 것으로 전 재지 사족적인 연합이기도 하였다. 그것은 왜군의 피해를 상대적으로 적게 받은 곳이며, 왜군이 계속해서 주둔하지 않음으로써 연락과 정보교환이 가능하였던 때문이기도 하였다. 한편으로 퇴계이황을 연원으로 한 학문적인 일체감의 형성과 관부의 후원을 받을 수 있었기 때문이 아닌가 한다.

　왜군은 안동 지역에 7월초까지 머물고는 그들의 중간 거점이라 할 상주지역으로 일단 물러나게 된다. 각지에서 의병이 일어나고 관군이 재편되어 반격에 나서게 된다. 안동 지역에 출몰하던 왜군은 상주와 당교를 거점으로 하고 있었다. 이 같은 왜군의 동향에 따라 전개된 안동지역의 의병진은 조직이 완비된 1592년 10월 22일에 왜적의 주된 근거지의 하나인 당교를 향해 진군하기 시작하였다. 당교는 상주와 문경의 접경지에 위치해 있으며, 현재 행정구역은 경북 문경시 모전동에 소속된다.[28] 당시 낙동강은 부산에서 서울로 통하는 수로를 이용한 중요한 교통로였다는 것은 앞서 언급한바 있다. 이 낙동강은 상류 퇴강이란 지역에 이르러 양분되는데 문경 방향은 영강이되고 안동 방향은 내성천이 된다. 여기서 영강을 따라 거슬러 올라가면 덕통 옆에 위치한 함창읍이 된다. 여기서 문경 방향으로 약 2km지점에 ○○도와 경북선 철도가 교차되는 부근이 바로 당교에 해당된다고 한다.[29] 여기 문경시가 당교 사적비 표석을 세워 놓았다. 이 곳은 교통의 요지로 북쪽으로 ○○km정도가면 문경새재가 나온다. 남쪽 퇴강에서 경상좌우도가 나누어지는 ○○○○○○충지였다. 당교는 일찍이 신라가 통일전쟁 때 당나라 소정방을 물리친바,[30] 임란 때 치열하게 전투가 전개된 격전지 중의 하나였다. 1592년 9월 ○○ 왜군은 이런 당교의 중요성을 인식하고 장증아부원친長曾我部元親이 약 ○○00명의 주둔군을 두어 물자를 수송하는 등 중요한 병참기지로 사용하고○○었다.[31] 따라서 안동진의 의병

---

28) 唐橋는 일명 '띠다리', '때따리'라고 칭하는 바, 상주 합창과 문경 점촌의 접경에 위치한 작은 다리였으나 지금은 없음. 1913년 행정구역 개편시 상주시 함창읍 윤직리였으나 1989년 1월 1일 이후 현재에 이르고 있음.

29) 곽희상, 「임란함창당교전투 재조명」, 『상주문화연구』 9집, 상주대 상주문화연구소, 1999 ; 김호종, 「임란때 당교 왜적과 영남북부지방 향병의 항쟁」 『역사교육논집』 23·24, 경북대 역사교육과, 1999.

30) 『삼국유사』, 紀異 第1, 太宗春秋公條 ; 『신증동국여지승람』 권29, 咸昌縣 橋梁條.

31) 『향병일기』, 만력임진 10월 24일조 '왜적은 상주와 盤岩 咸昌, 당교에 지난달 초생에 진을 치고는 龍宮을 분탕질했다고 함.

을 비롯한 관군은 수차에 걸쳐 당교 전투가 전개 되었던 것이다. 의병진의 활동을 『향병일기』를 중심으로 하여 정리해 보고자 한다. 이때를 전후하여 안동 의병군은 오위로 된 것을 다시 삼위로 재편하였다. 그리고 복병장 이선충李善忠, 조전장, 박호인朴好仁을 선봉으로 하여 군관 8명과 정병 130여명을 선발대로 삼아 풍산豊山을 거쳐 예천으로가 주둔 하였다. 용궁현 성화천에 위치한 노포로 진지를 옮겼다. 이때 왜군의 한 부대가 당교에서 용궁으로 쳐 들어와 왔다. 복병장 이선충의 부대가 그들을 추격하여 몰아냈다. 계원장 우선경禹仙慶의 정예병 50여인으로 엄호 하였다. 복병장 이선충과 조전장 박호인은 결사대를 조직하여 영강을 건너 오악산 중턱에 위치해 있는 반암盤岩으로 갔다. 마침 남하하고 있던 왜군을 사살하고 말 2필을 빼앗기도 하였다. 조정趙靖은 10월에 안동에서 수성장 김용金涌을 만나고 이어 추월촌秋月村에서 대장 김해를 만나 왜군 격퇴에 관한 대책을 논의 하였다.[32] 11월에 들어 의병진을 다시 반암에 파견하였다. 그곳에서 당교의 왜군을 감시하고 그들의 왕래하는 상황 등을 예의 파악하였던 것이다. 대장 김해金垓는 5일 안동에서 순찰사 김수를 단독으로 만났다. 다음날 군량도총 이영도, 중위장 김윤사, 장서 신경립 등을 대동하고 다시 순찰사를 만났으며 그 다음날도 그를 만나 대책을 논의 하였던 것을 보면 당교의 왜군을 격퇴하기 위한 의병과 관군의 합동 작전을 세웠던 것이 아닌가 한다. 이 작전 계획에 따라 치열한 전투가 전개되었던 것이다. 이런 사실을 『향병일기』 만력 임진 11월 12일조에서 찾으면

군위별장 장사진이 전사했다. 사진은 縣의 선비다. 날쎄고 강건했고 끊어서 남방을 보장했다. 하루는 왜구 천여명이 현의 경계를 범했다. 사진은 정병 수십명을 거느리고 몸을 바쳐 적진에 돌입하고는 맨 먼저 비

---

32) 조정, 『임난일기』, 임진 10월 2일조, 5일조

단옷을 입고 은색 투구를 ○○○○○○○○았다.

　목을 베어 창에 것었더니 왜의 일군들이 ○○○○○○서 울부짖으며
도망쳤다. 이긴 기회를 타고 쫓고 쏘면서 백수십명을 참살한 뒤 ○○○
에 적의 무리를 소탕하고 다시 돌아왔다. 사진은 힘써 싸웠으나 죽었다.
적 또한 물러갔다. 순찰사에게 論報했다.

　고 하였으며, 이긍익의 『연려실기술』 제17권 선조조 고사본말조 영남의

병에 보면

　　　인동 향병장 장사진은 날래고 용맹하여 담략이 있어서 적군 토벌에
앞장섰다.
　　아우 사규가 전사하자 더욱 분발하였다. 별상이 되어서 군세를 거느리
고 요지를 지키는데, 하루는 적군 수백 명이 갑자기 닥쳐왔다. 사진은
다만 용사 수십 명만 거느리고 뛰쳐나가 마주 싸웠다. 먼저 비단 옷에
은 투구를 쓴 놈을 쏘아 죽이고 그 머리를 창 끝에 꿰니 적군들은 소리
쳐 울며 도망갔다. 사진은 기세를 얻어서 추격하였다. 그 뒤 10여일만에
적은 군사를 모두 몰아 다시 와서 먼저 10여 기병으로 싸움을 걸어오므
로 사진은 또 돌격하여 쏘아대니 시윗소리에 따라 적군이 거꾸려졌다.
　　이에 드디어 날샌 기세로 추격하는데 갑자기 적군의 복병이 내달았으
나 사진은 오히려 크게 호통치며 힘껏 싸웠다. 화살이 다하고 해도 저물
자 적군 한 놈이 앞으로 달겨들어 사진의 한 팔을 쳐서 끊어버렸다. 사
진은 한 팔만으로도 용기를 떨치며 공격하여 마지 아니하더니 그만 말
에서 떨어져 죽었다. 나라에서 이 일을 듣고 通政·水使를 증직하였다.
　　사진은 군위 향교 유생이었다. 본 고을에서 군사를 일으켜서 적군을
죽인 것이 매우 많았다.
　　적군은 겁을 내어서 장 장군이라고 부르며 그가 맡은 구역에는 감히
침입하지 못하였다.

　라고 하였던 것이다. 이와같이 장사진은 군위별장이였다. 그는 1,000여
명의 왜군을 맞아 비단 옷을 입고 은색투구를 쓴 왜군 지휘자를 죽여 목을

긴 창에 걸었다. 이같이 장사진의병군은 큰 승리를 거두었던 것이다. 그러나 왜군은 10여일 뒤에 다시 침범하여 왔다. 왜군은 장사진군을 유인하여 포위하였던 것이다. 장사진은 배우 용감하였다. 화살이 다할 때까지 적을 죽였으나 그는 전사하고 말았던 것이다. 이 전투 후에 왜군은 되돌아가지 않을 수 없었다고 한다. 이와 같은 장사진의 활약에 대해 유성룡은 곽재우, 김면, 김해 등과 함께 높이 평가하고 있다.[33] 이 같은 의병진의 성과에 병사 박진은 사기진작을 위하여 300금을 지급하였던 것이다.[34] 그러나 안동 의병진은 군량 수급이 매우 어려워 의병의 해산을 논의하자는 의견이 제시되기도 하였다. 우부장 배용길, 좌부장 이정백 그리고 안동참모 김윤병 등의 발의가 있었으나 대장 김해는 왜군의 왕래가 더 많아지고 출몰이 무상한 때에 더욱 방비를 강화해야 될 판에 무슨말을 하는것이냐라고 강력히 제지당하여 좌절되고 말았던 것이다.[35]

안동에서 대장 김해는 감사 한효순韓孝純과 병사 박진朴晋이 함께 왜군을 공격할 대책을 논의 하였다., 당시 정부가 안동부사 우복룡禹伏龍에게 보낸 공문에 의하면 서울에서 충주로 다시 당교로 밀려 이동한 왜군은 5-600명이나 된다고 한다. 따라서 막강해진 당교의 왜군을 공격하기 위한 대책이 활발하게 진행된다. 의병장 김용, 김철, 구성륜 등 또한 대장 김해와 함께 대책을 논의 하였던 것이다. 그런 까닭에 대장 김해는 예천 의병에게 명령하기를 의병 5-600명을 모집하여 강화 시키십시오, 그리고 관군과 합동 작전으로 당교의 왜군을 공격 하십시오. 낮에는 왜군을 좇아 잡아오고, 밤에는 적을 쳐부수라고 시달하였던 것이다. 따라서 이 명령은 예천 의병진에게만 한 것이 아니라 모든 의병진의 강화를 위한 것이다. 왜냐하면 그때

---

33) 유성룡 『징비록』 권1 의병이 일어나 왜적을 무찌르다.
34) 『향병일기』 만력 임진 11월 13일조
35) 『향병일기』 만력 임진 11월 18일조

대장 김해가 안집사 김륵에게 보고한 바에 의하면 ① 의병진의 기율을 세울 것, ② 유능한 사람을 선별한 것, ③ 옳고 그릇된 것을 분명히 할 것, ④ 내 사람으로 삼는 일을 조심스럽게 할 것 등이라고 한데서 알 수 있다.[36] 영천을 수복한바 있는 대장 권응수權應銖가 급하게 알리는 보고가 의병진에 도착하였다. 내용은 당교의 왜군이 용궁현에 침입하여 현의 뒷산을 비롯한 관아, 객사, 원당, 신당, 고울곡, 지동, 석현, 무위곡 등지에 진을 치고 분탕질을 한다고 하였던 것이다. 의병진에 비상이 걸렸다. 그래서 모의 노경필, 선산 정재장, 길운득, 장서 김윤안, 군량 총독 이영도 등이 안동에 있는 의병진 본부로 속속 집결되었던 것이다. 그런 까닭에 당교의 왜군에 대한 토벌 작전을 세웠던 것이 아닌가 한다.

복병장 이선충을 선발대로 삼아 당교에 파견 하였던 것 같다. 그리고 대장 김해는 적세를 살피기 위해 예천군 호명면 백송리에 위치해 있는 선봉대에 나아갔고, 다시 용궁현을 거쳐 문경시 영순면 왕태리에 소재한 왕태동 서산에 올라가 적세를 살펴보았던 것이다. 그 결과 왜군의 분탕질로 인해 사람이 살던 것은 모두 타 버렸고 백골이 재가 되어 버렸다. 장수와 졸병이 서로 돌아 보면서 모르는 사이에 눈물을 지으며 분쾌한 마음이 솟구쳤다[37]라고 하여 처절한 상황을 알 수 있겠다. 당시 의병진의 활동은 어떠했는지에 대한 기록은 남아있지 않아 안타까울 따름이다. 이때 왜군의 한 부대는 인동仁同에 대거 집결 하였던 것이다. 대구에서 500여명이 왔고 정보에 의하면 또 1,000여명이 보강 될 것이라고 하였다. 그래서 우후 권응수는 정병 40여명을 거느리고 비안에서 인동으로 이동하여 그들을 습격 하였던 것이다. 그래서 8명을 사살하였고 남자 3명과 여자 1명을 사로 잡았으나 즉시 사살하여 버렸던 것이다. 군위 의병 기대립, 강경서 등도 출동하여 왜군을

---

36) 『향병일기』 만력 임진 11월 18일조
37) 『향병일기』 만력 임진 12월 28일조

많이 사살하였다고 한다.

　1593년 정월 초 하루에도 전투는 계속되었다. 복병장 이선충의 부대는 밤에 적진에 돌진하였다. 경주성 탈환에 큰 업적을 세우는데 위력을 보여 주었던 진천뢰를 마구 쏘아 왜군을 수 없이 죽였다. 그리고 창과 칼 등을 빼앗아 개선 하였던 것이다. 이튿날도 이선충은 당교 왜군 목책을 공격 하였다. 진천뢰를 전진 배치하여 큰 공로를 세웠던 것이다. 왜군 15명을 사살하였고, 긴 창을 탈취하여 순찰사영에 보고하고 이어서 진천뢰를 더 보내 줄 것을 청하였다. 대장 김해는 이러한 대승을 계기로 하여 왜군 격퇴에 자신감을 얻게 되었던 것 같다. 그는 안동에서 감사 한효순, 병사 박진과 의논하여 당교를 비롯한 인동, 대구 등의 왜군을 공격 하기로 결정하였던 것이다. 이에따라 김해는 작전개시에 들어갔던 것 같다. 장서 김윤안, 군관 정서, 김태, 김평, 오금, 이적, 이경선 등을 군위로 파견하였고, 의성 이하 4읍의 군병을 점검하였다. 그리고 좌부장 이정백, 우부장 배용길이 예안 정병과 함께 당교의 왜군을 치도록 하였던 것이다. 이때 문경의 산양 의병장이 편지를 보내 의병진의 합진을 요구하였던 것이다. 작전 계시일인 6일 날씨가 몹시 추워 인동 작전은 9일로 잠정 연기하였던 것이다. 비안 조서 장군이 20여명을 이끌고 왔고 군위 이보와 홍위가 군대를 이끌고 왔던 것이다. 전령을 당교로 파견하여 밤에 공격하도록 명령을 내렸던 것이다. 좌우부장은 예천에서 정병을 선발하여 김사곤과 조성중에게 소속시켜 출동하였다 양 부장도 용궁으로 가서 안동 판관, 예천, 용궁의 가수, 서평의 권관과 합세 하기로 하였던 것이다. 이때 서평의 군관이 90여명이 군사를 이끌고 지원토록 하였다. 밤에 작전이 시작되었다. 왜군은 당교진의 군대를 더욱 보강하였던 것 같다. 이들은 명군에게 패전한 자들로 충주로부터 온 부대로 홍백기, 7죽을 세웠고, 상주로부터 지원나온 홍기 5죽을 세워 위새를 과시하려고 하였던 것이다.[38] 그러나 의병진의 왜군 진지 당교 급습은 커다란

성과를 거두웠던 것이다. 이 성과는 대장에게 즉시 보고 하였다.[39]

이때 의병진에서는 파병된 명나라 군이 평양성 탈환 소식을 접하자 사기는 너무 높아졌다. 의병들은 자신도 모르게 손이 춤추고 발은 장단을 맞추게 되었다고 쓰고 있다. 대장 김해는 의병들의 성명과 군량, 군기 등을 적어 책으로 엮었다. 그리고 장서 신경립, 별장 김사곤을 거창에 파견하여 의병 도대장 김면에게 보고 하도록 하였다. 그 내용은

> 대장이 분충하여 의병을 일으키니 인근 사류가 구름처럼 모여서 향응했다.
> 병기를 주조하고 군량을 모았으며, 마음을 다하여 토적했다. 옛 사람 가운데도 아직까지 얻지 못한 지극히 아름다운 일이 많이 얻어졌도다. 그 활동상을 책으로 만들어 각항을 여러 유사에게 보내고 모은 군인과 병량의 이루어진 수를 갖추어 기록하여 계문하고는 공로를 헤아려 포상함으로 적개의 뜻이 더욱 격려되었고, 종시 분의하여 마음을 다하여 전포하면서 대공을 세웠다.[40]

는 것이었다. 이 보고를 받은 김면은 먼 곳에서 온 수고로움 위로하면서 의병이 유생들로 편성되었음을 듣고는 이것이 진실한 의병이구나 했다고 한다.

대장 김해는 당교에서의 복병에 관한 일은 우부장 배용길이 주관하고 경주, 영천 등 하도에 복병하는 일은 좌부장 이정백이 전적으로 담당하여 주관하도록 하였던 것이다[41]. 1593년 2월 20일 의병진은 정병 한전韓全 등은 도담에, 군관 문천우, 최헌 등은 반암에, 복병장 이선충 등은 통덕역 북산에

---

38) 『향병일기』 만력 계사 1월 17일조.
39) 『향병일기』 만력 계사 1월 6일조
40) 『향병일기』 만력계사 2월 13일조.
41) 『향병일기』 만력계사 2월 12일조.

설복케 하였고 나머지 군사는 영강변의 송림사에 매복하여 성원토록 작전 계획을 세웠던 것이다. 따라서 당교의 왜군 진지를 완전 포위 하도록 하였던 것이다. 이날 저녁에 작전은 계시되었다. 이 사실을 『향병일기』 만력계 사 2월 20일조에서 찾아보면

> 저녁에 복병장 이선충이 암봉에 오니 설태인 한전 등이 풀을 베고 있던 왜적과 접전했는데 왜장이 진중에 나와 백마를 타고 정병을 거느렸는데 그 이상 헤아릴 수 없이 많아 계속 도와주면서 날뛰었다. 왜적이 50여인이 각자 철구을 갖고 道潭앞 기슭을 거듭 사냥질 하다가 회군하는 것을 둘러 샀다. 정병들은 이리 뛰고 저리 뛰며 나아가고 물러 서면서 정신을 빼앗고, 풀베던 놈들을 흩어버리고 혹은 따라가면서 왜놈을 쫓아 버렸다. 그 합정에서 겨우죽음을 면한 왜인을 쫓으면서 도담에 다가서 물러났다. 정병 한전은 그 왜놈 죽이지 못한 것이 분하게 여기며 서산에 있는 왜진 근처에 설복 할 것을 각자가 원하는 것이나 위로하고 타일러서 보았다.

> 다음날 승군 신선, 공담 등을 파견하여 왜동에 설복하여 왜군과 다시 싸웠다. 그래서 왜군 5명을 목 배고 칼 등을 노획하였다. 또 다음날 전투는 계속 되었다. 왜군은 오전 8시부터 11시 사이 영강을 건너 동쪽 산양 방면으로 와 분탕질을 하였다. 복병장 이건충은 재악산 하단에 위치한 반암에 매복하였고 군관 박호례, 우첨필, 군인 김이지 그리고 승군 공담, 의준, 신선 등은 왜군이 회군하기만을 기다렸다가 그들을 맞아 진천뢰로 공격 하였다. 왜군은 큰 혼란에 빠져들어 그들끼리 짓밟고 우왕좌왕 하였던 것이다. 그래서 적장을 목배웠고, 노획물은 매우 많았던 것이다. 왜군 진영에서 노획한 적장의 비단옷은 순찰사 영에 바쳤고 병사 박진에게 승리한 사실을 보고하였던 것이다.[42)]

상주 의병 조정趙靖이 쓴 『임란일기王亂日記』, 이축李軸의 『가악재실기

---

42) 『향병일기』 만력계사 2월 24일조

佳岳齋實紀』 등에서 당교에서 왜군과 전투한 내용을 정리해 보면

    1592년 10월 27일, 상의군尙儀軍이 당교 왜적을 야습하여 적 15명을 사살하고 우마 17태(馱)를 획득함.
    11월 4일, 당교에서 주둔하고 있는 왜적이 야음을 틈타 예천 유천柳川과 용궁 천덕원天德院에 난입하여 주위 40여 리를 분탕질한다. 좌로 일대 유지가 어려웠다.
    11월 15일, 상의군이 당교에 있는 왜적을 야습하여 10여명을 참수하고 100여 명을 사살했으며, 많은 우마을 획득하다.
    11월 29일, 충보군이 함창에 매복하여 왜적 2급을 참획하다
    12월 일, 창의군이 정기룡과 합세하여 당교의 적을 공격하였다.
    12월 2일, 창의군이 당교를 야습했다.
    12월 5일 조정(趙靖)이 충보군과 함께 당교이 왜적 야습을 논의했다.
    1593년 2월 일, 창의군 의병대장 이봉이 왜적 1급을 사살.
    2월 11일 창의군의 선봉 이축(李軸)은 밤에 정병을 거느리고 왜군 수백 여명을 사살하였다.
    2월 19일, 이축이 군사 15명으로 당교의 왜군을 급습하여 2급을 획득한 것으로 정리 할 수 있다.[43]

    의병대장 김해는 참모들과 작전회의를 열고 당교 왜군의 활약이 소강 상태에 빠진 것에 대해 '전년도의 왜군은 정병을 가려 진격해 오는 명군을 막으러 갔기 때문이다. 그러나 이번 기회에 당교의 왜군을 쓸어 없애고 서울로 내왕하는 길목을 막아 한 놈도 남기지 말고 모두 쳐 부수자 라고 하니,' 참석자 모두가 좋은 생각이라고 전폭적으로 지지하였던 것이다.[44] 그래서 조방장 권응수에게 편지를 보내 서로 결진하고 합세하여 당교의 왜군을 토적하자고 제의 하여던 것이다. 이에 대해 권응수는 답장을 보내

---

43) 곽희상, 「임란 함창 당교전투 재조명」, 『상주문화연구』9집, 상주문화연구소, 1999.
44) 『향병일기』 만력 계사 2월 27일조

왜적이 동래로 경주로부터 서울로 가는데는 안동, 예안, 榮州, 예천 등의 고을을 지나고야만 갈 수가 있습니다. 좌도의 사람이 쉽사리 지나지 못하게 했으며, 또 그곳에 의병을 일으키고 부터는 영하의 10여읍의 왜적은 머리와 꼬리가 끊어져서 불을 곳이 없어졌습니다. 이것은 존경하는 여러분 거의가 있었기 때문입니다. 오직 이 당교 상주, 선산, 대구, 인동에 머무는 왜적만이 위로는 문경에 접하고 아래로는 경주에 장구해서 돼지처럼 날뛰고 있습니다. 그런데 방백은 순찰의 호령만내세우고 장수를 연합시켜 나아가 싸울 계획은 하지 않고 관의 위세만 부리며 앉아 있기만 하니 한심한 일입니다. 대개 병사를 적진에 가까운 곳에서 합세하여 싸워 봅시다.[45]

라고 하여 당교의 왜군 진지를 공략하기로 하였던 것이다. 얼마 안있어 권응수가 새로 경상좌병사가 되어 안동에 왔다. 그것은 당교의 왜군을 공격하기 위한 것이었다.[46] 명군에 의해 승승장구의 세가 형성되자 의병진과 조선군의 사기는 충천되어 같던 것이다. 병사 권응수가 대장 김해에게 보낸 공문에서 명의 총병관 왕도가 3만병을 이끌고 만여척의 배에다가 군량과 기계들을 함께 싣고 바다를 건너 대마도를 진격하였다. 그래서 왜군 1만여 명을 사살하고 지금은 부산에 있으나 곧 서울로 출동할 것이다라고 하였다. 그래서 명군과 함께 왜군을 토벌할 것이다. 그리고 왕충의 군대는 중국에서 서해 바다를 건너 황주 연해에 도착한 사실 등의 소식을 알려 주었던 것이다. 의병진은 왜군을 토멸 할 수 잇는 아주 좋은 기회로 생각하게 되었다. 이에 한층 적개심만을 고취한다면 종묘사직을 회복할 수 있을 것이라고 누구나 굳게 믿었던 것이다.

4월 12일 또 한차례 당교 전투가 격렬하게 전개된다. 설복군 토룡, 사룡, 양수, 의석, 사동, 손덕문 등이 당교의 왜군을 공격하여 수 많은 적을 사살

---

45) 『향병일기』 만력 계사 2월 28일조.
46) 『향병일기』 만력계사 3월 7일조

하였고 노획물 또한 많았던 것이다.

이 과정에서 의병장 손덕문이 전사하고 말았다.[47] 이 전투는 또 다시 선조 26년 2월 21일부터 약 7일간 치열하게 벌어졌다. 순찰사 한효순韓孝純은 경상이북의 적세를 차단시킬 계획으로 경주 울산 영천 영일 등 7군郡의 병력을 지원받아 당교에 거점을 확보하고 있던 왜병의 진지를 급습할 계획을 세웠다. 그것은 당교가 경상좌우도의 인후지지와 같은 요새지였던 까닭에 군사 작전상 매우 중요한 의미가 있다. 그래서 경상좌우도에 통문을 냈다. 병사 박진, 권응수, 북안현감 정대임, 밀양부사 이수일, 양산군사 변몽룡邊夢龍, 용궁현감龍宮縣監 허응길許應吉, 군교軍校 김호의金好義, 권수예權守禮 등도 군사를 인솔하고 온 것을 보면 관군[48]과 의병군의 합동작전이었던 것 같다. 안동지역 의병진은 적극적으로 동참하였을 것으로 생각된다. 통문을 받은 경주 의병장 이계수李繼秀는 즉시 600여 의병을 이끌고 가다가 병이 생겨 중도에서 부득이하게 되돌아간 자[49]도 없지 않지만 열읍 의병들은 당교에 도착하여 거주지, 성명, 나이 등을 기록하고 몸을 던져 망신순국忘身殉國 하겠다는 결의로 회맹하였다.[50] 다음표에서와 같이 경상도는 물론 경기지역 의병까지 참여하게 된다. 의병진은 당교를 중심으로 안동, 예천, 문경 등지에 분산 주둔하면서 죽령竹嶺, 조령鳥嶺 등으로 진출하려는 왜적의 왕래를 차단하려 하였다. 당교는 앞에 큰강이 흘러 우리 군사가 진격하기에 어려움이 많았다. 그러나 10여 회에 걸쳐 전개된 격렬한 전투 끝에 왜적을 격퇴하는데 성공하였다. 그래서 경상도 북부지역에서 군성軍聲이 높아지게 되었다. 이 때 참여한 의병장의 명단을 회맹록에서 찾으

---

47) 『향병일기』 만력계사 4월 12일조와 동 4월 18일조.
48) 權應銖, 『白雲齋實記』 권2, 啓 ; 鄭大任, 『昌臺實記』 권5, 諸賢紀述條 : 최효식 『경주부의 임진항쟁사』 경주문화원 1993. P168~173참조.
49) 李繼秀, 『詠風亭實紀』, 癸巳 2월 20일조.
50) 朴震男, 『悔岩實紀』癸巳 2월 22일조.

면 다음과 같다.

<표10-1> 唐橋會盟錄

1593. 2. 21 (≪悔岩實記≫에 의거)

지역	인명	명수	비고
경주	金光福 金以寬 金萬齡 權應生 金廷敏 金 鍊 權士敏 李仁立 將啓賢 朴仁國 金彎(瑞) 李夢龍 辛 協 金永壽 金永老	15	
영천	曺以咸	1	
울산	李景淵 尹弘鳴	2	
영일	金宇潔 金宇爭 金見龍 權汝精 金天穆	5	
창령	成安仁	1	
영해	朴 瑜 朴文傑 申德龍 朴希顔 申授立 白見龍 鄭承緖 南慶生 吳受訥 申 澈	10	
장기	徐方慶 李大任	2	
인	朴夢亮 金遇鎔	2	
흥해	鄭三顧	1	
예안	李詠道 柳 誼 柳榮門 李 藝 李 葎 琴蘭秀 琴應墡 李光承 金 斤	9	
영천	朴檜茂 李希音 李懲音	3	
안동	鄭 翁 玉無暇 金 渭 權 俊 金 泳 孫 溥 安宗禮 朴安胤 權友直 權 礎 金繼先 孫守己 柳 禱 柳天直	14	
경산	金 洛 崔德基 南仲岾	3	
대구	祭先修 孫處約 朴忠原 崔 認 崔東輔	5	
상주	朴元亮 金德龍 黃廷幹 金遠振 祭得海 權義中 金鷗齡	7	
청하	金文龍	1	
영덕	金四和 鄭以惺	2	
청도	金鳴遠 金 軫	2	
거창	柳中龍	1	
고령	金 圻	1	
선산	李 瑀	1	
의성	金士亨	1	

이와 같이 당교 전투는 끊임없이 계속되었던 것이다. 그러나 결국 1593년 4월 28일[51] 의병진의 끈질긴 항쟁으로 인해 왜군은 당교의 진지를 버리고 어쩔 수 없이 부산으로 퇴각하고 말았던 것이다. 김해는 의병진을 이끌고 진주, 밀양을 거쳐 왜군을 토벌하였고, 명군을 쫓아서 경주에 이르렀다. 그러나 김해는 경주 진지에서 평소 담천증[52]이 있는데다 과로로 유행병 장질부사에 감염되어 39세로 순절하고 말았다.[53]

의병장 가운데는 전투 중 왜군에게 포로가 되어 일본으로 끌려간 사람도 없지 않았다. 그 중에는 귀국한 사람도 있지만 그곳에 남은 사람도 있다. 예를 들면 조전장 박호인朴好仁 원혁元赫 부자를 들 수 있겠다. 박호인朴好仁은 선조 27년 창원昌原 웅천성熊川城 전투에 안동에서 지원차 참전하였다. 그러나 왜군 제5군 장회아부원친長會我部元親에게 포로가 되어 그의 아들 원혁元赫과 함께 일본에 끌려갔다. 그는 그곳에서 두부 제조비법을 전달하고 광해군光海君 9년(1617) 통신정사通信正使 오윤겸吳允謙을 따라 24년만에 귀국한다. 그렇지만 박원혁朴元赫은 끝내 돌아오지 못하고 그곳에 남고 말았다.[54]

3. 맺음말

안동지방의 의병활동은 상대적으로 늦은 감이 없지 않았지만, 의병대장

---

51) 『향병일기』 만력계사 4월 29일 조.

52) 이노, 『용사일기』, p118.

53) 『향병일기』 말력계사 6월 19일조

54) 松野尾章行은 일본 高知(土佐)인으로 옛 문헌자료와 그림 등을 모아 1860년대 『皆山集』을 펴냈음, 그중 朴好仁의 활동이 보이고 있음.

김해를 위주로 하여 살펴보았다. 안동의 의병들은 주로 퇴계 이황 학파를 중심으로 결성되었고 이들은 영남 북부 지역의 대부분을 망라하는 의병연합체적 성격을 띠고 있었다. 그리고 의병진의 조직을 이용하여 합동작전을 수행하거나, 또는 다른 지역의 의병과의 수시로 활발하게 공동작전도 수행하고 있었다. 그 의병 활동은 여타의 의병과 마찬가지로 매복이나 야습, 또는 소규모의 게릴러적인 전투의 성격을 갖고 있다.

안동의병의 활동은 주로 낙동강을 경계로 하여 부산과 서울을 잇는 교통의 요새지인 문경과 상주의 접경진인 당교를 중심으로 하여 전개되고 있다. 그리고, 주목되는 것은 관군과의 긴밀한 협조관계를 유지하고 있는 점이다. 이것은 전시체제를 주도하던 정치세력이 안동을 본산으로 하는 남인이었다는 점 외에도 특히 경상도 감영이 이곳에 있어 감사·병사·순찰사 등과 빈번한 접촉을 가질 수 있었기 때문이기도 하였다.

낙동강을 중심으로 활동하고 있던 안동의병진은 명군의 남하와 왜군의 퇴각과 더불어 활동 근거지를 점차 밀양·진주 그리고 경주 등지로 옮기고 있었다. 따라서 그들은 향토 안동만을 사수하려 거병하였던 것이 아니라 진정한 구국을 위해 아낌없이 몸 바쳤던 진정한 애국 선열들이었던 것이다.

침입자 왜군을 격퇴하고자 하는 의병은 전국적으로 요원의 불길과 같이 창의 거병하였다. 선조 25년 4월 말 현재 경상도 지역의 의병장 현황을 보면 <표10-2>와 같다.

<표10-2> 임란 초기 경상도 지역 의병장 현황

지역	의병장성명(字)	의병장수	비고
慶州	崔繼宗(慶承) 崔文炳(日章) 金光福(慶源) 權上諓(明彦) 金得秋(雲西) 金白平(雲京) 金鸞瑞(土祥) 金應澤(就用) 李龍甲(起雲) 孫魯(汝雄) 李宜潛(炳然) 白以昭 李天綸(子純) 李時立 權復始(伯元) 徐思迪(吉甫) 李三韓(鼎耳) 李善祚 南義祿 孫時(順伯) 崔大期 李汝誠 權應生(命世) 孫曄(文伯) 李琮 申思忠 李承級 李希龍 李景龍 李芳隣 安天叙(汝平)	31	
安東	柳元直(淸之) 金好義(宜仲) 柳樳(汝吉) 柳德龍(君見) 李周道(伯行) 權師道(汝弘) 權師閔(孝思) 李在性(敬之) 鄭士誠(子明) 南胤先(孝叔) 南自薰(和彦) 李樞(機仲) 金兌(士悅) 安潑(達源) 金熤(顯甫) 金得嶙(致精) 金克厚(伯敦) 金奉祖(孝伯) 權卓然(尙彦) 尹湯民(君擧) 南得仁(元甫) 南得禮(文甫) 金希孟(子淳) 金元(士善) 李遜忠(公信) 李屹(景柳) 李選忠(叔信) 安遇(性之) 金是樞(子由) 南鳳翰(擧祥) 權舜民(士皥) 辛敬立(君直) 朴泰回(昌甫) 朴脇(景柳) 安宗禮(文仲) 金泳(景涵) 柳復起(聖瑞) 孫溥(澤遠) 孫胤男(伯善) 盧義賢(希叔) 金忠國 李迎忠 金克從 金兌思(而得)	44	
永川	鄭世雅(和叔) 鄭大任(和卿) 曹以誠(克貞) 曹以鼎(克凝) 鄭四象(汝燮) 鄭四震(君燮) 曹卿(仲獻) 盧起宗(伯永) 徐道立(仲修) 曹以節(克安) 李得鳳(聖瑞) 金演(彦洪) 李日將(誠甫) 曹德驥(彦成) 鄭安藩(寧甫) 鄭守藩 全三省(君克) 李榵(士任) 郭求鐸(成立) 朴彦國 田益 金浩(子淨) 李夢成 崔山龍(而見)	26	
大邱	徐承後(伯裕) 蔡夢硯(淨應) 成樂善(卽最) 李最培(可華) 裴德馸(士純) 蔡先修 閔謙(汝益) 蔡應龜 李宗澤(仁可) 朴忠後 鄭光先(子晦) 孫處約(希魯) 崔訒 崔東輔 朴忠胤 李應斗 柳起春 李大秀	18	
靑松	李德秀(春世) 金聲遠 鄭雲 金聲達(秀鳴) 趙宗岳(京伯) 尹英豪(士興) 趙享道(大而) 趙東道(景望) 金夢猉	9	
義城	朴茂先(孝叔) 金士貞(正淑)	2	
寧海	南士弼(汝休) 南士明(汝晦) 趙儉(子淳) 趙佺(汝壽) 趙光義(景制) 朱植(景立) 吳受訥(士愼) 趙健(汝剛) 朴應長 白仁鏡(而正) 李菣 白中立 李時淸(和叔) 南慶生(應和) 李泰運(慶會) 申俊民(士秀) 李涵(養源) 申元英(士善) 申德龍(雲瑞) 權宣範(士憲) 朴希顔(汝遇) 鄭承緒(孝伯) 南慓 申元傑 李蕃甲 申挺立(景卓) 李亭連(鵬擧) 南士文(汝節) 白見龍(景溫) 權巳壽 金應秋 吳寬	32	

지역	의병장성명(字)	의병장수	비고
新寧	權應銖(仲平) 權應銓 權應心 李蘊薰(子郁) 丁應琚(京美) 權應平 金謹誠 權致廉(介叔) 丁應瑞 表忠盡(恕仲) 李蘊秀 權德時 李應春(太英) 朴璜 金應培 金應信	16	
河陽	黃慶霖(景瑞) 金鑢	2	
慈仁	崔熙止(明甫) 崔敬止(愼甫) 金遇鍊(可成) 金遇容(可變) 全克昌(士孝) 朴夢亮(國瑞) 安天民(覺甫) 李春馣(聞遠)	8	
慶山	南仲(王山) 鄭燮護 鄭燮文 陳曄	4	
迎日	金見龍(德普) 金元龍(仁普) 權汝精(子中) 金宇淨(士源) 金宇潔(士淳) 金天穆(純仲) 沈希淸 李追(希遠)	8	
長鬐	李大任(任重) 徐方慶(君吉) 徐克仁(重任)	3	
淸河	金交龍(雲甫) 金得鏡 李謙	3	
興海	鄭三畏 李脛(可明) 權應福 朴夢瑞(景望) 崔興國(康候) 鄭仁獻(士全) 李說(天賚) 李大立(汝秀) 李華(君實) 陳奉扈 李大仁(汝元) 李榮春	12	
盈德	申澈(彦涵) 鄭以惺(汝悟) 尹士輝(光遠) 金四知(汝愼)	4	
眞寶	文希控(景進) 文希賢(賢述) 權脘(彦明) 金善繼(孝伯) 以應義(宜伯)	5	
義興	洪天賚 朴從男(善述)	2	
蔚山	蔣希春(仁敬) 柳汀(汝元) 柳伯春(領亨) 柳泰英(子實) 徐仁忠(邦輔) 朴鳳壽(文慶) 李應春(泰英) 李逢春(季英) 李應璧(汝完) 尹弘鳴(應特)	10	
淸道	李汶諧(舜學) 李汶璉(國寶) 朴慶傳(李伯) 金軫(天極) 金鳴遠(時達) 朴炯(而晦) 李濂 李澈(士涵) 李雲龍(慶會)	9	
密陽	金太虛(汝實) 孫起陽(敬微) 孫應參 玄認	4	
禮安	李藝 孫興孝(行叔) 琴應角 琴應羽(景人) 具贊祚(季鷹) 金圻(士叔) 趙壽明 南義蟄 趙錫明 柳榮門(華伯) 柳誼(宜士) 李苅 琴鷹壎(壎之) 李光承(君述) 琴憬(彦覺) 趙穆(士敬) 琴潔(瞿卿) 孫興悌 南人蟄 李亨南(泰叔) 李崒(濟甫) 趙得老 李仁福	23	

지역	의병장성명(字)	의병장수	비고
尙州	鄭以惺 鄭以悟 金經濟(景悅) 金景澈(彦涵) 朴元凱(舜輔) 趙期遠(景進) 木緒(景遠) 趙榮遠(景仁) 金遠聲(汝宣) 蔡得湖(步遠) 蔡得海(致遠) 蔡得江(達遠) 高尙魯(思省) 權宜中(宜伯) 權大勳(景烈) 朴宜(宜吉) 成汝松(直卿) 成淶(士悅) 黃廷幹(公直) 成義(宜吉) 高仁繼(善承) 朴元亮(士明) 金得龍(德潤) 金元振(士宣) 申彦熙 崔大立 權夢周 金鷗齡(瑞老) 金珽(景溫) 權己	30	
晋州	成紹業(而述) 姜斗明(明之) 尹伯彦(士美) 辛賓(邦老) 成汝信(公實)	5	
榮川	琴若鵬(仁立) 黃得亨 安惠龍	3	
醴泉	張汝翮(文擧) 張世禧(仲吉) 張汝翰(鳳擧) 安示壽(慶夫) 以亨南(泰叔) 申慶會(士遇) 李鎭南(方叔) 李慶南(善叔) 李眞道(正行) 朴惟義(好善) 朴守儉(愼甫) 李介立(大中) 李榮門(仁伯) 李亨坤(亨之)	14	
龍宮	朴成烈(裴元) 曹彦方(德厚) 尹瀟(士淵) 李敦(伯明) 李世雄 李炯(叔明)	6	
咸昌	崔廷濠(時慶) 金得興(慶而) 權平(得中) 南燦(上秀)	4	
陜川	金張彦(毅叔) 李東馣(斥遠) 李東馪(仁遠) 李東燁(仁晦) 李東膺	5	
玄風	郭再佑 金應賢	2	
豊基	禹龍 奏夢麟	2	
高靈	金聲振	1	
東萊	金廷瑞	1	

 明軍의 참여배경과 그 실제

1. 머리말

임진왜란은 국왕이 도성都城을 버리고 의주義州까지 몽진하는 등 국토는 전쟁터로 변하고 인구는 격감되어 나라가 멸망 직전에까지 이르렀다. 조선에 구원병을 파병한 명明은 쇠락하여 도처에서 민란이 발생하여 후금後金이 흥기하였으며 일본은 풍신수길豊臣秀吉의 정권이 망하고 덕천가강德川家康이 집권하게 되는 등 동아시아에 큰 변화를 가져다주었다. 특히 明은 조선에 8년간 구원군을 파견하면서 막대한 병력과 재정을 지원하게 되었다. 이 같은 사실은 『연려실기술燃藜室記述』제17권, 선조조고사본말宣祖朝故事本末 난중시사총록亂中時事摠錄에 보면

浙江·陝西·胡北·泗川·貴州·緬甸 등지에서 징발한 南·北兵의 수가 통틀어 22만 1천 5백여 명이었고, 왕래한 여러 장사와 일을 맡았던 사람이 3백7십여 명이었으며 銀이 약 5백83만 2천여 냥이고, 쌀과 콩을 交易한 은이 3백여만 냥이었는데, 本色양미가 수십만 斛이고, 모든 장수에게 賞으로 준 은이 3천냥이고, 산동 양곡이 20만 斛이었다.

　라고 하여 명나라 내부에 여러 가지 문제점들이 제기되었다. 조선은 임
란 초 최후의 방어선으로 삼았던 임진강臨津江 보루가 왜적의 공세로 무너
지자 급박한 상황에서 도요내부渡遼內附라는 정략적政略的인 문제를 제기
하였다. 왜적의 침입을 나라안의 적으로 여겼던 명 조정은 마침내 조선에
구원병을 파견하게 되었다.

　따라서 유례가 없던 도요내부라는 문제가 왜 제기되었으며 명의 구원병
은 어떠한 과정을 거쳐 파병되었는가는 중요한 관심사가 아닐 수 없다. 그
동안 이에 대한 연구로 이 일단이 밝혀진바[1] 없지 않으나 필자는 본고에서

---

1) 趙湲來,「明軍의 出兵과 壬亂戰局의 推移」『韓國史論』22, 국사편찬위원회, 1992.
　崔韶子,「壬亂時 明의 派兵에 대한 論考」1 - 파병의 배경과 군사활동에 대한 評價 -,
　『東洋史學研究』11, 동양사학회, 1977. ;「壬辰倭禍와 明朝」『아시아 문화』8, 翰林大 아
　시아문화연구소, 1992, 특집호.
　劉九成,「壬亂時 明兵의 來援考」-조선의 被害를 중심으로-,『史叢』20, 고대사학회,
　1976.
　崔永禧,「壬辰倭亂中의 對明事大에 對하여」,『史學研究』18, 한국사학회, 1964, ;「壬
　辰倭亂中의 民衆과 義兵」,『東洋學』15, 단국대 동양학연구소, 1985.
　李載浩,「壬亂義兵의 一考察」-특히 官軍과 明軍과의 관계를 중심으로-,『歷史學報』
　35~36, 역사학회, 1967.
　金錫禧,「임진왜란 중의 講和交涉에 대한 小考」,『文理大學誌』9, 부산대 1966.
　柳承宙,「倭亂後 明軍의 留兵案과 撤兵案」,『千寬宇回甲논총』,正音文化社, 1985.
　權重憲,『壬辰倭亂을 중심으로한 三國의 外交關係』, 경희大 대학원 석사학위논문,
　1975.
　中村質,「秀吉政權과 壬辰倭亂의 特質」,『아시아 문화』8, 한림대 아시아문화연구소,
　1992.
　陳捷先,「壬辰倭亂 이후의 明朝」,『東洋學』15, 단국대 동양학연구소, 1985.
　李光濤,『朝鮮壬辰倭禍研究』臺北, 中央研究院歷史語言研究所, 1972.
　周一良,『明代援朝倭戰爭』,中華書局, 1962.
　王崇式,「李如松 東征考」,『中央研究院歷史語言研究所集』16本, 1949.「劉綎 東征考」,
　『中央研究院歷史語言研究所集』14本, 1947.
　王啓宗,「豊臣秀吉之朝鮮侵犯原因」,『大陸雜誌』138-4.
　京口元吉,『秀吉の朝鮮經略』,白揚社,1940.
　中村榮孝,『日本と朝鮮』,至文堂, 1966.
　池內宏,『文祿·慶長の役』,東洋文庫, 1914·1963.

도요내부론이 진행된 과정을 살피고 임란壬亂에 있어 명군明軍의 참여동기는 과연 무엇이었으며 파병된 명군의 활약과 조선과 명군의 갈등은 어떠하였는가 등에 초점을 맞추어 규명해 보고자 한다.

2. 조선의 渡遼內附論 대두

도요내부론이 처음 제기된 것은 선조 25년 5월 1일 도성都城을 떠난 지 하루만인 임진강변에 위치한 동파관東坡館에서였다. 도요내부란 일단 국경선인 압록강 건너 요동遼東으로가 명明에 의탁하면서 국토를 수복한다는 것이다. 여기서 선조는 북상 중인 왜세가 아무리 강하다 하더라도 국경선을 넘어 왜 중국으로 가려고 의도했는지, 그 방책은 무엇인지 등을 살피고자 한다.

풍신수길이 분열된 일본을 통일하면서 조선에 사신을 보내 통신사通信使 파견을 요구하였다. 이에 조선은 선조 24년 3월 황윤길黃允吉, 김성일金誠一, 허성許筬 등을 통신사로 삼아 '군사를 거느리고 명나라로 뛰어 들어가겠다'라는 답서를 가지고 귀국했음에도 불구하고 왜침에 대한보고는 상반되었다. 그러나 조정의 오랜 논란 끝에 집권세력인 동인東人은 김성일의 주장을 받아들여 왜침이 없을 것이라는데 결론이 낫다, 그러나 명나라에 대한 보고는 왜정倭情에 대한 일단을 통신사가 아닌 표류한 사람이 전하는 것을 근거로 한 것 같이 하였다.[2] 그러면서도 대규모전이 발생하였을 때를 대비해서 비변사備邊司는 국방 사무에 밝은 재신宰臣을 뽑아 경상·전라·충청 등 하삼도下三道의 국방수비를 점검하는 한편 성지수축城池修築을 게을리 하지 않았다.[3]

---

2) 柳成龍,『懲毖錄』권1, 時倭書條 ;『宣祖實錄』권 43, 25년 10월 丙辰條..

그러나 우려했던 왜침이 현실로 나타나자 조정은 왜적을 조령鳥嶺·죽령
竹嶺 등을 차단하여 일단 경상도 안에서 막는 한편 전국에 근왕군勤王軍을
모집하여 반격군을 편성 그들을 격퇴하고자 하였다.[4]

기대를 모았던 순변사巡邊使 이일李鎰 군軍이 상주尙州의 전투에서 패
하였다는 소식이 서울에 알려지자 민심은 매우 흉흉하였고 크게 믿었던 삼
도순변사三道巡邊使 신립申砬의 군대마저 충주忠州에서의 패보가 이어지
자 4월 29일 평양으로 파천을 결정하고 서둘러 광해군光海君을 세자로 책
봉하였다. 그리고 일단 도성 방어를 위해 도원수 김명원金命元, 유도대장留
都大將 변언수邊彦琇를 각각 임명하였다. 이 과정에서 명明에 구원병을 요
청하자는 안이 있기는 하였으나 결정을 보지 못하였다.[5]

내부內附에 대한 논의가 처음 제기된 것은 동파관에서였다. 이같은 사실
을 『선조수정실록宣祖修正實錄』 권26, 25년 5월조에서 찾으면

> 임금이 李恒福을 바라보며 "승지의 생각은 어떠한가."라고 하니 대답
> 하기를 "우선 의주에 행차를 머물러야 할 것입니다. 만약 형편이 궁해지
> 고 힘이 부쳐 8道가 다 함락되는 경우에는 명나라에 가서 호소해야 할
> 것입니다."라고 하였다. 斗壽는 말하기를 "北道는 군사가 정예하고 강
> 하며 함흥과 鏡城은 다 천연적인 요해처로 믿을 만 합니다. 嶺을 넘어
> 북쪽으로 가야 할 것입니다."라고 하였다. 임금이 "승지의 말이 어떤가"
> 라고 하이 成龍이 말하기를 "안됩니다. 전하의 행차가 우리 땅에서 한
> 걸음이라도 벗어난다면 조선은 우리 것이 아닙니다."라고 하였다. 임금
> 이 말하기를 "대국에 內附하는 것은 원래 나의 본의이다."라고 하니 성
> 룡이 "안됩니다."라고 하였다.

---

3) 『宣祖修正實錄』 권26, 25년 2월조 ; 『懲毖錄』 권1, 朝廷憂倭條.

4) 張學根, 「壬辰倭亂期 軍官의 活躍」, 『韓國史論』22, 군사편찬위원회, 1992.

5) 『宣祖實錄』 권26, 25년 4월 戊午條 ; 『宣祖修正實錄』 권26, 25년 4월조

이와 같이 어가의 진로에 관해 심각하고 극렬한 논쟁이 전개되었을 때 이항복李恒福은 의주행을 주장한데 반해 윤두수尹斗壽, 유성룡柳成龍은 북도北道인 함흥咸興, 종성鍾城으로가 국토를 한발짝도 넘을 수 없다고 맞섰다. 이에 대해 『재조번방지再造藩邦志』1, 임진년壬辰年 5월 1일조에

> 대개 斗壽, 成龍의 뜻은 인심이 이산 할 것이 두려우므로 內附한다는 의론은 얼른 말할 수 없다고 한 것이요, 恒福은 적세의 사나움을 대적해 낼 수 없으니 반드시 서쪽으로 중국에 호소하여야 일을 할 수 있다고 생각하여 의견이 서로 합하지 않았던 것이다.

따라서 내부內附를 처음 밝힌 사람은 다름 아닌 국왕인 선조 자신이였고 이항복은 의주행을 고집하였다. 그렇다면 선조가 언제 어떤 과정에서 내부를 결심했는지에 대한 사료가 없어 알 수 없으나 아마도 믿었던 충주 방어선이 붕괴되자 파천길에 나선 서울에서 인 것 같다. 대체로 선조와 이항복은 일단 의주로 가서 전세戰勢가 더욱 불리해지면 明에 구원을 요청하고 최악의 경우 도요내부渡遼內附까지도 염두에 둔 것이고 유성룡, 윤두수는 대가大駕가 산악지대인 함경도로 가 어떤 경우에도 국토를 떠나지 않고 근왕군을 바탕으로 우리 자체 힘으로 왜적을 물리쳐야 된다는 관점의 차이를 들어내고 있다.6) 그러나 임진강臨津江 방어선이 전략의 실패로 무너진 5월 18일 이후 논란이 없지 않았지만 조정은 정식으로 6월 11일 숙천肅川에서 명나라에 구원병을 요청하기 위해 대사헌 이덕형李德馨을 청원사請援使로 삼아 요동에 보내 내부內附를 또한 청하도록 하였다.7) 이것은 명의 의사를 타진하기 위한 것이 아닌가 생각된다. 그러나 도요내부가 본격적으로 논의되고 결정된 것은 6월 14일 영변寧邊에서였다. 그것은 평양성 함락의 비보

---

6) 최소자, 「壬辰倭亂時 朝鮮支配層의 對明意義」, 『考古美術』136~7합집, 1978.
7) 『亂中雜錄』1, 壬辰年 6월 15일조

에 접하였기 때문인데 조정의 충격은 매우 컸다. 유성룡은 당시 상황을 마치 '병의 물을 세워서 쏟은 것 같아 금방 왜적이 압록강까지 쳐들어 올 것 같이 대단히 위급했다'[8]라고 표현할 정도였다. 이런 상황에서 내부內附에 대해 좌의정 윤두수는 극력 반대하여 선조에게 '종사宗社와 신민臣民을 온통 장차 누구에게 맡기고 가벼이 필부匹夫가 되려고 하는가'라고 추궁하기를 하루 5차례나 항의하였지만 이항복은 '불행히 궁색하고 급박하게 되면 임금과 신하 위 아래가 중국에 목숨을 의탁하여 내부內附하기를 구하여 천천히 사세를 보아 재거再擧하는 것도 늦지 않는다'고 하여 조신간의 의견이 양분되었다.[9] 그러면 선조의 견해는 어떠했는가. 이에 대해 『선조실록宣祖實錄』 권 27, 25년 6월 신축조辛丑條에 보면

> 요동으로 건너가는 것은 피난만을 위한 것이 아니다. 安南國이 멸망 당하고 스스로 중국에 入朝하니 명조에서 병사를 동원하여 안남으로 보내 안남을 회복시킨 적이 있었다. 나도 이와 같이 생각하였기 때문에 요동으로 들어가고자 하는 것이다.

라고 하여 자신의 안전보다는 왜적의 강세를 피하고 일단 안남국安南國의 경우와 같이 명明의 힘을 빌려 나라를 구하고자 하는 목적이 있었던 것이다. 그래서 6월 14일 내부內附를 관존보寬尊保에 있는 요동도사遼東都司에 정식으로 자문咨文을 작성하여 발송하였던 것이다.[10] 그 뒤에도 조신 중 이항복을 제외한 많은 사람들이 한결같이 북도행北道行을 주장하였던 까닭에 다시 경성鏡城으로 가기로 결정한 것을 보면 도요내부가 최상이 아니라 다급한 상황에서 명의 구원병 요청에 초점이 맞추어져 있었던 것이

---

8) 『懲毖錄』 권1, 車駕至義州條.
9) 『再造藩邦志』1, 壬辰年 6월 12일조.
10) 『宣祖實錄』 권27, 25년 6월 壬寅條.

아닌가 한다. 도요내부의 결정과 함께 광해군光海君을 중심으로 한 분조分朝를 단행하였다.11)

이 자문을 받은 부총병副總兵 동양정佟養正은 다시 요동순무도어사遼東巡無都御史 학걸郝杰에게 보고하였다. 학걸은 중요한 사안이었던 까닭에 이 사실을 즉시 병부兵部에 알렸다. 그 요정을 『재조번방지再造藩邦志』1, 임진년壬辰年 6월 23일조에 보면

조선은 본디 대국이라 칭하여 대대로 東藩이 되었는데 어찌하여 한 번 倭가 오는 것을 만나자 바람따라 도망하듯 할 수 있겠습니까. 혹시 저나라의 君臣이 사직을 잃고서 창졸에 달아나 온다면 屬國이 의탁하는 마음을 잃게 될 것이요. 받아들이자니 일의 관계가 가볍지 아니하므로 臣子로서 마음대로 처리할 수 없습니다. 倭奴가 몹시 간사하고 중국 사람이 그 앞잡이 노릇을 하는 자가 많은데 만약 왜노가 섞여서 들어온다 하면 해를 끼침이 보통이 아닐 것입니다. 聖旨를 품하여 지휘하기를 오로지 기다립니다.

위와 같은 보고에 접한 명明 조정은 이른바 내속內屬을 바라는 조선에 대해12)군사를 발동하여 구원하는 문제에 있어 신중하지 않을 수 없었다. 왜냐하면 소위 만력萬曆 삼대정三大征의 하나인 서북 영하寧夏에서 일어난 발배哱拜의 난을 평정하는데 명조는 전력투구하고 있었기 때문이다. 따라서 사안의 중요서 때문에 육부상서六部尙書와 도찰원도어사都察院都御史, 통정사사通政司使, 대리사경大理寺卿 등 9경卿이 참여하는 최고정치회의인 구경대신회의九卿大臣會議를 개최하게 되었다. 그러나 모두 변경의 수비강화를 주장할 뿐 조선의 원병파견에는 반대하였다. 오직 병부상서

---

11) 孫鍾聲, 『壬辰倭亂時 分朝에 관한 硏究』, 成均館大 大學院 博士學位論文, 1993.

12) 『明史』 권320, 朝鮮傳 萬曆20년 5월조, 「已 復走義州 願內屬」이라 하였음.

兵部尙書 석성石星만은 군원을 즉시 파병하여 조선을 구원할 것을 분명히 하였다. 이 사실을 『기재사초寄齋史草』下 임진일록壬辰日錄 3, 8월조에서 찾으면 다음과 같다.

> 홀로 병부상서 石星이 "조선은 본래부터 禮儀의 나라라 일컬어 中華와 비슷하옵고 2백년 동안을 한결같이 중국을 받들어 왔습니다. 이 까닭으로 우리 祖宗에서 조선을 특별히 대우 함이 다른 번방과 비교가 되지 않습니다. 하물며 이번에 전란을 당한 곡절은 앞서 題奏에 명확히 次序가 있어 결코 거짓을 끼고 우리를 넘보려는 계교가 있는 것은 아니옵니다. 만일 그들이 왜적과 부화하게 되면 변경의 근심을 이루 말 할 수 없을 것이옵니다. 그러하오니 발리 군사를 발동하여 이것을 구원하소서."

또 『선조수정실록宣祖修正實錄』 권26, 25년 6월조에

> 병부상서 石星이 황제에게 다시 제의하기를 "바라건대 해당 鎭에서 사람을 조선에 보내어 조정의 지극한 뜻을 타일러 주어 그들이 들어오면 나라를 회복 할 수 없고 왜적이 결굴 차지하게 될 것이며 굳게 지켜 나간다면 원병을 받게되어 왜적이 스스로 패하여 돌아가게 되리라는 것을 알게 할 것입니다. 자기 지역의 험한 곳에 머물러 있으면서 우리나라 군사의 지원을 기다리게 하는 동시에 본국에서 관리들을 많이 파견하여 임금을 위하여 힘을 다하는 군사를 일으키도록 호소함으로써 옛 강토를 다시 찾은 방책도 세우고 패배를 당하지 않도록 타이를 것입니다. 만약 그 나라가 위급하게 되어 內附해 온다면 정리상 다 거절하기도 어려울 것이니 마땅히 받아들이도록 지시하되 반드시 인원수가 백명을 넘지 않게 할 것입니다."

라도 하여 명조정은 석성石星의 의견을 받아들여 대원칙을 정했던 것 같다. 먼저 근왕군을 모집하여 조선 자체적으로 나라를 구하도록 힘쓰고 명明

은 곧 원병을 파견할 것이며 최악의 경우 조선이 내부內附해 올 때는 받아들이되 인원수를 100명을 넘지 않을 것 등이었다. 그러나 명나라 조정에서는 조선이 왜군을 향도한다는 유언비어가 있어서 명군의 조선 파병에 어려움이 없지 않았다. 그러나 마침 사신으로 북경에 가 있던 신점申點, 유몽정柳夢鼎 등이 왜침의 소식을 매일 듣고 석성石星 등에게 파병의 필요성을 호소한 것이 주효하였던 것이다.[13]

국내에서는 조선이 장차 명에 도요내부할 것이라는 말이 널리 퍼져 나갔던 것 같다. 이 소식에 접한 지식인 김양원金陽元은 내부內附를 반대하여 절식사絶食死[14]하는 정도여서, 어가御駕가 의주로 가기에 앞서 변동하는 민심의 동요를 막기 위해 도요渡遼하지 않겠다는 뜻을 효유曉諭하지 않으면 안되었다.[15] 그러나 6월 22일 의주에 도착한 선조는 목사牧使의 관아官衙에 있으면서 내부內附의 실행을 구체화하기 시작하였다. 도요의 뜻을 명나라 장수에게 전달하려 하였고,[16] 일의 중요성 대문에 충분히 준비토록 명령하기도 하였다. 이에 대해 예조판서禮曹判書 윤두수尹斗壽는 요동으로 건너가면 낭패라고 반대했고, 유성룡柳成龍은 북도北道, 하삼도下三道, 강변 등이 남아 있어 국토를 충분히 회복 할 수 있다고 강력히 주장하였다. 그러나 선조는 명나라 장수에게 압록강 만주편에 있는 배의 절반을 의주쪽으로 배치토록 하였고 짐을 운반하는 말과 호위군을 뽑도록 하는 등 적극적이었다.[17]

일단 도요하여 내부한다는 것은 정해졌지만 동東·서인당西人黨에 의해 견해가 달랐고 매우 다급한 상황이었던 까닭에 그 실상에 있어서만은 적극

---

13)『宣祖修正實錄』권26, 25년 6월조 ;『再造藩邦志』1, 壬辰年 6월조
14)『樊巖集』권41, 謚狀.
15)『宣祖實錄』권27, 25년 6월 戊申條.
16)『宣祖實錄』권27, 25년 6월 庚戌條.
17)『宣祖實錄』권27, 25년 6월 辛亥條.

론에 서 있던 선조는 매우 주저하게 되었다. 당시의 정황을 『선조실록宣祖
實錄』 권27, 25년 6월 임자조壬子條에 찾으면,

> 대신들이 아뢰기를 "당초에 요동으로 가자는 계책이 어디서 나왔는지
> 모르겠습니다. 이 의논을 들은 신민들이 경악하였으나 달려가 하소연
> 할 곳도 없었으니 그 안타깝고 절박한 실정이 난리를 만난 초기보다 심
> 하여 허둥지둥 마음이 안정되지 않고 있습니다. 지금 비록 왜적들이 가
> 까이 닥쳐왔지만 모두 완전하고 강원·함경 등도 역시 兵禍를 입지 않았
> 는데 전하께서는 수많은 신민들을 어디에 맡기시고 굳이 匹夫의 행동을
> 하려고 하십니까"

라고 하여 선조는 도요내부에 대해 확실한 방침과 그 실천을 요구했지만
대신들은 결코 그 자체를 의논할 수 없다는 단호한 입장을 보이면서 국내
에 있으면서 국토회복을 강력하게 바랐던 것이다.

중국이 조선을 원군해야 되는 입장에 대해 선조는 분명한 생각을 갖고
있었던 것 같다. 뒤에 평양탈환을 위해 출전한 명明의 원외랑員外郎 유황
상劉黃裳에게

> "왜노들은 무도하여 명나라를 침범하려 하므로 소방의 군신이 의리에
> 의거하여 배척하였다가 마침내 그들을 성나게 만들어서 먼저 흉악한 침
> 략을 당한 것입니다."[18]

라고 하여 전화戰禍의 피해는 명이 져야하는데 조선이 의리를 지키다가
이런 결과를 낳은 것이란 신념 아래 명明이 임란壬亂에 대해 어느 정도 책
임이 있다고 믿었던 것이다. 따라서 그 책임의 일단을 명明에 있기 때문에

---

18) 『宣祖實錄』 권34, 26년 1월 戊午條.

이같이 위급상황에서 도요내부는 당연하다는 생각인 것 같았다.

그렇다면 명明은 조선의 도요내부內附문제에 대한 입장은 어떠했는가? 명明의 병부兵部가 요동도사遼東都司에 보낸 자문에

> 만일 該國이 위급하여 참으로 도망해 온다면 정리에 있어 막기가 어렵다. 당연히 여러 해동안 공손했던 점을 생각하여 勅令으로 용납할 것이니 반드시 인원을 참작하여 100명을 넘지 않도록 하게 하라.[19]

라고 하였는데 이 원칙은 요동도사遼東都司가 상급기관에 허락을 받기 전의 일인 것을 본다면 내부와 같은 위급한 사안에 관한 답신은 중국 상하 기관의 내용이 일관된 것을 알 수 있다. 그 내용은 다음과 같다.

> 딱한 사정을 咨文으로 올렸는데 즉시 上司에 통보하였거니와 回報가 오기전이라도 사세가 위급하면 江을 건너 적병을 피하는 일은 스스로 임의대로 하라. 평상시에 한집안처럼 보아 왔는데 이 지경에 이르렀으니 어찌 오지 못하게 막을 리가 있겠는가. 요동에 들어오는 것을 허락할 것이다.[20]

라고 하여 明의 조정은 조선이 위급해 지면 도요내부할 일에 대해서는 요동도사遼東都司에게 위임하였던 것이 아닌가 한다. 따라서 만약 내부가 이루어 졌을 경우에는 첫째 백명으로 인원을 제한시켜 초과하지 말 것, 둘째 반드시 계획을 세워 차질이 없게 할 것, 셋째 왜적을 섬멸하고 다시 옛 임금을 맞이하도록 할 것 등을 전제 조건으로 하고 있다.[21] 그리고 도요내부한 조선의 왕과 신료臣僚 등 100명은 북경으로 갈 것이 아니라 조선에

---

19) 『宣祖實錄』권28, 25년 7월 戊辰條.
20) 『宣祖實錄』권27, 26년 6월 乙卯條.
21) 『宣祖實錄』권28, 25년 7월 辛酉條.

가까운 요동遼東 관존보寬尊堡의 관아에 머무르도록 할 것을 약속하였다.[22]

이와 같이 명으로서는 조선의 도요내부할 경우에 관한 나름대로의 결론이 난 상태라 하겠다. 그러나 조선의 내부사정은 간단치만은 않았던 것 같다. 처음 파천지를 일단 평양으로 정했지만 적세에 밀려 다시 평양에서 북향하면서 어가御駕가 어디로 향할 것인가 하는 문제가 제기되었다. 그것은 의주가 있는 평안도냐, 아니면 북도北道인 함흥, 경성이냐 였다. 도요할 것이냐 아니면 국내에서 재기할 것이냐 하는 문제로 정리될 수 있겠다. 국왕과 이항복은 명明의 원군과 연결된 것이라고 한다면, 윤두수, 유성룡 등 제신은 북도를 주장하였다. 그러나 명으로부터 요동 관존보 유주留駐라는 답을 얻어낸 다음 의주에 장기 주둔 계획을 세우게 된다 청원사請援使 이덕형이 요동에서 돌아오자 선조는 우선 도요渡遼에 관한 문제를 거론한다. 이에 대해 이덕형은 『선조실록宣祖實錄』 권28, 25년 7월 경신조庚申條에서

> "우리나라에 한 고을도 남은 곳이 없게 된 뒤에 가야 될 것입니다. 만일 한고을이라도 남아 있으면 갈 수가 없습니다. 도대체 공급은 어느 관청에서 하겠습니까. 반드시 적병의 핍박으로 부득이하게 된 뒤에야 될 것입니다. 그렇지 않으면 가서는 안될 듯 합니다."

라고 하여 한 고을이라도 남아 있는 한 국토 안에서의 항전을 주장한 것을 볼 때 노련한 군략가이며 미래를 예견하는 지식을 갖춘 선조였기 때문에 결국 명明의 원군을 끌어내기 위한 방략의 하나로 도요내부를 제창하고 이끌어 갔던 것이 아닌가 한다. 왜냐하면 명明의 원군을 약속 받고 실제 지

원군이 도착한 선조 25년 6월 15일 이후 도요내부에 관한 논란은 더 이상
없었기 때문이다.

3. 명군의 임란 참여동기

명군明軍의 참전을 논하기에 앞서 임진왜란 직전 조선·명明·일본간의
관계를 간략히 언급해 보고자 한다. 왜냐하면 이 문제가 해결돼야 명군의
참전 동기가 명확해질 수 있기 때문이다.

풍신수길豊臣秀吉은 중부 기이紀伊·사국四國지방 등을 평정하고 1585
년 최고의 지위인 관백關白이 되고 5년뒤 마침내 동북東北과 관동關東을
평정하여 오랫동안 분열되었던 일본을 통일하였다. 이 과정에서 수길은 정
명征明의 뜻을 드러냈고, 종씨宗氏·도진씨島津氏 등을 앞세워 조선에 사신
교류를 타진한다[23]. 수길은 1587년 귤강광橘康廣을 조선에 보내 통신사의
파견을 요구하였고[24], 국내 문제가 어느정도 정리된 2년 뒤 종의지宗義智
를 재차 파견하여 강요하였다[25]. 이에 조선은 오랜 논란 끝에 종의지宗義
智를 대동하고 선조 24년 3월 통신사를 파견 일본을 다녀왔다. 조정은 통
신사가 휴대한 왜倭의 답서에 '군사를 거느리고 명明에 뛰어 들어가겠다.'
는 내용이 있어 이 사실을 사대事大하고 있던 명明에 보고할 것이냐를 놓
고 논란 끝에 성절사 김응남金應南을 통해 통신사 왕래사실을 빼고 그 정
보를 표류인에게서 얻은 것으로 해서 보고하였다[26].

---

23) 中村質, 「秀吉政權과 壬辰倭亂의 특질」, 『아시아문화』8, 한림대 아시아문화연구소,
1992.
24) 『宣祖實錄』 권21, 21년 9월 乙亥條.
25) 『懲毖錄』 卷 1, 萬曆丙戌年條.
26) 『懲毖錄』 권 1, 일본국사평의지래조 ; 『宣祖實錄』 권 25, 24년 10월 병진조

    그러나 수길秀吉은 선조23년 정월 초 8일 일본의 여러 장수를 모아 놓고
군사 10만명으로 관동關東을 정벌하고 바다를 건너 명明을 치겠다고 선언
하고 비전수肥前守에게 배를 건조하도록 하고 비전肥前·일기一岐·대마도
對馬島 등 3곳에 축성을 하는 등 본격적으로 전쟁 준비를 하고 있었다. 그
리고 '내년 3월에 명明나라 북경北京을 칠 것인데27) 그 때는 조선을 향도
로 삼고, 남중국의 복건福建·광주廣州·석강淅江·직예直隸 등을 공략할 때
는 중국인으로 향도토록 하겠다는 말을 공공연히 해댔다. 이런 사실은 유구
琉球에 있던 복건 상인 진신陳申이, 또 선조 24년 4월 중국인 허의후許儀
後가 일본 융마주薩摩州에서 의사로 있었는데 동향인同鄕人 주균왕朱均旺
을 시켜서, 또 유구국세자琉球國世子 상녕尙寧도 명明나라에 각각 알려주
었다28).

    이 소식을 접한 명明나라는 연해沿海 경비를 강화하면서 요동도사遼東
都司를 통해 조선에 일본의 동향을 알려주었고29), 조선의 향도설에 대한
사실여부를 묻기도 하였다.

    이에 조선은 성절사聖節使로 김응남金應南을 파견하여 자문咨文으로 알
렸는데 그 내용이 유구琉球의 보고와 같았기 때문에 명明은 김응남에게 포
상까지 하였다30). 이와 같이 조선은 자국을 보호하려는 실리를 우선으로
하면서도 사대事大의 예禮를 지켰던 것 관계31)로 조선과 명과의 관계는 양
호하였다고 볼 수 있다.

---

27) 『明史』 권320, 朝鮮傳.
28) 『兩朝平攘錄』 日本上, 萬曆18,19年條 ; 『懲毖錄』 卷1, 萬曆丙戌年間條. ; 中村榮孝,
    『日·朝關係史』 東京 吉川弘文館 昭和 44, 許儀後는 임란중에도 일본에 있으면서 정
    보를 明에 알려주고 있다. ; 『宣祖實錄』 卷25, 7月 24年 丙戌條.
29) 『宣祖修正實錄』 권25, 24년 4월조
30) 『宣祖實錄』 권25, 24년 10월 丙辰條.
31) 崔永禧, 「壬辰倭亂중의 對明事大에 대하여」, 『史學硏究』 18, 史學硏究會, 1961.

그러나 선조25년 4월 14일 임진왜란이 발발하자 조선은 왜적을 자력으로 격퇴시키겠다는 대책 하에 왜침을 명明에 알렸다. 5월 10일 자문咨文을 받은 명은 요동遼東·산동山東 등지의 연해沿海에 병력을 증강 배치하여 방비를 더욱 강화시켰다. 요동광녕진수총병관遼東廣寧鎭守總兵官 양소훈 楊紹勳이 '왜군이 창궐하여 조선은 왕도王都를 이미 지키지 못하게 되었다 고 명정에 보고하자 중국은 그런 까닭에 조선이 왜의 향도가 된 것이 아닌 가 하는 의심이 다시 생겼지만 조선에서 연달아 김응남金應南 한응인韓應 寅, 이우인李祐仁 등의 사신이 위급함을 고하자 반신반의하였다고 한다[32]. 잇따른 조선의 정세 보고를 접한 명이 임난壬亂에 대한 대책을 논의하기 시작한 것은 5월말이었다. 앞서 언급한 바와 같이 명정은 병부상서兵部尙 書 석성石星이 파병을 주장한데 반해 대다수 조신들은 압록강을 사수하고 가능하면 평양 또는 개성開城을 수비하자는 논란이 많았던 것이다[33]. 이것 은 조선의 급속한 패주는 일본과 짜고 가짜왕을 내세워 침략했고, 조선은 향도가 됐다라고 의심하면서[34] 명에 대해 반역을 음모했다라고 생각하고 있었던 것 같다[35]. 그러면 조선이 명을 보는 인식은 어떠했던가. 이를 『선 조실록宣祖實錄』 권28, 25년 7월 무오조戊午條에서 찾으면

> 대체로 이때 명나라 조정에서 우리나라가 이전에 왜와 거래한 사실이 있는데다가 또 절강 사람을 통하여 조선에서 외국에 나귀를 바친다는 등의 말을 잘못 듣고는 그것이 왜놈이 사가고 곡물을 받았다고 거짓말 한 것이라는 것도 모르고 한창 우리나라가 지조를 굽혀 왜놈편이 되었 다고 의심하였다. 그러다가 관백 평수길이 군사를 크게 일으켜 조선으

---

32) 尹衡聖, 『朝野僉載』 卷27, 壬辰年 5月條.
33) 『宣祖實錄』 권27, 26년 4월 乙酉條.
34) 『宣祖實錄』 권26, 25년 5월 戊辰條.
35) 『宣祖實錄』 권27, 26년 6월 丙午條.

로 쳐들어 왔다는 소식을 듣자 우리나라가 왜놈의 향도가 된 것으로 여
겼다. 뒤 따라 都城이 함락되었다는 말을 듣고 병부상서 석성이 우리나
라 사신에게 묻기를 "너의 나라는 천하의 강병이 있는 곳인데 어찌하여
열흘안에 도성이 갑자기 함락되었는가." 라고 하면서 더욱 괴이하게 여
겼다.

라고 하여 명은 우리나라가 왜의 향도가 됐다는 의심이 풀리지 않은 상
황에서 왜적이 침입했고 열흘안이라는 짧은 시간에 평양까지 함락당한데
대해 그 사실을 의심하지 않으려 했던 것 같다. 그런 까닭에 석성石星은
6월 1일 최세신崔世臣, 박세록朴世祿을 조선에 파견하여 국왕을 만나 사실
여부를 확인케 하였으며36), 재차 서일관徐一貫, 황응양黃應陽, 하시夏時
등을 보내 그 실상을 조사토록 하였던 것이다37).

그러면 조선은 명의 원병 요청에 대해 어떤 생각을 갖고 있었던가 처음
임난壬亂 발생 초기에는 일단 경상도 안에서 격퇴코저 하였고, 상주·충주에
서 방어와 격퇴를 기대했지만 무너지자 매우 당황하면서 일단 평양으로 파
천을 결정하였다. 그리고 임진강에서 재차 방어선은 구축하고 이를 굳게 지
켜 반격을 시도하려고 했다. 이보다 앞서 서울에서 파천을 결정하면서 명의
구원병 요청문제가 잠깐 거론되긴 했지만, 어디까지나 왜적의 방어 및 격퇴
를 조선군 자체적으로 해결하려 하였다. 그것은 평양의 조정회의에서 잘 나
타나고 있다.

이항복이 명군의 지원 요청을 건의하자 尹斗壽가 말하기를 "어제 아
군이 臨津江을 지키고 있으니 조정에서 속히 下三道에 사람을 보내 격
려하면 응원군이 많이 올 것이고 北道의 병력은 오래지 않아 모일 것이

---

36) 『懲毖錄』 권1, 遼東都司條.
37) 『宣祖實錄』 권28, 25년 7월 戊午條. ; 李炯錫, 『壬辰戰亂史』상, 新現實社,1974.
   p.375-382.

다. 그러면 대책이 설 것이다. 하물며 天朝에서 군사를 보내어 구원해
준다는 것은 꼭 기대할 수 없으며 上國의 군사가 일단 우리의 경내에
들어오면 그후의 난처한 걱정거리가 이보다 상상할 수 없이 클 것 임에
랴. 어찌 이 일을 경솔히 말할 수 있습니까."38)

이항복은 지금과 같은 급박한 상황에서 손 쓸 도리가 없기 때문에 이러
한 사정을 명나라에 보고한 다음 원병을 청하는 것이 제일 나은 것이라고
주장했지만 조정의 의견들은 다들 부정적이었다. 그 까닭은 명의 원군이 오
지 않을 것이고 온다하더라도 요동遼東·광녕廣寧지역 군사들이라 지금 평
안도만 깨끗이 남았는데 이들 마저 명군明軍에게 들볶이면 조선은 벌거숭
이가 될 것이다39)라고 하였고 구원병이 온다해도 일을 마치면 곧 철수할
것을 바랬던 것을 보면 명군의 지원에 대해 매우 부정적이었다. 그래서 경
상·전라·충청도와 함경·평안도 군과 의병의 힘으로 왜적을 격퇴코저 하였
던 것이다.

그러나 임진 방어선 마저 무너지자 조선은 몽진 중인 5월말 평양에서 명
明의 구원병을 요구하게 되었다40).

그러면 임난壬亂에 대한 명의 태도는 어떠했던가. 조선·유구·일본 등으
로부터 중국을 침범할 것이란 것을 안 명明은 선조 24년 11월부터 연해沿
海의 방비를 강화하기 시작하였다41). 정작 임란壬亂이 반발하고 조선으로
부터 구원병의 파병과 도요내부渡遼內附 요청이 있자 보갑군保甲軍을 중
심으로 계주薊州·밀운密雲·천진天津·영평永平 등의 소위 사도四道를 비
롯해 산동山東·요동遼東 등지의 방비를 더욱 강화하면서 왜의 북경北京

---

38)『奇齋史草』下, 임진일록 1, 5월 19일조
39)『宣祖修正實錄』권26, 25년 5월조
40)『宣祖修正實錄』권26, 25년 5월조
41)『明史』卷320, 朝鮮傳. ;『征韓偉略』卷1, 萬曆 19年 春.

침략에 대비하였다. 그러면서도 구원병의 조선 파병에 대한 논의는 매우 구구하였다. 그 까닭은 만력삼대정萬曆三大征의 하나인 발방哱邦의 난亂이 진행중에 있기도 하였지만 이적夷狄끼리 싸우는데 반드시 중국이 구원할 까닭이 없다는 것이다. 그래서 국경인 압록강을 굳건히 지키고 경병勁兵이 압록강을 건너 요무耀武하는 정도면 될 것이라 하였다[42].

명明이 구원병의 파견을 구체적으로 논의하기 시작한 때와 조선이 명군明軍의 파병을 요청한 것 또한 같은 시기였다. 이때 조선의 사신 신점申點이 마침 북경에 있으면서 병부상서兵部尙書 석성石星으로부터 왜국의 침략 소식을 듣고 원병을 요청하였음은 진술한 바와같다. 그리고 명은 파병의 대원칙을 결정한 것은 6월 2일이었다. 이 같은 사실은 『명신종실록明神宗實錄』 권 249, 만력萬曆 20년 6월 경인조庚寅條에서 찾으면

> 兵部尙書 石星의 주장에 따라 지금 遼東撫鎭은 정병 2枝를 발하여 조선을 應援토록 하라.

라고 하여 마침내 구원병의 파병을 결정하였던 것이다. 이는 『선조실록宣祖實錄』 권27, 6월 갑인조甲寅條에 보면

> "왜구의 환란이 매우 위급하니 속히 조선을 구원하여 울타리를 튼튼히 하고 군량도 보내어 위급함을 구제하소서" 하니 천자가 이르기를 "조선은 본디부터 공손함을 바치어 우리의 속국이 되었다. 그러니 외침이 있는데 좌시해야 되겠는가. 요동으로 하여금 즉시 精兵 2부대를 보내어 응원하게 하고, 이어 은 2만냥을 내어 조선국에 가서 犒軍하여 대홍 저사의 두 표리로 국왕을 위로하며 관병을 독려하여 힘을 다해 왜적들을 무찔러 평정하도록 하라. 만약 혹시라도 형세가 지탱하지 못할 지

---

42) 柳成龍, 『西厓集』 雜著雜記.

경이 되면 구원병을 청하여 대응하는 것도 무방하니 기한을 정해 적을
섬멸하여 우리의 울타리가 되게 하라."고 하였다.

라고 하여 우선 요동의 정병 2부대와 호군犒軍에 필요한 은 2만냥과 선
조를 위로하기 위한 선물 등을 보냈다. 따라서 파병은 조선의 구원병 요청
이 있기 전부터 논의 되었고, 결정된 것이 아닌가 한다. 왜냐하면 명에 청
원사請援使 이덕형이 파견된 것은 6월 11일이었기 때문이다. 또 중국은 조
선이 왜적의 향도라는 것과 선조가 가왕假王이란 점에 의심을 두고 이를
확인하기 위해 조선에 사신을 파견하기 시작한 것이 6월 1일이었다[43]. 이
런 문제들이 해결되기 전에 파병은 결정되었음을 알 수 있다.

이와 같이 명이 원군을 파견하게 된 직접적인 동기는 조선의 파병요청보
다는 왜적의 목표가 중국이었고 조선의 지리적인 면이 크게 작용되었던 것
이 아닌가 한다[44]. 이와 같은 사실은 여러 사료史料에서 나타나고 있다. 먼
저 산서도어사山西道御史 팽호길彭好吉는

> 지금 왜적을 막는 계책은 밖에서 적을 맞이하여 지경안으로 들어오지
> 못하게 하는 것이 上策이고, 沿海에서 막아 깊이 들어오지 못하게 하는
> 것이 中策이고, 天津·淮揚 사이에 이르러 막는 것은 無策이다[45].

라고 하여 명明나라 밖인 조선에서 막는 것이 상책上策임을 제시하였고,
또 임진년壬辰年 9월에 조선에 와서 상황을 살핀 행인사행인行人司行人
설번薛藩도 명明나라에 보고하기를 조선은 요동진遼東鎭의 울타리와 같아

---

43) 『奇齋史草』 下, 壬辰日錄 2, 6월 11일조.

44) 『명신종실록』 권249, 萬曆 20年 6월, 庚寅·甲午·乙未·庚子·丙午·乙酉條.

45) 宋應昌, 『經略復國要編』 附 部垣臺諫條議疏略, "今日禦倭之計 迎敵于外 毋使入境
此爲上策 拒之于沿海 毋使深入 是爲中策 及至天津揚之間而後御之 是無策矣".

서 조선을 점령하게 되면 요양遼陽은 하루도 편할 수가 없다. 왜적을 평양
平壤의 동쪽에서 견제하지 못한다면 화화禍가 클 것이라고 하여 평양에서 왜
적의 격퇴를 피력하면서 조선이 명明의 전략적인 방어진으로 중요성을 제
기하고 있다[46]. 또 상보사경尙寶司卿 조숭선趙崇善도 『명신종실록明神宗
實錄』 권 307, 만력萬曆 25년 2월 을해조乙亥條에서

> 만약 倭酋가 조선을 점령한다면 서울의 漢陽江, 개성의 임진강, 평양
> 의 大洞江 같은 것운 다 바다로 통하고 바로 畿輔에 도착할 수 있음으
> 로 압록강을 건너 遼陽에 이를 필요가 없다. 그렇기 때문에 중국을 안전
> 하게 하려면 반드시 조선을 지켜야 한다.

라고 하였으며, 선조도 '왜적이 쳐들어온 까닭은 중국을 침범하려고 우
리나라에 군사와 군량을 빌려 달라는 것을 거절하였기 때문'이라 했고[47],
특히 『선조실록宣祖實錄』 권53, 27년 7월 병신조丙申條에 보면

> 倭賊이 中原을 침범하려 한다면 반드시 조선을 지나야 하고 중원이
> 이적을 토벌하려면 반드시 조선에서라야 될 것이니, 우리나라는 賊場이
> 될 것이다. …왜적이 浙江을 버리고 우리나라로 온 것은 우리나라가 尾
> 가 되고 中原의 首와 같아서 우리나라를 지키지 못한다면 遼東은 반드
> 시 동요될 것이고 천하의 세는 위험하게 될 것이다.

라고 하였다. 석성石星은 명정에서 파병의 필요성을 논하는 중에 '조선
의 사정은 국내와 같은 것'이라 했으며[48], 총병 양소훈楊紹勳도 왜적을 '뜰
안에 들어온 적'으로 인식하였다[49]. 따라서 조선은 명과 일본사이에 위치한

---

46) 『宣祖修正實錄』 권26, 25년 9월 丁巳條.
47) 『宣祖實錄』 권28, 25년 7월 戊午條.
48) 『燃藜室記述』 제16권, 宣祖朝故事本末＝求救明朝收復京城條.

전략지로 왜란의 참화를 입었던 것이고, 조선과 명明은 국내와 같은 뜰안으로 인식하였던 것이다. 그런 까닭에 관존보寬尊堡 부총병 동양정佟養正은 조선의 구원병 요청과 명정의 파병 결정이 있기 전인 5월 10일 의주목사 황진黃璡에게

> 당신 나라가 적의 침입을 당하였으니 상국으로서 구원하지 않을 수 없고 본인이 불일내로 군사를 거느리고 강을 건널 것이니, 당신은 이 뜻을 신속히 국왕에게 아뢰시오[50]

라고 하였다. 그러나 황진은 대답하기를

> 우리나라가 비록 창졸간에 침공을 받아 온 나라가 물결처럼 쓰러졌으나 우리의 병력으로 적병을 당해낼 수 있소, 어찌 구원의 노고를 끼치겠소[51].

라고 하여 명이 스스로 구원병의 파견을 제안하였으나 거절하였다. 이것은 바로 조선 자체적으로 왜적을 격퇴하고자 한 분위기였던 것을 의미한다.

동양정佟養正은 한달 뒤에 다시 와서 황진黃璡에게 위급할 때를 대비하기 위해 백리마다 파발을 설치하되 의주에서 평양간에 5파발을 둘 것을 요구하였다[52].

이것은 바로 중국인의 인식이 조선을 구하는 것은 사전에 중국을 보호하는 것으로 이해하고 있는 것이 아닐까 한다[53]. 그런 까닭에 명정은 6월 2일

---

49) 『宣祖實錄』 권35, 26년 2월 癸卯條.
50) 『明神宗實錄』 권248, 萬曆 25년 5월 己巳條 ; 『奇齋史草』 下 壬辰日錄 1, 5월 19일 조.
51) 『燃藜室記述』 제16권, 宣祖朝故事本末＝求救明朝收復京城條.
52) 『宣祖實錄』 권27, 25년 6월 戊戌條.

명의 구원병 파견의 대 원칙이 결정된 것도 조선보다는 그들 명나라를 위
한 것이 분명해 진다. 그리고 나서 조선이 왜적의 향도가 된 것이 아닌가
하는 실상을 파악하기 위해 요동도사遼東都司가 진무鎭撫 박세록朴世祿을
파견하였고(6. 1), 황제가 특별 지시로 실지 형편을 살핀다는 명목으로[54]
병부兵部에서 차관差官 황응양黃應陽을 파견(6. 15)[55], 또 요동순안어사遼
東巡按御史 이시자李時孶가 지휘指揮 송국신宋國臣 파견(6. 18)[56], 서일관
徐一貫, 하시夏時 등을 보낸 것 등은 파병원칙이 결정된 뒤의 일들이다[57].
　황응양은 선조를 만나 조선의 상황을 확인한 다음

　　　　조선은 중국을 위해 대신 兵禍를 당하면서도 義롭다는 명성을 드러내
　　　지 않고 도리어 이 악명을 받았으니 天下에 어찌 이런 일이 있겠는가
　　　라고 하여 조선이 적을 몰아내는 데 신하의 지조를 굽히지 않았는데 중
　　　국이 모르고 의심까지 했다.

라고 하고[58], 그가 명明의 병부兵部에 강력히 상주上奏하여 대병력의 원
병이 파견되는데 결정적 역할을 하였던 것이다.
　한편, 조선은 6월 11일에 이르러서야 자체 방어책을 버리고 서둘러 청원
사請援使 이덕형을 중국에 보내 정식 명군의 파병을 요구하였고[59], 3일 뒤
에 도요내부를 요동도사遼東都司에 자문咨文을 보내 다급한 상황을 알렸
던 것이다[60].

---

53) 『明朝記事本末』 권62, 援朝鮮.
54) 『宣祖實錄』 권28, 25년 7월 戊午條.
55) 『亂中雜錄』 1, 壬辰 6월 15일조
56) 『宣祖實錄』 권27, 25년 6월 乙巳條.
57) 『宣祖實錄』 권28, 25년 7월 戊午條.
58) 『宣祖實錄』 권28, 25년 7월 己未條.
59) 『奇齋史草』 下, 壬辰日錄 2, 6월 11일조.
60) 『宣祖實錄』 권27, 25년 6월 壬寅條.

명군의 파병에 대해 윤두수는 '왜적은 우리나라의 해로울 뿐 아니라 사실 중국의 우환꺼리'[61]라고 하여 명군이 파병될 것을 확고히 믿고 있었다[62]. 김응남金應南도 '왜적 수십만이 요동遼東을 침범하면 산해관山海關 이동은 무인지경이 될 것'이라고 보았으며[63], 선조는 명군의 출동이 늦어지자 직접 요동遼東으로 가 구원병을 청하려 하였지만 반드시 원병이 올 것을 장담하였다. 이 사실은 『선조실록宣祖實錄』 권29, 25년 8월 신해조辛亥條에서 찾으면

> 安南에서 반란이 있을 때도 명의 원군이 파병한 일이 있었는데 하물며 왜적이 遼東을 침범한다는데 파병을 안할 까닭이 없다.

라고 하였다. 명明의 파병 이유로 경약經略 송응창宋應昌은

> 倭奴가 조선을 점거하고 몰래 중국을 범하려고 꾀하여 조선의 君臣이 종묘사직을 잃고 강변에 파천하였는데 우리 皇上께서 공손한 속방을 불쌍히 여기어 將帥를 명해 군사를 일으켜 국경을 넘어 토벌하라[64].

고 하여 왜적이 명을 침략하는 것을 중국이 아닌 조선에서 미리 격파하자는 의도가 분명하였던 것을 알 수 있다.

이와 같이 1차 요동광녕진수총병관遼東廣寧鎭守總兵官 양응훈楊應勳의 소속부대 조승훈祖承訓 1,000, 왕수관王守官 1,000, 사유史儒 1,000, 양소훈楊紹勳 천총千總의 가정달자家丁猛子 500명 등 3,500명이[65] 6월 15일

---

61) 『宣祖實錄』 권28, 25년 7월 丙申條.
62) 『宣祖實錄』 권32, 25년 11월 壬申條.
63) 『宣祖實錄』 권32, 25년 11월 乙亥條.
64) 『宣祖實錄』 권35, 26년 2월 丙申條.
65) 『宣祖實錄』 권28, 25년 7월 丙申條 ; 『宣祖實錄』 권27, 25년 6월 乙巳·戊申條 ; 『亂

부터 조선에 파병하게 되었던 것이다[66].

조승훈군은 7월 17일 평양탈환전을 전개했으나 장마에다 작전의 실패로 패전하였다. 그래서 명은 심유경沈惟敬을 급히 파견하여 평양에 주재한 소서행장少西行長과 56일간의 휴전을 맺고, 병부우시랑兵部右侍郞 송응창宋應昌을 경약經略으로 삼아 왜적을 방비하는 군사책임을 맡겼다[67].

그리고 9월 영하寧夏의 변變인 발배哱拜의 난亂을 평정하자 천진天津·요동遼東·영평永平·영전寧前·해개海盖·계주薊州·산동山東·순천順川·보정保定·밀운密雲 등 중국 연해沿海의 여러 도道에 군사를 집중적으로 배치하였다. 그리고 조선에 대병력 파병을 추진하였다. 명은 다시 경략經略 송응창宋應昌, 제독提督 이여송李如松, 주사主事 유황상劉黃裳, 찬획贊劃 원황袁黃으로 편성된 5만 병력으로 12월 25일 재차 파병하게 되었던 것이다[68].

4. 명군의 활약과 그 추이

명군明軍이 임란壬亂으로 인해 조선에 원병을 파병한 것은 선조 25년 6월 15일부터 동왕 33년 10월 철군할 때까지 약 8년여 기간이었다. 조선에 파병된 명군은 원군으로서의 역할을 하였지만 또한 조선에 많은 폐해를 던져 주기도 하였다.[69] 조선에 파병된 명군이 참전한 전투는 많았지만 그 역

中雜錄』1, 壬辰年 7월10일조
66) 『宣祖實錄』 권27, 25년 6월 乙巳條.
67) 『明史』 권20, 萬曆 20년 8월 乙巳條.
68) 『兩朝平攘錄』 日本上.
69) 劉九成, 『壬亂時 明兵의 來援考』, 『史業』20, 1976 ; 柳承宙, 『倭亂後 明君의 留兵論과 撤兵論』, 『千寬宇回甲논총』, 정음문화사, 1985.

할이 두드러졌던 곳은 평양平壤·직산稷山 전투를 꼽을 수 있겠다. 이 전투에서 승리함으로써 왜적에게 지대한 타격을 던져 주었다. 반면 상대적으로 패전한 전투는 벽제碧蹄·남원南原·울산의 도산島山전을 들 수 있다. 그러면 여기서 승전과 패전으로 평양전과 도선전투에 관해 언급하고자 한다.

먼저 평양전투는 선조 26년 1월 6일부터 8일까지 전개되었다. 영하寧夏의 난亂을 평정하여 무장으로 최고의 자리에 오른 제독 이여송李如松은 선조 25년 12월 25일 압록강을 건너 우리나라에 출병하였다. 그는 발배哱拜를 토벌할 때 8천군으로 5·6만의 적을 토벌한 경력을 갖고 있는 명장이었다.70) 이여송은 선조 26년 1월 5일 순안順安에 있으면서 평양에 도달하기 전에 우선 사대수査大受를 시켜 부산원斧山院에서 소서행장小西行長의 비장 평후관平後寬을 사로잡았다. 이때 도망자가 있어 행장行長에게 명의 대군이 온 것을 처음 알렸다고 한다. 이여송은 유성룡으로부터 평양성의 지도를 얻고 작전계획을 세운다음 1월 6일 새벽 즉시 평양성에 도착 포위하였다. 이때 명군은 제독 이여송 중군中軍 양원楊元, 좌군左軍 이여백李如栢, 우군右軍 장세작長世爵으로 43,500병력을 3군으로 편성하고,71) 조선군 1만여 명을 분속 배치하였다.72)

이해 반해 왜군은 1만 6·7천으로 평양성 북쪽 목단령牧丹嶺에 2,000여 명, 성위에 배치군이 1만여, 성의 수비병력 4·5천 등이 배치되어 있었다.73) 명군은 중국의 장기인 대포大砲·화기火器를 앞세워 공격하였다. 왜군은 성에서 긴 창과 큰 칼로 대치하였는데 빽빽하게 내민 총칼이 마치 고슴도치의 털과 같았다고 한다. 평양성은 고구려의 옛 도읍지로 천연의 요새지일

---

70) 『宣祖實錄』 권33, 25년 12월 己酉條.
71) 『兩朝平攘錄』日本上.
72) 『宣祖實錄』 권34, 26년 1월 丙寅條.
73) 『宣祖實錄』 권35, 26년 2월 乙未條.

뿐 아니라 성지城池가 매우 견고하였다. 명군은 목단봉牧丹峰과 성城의 북쪽에 위치한 칠성문七星門, 중간의 보통문普通門, 그리고 남쪽 대동강大洞江 변의 함구문含毬門을 우성 공략 목표로 삼았다. 유격장 오유충吳惟忠·부총병 사대수查大受는 모란봉을 공격하였고, 중군 양원楊元·우협도독 장세작張世爵은 칠성문, 좌협도독 이여백李如栢·참장參將 이방춘李芳春은 보통문, 부총병 조승훈祖承訓·유격 낙상지駱尙之는 조선군 병사兵使 이일李鎰·방어사 김응서金應瑞 등과 함께 함구문을 공략하였다. 여러 군사가 고기 비늘처럼 늘어서서 배치된 지역에서 집중적으로 공격하였다. 그리고 제독 이여송李如松은 친병 1백여 기병騎兵을 거느리고 칠성문에서 작전을 총지휘하였다. 왜군은 성 위에서 끓는 물을 붓고 큰 돌을 굴리면서 대항하였다. 조朝·명군明君은 8일 대포를 집중 배치한 칠성문을 마침내 격파하고 성안으로 들어가 왜적을 소탕하였다. 이때 남군南軍의 활약이 뛰어났다. 견디지 못한 왜장 소서행장小西行長은 야밤에 현소玄蘇·의지義智·조신調信 등과 함께 평양성을 빠져나가고 말았다. 조명군은 9일 아침에 마침내 평양성에 입성하였다. 전과를 보면 참수 1,285급級, 빼앗은 마馬 2,585필匹, 왜적의 기물 455건, 우리나라 포로 1,015명을 석방시켰던 것이다.74)

이 평양탈환전투는 임진왜란 중 명군이 세운 최대의 전과였다. 이로써 자비령慈悲嶺 북쪽이 모두 평정되었고 황해·평안·경기·강원도 등이 회복되는 터전을 마련하였다. 특히 조선의 민심이 쇄신을 가져다 주었고 함경도로 진출한 가등청정加藤淸正 군에게 자극을 주어 후퇴하게 하였다. 그러나 조선인의 자구적인 노력보다는 명군에 대한 기대가 한층 높아져 갔다. 평양성을 탈환한 다음 성의 보수를 대대적으로 하여 조명군의 기지로 삼았다.75) 그러나 산동도어사山東都御史 주유한周維韓의 주본奏本에 따르면 이 전투

---

74) 『宣祖實錄』 권34, 26년 1월 丙寅 ; 同 권35, 26년 2월 乙未條.
75) 『宣祖實錄』 권34, 26년 1월 己卯條.

에서 참수자의 절반이 조선인이었고, 분익焚溺된 만여인도 조선사람이었다라고 비판하고 있는 것을 보면 평양전에서 명군이 공을 앞세워 조선인 다수가 희생되었던 점이 아쉽다고 하겠다.

다음은 울산에서 전개된 도산島山전투에 관해 논하고자 한다. 도산전투는 임란 말미에 있었던 전투로 크게 두차례에 걸쳐 전개되었던 바 모두 명군의 패배로 귀착되고 말았다.[76] 제 1차는 선조 30년 12월 22일부터 다음해 1월 4일까지 이고, 제 2차는 동왕 31년 9월 22일부터 10월 4일까지로 공교롭게도 각각 13일간이었다.

왜군 제 2부대 가등청정加藤淸正은 정유재란 중 충청도 직산稷山에서 패퇴한 후 거점확보를 위해 도선성을 축성의 귀재로 불리는 그 자신의 의해 내·외성으로 직접 설계하여 쌓은 전형적인 왜성이다. 도산성은 선조 30년 8월 20일부터 착성하여 동년 12월 20일경 조명군이 공략이 시작되기 직전 완성되었다. 도산은 울산평야 태화강太和江변에 위치한 높이 50m정도의 작은 산이다. 이 성은 증성甑城·신성新城·신학성新鶴城·학성鶴城·도산성島山城 등으로 불리우고 있는데 내성內城은 15m 석축위에 본성·제 2·3본성을 붙여 짓고, 외성外城은 성 밖에 언덕을 만들고 그 위에다 생소나무를 베어다 3중重의 목책木柵을 만들었다. 이 성에서 태화강太和江을 이용 왜군 기지 서생포西生浦까지는 뱃길로 70리里이고 육로陸路는 80여리로서 도산성은 왜군의 전초기지인 셈이다.

명군은 조선의 남해안에 웅거하고 있는 최강적인 가등청정加藤淸正 군을 치면 사천泗川에 웅거하고 있는 소서행장小西行長도 무너트리기 어렵지 않을 것이라는 판단아래 명군 3,600여와 조선군 1만 1,500여 군이 합세하여 도산성에 있는 왜군 16,400여군을 집중공략하게 된다. 이를 위해 경

---

76) 崔孝軾, 「丁酉再亂 중 蔚山 혈전」, 『南都泳교수古稀歷史學논총』, 1993.

주慶州에 명군의 본부를 설치하였고, 군량을 공급하면서 대대적인 공략을 하였다. 명군은 도산島山에 500여 미터로 근접한 고학성산古鶴城山 정상에 작전 지휘 본부를 설치하였다. 그리고 도산성을 잇는 태화강太和江변의 왜군의 전지인 성황당城隍堂·반구정伴鷗亭 등을 공파하여 나갔다. 왜군의 후방진지 서생포西生浦로부터 도산을 지원하는 남강藍江·전탄箭灘·구강鷗江 등 요새지에 중국의 최강병인 석강병浙江兵을 집중 배치시켜 왜의 구원병을 차단하였다. 그리고 조명군을 도산성을 10중重으로 포위하고 공략을 늦추지 않았다.[77] 도산성은 철옹성이였지만[78] 군사에게 먹일 샘물이 없다는 결점이 있었다. 조명군의 포위 속에 외부와 완전 차단된 상태에서 왜군은 식량·화약 마저 떨어진 고갈상태였다. 왜적은 집요하게 공략해 오는 조명군에 맞서 하루에 쌀 한홉씩 식량을 지급하는 극한 상황에 도달하였다.[79] 왜적은 고립된 성 안에 잇으면서 조총을 응사할 뿐 오직 구원병만을 기대하고 있었다. 마침내 조명군은 외성外城을 격파한 다음 본성위에까지 진격하였다.[80] 도산성의 격파는 시간문제 같이 보였다. 그러나 명군간의 공功다툼으로 생긴 갈등과 작전실패 뿐 아니라 한겨울인데도 비가 많이 왔고, 또 바뀐 추운 날씨는 명군의 사기마저 떨어지고 말았다. 더구나 부산·사천泗川 등지에서 온 왜 지원군 등으로 인해 아깝게 승전의 기회로 상실되고 말았다. 명군은 왜군이 중국의 등주登州·내주萊州를 침입하지 않을까하는 기우 때문에 스스로 도산에서 철수하고 말았다.[81]

제 2차 도산전투는 약 9개월 뒤에 전개되었다. 조명군은 동로, 서로, 중

---

77) 慶念, 『朝鮮日日記』; 李進熙, 『生き地獄の蔚山城』, 『倭館倭城を歩く』, 六縣出版社 ; 李炯錫, 『壬辰戰亂史』, 1974 ; 『練藜室記述』 권17, 宣祖朝故事本末 楊鎬島山進攻條.

78) 『선조실록』 권96, 31년 1월 己酉條.

79) 『宣祖實錄』 권97, 31년 2월 辛未條.

80) 『宣祖實錄』 권96, 31년 1월 壬辰條.

81) 『明神宗實錄』 권318, 萬曆 26년 正月 乙未條.

로, 수로군 등 4로군路軍으로 편성, 1차 때와는 달리 각 공략처로 분산 파견하는 전략을 썼다.

울산공략을 맡은 동로군은 조선군과 통합 3만명이었다. 경주에 본부를 다시 설치한 조명군은 대군을 양분하여 한 부대는 부산 온정溫井으로 파견하여 울산·부산간을 차단시켰다. 그리고 주력부대는 울산을 직행하였다. 왜군은 도산 외성 밖에 해자垓字를 설치하는 등[82] 제 1차 때 보다 도산성을 견고하게 보수한 뒤였다. 조명군은 도산성을 공략하여 전과를 올렸다. 피해를 본 왜적은 도산성 안으로 들어간 다음 응사할 뿐이었다.[83] 조명군은 유인작전을 폈으나 그들은 불응하면서 성만 고수하였다. 이에 조명군은 사천성에서 패했다는 소식을 듣고 본부가 있는 경주로 철퇴하고 말았다.[84]

5. 조선과 명군의 알력과 갈등

임진왜란 중 명군이 내원來援하여 왜적을 물리치고 국토를 회복시키는데 커다란 기여를 했던 것이 분명하다 하겠다. 그런 까닭에 조선인들은 재조再造의 은혜를 입은 것으로 생각할 정도였다. 그러나 명군과 조선인 간의 갈등 또한 심각한 국면이 없지 않았다. 여기서 몇가지 사례를 들어 그 실상을 밝히려고 한다.

우여곡절 끝에 명군의 래원이 이루어지자 선조宣祖는 조선군에게 국토의 회복을 위해 명군과 연합하여 전투를 전개할 것을 명령하였다.[85] 그런 까닭에 남북에서 영남·호서·호남뿐 아니라 바다에서 그리고 전국토에서 왜

---

82) 『宣祖實錄』 권104, 31년 9월 庚戌條.

83) 『亂中雜錄』3, 戊午年 9월 27일조

84) 『宣祖實錄』 권105, 31년 10월 癸巳·癸卯條.

85) 『宣祖實錄』 권34, 26년 1월 甲申條.

적 섬멸을 위한 전투가 벌여졌다.

명군 래원 초에 명군과 조선군 간에 작전 명령 지휘권에 관한 논란이 일어났다. 그러나 조선은 원활하고 활동적인 왜적 토멸을 위해 작전권을 명나라에 일임하였던 것 같다.[86]

그런 까닭에 조선군은 평양성 탈환전에서부터 1만여명이 명군과 합세하여 적극 참전하게 된다. 그중 정예 3,000명은 아예 중국군의 갑옷과 투구로 무장하고 선봉에 섰다.[87] 특히 조선군의 활략이 돋보였던 까닭에 명군들은 감탄하고 말하기를 '이런 재주를 가지고 있으면서 어찌 적을 여기까지 끌고 왔는가' 라고 하여 순식간에 평양까지 왜적에게 국토를 내어준데 대해 의아심을 갖을 정도였던 것이다.[88]

명군 참전 첫 전투가 된 임진년 7월 15일 평양성 탈환전투에서 장마 중에 3,500여 조승훈祖承訓군이 왜적 1만여명을 공벌할 때 조선군 정예 500여병을 명군 5개 초에 100명씩 소속시켜 선봉을 삼았던 것이다. 그러나 명군은 우수한 병기인 대포大砲·철환鐵丸 등을 믿고,[89] 정작 전투에는 나가지 않으면서 조선군만 홀로 내몰아 왜적과 싸우게 하는 등[90] 계획없이 작은 병력으로 공적만을 세우려고 공격하였다가 패하고 말았다. 그런데도 명군은 그 패인을 조선군과 장마철인 절기에 떠넘기려 하였다.[91]

제독 이여송은 초기 강화론자 심유경沈惟敬을 참斬하려 하였고 평양을 탈환한 다음 자신의 공덕功德을 과시하면서 조선에 대해

---

86) 『宣祖實錄』 권27, 25년 6월 丙午條.

87) 『宣祖實錄』 권34, 26년 1월 己巳條.

88) 『宣祖實錄』 권34, 26년 1월 庚申條.

89) 『宣祖實錄』 권45, 26년 윤 11월 庚子條.

90) 『宣祖實錄』 권28, 25년 7월 丁丑條.

91) 『宣祖實錄』 권28, 25년 7월 丁丑 ; 同 권33, 25년 12월 己亥條.

조선국의 大小臣僚들은 首臣에게 전달하여 알려서 빨리 本部에 나와 진격하여 섬멸하는 機宜에 명을 따르고 식량과 먹이를 헤아려서 처리하 도록 하라.

고 하면서 왜적을 곧 섬멸하겠다는 의지를 강하게 보였다. 그리고 조선 에 대해 태만하게 하면 탄핵하고 정법正法을 행하겠다고 위협적인 인사를 서슴치 않았다.92)

그러나 이와는 달리 경략經略 송응창宋應昌과 총병總兵들은 왜적을 섬 멸 공략하는 것보다는 오히려 강화에 더 뜻이 있었다.93) 그런 까닭에 조선 군은 부모형제의 원수를 갚을려고 하였고 각지에서 일어난 의병들의 항거 가 거세졌지만 경략 송응창은 소위 금살패문禁殺牌文을 반포해서94) 격렬 한 항왜전선抗倭戰線에 재동을 걸려고 하였다.

그런 까닭에 원군인 명군의 활동은 적극적이 되지 못하였다. 초기 명군 은 평양성 탈환에 성공한 여세를 몰아 서울을 탈환하기 위해 맹렬한 기세 로 남하하였으나 선조 26년 1월 26일 벽제관碧蹄館에서 왜군 소조천륭경 小早川隆景의 1만여군과 싸워 패한 다음 세가 꺾이고 말았다. 이어 명군은 개성開城으로 회군한다. 한때의 패전은 병가兵家의 상사라고 하는 조선측 의 말에 응하려 하지 않았다. 조선측은 계속 도성의 진군은 요구하였다. 그 러나 명군은 전열의 재정비를 위해 평양 후퇴를 고집하였다. 특히 망설이는 제독 이여송에게 평양 퇴병을 강권한 총병 장세작張世爵은 조선군과의 작 전에 대한 견해 차이로 우리나라 순변사巡邊使 이빈李賓을 발길로 차고 큰 소리로 꾸짖기를 주저하지 않았다.95) 이와 같이 조선군 장수에 대해 함부

---

92)『宣祖實錄』권35, 26년 2월 乙未條.
93)『宣祖實錄』권46, 26년 12월 丁卯條. ; 同 권40, 26년 7월 戊辰條.
94)『宣祖實錄』권37,26년 4월 戊申條.
95)『懲毖錄』권2, 李提督進兵坡州條.

로 대하고 있음이 여러곳에서 나타나 보이고 있다.

이 과정에서 명군은 조선측이 군량을 제대로 공급하지 않는다고 하여 고 관에게 공공연하게 곤장을 치기도 하였다. 이같은 사실을 『선조실록宣祖實 錄』권36, 26년 2월 병술조丙戌條에서 찾으면

> 명 戶部主事 艾自新이 군량이 계속 조달되지 않는다고 管粮官 지중
> 추부사 金應南, 호조참판 閔汝慶, 의주목사 黃璉에게 곤장을 때렸다.

그래서 조정은 오히려 김응남을 교체시키고, 전 강원감사監司 유영길柳 永吉로 관량관을 교체시키는 동시에 오히려 예자신艾自新에게 뇌물을 후 하게 주고 달래지 않으면 안되는 형편이었다.

먼저 선조 26년 6월 진주혈전晋州血戰이 있었다. 조선군은 '진주목사가 일본인을 많이 죽였기 때문에 원수를 갚겠다'고 전라도 지방으로 진군하는 왜군을 진주성에서 방어하려 하였다. 이때 조선군은 명군에 화급한 지원을 요청하였다. 유정劉綎·오유충吳惟忠은 대구大丘에, 참장 낙상지駱尙之·유 격 송대빈宋大斌은 남원南原에, 유격 왕필적王必迪은 상주尙州에 각각 주 둔하고 있었지만,[96] 강화진행 중이란 이유로 출동을 하지 않았다.

조선군은 김천일金千鎰을 중심으로 정평구鄭平九가 창작한 비차飛車를 사용하였고, 논개論介는 적장 모곡촌육조毛谷村六助를 끌어 안고 남강에 투신하는 등 끝까지 격렬하게 항전하였다. 왜적은 진주성을 함락시키고 군 ·관·민 6만여명과 가축까지 남기지 않고 도살시키는 잔학성을 보였다.[97] 왜군의 진주함락의 잔인성과 성종·중종릉의 도굴은 조선인 분발을 더욱 촉 진시키는 계기로 작용하였다.

---

96) 『宣祖實錄』 권40, 26년 7월 戊辰條. ; 『再造蕃邦志』3, 癸巳年 5·6월조
97) 『宣祖實錄』 권 47, 26년 6월 己亥條.

다음은 같은해 11월 3일 경상도 안강安康전투를 들 수 있겠다. 안강은 왜군의 울산기지로부터 100여리 떨어져 있어 자주 침범한 지역의 하나이다.

조선은 군략상 경주·울산지역에 명군의 주둔을 요청하였지만 이에 대한 응답이 없었고[98] 명군은 명령을 내릴 때 마다 의심을 품고 주저하여 강 건너 불보듯 하였다.[99] 왜침에 대해 낙상駱尙·오몽吳夢 등은 왜적 5~6천명이 경주에서 50여리 떨어진 곳에 주둔하고 있다고 유정劉綎에게 보고하였고, 이에 앞서 유정을 왜적 격퇴를 위한 공략을 경략 송응창에게 7~8차례나 건의했으나 들어주지 않았다.[100] 경주에서는 경상좌병사 고언백高彦伯, 경주부윤 박의장朴毅長과 권응수權應銖, 홍계남洪季男 등이 있어 즉시 출전했지만 명군은 중과부적이라는 이유로 출전을 않다가 뒤늦게 출전하였지만 패하여[101] 관군 200여명의 희생자를 내고 많은 군량을 빼앗기고 말았다.

조선군은 왜적은 토벌에 있어 적극적이던데 반해 명군은 그렇지 못했다. 뿐만 아니라 왜적에 대해 금살패문禁殺牌文에 따라 조선군에 제재를 가했던 것이다. 이를테면 선조 26년 7월 초에 들어 조선군의 독포사督捕使 박진朴晋, 성주목사星州牧使 곽재우郭再祐를 비롯한 여러 장수들은 왜적 400여명이 밀양密陽으로 진격할 것이라는 정보를 갖고 이를 일거에 공략하기로 약속하였다. 그리고 이 사실을 총병 유정劉綎에게 보고하였다. 그랬더니 유정은 박진朴晋 등을 불러 하루종일 뜰에 결박하고 왜적을 치지 못하게 압력을 넣었다.[102] 이같은 사실을『선조실록宣祖實錄』권40, 26년 7월 경오조庚午條에서 찾으면

---

98)『宣祖實錄』권 41, 26년 8월 甲寅條.

99)『선조실록』권88, 30년 5월 庚戌條.

100)『宣祖實錄』권45, 26년 윤 11월 壬寅條.

101)『宣祖實錄』권45, 26년 윤 11월 壬辰·甲辰條. ; 崔孝軾,『壬辰倭亂 중 慶州전투』,『慶州史學』10, 1991.

102) 吳希文,『瑣尾錄』권2, 癸巳 7월초 8일조

上이 정원에 전교하였다. 지금 듣건데 毋遊擊이란 자가 沈惟敬의 말
만 듣고 왜적을 비호하여 朴晉 등 네 장군을 묶어다가 곤장까지 치고
온갖 치욕을 보였다고 하니 분통함을 견딜수가 없다. 박진 등이 비록 陪
臣이긴 하지만 閫外의 중임을 맡은 장군인데 어찌 관유격이 멋대로 벌
을 줄 수가 있단 말인가. 이런 버릇을 고쳐 놓지 않으면 우리 장수들이
손발도 마음대로 움직이지 못할 것이다.

라고 하여 명군 유격 무승선毋承宣이란 자가 총병 유정의 박사에서 명明
·일日간에 진행중인 강화교섭이 조선군의 활약으로 인해 실패할까 염려하
여 배신陪臣이며 곤외의 장군인 박진朴晉·곽재우郭再祐 등 네 장군을 오
라로 묶고 곤장까지 친 것은 양군간의 커다란 문제로 제기되어 국왕이 진
노하였고, 경략군문經略軍門에 게첩揭帖을 보내 항의하게 되었다.

또 명나라 수병도독水兵都督 진린陳璘이 수함水艦 500여척을 끌고 선
조31년에 와 이순신李舜臣과 합동작전으로 많은 공을 세우기도 하였다. 그
러나 명군 중 진린의 횡포는 극에 달한 감이 없지 않았다. 진린의 군사들은
우리나라 수령守令을 때리고 함부로 욕보이기를 우습게 알았다. 찰방察訪
이상규李尙規를 오라로 묶고 목을 베어 죽이기도 하였던 것이다.[103]

명군의 이러한 행동은 조선의 원군이라고는 생각하기 어려울 정도였다.
같은 해 10월 이순신은 진린군과 함께 절이도折爾島 전투에서 크게 승리하
였다. 이 전투에서 이순신은 왜적 71급級을 베는 성과를 올렸다. 그러나 실
적이 좋지 못했던 진린은 이순신으로부터 40급級을 빼앗았고 계유격季遊
擊이란 자도 5급級을 또 빼앗아 갔다. 그리고 진린은 이순신에게 압력을 넣
어 다만 26급級만 벤 것으로 상부에 보고토록 하였던 것이다.[104]

이와 같이 명군이 공적까지 탈취하는 것을 볼 때 합동작전시에 조선군의

---

103) 『懲毖錄』 권2, 上餞送于靑坡野條.
104) 『宣祖實錄』 권105, 31년 10월 丙辰條.

고통과 갈등의 일단을 헤아려 볼 수 있기에 충분하다 하겠다.

조선은 명군의 군량미 조달에 힘겨운 바 되었다. 명군 파병초기 은 2만 량을 보내 양향에 쓰도록 하였으나 조선에서는 무엇보다도 명조에 양초粮草를 준비하는 일이 제일 중요한 것 중의 하나였다.[105] 그런 까닭에 전국 농토에 군량미를 부과징수해야 되는 형편이었다. 명에서 해마다 군량을 육陸·해로海路를 통해 운반한다고 하지만,[106] 병화가 심하지 않은 곳은 1결結 3두斗씩 징수하도록 하였다.[107]

그것은 백성이 부담하기에는 매우 여려운 지경이었다. 조정은 원래 군원에 대한 이러한 우려 때문에 군원요청 자체를 매우 꺼려했다함은 앞서 언급한 바 있다. 따라서 어쩔 수 없이 명군에 요청을 하였고, 그렇기 때문에 조선은 명군의 유병留兵을 약 2개월 정도 원했던 것이다. 그러나 장기적인 주둔에 따른 군량해결은 조선이 부담하지 않으면 안되었다. 따라서 중국군 1인당 지급해야 될 경비는 월급月級으로 지급하였고, 월량月粮으로 은銀 1양兩과 은량銀糧·염채대鹽菜代로 은 1냥 5전錢, 의혁대衣革代 3전, 고상稿賞 3전 등 모두 3냥 6전이 된다. 따라서 2만병이 주둔할 경우 년간 약 1백만냥이나 되었다. 우리나라가 풍년이 들었을 경우 1년 세수稅收가 쌀, 콩, 조 등을 합쳐 23~4만석이고 쌀만 계산하면 14만석이 약간 안되는 형편이었는데 중국군에게 지급해 되는 쌀의 양이 12만석이었다. 따라서 우리나라는 종묘사직宗廟社稷에 제사도 지내지 못할 형편이 된다. 더구나 상공上供도 없애야 되고 관원官員에게는 녹祿도 주지 못하고 온 나라의 전재錢財를 다 털어도 중국군 먹일 재정이 안되는 형편이었다.[108]

---

105) 『宣祖實錄』 권93, 30년 10월 丙戌條.

106) 『宣祖實錄』 권97, 31년 2월 辛未條.

107) 崔孝軾, 「丁酉再亂 중 蔚山혈전」, 『南都永교수古稀歷史學논총』, 1993, p390.

108) 『宣祖實錄』 권41, 26년 8월 辛卯·戊午條 ; 同 권43, 26년 10월 壬午條.

다음은 중국군에게 지급해야만 되었던 쇄마刷馬공급에서 오는 갈등 문제에 관해 언급하겠다. 쇄마란 역마驛馬의 부족을 민간에서 징수하여 쓰는 것을 말한다.

조선은 초기부터 국가의 전령 등 공무의 필요성 때문에 각 지방의 요소에 역제驛制에 따라 역마驛馬를 배치해 왔다.[109] 역마는 국가의 전령 및 사신의 복물卜物 신구 수령守令의 교체 때의 짐의 운반 등을 위해 필요로 하였다. 따라서 쇄마가 등장하게 된 까닭은 역마의 절대부족에서 온 결과라 할 수 있겠다. 명군이 처음 왔을 때 이런 쇄마에 관한 규정이 없었다. 말의 생산이 절대 부족한 우리나라는 중국에서 요청해 오면 그때마다 우대한 준례의 따라 형편에 응해 준 것이 그대로 규례가 생기게 된 계기가 되었다.[110] 중국군들이 모두 쇄마를 요구할 정도여서 말도 없었지만 더욱 중요한 것은 쇄마를 주면 되찾을 수 없다는데 심각성이 있었다. 물론 말값은 관청에서 변상한다 하지만 말을 쇄마한 고을에서는 민간에게 그 책임을 지워서 또한 가포價布와 미곡米穀을 징수하고 있었다. 따라서 쇄마문제 때문에 오는 폐단이 많았던 관계로 조선은 총병 유정劉綎에게 자문을 보내 여러 차례 시정을 요구했지만 시행은 되지 않았다.[111]이 쇄마의 폐단은 임란 중에 계속되어 백성의 부담은 골수에 사무치는 근심 거리가 되었다. 더구나 쇄마로 인해 무뢰배가 야합하여 쇄마 값은 십배, 백배까지 요구하는 정도가 되어[112] 백성의 고통만 가중되어 갔던 것이다.

다음은 중국군의 무뢰한 행위는 관리官吏·군인軍人에 대한 행패뿐만 아니라 민간인에 대한 작폐도 적지 않았다. 예를 들면 선조 31년 2월 안동에

---

109) 趙炳魯, 『朝鮮時代驛制硏究』, 동국대 대학원 박사학위논문, 1991. 8.
110) 南都泳, 『韓國馬政史』, 한국마사회, 1996.
111) 『宣祖實錄』 권43, 26년 10월 癸未條.
112) 『宣祖實錄』 권103, 31년 8월 丁巳條.

주둔했던 명군의 경우를 보자. 이들 중 선부宣府와 대동부大同府의 기병騎兵과 마귀麻貴 소속의 달병㺚兵들이 더욱 혹독하고 잔인한 행동을 거침없이 자행했던 것이다. 이들은 마초馬草를 벤다는 핑계로 민간 마을에 들어가 재산을 약탈하고 부녀자들을 마구 강간하기도 하였다. 그러던 까닭에 백성들은 그 풍문만 듣고도 도망가 중국군이 있는 곳에서 3~4리 안에 인가人家가 모두 비어 버렸을 정도였다고 한다.113)

이와 같이 중국군과의 갈등과 그에 따른 피해는 대단히 심할 수 밖에 없었다. 명明·일日간 강화가 진행되는 동안 양국간의 약속에 의해 선조 26년 9월부터 명군은 철수하기 시작하였다. 조선정부는 명군이 철수하게 되면 민심의 동요가 클 것을 예상하여 명군이 다시 올 것이라고 백성에게 효유하기에 이르렀다. 그러나 백성의 반응은 어떠했던가. 이를 『선조실록宣祖實錄』권 47, 27년 1월 을축조乙丑條에서 찾으면

> 備邊司가 回啓하기를 근일 남방의 백성들이 중국군에 시달린 것이 너무도 심하여 대군이 또 오다는 말을 들으면 흩어지지 않는 백성들마저 모두 동요할 것이므로 도움이 없을 듯 합니다.

라고 한 것을 보면 명군에 대한 백성들의 갈등과 불만이 어느 정도이였던가를 파악할 수 있을 것이다.

6. 맺음말

이상에서 살펴본 바와 같이 임진왜란은 침략군 왜적에 대해 조선뿐 아니

---

113) 『宣祖實錄』 권97, 31년 2월 戊午條.

라 명군의 참전으로 국제적인 전쟁이란 성격을 갖고 있다. 그러면 앞에서 논급한 것을 요약·정리하여 결론을 맺고자 한다.

먼저 도요내부渡遼內附는 조선이 국왕을 비롯한 신료臣僚들이 일단 국경인 압록강을 건너 요동遼東으로 가 명明에 의탁하면서 왜적과 항전하려는 계책의 하나였던 것을 파악할 수 있었다. 도요내부론은 임진년 5월 1일부터 대략 6월 중순경까지 약 50일간 진행되다가 명군明軍이 파병되자 소멸되고 말았다. 이론이 처음 대두된 것은 거세게 북진하는 왜적을 피해 평양으로 파천 중 임진강변에 위치한 동파관東坡館에서였고, 명나라에 정식 자문咨文을 통해 요동도사遼東都司에 알린 것은 6월 14일 영변寧邊에서였다. 따라서 도요내부는 백성과 대다수 조신朝臣들의 반대가 있었던 것을 보면 진정한 뜻은 국왕이 국경선을 넘어 타국으로 가자는 것 보다 명군明軍의 조속한 파병을 촉진시키기 위한 책략에서 비롯된 것임을 알 수 있었다.

다음 명 조정은 조선을 '나라안의 뜰, 속방, 왜적의 목표는 결국 중국침략' 등이라는 인식 하에 왜적을 중국이 아닌 조선에서 막는 것이 상책이라 여겼다. 임진란 전부터 중국은 조선, 일본, 유구 등으로부터 왜적이 중국을 침범할 것이라는 정보를 갖고 있었기 때문에 중국 沿海지방에 병력을 배치하였고 임란이 터지자 이곳에 병력을 집중 배치하였다.

명조정은 조선이 왜적의 향도라는 의심을 갖고 있으면서도 임진년 6월 2일 구원병 파벼잉라는 대원칙을 결정하였다. 명군의 파병은 4차에 걸쳐 이루어졌던 바 제1차, 선조 25년 6월 15일 조승훈군祖承訓軍을 시작으로 제2차, 동왕 12월 25일 이여송李如松의 주력부대, 제3차 정유재란 때인 선조 30년 11월 양호楊鎬·형개邢玠·마귀麻貴부대, 제4차 동왕 31년 9월 사로군四路軍 등이 그것이다. 명군이 선조 33년 10월 완전 철병할 때까지 약 8년간 조선에 주둔하였다.

명군의 참전동기는 조선의 구원병 요청보다 앞서 결정되었지만 조선의 요청을 받아들이는 형상을 갖추어 진행하였다. 따라서 명은 속방을 원병한다는 명분론과 자국의 방어를 위해 조선에서 왜적을 물리친다는 실리를 다 얻게 되었다. 그런 까닭에 자국의 보호 우선책에서 조선에 파병된 것이다.

명군의 참전 활동은 임란사의 한 획을 이루고 있다. 명군은 조선군과 합세하여 평양·벽제관·안강·남원·직산·도산 등에서 여러차례 전투가 있었고 그 중 평양전과 직산전은 혁혁한 승리로 장식하였다. 그러나 도산전과 같이 승리 직전에서 패퇴한 전투도 있었다.

그중 평양전은 선조 26년 1월초에 있었다. 평양성은 고구려의 옛 수도로 성지城池가 견고한 철옹성이였다. 왜적 소서행장小西行長의 1만 7천여병을 공략하기 위해 조·명군 5만 3,000여 병력은 제독 이여송李如松의 지휘하에 평양성을 포위하였다. 이여송은 칠성문七星門 밖에 본부를 설치하고 총군을 삼군三軍으로 나누어 칠성문을 비롯 보통문普通門, 대동문大同門과 목단봉牧丹峰을 진격하였다. 평양성의 왜적은 총칼로 마치 고슴도치의 털과 같이 방비했지만 명군은 대병력으로 장기인 대포大砲를 앞세워 진격하였다. 3일간의 전투에서 왜군 격퇴에 성공하였다. 평양탈환은 명군참전 최초의 전역으로 명군사상 최고의 영광된 승리였다. 이로써 자비령慈悲嶺 북쪽이 모두 평정되었을 뿐만 아니라 황해·평안·경기·강원도 등이 회복되는 터전을 마련하였다.

반면 명군이 패배한 울산의 도산전은 임란壬亂 말로서 제 1, 2차전으로 나누어 진다. 제 1차전에 조명군은 경주에다 본부를 두고 4만 6천여 병역을 출동 가등청정加藤淸正 왜군 16,400여명을 공략하였다. 왜의 후방진인 서생포西生浦로부터 또는 남강籃江·전탄箭灘·구강鷗江 등 요새지에는 석강병淅江兵으로 공략시킨 다음 도산성을 10중重으로 포위 고립시켰다. 왜군이 주둔한 도산성은 철옹성이였지만 샘물이 없었고, 식량, 화약까지 떨어진 상태여서 하루에 쌀 1홉씩 지급하며 겨우 연명하는 극한 상황에까지 이르렀다. 그런데도 조명군이 패한 것은 중국 장수간의 갈등과 실패. 겨울 날씨인데도 비가 많이 온 뒤 갑자기 추워진 날씨로 군의 사기가 저하된 데에다 왜의 구원병이 부산, 사천泗川 등지에서 왔고, 더구나 왜적이 바다를 통해 중국을 진격할 지도 모른다는 염려 때문에 스스로 경주로 후퇴하고 말았다.

제2차는 조선군 5천 5백여명과 명의 사로군四路軍 2만 4천여 등 약 3만 병은 왜적 가등청정의 1만여병을 제1차 때와는 다르게 분산 공격하였다. 조명군은 부산 온정溫井을 격파시킨 뒤 후환을 제거하고 도산을 포위 공격하였으나 왜적은 도산성 안에서만 웅거하고 공략에 대응하는 장기전으로 응수하였다. 그러나 조명군이 사천에서 패하자 전의를 상실하고 철병하였던 것이다.

마지막으로 조선과 명군간의 갈등을 보면 명군이 조선에 구원군으로 파병된 이래 8년간 공덕을 세운 것도 없지 않으나 갈등 또한 심하였다. 명군은 조선과 연합하여 도처에서 전투를 전개하였으며 조선군은 대개 선봉이 되었다. 명군 파병 초 조선군과의 작전 명령 지휘권 때문에 갈등이 있었으나 곧 명군에게 돌아갔다. 그러나 왜적 격퇴에 적극적이었던 명군은 벽제관 전투에서 패한 다음 강화에 의지하여 작전과 전투에 소극적이 되었다. 특히 왜적에 대한 소위 금살패문禁殺牌文을 내려 조선의 항왜작전에 제동을 걸었다. 그래서 도성진군 작전을 주장하는 조선 순변사巡邊使 이빈李賓을 총병 장세작長世爵은 큰 소리로 꾸짖고 발길질을 하였으며 진주성이 왜적에게 함락될 때 명군은 강화를 내세워 출전하지도 않아서 조선인 6만 여명이 몰살되었다. 명군은 안강전투에서 중과부적을 이유로 출전을 늦추다가 오히려 패하는 결과를 가져왔다. 특히 박진朴晋·곽재우郭再祐 등 조선 장수들은 왜적을 밀양성密陽城에서 격퇴하려고 총병 유연劉綖에게 보고하였으나, 오히려 박진朴晉 등 조선 네 장군을 포박하고, 곤장까지 때리길 주저하지 않았다. 명군 수군도독水軍都督 진린陳璘과 계유격季遊擊은 이순신이 절이도折爾島 전투에서 획득한 수급을 빼앗아 갔고 찰방察訪 이상규李尙規를 목베어 죽이기도 하였다. 조선인은 명군에게 지급되는 쇄마刷馬 때문에 고통에 시달려야 됐으며 중국인들의 무리한 행동으로 생긴 갈등이 매우 심각하였던 것이다.

제2편 정유재란

제1장 새로운회맹의 결성

1. 머리말

정유재란을 중심으로 하여 임진왜란 후반기 경주부의 의병장들이 남긴 기록을 분석하여 고찰해 보고자 한다. 왜냐하면 영남의 다른 지역 의병들의 활동도 이와 유사할 것으로 믿기 때문이다. 강토를 수호하고 외적을 물리쳐 몰아내려는 의병들의 활동은 눈부시게 빛났고 숭고하였다. 경주부 의병들은 향토수비가 어느정도 강화되었다고 믿게 되자 군사를 출전시켜 타지역에도 나아가 왜군과의 항전을 적극적으로 전개하고 있으며 전투에도 활발하게 참여하고 있는 것으로 보인다. 왜군을 격퇴하기 위한 경주의병들의 회맹은 경주부의 지역권을 뛰어넘어 150~200여 리 떨어진 대구 팔공산八公山와 창령 화왕산火旺山 등 회맹에 적극적으로 참여하고 있었다. 이와같이 경주부 의병들이 타 지역에서 이루어졌던 활동을 회맹결성을 중심으로 하여 살펴보고자 하는 바이다.

2. 八公山 회맹

먼저 팔공산회맹을 살펴보자. 대구부로부터 약 30리 북동쪽에 떨어져 있는 1,192m산으로 이 산 중턱에 산성이 위치해 있다. 이 팔공산성은 임진왜란 때 대구 읍성이 왜적에 의해 함락된 뒤 줄곧 의병군의 진지가 된다.[1] 흔히 통칭되는 공산성은 석성으로 둘레 1,560척, 높이 4척이며 샘 2, 거3 등이 있다.[2] 또 『대구읍지大丘邑誌』에 보면 내부의 넓이가 25결 5복로써 11만 5천여평의 경주읍성보다 약간 작지만 대구, 의흥, 신영, 하양, 성주 등을 지원할 수 있는 요새지였다. 따라서 이 산성은 항왜전선의 거점이며 구국항쟁의 기지였던 것이다.

의병장들의 팔공산회맹은 여러 차례 있었다. 그것은 영남에 있어 중앙에 해당되는 지정학적 위치뿐 아니라 요새지인 점이 감안되었던 것 같다. 경주에서 약 160여리 떨어진 여기서 대표적인 세 차례의 회맹을 살펴보고자 한다.

제1차 회맹은 선조 29년 3월 3일에 있었다. 일본의 요청에 의해 조선과 명의 사절단이 일본으로 파견이 추진되고 있었고, 왜군도 이에 부응하여 조선에서 철군이 이루어가고 있을 때였다. 이것은 강화교섭이 상당부분 무르익어 간 결과였다.

이보다 앞서 경주의 의병장들은 원원사에 모여 쾌장 찬홍의 주관으로 왜노의 종자를 모두 멸하겠다 "진멸왜노지종盡滅倭奴之種"는 것을 서약하고 있다.[3] 이것을 보면 의병장들의 항왜전선에는 추호도 양보가 없었던 것 같다. 그러나 『동계실기東溪實紀』병신, 2월 9일조에 보면

---

1) 경상북도편, 『慶北義兵史』, 1990, pp.249~251 참조.
2) 『新增東國輿地勝覽』 권26, 大丘堡護府 古蹟條 ; 『東溪實紀』에도 同一 내용 보임; 慶北大·大邱市, 『八公山』, 八公山史蹟址表調査報告書, 1987, pp.77~79, 136~138참조
3) 柳汀, 『松壕日記』, 丙申 정원 초8일조

嶺南, 左右道의 제의장에게 통문을 돌려 3月 초3日 대구영으로 모두
모이게 하였다.[4]

이 통문을 받은 의병들은 선조 29년 3월 3일 공산성에 일제히 모였다.
이때 열읍의 의병장들이 운집한 상황은 유정柳汀『송호일기松壕日記』, 이
언춘李彦春『동계실기東溪實紀』, 박인국朴仁國『정엄실기靖广實紀』, 윤홍
오尹弘鳴『화암실기花岩實紀』등 의병자 기록들에 나타나고 있다. 이들간
에는 약간의 차이가 없지 않으나 여기서는 일단 유정의 기록을 참작하였다.
이 회맹록은 유정을 비롯한 유백춘柳伯春, 남득의南得義, 이준李俊, 박춘
무朴春茂, 이시발李時發, 문희성文希聖, 박태회朴泰回 등 8인人이 작성하
였다. 그 명단은 다음과 같다.

경주 : 李時立, 權復始, 崔繼宗, 金鸞瑞, 徐思迪, 李宜潛, 南義祿,
　　　孫魯, 權士謜, 孫時, 權應生, 孫轓, 金光福
울산 : 蔣希春, 尹弘鳴, 徐仁忠, 金洽, 柳汀, 柳伯春, 柳泰英, 李應
　　　春, 朴孫, 李應璧
영천 : 曺以咸, 曺以鼎, 盧起宗, 曺瓊, 曺德驥, 全三省, 鄭世雅, 曺
　　　逸驥, 鄭安番, 郭永鐸, 全三達, 徐道立
영일 : 金見龍, 金元龍, 權汝精, 金宇淨, 金宇潔, 沈希淸, 金天穆,
　　　李追
장기 : 李大任, 徐方慶, 徐克仁
흥해 : 朴夢瑞, 崔興國, 鄭仁獻, 扈民秀, 李說, 李大立, 李蕐, 陣奉
　　　扈, 李大仁, 李榮春
안동 : 柳元直, 柳裶, 柳德龍, 權師道, 李周道, 李存性, 權師閔, 南
　　　胤先, 鄭士誠, 李樞, 南自薰, 金允思, 金兌, 金笠, 安潑, 金得
　　　礦, 金克厚, 權卓然, 金奉祖, 尹湯民, 南得仁, 南得禮, 李遴

---

4) 李彦春,『東溪實紀』, 丙申 2월 초9일조,「通文于嶺之左右 諸義將」同「三月 初三日
　　會于大丘營中」.

忠, 李屹, 鄭憲, 李選忠, 安遇, 金希孟, 金元, 卜懷珍, 權甫,
鄭恕, 李璟, 李鑰, 鄭憲, 李玲, 權詢, 權詹, 李釱, 金潗, 禁英
奏, 邊喜一, 南鳳翰, 金是樞, 權暄, 邊仲一, 孫守己, 權舜民,
辛敬立, 權礎, 權翕, , 朴泰回, 朴協, 權友直, 朴仲胤, 安宗
禮, 孫溥, 金泳, 柳復起, 金渭, 柳知潛, 孫胤男, 柳成龍

대구 : 蔡夢硯, 成樂善, 李景培, 徐承後, 閔謙, 裵德馹, 蔡應龜, 李
宗澤, 鄭光先, 孫處約, 朴忠後, 崔認, 崔東輔, 朴忠胤

예안 : 孫興孝, 具贊祚, 琴憬, 琴應角, 琴應羽, 趙壽明, 南義殼, 李
芸, 趙錫明, 柳榮門, 柳義, 琴應壎, 李光承, 趙穆, 琴憬, 琴
潔, 孫興悌, 李葦, 南仁殼, 李亨南, 趙得老, 李㓛, 李仁福

영해 : 南士弼, 趙儉, 趙佺, 趙光義, 宋植, 宋受訥, 趙健, 朴應長,
白仁鏡, 李菝, 白中立, 李時淸, 南士明, 李奉運, 申俊民, 李
涵, 申元英, 申德龍, 權宜範, 朴希顔, 鄭承緒, 南慄, 申元傑,
李蕃, 南慶生, 申廷立, 李亨運, 南士文, 白見龍, 金仁濟, 朴
毅長

상주 : 金經濟, 鄭以惺, 鄭以悟, 金經卜, 朴元凱, 趙基遠, 卜緒, 趙
英遠, 金遠聲, 高尙魯, 權宜中, 蔡得湖, 權大勳, 朴義, 成汝
松, 成淶, 曺廷幹, 成義, 高仁繼, 朴元亮, 蔡得海, 蔡得江,
金得龍, 金遠振, 申彦凞, 崔大立, 權周, 金鷗齡, 金申年, 權
巳壽, 金珽

진주 : 姜斗明, 成紹業, 尹伯彦, 辛賓, 成汝信

용관 : 曺彦邦, 朴成烈, 尹灝, 李焞, 李世雄, 李煥, 李炯, 李燦, 張悅

창영 : 成卓, 朴瑜, 孫義甲

예천 : 張汝翮, 張世禧, 安榮壽, 李亨南, 李鎭南, 李慶南, 李直道,
申慶會, 朴惟義, 安榮壽, 金仲態, 朴守謙, 李諾, 金溜, 朴守
約, 朴守儉, 李味道, 朴匡虎, 李好音, 李介立, 李榮門, 李弘
經, 李享坤, 李梃坤, 李秀坤

함창 : 崔挺, 金復興, 權平, 南嶸, 權景浩

청도 : 李汝諧, 李汝璉, 朴慶賢, 金軫, 金鳴遠, 朴炯, 李濂, 李澈,
李雲龍

진보 : 文希哲, 文希賢, 權腕, 金善繼, 李應義, 金愛龍, 權腕, 申洽,

安潤屋, 權昭, 申智男

영천 : 朴檜茂, 朴樅茂, 李希音, 李撤音, 權大準

선산 : 崔晛, 鄭邦俊, 崔山立, 崔喆

밀양 : 孫起誠, 安國步, 朴壽春, 金太虛, 孫起陽

자인 : 金遇鍊, 金遇鎔, 全克昌, 朴夢亮, 安天民, 崔敬止, 崔熙上, 李春馣

합천 : 鄭士恕, 金弘彦, 李東함 , 李東志, 李東馪

해남 : 郭天或, 李東燁, 李東曆

함안 : 吳汝撥, 朴齊仁, 李休復

풍기 : 朴瑠, 朴獻, 韓山斗, 朴齡, 李植, 孫起龍, 南億命, 權師聖, 朴守緒

삼가 : 李春秀, 金百鎰, 宋希淳, 宋希哲, 金璈, 宋希達

산음 : 韓弘禮, 韓珪, 韓弘智, 朴竿

경산 : 鄭變護, 鄭變咸, 鄭變文, 承迪

영덕 : 申澈, 鄭以惺, 尹士輝, 金四知

태안 : 趙士謙, 趙士誠, 趙士謂

한성 : 蔣洐, 兪昔曾, 金順生, 安湊, 權繒, 閔澈, 閔沆, 金冽, 柳斐, 趙命立, 金孝誠, 權紘, 成麟厚, 申得祿, 權文啓, 朴義, 申敬一, 姜克裕, 李大臨, 朴知遇, 朴知述, 鄭雲鵬, 李馨郁, 李斗望, 李元翼

동래 : 梁通漢, 朴希根, 梁鷁, 宋宜仁

양산 : 李秀弼, 李鼎彎, 安瑾, 安諟命, 安以命

금산 : 呂大考

의흥 : 朴從男

백천 : 邊涷

남양 : 洪忠傑, 韓孝一

개녕 : 鄭麟熙

순천 : 成允文

교동 : 高彦伯

초계 : 李大期

고령 : 兪良左, 金應聖, 金聲振

청송 : 趙享道, 趙東道
김해 : 宋廷伯
표양 : 鞠允成
단성 : 李一
태천 : 朱義壽
나주 : 鄭如麟
보성 : 文貫道, 文熙賢, 文熙哲
죽산 : 朴慶祐
함안 : 朴震英
현풍 : 朴惺
안음 : 姜纘
충주 : 孫守慶
청하 : 金文龍, 金得鏡
청주 : 李時發
신령 : 權應銖, 權應銓, 金大寬
괴산 : 金時約
하양 : 黃慶霖, 金鑢

    이같이 제1차 공산회맹은 58개邑에 총 422명이 된다. 특히 도체찰사都 體察使 영의정 유성룡柳成龍, 체찰사體察使 이원익李元翼, 경상좌방어사 고언백高彦伯, 경상좌병사 성윤문成允文 등 고위관직에 있는 인사들이 참 여하였다. 영남이 중심이지만 서울을 비롯한 남양, 괴산, 청주, 충주, 죽산, 보성, 나주, 웅천, 등 전국의 의병들이 동참하고 있다. 윤홍명尹弘鳴,『화암 실기花岩實紀』권2, 팔공산회맹록八公山會盟錄에 보면 도체찰사 유성룡, 체찰사 이원익 등이 주맹主盟하였다[5]고 하는 것을 보면 의병장을 앞세운 국가에 의한 방책이 아닌가한다. 왜냐하면 한창 명·일간에 강화가 진행중 이긴 하나 조선측에선 그 자체를 탐탁하게 여기지 않았다. 또 강화교섭이

---

5) 尹弘鳴,『花岩實紀』권2, 八公山會盟錄條에 '李元翼 體察使主盟'이라고 하였다.

순탄치 않았을 때를 대비한 것이라고 생각되어서이다.

제2차 공산회맹은 약 6개월 뒤인 선조 29년 9월 28일에 있었다. 경주지방 의병장이 회맹에 참여한 과정을 살펴보면 다음과 같다. 대구지방의 왜적 침입 소식을 듣고 이눌李訥은 김응하金應河와 함께 정병 800여 명을 이끌고 대구로 향해 경주를 출발한다.[6] 이같은 내용은 이설李說『애일당실기愛日堂實紀』, 이응벽李應璧『칠송당실기七松堂實紀』, 이계수李繼秀『영풍정실기詠風亭實紀』등에도 나타나고 있다.『영풍정실기』는 떠나는 날 권사민權士敏, 이준李浚, 장계현蔣啓賢, 이선조李善祚, 이안백李安伯, 이용갑李龍甲, 이순성李循性, 이응남李應男, 김춘룡金春龍, 전락全洛, 진화陳韡, 진황陳晃, 신사충申士忠, 최계종崔繼宗, 권복시權復始, 이시립李時立, 손노孫魯, 오열吳悅, 김홍복金弘復, 황희안黃希安, 김한걸金漢傑, 김응생金應生, 오경우吳敬友, 황박黃璞, 이우춘李遇春, 이덕매李德梅, 이삼한李三韓 등 의병장들이 정병 1,000여 명을 이끌고 이눌李訥군에 합류한 것으로 되어있다. 또『화암실기花岩實紀』는 윤홍명尹弘鳴 등 울산지방 의병장 또한 정병 200여 명을 끌고 동참하고 있다.[7] 다만『칠송당실기七松堂實紀』에서는 이들의 합류가 경주가 아닌 모량毛良인 것으로 나타나 있고 서사적徐思迪, 이계수李繼秀, 두장군의 명단이 더 추가된 것으로 되어 있다. 본진이 영천永川에 이르자 조이함曺以咸, 정인헌鄭仁獻 등 영천 영일迎日지방 의병들이 대거 합류하고 있다. 따라서 경주부를 중심으로한 울산, 영천, 영일 등지의 의병이 합류되었고[8] 그 수는 3,000여 명이란 셈이 된다. 이런 현상

---

6) 金應河,『忍心齋實紀』, 丙申 9月 25日조,「與天使將李訥 率精兵 八百餘人 向大丘」.

7) 尹弘鳴,『花岩實紀』권2, 事實撫錄, 9월 26일조,「行至毛良 尹弘鳴南仲珏金光福李弘淨李弘愍李弘魯金以寰朴元甲蔣惟貞柳復福李夢黃金廷敏金鍊李仁立李文翼客精兵 二百餘人來焉」이라 하였음. 그러나『忍心薺日紀』同日조에는 500여명으로 되어있다.

8) 李說,『愛日堂實紀』, 叙述, 이눌의 군대가 永川에 이르렀을때 曺以咸, 李說 등 많은 의병들이 각기 精兵을 끌고 모였다.

을 볼 때 의병장 이눌이 총지휘자가 되지 않았나 보여진다.

이 대병은 같은 달 21일에 팔공산에 도착한 다음날 전투에 임하게 되고 크게 승리한다. 이 대목은 다음에 언급하기로 하고 여기서는 생략하고자 한다.

전투가 승리로 끝난 다음 참여한 모든 의병장들은 전투에 대한 득실을 논한 다음 회맹을 갖게 된다. 이같은 사실은 정세아鄭世雅『호수실기湖叟實紀』권2, 년보에서 보면

倭寇가 다시 쳐들어올까 염려한 까닭에 이 맹세가 있었다. 會盟錄과 唱酬詩가 있었다.

라고 하여 회맹에 참여한 의병장들은 정유재란을 전제로한 '서사토적지 誓死討賊之'을 결의하였던 것을 알 수 있다.9) 이때 회맹에 참여한 의병장 을 김득복金得福의 「종군록從軍錄」에서 찾으면 다음과 같다.

八公山會盟錄

경주 : 李夢白, 李應男, 李世浩, 孫曄, 李龜甲, 李弘魯, 金光福, 蔣 啓賢, 權士謣, 孫時, 吳悅, 李承級, 權應生, 崔海南, 李宜潛, 孫魯, 金夢良, 李善挑, 崔繼宗, 金龍甲, 李時立, 李應璧, 白 承黃, 金應澤, 金應河, 李訥, 徐海守, 李繼秀, 金得祥, 朴大 茂, 金應生

울산 : 李逢春, 柳汀, 柳伯春, 李圭韓, 尹弘鳴, 柳元直, 金洽

영천 : 曹以節, 盧起宗, 曹以咸, 鄭世雅, 鄭四震, 曺俊驥, 徐再瓊

흥해 : 鄭仁獻, 安成節, 扈民秀, 李華, 鄭三畏

대구 : 蔡先修, 崔認, 孫處訥, 崔東輔, 朴忠胤, 洪翰, 蔡夢호 , 金처

---

9) 李說,『愛日堂實紀』,「龍蛇日錄」, 丙申 9월 28일조,「與十三邑義士 入八公山 同心會 盟 議誓死討賊之計 成盟錄」.

하양 : 黃瓊霖, 金大寬,
신녕 : 權應銓, 權應心
청송 : 孫纘先, 趙東道
밀양 : 金太虛, 孫起陽, 朴烱
청도 : 李澈, 李雲龍, 李透弼
양산 : 李夢鷺, 沈希淸
영일 : 金天穆, 金見龍, 金宇淨
안동 : 邊仲一, 權瀁, 柳友道, 琴英泰, 金繼先, 朴安 , 金渭, 朴泰
　　　 回, 金泳, 孫 南, 柳復起, 柳友潢, 白仁鏡
영해 : 朴應長, 李菣, 南慶生, 姜克裕
경기 : 李大臨, 申敬一, 柳斐

　이같이 15읍 64명 의병장이 회맹에 참여하였다. 이 때에도 경기지역 의
병이 3명이나 참여한 것은 이례적이다. 이는 아마도 제 1차때와 같이 통문
이 널리 배포된 것이 아닌가 생각된다. 어쨌든 제2차 회맹에 경주의병장의
참여는 36명으로 전체의 반이상을 점유하고 있어 제1차 때보다 3배 가까운
증가를 보이고 있는 점은 매우 주목된다.

　이 때 참여한 경주 의병장에 대해『백암실기栢岩實紀』는 30명, 이눌李訥
『낙의재실기樂義齋實記』, 김응하金應河『인심재일기忍心齋日記』에는 34
명으로 되어있다. 이들 기록에는 김몽량金夢良 대신 아우 김몽남金夢男이
있는가10)하면 아예 김득복金得福, 김광복金光福은 누락돼 있다. 더구나 팔
공산八公山 전투에서 맹활약하고 있는 박인국朴仁國, 이언춘李彦春 등 의

---

10) 權士諤,『梅窩實紀』下 , 事實十條 ,『聞權士諤 晦盟于公山 使二子夢良夢男 往問
　　策焉 權公曰 賊勢甚熾 智勇來手 別爲說狀 於要害處 出其不意 庶爲萬全之策 又曰
　　賊兵近爲郭再祐所敗 方衝突達城西北 而室當如周亞夫 備西北之策 預備達城之東
　　南 而別設奇兵 以恂略 則可爲斬獲之一결也 權公宿昔道學 聾世瞻聆 臨難評論出人
　　意表眞箇學力 不諼者 遂如其築引兵 設伏於桐華山下 賊兵果從東南而來 伏狞發斬
　　獲數百 餘人 得銃箇五十柄』.

병장이 보이지 않는 것은 이해가 잘 되지 않는 부분이다. 마침내 명과 왜사 이에 임진왜란을 평화적으로 끝내려는 양국간의 회담이 결렬되자 조선은 선조 29년 11월 왜국의 재침에 대비한 청야전으로 대책을 세워 나가고자 하였다. 전운이 다시 감돌자 의병이 전국에서 재궐기한 것이다.

경주 의병장 김득복은 12월에 여러 의병장들에게 권면하는 글을 보냈다. 이를 소개하면 다음과 같다.

諸義將에게 권면 함

대저 일이 이루어지는 실마리는 성사시킨 그날에 이루어진 것이 아니라 그 평소에 실행한 힘이 오래도록 자란 것이다. 일이 망하는 동기도 엎질러지는 깊이 연구한 학문과 기술의 힘에 말미암을 것일지니 이 옳은 일도 바로 평소 강마한 날로부터 이루어진 것이요 불행히 훗날 경영하던 일이 실패한다면 오늘날 게으르고 방탕한 악행을 범한데 기인된 것이다. 어찌 지난 그날에 엎질러진 것이 아니라 그 평소 게을리한 소치로 오랫동안 조짐이 있었을 것이다. 그렇다면 오늘날 義를 일으킨 것도 실로 평소에 강마하고 태만하게 할 때부터 엎질러진 것이 아니라 하겠는가

아! 슬프다. 편안한 가운데서도 잊고 않고 늘 스스로 경계하는 사람은 반드시 일을 이룰 것이고 어지러우면서도 다스림을 생각지 않은 자는 반드시 일을 망칠 것이니 근본 이치가 그런 것이다. 때문에 文公이 文王에게 경계하는 글을 올릴 때마다 꼭 이르기를 '공경하는 마음이 게으른 마음을 이길 때는 좋은 결과를 얻는다' 하였고, 周公도 成王에게 드린 글에 또 이르기를 '편안히 놀고 있지 않다' 하였으니 현인도 오히려 게으르고 편안한 마음이 혹시 이길까 근심하였는 것이다. 하물며 이 경망하고 범상한 자질로서 한때 떳떳한 마음이 발한 것으로 인해 각각 한 구석을 점거하여 비록 얼마간의 목을 벤 공로가 있었다고는 하지만 어찌 감히 자기 스스로 많은 공을 세웠다고 하겠는가. 군이 말하면 아직도 우리의 의사는 반도 이루지 못하였는데 흉한 도적들은 오히려 불꽃같이

일어나고 있다. 맹세한 말이 멀지 않았는데 도리어 우리의 사기는 무너지고 있으며 바깥 도적들에게 받은 모욕도 막지 못하여 실로 머리가 아픈 바인데 스스로 우리가 취하고 있는 것을 돌아 본다면 어찌 한심하지 않겠는가.

엎드려 원하오니 여러분들은 마음을 합하고 힘을 합쳐서 항상 마음 속으로 하여금 밝고 침착하게 격려해서 칼날을 밟듯 위험을 무릅쓰고 내 몸이 있다는 것은 생각지 말고 능히 일을 돈독하게 꾀하기를 바랄 뿐이다.[11]

제3차 팔공산회맹은 선조 30년 정유재란이 터져 왜군과의 결전이 한창인 9월 22일에 이루어졌다.

정유년 정월에 바다를 건너온 왜군은 서생포, 부산포 등 남해안에 포진해 있다가 7월 중순, 왜군 주력부대가 부산 도착한 것을 기점으로 다시 북진하기 시작한다. 먼저 이순신 대신 수군水軍 통제사統制使가 된 원균元均을 패사시켜 제해권을 장악한 다음, 전라도 진출을 시작하였다.[12] 이것이 바로 14만 병력으로 조선을 재침공한 정유재란이 터진 것이다.

이때 경주 의병장의 기록을 참작해보면 이눌과 김득복의 내용은 대동소이하나 그 시기는 약 한 달간의 차이를 보이고 있다. 여기서 김득복의 「종

---

11) 金得福,『東广實紀』권상, 勉諸義將 丙申 12월조.

勉諸義將

夫事之成緒 非成於成之日 其所由漸者久矣 事之價機 非價於之日 其所由兆者尙矣
然則 今日擧義 寔由於平日講磨硏 價之力 此乃義事 成於講磨之日也 不辛異日敗績
基因於今日惰慢非僻之干 庸非大事償於惰慢之日平 嗚呼 安不忘 危者 必成事 亂不
思治者 必償事 固其理也 是以 太公進戒 必曰 敬勝怠者古 固公獻書 亦曰 所其無逸
以若 聖人之? 猶患其怠逸之或勝 況이狂凡之質 因其一時 ??之發而 名據一隅 縱有
如 干 斬獲之勞 豈敢自多平 筍或義事未半 凶寇尙熾 盟言未幾 士氣旋沮 英禦外侮
實所 頭痛 自顧內? 豈不心寒 伏願僉員 同心同力 尙使胸中 昂昂激勵而 蹈双?石 不
有其身 克圖敦事之地.

12) 국방부전사편찬위원회,『壬辰倭亂使』, 230~224 참조.

군록」을 취하여 보면 7월 20일조에서 찾으면 다음과 같다.

> 統制使 元均이 패전하여 죽었다. 적군이 승승장구하여 쳐들어 옴으로
> 고을의 수령과 의병들이 풍문만 듣고도 놀라 흩어져 달아난다는 소문을
> 들었다. 府尹 朴公도 성문을 닫고 모든 의병장들로 하여금 굳게 지키게
> 하였다. 나와 李訥은 각각 檄文을 한통씩 지어 陣중에 널리 유시하였
> 다.[13]

　이와 같이 당시이 전황을 잘 알려주고 있다. 이때 이눌은 의병을 이끌고
월성으로 진지를 옮겼다.[14] 한 것을 보면 경주읍성을 철통같이 수비하기
위한 것이었다. 그것은 임란초기 읍성을 빼앗긴 오명을 막기 위한 것으로
풀이된다. 따라서 이눌, 김득복은 격문을 지어 의병진陣 중에 배포하였다.
그 내용은 다음과 같다.

> 아! 슬프다. 흉한 도적들이 재차 방자하게 침노하였다. 우리의 장수들
> 이 패하여 죽으니 마침내 東西(明, 왜)가 충돌하면서 우리나라에는 인재
> 가 없는듯 앞뒤로 짓밟고 폭력으로 누르면서 말하기를 너희들은 앞장서
> 서 부닥치지 말라고 한다. 그러나 이제까지 그 형편을 궁구해보면 애초
> 의 변고를 족히 논란할 것은 못되나 고을에 호랑이와 맞부딪칠만한 담
> 력을 가진 장사가 없음으로 들판에 쫓기는 노루의 발길이 많아졌던 것
> 이니, 잠깐이라도 만약 우리 殿下의 애통해 하시는 訴書를 잊는다면 이
> 어찌 처음부터 끝까지 나라를 위하여 죽겠다는 참뜻이 되겠는가.
> 　돌이켜 보건데 우리들이 본래 오합지졸이 아니었다면 어찌 바람에 따
> 라 나는 鶴을 본받아 달아날 것인가 후퇴하여 성벽을 굳게 지키고 나아
> 가서 적을 대응하는 것은 兵學에 정통한 사람의 묘산인 것이다. 고요하

---

13) 金得福, 「從軍錄」, 丁酉 7월 20일조, 「聞統制使元均 敗死 賊兵乘勝長驅 邑宰義旅
　　望風奔潰 府尹朴公 閉城門 今諸義將固守 余與李訥 名製一文 宣諭陣中」.
14) 李訥, 『樂義齋實紀』, 「壬辰日記」, 丁酉 8월 22일조

면서도 움직임을 제제하고 주인이 되어서 객군을 저지하는 것도 지모있
는 사람이 재치에 간여한 것이다. …… 새가 머리를 숙였다 치켰다 살피
는 순간에도 혹시 화살을 맞을 수가 있는데 사람이 새만큼 달아날 수
있으며, 고기도 물밑에 몰래 숨었다 해도 또한 그물에 덮힐 때가 있는데
사람이 고기만큼 숨을 수가 있겠는가.
　오직 바라는 것도 이 못을 파고 이 성을 쌓아서 적과 방패를 비교하거
적과 창술을 견주어서 함께 죽고 함께 귀의하자는 것 뿐이다.[15]

격문은 왜군의 재차 침입에 대항하여 의병군들은 다시 봉기蜂起하고 결
집해서 경주읍성을 중심으로 결사항전, 읍성을 굳건히 지켜내자는 굳은 결
의가 담겨져 있다. 더구나 왜구의 재침은 바로 길목인 경주부의 침입으로
간주되고 있어 그들의 결의는 더욱 격렬했지 않았는가 보인다.[16]
　그러나 왜군의 주력부대는 밀양에서 집결하여 육십령六十嶺을 지나 창
녕 안음을 거쳐 전라도로 진입한다. 영남의 참화는 일단 피하게 되었으나
그 일부 병력은 대구로 침입하였다. 왜군을 격퇴하기 위해 의병장들은 팔공
산에 일제히 집결하게 되었다. 이때 팔공산 제3차 회맹 때보다 배가 되었다
라고 하여 29읍邑의 의병장을 별초록別抄錄하고 있다. 이때의 명단을『송
호일기松壕日記』에서 찾으면 다음과 같다.

　경주 : 崔弘國, 李訥, 李繼秀, 徐思迪, 蔣啓賢, 李善祚

---

15) 金得福,『東广實紀』
　「宣諭陣中 丁酉七月 嗚呼 匈寇再肆 師臣敗死 邃乃東西衝突 視我國之無人 前後蹂
　躪謂爾鋒之莫犯, 然 究厥形便 付足與論於初頭之變而 郡無櫻虎之膽 野多走獐之足
　便若忘我 殿下哀痛之詔 是豈終始死國之義乎 顧我僉員 本非市烏之合 詎效風鶴之
　走 退而 堅壁 出而應敵 兵家之妙算也 靜而制動 主而抵客 智土之機關也 곀鳥之俛
　仰 或有帶箭 人而爲鳥竄乎 魚之潛伏 亦或被網 人而爲魚潛乎 惟願鑿斯池 築斯城
　比爾干 稱爾予 以 爲同死同歸之地」.
16) 柳汀,『松壕日記』, 丁酉 8월 21일조,「聞統制使元均敗死 列邑義將脆腕蜂起」라고 하
　여 영남의병의 재봉기를 선도하고 있음이 보인다.

안동 : 權悛, 全泳, 孫浣, 朴仲胤, 朴恊, 權友直, 孫守己, 朴泰回,
　　　權滶, 權舜民
영해 : 鄭承緖, 南胤魯, 權宜恪

의와 같이 제3차 회맹 때 별초록에 등재 확인되는 의병은 20명에 볼과하다. 그렇다면 회맹에 참여하였던 많은 숫자가 누락되었다는 결과가 된다. 하여튼 이들도 대개가 제1차 때와 중복된 자들이 많았다. 따라서 목숨이 다할 때가지 왜군 격퇴에 변함이 없었던 것이다. 팔공산회맹은 이외에도 정유년 봄, 같은해 12월 3일 삽혈동맹歃血同盟 등[17] 여러차례 있었다. 이것은 항왜전선을 구축하기 위한 구국결의의 결집이었던 것이다.

3. 火旺山 회맹

정부는 정유년 4월 곽재우郭再祐를 방어사防禦使로 삼아 도체찰사에 소속시켰다. 정유재란이 발생하자 남해의 수군이 왜군에 의해 격파당 하였다. 왜군의 선봉이 영우嶺右로 집결되는 듯 하자 영좌嶺左의 의병장들은 왜군의 북진을 격퇴하기 위해 낙동강의 요새지 화왕산성을 지키고 있던 곽재우 진영으로 모여든다. 화왕산성은 창녕현에서 동쪽 4리지점에 있는 757m 화왕산정상에 있는 석성으로서 『세종실록지리지世宗實錄地理志』 창녕현조에 보면 둘레 1,217보步, 샘 9개, 연못 3개, 군창 등이 있는 신라 때부터 있던 옛성이다. 여기에 왜의 재침략이 있기 직전 국가방책으로 중창된 견고한 성으로 청야전으로는 적격지였던 것이다.

경주에서 200여 리 떨어진 화왕산성은 방어사 곽재우군이 중점적으로

---

17) 蔣希春, 『誠齋實紀』 권1, 家狀: 李說, 『愛日堂實紀』 등에 보이고 있음.

수비하고 있었다. 곽재우는 왜군이 울산, 밀양 등지에서 전라도 방면으로 진격해오자 밀양密陽, 영산靈山, 창녕昌寧, 현풍玄風 등 네고을의 군사를 이끌고 이 산성에 들어가 사수死守하기로 하였다.

　여기서 의병장들의 회맹에 참여한 것을 여러 기록에서 찾아 모으면 다음 고 같다.

　　정유 [1597년] 7月 : 방어사 곽재우와 회맹하기 위해 군사를 끌고 참
　　여하였다. 이때 열읍 의사 80여인이 모였다.
　　　　　　　　　　　　　　　　(權士諤 『梅窩實紀』 권, 「事實十條」)

　　7月　9日 : 왜군이 창궐하다. 우방어사 곽공재우가 화왕성에서
　　결진하니 열읍 의병장, 權濷, 柳輩, 曹以咸, 安諟命, 尹弘
　　鳴, 鄭三畏, 盧起宗, 崔睍, 趙亨道, 柳塋門, 李芸, 朴僧,
　　徐再謙, 曹俊驤, 徐方慶, 申敬一, 李大臨, 朴知遂, 張夢
　　紀, 權應銖, 孫起陽, 成卓, 孫義甲, 李應元, 安鑄, 郭再
　　祺, 白尙大, 李潚, 裵大維, 등 30여인 군을 이끌고 일제히
　　회맹에 참여했고 나와 이형도 참여했다.
　　18日 : 李兄과 火旺山에 온 列邑義士로는 姜克裕, 鄭雲
　　鵬, 李心弘, 蔡夢硯, 李埈, 徐承復, 金처, 李元朋, 邊沫,
　　李琮, 柳袗, 李景湖, 金應賢, 權士諤, 權師閔, 權友直, 朴
　　協, 朴大春, 鄭世雅, 金渭, 琴鳳時, 全三省, 孫浣, 柳復
　　起, 羅舜祥, 朴忠胤, 鄭安藩, 李時癸 , 羅世祥, 崔繼宗,
　　徐思迪, 羅瑞彩, 崔元善, 李善祚, 申光瑞, 李安白, 朴希
　　顔, 蔣啓賢, 白見龍, 李涵, 李承繼, 朴泰回 등 40여인이
　　열읍 제장과 같이 회맹하였다. 총 74인이 각각 인솔한 정
　　병은　빠르게 많이 모여 구름과 같고 형제와 같았다.
　　19日 : 날이 밝자 여러 의사들은 각자 도략을 시험하였고
　　鄭安藩, 權友直, 柳知潛, 權士諤, 孫起陽, 徐再謙 및 李
　　兄 등은 진중에 앉자있는 것이 기상이 단아하여 마치 종학

군자와 같았다. 방어사는 마음이 매우 깊고 커서 책사들과
적을 토멸할 대책에 몰두하고 있었다.
20日 : 적병이 크게 다달았다.

(李宜溫『五宜集』「龍蛇日錄」丁酉 7月조)

丁酉 7月 9日: 우방어, 곽재우가 화왕성에서 결진하니 열읍의장 權
潝, 尹弘鳴, 鄭三畏 등이 일제히 군사를 이끌고 왔다. 군대의
편성이 반듯하고 군사들이 힘이 있어 보였다.
7月 12日: 강좌의 여러 의병장이 일제히 군사를 끌고 화왕성에
왔다. 郭再祐, 郭再祺가 500여인의 군사를 뽑아 화왕성에 결진
하였다. 열읍의사 150 여인이 다 와서 모였다. 朴忠胤, 李時發,
尹弘鳴, 李繼秀, 李訥, 崔東輔, 金應河 등이 왜적 토벌을 위한
회의를 하였다.

(尹弘鳴『火岩實紀』권2, 事實撫錄 丁酉 7月조)

이와 같이 경주, 영천, 울산, 영일, 등의 의병장들이 각자 군사를 끌고 화
왕산성으로 집결하였던 것이다. 그리고 이곳에서 7월 21일 '서사어부誓死
禦賦'한다는 취지의 회맹이 있었다. 이때 회맹에 참여한 의병은 6~700여
명이 되었다.[18]

곽재우의 『용사세강록龍蛇世講錄』에 의거하면 이 중 경주 의병장은 다
음과 같다.

龍蛇世講錄

李弘淨, 李弘魯, 李弘淳, 金以寬, 孫曄, 權士諤, 權應生, 孫時, 孫
魯, 朴毅長, 蔣惟卓, 李承級, 柳復禮, 李夢白, 李夢寅, 金景龍, 金春
龍, 金鍊, 金廷敏, 李文翼, 李仁立, 李宜潛, 權士敏, 李浚, 蔣啓賢, 徐

---

18) 朴震男, 『悔岩實紀』 권1, 「龍蛇錄」, 丁酉 7月 10日條,
「防禦使郭再祐 結陣於火旺山城 列邑義將赴者 合六七白人」.

思迪, 李善祚, 李安伯, 李龍甲, 李龍甲, 李구甲, 李循性, 李應男, 南仲
, 孫胤先, 李昌後, 李夢龍, 李夢廐 , 李弘幹, 李厚根, 鄭黿, 崔弘國, 崔
繼宗, 金禮心, 李禮立, 李時立, 李時仁, 李琮, 權復始, 金台鉉, 莘協

의병과 관군은 회맹으로서 화왕산성의 사수를 결의하였다. 곽재우의 주
도로 군사 배치가 완료된 뒤에 가등청정加藤淸正이 이끈 왜병의 선발대가
도착하였다. 그러나 왜병의 기세에 눌려 화왕산성 안의 군졸들은 겁에 질려
떨고 있었다.『매헌실기梅軒實紀』권2, 사적기事蹟記에 보면, 이때 경주 의
병장 권사민權士敏이 곽재우에게 "외로운 이 성城을 지키지 못하게 되면
의리상 우리는 치욕을 당하게 된다. 적賊에게 당當할 수는 없으니 섶을 많
이 쌓았다가 부여의不如意하면 불을 질러 성城과 함께 타서 죽어야 한다."
고 결사항전할 것을 재차 제의하였다. 이에 따라 곽재우 이하 의병장들은
모두 옳다고 믿어, 섶을 무더기로 쌓아 놓고 성이 함락되면 불을 질러 함께
죽을 것을 결의하고 모든 사졸들에게 결전할 것을 시달하고 독려하였다.
  화왕산성에 도착한 청정淸正은 하루동안 성을 살핀 다음, 의병진의 완벽
한 수비에 놀라 함부로 공격할 수 없음을 깨닫고 방향을 돌려 전라도로 진
격하게 된다.[19] 따라서 만반의 결전태세를 갖추었던 화왕산성에서는 전투
가 없었다. 이 사실을 비변사가 임금께 보고하였는데,『선조실록宣祖實錄』
권1, 31년 6월 기사조己巳條에서 찾으면 다음과 같다.

  密陽에 거주하는 백성들이 본사에 정상하였는데, 그 내용은 대개 부
  사 李英이 화왕산성의 수성장으로 있을 때 淸正의 많은 군대가 여러 날
  을 포위하고 있었는데, 장수가 동요하지 않고 백성들이 놀라지 않았기
  때문에 왜적들이 스스로 철수했다. 諸城 중에서 훌륭한 장수를 얻은 곳
  은 화왕산성이 최고였다.

---

19) 李章熙,『郭再祐硏究』, 양영각 1983, pp.193~200.

  이와 같이 경주지역 의병을 비롯한 곽재우 진영의 견고한 수비에 겁을먹
은 잔인무도한 가등청정加藤淸正군도 화왕산성을 우회하여 거창을 거쳐
남원으로 진격하고 말았다. 따라서 아군은 화왕산성수비에 성공하였던 것
이다.

4. 맺음말

  정유재란에 있어 경주부의 의병활동은 어느면에서는 항왜전선의 전개에
있어 임란 초보다 적극적이었다고 할 수 있다. 명·일간에 강화교섭이 결렬
되고 조·일간의 평화회담인 서생포회담 또한 이루어지지 않자 전운의 긴장
이 고조되어 갔던 것이다. 이러한 조·일간의 정세변화에 영남의 의병들은
매우 긴장되었던 것이다. 그런 까닭에 왜군의 재침에 대한 결의가 영남의
중심이라 할 대구 팔공산八公山에서 크게 3차에 걸쳐 회맹으로 결성되었
다. 제 1차, 2차는 재란전이고 3차는 개전 뒤에 해당된다.

  제 1차는 선조 29년 3월 3일 팔공산성八公山城에서 영남의병을 중심으
로 서울, 충청도, 전라도권까지 58개읍에서 총 422여명 참여하고 있다. 여
기에는 도체찰사 유성용, 체찰사 이원익, 경상 좌방어사 고언백, 좌병사 성
윤문등 관군의 지도급인사들도 대거 참여하였다. 따라서 관·의군 합동의
회맹이 결성되었던 것이다. 제 2차는 같은해 9월 28일 영남을 비롯하여 경
기도 의병까지 합진하여 회맹이 결성되었다. 15개읍 64명의 의병장이 참여
되었던 것이다. 제 3차 회맹은 정유재란 발발뒤인 1597년 9월22일 실행되
었다. 참여 29개읍에 30여 의병장에 의해 결행되었다. 이때 의병진의 참여
가 많았으나 아마도 누락된 숫자가 많은 것으로 추정된다.

  정유재란이 발발되자 의병장 곽재우 주도로 밀양, 영산, 창녕, 현풍을 중

심으로 낙동강수호의 요지인 화왕산성을 사수하고자 하였다. 이에따라 1597년 7월21일 영남의 의병장 150여명과 의병 700여명이 화왕산성에 모여 목숨을 걸고 왜군을 격퇴하겠다는 취지의 회맹을 결성하였던 것이다. 그런 까닭에 맹장으로 알려진 가등청정군은 의병진의 완벽에 가까운 현고한 방어 체제에 함부로 공격할 수 없겠다 판단하고 우회하여 전라도로 진격하고 말았던 것이다.

1. 머리말

정유재란시기 정부는 청야전으로 대책을 세워 대일 항전에 임하고자 하였다. 그것은 선조 29년 11월 강화차 일본에 건너간 통신사 황신黃愼으로부터 왜군이 재침한다는 급보를 받았기 때문이었다. 이에 체찰사 이원익을 즉시 재침의 요로인 영남으로 내려보냈다. 그리고 영호남과 호서지방 수령들에게 다음과 같이 전령하였다.

> 여러 장수들은 군사를 거느리고 모두 관내의 山城에 들어가고 大小士民들은 집에 저장한 곡식을 모두 산성으로 운반해 들여서 淸野하고 성을 지켜라. 오늘 1월 5일에 종사관을 보내 摘奸할 때에 명을 어긴자는 일체 軍律로 시행하리라[1]

이에 따라 산성의 보수 및 증축이 활기를 띠게 되었다. 더구나 한 달 여라는 제한성 때문에 황급하였고, 전략상 영남이 요충지여서 군역이 혹독할

---

1) 『亂中雜錄』 3, 丙申年 11月條.

수 밖에 없었다. 그 결과 대구 팔공산성八公山城, 창녕 화왕산성火旺山城, 하동 정개산성鼎蓋山城, 삼가 악견산성岳堅山城, 합천 이숭산성李崇山城, 안음 황석산성黃石山城 등이 견고한 성으로 복원되었던 것이다.[2]

경주부 또한 철저하게 청야전에 호응하지 않을 수 없었다. 그것은 물론 국책이기도 하지만 무엇보다도 적의 침입로에 있었기 때문이었다. 따라서 본 장에서는 경주부민을 중심으로 주요한 국가 사업인 청야전에 대한 대책에 따른 시행과 왜군 동부전선의 거점이라 할 울산 공약을 위한 조, 명 연합군의 경주로의 진주등을 살펴 보고자 하는 바이다.

2. 富山城의 증축

이같은 사실은, 당시 경주부윤인 박의장朴毅長이 쓴 『관감록觀感錄』 권 2, 정유丁酉 역진본부주찰지상우도체부인걸체직力陳本府凋察之狀于都體府因乞遞職에서 찾으면 다음과 같다.

엎드려 아뢰옵니다. 일국의 변방지역이 경주보다 더 중요한 곳이 없습니다. …… 근자에 山城에서 군사를 뽑을 때에 숨거나 빠진 사람이 있을까 염려하여서 벼슬아치나 유식한 사람으로 里長 統長을 삼아서 엄하게 독촉한즉 그들이 죄가 돌아올까 겁을 내어서 미약한 것도 남기지 않고 장부를 들고 이름을 부르니 도망친 자가 반이 넘는지라 이것을 다스릴 길이 없어서 가까이 이웃과 一家를 시켜 잡으라 하니 사람들은 더욱 더 흩어져서 온 마을이 다 비게 되었습니다…… 또한 東西面에 먼저 淸野戰을 쓰고 대소 인민들을 北面으로 옮겨 가라 한즉 백성들이 하는 말이 기왕 편하게 못살진대 하필 북면으로 가리오 가고 싶은 곳으로 멀리 가겠다 하고 북면 사람들은 우리도 얼마 안가서 청야전을 쓸 것이니

---

2) 국방부전사편찬위원회, 『임진왜란사』, pp218~221.

우리도 떠날 계획을 세우고 있다 하니 경주 백성들이 안심하고 모여 살
지 못함은 벌써 한두가지 조건이 아닙니다.

여기서 청야전에 대비한 최전방에 위치된 경주인의 의지와 고통의 일단
을 동시에 살필 수 있다.

그러면 경주부에서 청야전에 대비한 거점 산성은 어느 곳일까. 그것은
곧 부산산성富山山城을 말한다. 이와 같은 사실을 『징비록懲毖錄』 권2, 정
유丁酉 8월조에서 찾으면 다음과 같다.[3]

> 처음에 觀察使 李元翼과 元帥 權慄이 道內의 山城들을 수축하여 적
> 을 막을 것을 의논하고 公山, 金烏, 富山 등 城을 쌓았는데 公山과 金
> 烏에는 民力을 소비한 것이 가장 많았고 이웃 고을의 器械와 군량을 모
> 두 거두어 城中에 가득 쌓아 놓고 守令을 독려해서 老弱男女들을 거느
> 리고 성을 지키게 하니 遠近지방의 인심이 騷然하였다.

이와 같이 경상도에서는 경주의 부산성富山城을 비롯한 팔공산八公山,
금오金烏, 용기龍起 등처를 청야전淸野戰의 대표적인 산성으로 지목하여
증축하도록 하였던 것이다. 이에 따라 경주부의 부산성 수성사업 또한 바빠
질 수밖에 없었다. 이같은 노력을 박의장『관감록』 권2, 도체부걸체상조都
體府乞遞狀條에서 찾으면,

> 군량을 실어 나르느라 소도 거의 죽어 없어졌고 富山에 城을 쌓느라

---

3) 朴毅長, 『觀感錄』 권2, 丁酉, 「力陳本府凋殘之狀于都體府因乞遞職條「伏以一國藩展
莫重干慶州……近者山城括軍時 慮有隱漏 皆以品官職者之輩 爲里長統長之任 嚴令
督促 則彼自畏罪 微題不遺執簿呼各 逃亡過 推治之路 計無所出 不得其位戶首切隣
一旅 之捕 轉相散走 闔村空虛…… 具東南爲先淸野 而大小人民 令徒於北面 則曰 旣
不得 安居樂業 則伺安北也 莫若遠避 任其所欲 或往者有之 北民胥動曰 吾所居 亦不
日爲淸野 爲移徒之計 則慶民之不能安集 已非 一瑞矣」.

고 힘도 재물도 다 탕진되고, 어깨로 메고 등으로 지는 부역이 한 두달
의 여가도 얻지 못하나이다.[4]

라고 하여, 인력人力과 재력財力을 총동원하였을 뿐아니라 유정惟政이
보낸 충청도, 전라도 승군까지 지원받아 한두달 사이에 부산산성富山山城
을 중축되었던 것이다.[5] 따라서 부산성은 영천, 울산, 영일, 장기 등을 연결
짓는 교통의 청야대책에 관한 조정의 명령과 그에 따른 감독은 대단히 급
박할 수 밖에 없었다. 도체찰사都體察使가 재촉하는 명령을 『난중잡록亂中
雜錄』3, 정유년 정월正月 10월月조에서 찾으면 다음과 같다.

> 청야하는 한가지 일은 적을 방어하는데 가장 관계되는 일인데, 어렵지
> 않은 일은 진작 거행하지 아니하니 지극히 해괴하다. 종사관을 나누어
> 보내 摘奸할때에 각 고을 수령과 각 面의 都有司의 里의 有司 등을 軍
> 슈으로 종사하여 三슈五申한 연후에 죽음을 받아도 한이 없으렸다. 각
> 처의 人民이 山城을 싫어하고 꺼려서 다른 고을로 옮겨 피한 자는 倭賊
> 에게 붙는 자이니 일일이 적발하여 먼저 목을 베고 뒤에 보고할 일이다.

이같이 산성의 보수 및 증축을 군율로 다스릴 정도로 강경하고 엄했다.
따라서 경주부도 이에 적극 호응했다고 볼 때, 부산성富山城은 견고한 성
으로 완성되었을 것이다. 그리고 보수 또한 체찰부의 직접적인 감독아래 계
속된다.

부산산성은 729.5m로써 부산富山, 주사산朱砂山, 오봉산五峰山 등으로

---

4) 朴毅長, 『觀感錄』 권2, 呈體府乞遞狀條, 「輸糧運卜 牛畜盡斃 加於富山築城 筋骨竭
　　盡 財産蕩敗 息肩弛擔 未得數月之暇 狂風怪雨 連害禾穀 慶民之無生理 倍於他邑」.
5) 朴毅長, 『觀感錄』上, 年譜, 宣祖 30 丁酉年條에 體察府에서 산성을 굳게 수축하라는
　　명령이 내리었고 僧將 惟政이 전라도와 충청도 승군을 보내 산성修築을 감독케 하였음.
　　(體察岡修山城 僧將惟政 發兩湖僧軍監築)하였음 ; 海眼, 『有名朝鮮國 慈通廣濟遵者
　　四溟堂松雲大師行蹟』에 同一내용이 보임.

불리는 정상에 위치해 있는 석성石城으로 둘레 3,600척, 높이 7척, 개천 4,
샘 9, 연못 1, 군창등이 있었다.[6]

이 부산성의 주변에 대해『신증동국여지승람新增東國輿地勝覽』 권21,
경주부慶州府 고적古蹟조에 보면,

> 주사암의 북쪽에 台岩이 있어 깎아 지른 듯 하고, 기이하게 빼어나서
> 먼 산과 먼 바다를 바라볼 수 있어서 마치 鶴을 타고 하늘에 올라 온갖
> 物像을 내려다 보는 듯 하다. 대석의 서쪽에 지맥석이 있다. 사면이 깎
> 아 세운 듯하여 올라 갈수가 없을 것 같은데, 그 위는 평탄하여서 백여
> 명이 족히 앉을 수 있다.

라고 하여 마치 학鶴을 타고 하늘에 올라 내려다 보는 것 같다고 하였다.
따요지에 위치해 있을 뿐 아니라, 경주와 동해東海 바다까지 내려다 보면
서 지킬수 있는 요새지 였다. 그런 까닭에 임진왜란 초부터 김호金虎, 최진
립崔震立, 백이소白以昭 등이 활약한 군사상 요충지이기도 하다.[7] 아마도
부산산성의 완공과 거의 같은 때 경주부 관아는 부산산성으로 옮겨졌을 것
이라고 믿는다. 그리고 조명朝明연합군이, 울산 도산성島山城을 토벌할 직
전까지 적어도 6개월이상 이곳에 머물러 있지 않았을까 한다.

재침 소식에 접한 조정은 왜군의 군사활동에 예의 촉각을 곤두세웠다.
정유년 2월 적의 침입로 봉쇄를 위해 경상좌우도는 서로 합세하여 능동적
으로 대처해 나가기로 하였다. 그래서 우병사 김응서金應瑞와 방어사防禦
使 등은 정병을 이끌고 경주와 울산에 진주토록 하였고[8] 도원수 권율權慄

---

6)『世宗實錄地理志』, 慶州府條;『慶尙道地理志』, 慶州府條 ;『新增東國輿地勝覽』 권21,
   경주부 성곽조 참조 ; 朴方龍,「都城城池」,『韓國史論』 15, 국사편찬위원회, 1986,
   p.337～390.
7) 崔孝軾,「壬辰倭亂 중 慶州전문」,『慶州史學』 10, 1991;金應澤,『栢岩實紀』 권4, 壬辰
   記事 10월 12일조 등에 富山城 거점의 활동이 보인다.

은 대구에 있으면서도 각도의 군사 23,600여명을 모아 적이오는 곳에 파견하여 방어하려고 하였다.[9] 특히 경주지역에 대한 방어는 게을리하지 않았다. 이같은 사실은 왜군이 북상하기 직전인 정유7월에 조정에서 명군 제독 총병부提督摠兵府로 보낸 공문서에서 찾으면 다음과 같다.

> 소방의 배신들은 적은 兵力으로나마 곳곳에 차단하여 成允文, 高彦伯, 權應銖등은 慶州 등 지역에 주둔하여 淸正이 곧장 鳥嶺으로 진격할 것에 대비하고 金應瑞 등은 의령에 있으면서 행장이 서쪽으로 雲峯 길을 침범할 것을 막고, 元均 등은 水兵으로 海路를 차단하여 竹島 加德島의 적을 막는 등 7~800리 사이에 首尾를 서로 연결하여 이른바 방비하지 않은 곳이 없고 군사를 두지 않은 곳이 없었습니다.[10]

경주에는 경상좌병사 성윤문, 방어사 고언백, 권응수 등의 군병을 이끌고 주둔하여, 울산 서생포의 가등청정군이 조령으로 진격을 차단하고 있었다. 이같은 사실은 권응평權應平의 『동암실기東岩實紀』 권5, 유사遺事조에

> 丁酉 7月 伯氏를 쫓아 慶州 富心山城으로 陣을 옮겨 兵馬를 조련하였다[11]

라고 한데서 잘 확인되고 있다. 여기의 부심산성은 곧 부산富山산성을 말한다. 어쨌든 정유재란에 대비한 영남의 군사는 경주를 비롯하여 각처의 요새지에 배치되었다. 『난중잡록亂中雜錄』3, 정유 7월조에 보면 적이 밀양,

---

8) 李炯錫, 『壬辰戰亂史』 中, p.951 참조

9) 『亂中雜錄』3, 정유 2월조, 「權慄留大兵 聚各道兵 凡二萬三千六百人 定將分防千賊路」.

10) 『宣祖實錄』 권94, 30년 11월 丁酉條.

11) 權應平, 『東岩實紀』 권5, 정유 7월조, 「從伯氏(應銖)移陣慶州富心山城 操鍊兵馬」.

초계, 거창 방면으로 향하고 있음을 파악한 조정은 청야작전에 대비해 증축 보수하였던 산성을 중심으로하여 체찰사 이원익과 도원수 권율이 경상좌도의 장수와 군사를 거느리고 대구의 공산성公山城을 수비하게 하였다. 그리고 진주목사는 정개산성鼎蓋山城을, 조방장助防將 김해부사 백사림白士霖 등은 안음安陰의 황석산성黃石山城을, 경상우병사 김응서는 악견산성岳堅山城을, 곽재우는 창녕 화왕산성 등을 각각 지키게 하였다.

그리고 왜군의 목표가 서울이기 때문에 곧이어 체찰사 이원익은 공산산성과 가까운 성주星州에 주둔하여 서울로 들어가는 관문인 추풍령秋風嶺, 조령鳥嶺, 죽령竹嶺 등을 막고 도원수 권율은 고령高靈에 주둔하여 경상좌우도를 절제節制하도록 하였다. 그래서 동서東西의 각 도로를 효율적으로 수비하도록 하였던 것이다.12)

이보다 앞서 김우옹金宇顯은 상소로 국왕의 친정親征을 거론하였고, 경상도 내지內地의 속오군束伍軍 5~6,000명을 인후咽喉와도 같은 해안에 배치할 것을 제안하였다. 조정에서도 왜병을 격퇴시킬 복수군復讎軍을 만들고 김시헌金時獻, 정경세鄭經世, 김순명金順明 등을 그 장군에 임명하는 등13) 적극적으로 항왜전선을 구축하고 있었다.

일본의 조선 재침육군은 크게 좌우군으로 편성되었다. 그 편성된 장군과 군사수는 다음과 같다.

---

12) 『宣祖實錄』 권92, 30년 9월 己丑條.
13) 高彦伯, 『海藏實紀』 권2, 行狀,
  「丁酉 春 淸正復率 衆入寇 築壘于蔚山之西生浦 統制使元均敗死 大小守宰師臣望
  風奔 潰 公復選精兵 以赴二月 東岡金文貞 公上進言疏曰 邊面一帶 如人咽喉 咽喉
  一絶 則人死邊城不守 則一路瓦解此 今日至急 至切之憂 伏願下書 于李元翼 亟發
  內地束伍軍五六千人 以益釜 山之守 增其器械 壯其聲援申命 別將告彦伯 并力 協
  守 如金時獻鄭經世金順命 皆賜奮義復讎將軍之號元」.

<table>
<tr><td colspan="2" align="center">右 軍</td><td colspan="2" align="center">左 軍</td></tr>
<tr><td>毛利秀元</td><td>30,000</td><td>宇喜多秀家</td><td>10,000</td></tr>
<tr><td>加藤淸正</td><td>10,000</td><td>小西行長</td><td>7,000</td></tr>
<tr><td>黑田長政</td><td>5,000</td><td>宗義智</td><td>1,000</td></tr>
<tr><td></td><td></td><td></td><td></td></tr>
<tr><td>鍋鳥直茂, 勝茂父子</td><td>12,000</td><td>宥馬晴信</td><td>2,000</td></tr>
<tr><td>池田秀氏</td><td>2,800</td><td>松浦鎭信</td><td>3,000</td></tr>
<tr><td>長曾我部元親</td><td>3,000</td><td>大村喜前</td><td>1,000</td></tr>
<tr><td>中川秀成</td><td>2,500</td><td>五鳥玄雅</td><td>700</td></tr>
<tr><td></td><td></td><td>蜂順駕家政</td><td>7,200</td></tr>
<tr><td>총계</td><td>64,300</td><td>毛利吉成, 勝成</td><td>2,000</td></tr>
<tr><td></td><td></td><td>生駒一正</td><td>2,700</td></tr>
<tr><td></td><td></td><td>鳥津義弘</td><td>10,000</td></tr>
<tr><td></td><td></td><td>鳥津忠豊</td><td>800</td></tr>
<tr><td></td><td></td><td>秋月種長</td><td>300</td></tr>
<tr><td></td><td></td><td>高橋元宗</td><td>600</td></tr>
<tr><td></td><td></td><td>尹東祐兵</td><td>500</td></tr>
<tr><td></td><td></td><td>祖良賴房</td><td>800</td></tr>
<tr><td></td><td></td><td>총계</td><td>49,600</td></tr>
</table>

　　왜군 114,000여 군은 전라도 남원 전주를 거쳐 충청도 직산稷山으로 진
격하였다. 그러나 9월 7일 조, 명연합군을 맞아 직산에서 패퇴된 다음 다시
남하하기 시작한다. 따라서 정유재란 초기 경주지방에서는 이들을 맞아 치
열전투가 있었다. 그래서 결국 경주읍성이 그들에게 다시 점령된 바 있었다.

3. 명군의 진주

　　명의 경리 양호楊鎬는 1597년 9월 3일 제독 마귀麻貴에게 북상하는 왜
군을 격퇴할 것을 지시하였다. 그래서 명군에서 정예 8천여명을 선발하여
천안방면으로 파병한다. 해생解生을 비롯한 양등산楊登山, 우백영牛伯英,

---

14)　舊 日本 參謀本部編纂,「朝鮮の 役 日本軍行動」,『日本戰史』p.184~189 참조.

파귀頗貴 등이 영솔하였다. 그리고 유격장 파새擺賽가 2천여명의 증원군으로 참전하였던 것이다. 명군은 총 일만여 병력이라 할 수 있겠다. 왜군은 모리수원毛利秀元, 가등청정加藤淸正, 흑전장정黑田長政 등 공주, 천안을 점령한 3만군은 백의로 위장하여 북상하고 있었다. 양군은 9월 7일 직산 홍경원에서 만났다. 명군과 왜군 사이에 직산 전투가 전개 되었던 것이다. 처음 명군은 백의로 위장된 왜군을 조선군으로 착각하였다고 한다. 그러나 조총을 휴대한 것을 보고 왜군인 것을 알아 내었다. 명군은 대포를 주력으로 왜군을 격퇴시키는데 성공하였다. 이 전투는 명군의 큰 승리로 끝을 맺었다. 이 직산 전투는 정유재란에 있어 승기로 전환되는 전환점이 되었다. 이 전투를 명나라에서는 평양성과 행주산성 전투와 함께 조선의 3대 전투라고 꼽을 정도이다.15)

직산전투에서 패배한 왜군은 남하하기 시작하였다. 왜倭 우군右軍중 주전론자主戰論者이면서 가장 포악무도하기로 정평이 나있는 가등청정加藤淸正부대의 행적을 살펴볼 필요가 있다. 청정군 10,000명의 행적에 대해 이미 이형석李炯錫『임진전난사壬辰戰亂史』, 국방부전사편찬위『임진왜란사壬辰倭亂史』 등에서 밝힌 바 있다. 그러나 이들간에도 약간의 견해차가 없지 않아 보인다.

어쨌든 청정군 등 우군은 직산 청주에 이르러 구분되어 행동하고 있다.16)

제1대 과조직무鍋鳥直茂는 청산, 황간을 거쳐 성주 창녕으로, 다른 1대 모리수원毛利秀元, 전장정田長政부대와 가등청정의 별別대는 함창咸昌,

---

15) 이형석,『임진전란사』중, p1,023 참조.

16)『宣祖實錄』권98, 31년 2월 甲戌條 ;『亂中雜錄』3, 丁酉年 9月 15日조에「청정 등 적이 청주에 이르러 길을 나누어 내려갔다. 1대는 청산, 황간을 지나 성주를 거쳐 남도로 내려가고 다른 1대는 함창, 상주로부터 인동, 대구를 거쳐 내려가고, 또 1대는 문경, 군위, 비안으로 해서 내려가 모두 전에 있던 소굴로 들어갔다」고 하였음.

상주尙州, 인동仁同을 거쳐 대병大兵에 이르러 청정의 별대와 헤어져 청도, 밀양, 양산, 동래로 갔고 가등청정의 주력부대는 진천, 촌산村山, 충주를 거쳐 조령鳥嶺을 넘어 군위軍威, 북안北安, 의흥義興, 신령新寧, 영천永川, 안강安康, 경주, 울산 등으로 들어간 것 같다.[17]

그러나 경주지방을 통과한 가등청정이 이끈 병력은 여러 분대로 나누어 후퇴하였다. 이를 맞아 그때마다 격렬한 전투가 있었다. 이는 장을 달리 하여 논하기로 하겠다.

국왕 선조는 정유 10월 29일 마귀麻貴제독과 만나 명군明軍이 남진하여 왜적을 토벌할 것을 결정하였다.『선조실록宣祖實錄』권93, 30년 10월 병술조丙戌條에 보면 제독이 말하기를

> 우리 군사는 이미 3영으로 나누어 각각 세 길을 따라 내려가게 하였으니 이방춘, 이여매, 해생입니다.…… 첫째는 양초를 준비하는 일이고 둘째는 松雲과 장희춘을 왜영에 보내서 적의 형세를 정탐하는 일이며, 셋째는 전라도의 구례, 곡성, 광주, 나주 등지에 적병이 주둔하고 있는지의 여부를 아는 일입니다.

라고 하여 명군의 출정과 군량의 조달, 울산사람 장희춘과 사명대사 유정을 왜영에 보내 적정탐지 등을 논의하였다. 따라서 명군이 경주지방으로의 출정이 결정되었던 것이다.

이에따라 성주에 있는 체찰부가 11월 22일 경주로 이동한다. 이의온李宜溫『오의집五宜集』권2,「용사일록龍蛇日錄」정유丁酉 11월 22일조에 보면 '체찰사이공원익體察使李公元翼 개부우동도開府于東都' 라고 분명하게 밝히고 있다. 이는 경주의 수비강화를 위한 것이지만 또한 울산 도산성을

---

17) 權應銖,『白雲齋實紀』권4, 諭書條에 丁酉 9月 16日에 보임;『壬辰戰亂史』,『壬辰倭亂史』참조.

정벌하기 위한 전략적인 조치이기도 하였다. 명군의 선발대가 오기전에 경상방어사에 임명된 권응수權應銖[18]는 함경 강원도 병사를 이끌고 11월 10일 월성月城에 진을 치고 있는 것을 보면 경주부는 적극적으로 수비강화된 것을 알 수 있다.

명군의 출병 결정은 왜군의 주력부대가 경상도와 전라도 일부 해안지대로 퇴각하여 지구전을 구사하기 위해 왜성倭城을 축조하고 있을 때였다.[19] 명군이 출정지에 대해 도원수 권율은 호남지역을 주장하였다. 호남을 공격하여 우선 적세를 크게 꺽으면 우리의 성세도 더 떨칠 수 있다고 믿었기 때문이었다. 그러나 다른 장수들과 명군은 영남을 우선적으로 공략하고자 하였다. 명장 이여송[20]과 형개邢玠의 주장은 『선조실록宣祖實錄』 권93, 30년 10월 계해조에서 찾으면 다음과 같다.

대체로 왜적이 지금 경상우도에 나누어 점거하고 있으니 부산과 서생포가 저들의 소굴이 되고 대마도와 부산 사이 수백리는 그 양식 나르는 길이 되고 있다. 만약 경상도 요새지에 형세를 탐색하여 방비를 설치하고 精兵을 주둔시키며 양식도 쌓아 굳건한 형세를 구축하고 때로는 날랜 군사로 기회를 보아 공격하며 또한 정예한 수군이 바다에 출몰하여 그들의 뒷길을 끊어서 왜적으로 하여금 앞뒤가 서로 응원하지 못하게

---

18) 權應銖, 『白雲齋實紀』 권4, 諭書條, 丁酉 10월 21일조
19) 『宣祖實錄』 권95, 30년 12월 己未條에 보면 「上이 이르기를 가을 사이에 하늘이 敗하도록 하여 예전의 소굴로 돌아가 둔치고 있는데 동으로 기장과 西生浦 등지에서부터 順天 등처에 이르기까지 연해 지방 곳곳에 둔처 900里 에 뻗쳐 있소이다」라고 하였음. 『宣祖實錄』 권94, 30년 11월 丁酉條에 「왜적은 西生浦에서부터 釜山 安骨浦 등까지 경상좌우도의 연해 요해지를 마음대로 점거하여 屯居地가 서로 연이었고, 水路로는 또 竹島, 天城, 加德 등까지도 적의 둔거지가 있어 여러 곳의 적들이 한창 진격하여 나올 적에는 수륙의 형세가 다 같이 급했습니다」라고 한데서 잘 파악됨.
20) 제1차 조선에 파견된 明의 총사령관격인 李如松은 提督으로 防海禦倭總兵官이 되었는데 그는 朝鮮系 출신으로 明에서 장군으로 출세한 李成梁의 장남이었고, 도산전에서 공을세운 막내 아우 李如梅와 함께 출병한다.『明史』 列傳 126 李成梁 條.

하면 거의 본국을 구제할 수 있을 것이다.

조명 수뇌부는 먼저 울산의 청정군을 공격하여 왜적의 오른팔을 끊어 버리 계획을 세웠다.[21)

그리고 경략經略 형개邢玠는 울산 토벌군을 삼협으로 하고 조선군도 여기에 편성 소속토록 하였다.『선조실록宣祖實錄』 권94, 30년 11월 정유조丁酉條에 보면 다음과 같다.

> 명장이 남하할 적에 우리나라의 병마兵馬를 삼영三營으로 나누어 소속시켜서 명장과 협조하도록 딸려 보냈다. 제1영은 충청도 병마절도사 이시언李時言으로 2천명을 거느리게 하였는데 평안도 군병 2천명을 소속시켰고, 제2영은 경상좌도 병마절도사 성윤문成允文으로 2천명을 거느리게 하였는데 방어사防御使 권응수權應銖의 군병 2백명, 경주부윤慶州府尹 박의장朴毅長의 군병 1천명, 함경 강원도 등의 군병 2천명을 소속시켰고, 제3영은 경상우도 절도사 정기용鄭起龍으로 1천명을 거느리게 하였는데 황해도 군병 2천명과 경상도 방어사 고언백高彦伯의 군병 3백명을 소속시켰다.

조명군의 출정병력은 명군 36,000여명 조선군 11,500여명으로 총 46,500여명이었다.[22) 경리 양호楊鎬 제독 마귀麻貴는 좌우협군을 이끌고 충주, 조령, 문경, 안동, 의흥, 신령, 영천을 거쳐 본진이 경주에 주둔한 것은 12월 20일이었다.[23) 중협도 천안, 전주, 남원으로 가 소서행장小西行長의 왜군을 공략하므로써 울산에 대한 측면지원을 한다는 전략이었으나 중

---

21)『宣祖實錄』 권97, 31년 2월 辛未條 ; 李肯翊,『燃藜室記述』 권17, 宣祖朝故事本末條.

22)『宣祖實錄』 권94, 30년 11월 甲午條.

23)『再造藩邦志』, 丁酉 12월조

간에 방향을 돌려 경주로 향하였다.

이를 도표로 만들면 다음과 같다.

<표2-1> 조·명출정군 편성표

부대명	명나라장군	소속군수	조선장군	소속군수	비 고	총군수
左協	부총병 李如梅	12,600	충청병사 李時言	2,000	평안도병력 2,000	4,000
右協	부총병 李芳春	11,630	경상우병사 鄭起龍 방어사 高彦伯	1,300	황해도병력 2,000	3,300
中協	부총병 解 生	11,690	경상좌병사 成尹文 방어사 權應銖 경주부윤 朴毅長	2,200	함경·강원도병력 2,000	4,200

경주 월성에 둔치고 있던 방어사 권응수는 『회암실기悔岩實紀』, 「용사록龍蛇錄」와 『백운재실기白雲齋實紀』 행장行狀에보면 남진하는 명군을 상주까지 가서 해생解生을 영접하여 경주로 왔다고 하였다. 이리하여 울산토벌에 대한 분위기는 고조되어 갔던 것이다.

4. 경주부 복성 전투

경주부는 청야전에 대비해 부산성富山城으로 관부를 옮기고 나머지 백성은 부의 북쪽에 위치한 죽장竹長·기계杞溪 등을 산 속으로 피신토록 하였다. 이것은 청야전에 대비한 방책에서 나온 것이다.

조정은 영남의 요충지 경주부를 사수하기 위해 경상좌병사 성윤문, 방어사 고언백, 의병장 권응수 등을 집중 배치하였다. 그것은 소서행장小西行長은 의령과 진주방면으로, 가등청정加藤淸正은 울산에서 경주와 대구 방면으로 진격한다는 정보에 따른 것 같다.[24] 그러나 왜군은 정유 7월 하순 밀양에 집결하여 전라도 방면으로 북진한다. 따라서 예상했던 경주부로의 진격은 없었다.

그러나 울산 서생성西生城에 주둔하고 있던 왜군은 정유년 초부터 수시로 경주지방을 노략질 하였다. 이 사실을 열거하면 다음과 같다.

丁酉 正月 9日 月城에 陣을 옮겼다. 23日 府尹 朴公을 따라 安康에서 적을 만나 合戰해서 百餘級을 참수했다. 5月 10日 金鰲山 아래에서 적 수백을 만나 단창으로 분신 충돌하여 20여 급을 참수하니 적의 무리가 도망쳤다.

(金得福,『從軍錄』)

丁酉 적장 淸正이 울산의 西生浦에 陣을 쌓고 군병을 놓아 사방으로 노략질하여 그 곁의 10여 郡이 다 그 독을 입었다. 그러나 군사를 갖은 장수들이 감히 그 발끝도 엿보지 못하였다. 府尹이 公에게 서생포를 치도록 명령하니 공이 敢死軍은 끌고 나아가 산에 의지해서 굴속에 군사를 간직하고 스스로 나가 적을 호려 적이 굴속에 가까이 왔다. 이에 활을 쏘아 죽인 자가 수 없었으며 공도 또한 탄환은 배꼽 밑에 맞았으나 의기가 양양하기 평상시와 같았다.

(崔震立,『潛窩實紀』 권1, 謚狀條)

정유재란 중 주력부대가 호남으로 진격하였을 때 서생포에 잔류한 부대는 8월에 경주에 쳐들어왔다. 조정에서도 임진왜란 초에 함경도에 왜적을

---

24) 이형석,『임진전란사』 상, p953참조

격멸하는데 뛰어난 공을 세운 바 있는 검지중추부사 유흥수柳興秀를 별장
으로 삼아 경주에 파견하였다. 이때 유흥수는 경주의 별장 김응복金應福과
함께 월성에서 적을 맞아 장렬하게 전사하였던 것이다.[25]

청정淸正군의 후퇴는 비안, 군위, 의흥, 신령, 영천, 안강, 경주 등을 거쳐
내려왔다. 이 과정에서 경주에 있던 경상좌병사 성윤문成允文의 활동은 경
주군의 활동과도 밀접한 관련이 있다고 믿어 소개하고자 한다. 그 활동을
『선조실록宣祖實錄』 권94, 30년 11월 정유조丁酉條에 보면 다음과 같다.

> 대체로 적이 전라도와 충청도를 침범할 때에 길을 셋으로 나누어 깊
> 숙이 들어왔다가 물러나 돌아갈 적에도 분산하였기 때문에 여러 장수들
> 이 더러는 돌아가는 길목에 伏兵을 배치하고 야음을 타서 기습하는 등,
> 모두 제 위치에서 제대로 싸워서 참획은 퍽 많았으나 합세하여 큰 승리
> 를 거두지는 못하였습니다. 조사한 바 본 년 9월 이후로는 날짜와 시기
> 는 서로 맞지 않으나 경상좌도 병사 成允文이 義興 慶州일대에서 적과
> 싸워 연거푸 23級을 베었습니다.

이와 같이 경주지방에서 왜군과의 격렬한 항쟁을 그대로 보여주고 있다.
경상좌병사의 전령도 있었지만 경주부윤 박의장은 울산지방에 웅거한 왜군
을 토벌하기 위해 울산군수 김태허 군과 합세하였다. 그 한 예를『선조실록
宣祖實錄』 권94, 11월 갑인조甲寅條에서 찾으면 다음과 같다.

> 이번 11월 4일에 접수한 군관 副護軍 洪蘭生의 告目에 西生浦 근처
> 에서 매복하여 적을 차단하여 무찌를 계획으로, 경주 判官 朴春碩 등이
> 거느리고 있는 군병과 합세하여 3일 馬等島에 집결하기로 한 다음, 밤

---

25) 李元翼,『悟里續集』권2, 狀啓, 丁酉 正月 15日條에 柳應秀의 파견기록이 있고,『宣
　　廟中興志』권2,「別將柳應秀 與倭人 戰于慶州 死之」라 하였고,『東京續誌』권2, 忠
　　義條에「丁酉八月 殉于慶州戰役」이라 되었기 때문임.

을 지어 먹고 한밤에 행군하려고 막 출발하자 불의에 왜적이 기습하여
왔다. 이때에 여러 군사가 죽을 힘을 다하여 싸웠으나 밤이어서 3급만
베고 말았으며, 당일 巳時에 盧古介 근처의 무수한 적이 쳐들어 올 때
에 또 경주군관이 합세하여 차단하였다 하였습니다.

1597년 11월 3일 왜군의 소굴인 서생포를 경주 울산의 관군이 기습공격
하려는 군사작전 상황이 잘 파악되고 있다. 경주 군사 활약상에 대해 박의
장『관감록』권2, 정각아문呈各衙門 진군민폐정상陳軍民弊政狀에서 보면
다음과 같다.

> 제가 거느리고 있는 부윤 소속의 병정들이 난리가 일어나던 그날부터
> 매일 진터에 서 있는 것이 지금까지 7년째라 식량도 본인이 가져와서
> 먹으니 그들의 고통과 원망은 말할 수 없겠지만은, 그들의 생각이 이 땅
> 은 부모의 고장이라 차라리 여기서 죽을지언정 맹세코 딴 곳으로 가지
> 않겠다 하여 굳은 맹세로 죽기를 다짐하고 굶으나 추우나 한데 잠을 자
> 거나 딴 생각을 갖지 않기 때문에 전쟁에 나서면 반드시 功을 세워 이름
> 을 忠勇이 되었습니다.[26]

이같이 경주군병은 향사를 사수하려는 결의가 대단히 깊은 정병이었던
것이 잘 파악된다. 국왕도 이 군병을 이끌고 있는 경주부윤에 대해 그 활약
상과 충성심 등 공적에 대해 잘 파악하고 있었던 것 같다. 그런 까닭에 비
망기에 이르기를

> 경주부윤 박의장과 울산군수 김태허는 각각 境內를 지키면서 왜적과
> 대진하여 주야로 血戰해 전후 참획한 수급이 매우 많으니 각각 한 資級
> 씩 올려주라.[27]

---

26) 朴毅長, 『觀感錄』 권, 呈各衙門 陳軍民弊政狀二.

라고 명령하고 있다. 그러면 정유재란 때 경주 읍성은 왜군에게 빼앗겼는가, 아니면 그대로 있었는가 하는데 의문이 간다. 그러나 이 문제를 명확히 밝혀주는 기록은 아직 눈에 보이지 않고 있다. 다만『부선생안府先生案』,『동경통지東京通誌』등에 전하는 최락崔洛의 기록에 의하면 5일간 왜적의 주둔을 간략하게 밝히고 있을 뿐이다. 그러나 우리는 이 기록을 매우 소중히 여긴다. 경주부윤 박의장朴毅長도 이 때의 병화가 임진초의 난리보다 더 극심했다고 실토하고 있다.28)

따라서 경주는 이때 왜군에게 점유되어 관사와 귀중한 신라 때의 문화재가 소실된데 관해 가슴아파 한다.29) 그렇다면 그 시기는 어느 때인가『선묘중흥지宣廟中興誌』권2, 정유丁酉 11월 조의 대강大綱에서

　　邢玠가 서울에 들어오고 12월에 楊鎬, 麻貴를 파견하여 들어가 경주
　　를 회복하고 울산에서 크게 淸正을 破했다.

라고 하였고, 그 내용에 들어가 보면

　　初 2일 戊午에 天兵과 我軍이 먼저 慶州에 도달해서 城 밖에서 賊을
　　破하니 적이 성을 버리고 도망하거늘 추격해서 또 파하였다. 己卯에 大
　　軍이 울산에 도착하여 적과 60里 떨어진 곳에 보루를 쳤다.30)

---

27)『선조실록』권97, 31년 2월 己亥條.

28) 朴毅長,『觀感錄』권2, 呈巡相乞遞狀條

29) 肅宗 18년(1692)에 府尹 金海一이 착공하고 부윤 元振澤이 완공할 때 李儀이 撰한
　　경주읍성 남문인 微禮門 上梁文에「壬辰에 병화가 있은후, 丙申 丁酉年에 灰塵되니
　　사방행인이 城門 터를 가르치고 三韓의 노인들이 臺隍보고 탄식한다」(奧在壬辰之兵
　　燹遽成丙丁之煙埃 四方行人 望閭閻而指點 三韓遺老 指臺隍而흠嗟)라고 한데서 정
　　유재란때 심대한 방화와 파괴가 있었다하여 최락의 기록에 신빙성을 확인해주고 있다
　　(李儀,『鶴皐集』1982刊).

30)『宣廟中興誌』丁酉條,「十二月」.

라고 하여 12월 초 2일에 조·명군의 선발대가 경주 읍성 밖에서 왜군을 공격하니 왜군은 방어에 한계를 느끼자 이 성을 버리고 도주하였다. 기묘己卯인 23일에 조명연합군은 울산에서 60리里 떨어진 모화毛火에 진을 쳤던 것이다. 이를 뒷받침하는 기록은 권응평權應平, 『동암실기東岩實紀』 권5, 유사조遺事條에 보인다. 그에 의하면 다음과 같다.

> 丁酉年 12월 2일 未明에 경주에 進軍하였다. 좌병사 成允文과 忠毅公(權應銖) 府尹 朴毅長의 함경 강원도병은 左營이 되고 충청도 병사 李時言은 평안도병과 더불어 中營이 되고 鄭起龍은 고언백과 더불어 右營으로써 明軍과 함께 九內驛에 列營하였다. 뒤의 적이 먼저 공격하자 諸將이 진격하여 왜적을 크게 破하고 참획한 것이 다 쓸 수가 없었다. 적이 지탱하지 못하고 城을 버리고 달아나니 추격하여 또 破하고 明軍은 入城하였다.[31]

경주 읍성 탈환 전투는 12월 2일 3영으로 편성된 조명연합군의 공격으로 새벽부터 밤늦게까지 하루종일 계속되었다. 왜군의 숫자는 명확치 않으나 이 때 투입된 조명군의 병력은 <표2-1>에서와 같이 경주 부윤 박의장朴毅長, 경상좌병사 성윤문成允文, 방어사 권응수權應銖, 함경 강원 병력 4,200여 명이 좌영, 충청병사 이시언李時言, 평안 병력 4,000여 병이 중영, 그리고 경상우병사 정기룡鄭起龍, 방어사 고언백高彦伯 1,300여 병은 우영이 되었다. 총 병력은 9,500여 명 이상이 되는 셈이다. 왜군은 조명 연합군의 공략을 막아내지 못하고 성을 버리고 울산으로 도주하고 말았다. 조명군은 이날 밤 마침내 경주성을 탈환하였다.[32]

---

31) 權應平, 『東岩實紀』 권5, 遺事條, 「丁酉 十二月 二日」.

32) 鄭起龍, 『梅軒實紀』 권1, 丁酉 12월 2일조 기록은 『東岩實紀』 내용과 같으나 왜군을 격퇴한 다음 「是夜 唐兵入城 公留陣城外 巡警以待變」이라 하여 12월 2일 읍성을 탈환한 다음 만약의 변을위해 정기룡 고언백 등이 이끈 右營軍은 경주성 밖에 주둔하였

따라서 최락崔洛이 왜적의 경주 점유기간은 5일간이라 했으니, 12월 2일에서 역산한다면 11월 27일에서 12월 2일이 된다. 그렇다면 가등청정의 주력부대가 10월 8일에 울산에 도착하였다고 한 것을 믿는다면 경주에 입성하여 모든 것을 무참하게 파괴한 자들은 그 후속 부대였음이 확인된 셈이다.

그럼 왜 경주부윤을 비롯한 제의병장들까지도 왜군의 경주 점령에 대해 기록하지 않았을까하는 의문이 지워지지 않는다. 왜군이 경주를 점유하였던 시기는 정부에서 울산 서생포 진격을 위한 경주부 수비를 위해 집중적인 군사배치를 하고 있었을 때에 해당된다. 그래서 성윤문의 좌병사 진지를 비롯하여 체찰부가 있었으며 권응수 방어사군도 월성에 진치고 있었다. 더구나 조명 연합군이 서생포 진격을 위해 남하하고 있는 중이었다. 그렇다면 경주 주둔군의 사기도 떨어지지 않고 있었다고 보인다. 그런데도 불구하고 경주성이 또다시 왜군에게 점령된 까닭은 무엇이었던가. 더구나 경주부윤을 비롯하여 제의병장들까지도 이 사실에 대해 기록조차 남기지 않은 이유는 또한 무엇일까. 그 의문이 좀처럼 지워지지 않는다. 그것은 아마도 왜군의 퇴로를 열어주기 위한 임시 방편에서 나온 군사전략상에서 온 결과가 아닐까 추측해 본다. 어쨌든 읍성 탈환 이후 경주부 관아는 부산성에서 다시 경주 읍성으로 되돌아 왔을 것이다. 왜냐하면 수립된 울산 도산 공략작전에 따른 제반사항을 직접 관장해야 될 형편에서이다.

던 것을 알 수 있다.(『梅軒實紀』는 肅宗 14(1718)에 蔡休徵이 출간한 것을 1976 檀國大 國文科에서 다시 발간한 바 있음).

5. 창암, 안강 전투

창암은 영천에 있다. 경주에서 영천으로 가는 길을 두 길이 있다. 경주에서 안강을 거쳐 영천으로 가고, 또 하나는 모량毛良 건천을 거쳐가는 길이 있다. 임란 당시는 안강을 거쳐 많이 다녔다. 그런데 안강에서 영천으로 가는 중간에 무학산과 자옥산紫玉山을 남북으로 잇는 마루에 300여 미터의 위치에 있는 시현柴峴을 반드시 경유하도록 되어 있다. 이를 시티재·여현礪峴이라고도 한다. 시현을 넘으면 순탄하게 주남평야를 지나 영천읍에 도달한다. 그런데 영천에 도달하기 직전 주남평야가 안고 있는 듯한 야산 금강산이 있다. 이 근처를 창암이라 한다. 창암은 요새 지여서 장희춘蔣希春도 『성재실기誠齋實紀』에서 '영천창암동북요해처永川蒼岩東北要害處'라고 쓰고 있다. 임진왜란때 창암에서 여러차례 전투가 있었다. 임란초의 참암전투에 관해 앞에서 언급한 바있다.

창암전투는 선조 30년 9월 29일에 전개되었다. 청정淸正의 후퇴하는 선발부대를 차단 격멸하기 위해 경주의 관군과 의병군은 요새지 창암에 직결하였다. 왜장은 가등청정과 부장 희팔喜八 등이었다.

이 전투에 대해 최봉천崔奉天『운암실기耘庵實紀』연보年譜에 보면 "동성제의사同聲諸義士들이 모두 창암에 모여 들었다. 적은 많고 아군은 적었다"라고 기술하고 있다.[33] 또『오의집五宜集』권2「용사일기龍蛇日記」정유 9월 29일조에서 "들으니 부백 박의장朴毅長과 판관 민항閔沆이 여러 장군과 더불어 영천에서 크게 싸웠다고 한다."라고 하여 관군과 의병군이 연합하여 출전하였던 것이다. 아군은 이 전투에서 적에게 심대한 타격을 주었다. 특히 백이소, 최봉천 등 의병장의 활동은 돋보였다. 이 사실은 권사악『매와실기梅窩實紀』에서 찾으면 "급창암지전及蒼岩之戰 적세심성賊勢甚

---

33) 崔奉天,『耘庵實紀』年譜, 丁酉 9월조

盛 의사륙력정전義士戮力征戰 개원추봉쟁사皆願推鋒爭死 이최봉천백이소
而崔奉天白以昭 개이전망皆以戰亡"이라고 하였다. 여기에 이들의 활약을
소개한다. 백이소白以昭는 거인으로서 용력이 뛰어났다. 임진왜란이 터지
자 그는 단독으로 활을 휴대하고 깊은 산 오봉산에서 적을 막고 30여 명을
사살할 정도로 무예가 출중한 자였다. 정유년 초에 향병을 모집하여 경주
남쪽 열박령咽薄嶺에 둔치고 있던 왜군을 격퇴시키는 전공을 세웠다. 그러
나 전투 과정에서 조총을 맞아 상처가 매우 심하였다. 그런데도 창암에 왜
군이 온다는 것을 알고 구국의 일념으로 달려갔다. 병사와 부윤 박의장이
상처가 완치되지 않았으니 종군하지 말라고 제지하였으나 끝내 듣지 않았
다. 그는 의병을 끌고 만궁을 잡고 언덕에 올라 적을 향해 계속 쏘아 댔다.
그는 총을 맞고 적에게 잡혔으나 항복하지 않고 적을 꾸짖어 결국 죽임을
당하고 말았34)던 것이다.

최봉천은 군공으로 경상좌수군 우후가 되었으나 나아가지 않았다. 그러
나 정유재란이 터지자 조정의 급지를 받고 창암전에 출전하였다. 적과 대치
하고 있는 상태에서 의병장들의 전략회의가 열렸다. 작전회의는 모두 적세
가 심히 높으니 공격하기 대단히 어렵다. 좀더 판세를 보자고 일단 결정하
였다. 그러나 최봉천은 왜군을 여기서 막지 않으면 무인지경이 돼서 경주가
함락되게 된다. "나는 후원이 없더라도 싸우지 않을 수 없다"하고 커다란
깃발에 '좌수 중군장 최봉천'이라 쓰고 출전하여 많은 공을 세웠으나 적의
포탄에 맞아 순절하고 말았다.35)

창암전의 상황을 김석견金石堅『문옹집汶翁集』용사사적龍蛇事蹟에서
찾아보면

---

34) 白以昭,『傳岩實紀』권2, 遺事條.
35) 崔奉天,『耘庵實紀』권1, 丁酉 九月條.

창암의 전투는 적세가 심히 盛했다. 義士들이 征戰하는데 모두 앞다
투어 죽기를 원하고 한사코 싸웠다. 崔奉天 白以昭가 戰亡했다.

라고 하여 적세가 매우 성하였는데도 불구하고 의병군의 항전은 결사적
이었던 것을 볼 수 있다.

이 창암전투에서 김석견도 참전하여 부상을 입었다. 그의 아들 김몽수金
夢秀, 몽남夢男 형제는 역전하였고 부친의 부상에 분개하였다. 그 후 참암
의 나머지 왜군이 작산鵲山으로 도망치자 김몽남金夢男은 의병군을 이끌
고 산남쪽에 매복해 있다가 30여명을 사살하였다.

이 창암전투에서 잔인무도의 극을 백성들에게 보여주었던 가등청정加藤
淸正군도 큰 타격을 입었던 것이다. 날세기로 이름이 난 부장 희팔喜八은
그의 이름이 각인된 일본도를 의병군에게 빼앗기기도 하였다. 크게 타격을
입은 왜군은 시티재를 넘어 홍천을 거쳐 안강에 도달한다. 창암에 이어 10
월 5일 관군과 의병군은 왜군을 맞아 또 다시 격전을 벌인다. 이것이 곧
안강전투이다. 이 사실을『관감록』권2, 정순상걸체상呈巡相乞遞狀조에서
찾으면

9월에 왜적이 다시 쳐들어오니 경주가 영남의 요지로서 두 번째로 난
리를 당하여 백성이 거의 없어질 판이라 부군이 다시 정병을 뽑아서 곳
곳에 막아서 길을 끊고, 9월 29일에는 永川에서 크게 싸웠고 10월 초
5일에는 안강에서 싸워 적의 기세를 크게 꺾었다. 적이 울산으로 물러가
서 저의 진만을 지키고 다시는 서쪽으로 오지 못하였다.[36]

라고 하였고『오의집五宜集』권2, 용사일기龍蛇日記 정유 10월 5일조에

---

36) 박의장,『관감록』권2, 정순상걸처장조

적이 안강으로 들어오니 府伯이 判官과 함께 군사를 이끌고 와서 안
강에서 싸웠다. 賊의 氣勢가 크게 꺾이었다. 蔚山에 성을 쌓고 스스로
지켜 다시 군사를 끌고 서쪽으로 나오지 않았다.[37]

라고 하여 가등청정군은 창암과 안강전투에서 크게 패하여 그 세력이 완
전히 약화되고 울산으로 들어가 도산성을 쌓은 다음 다시는 경주로 침입하
지 못할 정도가 되었던 것이다.

6. 鵲山 전투

작산전투는 선조 30년 10월에 있었다. 바로 영천 창암에서 9월 29일 패
퇴한 왜군의 잔당이 사잇길로 원당元堂 저현猪峴 아화阿火에 이르러 구미
산龜尾山 서남쪽 줄기 끝인 작산에 은거하고 있었다. 그들은 경주로 진입
할 계획이었던 것 같다. 김석견 의병은 강노로 무장한 기병 300여 병을 작
산 남쪽 풀속에서 복병시키고 그들을 급습할 작전을 세웠다. 우선 10여 기
를 뽑아 내어 왜군을 의병군이 복병하고 있는 곳으로 유인하고자 하였다.
왜군은 의병군이 숫자가 적고 약세 하다고 믿어 추격하여 산남에 이르렀다.
강노를 휴대한 의병군은 기다리다 김몽남의 지휘하에 일시에 내달았다. 예
상하지 않았던 의병군의 갑작스런 출현에 놀란 왜군은 의병군을 뚫고 경주
방면으로 도주하자 용감한 의병군이 추격하며 수십인을 사살하는 전과를
올렸다.[38]

---

37) 李宜澤, 『五宜集』, 「龍蛇日記」, 丁酉條, 「九月二十九日」.
38) 金石堅, 『汶翁集』 권2, 「龍蛇事蹟」.

7. 경주읍성 동문 전투

읍성 동문인 향일문向日門 앞에서 전투는 선조 31년 8월 12일에 있었다. 조朝·명明 연합군은 제1차 도산 전투 이후 7월에 다시 울산에 웅거하고 있던 가등청정加藤淸正을 비롯 경상도 남해안에 있는 왜적의 본거지를 토벌할 계획을 세운다. 당시의 상황을 좌의정 이원익이 경리 양호楊鎬에게 주문한 내용을 『재조번방지再造藩邦志』 권5, 무술戊戌 7월조에서 찾으면 다음과 같다.

> 이 도적들이 금년 7월 이후로 事機가 변하고 軍情이 동요되고 있는 것을 엿보아 알고 길을 나누어 진격해 와서 점점 중심지를 핍박하는데 경상도의 靑道, 密陽, 陜川, 高靈, 三嘉, 慶州, 慶山 등지와 전라도의 樂安, 寶城, 康津, 海南, 長興 등지에 적의 칼날이 두루 차서 날로 분탕질을 마음대로 하므로 각 진영의 중국 장수들이 군사를 동독하여 막아내면서 바야흐로 쳐부수고 있으나 주관하는 사람이 없어 계책을 써서 대응하기가 쉽지 못하고, 근자에 또 각 해당 邊臣의 馳報에 '秀吉이 많은 군사를 더 보내게 되어 새로운 군사가 계속하여 바다를 건너 와서 군량을 마련하고 훈련을 강화하여 싸움할 준비를 그치지 않는다'하고 적의 괴수 淸正이 陪臣 高彦伯에게 보내온 글에도 역시 거듭 많은 군사를 출동시켜 朝鮮과 遼東을 정벌하여 인민을 모두 죽이겠다는 등의 말이 흉참하고 패역하여 차마 말할 수 없습니다.

청정淸正은 1차 도산전투 때 전복 직전까지 간 뼈저린 경험을 바탕삼아 도산성을 보수하고 서생포와 기장 등 여러 곳에 군사를 주둔시켜 놓았다. 그리고 명의 부총병 오유충에게 서면으로 평화를 요구하는 한편, 고언백高彦伯에게는 침략 운운하는 등 양면 작전을 구사하고 있었다. 그러면서 수시로 군사를 파견해 경주지방을 노략질 하였다. 청정淸正의 왜군이 경주에 침입한 8월 1일은 왜추 풍신수길이 일본 복견성伏見城에서 죽어가고, 한편 조명 연합군이 서로로 나누어 경상도로 파견되고 있을 때로서 경주에 군사적인 공백에 가까운 상태였다고 할 수 있겠다.[39] 그런 까닭에 그들이 경주 읍성 동문까지 진입할 수 있었던 것이 아닌가 생각된다. 왜군이 침입하자 김득상金得祥은 의병군을 이끌고 향일문 밖에 나아가 항전하였다. 이 지역은 평편하고 다만 1km쯤 떨어진 곳에 읍성의 외성격인 남고루南古壘가 있을 뿐이다. 따라서 김득상은 화살이 떨어지고 격전에서 탈진된 상태가 되었지만 힘이 다할 때까지 싸워 마침내 순사하고 말았다.[40] 이와 같이 경주읍성은 왜군이 본국으로 철병할 때까지 중요한 공략 목표였던 것이다.

경주부에서는 의병장들을 이순신 수군 진영에 파견한 경우도 있었다. 왜군은 제해권을 장악하기 위해 선조 30년 7월 우선적으로 삼도수군 통제사영을 공격하여 元均을 패사 시켰다.[41] 위급한 지경에 다시 수군 통제사가 된 이순신李舜臣은 옥포 사천 등지에서 계속하여 왜적을 격퇴한다. 그러면서 경주 등 경상도 사진四鎭에 장군을 보좌할 문무 뿐 아니라 지용을 겸비한 장수 2명씩을 파견해 줄 것을 공문을 보내 요구했다. 그래서 부윤 박의장은 동년 10월 11일 이의택李宜澤과 김득복金得福을 뽑아 이순신 진陣에 파견하게 된다.[42] 김득복과 이의온은 한산도 전투 등에서 많은 전공을 세운 듯하다. 이 사실을 『오의정의온일기五宜亭宜溫日記』에서 찾으면

統營에 이르러 통제사 李公과 함께 軍事일을 의논하였는데 늦게 만난 것을 한스럽게 여기고 드디어 參謀로 발탁하여 있게 했다. 그 후에

---

39) 豊臣秀吉의 사망은 丁酉年 8월 16일이고 조명연합군의 파견은 8월 19일에 해당된다. (『再造藩邦志』 5, 戊戌 8월조 참조)

40) 金得福, 『東厓實紀』 권하, 附 東塢事蹟 遺事, 戊戌 8월 12일조

41) 李舜臣, 『亂中日記』, 丁酉 7월 18일조

42) 李宜澤, 『五宜集』, 「龍蛇日記」, 丁酉 10월 11일조

김득복은 일이 있어 본진으로 돌아가고 나는 將軍의 幕中에 머물러 있
으면서 함께 돌아가지 못했다.[43]

라고 하였고, 이순신도 '한 마음 충의로서 분발하여 몸을 돌보지 않은 사
람은 오직 김득복 한 사람 뿐이었다'라고 찬사[44]를 하고 있는 것을 보면
알 수 있기 때문이다.

8. 맺음말

정유재란을 대비하기위한 청야전으로 경주부에서는 정부의 지시에 따라
부산산성을 수축하였던 것이다. 부산 산성은 경주부 서쪽 30여리에 위치해
있다. 이 산성은 신라때부터 있어온 군사 전략상 요충지였다. 임란 초기 김
호, 최진립, 백이소 등 의병장이 이곳을 거점으로 활약한 바 있다. 경주부는
부민을 동원하여 엄격한 군율을 적용할 정도로 이 산성을 요새지로 수축하
였던 것이다. 정유재란 중 경주부는 이곳으로 행정관서를 옮겼던 것이다.
정부에서는 경상좌병사 성윤문, 방화사 고언백 등이 군사를 이끌고 주둔 하
면서 경주 지역 의병군과 함께 왜군 격퇴에 주력하였던 것이다. 정부에서
왜군의 거점 기지인 울산을 공략하기 위하여 경주를 본부로 삼았던 것이다.
체찰사 이원익이 경주에 주둔하였고 방화사 권응수가 군대를 이끌고 경주
월성에 주둔하였다. 그리고 조, 명 연합군은 1597년 12월 20일 조선군
11,500여명, 명군 36,000여명 총 47,500여명이 경주에 진주 하였다. 이를
위해 방화사 권응수는 경주에서 상주까지 가 영접하여 왔던 것이다. 따라서
울산의 왜군 기지를 공략하기 위한 준비는 완료 되었던 것이다.

---

43) 金得福, 「東广實紀」, 濟賢記蹟에 수록된 五宜亭宜溫日記.
44) 金得福, 「從軍錄」, 丁酉 10월 11일조.

제3장 울산혈전

1. 머리말

　조선왕조 최대국난의 하나인 임진왜란壬辰倭亂에 관해서는 그 동안 국내외적으로 연구업적이 적지 않았다.[1]

---

1) 壬辰倭亂에 대한 國內에서의 중요 硏究는 다음과 같은 것이 있다.
　李炯錫,『壬辰倭亂史』上·中·下, 新現實社, 1974.
　國防部戰史編纂委員會,『壬辰倭亂史』, 서라벌印刷株式會社, 1987.
　陸軍士官學校,『韓國戰爭史』, 日新社, 1987.
　崔永禧,『壬辰倭亂中의 社會動態』, 한국연구총서 28, 韓國硏究院, 1975. ;「壬辰義兵의 性格」『歷史學硏究』8, 1960.
　『壬辰倭亂』, 세종대왕기념사업회, 1974.
　趙湲來,「金千鎰의 義兵活動과 그 性格」『史學硏究』31, 1980.
　金潤坤,「郭再祐의 義兵活動」『歷史學報』33, 1967. ;「壬辰亂의 義兵活動勃發直前의 地方郡縣實態」『柳洪烈博士 華甲紀念論叢』, 1971.
　宋正炫,「壬辰倭亂과 湖南義兵」『歷史學硏究』Ⅳ, 全南大, 1972. ;「壬辰倭亂에 있어서의 湖南義兵」『歷史學硏究』6, 1983.
　金錫禧,「壬辰倭亂의 義兵運動에 관한 一考」『鄕土서울』15, 서울특별시사편찬위원회, 1962. ;「壬辰倭亂의 義兵에 관한 再考」『釜山大論文集』13, 1972.
　李載浩,「壬亂義兵의 一考察—特히 明軍과의 關係를 中心으로-」『歷史學報』35·36, 1967.
　韓㳓劤,「壬辰亂原因에 關한 檢討—豊臣秀吉의 戰爭挑發原因에 대하여-」『歷史學報』1, 1952.
　李崇寧,「壬辰倭亂과 民間人被害에 대하여 —東國新續三綱行實의 被害報告的 資料

를 中心으로-」『歷史學報』17·18, 1962.

李鉉淙,「壬辰倭亂과 서울」『鄕土서울』18, 서울특별시사편찬위원회, 1963.

金龍國,「壬辰倭亂中 서울 收復戰과 防衛計劃」上·下,『鄕土서울』22, 23, 1964.

李泰鎭,「16世紀末 國防態勢」『韓國軍制史』近世朝鮮前期篇, 육군본부, 1968. ;「壬辰倭亂 극복의 社會的 動力—士林의 義兵活動의 基底를 중심으로-」『韓國文化』5, 서울大, 1983. ;「壬辰倭亂에 대한 理解의 몇 가지 問題」,『軍史』1, 1980.

李章熙,「壬辰湖西義兵에 대한 一考察」『史叢』14, 1969. ;「鄭文孚의 義兵活動」,『史叢』21·22, 高麗大史學會, 1977.

『郭再祐研究』, 養英閣, 1983, 郭忘憂堂記念事業會,『忘憂堂郭再祐』, 신흥인쇄소, 1988.

南都泳,「壬辰倭亂時 光海君 活動研究」『國史館論叢』9, 국사편찬위원회 1989.

崔孝軾,「壬辰倭亂 중 慶州전투」,『慶州史學』10, 1991.

金丁鑽,「義兵活動과 民族의 主體意識」,『東洋文化研究』6, 경북대, 동양문화연구소, 1979.

文守弘,「壬亂中 慶尙左道地方의 義兵活動」,『素軒南都泳博士 華甲論叢』, 1984.

崔槿默,「壬亂때의 湖西義兵에 대하여」,『忠南大 논문집』9, 1970. ;「壬亂때의 湖西義兵에 대하여」,『忠南大論文集』9, 人文社會科學篇 1980.

金鎭鳳,「壬亂중 湖西地方의 義兵活動과 地方士民의 動態에 관한 研究」,『史學研究』34, 한국사학회, 1982.

丁仲煥,「日本記錄에서 본 壬辰亂」,『港都釜山』3, 부산시사편찬위원회, 1963.

鄭泰玫,「壬辰倭亂중의 民族運動」, 서울대 석사학위논문, 1949.

李鳳和,「壬亂時 尙州義兵에 관한 研究」, 건국대 석사학위논문, 1978.

劉相鍾,「壬亂時 湖南義兵運動에 대한 研究」, 원광대 석사학위논문.

金熙運,「壬辰義兵小考」, 경희대 석사학위논문, 1965. 이외에도 많은 논문이 있음. 그리고 慶州府에 관하여 살필 수 있는 기록으로는『東京誌』·『東京雜記』·『慶州府邑誌』·『東京通志』·『慶州邑誌』·『金鰲勝覽』·『慶州市誌』·『慶州郡史』등이 있다. 또『慶尙道地理志』·『新增東國輿地勝覽』·『輿地圖書』·『慶尙道邑誌』등에 慶州府편 등이 있음. 壬辰倭亂에 대한 日本에서의 研究는 다음과 같은 것이 있다.

旗田巍編,『朝鮮史入門』, 朝鮮史研究會, 1966.

池內宏,「文祿役に於ける小早川景隆の全羅道經略」,『東洋學報』35-2.

『文祿·慶長の役』正篇 弟1, 1914.

『文祿·慶長の役』別篇 弟1, 1936.

德富猪一郎,『近世日本史(豊臣時代 朝鮮役)』3冊 1921, 1922.

日本參謀本部,『日本戰史 朝鮮役』3冊, 1924.

中村榮孝,「文祿·慶長役」,『岩波講座 日本歷史』6, 1935.

『日鮮關係史の研究』, 1970.

그러나 미증유의 대전란에 있어 최전선에 위치해 있던 경주慶州·울산蔚
山지방은 군사상 요충지였지만 이 지방에 관한 연구는 등한시된 바 없지
않다. 임진왜란에 있어 왜군의 침입로에 위치해 있던 이 지역의 피해는 자
연히 클 수밖에 없었다. 그것은 난초亂初에는 물론이지만 정유재란丁酉再
亂 때의 병화兵禍는 더욱 혹독하였다.

이 지역에 대해 도체찰사都體察使 겸 영의정 유성룡柳成龍은『선조실록
宣祖實錄』권96, 31년 정월 기유조己酉條에서 국왕에게 올린 장계狀啓에,

> 臣이 직접 그 모습을 목격하였는데 비통함을 이길 수가 없었습니다.
> 경주에서 사흘 머무르며 제장에게 군병을 수습하도록 하였습니다. 그
> 중에 경주와 울산의 군사들은 많은 싸움을 겪었으므로 수고가 다른 군
> 사들의 갑절이나 됩니다 … 이제는 마땅히 左道의 경주와 中路의 大丘
> 와 右道의 의령·합천 등에 각각 장수 한 명씩을 주둔시켜 그 근처의 군
> 졸을 각 2~3천씩 모집하여 항상 그곳에 머물면서 훈련하는 군대를 만
> 들어야 합니다.

라고 하였다. 이와 같이 경주·울산지방은 군사의 활약상과 군사 전략지
로서 중요성을 말해주고 있다.

貫井正之,「壬辰倭亂の初期に於ける朝鮮人民の動向について」,『朝鮮研究月報』23. ;
「豊臣秀吉の朝鮮侵略戰爭に於ける朝鮮人民の動向について-特に朝鮮の義兵を中心
として-」,『朝鮮史研究會論文集』1.
北島万次,『朝鮮日日記 高麗日記』, 法令印刷株式會社, 1982.
ルイス フロイス,『日本史』解說, 松田毅一·川崎挑太 編譯. 1974, 中央公論社에서『秀
吉と文祿の役』으로 다시 펴냄.
李進熙,「生き地獄の蔚山城」,『倭舘倭城を步く』六縣出版社 ;「壬辰丁酉役における
謂る「降倭」について」, 東大出版社, 1976.
內藤雋輔,『文祿慶長の役に於ける被擄人の研究』, 東大出版社, 1976.
渡邊悌之助,「朝鮮役における籠城考」,『戰事史學』, 1946, 2月號, 82-99.
壬辰倭亂에 대한 中國側 研究는 아직 國內에 자세히 紹介되어 있지 않다.

당시 조정은 물론이지만 이곳에 살고 있던 경주·울산 사람들도 왜적을 격퇴해야 될 책임이 없지 않았다고 본다. 그런 까닭에 필자는 경주부인들의 대처상황과 그 항왜활동상抗倭活動相 등에 관심을 가져왔다. 그 중 앞서 경주읍성慶州邑城 탈환 등 항왜활동을 발표한 바 있다.[2] 본고에서는 정유재란 중 최대 격전지였던 울산蔚山 도산성島山城에서 전개된 혈전에 관해 규명해 보고자 한다.

우선 도산성島山城의 축조, 군량미의 조달, 제 1·2차 전투, 경주·울산군 병의 활약상 등으로 순차를 정해 봤다. 전투가 전개된 곳은 도산성을 중심으로 한 반구정伴鷗亭, 성황당城隍堂, 병영兵營터, 태화강太和江, 남강藍江 등 울산蔚山 전역이었다. 따라서 이해를 돕기 위해 그 거리 중심을 도산성에 두어 표기하고자 한다. 조명연합군朝明聯合軍이 거점으로 삼고 있는 경주는 북쪽으로 80里이고 모화毛火는 60里이며, 왜군의 후방진지라 할 서생포西生浦는 남쪽으로 60여 리가 된다.

전쟁은 반드시 상대인 적이 있게 마련이다. 따라서 전사戰史를 다루면서 일본측의 자료가 필요한 것은 절대적이다. 그러나 필자로서는 국내 자료의 수집도 간단치 않은데 일본측 자료 구입이란 결코 쉬운 일이 아니다. 그렇다 하더라도 현 시점에서 정리해둘 필요가 없지 않다고 본다. 그런 까닭에 비약된 추측이 없지 않을 것이다. 강호제현의 냉철한 질정을 바라 마지않는 바이다.

2. 島山城의 축조

도산島山은 동서로 가로지르는 태화강太和江변에 위치한 높이 50m 정

---

2) 崔孝軾, 「壬辰倭亂중 慶州전투」『慶州史學』 10, 1991.

도의 작은 산이지만 울산평야에 우뚝 솟아 있어 마치 섬과 같다 하여 붙여진 이름이다. 『울산읍지蔚山邑誌』 권1, 성곽조城郭條에 보면 필봉筆峰, 신두산神頭山이라 하는 바, 신라시대부터 성이 있어 천신天神이 학鶴을 타고 여기에 내렸다 하여 신학성神鶴城, 학성鶴城이라 한다. 가등청정이 직접 설계해서 이곳에 쌓은 전형적인 왜성이 바로 도산성이다. 이는 마치 시루를 엎어놓은 것 같다 하여 시루성 또는 증성甑城, 신성新城 등 여러 명칭이 있으나 여기서는 도산성으로 통일하여 말하려 한다.

이 성에 대해 도체찰사 영의정 유성룡柳成龍이 국왕에게 보고한 내용을 『선조실록宣祖實錄』 권99, 31년 4월 계미조癸未條에서 찾으면,

> 孤山이 두 충으로 되어 있어 마치 銅盆을 엎어 놓은 모양이고 그리 높지도 않아 造山과 비슷한데 거기에다 木柵을 치고 그 위에 城을 쌓아 그것을 內城이라고 하니, 말은 세겹이라지만 사실은 두겹으로 되어 있습니다.

라고 하여 크지는 않지만 두세겹으로 된 견고한 성이었다.

도산성 축조에 관해 살필 수 있는 기록으로 경념慶念의 『조선일일기朝鮮日日記』,[3] 천야행장淺野幸長 가신家臣의 『울산농성각서蔚山籠城覺書』, 대하내수원大河內秀元의 『조선물어朝鮮物語』, 굴정의堀正意의 『조선정벌기朝鮮征伐記』, 재등원중齋藤貝衆의 『가등청정전加藤淸正傳』 등 일본측 문서를 들 수 있다.

특히 경염의 『조선일일기朝鮮日日記』는 정유재란의 참상을 사실적으로 잘 전해주고 있다. 경염은 일본 구주九州 우스키(臼杵) 안양사安養寺 승려로 정유재란 때 구저성주臼杵城主 태전일길太田一吉을 따라 종군한 당시

---

3) 이 책을 『임진왜란 종군기』란 제목으로 辛容泰가 1997년 경서원에서 한글로 번역한 바 있음. 원문은 『朝鮮學報』 1집에 등재되어 있다.

62세의 평화주의자였다. 그는 부산, 밀양, 남원, 전주, 진천, 상주, 영천, 경주를 경유, 울산에 머물러 있다가 제 1차 도산전투를 치른 다음 선조 31년 2월에 일본에 돌아갈 때까지의 일기를 남겼다.

우선 천야행장淺野幸長의 가신이 쓴 『울산농성각서』[4]를 소개한다.

조선朝鮮에 바다를 건너 왔을 때의 일

1. (幸長이) 배를 타고 大阪을 출발한 것은 慶長 2年(宣祖 30年 丁酉 1597) 6月 10日 경이라.
2. (幸長)이 西生浦에 到着한 것은 7月 20日 경이다.
3. 加藤淸正이 蔚山에 築城을 시작한 것은 8月 20日 경이었다.
4. 淸正은 幸長에게 9月중에 本丸을 建築할 것을 命令했다.
5. 淸正이 蔚山에서 西生浦에 돌아간 것은 10月 말이다.
6. 蔚山城은 11月 10日 경부터 建築을 시작했는데, 淸正, 幸長, 中國衆 세 사람을 擔當토록 命했다. 大閤(秀吉)으로부터 이 때문에 監督役에 太田飛驒을 붙이게 했다.
7. 蔚山에 敵이 나타난 것은 12月 2日 인데 1月 4日에는 敵이 되돌아가고 말았다.
8. 釜山浦에서 西生浦까지는 뱃길로 70里인데 거기에는 淸正의 居城이 있다.
9. 西生浦에서 蔚山까지는 뱃길로 70里요, 陸路로 가면 80里 정도다.
10. 蔚山城에서 幸長이 있는 丸(壘)까지는 870미터이다. 그 幕舍(武將의 住居)는 城 둘레 바깥쪽에 있으므로 12月 20日 밤에 둘레의 안쪽에 兵士들이 들어가게 되었다.
11. 敵이 나타났으므로 兵士들이 싸우려고 城 밖으로 나갔다. 그곳은 '오이山'이라는 옛 城이 있는 곳으로서 여러 차례의 接戰이 있었

---

4) 이 史料는 日本 淺野家文書 80으로 전한다. 여기 소개한 번역은 金松泰, 「蔚山籠城覺書에 대한 考」『蔚山文化』 6, 1990, 울산문화원. 이를 약간 수정하여 게재함을 밝힌다.

던 곳이다.

12. 本丸(牙城)에는 幸長, 太田飛騨, 中國衆 등 頭領도 두세 사람 있다. 本丸이라고 하지만 東北쪽 담장은 한 겹이다.

13. 二之丸은 淸正이 所有하고 거처하는 곳인데 이곳도 西南쪽의 담장은 한 겹이다.

14. 三之丸도 中國衆이 淸正의 部下로서(그 곳을) 所有하고 지키고 있는데 이곳도 西北쪽의 담장은 한 겹이다. 本丸은 24間 4方 정도이고 二之丸과 三之丸은 本丸보다 한층 좁다. 城에서부터 배가 들어오는 곳까지는 南쪽으로 3町(3百餘미터) 정도라 생각됨.

15. 20日 한밤중에 淸正이(敵이 쳐들어 왔다는 것을 듣고) 西生浦에서 蔚山으로 배 한 척을 타고 옆에 部下 20名쯤 거느리고 幸長이 있는 丸(壘)에 왔다. 두 사람은 樓에 올라가서 敵이 피우고 있는 불빛을 바라보고 있었다. (淸正은)“당신에게서 듣는 것보다는 敵 兵士의 人員數가 적게 보이오. 게다가 明軍은 戰法을 잘 모르므로 來日은 大略 물러갈 것이오.”라고 말했다. 그러자 (幸長이 말하기를)“오늘 우리들은 정신없는 接戰을 해서 우리에게는 敵兵이 많은 것으로 보였겠지요. 當身이 말한 대로(내일은) 敵을 退却시킬 수 이을 것이 틀림없겠지요.”라고 대답했다. 그런 뒤에 淸正은 성 안으로 들어갔다.

16. 12月 22日의 밤에 敵이 城의 周圍로부터 철수하고 陣을 치고 있는 山은 蔚山에서 南쪽인데 다만 ‘우지’라고 하는 山으로 蔚山에서 20里 정도 거리가 된다.

17. 다음날 23日의 밤, 午前 4時頃부터 敵이 蔚山城의 周圍에 모여와서 먼저 幸長이 있는 丸(壘)을 공격했다. 그래서 각자 있는 힘을 다하여 敵을 쳤지만 敵에게 우리편이 너무 많은 사람이 상했다. 날이 밝고 해가 뜰 무렵 幸長이 말하기를, 밤에 말씀드린 것은 “敵軍이 적으니까 날이 밝으면 敵이 退却할 것으로 짐작되었습니다. 당신(淸正)이 지키고 있는 곳은 반드시 지지 않을 것입니다. 내가 맡고 있는 많은 敵을 쳐부수는 것을 보시오.”라는 意見을 市郎에게 쓰게 해서 (淸正에게)가져다 보냈는데 (淸正의 答狀에) “우리들은 곧 이 丸(壘)에서 割腹自殺할 것이오. 당신네들은

城에서 죽도록 하시오."라는 말이었다. 또 거듭 庄九郞이란 사람을 사환으로 보내 왔는데 "재빨리 本丸(牙城)이 함락될 것이니 급히 城으로 건너와서 함께 割腹하는 것이 좋겠고, 大將이 어떻게 죽는가 하는 것은 말하자면, 日本의 評判(體面)에 관한 것이니 급히 城으로 오시오."라는 말을 傳해 왔다. 그러나 幸長이 이에 答해서 말하기를 "앞서 市郞에게 말한 바와 같지만 여러 곳의 大將이 어떻게 죽느냐에 따라서 나의 죽는 방법도 정할 것이오. 우리들이 맡고 있는 곳은 守備가 堅固하고 거기에다 敵을 많이 討伐했소. (淸正은) 이제부터 割腹한다 하니 다시는 함께 割腹自殺하자고 하는 使喚은 전혀 必要치 않습니다."라고 하는 것을 (淸正에게) 말하도록 사환을 보냈다. 그런데 또 거듭 庄九郞을 보내서 "어쨌든 (幸長은) 城 안으로 들어오시오. 5, 6日만 더 城에서 지탱할 수만 있으면 援軍의 兵士들이 올 수 있을 것이오. 그렇게 되면 運이 트일 수도 있을 것이니 서둘러 城으로 들어오시오."라고 幸長에게 말했다. 그래서 (幸長은) "그렇다면 加藤 與左衛門과 함께 여기를 버리고 城으로 가자."고 말했다. 그런데 與左衛門이란 사람은 淸正이 함께 割腹自殺할 것을 미리 命令받고 있었으므로 여기서 幸長을 따라 함께 割腹하게 되면 누구의 屍體 위에 넘어지느냐 모르게 된다. 그래서 (幸長에게) "먼저 割腹하시면 뒤따라가도록 하겠습니다."라고 말했다. 幸長은 "그런 사정이라면 城에 (나와) 함께 들어갈 수 없다. 여기서 당신은 죽으시오."라고 말했다. 與左衛門은 "그렇다면 與平次를 함께 데리고 가 주십시오."라고 幸長에게 말했다. "그렇다면 與平次를 데리고 가지."라고 말하고는 (幸長은) 本丸(牙城)에 들어갔다.

18. 與左衛門이 丸(壘) 城 사이에 있을 때 말을 탄 敵 3騎가 달려와 孫左衛門의 머리를 내리쳤다. 그곳에 幸長이 뒤쫓아가서 敵을 내리쳤다. 그 때 말을 탄 敵이 4騎가 달려와 幸長의 왼쪽 어깨의 끝을 강하게 내리쳤다. 덧저고리가 날아가 버렸다. 城 아래서 탄 말은 두군데나 傷處를 입고 넘어지니 그 말에서 내려서 城으로 들어가는데 그 때 또 말을 탄 敵 3騎가 달려들어 與平次를 찔렀다. 槍에 찔린 與平次는 自己도 槍을 잡고 敵을 찌르려고 이끌고

있을 때 幸長이 와서 敵을 내리쳐서 與平次를 도와서 城으로 들
어갔다. 탔던 말이 傷處를 입어서 孫左衛門과 與平次도 걸어서
함께 城으로 들어갔다.

19. 翌日 24日 夜半경으로부터 明軍은 總兵力을 整備하여 쇠갈구리
(打鉤)를 던져 감고 사다리를 만들어 大擧 쳐들어왔다. 날이 밝아
10時경까지 明軍은 攻擊했으나 敵이 수많은 兵士들의 死傷으로
因해 물러나서 城에서 4, 5百미터 떨어진 곳에 큰 陣地를 구축했
다. 그 後로는 크게 徹底한 攻擊은 없었다. 그러나 밤이 되니 明
軍은 城 옆에 모여들어 (日本軍이)성에서 나가 물을 못 길어 가
도록 嚴重히 番을 갈아 交代로 지키더니 날이 밝아서 本陣으로
되돌아갔다.

20. 日本軍의 援軍이 왔다. 旗幟가 보인 것은 12月 29日 午後 4時경
이었다. 蔚山에서 南쪽에 위치한 소나무가 우거진 山인데 그 山
까지 我軍의 군사가 와 있었다. 이 곳은 蔚山에서 길의 里數가
30里 가량 된다.

21. (한편) 明軍의 援軍도 1月 1日 새벽부터 말을 타고 10萬騎 가량
왔다. 이 敵과의 距離는 20里 程度이다. 그 사이에 蔚山의 냇물
이 있다.

22. 1月 4日에 明軍이 철수하기에 우리 援軍의 兵士들이 追跡하려
고 해도 明軍이 말을 냇물에 넣어(역습해 왔기 때문에 우리 援軍
은) 전혀 이를 防禦할 수 없어서 우리 병사들이 조금 死傷이 났
다.

23. (그것을 보고) 배에서 노 젓는 兵士들과 淸正의 部下들이 배에서
鳥銃 2·3百정과 뭍(陸)에서 3百 미터 떨어진 곳에서도 一齊히 銃
을 쏘니, 明軍은 말을 냇물에 넣고(銃을 쏘는) 선창가로 追擊해
왔다가 거기서 兵士들을 세 갈래로 나누어 明軍이 철수했다.

24. 明軍이 철수한 뒤에 明軍의 屍體를 陣營 앞에 모아 놓고 보니
蔚山城 周圍와 '타이산' 10里 內의 屍體가 1萬 7千具 가량 있
었다. 鳥銃의 火藥으로 屍體를 태우고 우리들은 後退했다.

도산성 착공에 대해 『조선일일기』는 정유 11월 10일이라고 적고 있다.
축성에 동원된 병력을 보면 다음과 같다.

淺野長慶	3,000
宍戶備前守元續	
毛利氏	10,000
加藤淸正衛安政	
加藤氏	3,000
太田一吉	390[5]

도합 1만 6천여 명으로 총책은 태전일길太田一吉이 담당하였다. 이들은
근처에 있던 읍성邑城과 병영성兵營城을 헐어 그 석재石材를 사용하였다.
조명연합군朝明聯合軍이 진격하여 내려오고, 겨울의 추위가 닥쳐오는
상황이어서 축성공사는 매우 다급할 수밖에 없었다. 이런 사실은 『조선일
일기』 11월 조에서 찾으면 다음과 같다.

11일 : 좌우 대장간에서 나는 망치소리, 손도끼 놀리는 소리는 새벽
　　　부터 밤 늦게까지 계속해서 심하게 들렸고 불이 번쩍거렸다.
12일 : 그 이튿날 총지기, 旗牌, 노무자, 뱃사공, 종사자들까지 동원
　　　되어 아침 일찍 산에 올려보내 나무를 베고, 별을 보며 저녁에
　　　내려왔다. 행동이 느리면 매를 두들겨 맞고 조선인에게 목까
　　　지 달아났다. 종군자의 비극은 목숨을 걸고 하지 않으면 안 되
　　　는 비참함이 있었다.
13일 : 이같이 병사들은 아침부터 저녁까지 木材와 石材를 운반하여
　　　성을 쌓았다. 그러나 朝明軍에 의해서 목이 달아나기 때문에
　　　안심할 수가 없었다.
20일 : 더구나 무서운 것은 배로부터 여러 가지 무거운 물건들은 전

---

5) 渡邊悌之助, 「朝鮮役における籠城考」『軍事史學』, 1946. 2, pp.82~100.

부 부두에 상륙시켰다. 본진에 간즉 소를 잡아 껍질을 벗기고 음식을 해먹었다. 아무리 축생이라 하지만 불쌍하기 짝이 없다. 무거운 짐을 실은 때는 잘 써먹고 끝나자마자 잡아먹었다.

이 같은 급박한 상황이었다. 그런 때문에 성역城役을 등한시하는 자는 감옥에 갇히고 고문당하고 혹은 처형되기까지 하였다. 이같이 비인도적인 사실에 경염은, 높은 사람은 죽어 저 세상에서는 반드시 지옥에 갈 것이라고 탄식하고 있다. 경염은 같은 달 18일자의 기록에서 '사람을 만리 밖 고려高麗까지 출정시켜 여기까지 나왔으면 한 사람 한 사람을 보호해야 마땅한데 이 지경이 되었으니 한탄스럽다'고 신랄하게 비판하고 있다.[6] 이같이

---

6) 慶念, 『朝鮮日日記』, 丁酉 11月, "同十一日二, 右も左も, 鍛冶と番匠の金槌の音, 手斧をからりころりとして, いとと曉ハ凄ましくして. いねられさるに, 夜半時分より打ち叩き合えるを, とりもあえす. 油斷なく鍛冶番匠の叩き合い, 打ち切る槌に火炎こそたて.
同十二日二, さても鐵砲·幟の衆, 徒母衣·船子·人足にいたるまても, 霧をはらいて山へ登りて材木をとり, 夕にハ星をいたきた燐り, 油斷すれハやませられ(体を鞭でたたかれ), 又敵に首を切られ, さしてもなき咎なれ共, 百姓の悲しきハ, 事を左右によせて, 首を切りて辻にたてらるるも侍る也. …同日二, よしよし身よりもなせるいにしえの因果なれ共, 思いもよらさる事あわハ, 我か身の咎ハおしつつみて, 故なき人を怨むるも, 浮き世の業といいなから, さしも怨めしく思うらんと, 心のうちに申し侍る也. 責めらるる人ハ, 罪業きもいりのつけねたせるハ佀生神の咎.
同十三日二, いかなる人もよくよく御覽あれ, 尊師の前と申しなから, 三惡ハたた目の前にあらけんや. とにかく誤りの有る者こそ, 牢におし入れ, 水をのませ, 首金にして括り縛り, 燒き金をあて候事ハ, 此の浮き世に殊更御座候. あいかまえて油斷有るならはのハ, 後の世ハかようの恐しき責めに合おんすらんと思いとるへき也.
同廿日, なかにも殊におそろしもハ, 船戸よりも奥陣ことことくおもき荷物なほうらいのやうにとりつけて, 引めくり來て, やうやうと本の陣所につきけれハ, いま牛ハいらさる物よといいて, さてうちころし, かれなけき, 食物とする事ハ, たたちく生道にてハあらすやとおもひ侍るはかり也.
おもき荷な, おほせまおりてころさるる, よその見る目もうしとおもへハ.
지금 『조선일일기』는 日本 九州 臼杆市 安養寺에 있다. 초서체로 된 한적(25×15cm)1백페이지 분량으로 된 이 참전기는 1965 內藤雋輔에 의해 현대 일본어로 번역되어 『朝鮮學報』 35호에 수록되어 있음.

사람뿐 아니라 소와 말까지 혹사시켜 12월 중순경 도산島山의 성은 마침내 완공단계에 접어들게 되었다.7)

그러나 앞서 제시한 『울산농성각서』 (3)에 가등청정이 울산에 축성築城을 시작한 것이 8월 20일경이라 했고 또 (4)에서 본환本丸을 9월중에 건축하라고 한 것을 볼 때 도산성의 축성계획은 이때부터가 아닐까 한다.

<그림> 풍신수길 사망으로 각부대를 철수하자는 왜장들의 서명 (오사카성 소장)

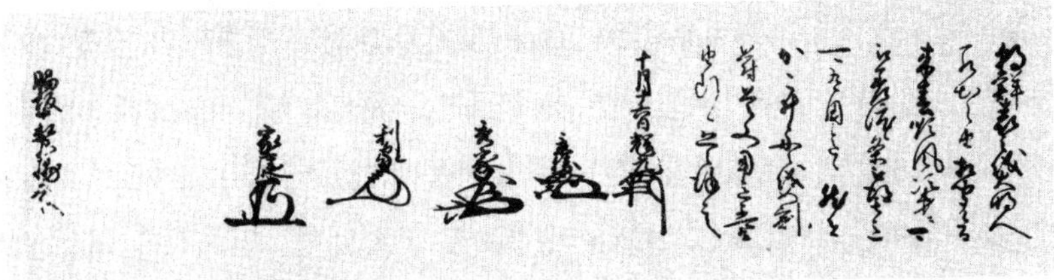

왜냐하면 정조 10년에 간행된 『울산여지도신편읍지蔚山輿地圖新編邑誌』 임진왜변사적조壬辰倭變事蹟條에도,

　　丁酉正月十五日　賊復來西生　七月來屯古鶴城毀府城　築甑城久留
計

라고 하여 왜적이 7월에 울산에 와서 고학성古鶴城에 둔을 치고 읍성邑城을 헐어 증성甑城 즉 도산성島山城을 쌓고 장기주둔 계획을 세웠다고 하고 있기 때문이다.

그랬다가 직산에서 패퇴 후 자료 (6)에 언급된 11월 10일은 축성작업이

---

7) 李進熙, 「生き地獄の蔚山城」, 『倭館倭城な歩く』, 六縣出版社 參照.

본격화된 것을 말하는 것 같다. 따라서 감독 책임자도 초기에는 행장幸長, 중국중中國衆 등 3인이었다가 급박한 상황에서 공기工期를 단축하기 위해 태전일길太田一吉을 추가 투입한 것이 아니겠는가. 그리고 (10)에서 병사들이 안으로 들어갔다고 한 12월 20일은 도산성이 완성된 것을 의미하는 것이 된다. 따라서 울산혈전이 발발하기 직전 도산성은 완공되었던 것이다. 도산성의 규모는 다음과 같다.

높이 50m 정도인 신두산神頭山을 이용한 산마루에 터를 잡고 만든 본성本城 제 2·3본성으로 되어있는 하나의 성이다. 본성은 동서 길이 100여m, 남북 600m의 직사각형이고 남쪽 300m 거리의 태화강 나루터와 접해 있다. 제 2본성은 본성 북쪽 약간 낮은 곳에 동서 100m, 남북 40m, 제 3본성은 동서 40m, 남북 100m이다. 석벽의 높이는 2.5m 내지 15m이고 길이는 1,300여 m이다. 그리고 크고 작은 성루城樓가 12개 있다. 이상을 내성內城이라 한다. 성문의 양쪽 성벽의 네 귀에 모난 석축을 돌출시켜 만든 전형적인 왜성이다.

성의 외곽은 동서북 3면面을 연결해서 토제土堤를 쌓고 그 위에 생소나무를 베어다가 3층으로[8] 2,400여 m의 목책木柵을 설치하였다. 이것이 바로 외성外城이다. 성의 총 연장길이는 2,500m가 된다.[9] 도산성은 지형을 따라 석축石築을 깎아지른 듯이 쌓았고 그 위아래에 구멍을 내어 마치 벌집 같은데 모두 총을 쏠 수 있도록 설계되었다.[10]

---

8)『宣祖實錄』卷96, 31年 正月 丙午條.

9) 이형석,『임진전란사』, 상, pp.1045~1048. ; 李進熙,『倭館倭城な步く』, pp.190~191 참조

10)『宣祖實錄』卷96, 31年 正月 壬辰. ; 同, 卷99, 31年 4月 癸未條.

3. 朝·明 연합군의 慶州진주

명군明軍의 출병 결정은 왜군의 주력부대가 남해안지대로 퇴각하여 지구전持久戰을 구사하기 위해 왜성倭城을 축조하고 있던 선조 30년 10월 말경이었다.

명군의 출정지에 대해 도원수 권율權慄은 호남지역을 주장하였다. 그 까닭은 우선 호남을 공격하여 적세를 크게 꺾는다면 우리의 성세를 더 떨칠 수 있다고 믿었던 때문이다. 그러나 다른 장수들은 영남우선론을 주장하였다. 명장 형개邢玠의 주장을 『선조실록宣祖實錄』 권93, 30년 10월 계해조 癸亥條에서 찾으면,

> 대체로 왜적이 지금 경상좌우도에 나누어 점거하고 있으니 釜山과 西生浦가 저들의 소굴이 되고 대마도와 부산 사이 수백리는 그 양식 나르는 길이 되고 있다. 만약 경상도 요새지에 형세를 탐색하여 방비를 설치하고 정병을 주둔시키며 약식도 쌓아 굳건한 형세를 구축하고 때로는 날랜 군사로 기회를 보아 공격하며 또한 정예한 수군이 바다에 출몰하여 그들의 뒷길을 끊어서 왜적으로 하여금 앞뒤가 서로 응원하지 못하게 하면 거의 本國을 구제할 수 있을 것이다.

라고 하였다. 그런 까닭에 우선 울산의 가등청정군을 공격하여 왜적의 오른팔을 끊어 버릴 계획을 세웠던 것이다.[11]

이에 따라 경략經略 형개邢玠는 정벌군을 삼협三協으로 나누고 조선군도 여기에 편성 소속토록 하여 조·명연합군朝·明聯合軍이 형성되었다. 이를 『선조실록宣祖實錄』 권94, 30년 11월 정유조丁酉條에서 보면,

---

11) 『宣祖實錄』 卷97, 31年 2月 辛末條 ;『燃藜室記述』 卷17, 宣祖朝故事本末 楊鎬島山進攻條.

명장이 남하할 적에 우리 나라의 兵馬를 三協으로 나누어 소속시켜
서 명장과 협조하도록 딸려 보냈다. 제 1영은 충청도 병마절도사 李時
言으로 2천명을 거느리게 하였는데, 평안도 군병 2천명을 소속시켰고,
제 2영은 경상좌도 병마절도사 成允文으로 2천명을 거느리게 하였는데
방어사 權應銖의 군병 2백명, 慶州府尹 朴毅長의 군병 1천명, 함경 강
원도 등의 군병 2천명을 소속시켰고, 제 3영은 경상우도 절도사 鄭起龍
으로 1천명을 거느리게 하였는데 황해도 군병 2천명과 경상도 방어사
高彦伯의 군병 3백명을 소속시켰다.

라고 하였다.12)

이를 도표로 만들면 <표 3-1>과 같다.

조·명朝·明출정 병력은 명군明軍 36,000여 명, 조선군 11,500여 명으로
총 46,500여 명이었다. 경리 양호楊鎬, 제독 마귀麻貴는 좌우협군을 이끌
고 충주, 조령, 문경, 안동, 의흥, 신령, 영천을 거쳐 본진이 경주에 주둔한
것은 12월 20일이었다.13)

중협은 천안, 전주, 남원으로 가 소서행장小西行長의 왜군을 공략함으로
써 울산에 대한 측면지원을 한다는 계략이었으나 중협군도 중간에 방향을
돌려 경주로 오고 말았다. 따라서 명나라 삼협군이 모두 울산의 도산성 공
략을 위해 경주에 주둔하게 되었던 것이다.

<표 3-1> 朝·明出征軍 편성표

부대명	명나라장군	소속군수	조선장군	소속군수	추가병력수	총군수
左協	부총병 李如梅	12,600	충청병사 李時言	2,000	평안도병력 2,000	4.000
右協	〃 李芳春	11,630	경상우병사 鄭起龍	1,300	황해도병 2,000	3,300
			방어사 高彦伯	300		
中協	〃 解生	11,690	경상좌병사 成允文	2,200	함경·강원도병력	4,200
			방어사 權應銖	200	2,000	
			경주부윤 朴毅長	1.000		

---

12) 『宣祖實錄』 卷94, 30年 11月 甲午條.

13) 『再造藩邦志』 4, 丁酉 12月 20日條.

이에 앞서 조정은 성주星州에 있던 체찰부體察府를 11월 22일 경주로
이동하였다. 이의온李宜溫『오의집五宜集』권2, 용사일록龍蛇日錄 정유丁
酉 11월 22일조에 보면 "체찰사이공원익개부간동도體察使李公元翼開府于
東都"라고 분명히 밝히고 있다. 이것은 경주의 수비강화를 위한 것이지만
또한 울산 도산성을 공벌하기 위한 사전조치이기도 하였다.

　조·명군의 선발대가 오기 전에 경상방어사 권응수權應銖는 함경·강원도
병력을 이끌고 11월 10일에 경주 月城에 진을 치고 있었다.

　그리고 조·명군이 온다는 소식을 듣고 박진남朴震男의 『회암실기悔岩實
紀』·『용사일록龍蛇日錄』, 권응수權應銖의 『백운재실기白雲齋實紀』 등에
보면 상주까지 가서 부총병 해생解生을 영접하여 경주로 왔다.

4. 제 1차 島山전투

　도산성을 정벌하려는 작전계획으로 조·명군의 주력부대가 경주에 진주
한 것은 정유년 12월 20일이었다.

　선발대와 이곳에서 합친 조·명연합군은 월성月城에 주둔하자 군의 사기
는 최고조에 이른 듯 하였다. 이에 앞서 제독 마귀는 문경에서 이방춘李芳
春 등 삼협장三協將과 도원수 권율權慄과 함께 작전회의를 할 때 특히 제
독이 『재조번방지再造藩邦志』4, 정유 12월 8일조에서 도원수 권율權慄에
게 말하기를,

　　중국 군사가 蔚山에 도착하면 元帥도 水軍으로 하여금 戰船을 정비
　하여 砲手를 많이 싣고 앞 바다에서 군사를 출동시켜 聲勢를 돕게 하시
　오 하매 慄이 한결같이 그 말대로 하였다.

라고 하여 육군의 출동과 도시에 수군과 합동작전을 꾀하려 하였다.

한편 도산지역의 군사상황과 지형 등을 살피기 위해 울산 의병장 박응량朴應良과 훈령정 서경원徐慶元의 도움[14]을 받았고 이를 토대로 해서 영리하며 마음도 깊고 꾀도 많은 항왜 여문여呂文余와 중국군 송호한宋好漢, 전창田倉 등을 먼저 울산에 파견하였다. 이들은 경주에 도착하여 머리를 깎고 왜의倭衣를 입고 정탐을 위해 도산으로 들어갔다. 임무는 성공적이었다. 경주에 주둔한 조·명군은 우선 도산성을 공파할 작전을 세웠다. 이 사실을 『재조번방지再造藩邦志』4, 정유 12월 21일 조에 보면 다음과 같다.

> 呂文余가 적 진중으로부터 돌아와서 소매 속에서 한 장의 그림을 내어놓으니 島山 太和의 적의 소굴을 그린 것인데, 병졸의 多少와 淸正과 喜八 등의 굴혈이 갖추어 있으므로 經理가 크게 기뻐하여 붉은 글씨로 進軍할 세 길을 圖面 위에 표시하여 여러 장수에게 보였다.

도상 작전계획이 수립된 것이다. 이때에 청정淸正은 여러 장수를 나누어 서생西生, 두모豆毛 등의 진진陣을 지키게 하고 복병을 나누어 요충지를 수비하도록 하는 동시에 각 진에 왜병을 파견하여 구원병을 청하고 있었다.[15] 점차 일촉즉발의 전운이 형성되어 갔다.

도산 전투는 의병군의 선제공격으로 시작된다. 의병은 임진왜란 초에 전국적 규모로 일어나 도처에서 많은 공적을 세웠다. 그러나 국가적인 관리운영문제가 대두되었고 복수군復讎軍을 편성하지만 선조 26년 경부터 군공에 따라 관작이 주어졌다. 따라서 점차 관군官軍으로 흡수 편입되는 경향이 두드러졌다.[16]

---

14) 『宣祖實錄』卷100, 31年 5月 壬寅條.

15) 『亂中雜錄』3, 丁酉年 12月.

16) 崔永禧, 『壬辰倭亂 중의 社會動態』, pp.128~164. ; 崔孝軾, 「壬辰倭亂 중 경주전투」

그러나 선조 29년부터 왜군의 재침 우려가 높아가면서 다시 의병이 봉기하게 되고 많은 활동을 하고 있다.[17)

도산 전투에서 의병에 관한 기록을 정리하면 다음과 같다.

(A) 朴仁國

○ 12月 19日 行軍至島山陣

○ 21日 我先君在島山陣 奮不顧身 逆戰三日 斬捕至數十級 賊奴
畏縮 將欲退遁之際 神駒屈前蹄者三矣 遽遇中丸之厄 罔極之
痛 何可堪哉.(『靖广實紀』)

(B) 12月 21日 逆戰島山 權應心金應澤 爲賊丸所中故 不忍憤慨之
心 乃上馬追射 至鷗亭下 堂叔遇春 亦突馳左右賊兵 傷死者二
十餘人 防禦使副摠兵 大加驚歡曰 漢壇空設周車未載 醎首千
級 功讓諸軍 如此神義之帥 古未見也有是叔有是侄云(『樂義齋
實紀』壬辰日記)

(C) 此賊不滅 我豈忍生 遂帥偏師 先大軍直走島山 當大賊冒刃 凡
所殺傷甚衆 而身亦中丸者三 以援兵未及 至退陣于萬里城 大
軍繼至 反旗鳴鼓 與天將爭先 當鋒背城桃戰 賊見公之軍容 整
齊號令 明肅襲退 公勝乘長驅 踴躍用兵 陷滅賊酋 餘賊一時潰
散 大軍不戰 而天將 見公之用兵之略(『松皐實紀』狀蹟條)

(D) 聞金應澤爲賊所圍 憤罵力戰 而卒於西生陣中 與金應河合力
擊賊于蔚山之島山 時 金宇淨戰死 其弟宇潔 招魂歸(『愛日堂實
紀』龍蛇日錄)

그 내용은 (A)경주 의병장 박인국朴仁國은 조명군의 출정보다 앞서 12월 19일 군병을 이끌고 도산으로 진陣을 옮겼다. 그의 아들이 쓴 기록에

『慶州史學』10, 1991.

17) 의병들은 선조 29년 3월부터 대구 八公山會盟, 火旺山會盟을 맺고 항왜전선에 나서
고 있다. 관계 기록은 李彦春,『東溪實紀』. ; 金應河,『忍心齋實紀』. ; 李訥,『樂義齋
實紀』. ; 柳汀,『松壕日記』. ; 李說,『愛日堂實紀』등 여러 문헌이 있다.

따르면 계속 3일 동안 전투를 벌여 죽이고 노획한 왜적의 사상자가 수급에 해당되는 전과를 올렸다. 그러나 그는 이 과정에서 조총에 맞아 전사하였다. (B)는 도산에서 의병장 김응택金應澤, 권응심權應心 등이 격전 중에 전사당하자 이눌李訥은 말을 달려 도산성 바로 아래 있는 왜의 진지까지 추격하였다. 여기서 분전하고 있던 울산 의병장 이우춘李遇春을 만나 20여 명을 사상시키는 전과를 올렸다. (C)는 의병장 견천지堅川至가 대구大丘의 팔공산八公山전투에 참전하고 있던 중 도산島山의 소식을 듣고 의병군을 이끌고 참전한 상황이다. 도산에 도착하자마자 격전을 벌여 대단히 커다란 전과를 올렸으나 견천지堅川至는 총상을 3곳이나 입는 중상을 당하고 말았다. 그래서 일단 관문성關門城이 있는 경주 모화毛火로 피신한 다음 응급치료를 받았다. 조·명군이 크게 이르자 명군과 다시 선봉에 서서 승승장구勝乘長驅하였다. 그러나 12월 22일 전투에서 전사당하고 말았다. (D)는 연일延日 의병장 이열李說의 기록으로, 그는 김응택이 서생포西生浦 진진陣에서 역전분투하다 전사한 소식을 들었다고 하였다. 그도 경주의병장 김응하金應河와 김우정金宇淨, 김우결金宇潔 형제와 함께 힘을 합쳐 적을 쳤다. 그러나 불행히도 김우정, 김우결이 전사하자 초혼招魂하여 돌아왔다.

이같이 박인국, 김응택, 견천지, 이눌, 김응하 등은 경주 의병장이고 이우춘은 울산, 권응심은 영천, 이열, 김우정, 김우결은 영일 의병장들이다. 박인국, 견천지의 부대는 독립적으로 출전한 듯이 보이나 권응심, 김응택부대, 이눌, 이우춘 부대, 김응하, 이열, 김우정, 김우결 부대 등은 각기 연합하여 도산의 왜적을 공격하고 있다.

이러한 때에 조·명연합군의 선발대가 12월 22일 도산에 도착18), 의병군과 합류하게 된다. 『학성금신록鶴城衿神錄』에 의하면 의병장 김흡金洽은

---

18) 『宣祖實錄』 卷107, 31年 12月 乙卯. ; 『재조번방지』 4, 丁酉 12月 22日. ; 『燃藜室記述』 卷17, 선조조고사본말, 楊鎬島山進攻條.

견천지, 이안국李安國과 함께 태화강, 도산島山, 경주, 모화毛火 등에서, 서인충徐仁忠, 박봉수朴鳳壽 등은 제독 마귀를 따라 도산 서생포西生浦 등에서, 이봉수李鳳壽, 이승금李承金 등도 왜적을 참획하여 울산 의병장들의 활약이 돋보이고 있다.

그러나 도산전투 초기부터 경주, 울산, 영천, 영일 등 의병군들이 적극적으로 참여하여 높은 공적을 세우고 있는 것이 확연히 드러나 있지만 그후로 전하는 기록이 적은 것은 의병군이 관군에 편입되었기 때문이 아닌가 생각된다.

「제1일」 12월 22일

여기서 제 1차 도산전투를 가능한 한 날짜별로 정리해 보고자 한다. 그리고 조명군 선발대에 의해 전개된 12월 22일을 첫째날로 잡고자 한다. 양진영의 병력사항을 보면 다음과 같다.

병력사항

· 조선군

都元帥 權慄, 慶尙左兵使 成允文, 防禦使 高彦伯, 慶尙右兵使 鄭起龍, 別將 金應瑞, 慶州府尹 朴毅長, 忠淸兵使 李時言, 防禦使 權應銖, 慶尙左水使 李雲龍, 蔚山郡守 金太虛, 經理接伴使 李德馨.
「11,500여 명」

· 명군(東征軍)

經理楊鎬, 提督 麻貴.
副摠兵李芳春, 吳惟忠, 高策, 彭友德, 李如梅, 祖承訓, 解生.
游擊將頗貴. 茅國器. 楊萬金. 李化龍. 擺賽. 陳寅. 陣愚聞. 柴登科.
盧得功, 牛伯英, 范進忠, 董正誼.
參將楊登山, 盧繼忠, 李寧.

千摠 陣大綱
把摠王戡,
監察御史 陳效,
都司 鄭印.
「36,000여 명」
· 倭軍
加藤淸正, 淺野長慶, 加藤安政, 太田一吉, 太田源左御門, 岡野彌
右御門, 森島新五, 戶元續.
「16,400여 명」

첫날 전투는 도산성에서 약 30여 리 떨어진 현 울산군 농소農所에서 있
었다. 경리 접반사 이덕형李德馨의 보고를 『선조실록宣祖實錄』 권101, 31
년 6월 병자조丙子條에서 찾으면,

陳寅은 농소의 싸움에서 큰 공을 세웠는데, 李如梅는 방관하고 있다
가 공을 얻었다고 합니다. 그리고 22일 싸움에서는 이여매가 선봉이 되
어 적을 유인하여 나오게 하고 몸소 앞장서서 나가 진격하였으며, 擺賽
와 楊登山이 서로 夾擊하였습니다. 소신은 그때 뒤에서 바라보고 있었
고 진인도 그 소식을 듣고서 말을 타고 달려갔으나 10리도 가지 못하고
적들은 이미 모두 섬멸되었는데, 이때 벤 수급이 모두 4백 명이었습니
다. 이때는 진인이 뒤에 있었으니 어떻게 제일의 공이 있다고 할 수 있
겠습니까. 그래서 지금까지도 한탄하고 있습니다. 22일 승리를 거둔 뒤
에 승기를 타고 곧바로 쳐들어갔더라면 파죽지세로 이겼을 것입니다.
그런데 도리어 징을 쳐서 퇴군시켰으므로 軍情은 이 때문에 모두들 허
물을 楊 경리에게 돌리고 있습니다.

라고 하여 부총병 이여매, 유격장 진인, 파새, 양등산 등 조·명군은 농소
에서 적을 유인 격파하여 400여 명의 목을 베는 등 승기를 제압하였다.
이 날의 상황을 경념慶念은 『조선일일기』에서 다음과 같이 기록하고 있다.

辰時경에 성의 동쪽에서 연기가 올라왔다. 총 소리가 많이 들렸다. 조
명군이 와서 그곳에 불을 질러 밤새도록 탔다. 마침 아침시간이었지만
성안은 모두 籠城 준비를 하고 있었고, 이때 太田一吉은 부상당해서 내
가 병간호를 했다. 조선·명군들이 구름같이 오게 될 것이다.[19]

격전이었던 것을 알 수 있다.

「제 2일」 12월 23일

조·명군의 본진은 한밤중에 울산에서 60리里 떨어진 곳에 진을 쳤다.[20]
이곳은 경주에서 울산으로 가는 요새지 관문성 근처 모화毛火라고 추정된
다. 제독 마귀麻貴는 작전명령을 시달한다 선봉장으로 유격장 파새擺賽를,
참장 양등산楊登山을 삼았다. 그리고 파새는 정병 1천을, 양등산은 기병騎
兵 2천을 거느리고 도산을 향해 먼저 떠나게 하였다.

이들은 날이 샐 무렵 이른 새벽에 도산에 육박하였다. 밤새도록 행군하
였던 것이다. 파새의 별동대는 도산에서 서북쪽으로 약 2km에 위치한 옛
읍성터로 진격하여 모리수원毛利秀元의 부장인 아회소원수阿會沼元秀, 영
거원만冷擧元滿, 도야가뢰都野家賴 등을 급습하여 박살을 내고 이곳에 있
던 가영假營을 불태워버렸다.

급보에 접한 태전일길太田一吉은 5~6백명을 끌고 출동하였다. 멀리서

---

19) 『朝鮮日日記』 정유 12月, "同廿二日の辰の時ほとに, 城より東に煙立, てつほうのお
　　ときひしくきこへけるに, いか かときけは, 唐人さし出, 中國の小屋に火をかけ, 夜か
　　け有と申候. さてハとて各各はせあ つまりてあちるるに, あさめしの時分, 猛勢なるに
　　より. 城へ籠て然るへしといへハ, 我も 人も籠らんとて取亂わけ入けるに, はや飛驒
　　さま手おひたまふと申けれハ, 身つからやかて 城へ參, 見廻申候處ニ, 御いたミなり
　　ける. 以外ニそんして, 其ままに御そはにして御よつ しやう申候けるに, すハやこそ,
　　てうせん からの物ともか, 雲かのことくうつて出ける."

20) 『燃藜室記述』 卷17, 선조조고사본말 楊鎬島山進攻條.

왜군의 지원부대가 도산성에서 나온 것을 본 파새는 유인작전을 펴 적을 깊이 끌어 들여 양등산군과 합세하여 치고 마귀麻貴, 이여매李如梅 등의 군사도 와서 합세하게 되니 왜적은 완전히 포위되고 말았다. 왜군은 환귀광융丸鬼廣隆, 주정선조酒井善助, 구전고승龜田高繩 등이 군대를 끌고 나와 후미에서 조·명군을 공략했기 때문에 가까스로 포위망을 뚫고 도성 안으로 들어 갈 수 있었다.

선발대를 파견할 즈음 삼협군三協軍에게도 작전명령이 내려졌다. 좌협 부총병 이방춘李芳春은 왼편 길로, 중협 부총병 고책高策은 가운데 길로, 우협 부총병 팽우덕彭友德은 오른편 길로 각각 군대를 끌고 도산을 향해 출정하였다.

이와는 별도로 부총병 오유충吳惟忠은 양산梁山으로, 유격장 동정의董正誼는 남원南原으로 파견하여 혹시 있을지도 모르는 구원병을 차단토록 하였다. 그리고 참장 노계충盧繼忠에게도 군사 2천을 주어 태화강 상류인 서강西江에 보내 둔屯치면서 수비하도록 하였다.[21]

반면 왜군의 도산성 수비상황은 다음과 같다. 도산성의 동쪽은 천야장경淺野長慶부대가 요새지 반구정伴鷗亭을 포함한 동천東川까지, 서쪽은 태전일길太田一吉의 부대가, 북쪽은 모리毛利와 청정淸正의 부장 중차重次부자가 군사를 이끌고 각자 방어태세를 갖추고 있었다. 그리고 본성, 제 2·3 본성에는 청정의 부장인 가등안정加藤安政이 도사리고 있었다.

조·명군의 공격태세를 보면 진격로를 따라 좌협은 성城의 동쪽, 우협은 성城의 서쪽, 중협은 성城의 북쪽을 맡아 각기 진을 치고 10중重으로 도산성을 에워 감쌌다. 인해전술人海戰術을 쓴 것이다. 양호楊鎬와 마귀麻貴는 약 500m 거리의 서쪽에 위치하여 도산성이 보이는 고학성산古鶴城山 정상

---

21) 『재조번방지』 4, 정유 12月 22日條.

에 본진을 설치하고 독려하였다.22)

경리 양호는 직접 좌협 우협을 독전하였다. 이때 좌협 부총병 이여매李
如梅는 군사를 나누어 복병을 배치하였고 참장 양등산楊登山, 유격장 파새
擺賽 등은 돌격부대로 앞장 세웠다. 좌협의 공격진지가 있는 도산성에서
동북쪽 약 1,000m 지점인 좌병영左兵營의 옛터로 적을 유인, 격퇴하였다.
그리고 진격하여 도산의 외성外城인 3중으로 된 목책을 점령하여 무너뜨렸
다. 이곳 성의 북쪽을 수비하고 있던 적장 모리毛利의 부대를 선두로 해서
왜군은 대혼란에 빠졌다.

그런 까닭에 소위 내성內城이라고 하는 본성 안으로 후퇴하고 말았다.
이날의 상황을 제독 마귀麻貴의 차관差官이 국왕에게 보고한 내용을『선조
실록宣祖實錄』권95, 30년 12월 병술조丙戌條에서 보면,

> 23일 巳時에 천병(명군)이 淸正의 別營을 무너뜨렸는데, 그날 밤 淸
> 正이 西生浦에서 울산으로 들어 왔습니다. 천병이 바야흐로 島山을 포
> 위하고 공격하는데 적군은 높은 둔덕에 있고 아군은 낮은 곳에 있었기
> 때문에 사상자가 퍽 많았습니다.

라고 하여 정오경 청정淸正의 별영別營을 무너뜨리는 등 많은 성과가 있
었다. 이날의 격전 모습을『울산농성각서』(18)에 보면 잘 나타나 있다. 즉
조·명군의 공략으로 도산성을 함락직전까지 갔던 것이다. 왜장 여좌위문與
左衛門이 본성과 외성外城 사이에 있었는데 말 탄 조명군 3기騎가 달려와
이 자의 머리를 내리치자 마침 그곳에 있던 행장幸長이 구해냈다. 그런데
또 4기가 달려와 행장幸長의 왼쪽 어깨를 칼로 내리쳤던 것이다. 갑옷이 날
아가 버렸다고 할 정도로 백병전白兵戰이 있었던 것이다.

---

22) 渡邊悌之,『軍事史學』, pp.82~100.

조·명군은 460여 급을 베고 적의 소장小將 한 명을 생포하는 전적을 세웠다. 이 날의 상황을 국왕에게 치계한 제독의 접반사 장운익張雲翼, 도원수 권율權慄, 경리 접반사 이덕형李德馨 등의 장계를 『선조실록宣祖實錄』 권95, 30년 12월 갑신조甲申條에서 찾으면,

> 이달 23일 丑時 초에 三協의 중국군이 일시에 경주에서 세 길로 나누어 전진한 바 새벽에 左協의 선봉이 바로 울산에 있는 왜적 소굴에 이르러 무찌르다가 패한 양 유인해서 다시 큰 싸움을 벌여 수급 5백 여를 베었고 倭將 1명을 생포하였습니다. 그자를 다방면으로 심문하니 淸正은 西生浦에 가 있다고 하였습니다. 城 밖에 적의 장막이 모두 불에 타고 나머지 적은 성 안의 토굴로 도망쳐 들어갔습니다. 날은 저물고 南兵은 아직 모두 도착하지 않았으므로 포위를 풀고 軍兵을 쉬게 한 다음 내일 이른 아침에 소탕하기로 하였습니다. 경리와 제독은 함께 적 진영에서 한 마장쯤 되는 곳에 주둔하여 수급과 牛馬, 器械들을 확인하였는데 신들도 뒤따라가서 보았습니다. 적굴로 들어간 적이 지금 船所로 짐을 운반하는 것을 보면 밤을 틈타 도망치려는 의도가 아닌가 싶습니다. 내일 다시 치계할 계획입니다.

라고 하여 12월 23일 밤 1시경 조·명군 본진이 경주에서 출발한 것같이 보고되었으나 경주·울산간은 80여 리로 그 시간에 행진이 불가능하다. 따라서 본진은 22일 경주를 떠나 모화毛火에 진을 쳤다가 작전계획에 따라 이때 도산성으로 출정한 것이라 여겨진다.

이런 급박한 소식에 접한 가등청정은 서생포西生浦에서 왔다고 『실록實錄』에는 되어 있으나 『울산농성각서』(15)에는 적이 쳐들어 왔다는 보고를 받고 20일 밤중에 20여명의 부하를 거느리고 온 것으로 되어 있어 약 3일간의 차이가 있다. 이것은 조·명군이 22일 도산성에 도착한 것을 감안한다면 아무리 작전이 전격적으로 이루어졌다 하더라도 도산성의 총책임자라

할 가등청정이 그렇게 늦게 도착할 까닭이 없다고 본다. 그런 까닭에『청정기淸正記』에 보면 청정은 ‘반드시 이기고 만다는 뜻’이 담긴 「묘법의기妙法の旗」라는 깃발을 꽂고 20여명의 군졸로 입성하였던 것이라고 생각된다. 『울산농성각서』(16)에서 12월 22일 조선군이 우지산에 진을 쳤다고 하는 것은 의병군의 진지가 보통 울산 남산이라고 하는 은월성隱月城을 지칭한 것 같다.

어쨌든 경염慶念은『조선일일기』에서 23일 “당인唐人들이 성을 완전 포위하였다. 성과 외부와의 관계는 끊기었다.”라고 기록하고 있다. 그들의 표현하는 소위 농성籠城이 시작되었던 것이다. 가등청정은 도산성안의 군량을 점검한 결과 23일 분밖에 남지 않았다. 이날 왜군에게 던져준 충격은 대단하였던 것 같다.『울산농성각서』(17)에서 가등청정은 부하에게 내린 답장에, 우리들은 이곳에서 곧 할복자살 할 것이라고 명기할 정도였다.

한편 경주에서 제독의 명을 받고 언양으로 출정한 부총병 오유충吳惟忠, 고책高策부대의 활약을 점검할 필요가 있다.『조선정벌기朝鮮征伐記』에 보면 천야淺野, 우경尤京, 태전太田, 모리毛利 등 왜장이 언양에 둔치고 있었다. 이때 가등청정으로부터 울산성의 위급함을 전령을 받았다. 이들은 그래서 울산으로 향할 목적으로 출동하였다. 언양에서 약 10리里되는 곳에 2백여 병력이, 또 30~50여 리 사이에도 한 부대가 진을 쳤던 것이다. 그런데 오유충은 3천 병력으로 새벽에 왜군 진지를 급습하여 한 사람도 남기지 않고 사살시켜 버렸다. 이런 사실을 안 우경尤京이 ‘오늘 울산에 쳐들어 갈 예정이었으나 2백 병력이 모두 전사당했기 때문에 출정할 수 없다’라고 하고 포기하였던 것이다. 이 왜장들은 울산을 공략중인 조·명군을 1백만 대군으로 인식하고 있었을 정도로 위기의식을 갖고 있었다.[23]

---

23)『朝鮮征伐記』, 12월 23일, “敵押ハノ當番トツテ出テツ賤野尤京太夫, 太田飛彈守, 毛利家木 戶備前, 明日 ハ, ウルサソへ入ラソトテ彦陽ト云フ所ニ陣ヲ張リ一里跡へ

이 보고에 접한 천야장경淺野長慶은 연소하고 기민한 성격의 소유자여서 분격한 나머지 용맹만 믿고 그의 부장들이 제지하는 것도 뿌리치고 조·명군에게 돌진하였다. 그러나 좌협 이방춘李芳春군에게 포위되어 부상을 입고 부장 구전대우龜田大隅의 도움을 받아 겨우 포위망을 탈출하였다.

「제 3일」 12월 24일

조·명연합군은 도산성으로 들어가는 길목인 반구정伴鷗亭과 태화강太和江에 있는 왜군의 진지를 점령하였고 또한 도산성을 제 2일에 이어 계속 공략하였다. 이에 대한 기록을 정리하면 다음과 같다.

삼협三協이 함께 군사를 이끌고 진격하였다. 좌군은 적의 소굴의 반구정을 에워싸고 중군은 병영의 길에서 바로 왜적의 군막으로 출동하였고 우군은 태화강太和江의 적진을 에워쌌다. 경리가 몸소 갑옷을 입고 전투를 독려하니, 모든 군사가 북을 치고 고함을 지르면서 기운을 내어 공격하는데, 포성은 천지를 진동하고 화전火箭 수백대가 서로 접응하여 함께 날라가서 바람은 거세고 화세는 맹렬하여 적의 군막을 마구 태우니, 검은 연기가 공중에 가득하였다. 이긴 기세를 타서 반구정伴鷗亭·태화강太和江의 두 소굴을 빼앗으니, 남은 적은 살기를 도모하여 달아나 도산島山으로 들어갔다. 중국 군사가 바야흐로 수급首級을 모으는 사이에 적은 이미 도산으로 들어가 보전하였는데, 형세가 아주 험하여 쉽게 뽑을 수 없었다. 경리가 보병步兵을 지휘하면서 마군馬軍으로 하

川アル所ヘ物見者二百人殘シ置キ, 三里五里ノ間ニ陣ヲ取リ又大明ノ大將吳惟忠ト云フ者是ヲ見テ, 曉方ニシノ ビ入リ三千人ニテ取リ圍ミ二百人ノ者一人モ殘サス打取リヌ尤京太夫是ヲ聞キ今日蔚山ヘ打入ルヘキ答ナレトモ二百ノ者共打セ敵トー戰セスシテ入城スルコヤナルヤアノ山ノルカケニ敵ノ有ラソ押詰メー戰セソト身ヲマモル 戶申梳尤杯被仰所尤太得共大明朝鮮人百萬にテ押詰ヨ沙汰ニ及ヒ又, 蔚山御入然ルヘキ由申ヒシクトモ尤京太夫耳ニ入レス, 男氣勝レタル人ナレハ吳惟忠ク備ヘシ所ヘ押入リ牛ヲ碎キ(中略)吳惟忠カ軍兵追立テラレ三百八十九人打取リ心ヨケニ弓合戰シテ尤京太夫蔚山ヘ軍兵ヲ取入ラル."

여금 8영營으로 나누어 잇달아 둔쳐 지키게 하고, 또 절병浙兵 한 진영으로 하여금 강변을 나누어 끊어서 수로水路로 오는 적을 막게 하였다. 경리가 제독과 도산 북쪽 높은 봉우리에 올라 전투를 독려하므로 덕형德馨 등이 그 사례를 표하니, 경리가 웃으며 말하기를, "이것은 조그마한 승리요, 우리가 서생포와 부산에 있는 적을 쳐 없앤 것을 보면 그 기쁨을 말할 수 있소." 하였다.

(『재조번방지』 4, 丁酉 12月 24日條)

24일에 대병이 城隍堂 및 太和江의 좌·우편에 있는 적루를 공격하여 책방柵房을 불태우고 6백여 과의 수급을 베자, 적들은 도망쳐 도산의 작은 성으로 들어갔는데 보병이 3면에서 포위하였습니다. 이날 전투에서 유격 茅國器, 盧繼忠 등이 거느린 보병이 모두 선두에 있었으므로 부상자가 많았고 사망자도 있었습니다.

(『宣祖實錄』 卷107, 31年 12月 乙卯條)

당시 태화강太和江은 도산성으로 통하는 커다란 교통로였다. 그리고 요소마다 진지가 있어 도산성을 보위하였다. 태화강과 인접한 부두에 반구정伴鷗亭이 있고 여기서 약 500여m 동쪽에 성황당城隍堂이 있다. 성황당 아래는 바로 큰 강물이 있는데 왜군의 진지陣地가 도산성까지 줄지어 있었다.[24]

반대로 도산성에서 서쪽으로 2km 정도 올라가면 강변에 왜군의 진지가 있다. 이 사이를 서강西江이라 한다. 여기에 있는 왜군의 진지들은 도산성을 지키는 외곽 초소라 할 수 있다.

그리고 태화강과 동천東川이 합쳐 울산만으로 들어가는 사이 대체로 상류지역을 전탄箭灘이라 하고 하류로부터 울산만안을 남강藍江이라 한다. 이곳은 바다로부터 도산성으로 가는 배를 수비하는 요새지였다. 태화 강변

---

24) 『宣祖實錄』 卷99, 31年 4月 癸未條.

에 설치된 왜의 진지를 공략할 때 제독 마귀麻貴는 이날을 위해 도원수 권율權慄에게 경상좌수군 병력출동을 명한 바 있어, 이에 따라 좌수사 이운룡李雲龍은 조총수鳥銃手 200명을 보내 협공하였던 것이다.[25] 그리고 좌협 부총병 이방춘李芳春은 반구정을, 중협 부총병 고책高策은 성황당을, 우협 부총병 팽우덕彭友德은 서강西江에 있는 왜의 진지를 각각 공파하여 버렸다.

그리고 나서 조·명군은 마병과 보병으로 구성된 8영營을 나누어 이곳에 둔치고 서생포, 부산 등으로부터의 지원병을 차단토록 하였다.

제 3일 공략에 대한 기록은 다음과 같다. 우선 명明의 유격遊擊 진인陳寅의 말을 보면,

지난해 蔚山 싸움에서는 12월 23일 騎兵이 먼저 도착하여 울산성의 외부 방책을 격파하였고, 다음날 제가 步兵을 거느라고 안에 있는 木柵 세 겹을 격파하여 石窟 아래에 이르렀습니다. 그러나 성이 견고하여 공격해도 쉽게 함락시키지 못하였으므로 풀을 쌓아 태우려고 사람마다 한 단씩을 가지고 오르는데 총탄이 비처럼 쏟아져 가까이 가는 자마다 총을 맞고 넘어졌기 때문에 감히 성에 다가가는 자가 없었습니다. 大砲로 격파하려고 하였으나 성이 높아 쳐다보아야 하는 형세라서 기예를 발휘할 수가 없었습니다.

제가 楊·麻 두 분에게 ‘오늘의 형세는 경솔히 거사하기가 어려울 듯하다. 서서히 大軍이 일제히 모이기를 기다렸다가 한번에 짓밟아버리자.’ 하니, 經理가 ‘外城을 공격할 때에 그대가 가장 먼저 성에 올라갔었으니 그대가 거느린 군사들의 용감함이 諸軍의 으뜸이다. 빨리 공격하여 시기를 놓치지 말라.’ 하였습니다. 제가 드디어 손바닥에 침을 뱉고 銳氣를 떨치고 용기를 분발하여 먼저 성에 올랐는데, 적의 탄환을 齒에 맞았어도 조금도 두려운 마음이 없이 더욱 사졸들을 격려하여 독수

---

25) 『宣祖實錄』卷95, 30年 12月 乙卯條. ; 『재조번방지』4, 丁酉年 12月 8日. ; 『海東繹史』13, 本朝備禦考 3.

리와 새·매처럼 공격하였습니다.

(『宣祖實錄』 卷96, 31年 正月 丙午條)

　24일 새벽녘에 성 아래로 진격하여 다가가서 여러 종류의 火砲를 한꺼번에 발사하니, 그 소리가 천지를 진동하고 연기와 불꽃이 허공에 솟구쳤습니다. 성안에 있는 왜적들의 집에서는 일시에 불길이 치솟았고 북풍이 크게 불어 불길이 덮치자 적의 무리들이 우왕좌왕하면서 토굴 속으로 도망쳐 들어갔습니다. 모든 군사가 성을 함락시키고 진격하여 토굴을 공격하였으나 토굴이 겹겹으로 되어 있고 石築이 견고하고 험하기 비길 데 없어 격파하지 못했습니다. 시험삼아 大碗口를 쏘아보았으나 산비탈이 가파르고 높아서 砲石이 장애를 받아 곧바로 쏠 수가 없어 종일토록 함락시키지 못했습니다.

(『宣祖實錄』 卷96, 30年 正月 乙丑條)

　유격장 모국기茅國器는 절강浙江 정병 3천을 이끌고 서북쪽 외성의 2중 목책을 돌파하고 들어갔고 유격장 진인陳寅 등 조·명군은 3중 목책인 외성을 공파한 다음 대포를 이끌고 모두 본성을 향해 진군하였다. 그리고 벽력포霹靂砲, 호준포虎蹲砲인 대포를 수없이 쏘아댔다.[26] 중국군 10여 명이 마침내 성 위에까지 올라갔다. 그러나 적의 방비가 매우 엄중하고 형세 또한 견고하여 적과 싸우다 나오지 못했다.[27]

　또 다른 기록은 부총명 이여매가 군사 200여 명을 독려하여 내성으로 들어가서 청정을 거의 사로잡게 되자 마귀麻貴가 청정 생포의 공을 이여매李如梅가 독차지할까 시기해서 후퇴의 징을 쳤다고 한다.[28] 그런 까닭에 겹겹이 둘러싸인 철옹성을 공파할 좋은 기회를 상실하고 말았다.

　이 같은 상황을 『울산농성각서』(19)에서 찾으면

---

26) 『宣祖實錄』 卷100, 31年 5月 辛亥條.
27) 『宣祖實錄』 卷96, 31年 正月 壬辰條.
28) 『宣祖實錄』 卷97, 31年 2月 己末條.

夜半부터 명군은 총병력을 정비하여 쇠갈고리를 던져 감고 사다리를 만들어 대거 쳐들어 왔다. 날이 밝아 10시경까지도 명군은 공격했다. 수많은 병사들의 사상으로 인해 물러나 성에서 4~500m 떨어진 곳에 큰 진지를 구축했다. 그 후로는 큰 공격은 없었다.

라고 하여 격렬한 참상을 보여주고 있다. 조·명군은 도산성으로부터 4~500m거리에 큰 진지를 구축하고 대치하게 되었다.

한편 가등청정의 구원병 요청의 급보를 받은 서생포 주둔병력은 2~30척의 배를 타고 태화강을 거슬러 올라와서 도산성 밑 반구정 가까이 접근하는데 성공하였으나 절강군이 강을 막고 격렬하게 쏘는 포에 맞아 배가 침몰되고 나머지는 남강을 지나 염포鹽浦로 돌아갔다.

이날 밤 태화일길太田一吉의 부하 전중소좌위문田中小左衛門은 50여명의 병력을 이끌고 성밖으로 출격했다가 조·명군에게 발각되어 되돌아가고 말았다.

이날 아군의 피해는 마麻·주周 두 천총千摠을 비롯한 30여명의 전사자를 냈지만 왜군측은 태화강 전투에서 배의 침몰로 수천 명이 익사했고, 육전에서도 800여 명이 전사하였다.29) 왜군은 도산의 외성은 빼앗기고 다만 내성만 겨우 지키고 있을 뿐 서생포를 제외한 왜의 지원군은 없는 상태였다.30)

전투 제 3일째로서 조·명군은 기선을 완전히 장악하게 되었다. 이를 선조와 군문 형개邢玠의 대화를 『선조실록宣祖實錄』 권95, 30年 12月 병술조丙戌條에서 보면,

上이 말하기를 울산의 승첩은 모두 황제의 은혜이자 대인의 위엄이었

---

29) 『宣祖實錄』 卷95, 30年 12月 丙戌. ; 同, 卷96, 31年 正月 丁亥條.
30) 『宣祖實錄』 卷99, 31年 4月 丁巳條.

소이다 하니 군문이 말하기를 어제 提督의 差人에게 들었습니다. 청정
이 서생포에서 달려왔다가 울산이 이미 무너졌으므로 島山으로 들어갔
다 하니 얼마 안 가서 생포하게 되었습니다. … 청정이 사람을 너무 많
이 죽였으므로 그 운명이 다하여 스스로 도산으로 들어갔으니, 아군이
해안을 차단하면 釜山, 梁山과 전라도의 적이 감히 구원하러 오지 못할
것입니다.

라고 한데서 잘 드러나 보인다.

「제 4일」 12월 25일

조·명군의 공격이 4일째 계속되었다. 경리와 제독은 북쪽 고학성 산에
주둔하였고, 동쪽 이여매李如梅, 북쪽은 고책高策, 서쪽은 이방춘李芳春,
남쪽은 오유충吳惟忠이 도산성을 에워싸고 있었다. 그리고 이여매李如梅
와 파새擺賽는 부산의 왜적을 차단하고 있었다.31)

제독 마귀麻貴는 또 삼협군三協軍을 이끌고 도산성을 공략하였다. 철포
鐵砲 수백 정을 쏘아댔다. 마귀부대는 방탄될 수 있는 갑옷과 사다리 등
공격기구를 가지고, 또 성안으로 돌을 던지며, 큰 나무를 베어 넘어뜨리는
등 쉬지 않고 공략하였다.32) 그러나 도산성은 철옹성이었다.33) 이와 같은

---

31) 『宣祖實錄』 卷 96, 31年 正月 己丑條.

32) 『朝鮮征伐記』, 12월 25일
　　“廿五日麻貴又三軍ヲ率レ今日島山ヲ攻メ落サソト攻メ上ル島山嶮岨ニシテ登リ難
　　シ殘ニ銕 砲數百挺仕掛ケ目ノ下ニ見下ロシ打ちレハ淨矢一ツモナク將某倒ヲスル如
　　ク一度ニマリ落　サレタリ城中ハ小勢ナレハ突テハ出テス(中略)麻貴尙モ攻ヤラノト,
　　鐵砲ヲフセキケル挨牌布簾ヲカシキ懸橋ナトノ攻具ヲ持チエイソ聲ラ出シ嶮岨高山
　　ヲヨチ上ル城中ヨリ大石ヲ　落シ大木ヲ伐リカケ, ヒルモ所ヲ鐵砲ニ下打ヒシハハ 牛
　　負死人ハ山ノ如クナレトモダモトノ所　ニサマヨウタリ斯クテハ叶フマシトテマ 匁キ
　　リ明日大攻ヲスヘシ下拵ヘケル.”

33) 『宣祖實錄』 卷96, 31年 正月 庚寅條.

사실을 『선조실록宣祖實錄』 卷96, 31年 정월正月 기축조己丑條에서 찾으면,

> 성은 모두 네 겹으로 되어 있는데, 外城은 주위가 산 아래에까지 닿아 있고 흙으로 쌓은 것이 낮아서 우리 병사들이 공격하여 열고 들어갈 수가 있었다. 그러나 그 안의 세 겹 성은 石築으로 견고하게 쌓았고 성 위에 房屋을 잇달아 설치하였는데 그 방옥이 성 밖에까지 걸쳐 나와 있어서, 그들은 우리를 굽어보면서 총을 빗발처럼 쏘아댈 수 있지만 우리는 그 아래에서 성중의 형세를 전혀 살필 수가 없는 데다가 또 쏟아지는 총탄 아래에 가까이 갈 수도 없었다.

라고 한데서 잘 파악되듯이 도산성은 석축이 깎아 세운 듯하고 토굴이 마치 벌집과 같은 총구멍이 설치되어 있었다. 성 위치는 지세가 평지와 달라 성참城塹이 높고 험하였다. 성 위에는 붉고 흰 깃발이 수없이 벌려 세워져 있는데 조·명군이 성에 접근하면 철환鐵丸이 비오듯 쏟아져 조·명군이 마치 삼대 쓰러지듯 하였던 것이다.[34]

그러나 조·명군의 공격은 대성공이었다. 그 상황을 자료에서 찾으면 다음과 같다.

> 25일에는 高 中軍과 祖 摠兵이 군대를 거느리고 西生浦에서 응원하러 나오는 왜적을 차단하였다. 淸正은 포위된 토굴 안에 있는데 형세가 몹시 곤궁하고 위축되어 있다. 경리가 사람을 시켜 슈旗와 賞功旗·免死帖을 가지고 가서 투항하면 죽음을 면해 주고 후한 상을 주겠다는 뜻으로 청정을 효유하게 하였더니, 청정이 "항복하고 싶으나 지금 조선에서 항복을 허용할지의 여부를 몰라 감히 즉시 항복을 하지 못하고 있다. 만

---

34) 『宣祖實錄』 卷96, 31年 正月 壬辰條. ; 同, 卷97, 31年 2月 癸亥. ; 同, 卷99, 31年 4月 癸末條 ; 柳成龍, 『懲毖錄』, 馳啓軍運糧形止 及天兵進攻蔚山賊陣勝捷狀.

약 조선과 약속이 된다면 즉시 항복하겠다.”고 하였는데, 경리가 그것을
허락하지 않았다.

(『宣祖實錄』 卷96, 31年 正月 丁亥條)

25일 대병이 본성을 진격했는데 유격 陳寅이 병사를 독려하여 먼저
성에 오르다가 西門의 성 밑에 이르러 총탄에 맞았고, 휘하 관병도 사상
자가 많았습니다. 각 영의 관병이 좌우로 일제히 진격하였으나 또한 총
탄에 맞은 자가 많았으므로 후퇴하였는데, 이날 관병의 전사자는 대략
2백여 명이고 부상자는 1천여 명이었습니다.

(『宣祖實錄』 卷107, 31年 12月 乙卯條)

어제 신臣의 군관軍官 具希信이 蔚山으로부터 돌아와서 말하기를
“명明나라 군사와 우리 군사는 합세하여 賊의 內城을 공격하니 성城이
매우 단단하고 험하여 대포大砲로서도 능히 쳐서 깨뜨릴 수 없으며, 적
은 성 위 구멍에서 조총鳥銃을 많이 쏘니 명明나라 군사와 우리 군사가
많이 損傷이 되므로 경리經理는 바라를 올리고 군사를 퇴각시켜 방금
攻城할 방책을 강구講求하려 하는데 倭船이 西生浦로부터 數十餘隻
이 海中에 와서 대어 서로 구원하려는 형상을 보이므로 明나라 장수는
군사를 나누어 바다 어귀를 가로 끊어서 적을 육지에 내려오지 못하도
록 한다” 하옵니다.

(『懲毖錄』 卷14, 馳啓 天兵進攻蔚山 與賊相持狀)

가등청정은 조·명군의 집요하고도 맹렬한 공격에 더 이상의 수비는 한계
점에 왔다고 생각했던 것 같았다. 그런 까닭에 백기白旗를 들려고 하였다.
그러나 경리 양호楊鎬는 이를 받아 주질 않았다. 그는 직접 도산성을 공파
하려고 결심한 듯이 보인다.

염포에 있던 왜 구원병이 다시 태화강을 거슬러 올라왔으나 절강군에 의
해 또 다시 격퇴되고 말았다. 또 이날 밤에도 육호원적宍戶元續의 부하 도
변일기渡辺壹岐는 소병력을 이끌고 성문을 나와 조·명군을 기습했으나 오

히려 반격을 받고 도망하고 말았다.

이제 조정은 도산전을 승리로 간주하기를 주저하지 않았다. 이를『선조실록宣祖實錄』권卷95, 30年 12月 정유조丁酉條에서 찾으면,

> 上이 말하기를 天兵이 울산을 공격하여 무찔렀으니 황은이 망극하오. 여러 대인들의 威德에 대해 무어라 말 할 수 없소이다. … 청정은 적중에서 가장 강한 자인데 이제 섬멸하게 되었으니 나머지의 적은 討平할 것도 없소이다. 여러 대인이 직접 失石을 무릅쓰고 이런 큰 공을 세웠으니 무엇으로 보답해야 될지 모르겠소이다.

라고 하였던 데에서 파악된다.

「제 5일」 12월 26일

조선군은 도산성 공략의 주력부대로 전면에 나서게 되었다. 중국군은 도산성을 4면으로 에워싸고 휴식을 취하고 있었기 때문이다.[35] 조선군은 목책을 넘어 맹렬히 진격하였다. 이 사실을『연려실기술燃藜室記述』권 17, 선조조고사본말宣祖朝故事本末 명병재원양호진공도산조明兵再援楊鎬進攻島山條조에서 찾으면,

> 우리 군사는 항복해온 倭兵과 함께 적탄을 막는 挨牌를 가지고 火攻을 썼다. 또 성 아래 있는 우물을 메워서 적군이 물을 가져가지 못하게 하였다. 德馨과 慄과 여러 장수가 다 목책 안에 들어갔으나 적의 총알이 비오듯 쏟아져 牌를 뚫고 들어와서 죽고 상하는 사람이 많았다.

라고 하여 목책이 있는 외성 안으로 진격하여 화공을 전개하는 등 전투

---

35)『재조번방지』4, 정유 12月 26日條.

는 매우 격렬하였다.[36)

『조선정벌기』에는 아침 일찍 가등청정은 배 10척을 거느리고 도산과 서생포西生浦 사이의 뱃길을 트기 위해 진격하여 왔다. 중국군이 이선군을 발견하고 수만명이 태화강太和江변에 나와 막았다. 청정군의 배가 노를 저어가자 조·명군이 뒤쫓아와서 한 사람도 육지로 상륙하지 못하였다.[37)

그러나 『재조번방지』 4의 같은 날 기록에는 조선군이 성을 공략할 때 왜선이 울산만에 접한 태화강 하류인 남강藍江에 떠 있고, 또 가까운 바다로 나가려하자 중국군이 화공을 펴면서 포砲를 쏴서 배 한 척을 부수어 버리자 나머지 배는 포구 밖으로 나갔다고 하여 이 사실을 확인해 주고 있다. 이날 왜적이 성에서 나와 항복하는 자에게는 상으로 은銀을 많이 주었더니 투항 해오는 자가 많아지자 가등청정은 성문을 굳게 닫고 출입하지 못하게 하였다.[38)

도산성은 겹겹으로 쌓은 철옹성이지만 이곳에서 성 부설의 필수조건이 될 샘물이 없는 것이 큰 단점이 아닐 수 없었다. 조·명군은 여기에 착안하여 바로 성 옆에 있는 샘물을 메워 버렸다. 왜군의 고통은 조·명군의 집요한 압박에도 있었지만 더 큰 것은 갈증 때문이었다. 『선조실록宣祖實錄』권卷96, 31年 정월正月 임진조壬辰條에,

경리가 제독과 함께 있으면서 도망쳐 나온 被擄人 4명을 다방면으로

---

36) 『宣祖實錄』卷96, 31年 正月 丙申條.

37) 『朝鮮征伐記』, 12월 26일, "卅六日早旦二淸正舟十餘艘押立テノ, 島山ト蔚山トノ間
   ノ川へ押入レソトス唐人之ヲ見テ數萬人川端へ出向ツテ防キケル淸正乘フ舟ハ早天
   へ川へ押入ケレハ羗ナク城へ入リケリ供ノ舟ハ一二町アトニサカリ川へ押入レケレト
   モ唐人隔テノ一人モ已陸へ上ケス淸正城二入リ給へハ是ニ機ヲ得テ四天ノカヲ差出
   サト勇ム(中略)."

38) 『연려실기술』卷17, 선조조고사본말, 楊鎬島山進攻條. ; 『재조번방지』 4, 丁酉 12月
   26日條.

심문하고 있었습니다. 말하기를 그들이 '성중에는 양식이 없고 우물물도 없어 賊徒들이 혹 탄 쌀을 주어서 먹기도 하며 밤에 비가 오자 홑옷과 종이를 펴서 비에 적셔 가지고 짜서 마시는 자가 많다.' 하였고, 또 '淸正 등이 西生浦를 버리고 이곳에 온 것을 매우 한스럽게 여긴다.'고 하였습니다.

라고 하여 그 고통의 극심함을 알 수 있다. 또 대하수원大河秀元은 『조선기朝鮮記』에서 그 고통의 심각성을 다음과 같이 기록하고 있다.

제 2본성 근처에 물을 팔기 위해 물장사가 왔다. 그는 큰 소리로 외쳤다. 물 한잔에 대금이 銀 15匁이다. 군인들이 모두 물을 사먹으려고 한 즉 각기 은이 없다고 대답하였다. 개중에는 은이 있는 자도 있었는데 마치 이 銀은 마시는 玉과 같다고 말하고 모두 즐기면서 은을 주고 함께 물을 마셨다. 더러는 외상으로 먹고 나중에 돈을 주겠다고 하는 자도 있었다. 그러나 그네들은 돈은 없었다. 그래서 극히 물을 먹고 싶은 자는 물먹은 사람의 오줌을 먹는 자까지도 이었다. 하여튼 물장수는 돈이나 은이 없는 자에게는 물을 일체 팔지 않았다. 물뿐 아니고 쌀장사도 왔다. 쌀 5되에 判金 10匁이었다.[39]

이는 오늘날 銀 1근에 물 10잔 값이 되는 셈이다.

이날 경리 양호는 언양에 주둔하고 있던 부총병 오유충군을 회군시켜 도산성 공략에 투입하였다.

---

39) 大河秀元 『朝鮮物語』, 12월 26일, "二ノ丸ノ門脇ニ少キノ桶ニ盃取ソヘ, 高聲ニ水ヲ賣ル. 大河內, 立奇見テ, イカニト問ヘハ, ソノ盃一殘ノ水ヲ代銀十五匁ト云. 大河內, 各ニ水飲候ヘト云ケレハ, 各, 代銀ナシト答ヘ, 大河內, 代銀ハ某カ持タリキ, 何モ飲玉ヘト云シカハ, 皆人悅テ飲クリ. 各ハ先ヘ帰リ玉ヘ, 某ハ代銀遣シ行ヘシト, 一人跡ニ殘リ, 大河內モ一盞飲ケレハ, 正シク水ナリケレトモ金ハナシ. マキラカシテ通ルヘシト思テ, 己ハ勿身本ナキ奴哉, 歷歷ノ士ニ尿ヲ飲ス, 沙汰ノ限ト云捨テ立帰ラソトス, 水商人, 大河內カ鎧ノ袖ニ取付, 過分ノ金ニテ候ハヘ, 下サレ候ヘト歎ケル."

「제 6일」12월 27일

　기후는 한겨울인데도 불구하고 하루 종일 비가 오고 바람이 불었다. 그런데도 조·명군은 도산성 공략을 멈추지 않았다.

　서생포에서 온 듯한 왜선이 해안 가까이 온 것을 중국 절강병浙江兵이 포를 쏴서 격퇴시켜 버렸다. 그런데 도산성에서 강화하자는 전령이 문서를 가지고 경상 좌병사 성윤문成允文에게 왔다. 이것은 도산성에서 청정이 강화를 제의한 첫 교섭이었다. 경리 양호는 청정이 항복하면 성안 사람들의 목숨도 살리고 벼슬까지 주겠다고 해서 타일러 보냈고 또한 성 밑으로 사람을 보내 다시 회유하니 적이 대답하기를 '싸운다면 싸울 것이고 화해한다면 화해할 것이다. 한쪽을 터놓아 우리가 성을 나가도록 해주고, 또 장관將官을 보내면 화해하는 일을 의논하겠다'라고 하였다.[40]

　한편『길천가보吉川家譜』에 보면 조·명군으로부터 항왜인 가등加藤과 부전浮田의 가인家人이라는 두 기병騎兵이 성 아래 와서 회유하였다. 그들은 조·명군도 가등청정의 용기를 잘 안다고 전제하고, 그러나 도산성 안에는 2만에 불과하고 조·명군은 1백만 명이 넘는데 어떻게 성중에 계속 있겠느냐면서 지금 성을 내준다면 생명을 보존해 주겠다고 달랬다. 이에 가등청정은 총알도 떨어지고 구원병이 올 때까지 방어해 내기란 어렵다고 생각이 들었던 것 같다. 도산성을 내주는 것을 전제로 해서 위기상황을 극복하고 군졸들에게 휴식을 취하고 있으면 3~5일만에 구원병이 올 것이라 믿었다. 그래서 화의에 응하기로 하였다. 성 밖에 임시 막사를 설치하고 연말 아침에 소수 병력만 이끌고 만나기로 일단 약속하였다.

　그러나 가등청정은 적정敵情은 알 수 없다는 천야淺野의 주장으로 결국 회의 장소에 나아가지 않았다. 조·명군은 크게 노하여 성 공격을 준비했

---

40)『재조번방지』4, 丁酉 12月 27日條.

다[41]고 한 것을 보면 조·명군에 가등청정을 유인, 항복을 받아내려는 것이기도 하지만 또한 한계에 봉착한 도산성 안의 급박한 상황을 볼 수 있다. 성 안에는 샘물이 없었다. 왜군들은 어두운 밤에만 성 밖에서 물을 길어다 썼다. 별장 김응서는 물길러 나온 이들을 회유하여 많이 잡아왔다.[42] 이때 투항한 자들은 모두 굶주리고 여위어서 겨우 목숨만 붙어 있는 실정이었다. 이 둘의 말에 따르면 성안에는 양식도 떨어져 오래 포위하고 있으면 저절로 무너질 것이라고 하였다. 날이 몹시 추웠다.[43]

<그림> 풍신수길의 朱印狀(울산성전투 군사동원지시 : 오사카성 소장)

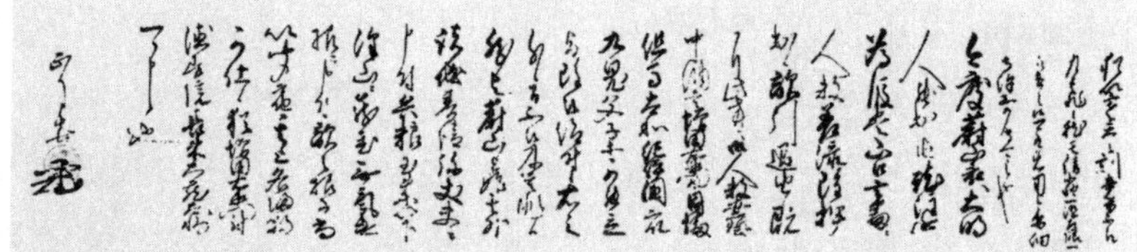

---

41) 『吉川家譜』, 12월 27일, “二十七日ノ黎明ニ敵陣ヨリ騎馬ノ兵二人, 城近ク來リ, 日本ノ言語ニテ, 我等ハモト岡本 越後守ト稱シ加藤殿ノ家人, 一人ハ田原七左衛門ト稱シ淨田家ノ人ナリ, 先年ユヘアツテ明ヘ遁ル, 加藤殿ハ明·朝鮮ノ人, 皆, 其勇ヲ知ルトイヘトモ, 今, 城兵計ルニ二万ニ過ス, 寄手ハ明·朝鮮ノ兵ヲ合セテ百万ニ余リ, 何ソ城中利ヲ得ル事アラソ, 我等兩人ハ昔ノ好ミニテ來ル, 早ク和睦シテ城ヲ明渡サハ, 城兵悉ク恙ナク燼スヘシト告ケレハ, 淸正, 之ヲ聞テ, 城中兵糧之シク, 且シ玉藥モ盡キ, 援兵ノ來ル跕防戰シカタケレハ, 先ツ僞テ和睦ヲナシ三五日モ戰ヲ止メハ, 士卒モ休息シ援兵モ來ルハシト城兵ニサトシ置キ, 和睦ノ事ハ承引スヘシ, 城ヲ明渡ス事ハ成カタケレハ, 互ニ人質ヲ取テ陣ヲ引ヘシト答ラレケルニ, 兩人ハ一応燼リケルカ, 再ヒ來テ是非成ヲ渡セト言ケレトモ, 淸正承引セサレハ, 先ツ城外ニテ大將互ニ參會シ, 和儀ヲ行フテ陣ヲ引ソト言シカハ, 淸正, 之ヲ承引シ, 晦日ノ朝, 互ニ小勢ニテ會セソト約束ス, 其日, 兩陣ノ間ニ仮屋ヲ造リ會盟ノ所トス, 淸正, 已ニ會所ニ赴ソトシケルカ, 淺野左京大夫, 敵情量リカタシト止メラレケレハ, 淸正, 之ニ同意シテ今日ノ會盟ヲヤメソト敵ヘ告ラレケレハ, 彼ヨリ種種ニ詞ヲカヘテ淸正ヲ出サントシケレカ, 淸正, 遂ニ出サリケレハ, 敵, 大ニ怒リ城ヲ攻ソト用意ス.” (「吉川家譜」一三)

42) 『재조번방지』 4, 丁酉 12月 27日條.

43) 『연려실기술』 卷17, 宣祖朝故事本末條, 楊鎬島山進工攵政條.

「제 7일」 12월 28일

이날도 전투는 계속되었다. 사상자도 많았다.[44] 비가 그치지 않으니 조
·명군도 춥고 배가 고파서 싸울 마음이 생기지 않는 상황이었다.[45] 그러
나『조선물어朝鮮物語』에는 명나라 사자가 와서 제의하여 양국간에 일단
내년 정월正月 초3일에 강화하기로 약속이 이루어졌다. 그런 까닭에 전투
는 중지되었다고 되어 있으나 착오인 듯 하다. 왜냐하면 다음날에도 전투가
계속되고 있기 때문이다. 이때 대하수원大河秀元은 자기 몸에 대해 기록하
기를

　　본인의 다리가 점점 여위어서 각반을 치니 자꾸 발쪽으로 내려간다.
　어제 쳤던 끈이 오늘 또 내려가니 거기에 바짝 신경이 쓰인다. 워낙 다
　리가 말라 살이 이렇게 빠졌다. 각반을 풀러 보니 살은 다 빠지고 다만
　다리는 대나무통처럼 말라 있더라.

　라고 하였다. 더구나 갈증과 기아에 대한 고통을 수원秀元은 계속해서
다음과 같이 쓰고 있다.

　　물은 낮에는 얻을 기술이 없고 밤이 되어야 모두 얻으러 나간즉 물
　있는 못에는 많은 시체가 떠 있었다. 피 섞인 물을 길어 와서 갈증은 면
　했으나 식량은 점차 떨어져서 종이를 씹고 벽의 흙을 긁어 먹어야 되었
　다.[46]

---

44)『宣祖實錄』卷 96, 31年　正月　丙申條.
45)『재조번방지』4, 丁酉　12月　28日條.
46) 大河秀元,『朝鮮物語』, 12월 28일, "大河內, 臑当はやめて脚絆をはき居けるが脚絆の
　　緒も解ずして足首へ下りたり. 昨日も下　りしを引上げしめ結び置しに, また下りたれ
　　は, 夫にて心付き, 臑肉落ちてこそと思い, 脚絆を取てみれば, ただ竹の筒を立てる如
　　くにて, 膊の肉は少しもなくて, 骨に皮のかかる計なり. と記している. さらに城內の
　　様子について, 水の手を取り切られ, 日中には汲むべき術なし. 夜に入りて水汲みに出

라고 하여 도산성의 실상은 처참 그 자체였던 것이다.

「제 8일」 12월 29일

오늘도 전투는 계속되었다. 서풍이 크게 불고 비는 멎었지만 몹시 추웠다. 『선조실록宣祖實錄』 卷96, 31年 정월正月 병신조丙申條에 보면 다음과 같다.

29일에서는 땔감과 풀을 모아서 적의 진영을 태워버리려고 하였으나 중국군과 아군의 사상자가 매우 많아 성 아래까지 진격하지 못하고 밤 2경에 물러났습니다. 또 적선이 어떤 때는 30여 척, 어떤 때는 25~26척이 매일 藍江을 올라와 서로 총을 쏘다가 저녁이면 물러나고 하였습니다. 이는 대개 성안에 있는 적을 데리고 가려는 것이었으나 諸軍이 엄중하게 대비하였기 때문에 머뭇거리다가 물러난 것입니다. 29일 밤에 작은 배가 올라오자 적의 무리 30여명이 성을 나와 강변에 이르러 배를 타고 도망치려고 하였습니다. 이때 右協과 吳 摠兵의 군사가 아들과 싸워 우협은 적의 수급 하나를 베고 오 총병의 군사는 수급 여섯을 베었으며, 나머지 적은 모두 상처를 입고 성안으로 도망쳐 들어갔습니다.

요즈음 사로잡은 왜인에게 물으니, 청정淸正은 성중에 있다고 하였습니다. 우리 나라 사람으로 적에게 잡혔던 사람 6~7인이 도망쳐 나왔는데 그들에게 물으니 '성중에는 양식도 없고 우물도 없어 적의 졸개들이 밤에 성을 내려와 탄 쌀을 주워서 먹고 있으며 성 밖에 있는 우물은 이미 다 묻어버렸다. 적도들이 그릇이 없어 작은 주발로 물을 떠서 마시거

ずれば, 池水に多く死骸をいれ埋みける. 血まじりの 水を汲みて來て, 渴をやめけれども, 兵糧次第に盡きぬれは, 紙をかみ壁土を煮て食物とす. 牛馬のあるうちは之を殺し飢を助ぐ, これも万人の飢を助ぐべきにあらざれば, 壯士どもは夜に入りて城を忍び出て, 寄手の打たれし腰をさがし, 炒米, 牛の炙物をとりて暫時の命を繫ぐ. 大將達の前へは一飯を進むるに, 飢を忍びて働きよき士卒に, 一著に五六粒ずつ挾んで給いける. かく勵まし給えども, 飢, 波れ, 下に倒れ伏したる者は寒氣に攻められ, 喚き叫べば, 聞くに心もきえぎえと, 力弱りてぞ見えし."

나 혹은 옷을 적셔 짜서 마신다.'고 하였습니다.

저녁에 경리 양호와 제독 마귀가 조·명군을 이끌고 밤을 타서 또 다시 화공火攻을 시도하였으나 적이 그것을 알고 방어해서 많은 사상자를 내고 후퇴하지 않으면 안되었다.[47] 서생포에서 온 왜선 30여 척이 태화강에 진격한 것을 격퇴시켰다. 이 같은 왜선의 출몰은 거의 매일 계속되었던 것이다.

제독 마귀는 작전의 수정을 제의하였다. 즉 한쪽을 터놓아 적이 달아날 수 있게 하고 대신 요로에 복병을 두어 공격하자는 계략이었다. 그러나 경리 양호는 듣지 않았다. 적을 박살내자는 작전에 변함이 없었던 것이다. 그런 까닭에 모든 군사들에게 풀을 엮어서 방풍할 수 있는 초방草房을 만들도록 하였다. 지구전에 돌입하게 된 것이다.[48] 초방과 성과의 거리가 1리里[49] 즉 400여 m에 불과하였다.

이날 도산성 안의 상황은 『조선정벌기』에서 보면 적과 우리 모두 조용했다. 이제는 굶주리고 목이 말라서 50여 명, 30여 명씩 떼를 지어 벽에 기대어 있었다. 몸조차도 움직일 수 없는 지경이었다. 벽에는 화살이 널려 있고 바닥에는 조·명군이 던져 넣은 돌덩이가 뒹굴고 있었다[50]라고 하고 있다. 왜적은 이제 한계상황에 와 있었던 것이다. 이때 『울산농성각서』(20)에는 12월 29일 구원병이 울산 남쪽 30리에 도착하였다고 해서 원병이 오고 있음을 처음으로 기록하고 있다.

47) 『宣祖實錄』 卷96, 31年 正月 庚子條.
48) 『재조번방지』 4, 정유 12月 29日條.
49) 『宣祖實錄』 卷96, 31年 正月 壬子條.
50) 『朝鮮征伐記』, 12월, "廿九日 敵味万互二物靜ナリ(中略)城內此所彼處ノ矢倉下道脇 ノ月表ニハ士起輕人夫ニ限ラス飢渴ノ上ノ寒難ニ痛ミ五十人三十人ツ, 後ニモタレ 又後ヘモタレテテ頭ヲ低レ依シ居ケルハ數ヲ知ラス, 早二三日モ身動キモセサレハ 裹 裏廻ル軍士鎗, 自ラカタゲ廻リシニ幾日モ動カサリシカハ鎗ノ石突ヲ以刎衣倒シ見以 テ悉ニ居スクミニナリ或ハ永ニ閉チラレテ死シ居タリ(中略)扨城下ヲ見ハ城內ヘ敵ヨ リ射ケル矢先石垣ニ当リ落積リシニ入間ノ石垣ニ間余ハ悉ク矢ニウマリケル."

「제 9일」 12월 30일

날씨가 혹독하게 추웠다. 경리 양호가 진격하고자 작전회의를 열었으나 결단을 내리지 못하였기 때문에 커다란 전투는 없었던 것 같다.[51]

이날 왜군이 강화하자는 투서가 왔다. 접반사 윤형尹泂, 충청감사 이시언의 치계에 보면,

> 30일 왜적의 投書에 '講和하고 싶은데 성안에는 글을 아는 사람이 없다. 배 위에 중이 있으니 내보내 준다면 가서 강화의 글을 짓고자 한다.' 하였습니다. 적의 형세를 보면 매우 곤궁하고 위축되어 있는데, 성이 險固하여 격파하기가 쉽지 않고 諸軍의 양식이 넉넉하지 못하여 매우 염려스럽습니다. 일이 끝난 다음에 치계하고 싶었으나 사세가 이와 같아 쉽게 끝날 것 같지 않으므로 우선 먼저 아룁니다.[52]

라고 하여 왜의 강화제의가 있었고, 아군도 지구전에 관한 대책이 제기되고 있음이 보인다.

강화에 대해 경리 양호가, 눈앞에 나와서 살려 주기를 빌면 용서하겠다 하니, 청정은 내일 만나겠다고 하여 일단 약속이 된 상태였다. 투항한 왜병으로부터 성중에는 양식과 물이 없고 군졸은 1만 명이지만 굶주리고 병들어 정병은 1천명에 불과하다는 정보를 얻었다.[53]

경리 양호가 명나라에 보고한 내용 중에 다음과 같은 것이 있다.

> 적이 더욱 군색하고 다급하게 되었다는 것은 항복한 자와 사로잡힌 자들의 말을 근거하여 보면 알 수 있는데, 그들은 모두 '성을 지키는 군

---

51) 『재조번방지』 5, 丁酉 12月 30日條.
52) 『宣祖實錄』 권96, 31年 正月 丙申條.
53) 『宣祖實錄』 卷96, 31年 正月 庚子條.

사가 3천명도 안 되는데 중국군의 대포와 화살에 맞아 죽은 자와 기갈
에 지쳐 죽은 자들의 시체가 널려 있다. 鳥銃手는 겨우 2백명이 있는데
하루에 생쌀 1홉씩을 먹고 있을 뿐 나머지는 모두 대책없이 죽기만을
기다리고 있다.' 하였습니다. 청정이 또 자주 通事를 불러 稟帖을 보내
幸長의 사례에 따라 돌려 보내준다면 힘써 여러 섬에 주둔하고 있는 군
사를 모두 철수하겠다는 뜻을 알리면서 매우 간절히 애걸하고 있습니
다.54)

이와 같이 한계점에 봉착한 도산성 안의 급박한 상황을 읽을 수 있다.

「제 10일」 무술년 1월 1일

별동대로 도선상 진입을 시도하였다. 즉 부총병 해생解生, 이방춘李芳春
등은 군병을 이끌고 태화강의 서강西江 근처로 가서 민가에 불을 놓아 적
의 관심을 돌린 다음 일제히 배를 타고 도산성 앞으로 진격해 가 돌격을
시도했으나 성중의 왜적이 미리 알고 포를 쏘아 배가 격파되어 작전은 실
패하고 말았다.

왜군 가등청정과 명의 양호 사이에 강화하기 위해 사절이 오갔으나 결렬
되었다.

이때 소서행장小西行長 구원군 2~3,000명이 순천으로부터 배를 타고
왔다55)고 한 것을 보면 청정의 강화제의는 위급을 면해 보려는 그 특유의
잔꾀였던 것 같다.56)

어쨌든 왜의 구원군은 계속 도착되고 있었다. 『울산농성각서』 (21)에는

---

54) 『宣祖實錄』 卷97, 31年 2月 辛未條.
55) 『朝鮮征伐記』, "正月朔日二成リヌレハ行長順天ヨリ舟ニテ先手ノ 勢二三千重リ立
テノ 水チ而リ城ヘカヲ合セソト漕キ上ル(省略)."
56) 『연려실기술』 卷17, 선조조고사본말 楊鎬島山進攻條.

그 숫자가 10만 가량이라고 하고 있다.

조선군에 대해 유성룡은 『징비록懲毖錄』 권14, 치계적굴형지급군병사상장馳啓賊窟形止及軍兵死傷狀에서 오늘 평안도 군사가 비로소 도착하였다. 조선군 총 9,959명 중 전사자 298명, 중상자 876명, 도망자 4,982명이고 현재 3,813명이 있다고 하여 군용이 위축되었음을 알려주고 있다.

「제 11일」 1월 2일

조·명군과 왜 지원군 사이에 격렬한 전투가 있었다. 이 같은 사실을 『재조번방지』 5, 무술戊戌 정월正月 2일 조條에 보면

> 적병이 西生浦로부터 구원병이 오고 또 부산으로부터 鹽浦에 와서 정박한 배가 수백 척이므로 경리가 파새와 마귀로 하여금 군사를 거느리고 箭灘으로 달려 가게하고 오유충, 茅國器로 하여금 군사를 거느리고 강 언덕을 파수하여 막게 하였다. 그러나 비가 온 뒤로부터 연달아 북풍이 불어와서 군사가 모두 추위에 떨고 戰馬도 춥고 주려서 죽어 넘어지니 軍容이 처참하여 자못 떨치지 못하였다.

라고 하여 서생포, 부산 등지에서 온 왜의 구원군을 반구정, 태화강 등에서 일단 저지하였다. 그러나 조·명군도 계속된 전투와 추위 때문에 군용이 떨치지 못하였던[57] 것이다.

도산성을 구하기 위한 왜 지원병은 부산성에서 모리재상毛利宰相, 수원 흑전秀元黑田, 갑배수甲斐守, 금오중납언金吾中納言 등이 3만 기병을 끌고 와서 높은 산에 진을 쳤다. 순천으로부터 온 2만여 병력은 깃발을 앞세우며 왔던 것이다.[58]

---

57) 『재조번방지』 5, 무술 正月 2日條.
58) 『조선정벌기』, "正月二日(慶張三年)釜山城ヨリノ後卷毛利宰相秀元黑田甲斐守全吾

「제 12일」 1월 3일

앞서 「제 9일」 상황에서 왜군에 의해 제기된 강화교섭은 파기되었다. 다시 조·명군의 맹렬한 도산성 공략은 밤새 계속되었다. 강화의 실패에 대해 『조선물어朝鮮物語』에는

> 명으로부터 會盟의 사자가 왔다. 가등청정이 나가서 거절했다. 명군
> 이 크게 怒해서 심한 공격을 해왔다. 그 방어 또한 격렬했다.[59]

라고 했지만 『재조번방지』 5, 무술 정월 3일조에는 새벽에 청정이 말을 전하라고 했지만 경리經理와 면대하여 약속하겠다고 하였으나 끝내 오지 않았다고 한 것을 보면 일방적인 약속의 파기를 하고 있다. 이것은 앞서 지적한 바와 같이 시간을 끌기 위한 계략에 지나지 않았던 것이다.

이날의 전투 상황을 『선조실록宣祖實錄』에서 찾으면 다음과 같다.

> 3일 먼 봉우리에 있던 적들이 점차 내려와 적의 보루 건너편 교외까지 깃발을 날리며 달리기도 하고 혹 전탄의 남쪽 산에 줄지어 서기도 하였습니다. 또 정예병 50~60명이 산 아래로 내려왔는데 중국군이 감히 그들에게 다가가지 못하였고, 한 차례 서로 싸운 뒤에는 진을 풀고 물러났으며, 산 위에 있는 적들은 깃발을 세우고 주둔하였습니다. 신들

中納言ノ 勢三万騎ニテ十里計リ隔テ高山ニ陣ヲ張ル, 順天ヨリ四圍勢ニ万余騎旗ノ手ホノカニ見エケル(中略)楊鎬恐レ戰キ(中略)明後四日ニ陣拂シテ退クヘシト定ヌケリ, 三日ノ後卷ノ旌先向ノ山ニ見ヘケレハ明日ヲ侍ツ沾ノコラヘ場モナク*霄*ヨリ諸軍ニモ牒シ合セス我先キニト周章フタメイテ逃ケ去リケリ." ;『宣祖實錄』卷96, 31年 正月 壬寅에 보면 이 달 2일 西生浦 등처에 있던 적들이 마주 보이는 먼 산봉우리로 다수 나와서 깃발을 많이 설치하였다 라고 하였음.

59) 『朝鮮物語』,
"正月三日明軍ヨリ會盟ノ使來ル清正出會ヲ謝絶ス明軍大ニ怒リ攻城甚防戰亦甚マ力タカニテニ連攻六日曉天ニ及し寄牛ハ引取リタリ(文意縮譯)."

역시 도원수의 분부에 따라 군사를 거느리고 전탄을 방어하고 있었는데,
그날 밤 중국군이 성을 공격하고자 하여 큰 횃불을 만들어 사면을 포위
하고 진격하였습니다. 子正에 시작하여 날이 밝을 때에 그쳤는데, 적의
탄환이 비오듯하여 사상자가 매우 많았으며 한 사람도 성에 다가간 사
람이 없었습니다.

(『宣祖實錄』 卷96, 31年 正月 壬寅條)

금년 정월 3일 축시에 각 영의 관병이 본성을 진격하여 새벽녘에 멈
추었는데 사상자의 다소에 대해서는 아직 날이 새지 않은 시각이라 정
확히 알 수가 없었습니다. 그러나 25일의 사상자보다는 많지 않은 듯하
였습니다.

(『宣祖實錄』 卷107, 31年 12月 乙卯條)

도산성을 구하려는 왜의 응원군의 도착 상황이었다. 왜군의 구원병에 대
해 좌수사 이운룡李雲龍의 보고 내용을 『징비록徵毖錄』 권14, 천병퇴래연
유치계장天兵退來緣由馳啓狀에서 찾으면,

초3일 寅時에서 申時까지 왜선이 머리와 뒤가 서로 한데 닿아서 서생
포, 염포 등으로부터 오는데 잇달아 끊이지 아니하거늘 水使가 친히 바
라본즉 크고 작은 배가 돛대가 우거진 숲처럼 바다를 덮어 온다.

고 하였다.

조·명군은 이때 태화강 하류인 전탄에서 왜병선을 격퇴시키고 목벤 자만
도 690여 명이나 되었다.[60] 이와 같이 조·명군은 이들을 차단, 수비하면서
자정에서 날이 새는 새벽까지 도산성을 맹렬히 공략하였던 것이다.

---

60) 『宣祖實錄』 卷96, 31年 正月 壬寅條.

「제 13일」 1월 4일

조·명군은 도산성에 대한 맹렬한 공략이 있었으나, 이날밤 경주로 총퇴군한다.

왜적의 구원군이 남쪽, 서쪽 산 둔덕에 오색 깃발을 날리고 있는 새벽부터 도산성에 대한 치열한 공방이 있었다. 이를 『선조실록宣祖實錄』 권96, 31年 정월正月 경자조庚子條에서 찾으면

> 4일 새벽부터 중국군이 총탄을 방어하는 도구도 없이 맨몸으로 성을 공격하였습니다. 적의 총탄이 비오듯 쏟아졌는데 쏠 적마다 명중되지 않는 것이 없었으므로 중국군이 총탄에 맞는 자가 거의 500에 이르렀으며 끝내 성에 오르지 못한 채 辰時에 싸움을 끝냈습니다. 그리하여 경리와 제독이 의논하여 군사를 올려 慶州로 향하였습니다.

라고 하였다.

경리 양호와 제독 마귀가 철군하게 된 결정적 계기는 왜의 구원병이 생각보다 많았던데 있었던 것 같다. 이를 『선조실록宣祖實錄』 권107, 31年 12月 을묘조乙卯條에서 찾으면,

> 4일에 경리가 제독과 상의를 하였는데, 관병은 점차 지쳐가고 적의 구원병은 날로 더해진다 하여, 이때 비로소 퇴병할 것을 명령하였습니다. '경리는 보병을 먼저 후퇴하게 하고, 이여매·양등산·파새 등의 馬兵을 선발하여 자신이 영솔하고 후군이 되어 돌아오자 적병이 감히 추격하지 못하였습니다. 오는 도중에 부상병을 만나며 驃馬를 내주어 태워 오게 했는데, 각영의 관병은 별로 손상이 없었습니다. 다만 본국의 별장 韓明璉의 말에 의하면 "箭灘의 방어전에서 관병과 적병이 교전하여 양편 모두 상당한 살상이 있었는데, 관병이 살상 당한 숫자에 대해서는 정확한 숫자를 알지 못한다." 하였습니다. 신이 安康에 돌아와 탐문해 보

니 전후 두 번의 전투에서 사망한 관병은 모두 800여 명이고 부상자는 3천여 명이었습니다.

라고 하였다. 이 기록은 조선국이 명明의 병과兵科에 자문한 내용의 일부분이다.

조·명군의 철수는 갑작스럽게 결정되었던 것이다. 이들 지도부는 가덕加德, 안골安骨, 죽도竹島, 부산釜山, 양산梁山 등지에서 왜장 11명이 6만의 병력을 이끌고 왔고 남강藍江에 적의 배 90선船이 일제히 도산을 향해 태화강 상류로 진주하였고, 육로로 이미 온 적이 조·명군의 후방을 에워 쌓을 기세가 있다는 판단에서였다. 그래서 일단 후일을 도모하자 철군하였던 것이다.[61]

이날의 상황을 경염慶念은 『조선일일기朝鮮日日記』에서

새벽에 적군이 다다라 오자 돌을 던지고 불화살을 쏘아댔다. 사다리를 걸치려고 할 때 불꾸러미를 던지고 총을 쏘았다. … 울산의 구원병들이 조선 명군의 배후를 공격하기 시작했다. … 저녁에 우리는 전멸을 모면했다. 발을 다친 자, 몸을 다친 자, 도망가지 못한 지경에 이른 자들도 모두 데리고 탈출하게 되었다.[62]

라고 기록하고 있다. 경염은 특히 도산성에서의 괴로운 고통은 추위와

---

61) 『宣祖實錄』卷96, 31年 正月 乙未條. ; 『재조번방지』5, 戊戌 正月 4日. ; 『宣祖實錄』卷97, 31年 2月 癸亥條. ; 『연려실기술』卷17, 선조조고사본말 楊鎬島山進攻條.
62) 『朝鮮日日記』戊戌 正月, "同四日のあかつきより又セめすかりて, 火水になれとてつほういし火をはなちかけ, のほりはしにて石かきへのほらんとしける所を, たへまつをなけ出して, のほる物をはきりおとしいおとして, はやはや夜も明ぬれハ引のきたる體也. すハはや破軍そといへハ, 城のうちもおひ, うしろまきの人數ものほりをなをしておつかけ行けね共, さすかに足をみたしてもにけ行す. たたすかしてなり共にけ「たに」ゆかは, ままにしてにかセとの御衆評なり. まことにうれしちたくひハなかりけれハ, はいくんと見れハいようれしくていまこそおもへあらりし古郷."

피로, 갈증 등이었다고 시詩로 읊고 있다.

이 처절했던 도산성 전투는 쌍방에 많은 사상자를 냈다. 조선군 사망 1
천여 명, 부상자 3천여 명, 명군은 사망 4천 8백명, 부상자 6천명이었다.[63]
그리고 왜군 포로 1천여 명이었다. 왜군의 사상자수는 정확치 않으나 도산
전 막판에 투항자가 말하기를 성중에 10,000명이 남아 있다고 한 것을 감
안해 본다면 사망자는 6,000여 명으로 볼 수 있겠다. 그러나 『울산농성각
서』(24)에서 명군의 사망자를 1만 7천명으로 볼 정도의 혈전이었다. 제 1
차 도산전에 대해 『난중잡록亂中雜錄』3, 정유년 12월 27일조에 다음과 같
이 기록하고 있다.

> 楊鎬와 麻貴가 島山을 13일 동안 포위하여 밤낮으로 성을 공격하였
> 으니, 왜병이 크게 곤하였다. 거기에다 양식이 떨어지고 우물물이 말라
> 서 죽는 자가 날마다 쌓이니 淸正이 자결하려 하였다.[64] 그들은 매양
> 금·은과 여러 가지 보물을 성밖으로 던져 싸움을 늦추고 있다가 갑자기
> 큰 비가 와서 날씨가 대단히 추워 아군은 힘이 다하고 각처 응원군이
> 바다를 덮고 몰려와서 鶴翼陣을 벌이고 돌진하여 오므로, 左次하여 물
> 러났다. 양호는 바로 서울로 돌아오고, 마귀와 본국의 원수 권율은 군사
> 를 거느리고 慶州에 머물렀다.

제 1차 전에서 조선군은 정예병이 모두 전사하였다[65]고 할 정도로 힘껏
용맹스럽게 싸웠다.[66] 그 중에서도 경주·울산지역 군병들의 활약은 눈부시

---

63) 『宣祖實錄』卷107, 31年 12月 乙卯條 ; 『宣祖實錄』卷101, 31年 6月 癸未. ; 『宣祖
    實錄』卷104, 31年 9月 乙未條.
64) 『宣祖實錄』卷98, 31年 3月 癸巳條에 보면 여러차례 자결하려고 하였음이 보임.
65) 『宣祖實錄』卷96, 31年 正月 乙巳條.
66) 『宣祖實錄』卷96, 31年 正月 癸丑, 壬子條. ; 『징비록』卷14, 馳啓 賊窟形止及軍兵
    死傷狀에 보면 경리 楊鎬는 조선 사람이 힘껏 싸우고 都元帥도 또한 호령을 잘했다고
    하여 도산전투에서 조선군의 활약을 높이 평가하고 있다.

게 돋보였다.

제 1차 도산성 공략은 조명의 일방적 철수로 실패하고 말았다. 실패의 요인은 첫째 전략과 작전의 미숙이었다. 5만의 조명군 대병력이 일시에 철옹성인 도산성을 공략한 것은 성급한 점이 많았던 것을 떨쳐버릴 수 없다. 이는 중국의 찬획주사贊劃主事 정응태丁應泰도 『선조실록宣祖實錄』 권 104, 31年 9月 무자조戊子條에서 말하기를,

> "지난해의 전투에서 大軍이 적의 城寨를 포위하였으니 한 시각만 늦
> 췄더라면 淸正을 사로잡았을 것입니다. 그런데 이여매는 자신이 공을
> 세우지 못하고 다른 사람이 공을 세울까봐 두려워하여 서둘러 징을 쳐
> 서 군사를 퇴각하게 함으로써 결국 큰일을 그르쳤으니 통한스럽기 그지
> 없습니다. 7년만에 얻은 이 좋은 기회가 끝내 이같이 되었으니 이여매는
> 천하의 죄인입니다."

라고 하였다. 전투 제 3일째에서 도산성의 외성을 지나 본성 위에까지 10여명이 진출하는 성공을 거두었으나 그만 이여매가 후퇴를 명했고, 또 이여매의 200여 군의 성 위에 진격에는 마귀가 또한 후퇴의 징을 쳤던 까닭에67) 임진왜란 7년만에 얻은 절호의 기회를 잃어버리고 말았던 것이다. 이것은 명군 중 남군南軍과 북군北兵간의 功 다툼에서 온 결과였다.68)

더구나 전투 제13일째인 1월 4일 갑작스런 경주로의 철수는 커다란 작전 실패였다. 이를 실록에서 찾으면 다음과 같다.

> 도원수 지중추부사 권율이 장계를 올렸다. "蔚山 내성 토굴 속에 있
> 는 왜적은 여전히 그곳에 주둔하고 있습니다. 풀을 베던 왜적 한 명을
> 사로잡아와 그에게 물으니 淸正이 포위되어 있을 당시 청정이 諸陣에

---

67) 『宣祖實錄』 卷97, 31年 2月 己未條.
68) 『宣祖實錄』 卷1010, 31年 6月 丙子條. ; 同, 卷102, 31年 7月 戊戌條.

구원을 요청하였으므로 각처의 왜인들이 모두 울산에 모였다. 중국군의 위세가 매우 성대한 것을 보고는 모두 범하기가 어렵다고 여겨 경솔히 움직이지 못하고 있을 때, 중국군이 스스로 먼저 포위를 풀었다. 그래서 여러 왜적들이 청정을 위로하기를 "포위가 풀려 살게 되었으니 기쁨을 금치 못하겠다." 하였고, 제진에서 온 왜인들은 각기 소굴로 돌아갔다. 올해는 계속 소굴에 머물면서 공격을 하지 않고 있다고 하였습니다."

(『宣祖實錄』 卷96, 31年 正月 己酉條)

경리도 포로 '조예신'을 불러서 적정을 물으니, 답하였다. "적들은 모두가 島山의 싸움에서 승부는 없었다 하더라도 중국의 기세가 대단하여 견디어 내기 어려울 것이라고 여겨 두려워하는 기색이 있는 듯하였습니다. 또 듣건대 關白이 여러 賊酋들에게 명령하기를 '일을 성공시키지 못하면 너희들은 조선에서 늙어 죽더라도 돌아올 수 없다'고 하였다 합니다. 그래서 군인들이 모두 원망하며 돌아가기를 생각하고 있다고 하였습니다."

(『宣祖實錄』 卷101, 31年 6月 戊午條)

이와 같이 구원차 온 왜군이 중국군의 군용 때문에 제대로 도전하지 못하고 있었는데도 명군 스스로 그만 조급하게 철수하고 말았던 것이다.

둘째, 군 방비의 전근대화에 있었다. 이를 접반사 장운익張雲翼이 국왕에게 보고한『선조실록宣祖實錄』권卷100, 31年 5月 신해조辛亥條에서 찾으면,

"기계는 몹시 소탈하고 계략도 주밀하지 못했습니다. 날마다 명령하는 것은 풀을 베라는 것뿐이었는데, 이는 성 밑에 쌓아놓고 불을 지르려고 한 것입니다. 사람들이 한 다발의 풀을 가지고 성 밑에 가까이 가면 鐵丸이 비오듯이 쏟아져서 사람들이 亂麻처럼 쓰러지니 이에 이르러서 기술이 궁했습니다. 처음 쳐들어갔을 때에는 軍中에서 도산의 外城이 불에 타고 있다는 소식을 듣고 승기를 타고 질주하여 기계를 모두 버린

채 40리나 되는 곳을 멀리 달려갔는데, 맨주먹으로 간 자가 많았습니다.
그래서 지난번 왜적이 內城을 굳게 지키고 있을 적에는 기계를 사용하
고자 하여도 기계가 없었습니다."

라고 하여 무기가 소탈하였을 뿐 아니라 병졸들은 무기 자체를 휴대하지
않은 자도 많았던 것이다. 조·명군도 조총 등 신무기를 적극적으로 개발하
여 사용할 필요가 있었던 것이다.

셋째, 경리 양호의 작전 실패를 꼽을 수 있다. 중국에서 양호의 잘못을
조사한 바 있는데 그중 경리 접반사 이덕형이 국왕에게 보고한 것을 『선조
실록宣祖實錄』 권101, 31年 6月 정묘조丁卯條에서 찾으면,

> 그 첫째는 이원익이 閑山을 지키지 못했고 金應瑞는 병사를 많이 잃
> 었는데도 楊 노야가 국왕에게 말해서 다시 벼슬을 하게 했다는 것이었
> 다. 그 둘째는 島山의 전투에서 조선 병사가 1,000여 명이 넘게 죽었으
> 니 거사를 경솔히 하여 일을 그르쳤다는 것이었다. 그 셋째는 몰래 陪臣
> 을 시켜 국왕에게 題本을 올리게 하여 자기의 공로를 전달하게 했다는
> 것이었다. 그 넷째는 조선의 娼婦를 끼고 있다는 것이었다. 그 다섯째는
> 내가 잊어버려 기억이 나지 않는다. 그밖에 조금도 사리에 맞지 않는 난
> 잡스런 말들이 지면에 가득히 쓰여져 있었다.

라고 한데서 파악한다.

넷째, 경리 양호와 제독 마귀간의 심화된 갈등이다.[69] 이를테면 제8일째
전투에서 제독이 경리 양호에게 이런 상황에서 왜적이 도주할 수 있도록
작전의 수정을 제의하였으나 거절한 것은 대표적 케이스라 하겠다.

다섯째, 서로간의 공功 다툼이다. 도산성 공파를 목전에 두고 실패한 것

---

69) 『宣祖實錄』 卷99, 31年 4月 甲子條. ; 同, 卷97, 31年 2月 乙亥. ; 同, 卷101, 311年
6月 丙子條.

은 천추의 한이 되고 있다.

당시 도산전투에 관해 조선의 명나라에 보낸 글을 『재조번방지』 5, 무술
년조에서 찾으면,

하늘이 우리를 돕지 않아 적이 도리어 틈을 타게 되어 외롭게 포위된
적을 뽑아버리지 못하고 적의 큰 괴수가 죽음에서 도망치게 된 것이 한
입니다. 그런데 그것을 가리켜 완전히 승리하지 못하였다 한다면 오히
려 가하거니와 싸움에 패하였다는 것은 천부당합니다.

라고 하였다.

더구나 도산성이 철옹성이란 지리地利는 물론이지만 한 겨울에 비까지
내린 천시天時까지도 조·명군을 따르지 않았으며, 지도부의 불화不和는 결
정적인 패인으로 작용되었던 것이다.

그러나 비록 도산성 전투에서는 패했지만 임진왜란이란 전쟁에서 볼 때
승리로 간주할 수 있겠다. 이 같은 시각은 당시 조선의 지도층에 그대로 보
여지고 있다. 이를 실록에서 찾으면 다음과 같다.

첫 번째로 稷山에서 승리를 거두자 서울이 보전되었고, 두 번째로 靑
山에서 적을 궁지로 몰아넣자 湖甸이 완전히 완전하게 되었으며, 세 번
째로 島山에서 무찌르자 적은 넋을 잃고 말았습니다.

(『宣祖實錄』 卷101, 31年 7月 甲申條)

島山의 승리에 천조의 위세는 더욱 진작되고 적의 기세는 크게 꺾였
으니 가등청정을 잡아 묶지는 못하였어도 세상에 드문 하나의 뛰어난
공이었습니다. 지금까지 전라도·경상도 두 道가 전쟁의 와중에서도 보
전된 것은 모두 이 한 번의 전투에서 승리한 공 때문이다.

(『宣祖實錄』 卷103, 31年 9月 庚戌條)

이같이 도산성 전투는 승리로 간주하고 있다. 왜군의 넋을 빼앗아 기세를 꺾고 전라 경상도를 보전하게 된, 세상에 드문 전적을 세웠다고 생각하였던 것이다.

반면 이 전투는 왜군에게도 커다란 충격을 던져 주었다. 특히 도산성은 가등청정이 장기주둔 목적으로 견고하게 쌓은 철옹성이었다. 그가 자신 있게 구축한 성이었지만 평지의 중앙에 있어 조·명군에 의해 고립되었기 때문에 순천의 소서행장, 사천의 도진의홍島津義弘 등과 연락이 두절되어 버렸다. 식량은 다 떨어지고 샘물까지 없는 철옹성에서 10일도 못 가서 동사자凍死者, 아사자餓死者가 속출되는 극한 상황에까지도 도달하고 말았던 것이다. 가등청정이 명장이라 한들 이 같은 생지옥을 구해낼 수는 없었다. 가등청정은 제 1차 도산 전투에서 얻은 이 경험을 뒤에 일본에 돌아가 구주九州 웅성熊城을 쌓을 때 다다미 자리의 재료로 언제나 먹을 수 있는 토란줄기를 사용하였다고 한다.[70]

제 1차 도산성 전투는 그들이 장기전을 위해 우리 나라 남해안에 구축했던 왜성, 즉 가등청정은 도산성, 소서행장은 순천성, 흑전장정黑田長政은 양산성 등의 주둔지를 포기하지 않으면 안될 상황이 되었다. 그 까닭은 가등청정은 서생포, 소서행장은 사천泗川, 도진의홍島津義弘은 고성固城, 흑전장정은 가덕도加德島, 종의지宗義智는 거제도 등으로 진지를 옮기지 않으면 안되게 되었던 때문이다.

당시 참상을 담은 「울산성합전도蔚山城合戰圖」(세로 62.3cm, 가로 178.7cm 정도)라는 그림이 현재 호쿠오카 박물관에 전시되어 있어 매우 주목된다. 이 그림은 좌하번주佐賀蕃主 과도직무鍋島直茂가 선조 31년 여름 조선에서 철군한 다음 생지옥과 같았던 도산성 전투를 회상, 가신 대목大木

---

70) 李進熙, 『倭館 倭城を步く』 ; 北島万次, 『朝鮮日日記』, 1982, pp.322~335.

에게 그 상황을 알려주고 그리게 한 것이라 한다. 병풍으로 된 그림 중앙에 축대를 높이 쌓은 네 개의 왜성이 있고, 성 주위는 조명연합군이 입추의 여지없이 완전하게 포위하였다. 그리고 북쪽 산 넘어 병영성兵營城에는 경리 양호의 지휘와 4개의 조명군부대가 진치고 있는 모습이 보이고 있다. 더 자세히 살펴 우선 성의 축대 부분을 보면 성을 공략하기 위해 사다리를 놓고 기어오르는 조명연합군의 수많은 병사들을 볼 수 있다. 그리고 이에 대항하는 왜군 철포대鐵砲隊의 모습도 성 위에 나타나고 있다. 특히 이 전투에서 기갈이 든 왜군의 모습이 세밀하게 그려져 흥미롭다. 배가 고파 백마를 잡아먹는 모습, 그 옆에는 기갈로 쓰러진 듯한 왜군들의 모습이 있다. 그리고 태화강에는 4척의 배가 보이는데 아마 고립된 가등청정을 구원하려온 왜의 군단인 것 같아 보인다.

5. 島山戰의 군량조달

조·명군은 남해안 900리에 포진하고 있던 왜군을 몰아내기 위해 맹장으로 알려진 가등청정의 도산성을 우선 공략하기로 하였다. 가등의 제거는 왜군을 격퇴하는 첩경이라고 생각했던 까닭이다.

그러나 5만여 조·명군의 대이동과 도산성 공략에 있어 필수적인 것 중의 하나가 군량의 조달에 있었다. 도산성의 공략작전계획이 거의 굳혀졌던 10월 말 명의 제독 마귀麻貴는 국왕에게 다음과 같은 세 가지를 제의하였다. 이 사실을 『선조실록宣祖實錄』 권93, 30年 10月 병술조丙戌條에 보면,

첫째는 粮草를 준비하는 일이고, 둘째는 松雲과 장희춘을 倭營에 보
내서 적의 형세를 정탐하는 일이며, 셋째는 전라도의 구례, 곡성, 광주,

나주 등지에 적병이 주둔하고 있는지의 여부를 아는 일입니다. 적의 형
세를 자세하게 안 뒤에야 군사를 움직일 수 있습니다.

라고 하여 첫째 군량미의 확보와 조달, 둘째 서생포 왜병의 정세, 셋째
호남의 적세 등을 꼽고 있는데서 알 수 있다.

그런 까닭에 호조에서는 진작부터 군량미 확보에 관한 대책을 수립하였
던 것이다. 왜의 병란을 당하지 않은 지역, 이를테면 영남 좌도에서도 풍기,
영주榮州, 예천, 봉화, 예안, 안동, 진보, 청송, 영해, 영덕, 흥해 등은 최하
등급에서도 1두斗를 뺀 1결結 3두斗씩 걷고 강원도 영동지방도 곡식을 거
두어 마상선(亇尙船)으로 동해 바닷길을 이용, 경주慶州, 안강安康으로 11
월 초순경까지 운반 비축하도록 하였다.

그리고 군량미 조달에 관한 대책을 국왕에게 보고하기를

"예전에도 군사가 출정할 때 군량을 반드시 뒤따르게 한 것은, 이러한
우려에 대비하자는 것이었습니다. 지금 대군이 아직 내려가기도 전에
먼저 군량을 수집한 것은 어쩔 수 없는 형편에서 나온 계획이기는 하나
그 우려가 깊습니다. 다만 오늘날의 일은 호령과 분부가 모두 중국 장수
에게서 나오고 우리 나라는 뛰어다니며 처리하기에 급급하므로 이러한
곡절은 모두 깊이 생각할 겨를이 없었습니다. 그리고 三營이 진군할 길
은 경리의 문의를 받았느니, 그때 호조판서 金晬로 하여금 형편에 따라
이 뜻을 함께 개진하여 만전을 기하도록 하겠습니다."71)

라고 하여 호조판서는 경리 양호의 문의를 받아 군량미 조달에 차질이
없도록 하였던 것이다.

그런 까닭에 군자감軍資監 윤방尹昉은 조·명군이 떠나기에 앞서 경상좌

---

71) 『宣祖實錄』 卷94, 30年 11月 己未條.

도에 와서 군량미를 점검한다. 그 결과 안동에는 2만석, 경주에도 2만 6천 석을 각 고을에서 이미 거두어 운송해 놓았다. 더구나 경상좌도에 있는 군 량미를 전부 모으면 8만여 석이나 되었다. 이는 조·명군의 한달 반 가량의 군량미로 충분한 것이었다.

이같이 실적이 매우 좋았던 까닭을 윤방은 보고하기를,

> 道內에 가까스로 살아남은 인민들은 존망의 기회가 이번의 거사에 달 려 있다는 것을 알고 아낌없이 義損하여 군량의 용도를 돕기 위해 조금 이나마 더 모으려고 갖은 애를 다 쓰고 있습니다. 식견이 있는 선비는 이미 義氣에 격분되었고 무지한 촌민들도 각기 일신의 계책을 위하여 힘 자라는 대로 남김 없이 내놓고 있습니다. 지금 民力이 이미 탕진되었 으므로 이런 처지에 이르러서는 일 푼이나마 더 마련하려 하여도 다시 길이 없는데 대군이 지구전을 편다면 앞으로 군량을 이어댈 계책이 매 우 염려스럽습니다.[72]

라고 하였다.

백성들은 이번 도산성 공략에서 왜적을 반드시 격퇴시키고 말겠다는 의 지가 높았던 까닭에[73] 극히 어려운 형편에서도 촌민에서부터 선비에 이르 기까지 흔쾌히 군량미 조달에 적극 협조하였던 것이다. 군량의 확보는 전국 적으로 이루어졌다. 즉, 경상도는 윤승훈尹承勳, 유영경柳永慶, 성영成泳 등이, 전라도는 어사御史 남탁南晫을 파견하였고, 황해도와 평양은 홍세공 洪世恭, 박이서朴彝敍, 조존성趙存性 등을 보내 군량을 수괄하여 운송하도 록 책임을 부여하였다.[74] 명나라에서도 해마다 70만석의 군량을 육로陸路 와 수로水路를 이용, 조선에 운송하기로 되었다.[75] 그런 까닭에 군량미는

---

72) 『宣祖實錄』 卷95, 30年 12月 庚辰條.
73) 『宣祖實錄』 卷99, 31年 4月 癸未條.
74) 『宣祖實錄』 卷95, 30年 12月 癸未, 丙子條.

크게 부족 되지는 않았다. 전국에서 거두어들인 군량은 삼로三路로 나누어 관장하였는데 좌영左營은 윤승훈尹承勳,76) 중영中營은 유영경柳永慶, 우영右營은 성영成泳 등이 맡았다.

경주가 최전방이어서 군량미 비축에 적합치 않다는 의견도 없지 않았으나77) 좌영과 우영의 군량미는 모두 경주로 운송되었다.78)『징비록懲毖錄』권14에 보면 전투가 전개되는 동안 도체찰사道體察使 영의정 유성룡柳成龍은 경주에 상주하면서 군량공급에 대한 총 점검과 그 단속을 맡았다. 윤승훈, 성영, 유영경 등이 안동, 대구 등지의 군량을 경주로 운반한 것을 다시 울산으로 보내 양향糧餉에 차질이 없도록 하였던 것이다.

경주에는 명나라 대군이 진주해 있었고 체찰부 또한 여기에 있었다. 따라서 다른 지역과는 달리 막대한 군량이 필요하였다.79) 여기서 잠깐 경주지방의 군량감봉軍糧監捧을 형 대신 갑자기 맡았던 이의온李宜溫의 활동을 살펴 볼 필요가 있다. 이의온은 조명의 대군이 경주에 진주하였을 때 군량공급에 차질이 없게 하기 위해 관군官軍을 파발擺撥로 각 고을에 보내 만약 10일 이내에 경주부에 군량을 내지 않으면 군법軍法으로 다스리겠다고 시달하였다. 그리고 그는 경주부로 부터 안강, 비안곡比安谷, 죽장竹長, 기계杞溪, 신광神光, 흥해, 연일, 장기, 동해 등을 순회하면서 '온언순사溫言順辭'하고 돌아 왔다고 하는 것을 보면 왜 군량이 필요한가를 순리적으

---

75)『宣祖實錄』卷97, 31年 2月 辛未條.

76)『宣祖實錄』卷95, 30年 12月 丙子에 摠督使 分司憲府의 대사헌인 尹承勳은 左路의 馬草와 軍種을 전담 관리하였음이 확인됨.

77)『宣祖實錄』卷94, 30年 11月 乙未條.

78)『宣祖實錄』卷97, 31年 2月 甲申條.

79)『관감록』朴毅長 年譜 宣祖 30年 丁酉條에 "중국장수 양호와 마귀가 7만 군사를 거느리고 와서 있었고 또 삼영의 중국장수들이 다 모여 있었고 체찰사가 경주에서 체찰부를 차리고 있었으므로 그 접대와 물자의 공급이 여러 만 량을 헤아리게 되니 백성과 아전들이 견디어 나갈 길이 없었다"라고 하였음.

로 백성들을 설득하였던 것이 아닌가 생각된다. 왜냐하면 보름 뒤에 거두어
들인 군량이 기존의 2천 석을 합치면 3천 석이 되어 조·명군이 진주하였을
때 양향에 있어 전연 차질이 없었다고 할 정도였기 때문이다. 그 뒤 도산성
전투에서도 이의온의 군량공급은 계속되고 있다.[80]

　특히 조선은 명군에 대한 지공支供과 구료救療가 극진하였다. 그래서 명
장 진인陳寅같은 이는 성의가 매우 가상하다고 극찬을 아끼지 않았다.[81]
그러나 지나친 군량미 확보는 속오군束伍軍의 작미作米를 거두어 들였고
나중에는 봉미군捧米軍까지 징발하는 폐단이 생겨났던 것이다.[82]

6. 제 2차 島山전투

　제2차 도산전투는 선조 31년(1598) 9월 22일부터 동년 10월 4일까지 13
일간이였다.

　조정은 제 1차 도산성 전투 실패 이후 무과武科를 넓히는 등 조정軍政을
엄히 하였다.[83] 그것은 일본이 8, 9월에 다시 군사를 출정시킬지 모른다는
정보가 있었기 때문이다.[84] 그런 까닭에 명군은 3월말 육군을 동東·중中·

---

80)『五宜集』龍蛇日記 丁酉 11月. 12月條. "十一月二十二日 君可監捧 各邑軍糧 唐兵
　　大至之日 無至支供之窘碍也 余拜謝是日 擺撥官軍傳令 各邑十日內收捧 本府俾無
　　時刻遲滯之端 若違令 則行之以軍法 二十五日 驛馬巡回 自本州 至安康比安谷竹長
　　杞溪神光與海延日長鬐東海等地 以溫言順辭 備陣勢別七日而返 十二月十日 開本
　　府倉庫 收捧各邑軍糧總一千餘石 本府所積者二千餘石 卽使軍官擺撥 各邑董督 未
　　收負擔運者 運絡直路 庶免軍糧不足之直也 二十四日 明將進兵島城 運輸糧草継後
　　連續" 등에서 확인됨.

81)『宣祖實錄』卷96, 31年 正月 丙午條.

82)『宣祖實錄』卷96, 30年 12月 庚辰條. ;『宣祖實錄』卷96, 31年 正月 己西條.

83)『宣祖實錄』卷99, 31年 4月 辛巳條.

84)『宣祖實錄』卷97, 31年 2月 辛未條. ;『宣祖實錄』卷99, 31年 4月 己巳. ;『宣祖實
　　錄』卷100, 31年 5月 己丑條.

서西 3로군路軍으로 재편성해서 전라도와 경상좌우도에 분산 배치하였다.85) 그리고 5월에 도독 진린陳隣이 절강浙江 지방의 수군 9,000명을 이끌고 조선으로 와서, 4로군路軍이 되었다. 조명은 4로군을 중심으로 하여 왜군의 진지를 공략, 격퇴시킬 계획을 세웠다.86)

당시 왜군이 주둔하고 있는 곳을 보면 경상좌도는 울산 도산성 1만여 명은 가등청정이 거느리고, 서생포西生浦 4~5천명 혹 1만여 명, 부산포釜山浦 4~5천명, 양산梁山 4~5천명은 갑배수甲斐守가 거느리고, 경상우도 김해부金海府에 약 1만여 명은 풍직무豊直茂가 거느리고, 덕지도德只島에 약 4~5천명, 고성固城에 6~7천명, 거제巨濟에 4~5백명, 진주에 약 4백명, 영신현永新縣에 약 2천여 명, 사천泗川에 7~8천명 혹 1만명, 남해현南海縣에 평의지平義智 평조신平調信 등이 거느리고, 곤양군에 3백여 명이 있고, 창원·웅천은 정확하지 않으나 대영풍무수大營豊戌守가 거느리고, 전라도 순천順天에 1만 5천여 명 평행장平行長 비란도飛欄島 등이 거느리고 있었다.87) 그래서 왜군의 총수를 약 10만으로 보고 있었다.88)

조·명군은 제1차 때와는 달리 각자 분담지역을 설정하고 분산分散 공략하기로 하여89) 이에 따라 다음과 같이 4로군으로 편성하고 도산, 사천, 순천 등을 동시에 공략하게 되었다.

이때 동로東路의 중국 군사는 2만 4,000명이고 우리 군사는 5,514명이며, 중로中路의 중국 군사는 2만 6,800명이고 우리 군사는 2,215명이며, 서

---

85) 『임진전란사』, pp.1085~1090 ; 『임진왜란사』, pp.253~257
86) 『宣祖實錄』卷103, 31年 8月 戊辰. 제독 麻貴가 국왕과 상의하는 중에 "9~10월 사이에 거사하려고 하는데 이 시기를 놓치면 해볼 수가 없습니다. 일을 꾀하는 것은 사람에게 있지만 일을 이루는 것은 하늘에 달려 있으니, 오직 기미를 살펴 잘 결단하는 데에 달려 있습니다"라고 한데서 파악됨.
87) 『宣祖實錄』卷 104, 31年 9月 庚戌條.
88) 『宣祖實錄』卷104, 31年 9月 甲午條.
89) 『宣祖實錄』卷103, 31年 8月 戊辰條.

로西路의 중국 군사는 2만 1,900명이고 우리 군사는 5,928명이며, 수로水
路의 중국 군사는 1만 9,400명이고 우리 군사는 7,328명이었으니, 모두 합
하면 10여만 명이었다. 군량과 무기도 이에 비등했는데,[90] 이를 논하기 전
에 잠깐 제 1차 도산성전투 뒤의 경주지방 방어태세를 살펴보자.

경주는 도산과의 거리가 근접하기 때문에 어느 곳보다도 수비가 중요한
문제였다. 우선 조정으로부터 산성과 요새지 등을 중점 수비해야 된다는 점
이 거론되면서[91] 자연스럽게 경주의 수비 강화문제가 대두되었다. 이를
『선조실록』권97, 31년 2월 을해조乙亥條에서 찾으면 다음과 같다.

> 慶州에 한 명의 遊擊을 머물러 두어 성을 쌓아 鎭을 설치하게 하고
> 永川 및 義興에 군사를 주둔시켜 後援하게 하는 한편, 總兵·大將은 安
> 東에 住箚하게 한다. 高靈 근처에 한 명의 유격을 유둔시켜 성을 쌓고
> 陣을 설치하게 하고 星州와 善山에다 군사를 주둔시켜 후원하게 하는
> 한편 총병 대장은 尙州에 주차하게 한다.

이 같은 계획에 차질이 없었던 것은 아니지만 부총병 오유충이 한동안
경주에 주둔하면서 진지 강화에 주력하였다고 보아진다.[92]

경주에 있는 경상좌병사 성윤문은 군사를 조발하여 박의장, 권응수 등과
함께 2,000명으로 경상좌도 군진軍鎭을 중심으로[93] 수비에 들어갔고[94] 김
태허, 고언백 등도 경상좌도에 분산 배치되었다.[95] 그런 까닭에 울산에서

---

90) 『宣祖實錄』卷105, 31年 10月 甲子條. ; 同, 卷 104, 31年 9月 庚戌條.

91) 『宣祖實錄』卷97, 31年 2月 辛巳條.

92) 『宣祖實錄』卷99, 31年 4月 己卯條.

93) 『宣祖實錄』卷96, 31年 正月 乙酉條.

94) 『宣祖實錄』卷96, 31年 正月 乙巳條.

95) 『宣祖實錄』卷99, 31年 4月 乙巳條. 명의 부총병 吳惟忠의 접반사 尹洞의 치계가 경
   주에서 올려 보내고 있는데서 확인됨.

경주로 들어오는 길목인 관문성關門城수비 또한 강화되었던 것이다.[96]

한편 도산성의 왜군도 무너진 방호 요새지 등을 보수하기 시작하였다. 『선조실록』 권97, 31년 2월 기사조己巳條에 보면

> 도원수 권율이 치계하기를, "蔚山 城隍堂의 무너진 窟을 다시 수축하기 위해 山役하는 왜적들이 혹은 200~300명씩 혹은 400~500명씩 무리를 지어 기병과 보병이 서로 뒤섞여 무상 출입하고 있었는데, 左兵使 成允文과 防禦使 高彦伯 등이 합세하여 돌격해서 도합 13급을 참획하였으므로 올려보냅니다."

라고 한 바와 같이 경주를 중심으로 한 관군의 활동이 돋보이지만 왜군도 성황당 등 요새지를 보수하고 있음이 보인다. 특히 제 2차 도산전이 터지기 직전 성 앞에 해자垓子 등도 설치하였던 것이다.

어쨌든 선조 31년 7월이 되면서 사기事機가 변하고 군정軍情이 동요하는 기색이 보이자 가등청정은 경주·경산 등지를 분탕질하면서 고언백高彦伯에게 글을 보내 많은 군사를 충돌시켜 조선과 요동까지 정벌하겠다고 엄포를 놓기도 하였다.[97] 그러나 이 같은 분탕질은 겨울에 들어가 지킬 군량을 마련하기 위한 한 수단에 불과하였던 것이다.[98]

이와 같았던 때문에 조·명군은 왜군을 격퇴하기 위해 8월말까지 준비를 끝내고 동로군은 도산성을, 중로군은 사천성 왜교성倭橋城을 각각 공략목표로 하여 작전명령이 하달되었다.[99]

---

96) 『宣祖實錄』 卷102, 31年 7月 丁酉條.
97) 『재조번방지』 5, 戊戌 7月條.
98) 『宣祖實錄』 卷103, 31年 8月 壬戌條..
99) 『연려실기술』 卷17, 선조조고사본말 水陸東征倭賊撤還條. 동로군 이외 중로군은 제독 董一元이 1만 4천여 병력을 이끌고 진주에서 泗川의 新城을 공략하고, 서로는 도독 劉廷이 1만 3천 6백여 명의 군사를 지휘 순천의 왜교를 공략케 하였다. 한편 水路軍은

이에 따라 상주尙州에 있던 동로군 제독 마귀는 2만 4,000여 병력을 끌고 도산성을 공략하기 위해 8월 27일 경주로 진군하였다.[100]

이어 안동에 둔치고 있던 참장 양등산, 영천 신녕新寧에 있던 부총장 오유충, 경상좌소영에 있던 지휘동지指揮同知 설호신薛虎臣 등도 군사를 이끌고 경주에 합진하였다. 조선군 또한 방어사 김응서의 지휘하에 경주에 집결하였다. 양군 진영의 병력사항을 보면 다음과 같다.

병력사항

· 조선군
  경상좌병사 성윤문, 경상방어사 김응서金應瑞, 권응수權應銖, 경주부윤 박의장, 울산군수 김태허
  (5,514명)

· 명군「동로군東路軍」
  제독 麻貴, 부총병 吳惟忠, 解生, 指揮同知 薛虎臣, 참장 楊登山·王國棟, 유격장 陳蠶, 葉思忠, 陳寅, 頗貴, 청총, 麻雲
  (2,4000여 명)

· 왜군
  울산성 수장守將 가등청정[101]
  (10,000여 명)

경주에 집결한 조선군은 주로 경상좌도, 평안 강원도 병력이었다.[102] 경

도독 陳隣이 1만 3천여 수군을 이끌고 統制使 이순신과 합동작전토록 하여 왜군의 진지를 일시에 나누어 공파하자는 전략이었다.

100) 『宣祖實錄』 卷104, 31年 9月 辛卯. ; 『난중잡록』 3, 戊戌年 6月條. ; 同, 9月 28日條.

101) 『임진왜란사』, pp.1086~1087.

102) 『연려실기술』 卷17, 선조조고사본말 水陸東征倭賊撤還條. 중로군은 경기·황해·경상 우도 병력, 서로군은 충청·전라도 병력을 소속시켰고 함경도 병력은 국경의 경보가 있었던 까닭에 제외되었다.

주에 진주한 제독 마귀는 도산성을 공략하기 위한 작전을 세웠다. 병력을
양분하여 부총병 해생, 참장 양등산의 병력 4,000을 먼저 울산으로 파견하
고[103] 김응서의 조선군과 지휘동지 설호신군을 부산 온정溫井에 파견, 공
략토록 하였다. 부산파견작전은 울산·부산간을 차단하여 적의 구원병을 봉
쇄하고자 하는데 목적이 있었다.

<그림> 풍신수길의 朱印狀(정유재란 병사조직 : 오사카성 소장)

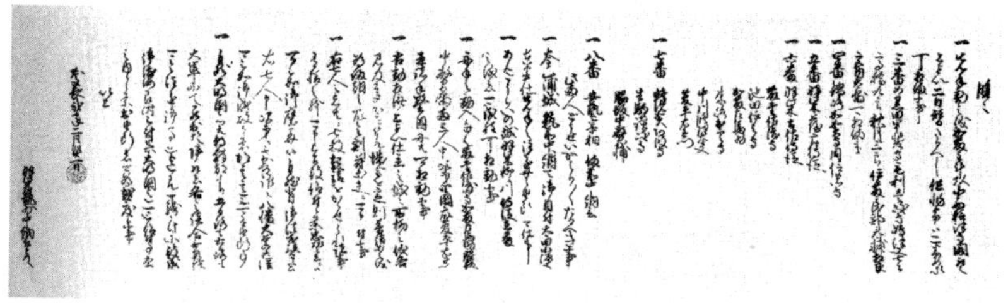

선발대는 도산성에 진격하여 적과 싸워 70여 급을 베고 산 위에 진을 쳐
본진이 오기를 기다렸다. 조·명군의 본진은 9월 21일 경주를 출발, 도산성
을 향해 진군하였다. 이를 『재조번방지』에서 찾으면 다음과 같다.

　군사를 경주에 진군하고, 四更에 제독이 먼저 標兵 尖兵을 떠나보냈
다. 解生·楊登山·王國棟·頗貴 네 장수의 마병은 島山을 바라볼 수 있
는 산 위에 진을 치게 하고 제독은 富平驛 옛터에 진을 치고, 보병은
兵營 옛터에 진을 치게 하고 정예한 기병을 선출하여 요격하니 적이 나
왔다가 돌아갔다 하더니 얼마 있다가 크게 나와 기병과 마주 싸웠다. 그
런데 千摠 麻雲 등이 200騎를 거느리고 箭灘에서 도산으로 오는데 적

---

103) 『재조번방지』 5, 戊戌年 9月 11日條.

이 그가 이를 것을 생각하지 못하였는지 창황하여 달아나다가 물에 빠져 죽은 자가 심히 많았으나, 다만 1級을 배었으며, 군막과 粮草를 모두 태워버렸다.

선발대인 해성·양등산·왕국동·파귀 등 네 장군의 기병騎兵들은 제 1차 때와 같이 도산성이 건너다 보이는 고학성산古鶴城山 위에 진을 치고, 제독 마귀는 도산성에서 북쪽으로 2km정도 위치한 지금의 울산시 약사동藥泗洞 평산平山에 있는 부평역富平驛에다 본부를 설치하였다. 그리고 보병은 좌병영터에다 진지를 구축하였다.

9월 22일부터 도산성 공략에 나섰다. 주력부대가 도산을 진격할 때 천총 마운麻雲 등은 기병 200을 선발, 태화강 하류인 전탄箭灘에 있는 적의 요새지를 공파하여 버렸다. 왜의 가등청정은 소부대로 조·명군을 유인하여 성으로 접근하게 한 뒤 대부태를 전격적으로 출동시켜 격멸시키려는 작전을 구사했다. 그러나 조·명군은 주력부대가 진격하면서 기병을 신속히 출격시켜 왜군의 측방을 공략케 하여 그들을 격멸시켰다. 승리는 조·명군에게 있었다. 해자를 건너 복구한 외성의 목책木柵을 불태워 버렸다. 왜군은 내성으로 도망쳐 들어갔다. 추격하는 조·명군에게 조총을 마구 쏘아댔기 때문에 조·명군은 더 이상 성으로 접근 할 수가 없었다.104)

성안에 들어간 왜군은 성을 굳게 지킬 뿐 성안에서 움직이지 않았다. 그래서 조·명군은 작전을 변경하였다. 군사들에게 초방草房을 만들게 하고 지구전을 펴면서 때때로 공격하였다 유인하여 성 밖으로 끌어내자는 것이었다.

『재조번방지』 무자년 9월 26일조에 보면 다음과 같다.

---

104) 『난중잡록』 3, 戊午年 9月 27日條.

제독이 여러 장수로 하여금 陣을 변하여 거짓 퇴각하는 체하여 왜적
을 유인하여 성을 나오게 하였으나 적은 나오지 않았다.

왜적은 성을 지킬 뿐 유인에 응하지 않았다.

온정에 파견되었던 김응서는 포로 1천여 명을 구출하는[105] 등 그 임무를
성공시킨 다음 도산전에 참전키 위해 왔다. 조·명군은 유병游兵을 앞세워
싸움을 돋구어도 왜적은 굳게 성만 지키고 접근하면 조총을 비오듯 쏘아댔
다. 따라서 제 1차 도산 전투와 비슷하게 상황이 전개되었다. 그리하여 도
산에서 남쪽 30里 밖에 있는 적의 군량을 불태웠고 이 전투에 참여하려고
찾아온 사람들이 1천 1백여 명이나 되었다고 한다. 이를『선조실록』권104,
31년 9월 경술조庚戌條에서 찾으면 다음과 같다.

　　軍門都監이 아뢰기를, "麻提督의 差官이 와서 말하기를 '島山을 방
　금 포위한 상황이 전일 楊經理가 진격했을 때와 같다. 그러나 垓子를
　만들고 바닷물을 끌어 들여 사람이 건너지 못하게 하였으므로 함락시키
　기가 어려울 듯하다. 長川의 건너편 30리쯤 되는 지역에 많이 쌓아놓은
　적군의 양식을 모두 불태워버렸으며 전후에 찾아온 우리 나라 사람이 1
　천 1백여 명이다.'고 하였습니다." 하니, 알았다고 전교 하였다.

왜군은 견고하게 구축한 성곽 안에서 접근하는 조·명군을 조총사격으로
막았던 까닭에 조·명군으로서는 별 대책이 없이 시일만 끌게 되었다. 제독
마귀는 마지막으로 왜적을 유인하기 위해 위장된 후퇴전략을 도모하였다.

이 같은 사실을『재조번방지』무술년 9월 30일조에 보면,

　　새벽에 제독이 군량과 대포 등을 30里 밖으로 먼저 옮겨 놓게 하고

---

105)『宣祖實錄』卷104, 31年 9月 壬子條.

騎兵을 뽑아 兵營 서쪽 골짜기에 매복시키고 훤하게 밝은 뒤에 모든 군
사가 진지를 떠나고 기병 1천여 명을 보내 白蓮巖 밑에 여러 적이 배를
매여 놓은 곳에서 달리게 하였으나 적은 역시 움직이지 않았다.

라고 하여 역시 왜적은 도성 안에서 한 발짝도 움직이지 않았다.

이 같은 양 군영의 대치 상태에서 제독 마귀는 부산에 있는 왜군의 구원
병이 수일 안에 당도할 것이라는 보고를 받고[106] 철수하려는데 사천泗川의
신성을 공략 중이던 중로군 동일원董一元군이 패퇴했다는 소식을 접하였
다.[107] 그래서 마귀는 10월 4일 경주로 철군하고 말았다.[108]

그런 까닭에 결국 13일간 대치하면서 싸운 2차 도산성 전투도 무위로 성
과 없이 끝나고 말았다. 『고사촬요故事撮要』에 보면 '제독 마귀가 자중하
면서 싸우지 않았다'고 한 것을 보면 제 1차 때와는 달리 제 2차 도산전은
제독의 적극성 결여가 중요한 패인이 아닌가 생각된다.

7. 경주·울산 軍兵의 활약상

울산혈전에서 경주·울산[109]의 군병 활약상을 떼어내 논한다는 것 자체
가 무리라고 본다. 그러나 그런 것을 알면서도 구태여 언급하고자 하는 것
은 이 지역의 특수성을 이해하는데 도움이 될까 해서이다.

임진왜란이 발발하면서부터 경주 이눌李訥, 김응하金應河, 황희안黃希
安, 이언춘李彦春, 김호金虎 등이 울산에서 박봉수朴鳳壽, 서인충徐仁忠,

---

106) 『재조번방지』 5, 戊戌年 9月 29日條. ; 『宣祖實錄』 卷105, 31年 10月 乙酉條.

107) 『宣祖實錄』 卷105, 31年 10月 癸巳條.

108) 『宣祖實錄』 卷105, 31年 10月 癸卯條.

109) 李有壽, 「都護府로의 승격」, 『蔚山鄕土史研究』, 1991. ; 울산시, 『내 고장의 傳統』,
1982, pp.96~115. ; 울산문화원, 『울산울주향토사』, 1978, pp.229~264 등 참조

전응충全應忠, 박홍춘朴弘春 등이 국가를 보존하고 향토를 수호하기 위해 몸을 바쳐 창의거병倡義擧兵하여 많은 공과를 울렸던 것이 주지의 사실이다.

정유재란으로 많은 의병이 재차 거병하였다. 그리고 이미 전공戰功으로 관군官軍으로 편입된 의병의 숫자가 적지 않았다. 특히 도산전島山戰에서 의병의 활동은 뛰어났다. 경주의 박인국·김응택·견천지·이눌·황희안·김응하·이안국, 울산의 이우춘·김흡·서인충·박봉수·이봉수·이승금, 영천의 권응심, 영일의 이열·김우정·김유결 등의 활약상 앞에서 언급한 바와 같다. 최전선에 위치한 경주·울산 군병들은 결사 항전하였다. 우선『관감록』권2, 정비국呈備局 진폐막陣弊瘼 잉청해직장조仍請解職狀條에서 찾으면,

> 본부에는 명나라 장수가 항상 머물러 있어서 파발군과 軍門委官과 察院委官과 제독이 보낸 千把摠이 탐정을 보내고 복병을 설치할 때면 서로 섞바꾸어 오고가고 하여 하루에 400~500명의 식량이 소비되고 동서남북으로 출입할 때면 嚮導는 반드시 말 탄 자를 내세우라 하고, 또는 말을 맡아보는 사람과 교량을 맡아보는 사람을 밤낮 못살게 구박하니, … 지난 가을에 적이 다시 침범하였을 때 본도에서 적을 잡은 것이 700여 급이나 되는데 그 중에는 경주 울산 군대가 600여 급을 잡았으니 경주·울산 군인과 타군의 군인들의 차이를 알 수 있는 것입니다.

라고 하여 경주에는 항상 조·명군의 주둔지로서 군향과 뒷처리 등의 업무뿐 아니라 군사활동에도 공적이 월등하게 빛났던 것이다.『울산읍지』임진왜변 사적조에도 군수 김태허가 군병郡兵을 이끌고 향도가 되어 왜군 격퇴에 솔선하였다고 하는 것 등이 보인다.

특히 전투가 계속되는 동안 경주에 있으면서[110] 독전한 도체찰사 영의정

---

110)『宣祖實錄』卷98, 31年 3月 壬辰條.

유성룡은 그 공로를 특별히 칭찬하였다.[111] 더구나 군공청軍功廳에서도 다음과 같이 보고한데서 잘 드러나 보인다.

> 軍功廳이 아뢰기를, "慶州의 軍功을 세운 사람들에 대해서는 적을 사살한 수를 통산하여 논상하도록 전교하였으나 제장들이 공로를 상신함에 있어 사실과 다른 경우가 많기 때문에 지난해 겨울에 통계하여 논상하지 않기로 이미 승전을 받든 일이 있습니다. 다만 경주와 울산 등지의 사람들이 끝까지 역전했던 사실을 많은 사람이 다 알고 있는데 다 공로를 상신할 때도 허위 보고를 금했기 때문에 비교적 사실에 가까운 것이라는 논의도 있으니, 대신과 논의하는 것이 옳을 듯한데 어찌해야 하겠습니까?" 하니, 아뢴대로 하라고 전교하였다.[112]

국왕도 『선조실록』 卷97, 31年 2月 을해조乙亥條에서,

> 경주부윤 박의장과 울산군수 김태허는 각각 경내를 지키면서 왜적과 對陣하여 주야로 혈전해 전후 참획한 수급이 매우 많으니 각각 한 자급씩을 올려 주라

라고 한데서 파악된다.

이들의 활동에 대한 공과는 선조 32년 국왕이 어사御史 윤휘尹暉를 이곳에 보내 내린 선유기사宣諭記事[113]에 다음과 같이 잘 드러나 보이고 있다.

> 경주와 울산이 도적의 첫 길목으로 되었는데, 장사들이 힘을 다하여 요소마다 갈라 의거하여 흉한 칼날을 막아내어 끝까지 조금도 게으르지 않아, 東京이 온전하게 됨은 대개 그 힘을 입었다.

---

111) 『宣祖實錄』 卷98, 31年 3月 庚寅條.
112) 『宣祖實錄』 卷99, 31年 4月 辛未條.
113) 『東京雜誌』 卷3, 雜著補遺.

경주에 내려온 어사 윤휘는 경주의 절충장군 황희안黃希安 등 215명, 울산의 절충장군 박봉수朴鳳壽 등 165명에게 위로와 치하하기를 마지않았다. 이들은 울산혈전을 중심으로 임지왜란 때 공훈을 세운 의병장들로, 관군에 편입된 자도 없지 않았고 제관除官되어 고위직에 오른 자도 있었다.

임진왜란이 끝난 다음 조정에서는 전공에 따라 선무원종공신宣武原從功臣에 배정하고 녹권錄券을 주어 보답하고자 하였다. 전국에서 녹훈된 자는 총 9.060명이었다.

경주는 정유재란 중 도산 전투에서 전사한 박인국 등을 포함 1등 공신 12명, 2등 공신 32명, 3등 공신 60명이었다.114)

울산은 도산전투에서 전사당한 이봉수李鳳壽, 이인상李仁常 등을 포함하여 녹훈을 받았다. 1등 공신 박홍춘朴弘春 등 10명, 2등 공신 박봉수朴鳳壽등 25명, 3등 공신 이인상李仁常 등 34명이었다. 『학성긍신록鶴城矜神錄』에 의거, 명단을 작성하면 다음 <표 2-2>와 같다.

국가에서는 이들에게 이미 관직을 가진 자는 한 계급씩 올려주고 그 자손에게는 음직蔭職을 주게 하였고 또 그 부모에게는 봉작하도록 하였다. 그리고 죽은 자에게는 추증 하였으며, 이미 저지른 범죄자에게도 모역謀逆 이외는 모두 면죄하였다. 그리고 노비들은 면천免賤하여 양민이 되게 하였다.

특히 울산은 이때의 공훈으로 선조 31년 12월 울산군에서 도호부都護府로 승격되었다.115)

---

114) 崔孝軾, 「壬辰倭亂 중 慶州전투」『慶州史學』11, pp.117~126. 임란 중 경주지역 의병의 논공행상에 관한 분석 참조.

115) 英祖 25년에 최초로 발간된 울산읍지인 『鶴城誌』建置沿革조에 보면 '宣祖 三十一 己亥萬曆二十七年 陞都護府使 體察使李德馨 以壬辰之亂 郡人朴弘春等 勵義勤賊 啓'라고 하여 체찰사 이덕형은 임지왜란 때 의병장 朴弘春 등이 의병을 일으켜 왜적을 격멸한 것으로 국왕께 보고하여 도호부로 승격된 것을 밝히고 있다. ;『增補獻備考』卷231, 職官考 18, 正祖 10年條. ;『蔚山府輿地圖新編邑誌』, 建置沿革條, 壬辰

<표 2-2> 宣武原從功臣表

등급	의병장이름	명수	비고
1등	朴弘春, 全應忠, 徐仁忠, 朴應琢, 朴鳳壽, 朴鳳瑞, 張五石, 金範, 朴仁立, 李遲, 金太虛, 金延瑞, 宣克禮, 李忠立, 李彦良, 鄭公淸, 崔環, 金石, 姜起敬, 文學, 金範, 李春雨, 朴奇男	23	
2등	李遇春, 李景淵, 朴震男, 李継秀, 金順卿, 金允福, 李鳳壽, 李逢春, 黃敏中, 金潤龍, 魚永潭, 朴麟福, 朴應春, 金彦福, 金守齡, 金分金, 白斤孫, 金光福 崔彦福, 田永芳, 金鸞瑞, 金應龍, 金守實, 田根, 李愚春, 李起福, 李世勳, 車應守, 金守齡, 朴春福, 鄭光胤, 金分金, 崔弘, 安信甲, 金秀俚, 金順卿, 李景淵, 金應珍, 辛命億, 李春白, 崔汀, 朴應春, 金大城, 白斤孫, 尹倪, 金福守, 林莫山, 田永芳, 梁溥, 朴春起, 尹先, 李鳳壽, 金實, 金彦玉, 田根, 金德龍, 金潤龍, 黃敏中, 權枸	59	淸安人 李愚春과 鶴城人 이우춘으로 동명 2인임.
3등	朴彦福, 李仁常, 金洽, 李安國, 李翰南, 高處謙, 李應春, 金得禮, 辛光胤, 朴應慶, 柳汀, 朴孫, 朴慶良, 朴春英, 金磻守, 辛荃, 柳得春, 金彦元, 朴春茂, 崔峻立, 金興立, 李鶴, 魏德和, 金麗慶, 金學, 金壽雲, 鄭小叱山, 柳文守, 金彦弘, 李石崇, 金仲元, 李承金, 金洽, 金彦璧, 李忠, 金禧, 李仁常, 閔伏龍, 李應男, 朴守, 朴慶悅, 李宗吉, 朴盈遵, 朴孫, 高處謙, 金鶴, 朴應良, 金洽, 李萬壽, 柳得春, 金仲元, 黃希貞, 柳允河, 崔仇知, 吳雄傑, 金應良, 金磻守, 辛光胤, 金彦元, 金興立, 曺允福, 崔峻立, 柳文守, 千福, 金允, 李應元, 金麗慶, 李鶴, 朴慶說, 金貞蓮, 朴延慶, 許男, 李應軫, 辛荃, 盧應星, 朴希月, 崔億命, 金水雲, 李希白, 林連, 金應方, 李永白, 朴守福, 李守仁, 李守義, 金應龍, 李永白, 朴守福, 池守還, 金彦瑞, 白龍虎, 堅霖, 吳卓, 李慶男,	94	金寧人 金洽과 金海人 金洽으로 동명 2인임.

---

8. 맺음말

정유재란 중 울산혈전蔚山血戰은 육상에서 전개된 대표적인 전투 가운데 하나이다. 조·명연합군과 왜군 사이에 도산성을 중심으로 반구정伴鷗亭, 성황당城隍堂, 전탄箭灘, 남강藍江, 태화강太和江 등지에서 벌어진 격렬한 전투는 두 차례 있었다.

제 1차는 선조 30년 12월 22일부터 다음해 정월 4일까지, 제 2차는 선조 31년 9월 22일부터 10월 4일까지 공교롭게도 각각 13일간이었다. 양 진영 간 전사자만도 1만 5천에 육박하는 것으로 진주성晋州城전투를 능가하는 혈전이었다.

울산혈전은 도산성을 축조하면서 시작된다. 성의 축조는 선조 30년 8월 중순부터 착공되어 가등청정군이 직산에서 조·명연합군에게 패퇴, 울산으로 회군한 11월 10일부터 본격화되었다. 1만 6천 병력을 집중 투입, 태전일길太田一吉이 총감독한 도산성은 4개월 만인 같은 해 12월 20일 완공되었다. 성은 내성과 외성으로 구조되었는데 내성은 15m 석축 위에 본성 제 2·3 본성을 붙여 짓고, 외성은 성 밖에 언덕을 만들고 그 위에 생 소나무를 베어다 3중의 목책木柵을 쳤다.

조·명군은 남해안에 웅거하고 있는 최강적인 가등청정을 공략하기로 하였다. 따라서 경주는 체찰부體察府 조·명군의 본부 등이 설치되었다. 4만 6천의 조·명군은 경주 본영에서 작전계획을 세워 우선 돌격부대를 도산성으로 출격시켰다. 조·명군은 지휘본부를 울산 고학성산古鶴城山 정상에 설치하고 도산성 부근 적의 요새지 성황당, 반구정, 태화강변에 있는 진지를 모두 공파하는데 성공하였다. 왜의 후방진지 서생포西生浦로부터 도산으로 오는 남강藍江, 전탄箭灘, 구강鷗江 등 요새지에 절강병浙江兵을 집중 주둔시켜 구원병을 차단하였다. 그리고 조·명군은 도산성을 10중으로 싸고 집요하게 공략하였다.

성 안에는 샘물이 없고 식량 화약까지 거의 떨어진 왜군은 하루에 한 홉씩 군량을 지급 받으면서 성을 지키는 극한 상황에 도달하였다. 그들은 성 안에 있으면서 조·명군에게 조총으로 응사할 뿐이었다. 조·명군은 마침내 외성을 격파하고 본성 위에까지 진격하였으나 그만 작전미스로 공파직전에서 아깝게 기회를 상실하고 말았다. 전투가 10여일 이상 계속되자 부산·사천 등에서 왜의 구원병이 왔던 까닭에 조명·군은 후일을 기대하면서 스스로 회군하였다.

제 2차대전은 9개월 뒤에 있었다. 조·명군은 동로, 서로, 중로, 수로군 등 4로군路軍으로 편성, 1차 때와는 달리 각 공략처로 분산 파견하는 전략을 썼다.

울산공략을 맡은 동로군은 조선군과 통합 3만명이었다. 경주에 본부를 다시 설치한 조·명군은 대군을 양분하여 한 부대는 부산 온정溫井으로 파견하여 울산·부산간을 차단시켰다. 그리고 주력부대는 울산으로 직행하였다. 왜군은 도산 외성 밖에 해자垓子를 설치하는 등 제 1차 때 보다 도산성을 견고하게 보수한 뒤였다. 조·명군은 도산성을 공략하여 전과를 올렸다. 피해를 본 왜적은 도산성 안으로 들어간 다음 응사할 뿐이었다. 조·명군은 유인작전을 폈으나 그들은 불응하면서 성만 고수하였다. 이에 조·명군은 사천성에서 패했다는 소식을 듣고 본부가 있는 경주로 철퇴하고 말았다.

군량의 확보란 전쟁에 있어 필수적 조건이다. 백성들은 왜적을 격퇴시키고 말겠다는 굳은 신념에서 자발적으로 적극 호응하고 나섰다. 군량조달은 전국에서 이루어졌다. 전쟁 피해가 적은 지역은 1결에 3두씩 걷는 원칙을 세우고 각도에 책임자를 선정하였다. 경상도 윤영훈·성영, 전라도어사 남탁, 황해도·평양 홍세공·박이서·조존성 등을 보내 군량미를 수괄하고 운송하는 책임까지 맡겼다. 그러나 속오군 작미, 봉미군捧米軍까지 징발하는 폐단이 없지는 않았다. 이렇게 해서 걷어진 군량미는 넉넉한 편이었다.

그러나 결국 울산혈전은 조·명군의 패퇴로 끝났다. 그것은 적의 구원병이 많았고 기후가 한겨울에 비가 오는 등 불순한데다 전략 전술의 미숙, 전투장비의 전근대적인 것과 명明 장군간의 갈등 등이 결정적인 패인이 되었다.

그러나 왜군에게 안겨준 충격도 무시할 수 없다. 왜군의 주둔지, 즉 가등청정 도산성, 소서행장小西行長 순천성, 흑전장정黑田長政 양산성 등을 후퇴 이동하지 않으면 안될 정도였다. 특히 왜군은 재북상하려는 계획을 포기하고 말았다.

이 도산성 전투에서 조선군은 힘껏 싸웠다. 특히 경주, 울산지역 군병의 활동은 눈부신 바 있었다. 우선 이눌李訥, 견천지堅川至, 김응하金應河, 김응택金應澤, 박인국朴仁國, 이우춘李遇春, 김우정金宇淨, 김우결金宇潔, 이설李說 등 경주, 울산, 영천, 영일 등의 병군을 포함, 전투에 참전하면서 군량미 확보 및 운송 등 관군의 역할 또한 두드러졌다.

그런 까닭에 조정은 선유어사宣諭御史를 파견하여 지대한 공을 세운 경주 215명, 울산 165명 등 지도급 군병들을 특별히 위무하였다. 전국에 선무원종공신宣武原從功臣 9,060명 중 경주는 1등 12명, 2등 33명, 3등 61명이고, 울산도 1등 10명, 2등 25명, 3등 34명인 것은 단순히 이 지역이 최전선이었던 때문만은 아니라 애국애족애향의 총결산이었다. 그래서 울산군은 도호부都護府로 승격되었던 것이다.

제3편 구국항쟁과 논공행상

제1장 경주 울산의사의 논공행상

1. 머리말

경주와 울산은 임진왜란기 내내 최전선에 위치해 있었던 까닭에 치열한 전투가 전개된 지역 중 하나였다. 그런 까닭에 이지역 백성들은 끊임없이 항쟁하지 않으면 안되었으며 그런 치열한 항쟁 끝에 마침내 왜군을 물리치는데 성공하였던 것이다.

중국의 마귀제독麻貴提督도 국왕에게 말하기를

> 이 땅에는 좋은 사람들이 많습니다. 慶州 蔚山 등지에 精兵이 많으니 訓練을 시키면 사람이 없다고 걱정할 것은 없을 것입니다.[1]

라고 하여 경주와 울산인의 남다른 바를 인정할 정도였던 것이다.

전쟁이 터지자 정부는 1592년 11월 군공청軍功廳을 신설[2]하여 전투에서 공을 세운자를 포상하였던 것이다. 그것은 왜군을 격퇴하기 위한 것으로

---

1) 『宣祖實錄』 권108, 32년 정월 庚寅條.
2) 『宣廟中興志』 권1, 壬辰 11월 「設軍功廳 査勘軍功」 하였던 것임.

백성들을 더욱 분발토록 하기위한 것이다. 그 포상 기준은 적의 수급에다 기준을 두었던 것 같다.그래서 전투후에는 반듯이 적의 머리를 수합하여 상부에 보고하였던 것이다.

이러한 공로에 대해 정부는 임란이 끝나고 어느정도 안정이 된 선조 38년 4월에 의병들에게 그 공과에 따라 선무원종공신을 두어 포상하였던 것이다. 그러면 여기서 임진왜란에 격렬하게 맞서 항쟁의 선두에 섯던 경주와 울산인을 중심으로 그들의 활약과 그 공로에 대하여 시행한 것 등을 분석 정리해 보고자 하는 바이다.

2. 논공행상의 시행

정부는 임진왜란기 왜군에 대해 효율적으로 대처하기 위해 군공청을 설치하였다. 경주 울산지역은 이를테면『관감록觀感錄』권3, 유사遺事에 보면 경주 부윤 박의장朴毅長은

군인이나 장교들이 적의 머리를 잘라 왔다고 하면 비록 식사 중이라
도 친히 검찰 하였다. 이것은 혹 거짓으로 상을 받으려 하는 일이 있기
때문이다. 매양 功勞를 보고할 때는 일일이 그 본인을 드러내니 자기의
공인양 하지 않았기 때문이다. 군인들 중에는 發薦이 되어서 通政大夫
의 加資를 받은자까지 있었다.3)

라고 하여 적의 머리를 가져오면 철저히 검수하고 상부에 보고하여 그 공에 따라 포상이 있었던 것이지만 의심이 나면 다시 조사하는 경우도 있었던 것이다.4)

---

3) 朴毅長, 『觀感錄』 권3 遺事 上.

경주와 울산인의 무공 가운데는 특히 경상 좌병사를 역임한 바 있는 동지중추부사 박진朴晉이 이극복李克福, 최봉천崔奉天 등을 국왕께 직접 보고한 바 있었으며5) 국왕은『선조실록宣祖實錄』권46, 26년 12월 기묘조己卯條에서 전교하기를

　　전일 啓下한 바 있는 경주와 울산에서 力戰한 사람들을 특별히 승전
　　시키고 포상할 것을 속히 의논해 아뢰어 다른 사람들을 권면하라.

라고 하여 경주와 울산인을 격려하기를 잊지 않았던 것이다. 군공청에서는 특히 경주, 울산에서 힘써 싸운 공이 있는 사람들에게 등급에 따라 관직과 차첩을 마련하여 나누어 주었던 것이다.6)

　　모두들 그림자를 돌아보고 목숨만 살려는데 너희는 오히려 몸을 떨쳐
　　임금의 분을 풀려고 했네 만번 죽을 자리에서 오랑캐 떼를 잡고 상처를
　　싸매고 흐른 피를 마시기 얼마동안 이었던고7)

라고 하여 전쟁이 종식된 다음에 임진왜란 내내 경주와 울산인들의 피나는 전투를 격려 의무하였던 것이다. 그러던 임진왜란 중 공을 세워 관직에 나간 자들을『동경속지東京續誌』에 의거 그 명단을 작성하면 다음과 같다.

---

4)『宣祖實錄』권93, 30年 10月 丙寅條.
5)『宣祖實錄』권44, 26年 11月 乙卯條.
6)『宣祖實錄』권46, 26年 12月 己卯條.
7)『慶州邑誌』권8, 雜記補修에 수록된 선조 32년 宣諭記事임「其書曰 海賊負恩澤 初肆
　　射天之」凶謨 邊圍先金湯 忍見塗地之酷禍 長馳莫禡 大勢已傾 衆皆願影而유生 爾尙
　　奮身 而敬기 執訴獲醜於萬死 裏瘡飲血者畿 時人可卽戒」

<표 1-1> 除官者 명단

姓　名	官　職	姓　名	官　職	備　考
李 汝 良	原州判官	金 潤 龍	훈련원正	
孫 胤 先	判官	崔 得 雨	僉正	
孫　香	軍器寺主簿	李 雲 龍	司僕通政	
李 鳳 瑞	軍資參奉	金　鍊	郡守	
尹 希 永	直長	韓 彦 浩	府使	
鄭 弘 業	濟用監俸事	黃　愼	훈련원正	
李 宜 溫	軍資直長	朴 春 石	折衝	
李 承 金	훈련원正	李 國 資	內資寺直長	
李 繼 秀	副使直 陸僉正	都 孟 郊	禮貧寺正	
李 弘 幹	副正	都 與 國	현감	
崔 奉 天	훈련원正,경상 虞侯	都 孟 浩	훈련원僉正	
李 元 根	訓導	李 循 性	僉樞	
李 得 福	嘉善大夫	權 士 敏	主簿	
李 孝 元	嘉善大夫	金 光 福	훈련원正	
李 孝 南	훈련원正	鄭 三 畏	군자감主簿	
金 石 堅	훈련원正	勸 復 如	司宰監僉正	
金 夢 秀	宣傳主簿	辛　協	掌隷院判決事	
李 夢 男	宣傳官	李 芳 隣	判官	
金 自 隱	主簿	李 有 隣	僉正	
權 應 得	主簿	李 光 隣	奉事	
鄭 公 淸	郡守	金 德 龍	훈련원僉正	
金 得 秋	훈련判官	朴 應 福	훈련원奉事	
金 自 平	훈련원正	金 鸞 瑞	全羅左水使	
李 景 海	主簿	金 德 龍	訓練院判官	
李 景 漢	府使	李 弘 幹	副正	
許 希 萬	훈련원副正	權 士 諤	縣令	
李 彦 春	훈현원主簿			

　위 표와 같이 많은 현직자와 순절자를 배출하게 된 것은 경주부인으로서
보국진충으로 역진한 결과 라고 생각한다. 특히 한 집안에서 두명 이상 의
병활동에 참여한 자를 『동경통지東京通誌』 충의조를 중심으로 정리하면

아래와 같다.

　김호金虎가 노곡전에서 순절하자 부인 정씨가 자진 하였고 아들 이충以忠, 이관以寬, 이홍以弘은의병장이 되었다. 이파수李葩秀 형제가 서천 전투에서 순절하자 분수의 처 김씨 또한 죽었다. 이희용李希龍은 왕명으로 경주 울산 등의 첩보를 수집하고 돌아가던 중 충주에서 순절하자 부인 김씨가 자진하였고, 아들 문진文軫이 아버지 시신을 찾아 가던 중 신령에서 또한 전사당하였다.

　이응춘李應春은 현직 부장으로 아우 우춘遇春, 봉춘逢春 아들 승김承金, 종질 눌訥, 집안 삼한三韓과 함께 의병하여 의육당義六堂이 되었다. 특히 눌訥의 유복자 천주天柱는 병자호란에 또한 의병장이 되었다. 고석남高碩男은 아들 덕신德臣, 덕령德齡, 덕곤德崑과 종제 언장彦章의 거병이 있었고 김응하金應河, 홍위弘煒, 이언춘李彦春, 상입尚立과 서득천徐得天, 사적思迪은 부자간이다. 특히 도맹교都孟郊 맹호孟浩는 형제이고 맹교孟郊, 여국與國은 2부자였고, 이안국李安國과 승춘承春 언춘彦春 희춘希春 그리고 김석견金石堅과 몽수夢秀, 몽양夢良, 몽남夢男은 4부자였다.

　이경한李景漢, 경해景海, 경호景湖와 이의남李義男, 수남秀男, 기남奇男과 이순성李循性, 복성復性, 안성安性과 이방린李芳隣, 유린有隣, 광린光隣과 이홍각李弘㤼, 홍노홍弘魯弘과 이의윤李宜潤, 의잠宜潛, 의온宜溫 등은 각각 3형제간 이었고 김득복金得福, 득상得祥과 이몽기李夢騏, 몽성夢星과 최진입崔震立, 계종繼宗과 이극복李克福, 기복起福과 김인심金仁心, 예심禮心과 김춘용金春龍, 경용慶龍은 모두 형제간이었다.

　그리고 김득추金得秋 자평自平은 종형제간 이었고 김유덕金有德, 김응수金應壽, 김영노金永老, 김응택金應澤은 조카였다. 이여량李汝良은 조카 진국震國과 함께 장계현蔣啓賢은 족제 희춘希春과 함께 의병하였다. 이중 특히 이계수李繼秀, 최진입崔震立 등은 병자호란에도 참전하고 있다.

이들 활동상의 업적은 취합되어 대체로 부윤의 행정체계를 통해서 상부에보고 되었지만 때로는 좌병사 감사 및 어사등[8]을 경유하는 경우도 없지 않았던 것이다.

이와같이 개인의 군공이 군공청에 접수되면 군공청은 공신들의 명칭을 정하였다. 서울에서 의주까지 국왕을 모신 호성공신扈聖功臣,이몽학의 난을 평정한 청난공신淸難功臣, 왜병을 친 여러 군병 장수 그리고 전선에서 혁혁한 무공을 세운 자들은 선무공신宣武功臣 그리고 의병으로 거병하여 공을 세운 자들에게 선무원종공신宣武原從功臣 등으로 해서 각 3등급으로 하였다.[9] 이들은 심사를 거쳐 국왕의 재가를 얻어[10] 대대적인 포상을 하였다.

전쟁이 끝나고 어느 정도 국가가 안정을 되찾게 되자 정부는 선조 32년 여름에 전쟁동안 고초를 위로하고 선무하는 한편 백성들의 형편을 살피기 위해 각지에 안무어사按撫御史를 파견하였다.

이에따라 어사로 경상도에 온 사헌부집의 이상신李尙信은 영남을 두루 살피고 돌아간 다음 선조에게 아뢴 가운데 특히 경주와 울산의 의사들이 힘을 다해서 왜적을 막아내고 끝까지 항쟁하여 동경을 온전하게 보전하게 된 것에 관해 그 공로와 함께 위로해 줄 것을 건의 하였다. 이에 선조는 그렇게 하는 것이 옳다고 생각해서 홍문관의 지제 박이장朴而章으로 하여금 우선 선유기사宣諭記事를 써 경주부에 반포케 하였다. 그 내용을 보면 다음과 같다.

금년여름에 按撫御史 司憲府執義 李尙信이 영남으로부터 돌아오니

---

8) 『東京通誌』,『東京續誌』 忠義條 참조
9) 『宣祖實錄』 권175, 37년 6월 甲辰條.
10) 『宣祖實錄』 권181, 37년 11월 乙卯條.

보고를 마치고 계품하는 글에 대략 아뢰되 '慶州와 蔚山이 도적의 첫
포못으로 되었는데 장사들이 힘을 다해 요소마다 갈라 의거하여 흉한
칼날을 막아내어 끝까지 조금도 게으르지 않아 東京이 온전하게 됨은
대개 그 힘을 입었사오니 그 공로를 위로하여 주시기 바라나이다.'하였다.
  임금께서 옳게 여기시어 臣 俊謙 에게 명령하시기를 '이제 李尙信이
계품한 글을 보아 慶蔚 兩邑의 힘껏 싸운 공로를 내 심히 가상히 여겨
장차 어사를 보내 위로하려 하니 卿은 그 술과 안주, 포목 등을 많이
갖추어 어사가 이르는 날에 犒饗 하고 頒給하여 내 뜻을 효유케 하라'
하시었다.
  그러자 宣諭御史 世子侍講院弼善知製敎 臣 尹暉가 교서를 받들고
달려서 慶州府에 이르러 양읍의 장사를 합하여 날을 가려 敎旨를 반포
할세 그 글에 이르기를 '바다 도적이 은택을 저버리어 처음 명나라를 치
려는 흉계를 마구 부리자 변방 우리의 방비가 무너져 땅 바닥에 피깔린
흑화를 참아 보았네 깊게 몰아닥침을 막지 못해 대세는 이미 기울어 모
두들 그림자를 돌아보고 목숨만 살려는데 너희는 몸을 떨쳐 임금의 분
을 풀려 했네.
  만번 죽을 자리에서 오랑캐 떼를 잡고 상처를 싸매고 흐른 피를 마시
기 얼마동안이었던고 사람마다 가히 전진해 나아감은 비록 역대의 위광
과 혜택에 감복되었음일지나 뭇 사람 각자 싸움을 하니 실로 너희를 忠
奮에 말미암은 바라 집도 살림도 없이 이미 걸림될 일 없어졌고 너는
창, 너는 칼로 더욱 막고 호위할 정신만 다 하였네, 그 어찌 알았으랴
혈혈이 저진 나머지에서 오히려 바야흐로 뻗어나는 세력에 항거한 줄을.
  굳은 쇠의 갑옷과 덮자리를 숲과 골짜기 살이 해마다 창과 칼로 밥짓
고 쌀 일어 전통베고 방패덮기 밤마다 아내와 첩은 編墨의 行伍에 엮었
고 왕개미만한 睢陽의 응원도 끊어져 달을 지나고 시절도 넘어가 오히
려 높은 언덕칡의 마디 늘어짐을 탄식하고 해는 지나고 가을이 포개지
니 조상 산소나무잎 누렇게 떨어지는데 얼마나 느꼈을까.
  너희 몸 아홉 번 죽었다가 한번 사는데 우리나라 거의 망했다가 다시
되살아나 이에 알겠다 강토의 보전하여 짐이 실로 보장의 아직 있음에
힘입었네, 너희들 일찌기 의기를 떨쳐 앞장서지 않았더라면 곧 나라의
남쪽을 잃은지 오래였으니 마땅히 대를 넘기지 않은 軍賞을 거행하여

적에게 다투어 달려들던 뭇 마음을 위로할텐데 다만 흉적이 이제야 지
나갔지만 우리나라의 매우 험난함은 예와 같아 이로써 겨를 하지 못함
이지 대저 어찌 감히 잊으랴, 치켜 올리고 포창하여 훈공을 세는 식전이
오래 늦었고, 전대와 자루로 한번 배불릴 공궤도 잊지 못해 나의 덕 없
는 소치로 말미암아 굴러서 나의 근심하는 마음 어찌 편하랴. 그래서 나
의 한 가까운 신하 보내어 너희 7년 쌓은 수고 위로하여 장사의 싸움을
원하던 기운 격려하고 모든 백성 난리에 고달팠던 심정위로 하느니 어
찌 너의 공로에 갚음이 되랴.

오로지 나의 뜻을 펴 보련다. 하늘은 높고 해는 멀건만 너의 해바라기
해를 향하듯 한 정성이 아름답고 골짜기 멀고 숲은 깊어 나의 우로같은
은택이 고르지 못함이 부끄러워 짐짓 이렇게 타일러 보이니 생각건대
응당 알아 짐작하리'

지제교 朴而韋 지어 올림[11]

선조는 경상도 관찰사에게 명하여 술과 안주 포목 등을 많이 갖추게 하
고 선유어사로 세자시강원필선 지제교인 윤휘을 보내 좋은 날을 택해 장사
와 백성들의 위로 잔치를 베풀도록 하였다. 그리하여 같은해 12월27일 경
주부 백성들의 위로 잔치를 베풀어져 호향과 반급이 이루어졌다. 이날의 참
석자는 경주 절충장군 황희안黃希安 등 215명과 울산 절충장군 박봉수朴
鳳壽 등 165명 등 많은 백성이 있었다. 이날의 정황을 보면 다음과 같다.

이어 법주를 내려주고 포목을 차등있게 하사하였다.
이제 경주의 절충장군 黃希安 등 215명과 울산 절충장군 朴鳳壽 등
165명이 다 이르러 뜰에 있어서 恩着에 감격하여 탄식하여 손 모아 축
수하지 않는 이 없으며 눈물흘리는 자도 있기에 이르렀다. 술이 반쯤되
어 일어나 말을 합쳐 이르러 '처음 창을 메고 적을 칠적에 다행히 尺만
큼 寸만큼 공로라도 세워. 다만 부형의 원수라도 갚고 아침 저녁 목숨이

---

11) 『慶州邑誌』 권8, 雜記補遺條, 宣諭記事.

나 늘려 나가게 하고자 하였던 것이 생각지도 않던 미미한 공로가 위로 알려져 임금의 벼슬이 뜻밖에 얹혀져 은택이 지극히 흡족하며 분수에 이미 넘쳤는데 어찌 만번 죽다가 남은 생명으로 다시 오늘의 우로같은 은택을 입게 될줄 알았으랴'하고 서로 더불어 덕택에 배부르고 술에 취하여 성화에 고무되어 밤중에야 끝났으니 옛적 내수 위에서 군사를 위로하고 山東에 펴든 것도 자못 이에 지나지 못하였으리라.

거룩하여 다 이르되, 장한 일이라 특히 기록하여 후세의 군인과 백성에게 보고 느끼게 할 바탕으로 하지 않을 수 없다. 臣 浚謙은 직책이 감사라 손을 모아 절을 하고 조아리면서 삼가 그 시종을 기록하고 이어 참석한 관원과 장사의 성명을 그 아래 적으니 때는 선조 32년 12월 27일이다.

御史奉正大夫　世子侍講院 弼善	尹　暉
觀察使嘉善大夫 兼　兵馬水軍節度使 巡察使	韓浚謙
蔚山都護府折衝將軍 守　左道兵馬節度使	郭再祐
守 慶州府尹 通政大夫 慶州鎭兵馬節制使	李時發
折衝將軍 行 副護軍	朴鳳壽
折衝將軍 行 副護軍	朴利孫
折衝將軍 行 副護軍	金允福
折衝將軍 行 副護軍	黃希安
折衝將軍 行 副護軍	朴應琢[12]

이와같이 경주 울산의 장사와 백성을 위무하는 잔치는 아침부터 저녁늦게까지 하루 온 종일 축제분위기 속에 계속되었다. 임금이 내려 준 법주와 포목등을 포상받았다. 장사와 백성들은 상보다 자기들이 국가에 바친 공로가 미흡하다고 생각하였던 것 같았다. 오히려 국왕께서 베풀어준 잔치에 흡족하는 분위기 였다. 이같은 사실을 기록에 남겨 후세의 군인과 백성에게 교훈으로 남기고자 하였던 것이다.

---

12) 『慶州邑誌』 권8, 雜記補遺條 宣諭記事.

선무공신에는 다시 그 공과에 따라 선무원종공신을 두고 이 또한 3등으로 나누었다. 즉『선조실록宣祖實錄』권 186, 38年4月 경신庚申조의 전지에 보면

국가의 어려움이 많아 안정되지 못하자 그대들이 이미 重興시키는 일에 힘을 썼다. 功勳은 작은 것일지라도 갚지 아니할 수 없다. 내가 이에 原從에 추은 하여 새로운 儀典을 크게 거행하여 옛 典章을 따르는 것이다.…그대들 卿大夫 및 士庶人이 혹은 武烈을 선양하기도 하고 軍需品을 돕기도 하였으며 , 몽둥이를 들고 치달려 목숨을 바친 선비도 있었고 무기를 들고 싸워 獻馘 한 무리도 있었기에 여기에 모두 기록하여 길이 후세에 전하는 것이다. 경중에 따라 일시의 공로를 구분하였으니 그대의 자손들은 만세토록 안락을 누릴 것이다.

라고 하여 전국에 걸쳐 선무원종공신이란 이름으로 모두 9,060명에게 옥새가 찍힌 '공신록권'과 함께 그 명단을 수록한 백을 엮어 각 개인에게 지급하였던 것이다.

그리고 이들에게는 조정에서 특별한 혜택을 부여토록 하였다. 그 골자를 보면 다음과 같다.

1등	각자에게 일자급씩을 더 한다.
	자손에게 蔭官을 승습시킨다.
	부모에게 봉작한다
2등	각자에게 일자급씩을 더 한다.
	자손에게 음관을 승습시킨다.
	자손중 자원자에게는 산관 일자급을 더 한다. 만약 자손이 없는 자에게는 형제 사위 조카 중 자원자에게 산관일자급을 더 할수 있다.
3등	각자에게 일자급씩을 더 한다.자손에게 음관을 승습시킨다.

〈공통적용〉

-. 통훈대부(정 3품) 이상 자에게는 자손 형제 생질 여서가운데 한
  사람을 음관 일자급을 더 준다.
-. 공신 중 사망자에게는 원래 에따라 시행하되 일자급을 추중한다.
-. 범죄자로서 散職인 자는 본품에 叙用한다
-. 금고자나 한품서용자에게도 사노를 허용한다
-. 직첩을 빼앗겼던 자에게도 모두 환급시킨다.
-. 첩자는 한품서용에 구애받지 않는다.
-. 공천은 모두 면천한다.
-. 역당 및 역적의 피죄자는 모두 현직관에는 복귀시키지 않는다.

이와같이 공신록권을 받은 자는 관작을 부여 받았고 또 그 자손에게도
음관의 혜택이 주어졌다. 3품 이상자를 우대 하였으며 금고자와『경국대전
經國大典』에 제한을 두었던 한품서용자에게까지도 관로를 열어 주었다. 공
천자는 면천되고 첩자는 한품서용에서 벗어나 신분 해방을 맞게 되었던 것
이다. 그러나 역자만은 끝까지 현직 관작에 복귀시키지 않았다.

그러나 선무공신에는 여러해 동안 왜적을 정벌한 사람이 누락 된 반면
호성공신에는 하다못해 임금의 말고삐를 잡은 천예와 명령을 전달하는 내
시까지 포함되어 있어서 비판이 없지않았다.

그러면 경주부 민의 공신녹권을 받은자들을『선무원종공신록宣武原從功
臣錄』에서 찾으면 다음과 같다

<표1-2> 경주선무원종공신표

『宣武原從功臣錄』에 의거

등급	관 등 성 명	명수	비고
1등	折衝金得福 正李克福 主簿李彦春 折衝崔奉天 折衝朴春石 折衝黃希安 領將李訥 正鄭公淸 正崔光憲 正金埼 參判尹 仁函 前兵使朴毅長	12	

| 2등 | 折衝金虎 副正金自平 判官李起福 副正崔震立 部將金得秋 正金鸞瑞 部將金應河 副正高德臣 禁軍金得祥 守門將金應生 主簿金天錫 守門將李繼秀 正金潤龍 參將韓彦浩 正李景湖 主簿金以忠 僉正李繼春 正金鳳壽 主簿金秀理 判官李應男 主簿李大立 保人金春福 守門將金應春 守門將李元春 守門將金應瑞 司僕崔彦福 正金德龍 正朴利孫 正李浚 主簿金福 司果金응澤 | 31 | |
| 3등 | 出身金石堅 主簿金自隱 正崔得雨 道長李夢례 保人金大海 判官金鳳瑞 縣監都與國 主簿權應得 准李慶男 部將堅川至 判官李三韓 禁軍朴仁國 守門將朴榮立 守門將金應生 守門將孫時 守門將金夢秀 守門將李夢麒 出身高德崑 僉正高彦章 參將李景海 司僕李雲龍 司直金萬齡 忠義衛李仁常 副正許希萬 僉正都孟浩 僉正權士諤 直長李國貧 司僕李夢星 保人金蓮 判官李夢瑞 判官金得禮 定虜衛金孝男 出身高碩男 守門將金允福 守門將李安國 副章朴春英 判官朴春茂 正李萬壽 副章李應春 判官南義綠 部將池獻福 守門將李承春 直長李希春 水軍李大仁 正李承金 判官李汝良 副將李鳳壽 副正朴孝男 正黃愼 部長金夢男 部長金應澤 判官李夢龍 出身李秀男 司僕李寄男 司僕李夢祥 司僕金應福 僉正堅霖 守門將楊澗 | 60 | |

위 표에서와 같이 선무원종공신록에 등재된 사람은 총 103명이나 된다. 그러나 김응택金應澤, 김덕룡金德龍 등과 같은 동명이인이 있어 그들을 찾아내는데 어려움이 있다.

울산蔚山지역 출신으로 선무원종공신에 책정된 사람을 보면 다음과 같다.

일등공신

全應忠, 朴弘春, 徐仁忠, 朴應琢, 朴鳳壽, 朴鳳瑞, 張吾石, 金 範, 朴仁立, 李彦良, 李 暹, 金廷瑞, 宣克禮, 崔 環, 金 琦13)

<15명>

---

13) 金 琦는 斗東面銀片출신인데 1906년에 斗東 斗面 兩面이 慶州에서 蔚山市로 移첩되었음.

이등공신

李遇春淸安人, 李景淵, 朴震男, 李繼秀 金順卿, 金充福, 崔彦福, 李
鳳壽, 李鳳春, 黃敏中, 金潤龍, 魚泳潭, 朴麟福, 李遇春鶴城人, 朴應
春, 金彦福, 金守齡, 金分金, 白斤孫, 金應龍, 李萬壽, 田永芳, 金鸞
瑞, 田 根, 金守實

<25명>

삼등공신

李仁常, 金 洽南原人, 李安國, 李翰南, 高處謙, 李應春, 金得禮, 辛
光胤, 朴慶說, 李承金, 柳 汀, 朴 孫, 朴應良, 朴春英, 金磻守, 辛 荃,
柳得春, 金彦元, 朴春茂, 崔峻立, 金 洽, 金海人, 金興立, 李 鶴, 金應
亮, 魏德和, 金麗慶, 金彦壁, 金仲元, 金 鶴, 金壽雲, 鄭小叱山, 柳文
守, 金彦弘, 李石崇, 朴延慶, 朴大壽14), 金 洽金寧人, 朴彦福

<38명>

이와같이 울산지역의 선무원종공신은 총 78명이다. 이지역은 경주와 같
이 유정, 김기, 이우춘 등은 겹쳐있어 구분하여 판별하기 어렵고 더구나 김
흡은 3명이나 된다. 그중 남원인, 김해인, 금령인으로 구분이 될 수 있어
판별이 가능하여 다행이라 하겠다. 어쨌든 선무원종공신이 78명이란 것은
결코 작다고 할 수 없다. 그것은 임진왜란기의 격렬한 항쟁의 결과이겠지만
구국충정의 지사가 많았다는 증거이기도 하다. 국토 동쪽에 위치한 서생포
는 임진왜란기 내내 왜군의 울산기지였다. 조, 명 연합군은 마침내 1598년
11월 18일에 도산성체를 불태우고 서생포 왜성을 빼앗었던 것이다. 그래서
명나라 경리 마귀麻貴는 선조 32년 10월 19일에 서생포성에 입성하여 커
다란 잔치를 베풀어 전선에서 애쓴 많은 사람들을 위로하였다. 이때 참여한

---

14) 울산 聖安洞 聖洞출신.

사람들은 모두 동원록東園錄에 수록하였고, 창표당안을 작성하였다. 그리
고 서생포성에 초려사간을 세우고 상앙창황上仰蒼皇이요 하표단충下表丹
忠에서 따서 사당을 창표당蒼表堂이라 이름하였다. 여기에 공을 세운자들
이 성명을 적어서 영원히 전하도록 하였다. 그 명단을 보면 다음과 같다.[15]

原 10 員

折衝將軍	張吾石	死節	訓鍊院正	朴震男	死節
司　　僕	金應福	同	同	高彦寬	同
直　　長	裵紉芷	同	同	金充福	同
訓鍊院正	鄭彦忠	同	兼僉正	金彦福	同
判　　官	洪億濟	同	守門將	田福命	同

原 28 員

副　　正	金　洽	生節	訓鍊院正	徐仁忠	生節
僉　　正	朴慶說	同	同	朴鳳壽	同
同	金順卿	同	同	高處謙	同
判　　官	李慶淵	同	同	李翰南	同
同	沈　關	同	同	安信甲	同
同	金德龍	同	同	裵仁男	同
訓鍊院正	朴弘春	同	同	李萬壽	同
訓鍊院正	全夢禎	同	主薄	金守齡	同
同	李承金	同	同	黃希貞	同
同	李宗吉	同	守門將	徐夢龍	同
部　　將	金應澤	同	同	金麗慶	同
同	李應春	同	奉事	尹從善	同
同	柳允河	同	折衝	金得福	同
主　　薄	朴慶悅	同	出身	高德崑	同

---

15) 宣祖 32年 11월 재정일 도청제독마귀의 창표당안.

原 15 員

都有司兼府使			郭再祐		
校正將軍			片 彪		
章甫	沈 煥	晩到	司諫	朴震元	晩到
監董部長	金 演	同	主簿	徐夢虎	同
章甫	高 崙	同	判官	趙宗男	同
同	朴慶殷	同	會員通政	朴應	同
題掌同	蔣希春	同	同	金錄守	同
直史護軍	朴而章	同	同	朴應良	同
章甫	安信命	同	有司章甫	張長春	同
			同	朴武公	同

이와 같이 창표당에 기록된 총 인원은 53명이었다. 이에 대해 의병장 박진남朴震男의 『회암실기』는 공을 세운 의사들의 뜻을 유지하려 하였다고 밝히고 있다. 이 창표당은 일제 때 더 유지될수 없어 허물어지고 지금은 서생포왜성 안에 그 터만 밭으로 전하고 있다. 이제 우리들은 없어진 창표당을 다시 세우고 도산성에도 전적탑을 우뚝 세워 의사들의 충성어린 넋을 달래어야 마땅할 것이다.

정부에서 공신을 책정하고 록권을 주어 포상하지 않은 것은 아니었지만 그 뒤 임진왜란 때 무공을 세운 자들에 대한 증직은 계속 되었고 이들이 주축이 되어 경주 향안을 작성하여 재지 향족으로서 권한을 행사 하였던 것이다.16) 부민들은 또한 제당을 지어 향사하였던 것이다. 『동경속지東京續誌』 충의조에 의거 그 명단을 작성하면 다음과 같다.

---

16) 崔孝軾 『韓國 鄕土史 硏究』 국학 자료원 2002. 8.

<표 1-3> 순절 및 증직자현황

『東京續誌』忠義條 의거

성명	관직	무과	순절	증직	향사	비고
金虎	釜山僉使	선조경오	1592 경주鷄淵	刑曺參判(영조)	南岡祠	南面大將
崔震立	工曹參判			兵曹判書	崇烈祠	
白以昭		선조27	1597 영천蒼岩	參判	光山祠	富山村人
李葩秀			1592 경주西川			
李芬秀	奉　　事		1592 경주西川			富山村人
崔奉天	慶尙虞候	明宗朝	1597 영천蒼岩	兵曹參判(순조)	聲南祠	부모2품 封爵
李希龍	監　　察		1592 忠州	戶曹參議(숙종)	三綱祠	子 文軫은 禁府都事 妻金 氏端人을 주다
李應春	部　　長	明宗병인	울산 開雲浦	兵曹參判(순조)		家弟 遇春 逢春 子承金 從姪 訥 의병
李彭壽			1596 울산 西生浦	兵曹參判(정조)	德山祠	父招魂葬 蔚州伏兵將
李繼秀	僉　　正					丙子胡亂때 漢江에서 殉死
金應澤			1597 울산 西生浦	訓鍊院正	栢岩祠	
朴仁國			1597 울산島山	左承指		
堅川至			1597 울산島山	兵曹參判		招魂葬
高碩南			1597 대구公山			左兵史 高彦伯막하 종군
金石堅	訓鍊院正			兵曹參義	斗山祠	
金夢良			1596 경주곽천			父金石堅 兄夢秀, 弟 夢男 창의
徐得天			1592 경주 金莊臺	禮賓寺正(숙종)		
徐思迪				戶曹判議(현종)	德山祠	
李景漢				判中樞		火旺山會盟참여 李适의 亂때 공신
金得祥			1598 경주月城			得福의 弟로 府內의 山川 人物에 밝았음
李弘淳	直　　長			兵曹參義		곽재우휘하창의

성명	관직	무과	연대·지역	관직	사우	비고
權士謂				左承旨	虎溪社	
金禮心				禮賓寺參奉		곽재우위하 창의
權士敏		무 과		左承旨	玉淵祠	곽재우휘하 창의, 칠읍훈 도
金得祥				兵曹參義	活川祠	
金應福			1597 慶州	兵曹參義		羽林將軍 諡忠武
柳汀			1597 대구 八公山	戶曹判書	七賢祠	
鄭三畏				戶曹參判		
李夢祥			1592 경주蚊川	兵曹參義		
金弘復			1597 영천蒼岩			
李夢麒	守門將			參判		곽재우휘하 창의
李夢星	判官		순절	工曹參議		宣武原從功臣 3등
李克福	訓鍊院正	선조무과				
李起福		선조무과	순절	兵曹參判		
崔彦福	司僕寺內乘					宣武原從功臣 3등 陞通政
李景湖	左水營虞候					
曺瑋	湖嶺巡撫使					
金春福	守門將	무 과		兵曹參義		
金春龍	察訪					
金慶龍	直長					春龍第
將啓賢	通禮院引儀					곽재우휘하 창의
李復性	僉正					第順性, 安性 〈二 家三忠〉
權復興			1592多大浦		丹溪祠	정려 포상 받음

　　이와 같이 구국을 위한 경주 울산부민들의 항쟁활동과 그 정신은 한민족이 존재하는한 길이 계승되고 빛날것이다.

3. 맺음말

임진왜란기 7년 동안 최전선에 위치해 있던 경주와 울산인들의 구국항쟁은 뜨거웠고 격렬하였다. 그들의 끊임없이 계속된 항쟁으로 마침내 왜군을 물리쳐 내는데 성공하였던 것이다. 정부에서는 준공청을 두어 격려하고 공로를 표창하기를 주저하지 않았다. 의병항쟁에 공을 세운자들은 마련된 규정에 따라 선무원종공신 3등으로 나누어 표창하였다. 전국적으로는 총 9060명이었으며 이중 경주인 1등공신 12명, 2등 31명, 3등 60명이고, 울산인 1등공신 15명, 2등 25명, 3등 38명이나 되었다. 정부에서 이들 공신들에게 등급에 따라 선무원종공신 녹권을 만들어 옥새를 찍어 개인에게 지급하였다. 그리고 규정에 따라 봉작과 관료로 진출할 수 있는 특혜를 주었던 것이다. 또 전투가 치열했던 울산 서생포에는 창표당을 세워 공신들을 현양토록 하였던 것이다.

1. 머리말

16세기에 발발한 임진왜란王辰倭亂[1]은 전 국토를 유린한 역사상 미증유의 전란이였다. 이 전란의 최전방에 위치했던 경주지역은 엄청난 전란의 중심에 있지 않으면 안되었던 까닭에 그 피해 또한 막대하였던 것이다. 본 논문에서 경주지역이 전략적 군사상에 있어 어떠한 위치에 있었는가 이 지역 지식인들의 동향과 창의거병활동은 어떠하였던가. 그리고 이들의 항쟁과 그 의미를 파악할 수 있는 여러 자료를 수집하여 분석함으로써 임란王亂이라는 최대의 국난에 있어 경주인들의 구국의 활동과 그 의지를 규명해 보고자 한다.

---

1) 李炳錫, 『壬辰戰亂史』 상·중·하, 신현보사, 1974; 국방부전사편찬위원회, 『壬辰倭亂史』, 서라벌 인쇄주식회사, 1987; 崔孝軾, 『慶州府의 壬辰抗爭史』, 대한인쇄출판사, 1993.

2. 경주의 전략적 위치

　　조선시대 경주는 영남의 웅번雄藩으로서 군자의 나라라는 기풍이 있었다.[2] 그 행정구역은 오늘날과 대비가 되지 않을 정도로 넓고 컸다.『신증동국여지승람新增東國輿地勝覽』권 21 경주부慶州府 건치연혁조建置沿革條에 의하면 동으로 울산군계蔚山郡界가 61里이고 장기현계 83里, 남으로 언양현계 36里, 서쪽으로 청도군계淸道郡界가 76里, 영천군계永川郡界가 53里이며 북쪽으로 영일현계迎日縣界가 36里이다. 서울까지의 거리는 7백83리이다. 속현으로는 북쪽 30리에 위치한 안강安康 그리고 50리의 기계杞溪, 서쪽 50리에 위치한 북안곡부곡北安谷部曲과 60리의 구사부곡仇史部曲, 북쪽 60리 청송부靑松府의 경계에 죽장부곡竹長部曲이 있다라고 하였다. 또 경주지형에 대한 기록으로

　　土地肥瘠相半, 水泉深 風氣暖, 俗尙淳儉, 力農好學(『慶尙道 地理志』)
　　地多山險 又云田甚良沃 水陸兼鍾(『新增東國輿地勝覽』권 21 慶州府條)

　　라고 한 간단한 사료史料이지만 경주의 특성을 잘 드러내 주고 있다고 할 수 있다. 즉 경주는 토지의 비옥함과 척박함이 서로 반이 되고 샘물은 깊고 풍기는 따뜻하며 풍속은 순박하고 검소한 것을 숭상한다. 사람들은 농사에 힘쓰고 학문을 좋아한다라고 하였고, 지형은 산이 험한데가 많다. 또 전지田地는 매우 좋고 비옥하며 물에 심는 곡식과 마른 땅에 심는 것을 겸할 수 있다고 하였다. 이와 같이 경주지역은 재정적으로 여유가 있고 군자의 풍이 있는 아름다운 곳이었던 것이 확인된다. 따라서 경주지역은 일본과

---

2)『三國史記』권5 新羅本紀 眞德王 5年條, 同 文武王 11年條.

근접되어 있던 까닭에 국방에 대한 관심이 어느 지역보다 높았던 것이 사실이다.

조선왕조의 군사운영체제는 중앙군과 지방군으로 나눈다. 지방군 운영은 진관체제鎭管體制가 근간이 되었다. 따라서 행정 단위의 읍邑을 군사 단위로서의 진鎭으로 동시에 파악하되 거진巨鎭을 중심으로 각 진을 지휘 통솔하는 전국적인 방어망을 구축한 것이다.[3] 경주부는 세조 4년에 이곳에 주진主鎭을 두었다가 거진巨鎭으로 고치고 그 아래 울산, 양산, 영천, 흥해 4개 군郡과 청하, 영일, 장기, 기장, 동래, 언양 등 6개의 현縣이 제진諸鎭으로 나누어 소속시켰다. 서울에서 파견된 경주부윤慶州府尹은 종 2품관官으로 진관편제鎭管編制에 따라 경상좌도 절도사節度使 명을 받아 위에 언급한 제진諸鎭의 군사를 통솔하도록 되어있었던 것이다.[4] 명종 10년 을묘왜변乙卯倭變으로 비상시국을 맞아 군사지휘체계를 원활히 하기 위해 비변사備邊司를 설치하였다.[5] 한때 진관체제대신 제승방략制勝方略이란 새로운 분군법分軍法이 행하기도 했지만 일본日本침입을 대비해 다시 진관체제로 재정비를 서둘렀던 것이다. 경주부는 경상도의 거진巨鎭으로 일본日本과 지형이 접근되 있기 때문에 왜구倭寇 침입에 대비하기 위한 요충지로 여겨왔다. 그래서 국토방위를 굳건히 하려 하였던 것이다.[6] 선조 25년 4월 임진왜란壬辰倭亂이 발발하자 가장 포악하고 잔인하다는 일본日本 제2군 가등청정加藤淸正, 와도직무渦島直茂는 22,000여 명으로 부산에 상륙하자 경주로 침입하여왔다. 그리고 읍성을 무혈입성한 다음 영천 신령을 거쳐 충주로 진격하였던 것은 이를 증명해주고 있다고 하겠다.[7]

---

3) 李泰鎭, 「近世朝鮮前期 軍事制度의 동요」 『韓國軍制史』, 육군본부, 1968.

4) 『經國大典』 권6, 兵典; 崔孝軾, 『慶州府의 壬亂抗爭史』, 1993.

5) 潘允洪, 「조선후기 정치권력구조연구」 『국사관논총』 22, 1991.

6) 柳成龍, 『懲毖錄』 권1; 『宣祖修正實錄』 권26, 25年 2月條.

7) 李泰鎭, 「近世朝鮮前期 軍事制度의 동요」 『韓國軍制史』, 육군본부, 1968.

3. 경주 의병의 활약

성리학性理學을 건국이념으로 채택한 조선왕조는 15세기에 와서야 그 학풍이 사회의 일반화가 이루어졌다고 한다.[8] 삼국이후 고려왕조까지의 국교였던 불교는 억압속에 위축될 수밖에 없었던 것이다. 이런 성리학은 사화士禍을 거치는 자기항쟁이 없었던 것은 아니지만 많은 백성에게 뿌리내려 충忠과 효孝의 실천을 삶의 목표로 할 정도의 사회기풍이 형성되어갔다. 따라서 회제晦齊 이언적李彦迪, 퇴계退溪 이황李滉, 율곡栗谷 이이李珥 등 큰 학자가 배출되어 한국사상의 새로운 시대가 열리게 되었던 것이다. 그래서 이이李珥는 이언적李彦迪을 비롯한 김굉필金宏弼, 정여창鄭汝昌, 조광조趙光祖를 동방사현東方四賢이라 극찬하였다. 특히 명종明宗, 선조宣祖 때 성리학의 전성시대를 맞아 영남 - 퇴계退溪 이황李滉, 남명南冥 조식曺植, 호남 - 일재一齋 이항李恒, 하서河西 김린후金麟厚, 고봉高峰 기대승奇大升, 경기 - 소재蘇齋 노수신盧守愼, 율곡栗谷 이이李珥, 우계牛溪 성혼成渾 등 한국성리학의 전성기[9]를 맞았다고 해도 과언이 아닐 것이다. 이와같은 상황에서 경주지역도 성리학에 대한 학풍은 예외가 아니어서 "명종조明宗朝에 경주慶州의 인재人才가 성성盛 했다"[10]라고 하여 그 정도를 말해주고 있다. 『경주읍지慶州邑誌』에 의거하여 경주지식인의 학맥學脈을 살피면 다음과 같다.

---

8) 李丙燾, 『韓國儒學史』, 1987; 玄相允, 『朝鮮儒學史』, 1948.

9) 이병도, 『韓國儒學史』, 아세아문화사, 1987.

10) 『慶州邑誌』 권5, 列伝 附忠義條 「明宗朝 以慶邑人才之盛」.

<표 2-1> 경주 의병장의 學脈

선생이름	교육장소	주소	교육생	비고
晦齋 李彦迪 (1491~1552)	玉山書堂	경북 경주시 안강읍 옥산리	孫光暠, 權德隣	玉山書院 승격 〈私淑〉 權士敏, 權士諤, 李浚
寒岡 鄭逑 (1453~1620)	檜淵書堂	경북 성주군 수륜면 신정리 285	李宜潤, 李宜澄, 李宜澍	檜淵書院승격
芝山 曺好益 (1545~1609)	芝山書堂	경북 영천시 대창면 신광리 699	李宜活, 李宜潛	道岑書院승격 (대창면 용호리 145-1)
旅軒 張顯光 (1554~1637)	不知岩精舍	경북 구미시 임수동 373	權應生, 孫魯, 李晥, 崔繼宗	東洛書院승격
惟一齋 金彦璣 (1520~1588)	肯構堂	경북 안동시 와룡면 가야리 228	金光福, 朴毅長, 孫曄, 孫時	龍溪書院승격 와룡면 산야리

<표 2-1>에서와 같이 경주 의병장들은 경주 옥산서당玉山書堂에서 사숙하기도 하였지만 젊었을 때 훌륭한 선생을 찾아 永川 약 60里에 조호익曺好益, 성주星州 약 180里 정구鄭逑, 인동仁洞 약 200리 장현광張顯光, 안동安東 가야佳野 약 300리의 김언기金彦璣선생을 찾아 먼 거리를 마다하지 않고 찾아가서 몇 년씩 살면서 공부에 진력하였을 것이다.『도잠서원지道岑書院誌』도안조道案條에 보면 조호익曺好益의 문인門人이 경주 양동良洞에 이의윤李宜潤, 이의잠李宜潛, 이원효李源斅, 이석기李錫麒, 이원호李源護, 이능탁李能濯, 용장에 박시복朴時復, 박시예朴時藥, 박시태朴時泰, 박시진朴時震, 와지의 박시우朴時佑, 구경의 이석찬李錫粲, 금호의 손진해孫晉海, 현곡의 서인규徐仁奎, 하곡의 정창락鄭昶洛, 옥산의 이병기李秉琪, 산태의 이춘혁李春赫 등 많은 사람들이 있다.[11] 이중 회재晦齋 이언적李彦迪의 손자 의활宜活, 의잠宜潛 형제의 의병활동이 있다. 이외에도

---

11)『道岑書院誌』, 2000 국역본.

최진입崔震立과 같이 당숙 신린臣隣을 스승으로 모셨고 인근의 지식인에게 사사한 의병장들도 있었다. 임진왜란壬辰倭亂이 발발하자 진관체제 운영에 따라 경주부 휘하 제진諸鎭의 병력은 경부읍성에 모이도록 긴급명령을 하달하였다. 그리고 경주읍성 남문인 징례문徵禮門 앞에 있던 봉덕사奉德寺 종鐘[12]을 군軍의 비상소집을 위해 힘있게 쳐댔다. 그러나 울산 좌병영에는 安東을 비롯한 13邑의 군사가 운집했지만 하양河陽과 용궁현龍宮縣의 지원군이 중도에서 되돌아 갔기 때문에 경주읍성의 수비는 본부병本府兵과 장기 현감 이수일李守一 군사 뿐이었다.[13] 이보다 앞서 경주 부윤 윤인함尹仁涵은 강계부사로 발령됨과 거의 같은 때에 경상 감사監司 김수金晬로부터 포망장捕亡將에 보임된다. 윤인함尹仁涵은 좌병사 이각李珏 막하의 500여 군졸을 떼어 경주 판관 박의장 군에 소속시킨 다음 포망장을 수락하였다고 한다.[14] 이의윤李宜潤 「임진일기壬辰日記」 4월 22일조에 보면 왜적이 읍성 남문인 징례문徵禮門에 도달하였을 때 장기 현감 이수일은 서문인 망미문望美門으로, 경주 판관 박의장朴毅長은 동문인 향일문向日門과 북문 공진문拱辰門을 열고 일단 기계杞溪, 죽장竹長으로 후퇴하였다. 이때 추격하는 왜군에 의해 많은 사람과 말이 사살되었다고 한다.[15]

---

12) 『新增 東國輿地勝覽』 권 21 慶州府 古跡條에 '府尹 芮椿年 移置南門外 構屋以懸 凡徵軍 擊之'라고 하여 비상시 軍을 징집하기 위해 종을 쳤던 것을 알 수 있음. 이 종은 '聖德大王新鐘' 또는 '에밀레종'으로 신라 혜공왕 7년(771) 祖王인 성덕왕의 명복을 축원하기 위해 제작한 12만근의 큰 종으로 壬辰倭亂의 참혹했던 병화를 피해 銘文, 비천상, 당초무늬 등이 선명하게 전한다: 崔孝軾, 『慶州府의 壬辰抗爭史』, 1993, pp.46~47; 경주국립박물관, 『聖德大王新鐘』, 1999. 2.

13) 『亂中雜錄』 1, 壬辰年 4월 21일조

14) 金德齡, 『龍猴錄』.

15) 川口長孺, 『征韓偉略』, 壬辰 4월 21일조, "淸正自熊川 行略地至慶州 諸城逃兵鳩集 淸正進攻之斬獲三四千 城陷 淸正留兵 諸城護之 進向京城"라고 하여 3~4천을 참회하고 성을 함락시켰다고 함. 李炯錫, 『壬辰戰亂史』, 新現寶社, 1974, pp.256~258 참조

이제 경주부의 의병 거병에 관해 몇가지 예를 들어보자. 대개 이들은 뒤에 선무원종공신宣武原從功臣에 책봉된 자들이 많았다. 먼저 김응하金應河은 임진란이 발발하기 전 해에 신녕新寧 불골사佛骨寺에서 김우옹金宇顒, 이덕홍李德弘, 장현광張顯光, 조호익曺好益, 최동보崔東輔, 홍한洪瀚, 이삼한李三韓, 이계수李繼秀, 최인崔認, 문위文緯 등과 함께 학문을 논하고 우의를 다졌다. 그리고 이 뜻을 지키기 위해 동고록同苦錄을 작성하여 금강문金剛門 대들보에 끼워 놓았다고 한다.[16] 김응하는 임진년 2월 고향 개화동開花洞 부동釜洞[17]에 돌아와 훈도訓導를 하면서 같은 동리에 사는 처질妻姪 이눌李訥과 함께 동지를 모아 왜침에 대한 대책 등을 논의한다. 이미 세상은 왜침의 우려 때문에 인심은 극도로 흉흉하였다. 4월 18일 왜군이 침입한 소식이 있자 천사장天使將 이눌李訥을 중심[18]으로 하여 분용장奮勇將 김응하金應河, 선봉장先鋒將 김응생金應生 등 의병군을 편대하였다. 그리고 이들이 만든 창칼로 무장하였던 것이다. 이 소식을 듣고 김득복金得福이 동해東海에서 군대를 끌고와 앞으로의 대책을 논의했고 울산蔚山의병장 김흡金洽, 윤홍명尹弘鳴, 윤대농尹大農, 김대명金大鳴, 박손朴孫, 박문朴文 등이 의병을 대동하고 왔다. 김득복의 거병은 어일魚日 남동리南洞里에서 동생 득상得祥과 함께 분용장奮勇將이라 호칭하고 의리義理로써 산속에 흩어져 은둔하고 있던 장정들을 효유하여 모집하였다. 그는 경주 읍성이 함락되어 부윤 등 집행부가 죽장현으로 피난 갔다는 말을 듣고 즉시 불국사 뒷산에 가서 이눌李訥과 만나 앞으로 왜군을 막을 대책에 대해 논의하였다.[19] 이언춘李彦春의 창의거병을 보자, 경주부 동천東川 마을

---

16) 金應河, 『忍心齋日記』「艮齋李公德弘遺記中」, 辛卯 三月十六日.

17) 金應河, 『忍心齋日記』「遺蹟」.

18) 李訥, 『樂義齋實紀』 권1, 壬辰 4월 18일조.

19) 金得福, 『東厂實記』 권 上, 「從軍錄」, 壬辰 4月 17日, 21日조 의병군은 4월 21일 경주의 내외 등에서 50여명 5월 11일 70여명 6월 4일 90여명이 附來하였다고한다.

훈장이었던 그는 '사족士族의 후예로서 이러한 판탕板蕩의 난亂을 만나 무사하게 피신하여 살기를 도모할 수 없다'하고 즉시 동리사람들을 모아 대책을 논의하였다. 아들 상립尙立의 주관으로 여성까지 참여한 의병진을 편성하여 창의하였다. 정예병은 전투에 대비해 훈련을 받도록 하였다. 그리고 비정예병은 남자의 경우는 대장간을 설치하여 병기를 만들도록 하였고, 여자는 채소를 가꾸는 등 모든 일에 있어서 전쟁에 필요한 것들을 마련하도록 하였다. 이외에 전 봉사奉事 김호金虎의 거병이 있었고 왜군이 경주읍성에 도착하자 부윤 윤인함은 안강 뒤에 있는 도덕산道德山 두덕사斗德寺에 있었는데 이곳으로 온 권사악權士諤은 여기서 가솔을 이끌고 거병하였다. 권복흥權復興은 강동江東 단구리丹邱里사람이다. 왜군이 파죽지세破竹之勢로 북상할 때 그는 의병군을 모집하여 반대로 적 치하가 된 부산 다대포多大浦로 출전하여 화살이 다할 때까지 싸워 장열하게 순절하고 말았다. 경주사람들은 권복흥權復興을 포함해 임진왜란 때 순절한 이팽수李彭壽, 김호金虎, 이희용李希龍, 이문진李文軫 등을 동도오절東都五節이라 부른다.[20] 이들 의병장들의 신분은 대개 유림儒林이 많았으며 무인武人출신도 없지 않았다. 그 중에는 김호金虎·주사호朱士豪와 같은 전, 현직 관료로서 경주지방의 명망인名望人으로 영향력이 큰 인물들이였다. 의병은 상민에서 천인에 이르기까지 여러 계층이 함께 거병하게 된 것은 민족적 저항과 근왕勤王정신 뿐 아니라 향토애에 기반을 둔 때문이다. 그래서 의병장을 중심으로 한 친척 동문인同門人, 소작인 노복과 같은 마을 사람들이 중심이 되어 스스로 궐기하였던 것이 특징이었다.[21] 영남의 의병들이 경주를 중심

---

20) 權復興, 『五慕齋實紀』「遺事條」; 蔡弘遠, 『嶺南人物考』, 탐구당, 1978; 경상북도, 『慶北偉人傳』, 1987 참조

21) 崔永禧, 「壬亂 義兵의 性格」『史學研究』 8, 韓國史學會, 1960; 李載浩, 「壬亂 義兵의 一考 察 - 특히 官軍과 明軍과의 관계를 中心으로」『歷史學報』 35·36合輯, 1967 참조

으로 하여 굳게 뭉쳐진 계기는 선조25년 6월 9일 경주 남천南川 상류에 위치한 月城에 모여 문천회맹蚊川會盟을 맺은데서 시작된다. 영남의 12고을의 의병장 132명이 경주읍성의 탈환을 결의하였다.[22] 그리고 그 해 7월 27일 화공火攻으로 영천성永川城 탈환을 결행하였던 것이다.[23] 그 여세를 몰아 경주읍성의 탈환에 나서게 되었다. 경주읍성의 왜군은 복도정칙福島正則의 부장部將 다천내기多川內記가 주재하고 이곳을 병참기지화 하면서 주민들을 상대로 하여 약탈과 파괴, 방화 등을 일삼았다.[24] 특히 왜군은 경주, 영천, 대구, 성주, 선산, 개녕開寧, 금산金山, 상주 등지의 거점을 축으로 한 기각掎角[25]의 태세를 갖추어 경상도를 완전 장악하려 하였다. 영천성 탈환에 성공한 관군과 의병군은 문천회맹蚊川會盟의 결의에 따라 경주읍성 탈환전에 전력을 기울였다. 경주성 탈환전투는 제1차 임진壬辰 8월 21일, 제2차 같은 해 9월 7-8일에 있었다. 제1차는 특히 영천성 탈환의 성공으로 관·의병의 사기가 고조되자 좌병사 박진朴晋은 모든 읍의 군사를 좌병영이 있는 안강安康으로 집결토록 하였다. 그리고 자신도 청송靑松, 안덕安德, 영천永川 등에 흩어진 군사와 백성을 격려하여 군졸 수합에 나섰던[26]것이다. 다음 관·의병으로 참여한 고을 및 병력수를 보면 기록마다 차이가 있다. 『선조수정실록宣組修正實錄』, 『징비록懲毖錄』, 『난중잡록亂中雜錄』, 『재조번방지再造藩邦志』 등에는[27] 16읍邑 1만여명萬餘名으로 되어 있으나 손엽「용사일기龍蛇日記」에는 11邑 37,000여 명이고 최락崔

---

22) 최효식, 「壬辰倭亂時 蚊川會盟攷」『典農史論』7, 2001. 3.
23) 최효식, 「임진왜란중 영천성 복성전투」『大邱史學』47, 1994.
24) 『宣祖實錄』 권28, 25년 6월 丙辰條.
25) 李魯, 『龍蛇日記』, 壬辰年 기록.
26) 孫曄,「龍蛇日記」; 崔奉天,『耘庵實錄』; 박의장,『觀感錄』 등에 좌병사 朴晋은 靑松·安德·永陽에서 8월 18일 돌아왔다고 함.
27) 孫曄,「龍蛇日記」, 壬辰 4월 21일조 “十一邑軍 齊會合三萬七千餘人 兵勢大振 二更末 進軍”이라고 하여 진군한 시각까지 기록하고 있음.

洛은『경주선생안慶州先生案』에서 16邑 50,000여 명으로 기록하고 있다. 그렇다면 실제 이 전투에 참여한 바 있는 손엽의 기록에 더 신빙성이 있지 않을까 한다. 이들은 문천회맹蚊川會盟에 참여한 고을의 의병이였다. 한편 읍성안의 왜군은 다천내기多川內記군과 왜장 마강馬强이 영천성의 패잔병과 자인慈仁 등지의 병력 등 만여명萬餘名의 병력이 있었다.[28] 그리고 왜군은 의병군의 동태를 파악하고 이에 대처하기 위해 언양에 있는 대병력을 뽑아 읍성 근처 그리고 동쪽 백률산栢栗山과 남쪽 향교鄕校 등에 매복하고 있었다.[29] 전투에 임하는 관·의병 군은 "경주읍성慶州邑城 탈환은 쉬운 일"이라고 한 것[30]을 보면 군의 사기는 최고조에 달하였던 것을 알 수 있다. 중무장하고 밤새 행군한 이들은 8월 21일 새벽 경주성문 앞에 도착했다. 그리고 지휘본부를 읍성이 한눈에 내려다보이는 금장대金藏臺 위에 두었다. 금장대는 돌출된 작은 산으로 서천건너 읍성으로 부터 약 5里에 위치한 금대金臺라고도 한다. 그래서 전투가 진행될 때 소산小山에 올라 부내府內에서 아군의 활동상황을 살폈고,[31] 의병장 권복시權復始, 최진립崔震立 등도 금대金臺위에서 적의변동을 예의 주시한 것 등은 모두 같은 장소로써 작전본부인 금장대金藏臺을 말한 것이다. 지휘본부에 있던 좌병사 박진朴晋의 작전명령에 따라 관·의병군은 경주성을 동서북 3面으로 포위하고 성밖의 민가에 불을 지른 것을 신호로 하여 읍성을 공격하였다. 대체로 북문北門을 중심으로 하여 동쪽은 판관 박의장朴毅長이 선봉이 되었고, 서

---

28) 金見龍,「水月齋實記」, 壬辰 8월 19일조. "賊馬强等 收散亡之卒一萬 留陣于 西川之上"에서 확인됨.

29) 孫曄,「龍蛇日記」, 壬辰 4월 21일조, '賊伏兵在 或自栢栗 或曰鄕校 … 前一日 賊大兵 自彦陽 上來 散屯城外 及鄕校里'라고 한데서 확인됨; 국방부전사편찬위원회,『壬辰倭亂史』, pp.115~116. 왜군은 8월 1일부터 경주성 방비를 강화시켰다고 한다.

30) 李宜潤,「壬辰日記」, 壬辰 8월 20일조 "邑軍三萬六千餘人 兵勢大振 皆云陷賊易矣 鷄鳴 兵使 行軍."

31) 孫曄,「龍蛇日記」, 壬辰 4월 21일조 "登小山 上望府內 我軍始入 焚蕩 城底人家."

쪽은 주로 권응수權應銖가 영천군을 지휘하였다. 이들은 처음부터 미리 준비한 벼 가마니에 풀과 볏집을 넣어 성 아래 垓字를 메우고 성안으로 진입하려는 적성지계積城之計를 폈고, 영천성永川城를 탈환위 경험으로 돌진하였다. 왜의 지원군이 있다는 것을 알고 있었으면서도 크게 염려하지 않았던 것 같다. 성안의 왜군도 조총鳥銃과 포砲를 비오듯이 쏘아됐기 때문에 부상자가 속출하였다.[32] 결국 작전부재로 경주성 탈환에 실패하고 말았다. 제2차 경주읍성 탈환전투는 경주 판관 박의장朴毅長에 의해 주도된다. 작전상 안강으로 후퇴한 관·의병군은 대병력의 투입보다는 수시로 결사대를 파견하여 읍성을 공략하는 전략 전술의 수정을 가져왔다. 박의장은 기병과 결사대를 이끌고 곳곳에 군사를 배복시키고 자신이 직접 돌격전에 나섰던 것이다. 특히 결사대의 편성에 있어 동도복성비東都復城碑에 보면 위장衛將에 김득복金得福, 첨사僉使에 박춘석朴春碩, 장좌將佐에 김린수金麟壽, 황희안黃希安, 박춘무朴春茂, 전응충全應忠, 박봉수朴鳳壽, 이이손李利孫, 김윤복金允福 등 경주 의병장이 많이 포진되었던 것을 알 수 있다. 이때 경주출신 군기사軍器寺 이장손李長孫에 의해 비격진천뢰飛擊震天雷가 발명된다. 박의장은 결사대 1,000여명을 선봉을 삼고 좌병영군 사천여 명으로 엄호토록 하는 한편 봉수군烽燧軍을 주위 산에 배치하여 일제히 봉화를 올려 마치 수많은 군병으로 가장하였다. 그리고 화공작전火攻作戰를 구사하여 여러발의 비격진천뢰를 성안에 쏘아 댔다.[33] 비격진천뢰는 일종의 시한탄時限彈으로 객사客舍를 비롯하여 여기 저기에 떨어졌지만 즉시 폭발되지 않았다. 얼마 후 갑자기 터져 사망자가 30여명이나 되었고 부상자 또한 많았다. 신무기를 앞세운 아군의 집요한 공격에 왜군의 방어전도 만만치 않아 전투는 다음날 늦은 밤까지 계속되었다.[34] 마침내 적이 성을 버리고

---

32) 孫曄, 「龍蛇日記」, 壬辰 8월 21일조
33) 『再造藩邦志』 2, 萬曆 20년조; 『懲毖錄』 권1, 左兵使朴晋 收復慶州 참조

도주하자 추격군을 편성하여 왜군을 죽이고 그날로 성안으로 들어갔다. 이와같이 관·의병이 연합하여 140여일만에 경주성을 탈환한 것은 임진왜란사壬辰倭亂史에 있어 큰 개가였다. 이와같은 사실을 『선조실록宣祖實錄』 권32, 25년 9월 신미조辛未條에서 찾으면 다음과 같다.

> 신료들이 함께 아뢰기를 朴晉이 嶺左를 수복한 공로는 李舜臣의 공과 다름이 없는 것으로 영좌에 자못 생기가 돌고 있습니다. 박진은 색깔이 있는 말을 탔었는데 처음에는 적이 알아볼까 진흙으로 발라 말의 색깔을 없앴다가 지금은 명성이 이미 적들에게까지 났기 때문에 일부러 말이 색깔을 내보여 적이 보기만 하여도 놀라게 하고 있다 합니다.

경주는 영남의 거진巨鎭 뿐 아니라 주요 치소治所였기 때문에 이를 탈환함으로써 왜군의 보급로와 통신망을 차단하게 되어 그 의의가 매우 크다 하겠다. 이 때 국왕은 국토의 끝 의주에 있었고 왜군은 평양성과 회녕會寧까지 진출하였다. 그럼에도 불구하고 경주를 중심으로 한 의병과 관군은 고립무원 상태에서 자체의 결집된 힘만으로 왜군을 격퇴시켰던 것이다. 이로써 경상좌도에 생기가 돌고 전세가 역전되는 계기가 되었던 것이다.[35]

여러문적을 조사하여 경주의병활동의 지도자를 정리하면 다음과 같이 약 340여명이 된다.[36]

金得福 金克福 金應春 金允福 金春福 金應澤 金應河 金德龍 金鸞瑞
金應生 金天錫 金潤龍 金白隱 金大海 金鳳瑞 金萬顧 金得禮 金夢洙
金宇鷹 金永壽 金有德 金應壽 金永老 金　鍊 金光福 金秀理 金孝元
金弘復 金壽南 金汝良 金春龍 金日建 金　漣 金孝男 金　虎 金以忠

---

34) 柳成龍, 『懲毖錄』 권1, 壬辰 9월조
35) 『宣祖實錄』 권32, 25년 11월 戊辰條.
36) 최효식, 『慶州府의 壬辰抗爭史』, 1993.

金以寬 金以弘 金弘煒 金石堅 金夢秀 金夢良 金夢男 金弘祥 金仁心
金禮心 金慶龍 金得秋 金自平 金廷敏 金虎相 金台鉉 金廷瑞 金夢澤
金漢傑 金石萬 金麟壽 金順得 金大德 金得義 金俊敏 金光祿 金應祿
金應福 金一德 金石萬 金　琦 金弘復 金弘燦 金　蘭 金得祥 金彦福
金千石 金厚孫 金孝南 金宅淵 金　福 金應擇 金擇遠
李繼秀 李國賓 李大源 李承曾 李文翼 李夢白 李善祚 李應男 李弘魯
李時立 李鳳壽 李彭壽 李宜潤 李宜潛 李宜溫 李榮根 李榮立 李台立

李復龍 李復隣 李　時 李　浚 李夢隣 李仁常 李夢瑞 李夢龍 李夢祥
李之䭅 李元明 李日將 李廷芬 李龍甲 李承級 李好仁 李昌後 李順福
李　橚 李世浩 李仁楠 李葩秀 李芬秀 李希龍 李景海 李應春 李遇春
李逢春 李承金 李　訥 李三韓 李彦春 李尙立 李景漢 李景湖 李義男
李秀男 李奇南 李循性 李復性 李安性 李芳隣 李有隣 李光隣 李夢騏
李夢星 李克福 李起福 李弘懋 李弘淳 李汝良 李農國 李大仁 李大立
李仁立 李德梅 李昌俊 李禮立 李希春 李世浩 李應壁 李龜甲 李天綸
李景龍 李元春 李伯仁 李安國 李承春 李慶男 李萬壽 李春華 李榮華
李厚根 李弘幹 李光後 李汝誠 李弘淨 李文翌 李安伯 李　琮 李時仁
李義立 李景澤 李夢黃 李大震 李夢亮 李世浚

崔大松 崔奉天 崔得雨 崔彦福 崔盡摘 崔大智 崔文炳 崔仁濟 崔震立
崔繼宗 崔海南 崔景憲 崔臣隣 崔光憲 崔　晛 崔士吉

朴春石 朴仁國 朴榮立 朴春茂 朴利孫 朴應福 朴安性 朴大性 朴大茂
朴好仁 朴茂先 朴春英 朴茂春 朴碩義 朴孝男 朴文大 朴萬瑞 朴大春
朴望來 朴敏樹 朴敏始 朴敏春

權士諤 權伯春 權復興 權復始 權應緣 權應得 權應生 權土敏

孫　曄 孫　時 孫　香 孫　魯 孫潤源 孫世審 孫應晚 孫亨先 孫應老

鄭碩南 鄭三畏 鄭三戒 鄭弘業 鄭　䆴 鄭三顧 鄭　遵 鄭公淸 鄭大林
鄭應瑞 鄭希昭 鄭雲鵬

尹就善 尹希永 堅川至 白以昭 白勝黃 柳復興 權　汀 南仲珏 南義綠
沈希靖 陳　䩾 徐海宗 黃　璞 吳敬友 吳益善 吳　悅 吳　愭 吳萬雲
黃　愼 黃希安 黃希喆 柳光傑 田憶疇 田興壽 徐濟民 盧仁起 辛　協
文應星 蔣惟貞 將啓賢 韓彦浩 許希萬 元一憲 安柱國 申土忠 辛　郁
張天紀 洪天賚 徐海守 陳　晃 宋汝宅 安天叙 柳起春 柳榮元 尹忠豪
朱士豪 朱士雄 辛萬慶 柳忠幹 宋汝宅 池獻福 徐得天 徐思遠 徐思迪
都孟郊 都興國 都孟浩 都佑國 高碩男 高德臣 高德齡 高德崑 高彦章
尹一段 沈淸一 邊仲一 安在傍 尹希永 印　性 性　淬 土旦演 惠　觀
贊　弘 仁　悅 法　坦 文　緯 張夢紀 柳復禮 張復合 柳　汀 柳榮春
柳伯春 柳泰英 襄仁得 曹　悅

　　경주의병활동에 있어 특이한 점은 한 집안에 의병장이 여러명이 있다는
점이다.『동경통지東京通志』충의조忠義條를 중심으로 정리하면 김호金虎
가 노곡奴谷전에서 순절하자 부인 정鄭씨가 자진하였고 아들 이충以忠 이
관以寬 이홍以弘은 의병장이 되었다. 이파수李葩秀 형제가 서천西川 전투
에서 순절하자 분수芬秀의 처 金씨 또한 죽었다. 이희용李希龍은 왕명으로
경주 울산 등의 첩보를 수집하고 돌아가던 중 충주忠州에서 순절하자 부인
金씨가 자진하였고, 아들 문진文軫이 아버지 시신을 찾아가던 중 신녕新寧
에서 또한 전사당하였다. 이응춘李應春은 현직 部長으로 아우 우춘遇春 봉
춘逢春 아들 승금承金 종질 눌눌訥 집안의 삼한三韓과 함께 의병하여 의육당
義六堂이 되었다. 특히 눌訥의 유복자 天柱는 병자호란에 또한 의병장이
되었다. 고석남高碩男은 아들 덕신德臣, 덕령德齡, 덕곤德崑과 종제 언장
彦章의 거병이 있었고 김응하金應河, 홍위弘煒, 그리고 서득천徐得天, 사
적思迪은 부자간이다. 특히 도맹교都孟郊는 맹호孟浩형제이고 맹교孟郊

홍국興國은 2부자였고, 이안국李安國과 승춘承春, 언춘彦春, 희춘希春 그리고 김석견金石堅과 몽량夢良, 몽수夢秀, 몽남夢男은 3부자였다. 이경한李景漢, 경해景海, 경호景湖와 이의남李義男, 수남秀男, 기남奇男과 이순성李循性, 복성復性, 안성安性과 이방린李芳隣, 유린有隣, 광린光隣과 이홍각李弘慤, 홍노弘魯, 홍순弘淳과 이의윤李宜潤, 의잠宜潛, 의온宜溫 등은 각각 3형제간이었고 김득복金得福, 득상得祥과 이몽기李夢騏, 몽성夢星과 최진립崔震立, 계종繼宗과 이극복李克福, 기복起福과 김인심金仁心, 예심禮心과 김춘룡金春龍, 경룡慶龍은 모두 형제간이었다. 그리고 김득추金得秋, 자평自平은 종형제간이었고 김유덕金有德, 김응수金應壽, 김영로金永老, 김응택金應澤은 조카였다. 김여량金汝良은 조카 진국震國과 함께 장계현蔣啓賢과 함께 의병하였다. 이중 특히 이계수李繼秀, 최진립崔震立 등은 병자호란에도 참전하고 있다. 조정에서는 전란중에 군공청軍功廳을 두어 공신들의 명칭을 정하여 포상하였다. 서울에서 의주義州까지 국왕은 모진 호종공신扈從功臣, 이몽학의 난을 평정한 청난공신淸難功臣, 그리고 전선에서 왜군을 쳐 혁혁한 무공武功을 세운 선무공신宣武功臣 등 3등급으로 하였다.[37] 선조 38년 4월에 선무공신에는 그 공과에 따라 다시 선무원종공신宣武原從功臣을 두었다. 그리고 3등으로 나누어 전국에 모두 9060명에게 '공신록권功臣錄券'과 함께 책으로 엮고 옥쇄를 찍어 각 개인에게 지급하였다.[38] 경주부의 민으로 『선무원종공신록』에 등재된 사람은 1등 12명, 2등 33명, 3등 61명 등 총 106명이나 된다. 이는 결코 적은 숫자가 아니다.

---

37) 『宣祖實錄』 권175, 37년 6월 甲辰條.
38) 『宣祖實錄』 권186, 38년 4월 庚申條.

4. 경주의병관련 문헌 분석

경주의병의 창의활동을 살필 수 있는 기록은 중앙의 『선조실록宣祖實錄』『선조수정실록宣祖修正實錄』『징비록懲毖錄』『재조번방지再造藩邦志』『난중잡록亂中雜錄』 등과 일본日本의 『정한위략征韓偉略』『조선일일기朝鮮日日記』『고려일기高麗日記』, 중국中國의 『경략복국요편經略復國要編』『양조평양록兩朝平攘錄』 등이 있다. 그리고 경주의병장들의 참전 기록이 있다. 그 종류로는 의병 본인이 찬술인 문집이 있겠으나 그 보다는 뒤에 서원書院, 향청鄕廳, 향교鄕校 그리고 후손에 의해 흩어진 기록들을 모아 편집 발간한 『실기實紀』 등이 있다. 이를 표로 하면 다음과 같다.

<표 2-2> 慶州地域 壬亂義兵 實紀類(朝鮮後期)

번호	書名	姓名	生沒年	출신지	本貫	字	刊記	板本	備考
1	松壕日記	柳汀	(1537~1597)	山內面	文化	汝元	1637	필사본	
2	貞武公實紀	崔震立	(1568~1636)	이조	경주	士建	己未(1739)	木板 2	明川府 刊
3	白雲齋實紀	權應銖	(1546~1608)	新寧	안동	仲平	병오(1786)	목판 2	
4	梅窩實紀	權士諤	(1556~1612)	康縣里	안동	明彦	을묘(1795)	목판 1	
5	忍心齋實紀	金應河	(1533~1598)	開谷里	順天	千一	1798	필사본	경주향청 刊
6	觀瀾文集	李承曾	(1515~1599)	중리	경주	希魯	1820	목활자	智谷祠開刊
7	無忝堂集	李宜潤	(1564~1597)	양동	여강	晬然	1830	목판 1	李鍾祥跋
8	淸虛齋集	孫曄	(1544~1600)	양동	월성	文伯	壬辰(1832)	木板 1	龍蛇日記
9	省齋實紀	崔文炳	(1557~1599)	慈仁	永川	日章	갑신(1784)	목판 2	
10	觀感錄	朴毅長	(1555~1604)	寧海	武安	士剛	정미(1847)	목판 3	
11	憂樂齋實紀	崔東輔	(1560~1599)		영천	子翼	1857	필사본	1992 국역본
12	楊窩實紀	金得禮	(1562~1593)	蔚山	金海	仁則	을축(1865)	활자 1	活川祠刊
13	懼齋實紀	金得秋	(1572~1645)	慶州府內	義城	雲西	1896	목판 1	金道和跋
14	蘿谷實紀	朴春武	(1568~1636)	蘿阿里	밀양	乃文	1900	목판 1	柳必永序
15	傳巖實紀	白以昭	(1557~1597)	건천 富山村	鰲山	隆遠	丙午(1906)	목판 1	
16	東广實紀	金得福	(1561~1626)	어일	金海	綏仲	임인(1902)	목판 1	

<표 2-3> 慶州地域 壬亂義兵 實紀類(日帝時期)

17	靖广實紀	朴仁國	(1563~1597)	陽南 蘿阿	밀성	大輔	정미(1907)	석판 1	1997 국역본
18	霽月堂實紀	李景淵	(1565~미상)	蔚山 珠廉洞	울산	汝澄	기유(1909)	목판 1	
19	詠風亭實紀	李繼秀	(1567~1637)	立谷里 (입실)	淸安	漢瑞	경술(1910)	석판 1	
20	樂義齋實紀	李訥	(1569~1599)	開花里 (개곡)	淸安	若愚	경술(1910)	목판 1	
21	四義士實紀	柳汀 등	(1537~1597)	山內面	文化	汝元	신해(1911)	석판 3	柳汀, 柳榮春 柳伯春, 柳泰英
22	杜村實紀	李彭壽	(1559~1596)	安康	淸安	眉昆	신해(1911)	목판 1	
23	竹溪實紀	李大任	(1574~1635)	長鬐縣	昌寧	士重	임자(1912)	목판 1	
24	東溪實紀	李彦春	(1546~1609)	東川里	경주	彦之	경신(1920)	목판 1	
25	汶翁實紀	金石堅	(1546~1614)	斗山里	김해	子固	1920	석판	孫厚翼跋
26	松皐實紀	堅川至	(1564~1597)	開谷里	海州	流遠	신유(1921)	목판 1	
27	愛日堂實紀	李說	(1553~1609)	홍해	울산	天賚	1921	목판본1	
28	雪川集	李宜活	(1573~1627)	양동	여강	浩然	임술(1922)	석판 2	
29	五宜亭集	李宜溫	(1577~1636)	양동	여강	栗然	을축(1925)	목판 1	一名 李宜澤
30	梅軒實紀	權士敏	(1557~1634)	杜陵里	안동	粹彦	기사(1929)	목판 2	1999 국역본
31	花巖實紀	尹弘鳴	(1565~?)	蔚山	坡平	應時	1937	필사본	1995 국역 본발행
32	五慕齋實紀	權復興	(1555~1592)	丹丘里	안동	仲元	정해(1947)	석판 1	
33	六宜堂事蹟	崔継宗	(1570~1647)	伊助	경주	慶承	1952		
34	昌臺實紀	鄭大任	(1553~1594)	永川 鏤村	迎日	重卿	계사(1953)	목판 1	
35	慕石遺稿	李克福	(1548~1596)	慕阿里	경주	有司	임진(1953)	석판 1	
36	忠義錄	李彭壽 등	(1559~1596)	山臺	청안		정유(1957)	석판 1	1995 국역본
37	東岡實紀	李弘懋	(1537~1605)	川北 東岡亭	월성	汝誠	1957년	석판 1	

번호	實紀名	人物	生沒	位置	本貫	字	刊行	板種	備考
32	五慕齋實紀	權復興	(1555~1592)	丹丘里	안동	仲元	정해(1947)	석판 1	
33	六宜堂事蹟	崔継宗	(1570~1647)	伊助	경주	慶承	1952		
34	昌臺實紀	鄭大任	(1553~1594)	永川 錢村	迎日	重卿	계사(1953)	목판 1	
35	慕石遺稿	李克福	(1548~1596)	慕阿里	경주	有司	임진(1953)	석판 1	
36	忠義錄	李彭壽 등	(1559~1596)	山臺	청안		정유(1957)	석판 1	1995 국역본
37	東岡實紀	李弘懋	(1537~1605)	川北 東岡亭	월성	汝誠	1957년	석판 1	

<표 2-4> 慶州地域 壬亂義兵 實紀類(解放이후)

번호	實紀名	人物	生沒	位置	本貫	字	刊行	板種	備考
38	耘庵實紀	崔奉天	(1564~1592)	황오동	경주	國甫	기해(1959)	석판 1	
39	誠齋實紀	將希春	(1556~1618)	蔚山 內南	牙山	仁敬	1960	석판 1	
40	勁草堂倡義錄	黃希安	(1577~1650)	石村	平海	安叔	1960	석판본1	
41	七松堂實紀	李應璧	(1543~미상)	立谷里 (입실)	清安	汝完	1967	석판 1	
42	龍蛇事蹟	李安國		石村	경주	能輔	1967	인쇄본	墓 陽南 石邑
43	德山實紀	鄭延經	(1547~1618)	건천 仙洞	延日	士賀	경술(1970)	석판 1	
44	九思齋年譜	權復始	(1556~1636)	菊堂里	안동	伯元	1996	국역본1	
45	東湖逸稿	李宜潛	(1576~1635)	양동	여강		1995	국역본	
46	竹濟遺稿	尹仁涵	(1531~1597)	경기 양주	坡平	養叔	1998	국역본	
47	月菴實紀	金虎	(1534~1592)	月南里	경주	德元	미간	필사본1	
48	三綱祠事蹟	李希龍	(1552~1592)	丹丘里	옥구	應瑞	필사본1 미간		
49	悔岩實記	朴震男	(1552~1599)	울산 地塘里	고령	應元	1971	석판본	
50	水月齋實紀	金見龍	(1550~1620)	영일	수원		필사본 미간		

이중 본인이 썼다고 보이는 「종군록從軍錄」, 「임진일기壬辰日記」, 「용사일기龍蛇日記」 등을 제외한 대부분은 <표 2-2>, <표 2-3>, <표 2-4>에서와 같이 세월이 한참 지난 뒤 의병장을 위해 서원書院, 향청鄕廳, 사가私家 등에서 출간하였던 것이다. 몇 가지 유형별로 정리하면 다음과 같다. 서원書院에서 실기를 발간 경우이다. 정무공貞武公 최진립崔震立은 경주부 구미동龜尾洞에서 태어났다. 임진왜란 때 25세로 창의거병하여 계연鷄淵 전투, 영천성永川城, 경주읍성탈환 전투에 참여하였고 무과武科에 합격하였으며 정유재란에 결사대를 이끌고 서생포西生浦에서 적을 격멸하고 울산의 도산島山전투에서 혁혁한 전과를 올려 선무원종공신宣武原從功臣 2등等에 입록 되었다. 그는 경기 전라 수군통어사水軍統禦使를 거쳐 공주영장公州營將으로 병자호란丙子胡亂을 맞아 출전 중 경기도 용인에서 순절하였다. 『정무공실기貞武公實紀』의 편찬은 최장군의 현손인 경노慶老가 함경도 명천도호부사明川都護府使로 있을 때 처음으로 간행되었다고 한다.39) 그 뒤 최적기崔廸基 등이 유문遺文 등을 보완하여 용산서원龍山書院에서 간행하였다. 이같이 『정무공실기』는 명천부에서 관판본官板本으로 시작하여 용산서원 에서 재간再刊, 삼간三刊, 사간四刊을 간행하였고 1875년 도호道號인 잠와潛窩을 발견하여 『잠와실기潛窩實紀』로 오간五刊, 육간六刊이 이어지나 용산서원 에서 간행된 것인지 분명치 않다. 대개 이런 책을 발간하기 위해 각자 소임所任을 정하여 '집사분정기執事分定記'를 만들어 시행하였던 것이다. 경주 향청鄕廳이 중심이 되어 작성된 의병장 김응하金應河의 『인심재일기忍心齋日記』가 있다. 교정유사校正有司로 참여한 생원 손성설孫星說, 진사 최남복崔南復 등이 있는데 이 책 말미에 '무오戊午 이월二月 이십칠일二十七日 향회고증鄕會考證'이라 하고 있다. 향회는 지역

────────────

39) 박장승, 「경주소재 書院·祠에서 간행한 典籍攷」『新羅文化』19, 2001.

여론을 모아 향청을 움직여 나갔던 주요기구라 할 수 있다. 따라서 정조正祖 22년 향청이 중심이 되어 여러 자료를 수집하여 이 책을 만든 것을 알 수 있다. 김이범金履範은 1820년 김응하金應河장군의 行狀을 쓰면서 이런 발간사유를 더욱 분명히 하고 있다. 그는 임난壬亂때 활약했던 의병장들의 기록이 부사府司에 있었는데 화재가 발생하여 소진燒盡되었다. 그리고 이 책만은 다행이 제외되어 향중鄕中에 모든 사람들이 "이재異哉 차불가불찬此不可不纂 차제회이리정지次齊會而釐整之"라고 하여 등질謄跌하였다고 한다. 그런데 1965년 순천順天 김씨金氏 문중에서 자료를 첨삭하여 재발간하였다. 경주 향교鄕校가 중심되어 실기實紀를 편찬한 때도 있다. 최봉천崔奉天은 임난壬亂이 발발하자 29세에 창의거병하여 문천회맹蚊川會盟참여하고 영천永川, 경주성慶州城 탈환에 참전했다. 그리고 정유재란丁酉再亂때 영천 창암전倉岩戰에서 순절하였다. 선무원종공신 1등에 올랐다. 그의 공적에 대해 正祖 7년에 "사임정수의사실士林呈繡衣事實"로 조정에 보고하였고 같은 해 경주향교사임서목慶州鄕校士林書目으로 128명이 재차 진정하였다. 그 뒤 순조純祖 9년 "도유정문道儒呈文"하였으며 이런 일은 철종哲宗 5년 사임정수의문士林呈繡衣文으로 이어졌다. 여러 가지 사정으로 『운암실기耘庵實紀』의 발간은 늦어졌으나 결국 사림士林의 의지대로 이 책은 출간되었다 할 수 있다. 사가私家에서 편찬된 것을 보자. 최문병崔文炳장군은 당시 경주부 관하인 자인현慈仁縣 울곡리蔚谷里에서 출생하였다. 36세에 임진왜란이 일어나자 의병을 일으켜 권응수 장군과 함께 영천성永川城을 탈환에 혁혁한 공을 세웠다. 병사 박진朴晉이 임금이 있던 행재소行在所에 장계를 올려 장기현감에 제수되었다. 영의정을 지낸 채제공蔡濟恭이 1784년 겨울에 쓴 『성재실기省齋實紀』서문에

賢人을 숭상하고 烈士를 숭배하는 것은 사람의 떳떳한 도리이다. 더

구나 후손이 된자로서 公이 원하지 아니하였던 것이라고 하여 그 업적
을 闡揚하는 일을 그만두려고 한다면 이는 不仁한 자에 가깝지 않겠는
가 7世孫 德燦이 公의 遺事를 모아 實紀一卷을 만들어 가지고 千里의
길을 찾아와 나에게 序文을 부탁하였다.

라고 쓰고 평소에 최문병의 업적을 훌륭하게 여겼던 관계로 서문을 쓰게
되었다고 밝히고 있다. 그러나 재정 등 여러 가지 사정으로 발간되지 못하
여 필사본으로 오던 것을 1835년 목판본으로 발간되었던 것이다. 유학자
장현광張顯光의 후손인 석용錫龍이 쓴 서문에 '9세손世孫 석교錫敎와 12
세손世孫 석열奭烈이 채제공께 서문을 부탁할때와 같이 유사遺事와 실기
일권實紀一卷도 가지고 수백리를 달려와서 나에게 서문을 부탁하였다'라
고 하고 이미 번암樊巖 채상공蔡相公이 소상하게 지은 것이라고 한 것에서
알 수 있다. 자인에 충순사忠順祠을 지어 그 뜻을 이어갔으나 고종高宗 5
年에 훼철되고 1978년 정부에 의해 다시 건립되었다. 권사민權士敏은 두릉
리杜陵里사람으로 정극후鄭克後의 문인이다. 임란전에 학행學行이 높아
제용감濟用監 직장直長과 사용원司饔院 주부主簿를 지냈고 왜란이 발발하
자 36세에 대구팔공산大邱八公山에서 거병하여 창녕昌寧에서 거병한 곽재
우郭再優장군과 함께 활동하였다. 그는 공적을 인정받아 언양현감彦陽縣監
에 제수되었으나 나아가지 않았다. 만년에 두릉杜陵에서 후학을 가르쳐 과
거에 합격자가 10여명이나 되었다. 권사민에 대해『경주읍지慶州邑誌』에
암행어사의 별단別單와 경상감사監司의 포계褒啓로 좌승지左承旨에 증직
되었고, '위국창의수성효충爲國倡義守城效忠'이란 여덟 자로 된 첩지를 받
았다. 그리고 갑진甲辰년에는 효행으로 정려旌閭를 내렸다. 권사민의『매
헌실기』는 1774년 울산부사蔚山府使을 지낸 권상일權相一 등 사적기와 황
경원黃景源 등의 행장行狀을 보완하여 1929년 박제광의 서문을 붙여 목판

본으로 출간되었다. 윤홍명尹弘鳴은 울산 호계사람으로 임란 때 28세로 창의거병하여 용양대원수龍驤大元帥가 되어 경주의병들과 함께 많은 활약을 하였다. 그런 까닭에 김성일金誠一이 조정에 그의 공적을 장계狀啓로 올렸을 정도였다. 그의 행적이 담긴『화암실기花岩實紀』는 가전家傳되던 '선계지善継志'을 근거로 8세손 병이秉頤가 가장家狀을 정리하고 11세손世孫 인석仁錫이 유사遺事를 만들어 일단 완성되었다. 그러나 다시 습유문拾遺文 등을 넣어 1995년 원문과 함께 번역문으로 중간하게 되었다. 유정柳汀은 내산內山사람으로 심원정사深源精舍을 짖고 경주, 영천, 영일, 안동 등의 지식인을 모아 임란王亂에 대비하였고 난이 발발하자 창의거병하였다[40]. 그는 선무원종공신宣武原從功臣 3등等으로 '임진일기王辰日記'을 남겼는데 증손 천좌天佐가 1637년 '송양일기松壤日記'로 정리하였다. 그리고 1835년에 용암龍岩이 유정, 영춘榮春, 백춘伯春, 태영泰英의 유문遺文을 수습하여『사의사실기四義士實紀』으로 출간하였다. 일본은 한국을 병합한 뒤 제일 우선적으로 경주에 대한 풍속, 종교, 언어 등 여러방면에 대한 조사를 철저히 진행하였다. 그들은 행정말단을 이용하여 각 마을에 조사원까지 선정하여 1929년 철필鐵筆로 작성한『경주군慶州郡 향토사鄕土史』[41]을 출간하였다. 이 책 전사戰史편에「경주부선생안慶州府先生案」기사, 김득복金得福의「종군록從軍錄」, 손엽孫曄의「용사일기龍蛇日記」을 주요기록으로 꼽고 있다. 김득복金得福은 의병항쟁중에 '종군록從軍錄'을 남겼다. 이재기李載基는 1902년『동엄실기東广實紀』서문을 쓰면서 '이제 병화兵火로 끊어지고 흩어져 남은 것을 이어메고 주워모아 자료를 삼고 손질하여 이러한 책을 편찬해서 선대의 일을 밝히려고 꾀하였다' 라고 하였다. 그후

---

40) 최효식,『慶州府의 壬辰抗爭史』, 1993, pp.80~83.
41) 서울중앙도서관 古書 NO, 18378으로 이 책이 전해지고 있다. 그리고 이를 바탕으로 日帝는 1934년『慶州郡』이란 생활상태조사 보고서를 출간하였음.

1989년 김득상金得祥의 사적事蹟도 첨가하여 이가원李家源의 서문을 붙여 국역본으로 재발간 하였다. 이안국李安國은 아들 언춘彦春, 희춘希春과 창의거병하여 부자가 선무원종공신宣武原從功臣에 각각 녹권 되었다. 이 언춘은『동계실기東溪實記』을, 이안국은『용사사적龍蛇事蹟』을 남겼다. 이 책들은 임진왜란사 연구에 귀중한 자료가 되고 있다. 한 집안의 의병장 활동 내력을 정리한 경우도 있다. 청안이씨淸安李氏의『충의록忠義錄』은 팽수彭壽, 대립大立, 대인大仁, 덕매德梅, 방린芳隣, 응벽應壁, 응춘應春, 우춘遇春, 봉춘逢春 계수繼秀, 승금承金, 삼한三韓, 눌訥 등 13의사의 활약상을 엮어 이종상李種祥의 서문으로 발간하였다. 그 뒤 1957년 태립台立, 유린有隣, 광린光隣, 의 사적을 새로 보완하여 16의사義士의 활동을 국역본으로 담고 있다.

<표 2-5> 경주지역의 院祠表

	의병장명	원사명	설치년대	주 소	비 고
1	金石堅	斗山書堂	순조16(1816)	경주시 양북면 송전리 산 165	증, 通政大夫, 兵曹參議
2	權復興	丹溪祠	순조19(1819)	경주시 강동면 다산리 송정	
3	李宜潤	景山書堂	현종1(1835)	경주시 강동면 양동리	
4	李彭壽	德山書社	1924	경주시 안강읍 산대리 81	
5	李希龍	三綱祠	영조16(1740)	경주시 강동면 단구리 효막곡	
6	權士諤	虎溪祠	정조10(1786)	경주시 안강읍 산대리 367	北安 康縣里 출생
7	權士敏	玉淵祠	정조12(1788)	경주시 내남면 망성리 杜洞	
8	白以昭	光山祠	정조	경주시 건천읍 율전리 光芝山下	
9	金自隱	德山祠	순조28(1828)	경주시 감포읍 팔조리	
10	金得禮	活川祠	헌종12(1846)	경주시 외동읍 활성리 494	

경주지방에는 뛰어난 성리학자와 임난壬亂때 의병 대장 등을 모시는 원院과 사祠을 지어 모셔왔다.[42] 지금 원사院祠가 총 40여곳이 존재하고 있는데 그중 약 25％에 해당되는 10여곳이 임란壬亂 의병장의 향사를 받들고 있다. 의병대장을 모시는 원사院祠를 보면 <표 2-5>과 같다.

<표 2-2>, <표 2-3>, <표 2-4>에서 제시한 바와 같이 실기實記의 제작 발간을 획일적으로 나누기는 어렵겠으나 재정형편이나 의식의 고조 등 여러 가지 면을 고려되었어야 할 것이다. 의병장에 대한 기록들이 임란壬亂이 끝난 30여년 뒤에 정리되기 시작하여 특히 <표 3-1>에서 보는 바와 같이 정조正祖·순조대純祖代에서 활발하게 전개되고 있는 것이 확인된다. 일제 강점기에 경제적인 어려움도 있었지만 무엇보다도 조선총독부의 까다로운 허가를 얻어야 실기의 출간이 되었는데도 이 기간에 다량의 실기가 출간된 것을 보면 일제에 저항의식의 고취에서 온 결과가 아닌가 한다. 민족해방을 맞은 이후 <표 2-4>과 같이 다량의 실기가 활발하게 출간되고 있다. 해방에 따른 상황의 변화도 없지 않겠지만 경제적인 여건이 많이 작용되었을 것이라 생각된다. 그러더라도 새로운 의식의 고조로 조상의 활약상에 대한 긍지와 자부심 또한 출판의 중요 요소였다고 본다.

5. 맺음말

이상에서 우리는 임진왜란壬辰倭亂에 있어 경주부의 의병항쟁과 그들이 남긴 문헌에 대해 살펴보았다. 그 결과 다음과 같은 결론에 도달하게 되었다. 첫째, 경주부慶州府는 영남의 웅번雄藩으로 전선의 제일 앞에 위치해 있었던 까닭에 군사 전략상 매우 중요한 지역이 되어 있었다는 점이다. 따

---

42) 『慶州院祠錄』, 경주유도회, 1984.

라서 임진왜란 중 강화교섭이 진행되어 전선이 소강상태였음에도 불구하고 경주인들을 전쟁내내 피나는 항쟁을 계속하였다는 것이다. 둘째, 의병장들은 성리학이 만개된 때로서 상당한 지식을 갖춘 유림儒林이 많았고 그들은 당대의 거유巨儒였던 회재 이언적李彦迪, 한강 정구鄭逑, 지산 조호익曺好益, 유일재 김언기金彦璣 등의 문인門人들로 국가관과 충성심이 그 어느때보다 특출하였던 점이다. 셋째, 경주에서 영남의 12고을의 지도자가 문천회맹蚊川會盟을 맺어 구국항쟁의 이정표를 세웠다는 점이다. 넷째, 관군과 의병진의 연합전선이 잘 이루어 졌다는 점이다. 다섯째, 영천성, 경주성의 탈환의 성공으로 임진왜란의 전선을 역전시켰던 점이다. 여섯째, 의병관련 문헌을 서원, 향청, 향교, 후손들이 열정으로 어려운 여건 속에서도 편집 발간하였고 출간에 있어 오랜 세월이 걸리긴 했지만 포기하지 않고 계속되어 왔다는 점이다. 일곱 번째, 위대한 선조들을 찬양 흠모하기 위한 실기實記의 중간은 끊임없이 이어질 것이란 점등을 파악할 수 있었다. 그러나 필자로서는 지나친 보완과 출간은 새로운 문제점을 만들 수도 있지 않을까 하는 조심스런 생각이 든다. 경주는 임진왜란에 있어 최전선에 위치했던 까닭에 병참기지로서의 경주, 의병항쟁 연구, 명나라 군대와 경주와의 관계, 울산 전투에 있어서의 경주의 역할 등 종합적인 연구가 계속되어야 할 것이다.

제3장 의병활동과 그 의의

1. 머리말

임진왜란은 역사상 미증유의 전쟁이었다. 16세기 변화 속에 임진왜란기의 의병운동은 선도적인 재지사족들이 의병의 주력을 구성하여 구국·활동을 한 것이다. 의병활동은 백성들의 상호 지지와 결합으로 가능하였던 것이다. 따라서 임진왜란기에 일어난 의병운동은 16세기 사회의 내적 활동의 일부로 파악해야 될 것이며, 구체적으로는 재지사족의 향촌지배의 한 방법으로 이해되어야 할 것이다.[1]

임진왜란기의 의병에 대해서는 1960년대에 들어서 의병운동에 관한 전반적인 문제를 포괄적으로 다룬 연구와[2] 각 지역에서 활약한 의병장의 전

---

1) 李泰鎭, 「壬辰倭亂 극복의 社會的 運動-士林의 義兵活動의 基底를 중심으로-」, 『한국사학』5, 1983, 한국정신문화연구원.

2) 金錫禧, 「壬辰亂의 義兵에 관한 再考察」, 『부산대학교논문집』13, 1972 ; 「壬亂義兵에 관한 再考察」, 『釜山大學校論文集』第13輯, 1972. : 「임진왜란의 의병운동에 대한 일고찰」, 『향토서울』15, 1962.
李載浩, 「壬辰義兵의 一考察-특히 官軍과 明軍과의 關係를 중심으로-」, 『역사학보』35·36合輯, 1967.
崔永禧, 『壬辰倭亂中의 社會動態-義兵을 중심으로-』, 1975, 학국연구원. ; 「壬辰倭亂

투와 의병조직, 기병의 배경 등을 다룬 개별인물 중심의 연구로[3] 구분할
수 있다. 이 시기의 조선사회는 여러 모순과 갈등이 노정되면서 새로운 사
회를 모색하던 시기였으며, 사림 계열의 각종 제도적인 개선책에도 불구하
고 구체적인 모순이 완전히 시정되지 못한 과도기이라고 할 수 있다. 따라
서 그 연구는 첫째, 임진왜란의 극복에서 중요한 역할을 했던 경상도의 의
병운동을 정치사적인 입장에서 접근하여야 될 것이다. 왜냐하면 임진왜란
기 정치의 전개에 있어 많은 영향을 주었기 때문이다. 붕당정치는 임진왜란
기에도 연속성을 보이며 전개되었다. 이것은 의병운동의 주도권 장악과 활
동문제, 그리고 전쟁책임론이 중요한 문제였다. 둘째, 임진왜란기에 경상도
의 의병운동이 성공적일 수 있었던 요인은 무엇이었던가에 초점을 두어야
할 것이다. 왜냐하면 경상도의 의병운동은 그 기반이 확고하였을 뿐 아니

　의 義兵活動에 關한 一考」,『鄕土서울』第15號, 1962.
　趙援來,『義兵將 金千鎰硏究』, 學文社, 1982. ;「長城南門倡義에서 본 壬辰義兵의 一
　形態」,『論文集』第2輯, 順天大學, 1983.
　李章熙,『郭再祐硏究』, 養英社, 1983. ;「海西義兵에 대한 一考察」,『史叢』第14輯,
　1969. ;「鄭文孚의 義兵活動」,『史叢』第21·22合輯, 1977.
　金潤坤,「郭再祐의 義兵活動」,『歷史學報』第33輯, 1967.
　崔槿默,「壬亂 때의 湖西義兵에 對하여」,『忠南大學校論文集』제9집, 1970.
　宋正炫,「壬辰倭亂과 湖南義兵」,『歷史學硏究』第4輯, 1972.
　許善道,「鶴峰金先生과 壬辰義兵活動」,『國譯鶴峰全集』第3部 論考, 1976.
　貫井正之,「郭再祐-抵抗とその生涯」,『朝鮮學報』第83輯, 1977.;「全羅道義兵につい
　て」,『朝鮮歷史論集』上, 1979.
　李鳳和,「壬亂尙州義兵에 관한 硏究」,『建國大學校論文集』第9輯, 1979.
　金鎭鳳,「壬辰亂中 湖西地方의 義兵活動과 地方士民의 動態에 관한 硏究」,『歷史硏
　究』, 第34號, 1982.
　文守弘,「壬亂中慶尙左道地方의 義兵活動」,『南都泳博華甲紀念私學論叢』,1984.
　金顯吉,「壬辰倭亂과 義兵將 趙憲」,『湖西文化硏究』第1輯, 忠北大學校湖西文化硏
　究所, 1981.
3) 貫井正之,「郭再祐-抵抗とその生涯」,『朝鮮學報』83, 1977 ; 金潤坤,「郭再祐의 義兵
　活動-특히 組織과 戰術·戰略을 中心으로」,『歷史學報』33, 1967, 허선도「鶴峰先生과
　壬辰義兵活動」,『國譯 鶴峰全集』論考編, 1976, 최효식,『경주부의 임진항쟁사』, 경주
　문화원, 1993.

라, 의병장 사이에 유대관계가 있었기 때문이다. 따라서 이 운동은 향병적인 성격으로 창의와 구성·유지 등이 가능하였던 것이다. 더구나, 성리학적인 기반 위에 재지사족은 향민의 호응을 얻어 구축될 수 있었다. 특히 퇴계·남명학파의 학문적 토대 위에 경상도의 의병운동이 성공적일 수 있었던 것이다.

2. 창의운동의 태동

이른바 통신사通信使 일행이 일본에서 돌아온 것은 선조 24년 정월이었다. 이 시기를 전후하여 창의운동의 태동이 시작되고 있다. 마침내 일본을 통일한 풍신수길豊臣秀吉은 1588년 조선에 사절단을 파견하여 새로운 조朝·일日 관계의 수립을 희망했으나 거절당하고 말았다. 그러자 일본은 침략의 뜻을 나타냈다. 이에 정부는 오랜 논의 끝에 피랍된 조선인의 송환에 대한 보빙報聘을 겸한 명분으로 통신사를 파견하기로 하였지만, 그것은 어디까지나 일본의 실정과 풍신수길의 저의를 살펴보자는 데 목적이 있었다. 그런 까닭에 1590년 경주부윤을 역임한 바 있는 황윤길黃允吉은 통신사에, 김성일金誠一은 부사副使, 허성許筬은 서장관書狀官, 차천로車天輅를 압물관押物官으로 각각 삼아 선조 23년 일본에 파견토록 하였다. 이들 일행은 5월에 경주를 경유 일본에 간 다음 해 귀국하여 그 동안 살핀 바를 정부에 보고하였다.

이때 일본통신사의 왕래는 영남대로[4] 가운데 좌로를 택하여 이루어졌던 것 같다. 한양에서 시작한 길은 양근을 거쳐 여주-충주-청풍-단양-조령-문경-유곡-용궁-예천-풍산-안동-일직-의성-의흥-신령-영천-모량-경주-구어-울

---

4) 최영준 『영남대로』 고대민족문화연구소, 1990 p134-135

산-용당-동래-부산[5]으로 이어졌으며 이 길을 지도에서 보면 <표 3-1>과 같다. 그리고 창의운동의 태동은 통신사가 왕래한 길을 따라 전국적으로 시작되어 확산된 것 같다. 경주권을 한 예로하여 그 실상을 살펴보고자 한다.

<표3-1> 통신사 왕래도

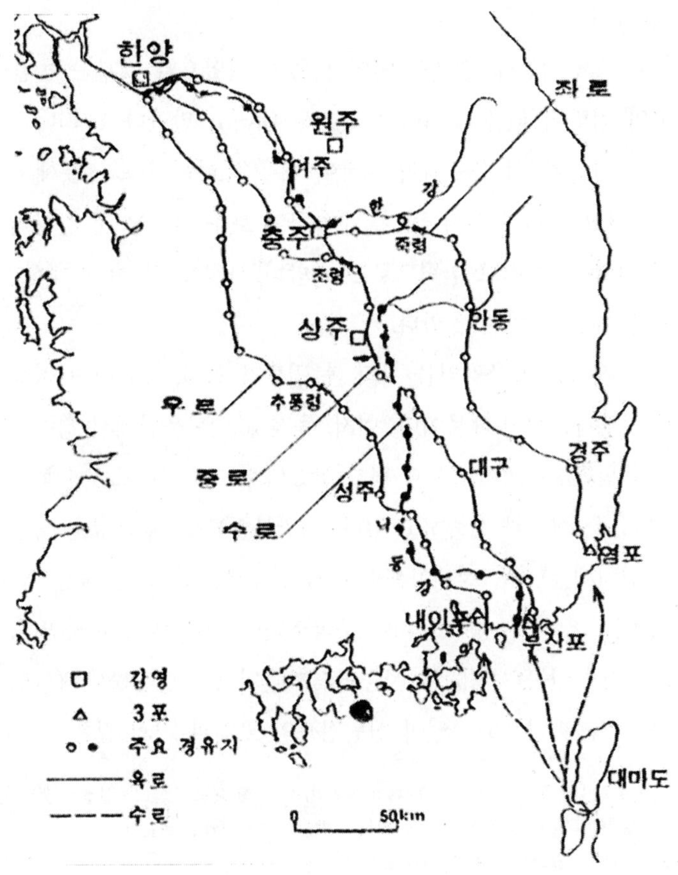

<hr>

5) 이원식 『조선통신사』, 민음사, 1991, p334.

통신사가 경주에서 떠난 지 반 년만인 1590년 12월 21일 그들 일행이 머물렀던 경주부 객관客館에 불이나 관아의 대청大廳, 동헌東軒 등을 전소시킨 매우 불길한 조짐이 있었다. 정부는 태조의 어진御眞이 있는 경주의 화재사건에 대해 매우 주목하고 좌부승지를 현지에 파견해 집경전集慶殿에서 위안제를 지냈고 경상감사 홍성민洪聖民도 행제行祭 지내기를 게을리 하지 않았다.6)

귀국한 뒤 통신사간에 견해의 차이가 없지 않았으나 정부는 논란 끝에 일단 왜군의 침략이 없을 것이라는 결론을 내리고 말았다. 그러나 조야는 점차 왜군의 침략설7)이 유포되어 전국이 매우 소란하였다. 정부에서 지방 군영을 정비하고 요지의 성지城池를 수축하고 보수하는 등 군사 방어 시설을 갖추어 나갔다. 그리고 한편으로는 변방의 사정을 잘 아는 재신宰臣을 골라 점검을 게을리 하지 않았다.

당시 경주 지식층의 움직임을 살펴 볼 필요가 있다. 왜냐하면 이들이 의병의 핵심 지도자들이기 때문이다. 먼저, 유정柳汀은 울산에서 경주 산내山內로 이사와 심원정사深源精舍를 짓고 살았다.8) 그는 선조 23년 봄 이곳을 중심으로 많은 지식층과 접촉하고 있다. 김광복金光福, 김춘룡金春龍, 정삼고鄭三顧, 김인제金仁濟, 정세아鄭世雅, 금난수琴蘭秀 등은 물론 영천, 영일, 안동 등에서 찾아와 시詩를 지어 우국憂國에 관한 일을 논하였다. 한편 경주부의 동쪽에 있는 개곡開谷 이응벽李應璧의 칠송당七松堂에서도 이눌李訥, 이계수李繼秀 등 6~7인이 심원정사의 모임과 거의 같은 시기에 음

---

6) 『慶州先生案』,「庚寅十二月十一日 客舍西軒出火 大廳東軒幷燒 左副承旨李忠元 以集慶殿安祭事 辛卯正月初九日下來 與監司洪聖民 十一日行祭」.
7) 『宣祖修正實錄』 권25, 24年 윤 3月條.
8) 柳汀, 『四義士實紀』「道儒再疏」. 柳汀은 여러 기록을 종합해 보면 선조 20년경 金馹孫의 姪인 대학자 金大猷가 청도 孔岩에 있어 후학을 지도하였던 까닭에 그에게 受學하기 위해 그 곳으로부터 약 6km 거리에 있는 경주 山內로 와서 深源精舍를 지어 살고 있었다. ; 李景淵, 『霽月堂實紀』「龍蛇日錄」, 壬辰 5월 초 5일조

우陰雨에 관한 대책을 논의한다.9) 이와 같이 부분적으로 이루어지던 일이 경주를 중심으로 대거 모임을 갖게 된 것은 선조 23년 8월 초 1일 불국사 범영루泛影樓에서이다. 이 사실은 『낙의재실기樂義齋實紀』, 『송고실기松皐實紀』, 『제월당실기霽月堂實紀』, 『사의사실기四義士實紀』 등 여러 기록에 나타나는 바10) 당시 범영루 시회詩會에 참여한 인사들을 보면 <표 3-2>와 같다.

그 지역분포를 보면 경주 11, 울산 6, 영천 2, 안동, 홍해, 영해 각 1인의 지도급 인사로 총 22명이다. 이들이 모이게 된 까닭은 단순한 시회詩會의 범위를 넘어 당시 현안이 되고 있던 일본과의 관계에 더 큰 관심이 있었던 것이 아닌가 한다. 왜냐하면 통신사 황윤길黃允吉 일행이 경주를 거쳐 일본으로 떠나간 뒤11) 이들에게 자극제로 작용하게 되었다고 보기 때문이다.

실제 그들이 남겨놓은 운자는 래來, 배盃, 재才로서 오언五言이지만 그 속에 담겨진 당시 지식인의 고뇌와 포부, 우국憂國의 정신이 넘쳐 흐르고 있다. 그 일단을 마지막 절구에서 보면 이눌 '나라걱정에 영재英才를 찾아보네', 김응하 '기쁘게도 명세命世 재목을 맞게 되네' 유정柳汀 '바둑두어 다시 재주를 시험하였네', 정세아 '그들은 다 훌륭한 재목이었네', 이태립 '어찌하여 장상將相의 재목들이 아니겠는가', 조덕기 '웃으며 적 막을 인재人材를 묻노라', 윤홍명 '어모禦侮하는 재목되기 제일 어려워라', 이응춘 '처음으로 장인丈人 재목을 보았네', 이경연 '자리 가득히 다 영재英才 뿐이로세', 정삼고 '덕기德器에다 재주까지 겸하였네', 이여량 '영재英才 있으

---

9) 李應璧, 『七松堂實紀』「龍蛇日錄」, 辛卯 3월 3일조

10) 李訥, 『樂義齋實紀』권1, 詩條 ; 堅川至, 『松皐實紀』권1, 詩條 ; 尹弘鳴, 『花岩實紀』권1, 詩條 ; 柳汀, 『四義士實紀』권1, 詩條, 「庚寅八月初吉 與同志二十人 行至 佛國寺影池樓 各吟一絶」라고 하여 同志 20여명이 불국사에 모였다.

11) 『慶州先生案』에 보면 선조 23년 5월 「日本通信使 黃允吉 副使金誠一 書狀官許筬 押物官車天輅 庚寅五月入歸 辛卯正月出來」하였고 특히 왕윤길은 통신사로 발탁되기 1년전 경주부윤을 역임한 바 있어 그에 대한 관심은 남다른 바 있었을 것이다.

면 일은 잘되리' 금란수 '제일 영재 많아진 것이 기쁘네', 김인제 '간성干城이오 장사壯士의 재목들일세', 장희춘 '감희 기재奇才를 기르라고 청합니다', 이계수 '문무文武 영재가 몇이나 모였는가', 최홍국 '속 마음으로 좋은 재목일줄 알았네', 김광복 '문무文武에다 재주까지 겸했으리', 김응생 '국가에서도 그러한 재목을 원하리', 김춘룡 '우리 나라 곧은 재목 몇이나 되던가', 서인충 '이속에는 무재武才들이 많으네', 류백춘 '발 펼만한 재목쯤 알고 있다네'라고 하였다. 그래서 유정柳汀은 이 자리에서 경국안민책經國安民策을 논하였다고 쓰고 있다.12)

더구나 이들 대부분은 왜침이 있자 의병을 일으켜 관군과도 서로 연합전선을 펴가면서 적극적인 항왜구국전선에 앞장서 가고 있다. 따라서 불국사 시회詩會는 단순한 지식층의 친목의 성격을 넘은 구국의 결의를 굳혔다고 보여진다. 이 같은 지식인들의 모임은 지속되고 있다. 예를 들면 선조 24년 3월 16일 당시 경원시하고 천대받던 서얼庶孼까지 포함된 영남嶺南의 지사志士들이 신라 때 창건되어 그때까지 수십여 동棟의 건물이 있었던 신령新寧의 불골사佛骨寺에 모였다. 그들은 앞으로 닥쳐올 일에 대비하여 의리義理를 논론論論하고 인물평人物評13)을 한 다음 동고록同苦錄을 작성하였다. 그리고 나서 이 맹약한 글을 금강문金剛門 대들보 위에 끼워 넣었다고 한다.14) 그것은 국난에 있어 변함이 없겠다는 동지同志로서 맹약의 표출이

---

12) 柳汀, 『四義士實紀』, 松壕逸稿, 詩조를 보면 庚寅 8월 10일에 佛國寺에 가서 詩를 지었다. 「群賢有意來 抱瑟又傾盃 經國安民策 推枰更試才」라 하고 이 시회에 참석한 여러 선비들의 詩를 기록하였다.

13) 李景淵, 『霽月堂實紀』, 遺事, 「戊子春 聞佛骨寺 諸賢李良齋弘德張旅軒顯光金東岡宇顯曹芝山好益 會說義理往從之 時崔東輔亦來參 旅軒見而奇之曰 此兩人濟世才也」라고 한 데서 확인된다.

14) 金應河, 『忍心齋日記』에 良齋 李德弘의 遺記를 인용해서 기록하기를 「辛卯 三月 十六日 佛骨寺同苦錄 一件于金剛門樑上云」이라 하였고, 李訥, 『憂樂齋實紀』에도 같은 내용이 보인다.

아닐까 한다. 이때 참여한 지사의 명단을 『인심재일기忍心齋日記』, 『우락
재실기憂樂齋實紀』에 의거하여 작성하면 다음 <표 3-3>와 같다.

<표 3-2> 佛國寺 泛影樓 詩會 참석자명단[15]

姓名	號	字	備考	姓名	號	字	備考
李應春	退思齋	泰英	慶州	尹弘鳴	花岩	應時	蔚山
金應河	忍心齋	千一	〃	柳 汀	松壤	汝元	〃
堅川至	松皐	流遠	〃	徐仁忠	望潮堂	邦輔	〃
李 訥	樂義齋	若遇	〃	蔣希春	誠齋	仁敬	〃
李繼秀	詠風亭	漢瑞	〃	李景淵	霽月堂	汝澄	〃
金光福	竹圃	慶源	〃	柳伯春	霽湖	領亨	〃
崔弘國		翼卿	〃	鄭世雅	湖叟	和叔	永川
金春龍		元瑞	〃	曺德驥	楓溪	彦成	〃
金應生			〃	琴蘭秀	惺惺齋	聞遠	安東
李汝良	南岡	殷輔	〃	鄭三顧	德溪		興海
李台立	南溪	汝濟	〃	金仁濟	葆眞齋	公望	寧海

이중 김우옹金宇顒, 장현광張顯光 같은 이는 조선 유학사에 있어 한 부
류를 이룬 자도 있고 정부에 나아가 국사를 논하고 국왕을 호종 시위한 자
도 있었지만, 대부분은 임진왜란이 발발하자 의병대장으로 출전하고 있다.
또 임진년 봄에 김석견金石堅, 손시孫時, 권사악權士諤, 최봉천崔奉天, 백
이소白以昭, 이의잠李宜潛, 이준李浚, 이눌李訥, 김윤복金允福, 황희안黃
希安 등은 남천南川 위에 있는 문옹정汶翁亭에서 강무회講武會를 열고 시
국을 논하였고,[16] 동해안에 거주하고 있는 김득복金得福, 박춘영朴春英,

---

8) 堅川至, 『松皐實紀』 권1, 詩條에 의거 작성하였음. 柳汀, 『四義士實紀』 등에 당시 참
   여한 사람들의 우국충정의 詩가 그대로 전재되어 있다.

박춘무朴春茂, 박인국朴仁國, 황희안黃希安, 김응택金應澤, 김몽택金夢澤 등은 바닷가 공암孔岩에 모여 단합을 도모하였다.[17]

임진년 정월 이눌李訥, 이경한李景漢, 이백인李伯仁, 이극복李克福 등은 불국사 범영루泛影樓에 다시 모여 왜구가 침입할 경우 구국창의救國倡義할 것을 재차 결의한다.[18] 이 같은 교류는 친소에 따라 나라를 걱정하는 논의가 계속되었던 것이다. 그 한 예로 견천지堅川至가 유정柳汀에게 보낸 편지에서 이런 사실이 잘 파악되고 있다. 이를 소개하면 다음과 같다.

<표 3-3> 佛骨寺 同苦錄 등재 명단

姓名	字	生年	號	出生地	備考
金宇顒	肅夫	庚子 1540	東岡	義城	曺植 李滉門人, 壬亂 때 副護軍 大司成 大司憲, 시호 文貞, 『東岡集』있음.
李德弘	宏中	辛丑 1541	艮齋	永川	退溪문인, 義州까지 국왕호종, 증직 이조참판, 『周易質疑』있음.
張顯光	德晦	甲寅 1554	旅軒	仁同	鄭逑문인, 丙子胡亂때 勤王檄文 작성. 증직 영의정, 시호 文康, 『旅軒文集』있음.
曺好益	士友	己巳 1545	芝山	昌寧	임란때 召募官창의, 증직 이조판서, 시호 文簡.
崔東輔	子翼	庚申 1560	憂樂齋	永川	증직 호조판서, 『憂樂齋實紀』있음. 의병장.
洪瀚	濯源	癸丑 1553	松岩		
文緯	純夫	甲寅 1554	茅溪	南平	鄭逑문인, 金沔의병에 가담.
金應河	千一	丙辰 1556	忍心齋	慶州	의병장, 『忍心齋日記』있음.
李三韓	甲之	丁巳 1557		慶州	의병장.
李繼秀	漢瑞	庚申 1560	詠風亭	慶州	의병장, 『詠風亭實紀』있음.

---

16) 李宜潛, 『東湖逸稿』, 附 金汶翁記事.

17) 朴春茂, 『蘿谷實紀』, 「龍蛇日錄」, 辛卯 春, 공암은 현 경주시 양남면 수염리 땅끝 마을에 위치해 있음.

18) 李克福, 『慕石遺稿』, 「慕義堂日記」.

崔認	達夫	甲子 1564	寒川	大丘	崔東輔叔父, 증직 사헌부지평.
權春蘭	彦晦	乙丑 1565	晦谷	安東	退溪문인, 金允明의병가담, 안동부사, 『晦谷集』있음.
蔡先修	敬仲	戊辰 1568	達西齋		
朴英遂	汝寶	乙巳 1545			庶孽.
崔謹	愼夫	戊申 1548			庶孽.
張應起	時中	辛亥 1551			
朴洞	洞之	壬子 1552			
白尙大	汝光	丙辰 1556			

생각하옵건대 봄 날씨에 靜養하는 기력이 안녕하시온지, 구구히 우러러 사모하나이다. 泛影樓에서 읊던 詩는 제각기 性情을 토로하였고 詠風亭에서 마시던 술로 속마음을 서로 알았었습니다. 대개 편안할 때 위급함을 잊지 않는 것이 사람의 지혜이기 때문에 周易의 師卦에 '전답을 망치는 새는 잡아야 한다'하였고, 否卦에는 '국가의 운명이 苞桑에 매달린 것같이 항상 위태하게 생각해야 한다'하였으니, 士君子로써 이렇게 板蕩한 때를 당하여 陰雨의 대비가 없어서야 되겠습니까.

지금 人心들이 흉흉하고 잡다한 말들이 분분하여 南寇 倭賊의 난리가 朝夕으로 다가올 것 같은데 이미 危亡할 우려가 있을 줄을 알고서야 어떻게 속수무책으로 앉아서 죽기만을 기다릴 것입니까. 川至는 비록 어리석지만 약간 調度하여둔 것이 만일의 不虞한 일에 대비할 수 있겠는데 하물며 大君子께서는 深源에서 兵器를 만들고 古羅에 곡식을 감추어 機警과 權謀가 남보다 만 배나 뛰어난 분이니까 여러해 동안 경영하신 것이 모두 나라를 걱정한 誠心에서 나온 것으로서 川至도 그 忠憤에 감복하고 있기 때문에 국토를 보장하기에 믿는 곳이 있어 두렵지 않습니다.

지난날 조카를 만나 時事를 논해 봤더니 그의 智謀와 도략이 역시 干城이 될 만한 材木이었습니다. 만약 불의에 변이 난다면 그와 함께 마음과 힘을 다하여 조금이나마 聖朝의 恩澤에 보답할 수 있게 되는 것이 그것이 川至의 구구한 바람이온데 다시 무슨 말을 하겠습니까.[19]

이와 같이 당시의 지식인들은 불국사 범영루에 모였고 또 이계수李繼秀의 집 영풍정詠風亭 등에서 우국憂國의 심정을 토로하였다. 그리고 견천지는 유정의 조카 유백춘柳伯春을 만나 왜구의 침입에 나름대로 대책을 강구하였던 것이다.

불국사 시회의 결의는 울산 지식인에게 전파되어 졌다. 윤홍명尹弘鳴의 『화암실기花岩實紀』를 보면 울산 지식인들이 선조 24년 3월 3일 무용산無龍山에서 약회約會가 있었다. 거기에 참석한 사람은 다음과 같다.

朴鳳壽 尹弘鳴 李遇春 李逢春 朴榤 蔣希春 徐仁忠 沈渙 李翰南
李謙受 金應邦 朴震男 柳伯春 全應忠 李奎韓 金洽 尹景沈 등

18인이 중심이 되어 밀양 손기양孫起陽, 양산 이몽란李夢鸞, 청도 이철李澈, 박형朴炯 등의 인사까지 참석해서 왜적의 침입에 대한 경계를 하고 만일 국난을 당한다면 보국진충報國盡忠할 것 등을 하늘에 맹약하였다.[20] 그리고 다음달 초 8일에 이눌李訥, 김응하金應河, 윤홍명尹弘鳴, 유정柳汀, 이태립李台立, 최동보崔東輔, 정세아鄭世雅 등이 이여양李如良의 집 남강재南岡齋에 다시 모여 결의하였다.[21] 이같이 왜침에 관한 대비는 활발하게 진행되고 있었던 것이다.

이제 경주부의 의병 활동에 관해 살펴 볼 차례이다. 먼저 거병의 몇 가지 예를 들어보고자 한다. 김응하金應河는 임진란이 발발하기 전 해에 신령新寧 불골사佛骨寺에서 김우옹金宇顒, 이덕홍李德弘, 장현광張顯光, 조호익曹好益, 최동보崔東輔, 홍한洪瀚, 이삼한李三韓, 이계수李繼秀, 최인崔認,

---

19) 堅川至,『松皐實紀』권1, 書條, 與柳汝元 (壬辰二月二十日).
20) 尹弘鳴,『花岩實紀』권2, 事實撫錄, 辛卯 3월 3일조.
21) 尹弘鳴,『花岩實紀』권2, 事實撫錄, 辛卯 4월 8일조,「李訥 金應河 尹弘鳴 柳汀 李台立 崔東輔 鄭世雅 來會于南岡齋」.

문위文緯 등 18명과 함께 학문을 논하고 우의를 다졌다고 언급한 바 있다. 그리고 이 뜻을 지키기 위해 동고록同苦錄을 작성하여 이 절의 금강문金剛門 대들보에 끼워 놓기도 하였다.[22) 김응하는 임진년 2월 고향 개화동開花洞 부동釜洞[23)에 돌아와 훈도訓導를 하면서 같은 마을에 사는 처질妻姪 이눌李訥과 함께 학문과 왜침에 관한 대책 등을 논하였다. 하루는 효령孝嶺(筬嶺)에 산다는 노인이 나타나 태공太公의 병법책兵法册과 약을 주고 갔다고 한다.[24) 이 노인을 신옹神翁이라 부르며 그는 주요 전쟁 때에 나타나 작전을 지시해 주기도 했다. 따라서 의병장 김응하金應河와 이눌李訥은 유학자이면서도 도학자道學者적인 지도자였다고 하겠다.

이미 세상은 왜침의 우려 때문에 인심은 극도로 흉흉하였다. 김응하, 이눌은 3월 22일부터 왜침에 대비해 각 가정에 있는 철물鐵物을 수집해 창검을 만들기 시작하였다.[25) 그것은 불국사 시회 등에서 이미 결의한대로 이행한 것이 아닌가 한다. 그런 까닭에 4월 10일 천사장天使將 이눌李訥이 마을 사람들에게 선포하기를,

> 우리 嶺左 二百年에 養士를 배출하였는데 누가 몸을 바쳐 效死로써 나라를 지키지 않겠는가. 사람의 자식으로서 어찌 참아 어려운 때에 구차하게 살기를 바라겠는가. 願컨대 여러 父兄은 각기 돌아가 전투에 참가할 준비를 하시오.[26)

라고 하여 동민들에게 철두철미한 정신무장을 시켰던 것이다. 4월 18일 왜군이 침입한 소식이 있자 천사장 이눌을 중심[27)으로 하여 분용장奮勇將

---

22) 金應河, 『忍心齋日記』, 「艮齋李公德弘遺記中」, 辛卯 三月十六日.
23) 金應河, 『忍心齋日記』, 「遺蹟」.
24) 李訥, 『樂義齋日記』, (壬辰日記) 2月 21日條.
25) 金應河, 『忍心齋日記』, 壬辰 3월 22일.
26) 金應河, 『忍心齋日記』, 壬辰 4월 초10일조

김응하金應河, 선봉장先鋒將 김응생金應生, 유격장遊擊將 오열吳悅 등 의
병군을 편대하였다. 그리고 이들이 만든 창칼로 무장하였던 것이다. 이 소
식을 듣고 김득복金得福이 동해東海에서 군대를 끌고 와 앞으로의 대책을
논의하였고 울산蔚山 의병장 김흡金洽, 윤홍명尹弘鳴, 윤대농尹大農, 김대
명金大鳴, 박손朴孫, 박문朴文 등이 의병을 대동하고 왔다.

김득복의 거병은 어일魚日 남동리南洞里에서 동생 득상得祥과 함께 분
용장奮勇將이라 대서기면大書旗面하고 의리義理로써 산 속에 흩어져 은둔
하고 있던 장정들을 효유하여 60여 명을 모집하였다. 그는 4월 21일 경주
읍성이 함락되어 부윤 등 행정부가 죽장현으로 피난 갔다는 말을 듣고 즉
시 불국사 뒷산에 가서 이눌李訥과 만나 앞으로 왜군을 막을 대책에 대해
논의하였던 것을 보면 알 수 있다. 이때 김득복이 작성한 초유문을 보면 다
음과 같다.

> 아! 생각하니 억만 백성들이 태어나서 살아가고 있는 이 목숨이 二百
> 年동안 나라의 德化를 어루만져지고 보살펴짐이 아닌 것이 없다. 다만
> 머리털로부터 발끝까지 내 한몸만 치우치게 깊은 은혜를 입은 것이 아
> 니라 곰곰이 생각해 보니 고조 증조부터 부모에 이르기까지도 배불리
> 입은 덕이 이미 오래되었다. 큰 띠에 笏을 꽂고 벼슬하는 귀인들만이 크
> 고 깊은 은혜를 입은 것이 아니라 약초 캐고 草布입은 천민에 이르러서
> 도 내리신 은혜를 입은 것이 실로 많을 것이다.
> 옛날 몸과 마음이 한가하고 편안할 때에 있어서 누가 우리 임금의 은
> 혜를 입지 않았다고 말하겠으며, 오늘날 위태롭고 어려운 때를 당하면
> 서도 누구를 막론하고 우리 임금의 신하가 아니라고 하겠는가. 비록 조
> 정과 민간의 구별이 있다고는 하지마는 이미 군신의 義理는 똑같은 것
> 이라 지금 宗廟와 社稷이 기울어져 엎어질 지경이 되었는데, 어찌 떳떳
> 한 충정으로 분격하는 天理가 일어나지 않겠는가 ….

---

27) 李訥, 『樂義齋實紀』 권1, 壬辰 4월 18일조

　　더욱이 적군의 괴수는 저희 임금도 무시하고 권력을 제멋대로 부리니 저희나라를 봐서도 큰 역적이요 가까운 이웃 나라를 침략하여 틈이 생기게 하였으니 우리 나라의 원수인 것이다. 한편으로는 교만한 군사요 한편으로는 탐욕하는 군사이니 이르되 교만하고 탐욕함은 軍事學에 밝은 사람이 가장 꺼려하는 것이다. 이치로써도 반드시 패할 것인즉 또한 무엇이 두려워 위축될 것이 있겠는가.

　　엎드려 원하오니 여러 선비들은 붓을 던지고 칼을 잡고 대를 베어 깃발을 세우고 일제히 일어나 많이 모여서 장엄하고 정숙하게 정돈한다면 거의 천 백명의 적이 있다해도 가히 싸워 볼 만한 용기가 생길 것이다. 은혜에 보답할 것을 꾀한다면 국가의 큰 다행이요 향리의 큰 다행일 것이다.[28]

　　동대산맥의 동안東岸을 보통 동해東海라 하는데 대체로 부府의 내동內東과 외동外東에서 장정들이 이곳으로 모여들어 김득복 의병군은 임진 6월에 들면서 300명 이상이 되었다.[29]

　　이언춘李彦春의 거병도 김득복과 유사하였던 것 같다. 왜군이 침입하였다는 소식 접하자 경주부 동천東川 마을 훈장이었던 이언춘은 '사족士族의 후예로서 이러한 판탕板蕩의 난亂을 만나 무사하게 피신하여 살기를 도모할 수 없다'하고 즉시 동리 사람들을 모아 대책을 논의하였다. 아들 상립尚立의 주관으로 비단에 물감들여 군복을 만들고 가축과 가정의 주요 물건 등을 토굴에 감추는 등 전쟁 대비에 착수하였다. 마을 인구를 조사한 결과 총 인구 260여 명 중 실한 남자 116명, 여자 87명을 파악하고 의병군을 조직하였다. 이시랑李時良을 좌영장左領將으로 삼아 건실한 남자 76명을 소속시켜 좌대左隊라 하고, 이상립李尚立을 우영장右領將으로 삼아 건실한

---

28) 金得福,『東广實紀』卷上, 招諭文 壬辰 4월.
29) 金得福,『東广實紀』卷上,「從軍錄」, 壬辰 4月 17日 21日조 의병군은 4월 21일 경주의 내외 등에서 50여 명, 5월 11일 70여 명, 6월 4일 90여 명이 來附하였다고 기록하였음.

남자 73명을 소속시켜 우대右隊라 하여 총 149명으로 편성하였다. 따라서 특이하게도 여성의 참여가 30여 명 이상이었던 것을 알 수 있다.

정예병은 전투에 대비해 훈련을 받도록 하였다. 그리고 비정예병은 남자의 경우는 대장간을 설치하여 병기를 만들도록 하였고, 여자는 채소를 가꾸는 등 모든 일에 있어서 전쟁에 필요한 것들을 마련하도록 하였다. 이것은 전시 체제로의 전환을 말한다. 이런 때 울산 의병장 윤홍명尹弘鳴, 이응춘李應春, 장희춘蔣希春 등이 이언춘에게 편지를 보내 협력하기를 요구해왔다.

이외에 전 봉사奉事 김호金虎의 거병이 있었고 왜군이 경주읍성에 도착하자 부윤 윤인함은 안강 뒤에 있는 도덕산道德山 두덕암斗德庵에 있었는데 이곳으로 피난온 권사악權士諤은 바로 여기서 가솔을 이끌고 거병하였다. 권사악은 오래전부터 손시孫時, 이의잠李宣潛, 백이소白以昭, 이눌李訥 등과 강무회講武會를 갖는 등 친분이 두터웠던 사이였다. 권복흥權復興은 강동江東 단구리丹邱里사람이다. 왜군이 파죽지세破竹之勢로 북상할 때 권복흥은 의병군을 모집하여 반대로 적 치하가 된 부산 다대포多大浦로 출전하다. 권복흥은 어려서부터 다리를 절어 보행이 불편하였다. 여러 사람이 그의 발병을 염려했으나 권복흥은 오히려 마음은 병들지 않았다면서 지금 임금이 피난을 가는 형편인데 발을 전다고 해서 한 번 죽지 못하겠는가 하고 서사보국誓死報國의 자세로 다대포多大浦로 가 화살이 다할 때까지 싸워 전사하고 말았다. 경주사람들은 권복흥을 포함해 임진왜란 때 순절한 이팽수李彭壽, 김호金虎, 이희용李希龍, 이문진李文軫 등을 동도오절東都五節이라 부르며 그 순절의 고귀한 정신을 높이 평가하고 있다.30)

위에서 거병의 몇 가지 예를 간략하게 살펴보았다. 이들 의병장의 신분

---

30) 權復興, 『五慕齋實紀』, 「遺事條」. ; 蔡弘遠, 『嶺南人物考』, 1978, 탐구당 ; 경상북도, 『慶北偉人傳』, 1987 참조.

은 대개 유림儒林이며 무인武人출신도 없지 않다. 그 중에는 전·현직 관료로서 경주지방의 명망인名望人으로 영향력이 큰 인물들이 많았다. 의병에는 상민에서 천민에 이르기까지 함께 거병하게 된 것은 민족적 저항과 근왕勤王정신 뿐 아니라 향토애에 기반을 둔 때문이다. 많은 사람들이 의병에 참가한 현상은 의병장의 영향력도 무시할 수 없겠지만 특히 지역적 향토의식鄕土意識과 혈연血緣의 유대가 강하게 작용하였던 까닭이다. 그래서 의병장을 중심으로 한 친척 동문인同門人, 소작인, 노복과 같은 마을 사람들이 중심이 되어 스스로 궐기하였던 것이 대부분이었다.[31]

그리고 의병장의 나이는 대체로 20~40대에 집중 분포된 것 같으나 김응생金應生(16세), 박응복朴應福(16세), 이안성李安性(17세),[32] 황희안黃希安(17세)[33] 등과 같이 10대의 젊은이가 있는가 하면 김호金虎(59才), 이안국李安國(60才) 등의 60대 노인도 없지 않았다.

대개 의병은 충의심에 의해 자발적으로 거병하였다. 그 중 일부는 병사 부윤 등 관官으로부터 의병장의 직함을 부여받기도 하였다. 이를테면 김석견金石堅의 경우를 보면,

---

31) 崔永禧,「壬亂 義兵의 性格」『史學研究』8, 韓國史學會 1960. ; 李載浩,「壬亂 義兵의 一考察 -특히 官軍과 明軍과의 관계를 中心으로」『歷史學報』35·36 合輯, 1967 참조

32) 朴毅長,『觀感錄』권3, 遺事追補條에 보면 李安性은 경주사람이다. 壬辰年에 武科에 급제하였으니 그 때의 나이가 17세였다. 의병을 일으켜서 賊을 치는데 용기가 三軍에서 제일 뛰어났다. 박의장이 듣고 장하게 여겨 그를 불러 일을 계획하려 하였다. 이안성이 말이 너무 거세고 적을 가벼이 여기는 뜻이 있는 것을 보고 경계하여 말하되 "아직 나이가 어려서 軍務에 익숙하지 못하고 맨손으로 범을 잡으려하고 물속에 함부로 뛰어들어서 죽어도 후회가 없을 것 같으니 그래서 될 것이 아니라"하고 보냈다. 그랬더니 뒷날 과연 적에게 죽고 말았다고 한다.

33) 黃希安은 乙亥生으로서 壬辰당시 17세였다. 그는 300斤이나 되는 大石을 들어올리는 대단한 힘과 智略을 겸비한 의병장이었다. 李訥,『樂義齋實紀』,「壬辰日記」壬辰 6월 9일조

壯士 黃希安 등 수십인이 왔다. 마침내 그들을 따라 府尹을 謁見하
였다. 부윤이 힘을 합쳐 적병을 쳐 없앨 것을 말하였다. 來會하는 壯士
가 수백인이나 되었는데 부윤은 우수한 자를 擇하여 領將을 삼았다.[34]

라고 하고 김석견 자신도 영장領將에 임명되었던 것이다.

3. 의병운동의 기반

1) 사상적 면

임진왜란기의 의병운동은 재지사족의 거주지 군현이나 지역단위로 진행
되었다. 15세기 이래 사족의 지주적 성격의 강화가 군현이나 지역단위로
진행되었다. 여기에서 주목되는 것이 재지사족이라 할 것이다. 16세기에도
계속된 재지사족의 지주적 성격의 강화, 사화로 인한 낙향 관료의 증가, 재
지사족의 기반 확보는 궁극적으로 사림정권의 창출 기반이 되었던 것이다.
이런것이 임진왜란기에 창의·기병할 수 있는 기반이 되었던 것이다.[35]

경상도 지방은 일찍부터 길재 김숙자, 김종직으로 이어지는 정통 성리학
을 수용하여 왔던 것이다. 성종 연간에 김종직의 학통을 계승한 사림파가
형성되어 퇴계 이황李滉과 남명 조식曺植이 출현함으로써 경상도의 학문
은 절정에 올랐다고 할 수 있다. 따라서 경상도의 의병운동은 퇴계·남명학
파의 사상적 기반 위에서 가능하였던 것이다.

---

34) 勸士誇, 『梅窩實紀』, 「訓正金公 龍蛇事蹟」. 府尹 尹仁涵으로부터 李彦春은 領兵大
　　將(『東溪實記』, 壬辰 4月 19日條), 朴仁國은 領軍大將(『靖广實紀』 권1, 「龍蛇日記」,
　　壬辰 9月 10日條), 李彭壽는 경상좌병사로부터 선조 29년에 蔚州伏將(『杜村實紀』,
　　遺事條)을 각각 받은 바 있음.
35) 李泰鎭, 『韓國社會史研究』, 지식산업사, 1986.

첫째, 성리학은 敬과 의義를 중시하는 새로운 학풍이 심화되면서, 이를 반드시 실천할 것을 강조하였던 것이다. 둘째, 성리학의 의를 중시는 상무정신으로 이어졌으며 의병운동을 주도할 수 있는 사상적 배경이 되었다고 할 수 있다. 특히 남명은 군사제도에도 직접적인 관심을 갖고 무를 중시하여 가르쳤던 것이다. 따라서 남명의 제자들은 병사에 익숙했다고 할 수 있겠다. 이 것이 임진왜란기 창의거병의 직접적 계기가 될 수 있었던 것이다. 의병을 일으킨 대표적인 사람은 퇴계의 문인으로 김해 김성일, 남명의 문인으로 곽재우, 정인홍, 김면, 곽율, 조종도 등을 들 수 있다. 셋째, 특히 남명은 적극적으로 민을 인식하려 했다. 그는 현실정치의 모순을 직접적으로 지적하고 해결하려는 민본사상을 엿볼 수 있다.[36] 민에 대한 적극적인 인식은 임진왜란기에 재지사족과 민이 쉽게 결합할 수 있는 사상적 기반이 되었던 것이다.[37]

2) 사회적 면

재지사족들은 통혼을 기반으로 한 특권적인 계층으로 성장하였던 것이다. 그래서, 유향소·향약보급, 향교·서원등의 건립을 통해 향촌사회에서의 기반을 확립해갔던 것이다. 임진왜란기 이들 문인들의 호응을 기반으로 노비와 거주지의 향민을 동원하는 방식으로 모병이 이루어졌던 것이다. 이들은 향권을 장악하고 있었으며, 자녀균분상속제로 재산까지 장악할 수 있었다고 봐야 할 것이다. 특히 의병이란 지도자들의 선도에 의해 동원되고 조직되었으며 운영되었던 것이었다.

---

36) 申炳周, 「南冥 曺植의 學風과 南冥門人의 活動」, 『南冥學研究』3, 남명학연구원, 1995 참조
37) 김강식, 『임진왜란과 경상우도의 의병운동』, 혜안, 2001.

3) 경제적 면

재지사족들은 지주로써 많은 전토와 노비를 소유하고 있었다. 이들은 노비와 전답을 증식해 나갔으며, 향상鄕常을 중심으로 광범위한 전답을 소유하여 군량의 조달에 기여하였다. 또 이런 상황에서 모병의 기초가 되었던 의병장들의 가노인솔은 지주제의 성장과 상당히 연관이 되어 있었던 까닭에 군사에 동원하기가 용이하였던 것이다. 당시 의병장들은 100-300명의 상당히 많은 가노를 거느리고 있었다고 한다. 그리고 의령에서 의병장 곽재우의 휘하에서 의병운동에 참여 했던 오운吳澐가문의 토지 규모는 상당한 수준에 있었다.[38] 이러한 현상은 임진왜란 전 후 영남지방의 재지사족의 일반적인 토지 소유 규모여서 의병군에게 군량을 조달할 수 있게 되었던 것이다.[39]

4. 의병의 구성과 조직

1) 의병의 구성

임란시기 의병의 구성을 살펴 보면 의병장들은 양반인 지배계급이었다. 병사들은 대부분 양인, 농민, 노비층이었다. 의병의 하층부는 포장·산정 등의 관군이라 할 군사가 많았으며, 또 산척 공장 노군 등이 전투요원으로 참가하였던 것이다. 이들 의병장의 신분은 대개 유림이며 무인출신도 없지 않다. 그 중에는 전, 현직 관료로서 그 지방의 명망인으로 영향력이 큰 인물들이 많았던 것이다. 의병에는 재지사족뿐 아니라 상민 천인에 이르기까지

---

38) 이노, 『용사일기』 p64 참조
39) 이노, 『용사일기』, 전유택 譯, 을유문화사, 1974년판 p129.

함께 거병하게 된 것은 민족적 저항과 근왕정신 뿐 아니라 향토애에 기반을 둔 때문이다. 많은 사람들이 의병에 참가한 현상은 의병장의 영향력도 무시할 수 없겠지만 특히 지역적 향토의식과 혈연의 유대가 강하게 작용하였던 까닭이다.[40] 그래서 의병장을 중심으로 한 친척 동문인, 소작인 노복과 같은 마을 사람들이 중심이 되어 스스로 궐기하였던 것이 대부분이었다.[41]

그리고 의병장의 나이는 대체로 20~40대에 집중 분포된 것 같으나 경주지역의 경우 김응생金應生(16세), 박응복朴應福(16세), 이안성李安性(17세),[42] 황희안黃希安(17세),[43] 안동의 이숙량李叔樑(74세)[44] 등과 같이 10대의 젊은이가 있는가 하면 김호金虎(59세) 이안국李安國(60세)등의 60대, 70대 노인도 없지 않았다.

대개 의병은 충의심에 의해 자발적으로 거병하였다. 그 중 일부는 병사,

---

40) 최효식, 『경주부의 임진항쟁사』, 경주문화원 1993, pp.80~94.

41) 崔永禧, 「壬亂 義兵의 性格」, 『歷史研究』8, 韓國史學會 1960 ; 李載浩, 「壬亂 義兵의 一考察-특히 官軍과 明軍과의 관계를 中心으로」, 『歷史學報』35, 36 합집, 1967, 참조.

42) 朴毅長, 『觀感錄』권3, 遺事追補條에 보면 李安性은 경주사람이다. 壬辰年에 武科에 급제하였으니 그 때의 나이가 17세였다. 의병을 일으켜서 賊을 치는데 용기가 三軍에서 제일 뛰어났다. 박의장이 듣고 장하게 여겨 그를 불러 일을 계획하려 하였다. 이안성이 말이 너무 거세고 적을 가벼이 여기는 뜻이 있는 것을 보고 경계하여 말하되 "아직 나이가 어려서 軍務에 익숙하지 못하고 맨손으로 범을 잡으려하고 물속에 함부로 뛰어들어서 죽어도 후회가 없을 것 같으니 그래서 될 것이 아니다"하고 보냈다. 그랬더니 뒷날 과연 적에게 죽고 말았다고 한다. (李公安性 慶州人也 壬辰中武科 時年十七 倡義擊賊 勇冠三軍 府君聞以壯之 召與計事見其辭氣太激勵, 有輕賊突陣之意, 戒之曰 年少不 閑軍務 且有暴虎憑河之氣 徒死無悔未必非若也 謝遣之 後 果遇賊死)

43) 黃希安은 乙亥生으로써 壬辰당시 17세였다. 그는 300斤이나 되는 大石을 들어 올리는 대단한 힘과 智略을 겸비한 의병장이었다. 李訥, 『樂義齋實紀』, 「壬辰日記」, 壬辰 6월 9일조, 「進軍石邑 黃希安曰 久聞元帥之名 今名元帥之威儀 海東一方其蘇願爲 同心討賊云 余笑曰 曾聞君有烏孟之勇 願其力 希希安舉 一大石三百斤 又援一拱樹」라 하였고, 黃希安, 『勁草堂倡義錄』, 壬辰 6월 5일조에 同一내용이 있음.

44) 김구현, 「안동의병의 성립 과정에 대하여」, 『향토경북』창간호, 1987, pp.73.

초유사, 부윤 등 관으로부터 의병장의 직함을 부여받기도 하였다. 이를테면 경주의병장 김석견金石堅의 경우를 보면

> 壯士 黃希安 등 수십인이 왔다. 마침내 그들을 따라 府尹을 謁見하
> 였다. 부윤이 힘을 합쳐 적병을 쳐 없앨 것을 말하였다. 來會하는 壯士
> 가 수백인이나 되었는데 부윤은 우수한 자를 擇하여 領將을 삼았다.[45]

라고 하고 김석견 자신도 영장領將에 임명되었던 것이다. 김면의 의병진을 보면 기병하면서 주위의 가동이나 종질들을 결집시키는 노력을 기울렸으며 이어서 고령 거주지 근처의 향병들을 소집하였다. 그 후 거창으로 확대하여 그 곳의 사람들과 합쳐서 2,000여이 되었으며, 효율적인 기병을 위해 각 지역에 기병유사를 두었다. 이처럼 짧은 시기에 군사를 모을 수 있었던 까닭은 성리학사회에서 충의라는 대의명분에 맞았고 그의 참모가 된 사람들 대부분이 가동과 향민을 이끌고 왔기 때문이다. 성리학 사회의 성격으로 충효사상이 일반화 되었기 때문이다.

왜군의 대병력으로 국토가 유린되었고 국왕도 국토의 끝 의주로 몽진한 위급한 지경에 처해 있을 때 구국의 횃불을 높이든 이들은 의병이였다. 당시 행재소 의주에서 우참찬 성혼成渾이 국왕에게 보고하기를

> "당초 국왕이 서쪽으로 몽진하여 조종의 명령이 8도에 미치지 못하게
> 되었고, 왜적이 사방에서 몰려와서 守令들이 다 도망쳤고····6월 이후
> 에 이르러 남쪽 의병이 처음 일어나서 군사를 크게 이끌고 勤王을 크게

---

45) 權士諤,『梅窩實紀』,「訓正金公 龍蛇事蹟」,「壯士黃希安等 數十人來 從遂進謁倅州
　　倅亦 移檄諭 以同力討復之意 義士來會者 數百人 州倅擇其尤者 以爲領將 公亦參
　　焉」이 외에도 府尹 尹仁涵으로부터 李彦春은 領兵大將(『東溪實紀』, 壬辰 4月 19日
　　條), 朴仁國은 領軍大將(『靖广實紀』 권1,「龍蛇日記」, 壬辰 9月 10日條) 李彭壽는
　　경상 좌병사로부터 선조 28년에 蔚州伏將(『杜村實紀』, 遺事條)을 각각 받은 바 있음.

외치는 소리가 여러 곳으로 전파되어 명성과 위세가 크게 떨친 다음에
야 吏民들이 바야흐로 나라를 대하는 마음을 갖게 되었으며 守令들의
號令도 어느 정도 행사할 수 있게 되어 군사를 발하면 백성들 또한 점
차 응하게 되었다. 이러한 때를 당하여 다소나마 백성의 뜻을 돌려서 내
나라가 있음을 알게 한 것은 남방의병의 공이다."46)

라고 하여 떠나간 민심을 되돌리게 하고 국가의 지휘 명령 체계를 되찾
는게 의병의 역할의 중요성을 일깨우고 있다. 실학자 이수광李睟光은

"임진왜변에 국왕이 서쪽으로 옮겨가고 나라 안이 텅비었으며 적병이
가득하여 號令이 실행되지 아니해서 거의 나라의 형체를 잃은 것이 달
포를 넘겼는데, 영남의 郭再祐·金沔, 호남의 金千鎰·高敬命, 호서의
趙憲 등이 의병을 먼저 일으켜 원근에 檄文을 전달하여 이로부터 백성
들은 비로소 나라를 위하는 마음을 갖게 되었다. 州郡의 士子들이 곳곳
에서 소집하여 의병장을 호칭한 자가 무려 수백 사람으로, 왜적을 죽여
없애어 국가가 회복되기에 이른 것은 의병의 힘이었다."47)

라고 하여 국토 회복에 있어 의병의 역할을 상기시키고 있다. 그럼 의병
義兵이 어떠한 군인인가 그 개념을 명확히 하는 것은 의병을 이해하는 데
있어 기본적인 문제이다. 사병이 용인되지 않던 조선시대에 있어서 군이라
하는 것은 나라에 소속된 관군뿐이다. 그럼에도 불구하고 의병이 일어났다.
이에 대해 『선조수정실록』권26, 25년 12월 조에

"(군사를) 召募하는 사람이 곳곳에서 있게 되어 義旅를 거두어 모집
하여 각자 軍을 삼았는데, 州縣의 號召를 받지 않은 자를 의병이라 하
고 守令이 軍民을 調發하여 元帥의 節制를 받는 자를 이름하여 관군이

---

46) 『宣祖修正實錄』卷26, 25년 12월조; 成渾『牛溪集』卷3, 行朝上便宜時務 壬辰 12月조.
47) 李睟光, 『芝峰類說』卷3「郡道部」.

라 하였다."

이은상은 의병이란, 본시 그 성격이 국가 정규의 군대가 아니라, 민간에서 자발적으로 일어난 정의의 군병을 이름이요, 또 그것은 매양 외적의 침입으로 나라가 망하게 될 때, 구국의 항쟁으로 일어나는 것이며, 또 나라가 망한 뒤에 있어서도 복국운동으로 일어나는 것임을 보거니와, 우리 민족의 역사상에서는 이 의병의 연원이 자못 오랜 것임을 발견할 수 있다고 말하였다.[48]

국가가 위급한 이런 와중에 1592년 5월로 접어들면서 특히 초유사 김성일의 노력에 힘입어 각지에서 의병이 일어났다. 6월에는 전국적으로 의병이 봉기하여 독자적으로 활동을 하기 시작하였다. 명망 있는 의병장에게 투속하기도 하였으며, 해당 지방 감사·초유사의 명을 받아 합군하기도 하였다. 김성일의 명망과 활약으로 합군하는 경우가 많았는데[49] 이 것이 의병의 군사수가 늘어나게 된 결정적인 요인이었다. 김면의 의병군은 1592년 5월에 2000여명, 1593년 1월에는 5,000여명으로 대군화 되었다.[50] 거창의 변혼卞渾은 향병을 모아 김면 군에 들어와 전공을 세웠으며, 고령의 박정완朴廷琬도 군사 400명을 이끌고 와서 휘하에서 싸웠는데, 이들은 자기 재산을 내어 군량을 조달하고 궁시를 직접 마련하기도 하였다. 또 단성의 권세춘權世春도 군사 500명을 이끌고 와서 싸웠다. 그렇지만 이 것은 초기 의병 구성의 단계로서 이 후 의병의 성격은 준관군으로 변화된다.

---

48) 이은상, 「의병항쟁의 역사적의의」, 『독립운동사』 제1권, 독립운동사 편찬위원회, 1971, pp.451.

49) 대표적인 경우가 곽재우 군에 삼가의 尹鐸·吳澐군이 합군한 경우다(『忘憂堂全書』附錄 권3, 龍蛇別錄).

50) 김면은 5000명, 곽재우는 2000명, 정인홍은 3000명으로 기재되어 있다(『선조실록』 권 34, 26년 1월 병인조).

2) 의병의 군량조달

군량조달 문제는 봉건사회 속에서 해결했기 때문에 복합적인 방법이 동원되었다. 첫째, 임란초기의 의병의 활약상을 인정하여 관에서도 관병의 예에 따라 군량을 지급할 것을 지시하였다.[51] 둘째, 의병장들은 군량유사軍糧有司를 임명하여 해당 지역 재지사족의 도움을 받아 양곡을 수집해서 조달하기도 했다. 셋째, 초유사의 전향이 모은 곡식을 이용하기도 하였던 것이다. 넷째, 간접적으로 해당 지방민의 사저를 이용할 수 있는 권한을 관으로부터 부여받는 경우도 있다. 다섯째, 자체 조달하는 방식이 동원되었다. 그것은 집집마다 거두는 호렴戶斂을 이용하였고, 해당 지역 선비들이 내는 의곡을 받아서 사용하기도 하였다.

3) 의병의 조직

의병은 효율적인 전투의 수행을 위해서 자연스럽게 군대를 조직화되아 할 필요성이 나타났다. 여기서 경상우도의 김면과 곽재우의 의병조직을 분석해 보자. 먼저 김면 군의 상부조직을 보면, 사족이 22명이고, 분명치 않은 자가 7명이다. 이들은 대부분 전투에 직접 참여한 자들로서 각 전투지역의 백성이었을 것으로 생각된다. 출신 지역별로는 창의지인 고령과 활약 근거지 였던 거창이 합쳐 10명, 인근지역인 성주·단성·금산·현풍·함안이 8명으로 다수를 점하고 있다. 또 도망갔던 관리들이 초유사에 의해 의병군의 일원으로 참여하고 있다. 이들은 재지사족으로 봐야 할 것이며, 자기 지역의 방어를 위한 향토군의 성격이 매우 강하였다. 특히 일반군사들인 농민·가노·전호 등은 일상생활 속의 밀접한 관계 때문에 강력한 결속력과 단결력이 강하였으며 해당 지리에 밝아 전투를 효과적으로 수행할 수 있었던

---

51) 『선조실록』 권 28, 25년 7월 계유조

것이다.

이에 반해 하층부에는 다양한 계층이 참여하였다. 첫째, 많은 수의 전호
와 노비들이 동원되었다. 이들은 지주에게 소속 되어 있었기 때문이다. 둘
째, 거주지 중심으로 한 향민이 대다수였다.[52] 이 향민은 향병으로 나타나
기도 하는데 자발적인 참여한 자들은 대부분 양인이었다. 셋째, 천민층이
많았던 것이다. 이들은 외침에 대한 적개심과 식량문제를 해결하기 위한 것
도 없지 않았으며, 아울로 군공을 세우면 신분이 해방될 수도 있었기 때문
이다. 김면이 경상우도 의병도대장義兵都大將에 임명된 1593년 1월부터이
다. 이 시점의 의병은 준관군이 되고 있었다. 이럴한 시점에서 김면의 의병
에 대한 직접적인 통솔은 전쟁보다 순시라는 측면에서 더 중점이 주어졌던
것 같다. 전쟁이 소강 상태였기 때문에 가능하지 않았나 생각한다. 의병이
국가에 의해 일원적 편제로 바뀌고 있다는 특징이 있다. 국가가 반란군이
될 수도 있는 의병을 흡수·통제하기 위한 방편이었는데, 바로 김면을 통해
서 의병을 장악하였던 것이다.

한편 1593년으로 접어들면서 의병에 대한 국가 장악과 함께 전국의 의
병 수는 줄어들었다. 임란 당시 창의하였던 주요 의병장은 퇴계학파·남명
학파였다는 공통점을 가지고 있다. 대표적으로 김해, 김성일과 김면, 곽재
우, 정인홍을 들 수 있다. 또 단성에서 창의 했던 안동권씨 가문의 권세춘權
世春과 권제權濟가 대표적인 경우인데,[53] 이들 의병장들은 전쟁이 경과되
자 김면, 곽재우, 정인홍의 휘하로 편입되면서 독자성을 잃어 갔으며 점차,
관군으로 편입되어 활약하기도 하였다.

---

52) 임진왜란시기의 의병의 모병법은 가노의 인솔, 문하생 등 儒生 상호간의 호응 참가, 土
　　民의 향병을 공동으로 소집, 관군의 이속, 조정이 諸元帥에게 의병을 소집, 관군 투속
　　자의 소집, 의병장 전사후의 소집 등으로 나누어 볼 수 있다. 이 중에서 사민이 향법을
　　공동으로 소집하는 경우가 가장 일반적인 경우라고 하였다.

53) 『亂中雜錄』 권1, 임진 7월 6일 ; 權濟, 『壬丁日記』.

곽재우가 기병 할 때는 가동 10여인에 불과 하였으나,[54] 5월에 들어서면서 초유사 김정일의 노력과 전국적인 의병의 봉기로 수가 급격히 늘어났다. 이 때 경상우도에서는 초유사에 의해 군사가 합군하는 경우가 많았다. 의병의 군사수가 증가하자 군을 조직화하고 군무를 분담할 필요가 있었다. 곽재우 군의 초기 의병 지도부 18명을 분석하여 보면 신분별로는 대부분 사족이며 지주층이었고, 출신지역별로는 의령 10명, 삼가 5명, 진주·영천 각 1명이었는데 의령중심의 지역방위군이라는 성격이 강하다 할 수 있다. 곽재우 군의 후기 구성은 관군으로 흡수·편제되면서 광범위하게 되었으며 포괄적인 모습이었다. 그 구성원은 다른 지역에서 자원해 오는자, 반강제적으로 소모를 당한자, 관군으로 흩어졌다 소모를 당한자 노비등이 참여하였다. 한편 국가에서도 지속적으로 의병을 통제하여 1594년에는 곽재우 의병대장, 부장 이광악李光岳, 좌영 김덕령金德齡, 우영 홍계남洪季男으로 임명하여 의병을 재조직하였다. 이 것은 1593년 김면의 사망 이후 경상우도의 의병조직이 곽재우를 중심으로 재편되었음을 보여주는 것이다. 이 시기 의병은 사실상 준관군이었다고 할 수 있다. 의병 구성원도 의령지역의 인사들 보다는 경상도 전체를 포괄하는 광범위한 지역연합군의 성격이 강하다 할 수 있다.

1596년 11월 강화차 일본에 건너간 통신사 황신黃愼으로부터 왜군이 재침한다는 급보를 받은 정부는 청야전淸野戰으로 대처하고자 하였다. 즉시 체찰사 이원익을 재침의 요로인 영남으로 내려보냈다. 그리고 영호남嶺湖南과 호서湖西지방 수령들에게 다음과 같이 전령하였다.

여러 장수들은 군사를 거느리고 모두 관내의 山城에 들어가고 大小士民들은 집에 저장한 곡식을 모두 산성으로 운반해 들여서 淸野하고 성

---

54) 『忘憂堂全書』 年譜.

을 지켜라. 오는 1월 5일에 종사관을 보내 摘奸할 때에 명을 어긴자는
일체 軍律로 시행하리라.55)

이에 따라 전국의 산성 보수 및 증축이 활기를 띄게 되었다. 더구나 한
달 여라는 제한성 때문에 황급하였고, 전략상 영남이 요충지여서 군역이 혹
독할 수 밖에 없었다. 그 결과 대구 공산성公山城, 창녕 화왕산성火旺山城,
하동 정개산성鼎蓋山城, 삼가 악견산성岳堅山城, 합천 이숭산성李崇山城,
안음 황석산성黃石山城, 경주 부산산성富山山城 등이 견고한 성으로 복원
되었던 것이다.56) 점차 관군화되어 1597년 정유재란이 일어나자 곽재우는
경상좌도 방어사로서 현풍의 석문산성에 있다가 청야책에 따라 화왕산성火
旺山城을 지켰다. 청야책은 영의정 겸 하삼도도체찰사 이원익과 도원사 권
율등의 주도로 결정된 대책이었다. 경상도 각지의 성곽을 정비·통합하고
주변의 모든 주민과 식량, 재산을 성 안에 집중시켜 일본군을 고립과 기아
에 빠지게 하자는 것이었다. 이러한 전법에 대해 곽재우는 노약자까지 포함
한 수성전이란 점 때문에 찬성하지 않았지만 가등청정加藤淸正의 군사와
대치하여 화왕산성을 끝까지 지켰다.

이때 화왕산성 전투에 참전한 관군의 지도부를 분석하면 창녕이 6명, 영
산 4명, 밀양 1명, 합천 1명, 연안 1명 등 대부분 창녕지역의 재지사족들이
었다. 또 직책을 살펴보면 현직 관료가 5명이나 된다. 이러한 사실에서 단
적으로 곽재우 군의 성격이 관군이었음을 알 수 있다. 한편 정인홍의 문인
인 문홍도文弘道가 장무관으로 올라 있으며, 임진왜란 초에 독자적으로 활
동하던 전제全濟, 성안의成安義 등이 포함되어 있다. 이 것은 곽재우의 위
상을 말해주는 것으로 정인홍 의병진의 변화를 보여주는 것이라 생각된다.

---

55) 『亂中雜錄』3, 丙申年 11月條.
56) 국방부 전사편찬위원회, 『임진왜란사』, pp.218~221 참조

곽재우는 1592년 10월 절충장군 겸 조방장에 임명된 이후 성주목사로 나아갔던 것이다. 관료로서 적극적으로 활동하게 된다.[57] 이 때문에 관의 지휘명령을 따르지 않을 수 없었고, 휘하의 의병들도 관군으로 편입되었던 것이다. 1594년 명군이 성주에 주둔하자 사습령장肄習領將되었고 삼가의 악견산성岳堅山城을 수축하였으며, 성주로 옮겼다. 그의 휘하에 김덕령, 홍게남 등 각지의 의병들이 집결되었다. 1597년 경상좌도 방어사가 되어서 현풍의 석문산성石門山城을 수축하였다. 이어서 의성·단성·고령 등 낙동강 일대의 산성을 조사하고 수축하였으며 화왕산성을 지켰던 것이다.

5. 의병운동의 전개

미증유의 전란인 임진왜란 초에 민중의 전위부대로 일어난 의병은 처음부터 관군과 대립하는 면이 없지 않았다. 특히 평소부터 민원의 대상이 되고 전시에 국사를 그르쳤던 관군의 장인 방백·수령들을 모두 국적으로 단정하여 이들을 먼저 처단하려 하였던 것이다. 이러한 의병의 움직임은 국왕 이하의 정부 당국자들을 의구시 하였고 매우 당황하게 하였던 것이다.[58] 그런 까닭에 관군에 흡수시키기도 하고 한편으로 제재의 조치를 취하기도 하였다.

군관이 붕괴된 전쟁 초기에 있어서는 오직 의병만이 왜군을 막았으며 또 실제 그들의 힘으로써 국가가 유지되었던 것이다.[59] 그러나 명군의 지원이

---

57) 『선조수정실록』 권27, 26년 8월조.

58) 『燃藜室記述』卷16, 壬辰義兵章「上曰 此人(郭再祐)欲擅殺道主 非賊而何 不除之 恐有悔也」.

59) 『宣祖實錄』卷35, 26년 2월 癸巳條「司諫院曰……天兵未到之前 國家得以維特 者無非義兵之力也」

이루어지고 관군의 진용도 점차 정돈됨에 따라 전쟁의 주도권이 명군에게 돌아갔던 것이다.[60]

임진왜란이 터진지 1년 뒤 경상도 지방의 상황은『선조실록』권 39, 26년 6월 무자조에 의거 도표로 만들면 <표 3-4>와 같다.

<표 3-4> 경상도 왜군 미·점령 현황(선조 26년 6월경)

지역	좌우도	왜군점령지역	왜군 미입경지역	비고
경상도	좌도	경주 안동 대구 밀양 울산 동래 인동 청도 永川 예천 흥해 양산 경산 의성 하양 용궁 언양 현풍 군위 비안 의흥 신녕 영산 창녕 기장	영해 청송 풍기 영천 영덕 봉화 청하 진보 예안 연일 장	『宣祖實錄』26년6월戊子條에 상주 및 산청은 기록되어 있지 않다.
	우도	창원 상주 진주 성주 김해 선산 거제 섬천 초계 성안 금산 고성 개녕 삼가 의녕 칠원 진해 문경 성창 지례 고영 사천 웅천	거창 하동 곤양 남해 안의 산청 단성	
관읍수	67	48	19	

의병은 대개 초야에서 일어난 의병, 수령이 모군한 의병, 조관이 소모관의 명칭을 띠고 기병한 의병으로 구별되며, 또한 승려 의병도 있다. 이러한 유별은 그 지도자인 의병장의 신분에 의하여 구별된다. 의병의 대표적인 세력은 초야에서 일어난 의병은 관의 소모를 기다리지 않고 자진하여 창의한 민중의 용사이었으며, 그 지도자인 장수는 대개 유생, 또는 유생출신의 전직 관료들이었다.

곽재우의 의병은 민중의 총력을 결집시킨 의병의 대표 세력이었으니, 그

---

60) 이재호,「임란의병의 일고찰」,『역사학보』35, 36합집, 1967.

는 용사를 규합하여 침략군을 격멸함에 있어, '겁도'까지도 그 전열에 참가시키기를 주저하지 않았던 것이다.[61] 이와 같이하여 전민중이 일어나 조국방위전쟁에 참여 하였던 것이다. 그러나 거짓의병인 '가의병'이 있음을 또한 간과해서는 안될 것이다.[62] 관적에 이름을 둔 기회주의자가 왜군이 침입할 때는 숨어 있다가, 죄를 얻을까 두려워 무리를 모아 의병이라 칭탁하고 민간에 작폐한 자가 있었다. 이들은 의병의 탈을 쓴 것이다. 동복현감 기효증奇孝曾이 이런 부류에 속한다.[63]

의병활동에 있어서 가장 큰 문제의 하나는 관권과의 알력이었다. 의병을 주도한 재지사족과 지방 수령과의 사이는 원만하지 못하였다. 그것은 관군의 거듭되는 패전으로 인하여 수령이 신망을 잃었기 때문이었다. 수령은 또한 재지사족이 의병활동을 통해서 향촌지배의 주도권을 장악하려는데 불만이 있었다. 더욱이 재지사족은 패전의 원인을 수령의 탐학에서 결과된 것으로 이해하고 있었다. 이와같은 사실은 다음에서 확인할 수 있다.

> 慶尙監司 金晬는 부지런하고 성실하다는 명성을 얻고 그것으로써 국가의 은공을 도박할 심산으로 영남에서 성을 쌓는 역사를 지난 가을부터 시작하여 금년 3월초에 이르기까지 아직 완공을 보지 못하였다. 식량을 가지고 멀리서 와서 이 役事에 참여한 사람은 열 가운데 아홉은 파산되었고 밤낮을 가리지 안하는 과중한 역사에 종사하는 장정은 많이 쓸어져 죽어 갔고 손바닥에 못이 박혀 신음하는 참상은 秦나라 백성이 당한 고통과 다를 바 없어 수 많은 사람들이 언제나 망해 없어질려는지 하고 원망하는 소리로 투덜댔다. 그런 판에 갑자기 병화를 만나니 백성은 일시에 흩어졌고 金城湯池와 같이 견고한 곳이 도리어 도적놈의 거점이 되었으니 金晬가 원한을 쌓은 것은 이것으로 알만하다.[64]

---

61) 『宣祖修正實錄』卷26, 25年 6月條.
62) 『宣祖實錄』卷32, 25年 10월 丁巳條.
63) 『宣祖實錄』卷36, 26년 3月 乙亥條.

이것은 상주에서 의병활동을 한 조정의 일기내용이다. 그러나 수령과 의병장과의 알력을 더욱 조장한 것은 정부의 처신이었다. 정부에서는 탐학하고 싸우지도 않고 도망간 지방관을 두둔하거나 도리어 승진시키고 있다.

> "도피한 수령은 난리가 평정된 후에 죄에 따라 논단해야 합니다. 지금 그 자리를 모두 다른 사람으로 차출한다면 그 체직과 차출이 번거로울 뿐만 아니라 새로 부임하는 사람이 생소하여 서투른 경우가 생길 듯하니, 우선 감사로 하여금 각 고을에 通論하여 도피중인 수령을 돌아오도록 독촉하게 하소서." 하니 王이 따랐다.[65]

> 방어사와 조방장 등의 장계 안에 영남지방 수령들은 거개가 성을 버리고 도망쳐 달아났으나 오직 상주목사 아무개만은 자제와 軍卒을 거느리고 홀로 고립무원의 성을 죽기로 지키고 도망치지 않았고, 함창군수 아무개는 싸움에 지고 돌아와 도망쳐 나타나지 않는다고 하여 임금님으로부터 상주목사에게는 포상을 중히 하였다. 함창군수나 상주목사나 그들의 죄상은 같아 국사엔 뜻이 없고 제 하고져 한 바를 멋대로 하였다. 왜적의 세력이 장차 제 고을에 이르름에 굳게 막을 생각은 하지 않고 문득 도망칠 꾀를 한 것은 상주목사가 더 심하였다. 그랬건만 저자들은 감히 사사로운 감정을 드러내 임금을 속이는 강계를 올려 信賞必罰의 常道를 엇그러뜨림에 이르게 하였으니 통탄하고 통탄할 일이다.[66]

이와같이 도망친 수령에 대한 즉각적인 조치의 미흡은 관군의 재편을 지연시켜 결과적으로 임란의 조기 수습을 불가능하게 하였던 것이다. 대체로 백성들은 관병의 모집에 냉담하고 관군을 싫어하는 까닭은 관군에 들어가면 부모처자가 있는 곳을 떠나 전지를 전전하여야 하였고 군의 절제밑에서

---

64) 조정 『임란일기』임진 6월 24일.
65) 『선조실록』 권 25, 25년 5월 임신조.
66) 조정, 『임란일기』임진 5월 28일.

구속되야 하였기 때문이다. 그러나 의병은 원수의 절제도 받지 않고 생명의 위협도 적으며 고향에 그대로 머물 수 있다는 점이다. 또 의병장은 대개의 경우 그 지방의 토호였으므로 군량보급도 유리하였기 때문이었다. 그러면 관병이 의병진에 참가한 이유는 무엇일까. 이것은 우선 난초 관군의 지휘체제가 붕괴됨에 따른 결과이기도 하였지만, 그들은 관에 소속되기를 꺼린 반면 의병으로 계속 남기를 원하고 있었다. 그것은 "의병은 대적을 보면 도망가고 적은 적만을 상대하여 설령 패하더라도 무죄며, 이기면 큰 상을 받게 된다"[67] 는 것이다. 따라서 "이기면 상 받고 져도 벌이 없는"[68]사정에서 이해될 수 있었을 것이다.

수령의 방해와는 달리 초유사 김성일은 각지의 의병을 지원케 하여 군량과 군기를 판출하는 한편 관군과 의병의 알력을 적극 거중 조절하려고 하였다. 이로써 김성일은 의병의 신망을 얻고 있었던 것이다.[69] 또한 경상도 감영에서도 의병을 적극 후원하고 있었다.

이른 아침에 방백을 배알하고 서로 품고 있는 생각을 나누니 피차 곤란할 것이 없어 힘써 모집하여 왜적을 토벌할 것을 권유했고, 이어 정경임을 尙州召募官으로 삼고, 權從卿을 成昌召募官으로 삼았으며 申譚을 聞慶召募官으로 삼아서 각자 鄕兵을 모집하되 관이라 해서 구애되지 말고 모두 받아드려서 의병대장의 지휘를 받으라고 하였다. 또한 상주에 關文을 발하여 군량미 50石, 長片箭 각 20部, 弓子 10部 및 붓·먹·소금·간장 등의 물품을 제급하여 의병이 쓸 수 있도록 돕게 했다. 또한 弓子 3張·片箭 4部·銃筒 7部·菱鐵 500개·鐵九 900개를 남겨 두도

---

67) 『宣祖實錄』 권 32, 25年 壬辰 11月 丁巳條 「其或名在官籍者…假義爲名 威制官家 却掠富民 見大賊則烏散 愚零賊則狙擊敗不有罪勝得大賞…」.

68) 『宣祖實錄』卷 30, 25年 9月 무인조, 「備邊司啓日…至於名存軍簿 避亂逃散者 各自或群 厭避官家覃鹿 見利則戰 遇强輒散勝受上賞 敗不爲罪…」.

69) 조정, 『임란일기』임진 8月 28일.

록 했다. 조반을 먹은 후에 늦게 작별을 하고 나오는데 방백의 접대가
보통을 넘어 섰으니 그 뜻이 가상했다.[70]

물론 의병과 관군이 상호 대립적인 관계만 유지하였던 것은 아니였다.
관군이 재편되어 본격적인 활동을 전개하기 시작할 당시에 두드러지게 나
타나고 있다. 특히 안동진 지역의 '안동별읍향병'은 감영에서 비격진천뢰란
최신식 무기를 지원 받음으로써 큰 전공을 세우기도 하였다.[71] 경상도 민
심은 1592년 하반기에 들면서 전란초기와는 달리 왜군을 격퇴하고자 적극
성을 띠고 있었고[72] 이러한 후원 속에서 초기의 의병은 어느정도 독자적인
활동을 전개할 수 있었던 것이다.

관군의 재편과 더불어 의병은 관군과의 연합으로 왜군에 대한 적극적인
공세를 취하는 보다 두드러진 활동을 전개하였지만 전쟁이 소강상태에 접
어들었고 관군이 정비되면서 점차 그 주도권을 관군에게 넘기지 않을 수
없었다.[73]

임진왜란기의 경상도 의병운동의 성격변화와 의병운동에 대한 정치세력
사이의 대응 양상을 보여 주는 전투는 진주성전투였다고 할 수 있다. 이 전
투에 대해서는 제1편 4장에서 다루었지만 특히 1·2차 진주성전투는 각 각
다른 의미를 주고 있었던 것이다. 이전투는 임진왜란 이후의 정국에 미친
영향도 막대한 것 같다.

제1차 진주성전투는 1592년 10월에 있었다. 임진왜란 당시 왜군이 진주
로 공격해 온다는 소식이 전해지자, 목사 이경은 지리산으로 도망하였으며

---

70) 조정, 『임란일기』임진 9월 1일조
71) 김해 『鄕兵日記』참조
72) 『선조실록』 권 32, 25년 11월 신사조
73) 『宣祖實錄』 권 32, 25년 11월 기사조
　　『龍蛇日記』계사 2월 2일, 『임진일기』계사 2월 2일.

판관 김시민도 이경을 동행하였다. 초유사 김정일은 김시민을 달래어 돌아오게 해서 임시로 통제의 책무를 수행하게 하는 한편 군사를 정돈하여 진주성을 수호하도록 명령하였다. 그 후 김시민은 의병장 김면의 요청에 따라 거창으로 부원하게 되었는데, 이 때 김시민은 왜군을 사랑암 부근에서 대파한 공으로 8월 7일 진주 목사에 임명되었다.

1593년 6월에 있었던 제2차 진주성전투는 왜군의 병력과 화력이 우세하였다는 점이며 또 성의 함락과정에서는 다양한 전술상의 문제점들이 나타났다.

이상의 검토에서 1차 진주성전투는 경상우도 의병운동이 김성일의 활약으로 관군과 의병의 입장이 조정될 수 있어 소기의 성과를 거두었지만, 한편으로 그 것은 의병장들이 관직을 서수받음으로써 의병의 성격이 변화되어 가능한 것이었다. 반면에 2차 진주성전투는 의병의 관군화가 일어난 이후에 전투의 주도권과 방법론이 중요한 문제였음을 보여 주는 전투였다고 할 수 있다.

6. 맺음말

임진왜란기에 전개된 의병운동은 관군이 와해된 상황에서 일어난 구국활동이었다. 그런 때문에 가장 성공적이었던 경상도의 의병운동은 물론 16세기 성리학사회에서 지역적 기반을 토대로 전개되었던 것이다.

당시 경상도의 전략적 위치는 왜군이 조선으로 진입하는 관문이였으며 조선의 곡창인 전라도 침략을 위해 거쳐야만 하는 중요한 요충지였다. 더구나 왜군의 후방 운송로 확보라는 점에서도 중요한 지역이었다. 임란 초기 왜군의 호남 진출은 경상도 의병과 이순신의 활약으로 좌절되었다. 이 후

호남으로 진출하려는 왜군의 시도는 낙동강의 여러 津으로 분산되었다. 이 때 경상도의 의병장인 김해, 김성일, 곽재우, 김면, 정인홍, 곽율 등은 당교전투, 정암진전투, 현풍전투, 무계전투, 성주전투, 개령전투를 벌여 낙동강 지역의 사수에 전력하였다.

임진왜란기에 경상도에서 의병이 성공적으로 전개 될 수 있었던 요인은 매우 다양하였다. 의병 상층부인 재지사족의 경우 퇴계와 남명학파라는 사상적 기반이 중요한 토대가 되었다.

사회적 기반으로는 의병상하층간의 결합이 중요하다. 의병 상층부는 재지사족 상호간의 통혼관계에 기반한 돈독한 유대, 사족들의 유향소·서당·향교·향약류의 시행등을 통하여 결합하고 있었다. 의병 하층부는 기존의 향민 조직으로 존재하고 잇던 촌계 등이 국난기에 사족 중심으로 결합할 수 있었기 때문이다. 이런 점은 경상도에서 향약류가 임진왜란 전후에 광범위하게 시행된 점, 재지사족들의 향민에 대한 배려가 두드러졌던 점을 들 수 있다.

경상도의 의병조직은 초기와 후기로 구분되었다. 의병장들이 관직을 제수받은 시기와 군량을 지급받은 시점을 기준으로 나누어 볼 수 있다. 임진왜란기의 의병은 초기의 일부를 제외하면 준관군이였다. 이 것은 왜군의 격퇴를 위해서 관료의 부패 등으로 인심을 잃은 관군 대신 의병을 주력으로 이용했지만, 전쟁이 소강상태에 접어들어 관군이 정비되고 지휘의 일원화를 위해 관군으로 흡수하였다.

경상도의 임진왜란기에서 의병운동의 변화를 보여주는 것은 진주성 전투였다. 제1차 진주성전투는 성의 사수를 위해 관군과 준관군화 된 의병이 외곽에서 지원하여 승리한 전투였다. 제2차 진주성전투는 일본군의 보복전이었기 때문에 후퇴하던 왜군의 대군이 집결하여 일시에 공략하였다. 이의 대응을 둘러싸고 공전론과 수성론의 주장이 있었으나, 국왕 선조의 결정으로 수성전으로 대비하였다. 이 전투의 실패는 난 후 남인과 서인의 정국주도권 문제로 귀착되고 있다.

경상도 의병운동이 갖는 역사적 의미는 전쟁의 극복에만 있는 것이 아니고 전후 수습책을 제시하면서 국가재건에 적극적으로 나섰다는 점이다. 이후 어느 정도 안정기에 접어들자 서인이 남인과 각각 국가재건의 입장을 제시하면서 조선후기의 정치를 주도하게 된다.

의병은 그 구성과 활동에 있어서의 여러 제약에도 불구하고 왜군의 점령하에서 민중이 토왜활동에 거국적으로 참여한 것은 높이 평가되어야 할 것이다. 경상도 의병의 끈질긴 항쟁은 북상한 왜군의 보급로를 차단하였고, 그리고 왜군의 호남진출을 봉쇄함으로써 임란을 승리로 이끄는데 있어서 가장 큰 공을 세웠던 것이다.

원 전

『宣祖實錄』
『宣祖修正實錄』
『宣廟中興志』
『經國大典』
『續大典』
『大典通編』
『世宗實錄地理志』
『慶尙道地理志』
『慶尙道續撰地理志』
『新增東國輿地勝覽』
『擇里志』
『嶠南志』
『萬機要覽』
『燃藜室記述』
『國朝人物考』
『增補文獻備考』
『李朝名賢錄』
『東儒師友錄』
『宣武原從功臣錄券』
『大東野乘』

『典故大方』

『壬辰及丙子錄』

『大東稗林』

『南冥別集』

『南冥及門諸賢錄』

『壬辰錄』

『國朝榜目』

『海東名臣錄』

『陶山及門諸賢錄』

『孤臺日錄』

『高靈金氏世錄』

金沔『松庵先生貴稿』, 『松庵遺稿』, 『松庵先生實記』, 『松庵文集』

『松庵年譜』

『松庵集』

『慶尙巡營錄』

李魯, 『龍蛇日記』

『大東野乘』

全致遠, 『壬癸別錄』

趙　靖, 『壬亂日錄』

李擢英, 『征蠻錄』

＿＿＿, 『龍蛇日錄』

趙慶男, 『亂中雜錄』

金　垓, 『鄕兵日記』

『明　史』, 景仁文化社, 1977.

『神宗實錄』

문집류

曺　植, 『南冥集』
吳　健, 『德溪集』
郭再祐, 『忘憂堂全書』
李　滉, 『退溪集』
郭　赿, 『禮谷集』
郭　趪, 『存齋先生文集』
金景謹, 『龍蛇義兵將大暇齋金景謹先生實記』
金德齡, 『金忠壯公遺事』
鄭仁弘, 『來庵集』
金　涌, 『雲川集』
李　堉, 『松齋先生遺稿』
文　緯, 『茅谿集』
＿＿＿＿, 『茅谿先生日記』
朴　惺, 『大菴集』
裵　紳, 『洛川集』
趙宗道, 『大笑軒遺稿』
申　炅, 『再造藩邦志』
柳成龍, 『懲毖錄』
＿＿＿＿, 『西厓全集』
李大期, 『雪鶴集』
崔永慶, 『守愚堂實記』
尹慶南, 『澹湖先生年譜』
趙好益, 『芝山集』
李恒福, 『白沙集』
吳希文, 『鎖尾錄』
趙應錄, 『竹溪日記』
郭再祐, 『龍蛇世降錄』

金誠一, 『鶴峰全集』

金宇顒, 『東岡全書』

李　瀞, 『茅村集』

林　薰, 『葛川集』

朴廷璠, 『鶴巖集』

成彭年, 『石谷集』

孫仁甲, 『後知堂實記』

鄭　逑, 『寒岡全書』

全致遠, 『濯溪集』

鄭　琢, 『藥圃先生文集』

許　穆, 『眉壽記言』

忠烈祠, 『忠烈祠志』

權喜學, 『南征日記』

孫　曄, 『淸虛齋文集』, 「龍蛇日錄」, 1862년 목판본.

崔震立, 『潛窩實紀』, 목판본.

李彦春, 『東溪實紀』, 「當亂日錄」, 1922년, 석판본.

朴仁國, 『靖广實紀』, 「龍蛇日錄」, 1918년, 印刷本.

李彭壽, 『杜村實紀』, 1933년, 석판본.

李　訥, 『樂義齋實紀』, 「壬辰日記」, 1886년, 목판본.

權士諤, 『梅窩實紀』, 「金石堅日記」, 1906년, 목판본.

白以昭, 『傅巖實紀』, 1920년, 석판본.

李大任, 『竹溪實紀』, 1912년, 석판본.

『忠義錄』, 1918년 석판본, 李彭壽, 李遇春, 李訥 등 淸安李氏 諸義士倡義錄

金　虎, 『月菴實紀』, 초고본.

堅川至, 『松皐實紀』, 1921

鄭世雅, 『湖叟實紀』.

鄭大任, 『昌臺實紀』, 1953.

李　說, 『愛日堂實紀』, 1864

鄭　湛, 『復齋實紀』.

曺景溫,『林溪實紀』.

柳　汀,『四義士實紀』.

權應平,『東岩實紀』, 1978

李承會,『觀爛文集』.

李克福,『慕石遺稿』.

朴春茂,『蘿谷實紀』.

朴震男,『悔岩實紀』, 1980.

柳　汀,『松壕日記』, 1637.

李繼秀,『詠風亭實紀』, 1910.

李宜溫,『五宜集』, 1907.

權復興,『五慕齋實紀』, 1947.

李景淵,『霽月堂實紀』.

黃希安,『勁草堂倡義錄』, 1960, 석판본.

李安國,『龍蛇事蹟』, 1969, 인쇄본.

李宜潛,『東湖逸稿』, 필사본.

徐方慶,『直齋實紀』, 인쇄본.

金石堅,『汶翁集』, 1980.

蔣希春,『誠齋實紀』, 1960.

金見龍,『水月齋實紀』, 필사본.

李應壁,『七松堂實紀』, 1967.

金得秋,『懼齋實紀』.

李宜潤,『無添堂集』.

李鼎秉,『琴坡文集』.

李弘懋,『東岡實紀』, 1968.

徐仁忠,『望潮堂遺事』, 1907.

尹弘鳴,『花岩實紀』.

崔奉天,『耘庵實紀』, 1959.

權應銖,『白雲齋實紀』, 1786.

金應澤,『栢岩實紀』. 1975.

孫 昭, 『襄敏公文集』.

朴鳳水, 『大將公實紀』, 1972

李溫秀, 『稼隱實紀』.

崔東輔, 『憂樂齋實紀』, 1857.

鄭起龍, 『梅泉實紀』, 1718.

尹仁涵, 『竹齋遺稿』, 1974.

李宜潤, 『壬辰日記』, 필사본.

張夢紀, 『火旺日記』, 필사본.

郭忘憂堂紀念事業會刊, 『忘憂堂全書』, 1987.

尹國馨, 『甲辰漫錄』, 大東稗林등재, 韓國資料院,1983.

朴東亮, 『奇齋雜記』, 大東稗林등재, 韓國資料院,1983.

趙慶男, 『亂中雜錄』, 大東稗林등재, 朝鮮古書刊行會本, 1909~1911).

李廷馨, 『東閣雜記』, 大東稗林등재, 國學資料院 影印本, 1983).

李俊慶, 『東皐遺稿』, 龍城扉村, 1913.

尹國馨, 『聞詔漫錄』, 대동패림, 國學資料院, 1983.

李恒福, 『白沙集』, 景文社, 1977.

申 欽, 『象村集』, 景文社, 1981.

柳成龍, 『西厓集』, 成大 大東文化社研究院, 1958.

______, 『懲毖錄』, 西厓集, 成大 大東文化社研究院, 1958.

『宣廟寶鑑』, 肅宗命編, 1684.

吳希文, 『쇄尾錄』, 上·下, 探求堂, 1973.

姜 沆, 『看羊錄』, 1656.

李山海, 『鶴溪遺稿』, 亞細亞文化社, 1984.

尹斗壽, 『梧陰遺稿』.

鄭經世, 『愚伏集』, 成大 大東文化社研究院, 1977.

李元翼, 『李相國日記』, 大東稗林, 國學資料院 1983.

李舜臣, 『李忠武公全書』, 李秉模 序, 1795. 『亂申日記』

黃 愼, 『東槎錄』, 1596.

文德敎, 『壬辰錄』, 東湖先生文集, 李敏叙 序, 1687.

黃廷彧, 『芝山集』, 亞細亞文化社, 1984.

李星齡, 『春坡堂日月錄』, 奎章閣圖書＜古 4250-24＞, 年紀未詳.

金指南, 『通文館志』, 正門社, 1982.

李德馨, 『漢陰文稿』, 趙絅 序, 1668.

高廷憲 『湖南節義錄』, 梁周翊 職, 1800.

蔡弘遠, 『嶺南人物考』 정조때, 탐구당, 1987.

국방부전사편찬회, 『兵將設陣法』, 1983.

『東京雜記』, 현동 10, 1699.

『慶州府邑誌』 正祖중기, 필사본, 동국대도서관 소장.

『東京通誌』, 1933.

『慶州邑誌』, 1933.

『金鰲勝覽』, 1936.

『蔚山邑誌』, 1902본, 1934본.

『永陽誌』, 1917.

『盆陽誌』, 1917.

『壬辰之役史料匯集』, 國學資料院 영인, 1993.

단행본

강주진, 『李朝黨爭史研究』, 서울대출판부, 1971.

姜敦錫, 『東國戰亂史』, 1932.

경상북도, 『慶北義兵史』, 영남대학교 민족문화연구소, 1990.

경상북도, 『慶北義兵史』, 1990.

경상북도, 『慶北偉人傳』, 1987.

국방부전사편찬위원회, 『壬辰倭亂史』, 1987.

국사편찬위원회, 『임진왜란의 재조명』, 1988.

국사편찬위원회, 『한국사』29, 조선중기의 외침과 그 대응, 1995.

국사편찬위원회, 『한국사』28, 조선중기 사림의 등장과 활동, 1996.

김재근, 『朝鮮王朝 軍船研究』, 서울대한국문학연구소, 1976.

김태준, 『壬辰亂과 朝鮮文化의 東漸』, 韓國研究院, 1977.

김호종, 『西厓柳成龍研究』, 새누리, 1995.

민현구, 『朝鮮初期의 軍事制度와 政治』, 한국연구원, 1983.

백승종, 『韓國社會史研究』, 일조각, 1996.

송정현, 『朝鮮社會와 壬辰義兵研究』, 학연문화사, 1998.

송준호, 『朝鮮社會史研究』, 일조각, 1987.

신병주, 『남명학파와 화담학파연구』, 일지사, 2000.

양은룡 · 김덕수편, 『임진왜란과 佛敎義僧軍』, 경서원, 1992.

유명종, 『조선후기 성리학』, 한국사상사2, 이문출판사, 1985.

柳奭佑, 『慶州市誌』 1971, 郡史編纂委員會, 『慶州郡史』, 1989.

유홍렬, 『한국사회사논고』, 일조각, 1980.

육군본부, 『韓國軍制史』, 근세조선전기편, 육군본부군제사연구실, 1968.

육군본부, 『韓國軍制史』, 근세조선후기편, 육군본부군제사연구실, 1977.

윤용출, 『조선후기의 용역제와 고용노동』, 서울대출판부, 1998.

이경석, 『壬辰戰亂史』, 新現實社, 1974.

이석린, 『임란의병장 趙憲연구』, 신구문화사, 1993.

이수건, 『영남사림파의 형성』, 영남대출판부, 1979.

______, 『한국중세사회사연구』, 일조각, 1984.

______, 『영남학파의 형성과 발전』, 일조각, 1996.

이원승, 『유성룡의 군사분야업적 재조명』, 청문각, 1992.

李章熙 『郭再祐研究』, 양영각, 1983

______, 『임진왜란사연구』, 아세아문화사, 1999.

이재범, 『元均正論』, 계명사, 1983.

이재룡, 『조선초기사회구조연구』, 일조각, 1984.

이재호, 『조선정치제도사연구』, 일조각, 1995.

______, 『韓國史의 闡明』, 진문당, 1996.

이태진, 『조선후기의 정치와 군영제변천』, 한국연구원, 1985.

______, 『한국사회사연구』, 지식산업사, 1986.

_____, 『한국유교사회사론』, 지식산업사, 1989.

이태진 편, 『조선시대 정치사의 재조명』, 범조사, 1985.

이형석, 『임진전란사』상,중,하, 임진전란사간행위원회, 1976.

장학근, 『朝鮮時代 海洋防衛史』, 창미사, 1988.

조원래, 『임란의병장 김천일 연구』, 학문사, 1985.

車文燮, 『朝鮮時代軍制研究』, 檀大出版部, 1982.

_____, 『조선시대군제관연구』, 단국대출판부, 1996.

최석남, 『구국의 명장 이순신』, 교학사, 1992.

_____, 『水軍活動史』, 명양사, 1965.

_____, 『韓國 水軍史研究』, 명양사, 1964.

최소자, 『명청시대 중·한관계사 연구』, 이화여자대학출판부, 1997.

최영희, 『壬辰倭亂』, 세종대왕기념사업회, 1974.

_____, 『壬辰倭亂中의 社會動態』, 韓國研究院, 1975.

_____, 『임진왜란』, 세종대왕기념사업회, 1977.

최효식, 『朝鮮後期 軍制史 研究』, 신서원, 1995.

_____, 『경주부의 임진항쟁사』, 경주문화원, 1993.

_____, 『한국향토사연구』, 국학자료원, 2002.

학봉선생기념사업회, 『학봉의 학문과 구국활동』, 여강출판사, 1993.

김영효 외, 『율곡의 사상과 그 현대적 의미』, 한국정신문화원, 1995.

한명기, 『임진왜란과 한중관계』, 역사비평사, 1999.

한상규, 『南冥 曺植의 敎學思想』, 세종출판사, 1990.

허선도, 『조선시대 화약병기사 연구』, 일조각, 1994.

경상북도, 『경북위인전』, 경북대인문과학연구소, 1987.

최완기, 『韓國性理學의 脈』 느티나무. 1089 참조

이수건, 『忘憂堂全書』解題 1987

김강식 『壬辰倭亂과 慶尙右道의 義兵運動』 혜안출판 2001

李章熙, 『郭再祐研究』, 養英閣, 1983.

孫承喆, 『近世韓日關係史』, 江原大出版部, 1987.

김기웅, 『무기와 화약』, 세종대왕 기념사업회, 1977.

李進熙,『倭館・倭城な步く』, 六興出版, 1984.

李在範,『元均正論』, 啓明社, 1983.

閔斗基,『日本의 歷史』, 知識產業社, 1976.

李烱錫,『壬辰倭亂史』上・中・下, 壬辰戰亂史刊行委員會, 1974.

嚴基杓,『鄭起龍將軍傳』世音社, 1978.

閔賢九,『朝鮮初期의 軍事制度와 政治』, 韓國硏究院, 1983.

金義煥,『朝鮮通信士의 발자취』, 正音文化社, 1985.

『中國歷代戰爭史』(第十四册), 中華民國, 1979.

『韓國軍制史』(近世朝鮮前期篇), 陸軍士官學校 韓國軍事硏究室, 1968.

『韓國軍制史』(近世朝鮮後期篇), 陸軍士官學校 韓國軍事硏究室, 1977.

국사편찬위원회,『한국사』12(양반사회의 모순과 대외항쟁), 1981.

국사편찬위원회,『한국사』13(양반사회의 변화), 1978.

『韓國海戰史』, 海軍本部 政訓監室, 1964.

『蔚山城址考』, 1929, 규장각 소장.

後藤積,『慶州郡鄕土史』, 1929.

金時鄴,『鶴峯의 學問과 救國活動』, 鶴峯金先生紀念事業會, 1993.

石原道傳,『文祿・慶長の役』, 塙書房, 1963.

池內宏,『文祿・慶長の役(正篇 一)』, 南滿洲鐵道會社, 1914.

______,『文祿・慶長の役(正篇 一)』, 東洋文庫, 1936.

논 문

감성해,「임란초기 상주전투와 金宗武」,『군사』5, 국방부전사편찬위원회, 1982.

강주진,「임진왜란과 淸道 14義士論」,『한국학논집』7, 계명대학한국학연구소, 1980.

고석규,「鄭仁弘의 의병활동과 산림기반」,『한국학보』51, 일지사, 1988.

______,「來庵 鄭仁弘의 의병활동」,『남명학연구』2, 경상대 남명학연구소, 1992.

고승제,「16세기 천민반란의 사회경제적 배경」,『학술원논문집』19, 대한민국학술원,
        1980.

구덕회, 「선조대 후반 정치체제의 변화와 전국의 동향」, 『한국사론』20, 서울대국사
        학과, 1988.

김강식, 「임진왜란과 淸道지역의 창의활동-청도 밀성박씨 14 義士를 중심으로-」,
        『부대사학』23, 부산사학회, 1992.

_____, 「松庵 金沔의 의병활동과 역할」, 『남명학 연구』2, 경상대 남명학 연구소,
        1992.

_____, 「임진왜란과 의병운동과 성격」, 『釜大史學』17, 부산사학회, 1993.

_____, 「임진왜란 의병의 성격변화-의병의 관군화 문제-」, 『부대사학』19, 1995.

_____, 「忘憂堂 郭再祐의 의병운동과 정치적 역할」, 『남명학연구』5, 1996.

_____, 「진주전투의 역사적 의의」, 『논개사적연구』, 경성대 향토문화연구소, 1996.

_____, 「임진왜란중의 군량조달책과 영향」, 『문화전통논총』4, 경성대향토문화연구
        소, 1996.

김 돈, 「조선후기 당쟁사연구의 현황과 국사교과서의 서술」, 『역사교육』39, 역사교
        육연구회, 1986.

김동수, 「16, 17세기 호남 사림의 존재형태에 대한 일고찰-특히, 鄭介淸의 문인집단
        과 紫山書院의 치폐사건을 중심으로-」, 『역사학연구』7, 전남대사학과,
        1977.

김덕진, 「설학 李大期와 탁계 全致遠의 의병활동」, 『남명학연구』2, 1992.

金錫禧, 『壬辰倭亂의 義兵活動에 關한 一考』 『鄕土서울』 15, 1962

金錫禧, 『壬辰亂의 義兵에 關한 再考察』 『부산대학교 논문집』 13, 1972

_____, 「곽재우의 기반과 사회적 기반」, 『만우당 곽재우연구』2, 곽재우기념사업회,
        1989.

김성우, 「조선사회의 사회, 경제적 변화와 시기구분」, 『역사와 현실』18, 1995.

_____, 「조선중기 사족층의 성장과 신분구조의 변동」, 고려대박사학위논문, 1997.

_____, 「17세기 전반 班常制의 확립과 사족지배구조의 정착」, 『조선사연구』8,
        1999.

김옥희, 「임진의병장 趙重峰에 관한 연구」, 『연우회보』6, 이화여대사회생활과,
        1964.

김윤곤, 「16세기 사림의 문묘종사운동」, 『김철준박사화갑기념사학논총』, 동 간행위

원회, 1983.

______, 「조선전기 군량미의 확보와 운송-임란당시를 중심으로-」, 『사학연구』32, 1981.

______, 「郭再祐의 義兵活動」, 『歷史學報』33, 1967.

______, 「사회적 활동과 의병운동-16세기 농민을 중심으로-」, 『다리』35 · 36, 월단다리사, 1974

김윤우, 「함양 기병유사 鄭慶雲과 孤臺日錄」, 『남명학연구』2, 1992

김윤제, 「조식의 학문과 出仕官」, 『한국사론』24, 서울대국사학과, 1991.

김용덕, 「鄭汝立 연구」, 『한국학보』, 일지사, 1976.

김정진, 「의병운동과 민족의 주체의식-운봉 高敬命 선생의 삼부자 순국정신을 중심으로-」, 『동양문화연구』6, 경북대 동양문화연구소, 1979.

______, 「충효의리정신과 의병운동-중봉 조헌선생의 창의순국을 중심으로-」, 『동양학연구』11, 1984.

김진봉, 「임진란 중 호서지방의 의병활동과 지방사민의 동태에 관한 연구-조헌의 의병운동을 중심으로-」, 『사학연구』34, 한국사학회, 1982.

김충렬, 「曺植의 학문과 사상」, 『한국철학연구』중, 동명사, 1978.

______, 「生涯를 통해서 본 남명의 위인」, 『대동문화연구』17, 성균관대대동문화연구소, 1983.

김호종, 「임란때 唐橋왜적과 영남 북부지방 향병의 항쟁」, 『역사교육논집』23 · 24, 경북대 역사교육과, 1999.

김 홍, 「임진왜란의 軍事史的 硏究」, 경북대박사학위논문, 1993.

나종우, 「임진왜란의 역사적 배경」, 『향토문화』7, 전북향토문화개발협의회, 1982.

______, 「임진의병과 장성, 남문창의」, 『향토문화연구』4, 원광대향토문화연구소, 1987.

______, 「영 · 호남의병활동의 비교검토」, 『경남문화연구』14, 경상대경남문화연구소, 1992.

남도영, 「임진왜란시 광해군의 활동연구」, 『국사관논총』9, 국사편찬위원회, 1989.

문경현, 「江右學派의 형성과 인맥」, 『한국의 철학』11, 1983.

문수홍, 「임란 중 경상좌도 지방의 의병활동」, 『남도영박사화갑기념사학논총』, 동

간행위원회, 1983.

박병련, 「남명 조식의 정치사상과 사회사적 위치」, 『정신문화연구』20권 3호, 1997.

박성봉, 「16세기 선비사회와 南門倡義」, 『향토문화』7, 향토문화개발협의회, 1982.

박성식, 「癸巳 진주성전투 소고」, 『경북사학』4, 1982.

______, 「癸巳 진주성전투 장사고」, 『대구사학』20·21합집, 1982.

______, 「임진왜란의 연구-임진, 계사년 진주전투를 중심으로」, 영남대 박사학위논
　　　문, 1986.

배종호, 「남명의 성리학에 대하여」, 『한국철학연구』중, 한국철학회, 1978.

서태원, 「임진왜란 중 군제의 개편과 束伍軍」, 『조선후기영장제연구』, 동국대박사학
　　　위논문, 1998.

설석규, 「선조 광해군대의 정치 운용론」, 『남명학 연구』5, 1997.

______, 「17세기 퇴계학파 이기심성론의 정치적 변용」, 『인문과학』14, 경북대 인문
　　　과학연구소..

송정현, 「임진왜란과 호남의병」, 『역사학연구』4, 전남대사학과, 1972.

______, 「의병의 봉기와 그 전과」, 『광주시사』1권, 광주시사편찬위원회, 1979.

______, 「임진왜란과 호남의병활동-초기의병을 중심으로-」, 『향토문화』7, 향토문화
　　　개발협의회, 1982.

______, 「전라의병과 崔慶會 장군」, 『화순지방의 임란의병활동』, 화순군, 1988.

송준호, 「진주에서 확인되는 조선사회의 특속성-임란을 겪는 진주사회의 서언으로
　　　서-」, 『서의필선생화갑기념논총』, 한남대출판부, 1988.

송양섭, 「임진왜란기 국가의 屯田設置와 經營」, 『한국군사논문선집』, 전사편찬위원
　　　회, 1999.

신명호, 「선조말·광해군초의 정국과 외척」, 『청계사학』10, 한국정신문화연구원,
　　　1993.

신병주, 「남명 조식의 학문경향 현실의식」, 『한국학보』58, 일지사, 1990.

______, 「남명 조식의 학풍과 남명 문인의 활동」, 『남명학연구논총』5, 남명학연구원,
　　　1995.

안계현, 「조선전기의 僧軍」, 『동방학지』13, 연세대 동방학연구소, 1972.

우현구, 「來庵 鄭仁弘과 광해조의 정국주도세력」, 『교남사학』4, 교남사학회, 1989.

유구성, 「임란시 明兵의 來援考」, 『사총』20, 고려대 사학회, 1976.

유승주, 「왜란 후 명군의 유병안과 철병안」, 『천관우환역기념논총』, 1985.

윤용출, 「임진왜란시기 군역제의 동요와 개편」, 『부대사학』13, 1989.

이겸주, 「임진왜란과 군사제도의 개편」, 『한국군제사 조선후기편』, 육군사관학교군
　　　제사연구실, 1977.

＿＿＿, 「임진왜란시의 영좌의병 활동일반-울산지방 의병의 예」, 『울산공대연구논문
　　　집』15권 2호, 1984.

＿＿＿, 「조선후기 사회신분변동문제에 대한 연구-군역의 양천혼성과 관련된 측면-」,
　　　『울산사학』3, 1990.

이남희, 「경상우도의 의병활동과 실록기사」, 『영남문화연구』13, 경상대 경남문화연
　　　구소, 1992.

이상필, 「임란시 재조남명문인의 활동」, 『남명학연구』2, 경상대 남명연구소1992.

＿＿＿, 「남명학파의 형성과 전개-사상과 학맥의 추이를 중심으로-」, 고려대박사학
　　　위논문, 1998.

이석린, 「임진초기 義旅의 구성 및 성분분석」, 『호서문화연구』5, 충북대호서문화연
　　　구소, 1985.

＿＿＿, 「趙憲을 중심으로 한 임란초기의 의병 분석」, 『우인김용덕박사정년기념사
　　　학논총』, 동 간행위원회, 1988.

이수건, 「서애 유성룡의 사회경제관」, 『대구사학』12·13합집, 1977.

＿＿＿, 「영남사림파의 재지적 기반-안동지방을 중심으로-」, 『신라가야문화』12, 신
　　　라가야문화연구소, 1981.

＿＿＿, 「남명 조식과 남명학파」, 『민족문화논총』2·3집, 영남대민족문화연구소,
　　　1982.

＿＿＿, 「남명학파 의병활동의 역사적 의의」, 『남명학연구』2, 경상대 남명학연구소,
　　　1992.

＿＿＿, 「月谷 禹拜善의 임진왜란 의병활동」, 『민족문화논총』13, 영남대 민족문화
　　　연구소, 1992.

＿＿＿, 「조선조 영남학파의 형성과 그 전개」, 『한국의 철학』21, 1992.

이영협, 「임진왜란의 경제사적 의의」, 『경상논집』3, 건국대 경상학회, 1967.

이을호, 「남명 조식의 입지적 위치」, 『한국철학연구』중, 한국철학회, 1982.

이장희, 「임란 海西義兵에 대한 일고찰-연안 대첩을 중심으로-」, 『사총』14, 고려대 사학회, 1969.

______, 「임란시 投降倭兵에 대하여」, 『한국사연구』6, 한국사연구회, 1971.

______, 「임란중 糧餉考-명병의 군량조달을 중심으로-」, 『사총』15·16, 고려대 사학회, 1971.

______, 「임진왜란」, 『한국사론』4, 국사편찬위원회, 1976.

______, 「정문부의 의병활동」, 『사총』21·22합집, 1977.

이재호, 「조선 備邊司考-특히 그 기능의 변천에 대하여」, 『역사학보』50·51합집, 1971.

______, 「역사기록의 허실에 대한 검토-특히 촉석루‘삼장사시’작자의 경우」, 『부대사학』8, 1984.

______, 「주체의식과 대외자세-특히 국난기 위인들의 활동상에 대하여-」, 『인문논총』26, 부산대, 1984.

______, 「선조수정실록기사의 의점에 대한 변석-특히 이율곡의 10만 양성설의 유서애의 양병불가론에 대하여」, 『대동문화연구』19, 성균관대대동문화연구소, 1985.

______, 「임진왜란과 柳西厓의 자주국방책」, 『역사교육논집』11, 경북대 역사교육과, 1987.

______, 「경상우도에서의 鶴峯의 토적구국활동-특히 관,의병의 영도와 기민구활의 사공에 대하여-」, 『학봉의 학문과 구국활동』, 학봉기념사업회, 1993.

이정일, 「임진왜란연구」, 중앙대 박사학위논문, 1989.

이정희, 「16·17세기 咸陽지역 재지사족의 동향」, 『이화사학연구』22, 1999.

이지원, 「16·17세기 전반 공물 防納의 구조와 유통 경제적 성격」, 『이재룡박사 환역기념 한국사학 논총』, 동 간행위원회, 1990.

이태진, 「16세기말 국방태세」, 『한국군제사』 근세조선 전기편, 육군사관학교 군제사연구실, 1968.

______, 「군역의 변질과 납포제의 실시」, 『한국군제사 근세조선 전기편, 육군사관학교 군제사연구실, 1968.

______, 「임진왜란 극복의 사회적 동력-사림의 의병운동의 기저를 중심으로-」, 『한국사학』5, 한국정신문화연구원, 1983.

______, 「15·16세기 한국사회경제의 새로운 동향-저지개간과 인구증가-」, 『동방학지』64, 연세대국학연구원, 1989.

______, 「14-16세기 한국의 인구증가와 신유학의 영향」, 『진단학보』76, 진단학보간행위원회, 1993.

이희환, 「정유재란시의 남원성 전투에 관하여」, 『전북사학』7, 1983.

장동익, 「월곡 우배선의 임진 의병활동」, 『역사교육논집』18, 경북대역사교육과, 1994.

전병철, 「임진왜란기 納贖政策」, 『용암차문섭화갑기념 조선시대사연구』, 신서원, 1989.

정중환, 「일본기록에서 본 임진란」, 『항도부산』3, 부산시사편찬위원회, 1963.

정진영, 「조선전기 안동부 재지사족의 향토지배」, 『대구사학』27, 1985.

______, 「16세기 안동지방의 洞契」, 『교남사학』1, 교남사학회, 1985.

______, 「임란 전후 상주지방 사족의 동향」, 『민족문화논총』, 영남대 민족문화연구소, 1987.

______, 「안동지역의 임란의병」, 『안동문화연구사』, 안동문화연구소, 1990.

______, 「학봉 김성일과 임진왜란」, 『안동문화연구』7, 안동문화연구소, 1993.

______, 「남명 조식의 현실인식과 대응」『한국의 철학』24, 한국철학회, 1999.

조계찬, 「임진왜란기의 신분향상에 관한 소고」, 『동아논총』인문과학편12, 동아대, 1975.

조원래, 「의병장 김천일의 호국사상」, 『목포해양전문대논문집』14, 1980.

______, 「김천일의 의병운동과 그 성격」, 『사학연구』31, 한국사학회, 1980.

______, 「興德南塘 창의의 蔡氏 一門의 의병운동」, 『한국사연구』42, 1982.

______, 「홍덕남당 창의와 蔡興國의 의병운동」, 『목포해양전문대논문집』16, 1982.

______, 「장성 남문창의에서 본 임진의병의 일 형태」, 『순천대학논문집』2, 1983.

______, 「전라좌우도 의병과 의병운동의 성격」, 『순천대학논문집』3, 1984.

______, 「임란초기 전라도 의병의 성격-임진년 영남지방에서의 활동상을 중심으로-」, 『사향』2, 공주사범대학역사교육과, 1985.

______, 「전라우의병과 崔慶會 일가의 의병운동」, 『화순지방의 임란의병활동』, 화순군, 1988.

______, 「임란기 호남의병과 의병지도층의 성격」, 『북악사론』1, 국민대사학과, 1989.

______, 「임진왜란과 綾州 의병」, 『능주목의 역사와 문화』, 목포대 박물관, 화순군, 1998.

______, 「김덕령의 의병활동과 그 성격」, 『문화사학』11·12, 한국문화사학회, 1999.

조정기, 「서애 유성룡의 군사사상(1)」, 『부산사학』14·15, 1988.

______, 「서애 유성룡의 군사사상(2)-전시 군용확보기를 중심으로-」, 『창원대학논문집』11-1, 1989.

차문섭, 「임란 이후의 양역과 균역의 성립」, 『사학연구』10·11, 한국사학회, 1961.

______, 「선조조 훈련도감」, 『사학지』4, 단국대 사학회, 1970.

______, 「조선중기 왜란기의 군령 군사지휘권 연구」, 『한국사학』5, 한국정신문화연구원. 1983.

최석기, 「남명사상의 본질과 특색」, 『한국의 철학』27, 학국철학회, 1999.

최소자, 「임진란시 明의 파병에 관한 논고(1)」, 『동양사학연구』11, 1977.

최승호, 「南冥의 反躬體驗과 持敬居義 思想의 研究」, 『한국의 철학』11, 1983.

최해갑, 「최영경의 생애와 사상」, 『남명학연구논총』6, 남명학연구원, 1998.

최효식, 「임진왜란 중 경주전투」, 『경주사학』10, 경주사학회, 1991.

______, 「임진왜란 중 울산혈전」, 『남도영선생고희논총』, 동 발간위원회, 1993.

______, 「임란 중 경주사원의 항전활동」, 『지촌김갑주교수화갑기념사학논총』, 동 간행위원회, 1994.

한명기, 「임진왜란시기 명군 참전의 사회 문화적 영향」, 『군사』35, 국방군사연구소, 1997.

허선도, 「이조 중기 화기의 발달」, 『역사학보』30·31,합집, 1966.

______, 「학봉 선생과 임진의병운동」, 『국역학봉전집』, 동 간행위원회, 1976.

______, 「서애 유성룡선생과 임진왜란의 극복」, 『서애연구』1, 유성룡선생 기념사업회, 1978.

______, 「임진왜란의 극복과 嶺右義兵-그 전략적 의의를 중심으로-」, 『진주문화』4, 진주교대 진주문화연구소, 1983.

_____, 「임진왜란에 대한 새로운 인식-승패의 실상을 중심으로-」,『한국학』31, 영신 아카데미한국학연구소, 1984.

_____, 「임진왜란론-올바르고 새로운 인식-」,『천관우선생환역기념 한국사학논총』, 동 간행위원회, 1985.

황하현, 「임진왜란과 국가재정의 파정」,『경제연구』1, 한양대 경제연구소, 1979.

崔永禧, 「壬亂義兵의 性格」,『史學研究』8, 1960.

李泰鎭, 「壬辰倭亂 克復의 社會的 動力 - 士林의 義兵活動에 基底를 중심으로」, 『韓國史』,『韓國精神文化研究院』1983.

_____, 「15世紀 後半期의 '鉅族'과 名族意識」,『한국사론』3, 서울대, 1976.

李樹健, 「嶺南士林派의 形成」,『嶺南士林波의 經濟的 基盤』, 1979.

許善道, 「壬辰倭亂 克服과 嶺右義兵 - 그 戰略的 意義를 中心으로-」,『晉州文化』 4 참조, 1983.

裵基憲, 「16世紀 鄕村支配秩序와 留鄕所의 性格」,『大邱史學』25, 1989.

高錫珪, 「鄭仁弘의 義兵活動과 山林基盤」,『한국 학보』1988 여름호.

김강식, 「壬辰倭亂 시기 慶尙右道의 義兵運動 기반」,『釜大史學』1998.

김강식, 「金沔 軍의 慶尙右道에서의 位置와 役割」,『부산대 석사 논문』1991

具德會 「선조대 후반(1594~1608) 政治體制 재편과 政局의 동향」『한국사론』20, 서울대, 1988.

干寬宇, 「五衛와 朝鮮初期의 國防體制」,『李相回甲論叢』, 1964.

_____, 「朝鮮初期 五衛의 兵種」,『史學研究』18, 1964.

_____, 「朝鮮初期 五衛의 形成」,『金庠基回甲論叢』, 1962.

丁仲煥, 「日本記錄에서 본 壬辰亂」,『港都釜山』3, 1963.

_____, 「壬辰倭亂과 釜山事蹟」,『朴元均回甲論叢』, 1970.

_____, 「壬辰倭亂時의 釜山地區戰鬪」,『軍史』2, 1981.

劉九成, 「壬辰時 明兵의 來援考」,『史叢』20, 1976.

최근묵, 「壬辰倭亂때의 湖西地方의 民間反亂」,『백제연구』5, 1974, 12.

김재근, 「李朝船舶의 改造에 대하여』,『한국과학사학회지」1, 권1호, 1979.

김진봉, 「壬辰亂 中 湖西地方義兵活動과 地方士林의 動態研究」,『사학연구』34, 1982. 6.

나종우, 「壬辰倭亂의 歷史的 背景」,『향토문화』7, 1982. 9.

강영철, 「壬辰倭亂과 元均」,『사학연구』35, 1982. 12.

윤용출, 「壬辰倭亂時期 軍役制의 動搖와 改編」,『부대사학』13, 1983. 6.

許善道, 「壬辰倭亂에 대한 새로운 認識-勝敗의 實相을 중심으로」,『한국학』31, 중앙대한국학연구소, 1984.

______, 「壬辰倭亂論-올바르고 洗練된 認識」,『천관우선생환갑기념한국사논총』, 정음문화사, 1985. 12.

______, 「鎭管體制復舊論研究」,『國民大學論文集』5, 1974.

______, 「李朝中期火器의 發達」,『歷史學報』30 31, 1966.

______, 「壬辰倭亂에 있어서의 李忠武公의 勝捷」, 國民大『韓國學論叢』3, 1981.

______, 「制勝方略研究」,『震檀學報』36 37, 1973 1974.

______, 「鎭營官兵編伍册(上 中 下)」,『국회도서관보』90 91 92, 1973.)

______, 「鶴峰先生과 壬辰義兵活動」,『國譯鶴峰全集』, 1976.

장학근, 「朝鮮前記 水軍萬戶考」,『해사논문집』26, 해군사관학교, 1987. 12.

손종성, 「壬辰倭亂時 分朝에 關한 小考」,『민병하정년기념논총』, 1988. 8.

강영훈, 「李忠武公의 軍法運營研究-亂中日記를 中心으로」,『조성도교수회갑기념 충무공이순신연구논총』, 해군사관학교박물관, 1991. 7.

김일상, 「壬辰倭亂과 李舜臣의 戰略」, 상동.

이정일, 「壬亂과 元均」, 상동.

中村質, 「壬辰倭亂의 關聯된 諸問題』, 상동.

조원래, 「壬辰倭亂과 海上義兵」, 『허선도선생정년기념한국사학논총』, 일조각, 1992. 12.

방상현, 「朝鮮後期 水軍統制使 研究-水軍統制營 設置背景을 中心으로」,『국사관논총』, 국사편찬위원회, 1998. 17.

金昊種, 「世祖의 國防政策에 관한 - 研究」,『安東大學論文集』1, 1979.

李章熙, 「壬亂時 投降倭兵에 대하여」,『韓國史研究』6, 1971.

金潤坤, 「壬辰亂勃發直前의 地方郡縣 實態」,『柳洪烈回甲論集』, 1971.

崔韶子, 「壬辰亂時 明의 派兵에 대한 論考(一)」,『東洋史學研究』11, 1977.

金錫禧, 「壬辰亂 중의 講和交涉에 對한 小考」,『釜山大文理大學學報』9, 1966.

李章熙, 「壬辰亂中 民間反亂에 對하여」, 『鄕土서울』32, 1968.

金永鍵, 「壬辰倭亂과 遣日使節」, 『黎明期의 朝鮮』, 1948.

李章熙, 「壬辰倭亂 僧軍考」, 『李弘稙回甲論集』, 1969.

安啓賢, 「朝鮮前期의 僧軍」, 『東方學志』13, 1972.

李完永, 「東萊府와 倭?의 行政小考」, 『港都釜山』2號, 1963.

崔七鎬, 「李舜臣將軍의 戰略構想과 作戰結果」, 『軍史』2, 1981.

崔槿默, 「壬亂때의 湖西義兵에 대하여」, 『忠南大學校論文集』(人文 社會科學篇)
        9, 1970.

李丙燾, 「壬亂時 降倭와 金忠善」, 『李忠武公 350週忌紀念論集』, 1953.

李載浩, 「壬亂義兵의 一考察」, 『歷史學報』35 36, 1967.

感仁淑, 「壬亂中 泗川 및 晋州戰에 關한 硏究」, 『綠友回報』10, 1968.

李種錫, 「壬辰亂과 忠武公」, 『新天地』3-10, 1948.

金鍾烈, 「壬辰亂의 詐謀와 民族反逆者」, 『新天地』2-1, 1947.

金錫熙, 「壬辰亂의 義兵에 관한 再考察」, 『釜山大學校論文集』13, 1972.

한우근, 「壬辰亂 原因에 關한 檢討」, 『歷史學報』1, 1952.

鄭泰玟, 「壬辰亂中의 農民蜂起」, 『新天地』3-10, 1948.

李崇寧, 「壬辰倭亂과 民間人被害에 대하여」, 『金瘁基華甲論集』, 1962.

李鉉淙, 「壬辰倭亂과 서울」, 『鄕土서울』 18, 1963.

金顯吉, 「壬辰倭亂과 義兵將趙態」, 『湖西文化研究』1, 1981.

宋正炫, 「壬辰倭亂과 湖南義兵」, 『歷史學研究』4, 1972.

崔槿默, 「壬辰倭亂때의 湖西地方의 民間叛亂」, 『百濟研究』5, 1974.

李鐘世, 「壬辰倭亂時 水軍의 難點」, 『文理大學報』(高大) 4, 1962.

李泰鎭, 「壬辰倭亂에 대한 理解의 몇 가지 問題」, 『軍史』1, 1980.

權重憲, 「壬辰倭亂을 중심으로 한 三國(韓 中 日)의 외교관계」, 『院鳳』3집. 1976.

金錫禧, 「壬辰倭亂의 義兵運動에 關한 一考」, 『鄕土서울』 15, 1962.

金龍基, 「壬辰倭亂의 被擄人刷還關係新資料「海東記」考」, 『大丘史學』1, 1969.

金龍國, 「壬辰倭亂中 서울收復戰과 防衛計劃(上 下)」, 『鄕土서울』22 23, 1964.

崔永禧, 「壬辰倭亂中의 對明事大에 對하여」, 『史學研究』18, 1964.

______, 「壬辰義兵의 性格」, 『軍史』2, 1981.

______, 「壬辰倭亂 硏究를 위한 提言」, 『아시아문화』8, 한림대, 1992.

______, 「壬辰義兵의 性格」, 『史學硏究』8, 1960.

______, 「壬辰丁酉亂時沿海民의 動態」, 『史叢』2, 1957.

柳洪烈, 「壬辰倭亂前後의 國內外事情」, 『新天地』30-1 4-9, 1948 1949.

李仁榮, 「壬辰倭亂前後의 對外關係」, 『新天地』3-10, 1948.

金龍國, 「壬辰倭亂後 龜船의 變遷過程」, 『學術院論文集』7, 1968.

李炯錫, 「壬辰戰亂과 宣祖」, 『국방학보』1, 1969.

車勇杰, 「鳥嶺關防施設에 대한 硏究(Ⅰ)」, 『史學硏究』32, 1981.

______, 「朝鮮前期 關防施設의 整備過程」, 『韓國史論』7, 1980.

蔡連錫, 「朝鮮小銃筒의 發達」, 『軍史』1, 1980.

南都泳, 「朝鮮時代의 烽燧制」, 『歷史敎育』23, 1978.

______, 「壬辰倭亂시 光海君 活動硏究」, 『國史館論叢』9, 국사편찬위원회, 1989.

崔孝軾, 「壬辰倭亂중 慶州戰鬪」, 『慶州史學』10, 1991.

金在瑾, 「朝鮮王朝의 水軍」, 『軍史』1, 1980.

金鎔坤, 「朝鮮前期 軍糧米의 確保와 運送」, 『韓國史論』7, 1980.

方相鉉, 「朝鮮前期의 烽燧制」, 『史學志』14, 1980

李載龑, 「朝鮮前期의 水軍」, 『韓國史硏究』5, 1970.

蔡連錫, 「朝鮮初期(1400~1467) 火器의 硏究」, 『韓國史論』7, 1980.

金鍾烈, 「忠武公作戰의 構想」, 『新天地』3－10, 1948.

외국편

岩波講座, 「近世初期の對外關係」, 『日本歷史』15－3, 1934.

中村榮孝, 「文祿·慶長の役」, 岩波講座 『日本歷史』18－7, 1935.

秋山謙藏, 「日本人の南方發展豊臣秀吉の雄図」, 『日支交涉史硏究』, 岩波書店,
    1939, 4.

明知正衛, 「慶將軍の智勇美談」, 『歷史公論』7－1, 1938. 1.

池內梧影, 「文祿征韓の役に於ける淸正の民政と韓國端川の銀山」,   『東洋時報』

141, 1910. 6.

池內宏,「文祿役に於ける朝鮮の地名に就いて」,『朝鮮及滿洲』47, 1912. 1.

______,「文祿戰鬪開始以前に於ける秀吉の對外的態度を論じて此の癸端に及ぶ」
　　　　(1~7),『史學雜誌』24－7, 9~12, 25－1, 2, 1913. 7~1914. 2.

______,「加藤淸正のオランカイ攻伐」,『史學雜誌』26－3, 1915. 3.

______,「明將祖承訓の敗走以後に於ける我が軍の態度」,『史學雜誌』29－7, 1981. 7.

______,「自著「文祿慶長役, 別編第一」」, 要約『歷史學硏究』39, 1937. 1.

______,「文祿役に於ける小早川隆景の全羅道經略」,『東洋學報』35-2, 1952. 11.

石原道博,「壬亂丁酉倭亂論」,『朝鮮學報』14, 1959. 10.

______,「月峯海上錄について」,『朝鮮學報』23, 1963. 4.

______,「壬辰丁酉倭と戚繼光の新法」,『朝鮮學報』37, 38(合), 1966. 1.

伊藤義一,「文祿慶長の役と伊予水軍」(上・下)『伊予史談』247, 249, 1982. 10,
　　　　1983. 4.

稻葉君山,「文祿壬辰役の事ども-朝鮮歷史の正解-」,『朝鮮』169, 1929. 6.

岩澤原彦,「秀吉の唐入りに關する文書」,『日本歷史』163, 1962. 1.

魚澄惣五郎, 「文祿慶長の役が我が製陶業に及はせる影響」,『歷史と地理』 1-6,
　　　　1918. 4.

大坂金太郎,「朝鮮人の記したる壬辰役の日記」,『朝鮮彙報』, 1918. 5.

大庭脩,「豊臣秀吉を日本國王に封ずる誥命について-わか國に現存する明代の誥
　　　　勅」,『東西學術硏究所紀要』(關西大) 4, 1971. 3.

岡田鴻城,「文祿の役と京城の史蹟並に伝說」,『朝鮮硏究』9-7, 1936. 7.

岡田正之,「文祿役に於ける我戰鬪力」,『弘安文祿征戰偉績』, 1905. 4.

岡野昌子, 「秀吉の朝鮮侵略と中國」, 『明淸史論叢』, 中山八郎敎授頌壽記念,
　　　　1977. 11.

長節子,「朝鮮役における明福建軍門の島津氏工作-『錦溪日記より』」,『朝鮮學報』
　　　　42, 1947. 1.

小田省吾,「京城に於ける文祿日本軍諸將陣地の考証」,『朝鮮史講座』, 朝鮮私學會
　　　　14, 1924. 10. (翌 1925に「特別講義」としで合册).

小田省吾,「南鮮沿岸築城の遺跡」,『朝鮮私學』5, 1926. 5.

景浦稚挑,「豊臣秀吉の外征と加藤嘉明」,『伊予史談』64, 1930. 12.

栢原昌三,「文祿講和條約に就いて「講演要旨」」,『史學雜誌』31-5, 1920. 5.

北島万次,「史料紹介」, 田尻鑑種の「高麗日記」」,『歷史評論』279, 1973. 8.

________,「秀吉の朝鮮侵略挫折と義兵運動展開の基盤」,『歷史評論』300, 1975. 4.

________,「秀吉の朝鮮侵略と幕藩制國家の成立」,『歷史學研究』, 別冊特集「民族と國家」, 1977. 11.

北島万次,「豊臣秀吉の朝鮮侵略」,『歷史地理教育』317, 1981. 2.

________,「文祿の役前夜における秀吉の占領政策について」,『歷史評論』 373, 1981. 5.

北山學,「文祿の役に征軍の鳥飼下組の兵衛について」,『季刊・淡路の文化』 3-4, 1981. 12.

黒田省三,「所謂服部伝右衛門朝鮮陣覺書に就いて」,『靑丘學叢』17, 1934. 8.

________,「册封日本正使李宗城の奔還に就て(上・下)-壬辰役研究の斷章」,『靑丘學叢』20, 24, 1935. 5, 1936. 5.

________,「朝鮮役に失敗しなかつたなら」,『昭史會編『虛構の日本史』』, 吉川弘文館, 1953. 7.

小酒井儀三,「豊公の雄圖と名護屋條約」,『歷史と地理』6-6, 1920. 12.

坂本箕山(辰之助),「豊臣秀吉の外征)」,『日本外戰史』, 万朝報社, 1935. 5.

佐藤保太郎,「文祿の役について」,『歷史教育』2-2, 1927. 5.

幣原坦,「清正公と島山城」,『歷史地理』16-1, 1920. 7.

衫村勇次郎,「朝鮮役の給養問題」,『史林』5-4, 1920. 10.

鈴木円二,「蔚山籠城情況」, 前揭『弘安文祿征戰偉績』, 1905. 4.

鈴木良一,「秀吉の「朝鮮征代」」,『歷史學研究』155, 1952. 1.

瀨野馬熊,「蔚山城址と淺野丸」,『朝鮮史講座』(朝鮮史學會) 8, 1924. 4. (1925に「特別講義」として合册).

高橋盛孝,「壬辰倭亂の伝說」,『朝鮮學報』37, 38(合), 1966. 1.

竹內榮喜,「加藤清正の間島進入に就て」,『史林』3-1, 1918. 1.

武田勝藏,「宗家文書より-豊公文書拾遺　附秀次文書等」,『史學』5-4, 1926. 11.

武久(大尉),「文祿役と明治?七八年戰役」,『文敎の朝鮮』36, 1928. 8.

田中健夫, 「朝鮮役の分析視角について」, 『九州史學』 33, 34(合), 1966. 7.

田中義成, 「豊太閣の外征に於ける原因に就て」, 『史學雜誌』 16-8, 1905. 8.

________, 「文祿役の發端に就て-秀吉以前に在り」, 『朝鮮及滿洲』 136, 1918. 10.

谷眞次, 「豊臣秀吉の征韓」, 『海の大日本史』, 大學館, 1903. 3.

谷井濟一, 「蔚山に於ける加藤淸正等が籠りし城の遺址(上・河)」, 『考古學雜誌』
        2-5, 7, 1912. 1. 3.

寺石正路, 「朝鮮役虎狩並下元興宣伝」, 『土佐史談』 14, 1925. 11.

德富猪一郎, 「文祿・慶章以後, 日本に於ける朝鮮の感化」, 中央朝鮮協會, 1930. 9.

________, 「壬辰の役と朝鮮文化の移入及び其の感化」, 『積翠先生華甲壽記念論
        纂』, 1942. 8.

都甲玄卿, 「文祿役釜山城の『明, 册封使』遁走事件に就て(一, 二)」, 『朝鮮』 184,
        195, 1935. 9. 10.

內藤雋輔, 「秀吉の朝鮮役に從軍した-日本僧の戰爭觀について」, 『ノートルダム淸
        心女子大學紀要』 1, 1965. 1.

________, 「壬辰・丁酉役における 「降倭」 について」, 『朝鮮學報』 37, 38(合),
        1966. 1.

長崎仲一, 「慶長外征軍の武士道揷畵」, 『歷史公論』 7-1, 1938. 1.

中村質, 「朝鮮の役と九州」, 『九州史學』 33, 34(合), 1966. 7.

中村榮孝, 「文祿・慶長の役と朝鮮の政情」, 『歷史敎育』 5-8, 1930. 10.

________, 「慕夏堂金忠善に關する史料に就いて」, 『大邱府史』, 1943. 3.

________, 「朝鮮全州の史庫とその藏書-壬辰丁酉の亂と轉籍の保存-」, 名古屋大學
        文學部十周年記念論集, 『史學』 2, 1953. 3.

________, 「朝鮮軍の捕虜となつた福田勘介の供述-朝鮮人俘虜の日本農村耕作な
        ど-」, 『日本史の研究』, 山川出版社 61, 1968. 6.

________, 「豊臣秀吉の對外出兵について-その戰域に關する序說-」, 『日本歷史』
        272, 1971. 1.

中山久四郎, 「朝鮮役の歸化人」, 『黑潮』 32-3, 1927. 3.

名越那珂次郎, 「釜山鎭の日本城址と鄭公壇(上・下)」, 『歷史と地理』 6-4, 6, 1920.
        10. 12.

南角清,「蔚山城址について」,『史學會々報』, 神宮皇學館 10, 1932. 2.

貫井正之,「「文祿・慶長役」 研究における義兵の位置と義兵鄭仁弘軍について桃山」,『歷史・地理』5, 1965. 2.

________, 「豊臣秀吉の朝鮮侵略戰爭における朝鮮人民の動向について-特に朝鮮の義兵を中心にして-」,『朝鮮史研究會論文集』1, 1965. 11.

________, 「「壬辰倭亂」における義兵活動と民衆支配」,『朝鮮史研究會論文集』16, 1976. 3.

野村晋城,「朝鮮の役と北九州に於ける都市の發達」,『社會經濟私學』9-3, 1939. 6.

伴三千雄,「南鮮に於ける文祿慶長の築城(1~3)」,『歷史地理』36-5, 6, 37-2, 1920. 11. 12, 1921. 2.

________, 「再び南鮮に於ける文祿慶長の築城に就いて」,『歷史地理』46-3, 1925. 3.

________, 「朝鮮役に於ける兵器と戰法の變遷」, 日本歷史地理學會編,『日本兵制史』, 1926. 3.

藤田明, 「豊太閤所持と伝へらるゝ扇面及び朝鮮役に用るられたる地図」, 史學會編,『弘安文祿征戰偉績』, 富山房, 1905. 4.

丸茂武重, 文祿,「慶長の役に於ける朝鮮人抑留に關する資料」,『國史學』 61, 1953. 7.

八代國治,「文祿役に於ける俘虜の待遇」, 前揭『弘安文祿征戰偉績』, 1905. 4.

渡辺世祐,「淺野幸長蔚山籠城に關する史料に就いて」,『歷史地理』34-1, 1919. 1.

________, 「朝鮮役と我が造船の發達」,『史學雜誌』46-5, 1935. 5.

李元植,「壬亂僧將松雲大師墨跡の發見に寄せて-加藤清正陣營への往返を中心に」,『韓』53, 1976. 6.

倭城址研究會, 「倭城址調查の記錄-秀吉朝鮮侵略期の朝鮮での日本式築城について-」,『歷史論評』360, 1980. 4.

渡辺悌之助,「朝鮮役における籠城考-吉州および蔚山-」,『軍事史學』6-4, 1971. 2.

中村榮孝,「慶長の役の意義」,『史學雜誌』49-7, 1938.

________, 「文祿・慶長の役」,『岩波講座日本歷史』, 49-7, 1938.

________, 「慕夏堂金忠善に關する史料に就いて」,『大邱府史』, 1943. 3.

________, 「朝鮮全州の史庫とその藏書-壬辰丁酉の亂と轉籍の保存-名古屋大學文學「文祿・慶長の役に關する覺書」, 名古屋大學文學部『十周年記念論集』, 1959.

________, 「倭人上京道路に就て」, 『歷史地理』56-2, 1930.

________, 「朝鮮の日本通信使と大坂」, 『朝鮮學報』39・40, 1966.

岡田鴻, 「文祿の役と京城」, 『朝鮮』171, 1929.

田中義成, 「文祿役の發端に就てね」, 『朝鮮』, 1918.

鈴木良一, 「秀吉の朝鮮征伐」, 『歷史學研究』155, 1952.

石原道傳, 「倭寇と壬辰の役」, 『朝鮮學會會報』6, 1951.

日韓關係史研究の問題點, 『韓』1, 1972.

中村榮孝, 「壬辰倭亂の發端と日本の「假道入明」求涉」, 『朝鮮學報』70, 1974.

內藤雋輔, 「壬辰・丁酉役における「降倭」について」, 『朝鮮學報』37・38, 1966.

________, 「壬辰・丁酉における被擄朝鮮人の刷還問題について」, 『朝鮮學報』29・33・34, 1963~1965.

田中健夫, 『朝鮮の通信使(特別展覽　朝鮮通信使・近世　200年の日韓文化交流)』, 東京國立博物館, 1985.

渡邊世祐, 「豊太閤朝鮮征伐の目的」, 『日本精神講座』6, 1934.

靑柳綱太郎, 『鮮人之記せる豊太閤征韓戰記』朝鮮研究會, 1912. 4.

__________, 「朝鮮軍の捕虜となつた福田勘介の供述-朝鮮人俘虜の日本農村耕作など-」, 『日本史の研究』(山川出版社) 61 (1968. 6)

__________, 「豊臣秀吉の對外出兵について-その戰域に關する序說-」, 『日本歷史』272, 1971. 1.

中山久四郎, 「朝鮮役の歸化人」, 『黑潮』32-3, 1927. 3.

名越那珂次郎, 「釜山鎭の日本城址と鄭公壇(上・下)」, 『歷史と地理』6-4, 6, 1920. 10. 21.

南角淸, 「蔚山城址について」, 『史學會々報』(神宮皇學館) 10, 1932. 2.

貫井正之, 「「文祿・慶長役」 研究における義兵の位置と義兵鄭仁弘軍について桃山」, 『歷史・地理』5, 1965. 2.

________, 「豊臣秀吉の朝鮮侵略戰爭における朝鮮人民の動向にして-特に朝鮮の義兵を中心にして-」,『朝鮮史研究會論文集』1, 1965. 11.

________,「「壬辰倭亂」における義兵活動と民衆支配」,『朝鮮史研究會論文集』16, 1976. 3.

野村晋城,「朝鮮の役と北九州に於ける都市の發達」,『社會経濟私學』9-3, 1939. 6.

伴三千雄,「南鮮に於ける文祿慶長の築城(1~3)」,『歷史地理』36-5, 6, 37-2, 1920. 11. 12, 1921. 2.

________,「再び南鮮に於ける文祿慶長の築城に就いて」,『歷史地理』46-3 (1925. 3)

________,「朝鮮役に於ける兵器と戰法の變遷」, 日本歷史地理學會編,『日本兵制史』, 1926. 3.

片野次雄,『李舜臣と秀吉, -文祿・慶長の海戰-』, 1983.

中村榮孝,『日鮮關係史の研究』(上・中・下), 吉川弘文館, 1965~1969.

________,『朝鮮通信使』, 東湖書館, 1982.

石原道博,『文祿・慶長の役』, 塙書房, 1963. 7.

片野次雄,『李舜臣と秀吉-文祿・慶長の海戰-』, 誠文堂新光社, 1983. 7.

北島方次,『朝鮮日々記・高麗日記-秀吉の朝鮮侵略とその歷史的告發-』そしえて, 1982. 4.

木下眞弘,『豊太閣征外新史』(和3冊), 青山堂, 1893. 9.

京口元吉,『秀吉の朝鮮経略』, 白揚社, 1939. 12.

參謀本部編,『日本戰史 朝鮮役』(3冊), 偕行社, 1924. 9.

柴山尙則撰,『文祿征韓水帥始末 朝鮮李舜臣伝』, 水交社, 1892. 1.

杉村勇次郎,『軍事的批判豊太閣朝鮮役』, 日本學術晋及會, 1922. 1.

內藤雋輔,『文祿・慶長役における被擄人の研究』, 東京大學出版會, 1976. 3.

北豊山人,『文祿慶長 朝鮮役』博聞社, 1894. 7.

倭城址研究會編,『倭城-文祿慶長の役における日本軍築城遺跡-』, 同會刊, 1979. 6.

貫井正之,「豊臣秀吉の朝鮮侵略戰爭における朝鮮人民の動向について 特に朝鮮の義兵を中心にして」,『朝鮮史研究會月報』23, 朝鮮史研究會, 1963.

貫井正之,「'文祿・慶長の役'にをける義兵の位置と義兵鄭仁弘軍について」,『桃山歷史地理』5, 京都學藝大學 史學會, 1965.

貫井正之,「郭再祐 抵抗とその生涯」,『朝鮮學報』83, 朝鮮學會, 1977.

北島万次,「秀吉の朝鮮侵略挫折と義兵運動展開の基盤」,『歷史評論』300, 1975.

失澤康祐,「林巨正의 反亂과 그 社會的 背景」,『전통시대의 민중운동』上, 풀빛,
　　　　1981.

失澤康祐,「壬辰倭亂と朝鮮民衆のたたかい」,『人文學報』118, 東京都立大學, 1977.

Tony Michell,「조선시대의 인구변동과 경제사-인구통계학적인 측면을 중심으로-」,
　　　　『부산사학』17, 1989.

貫井正之,『秀吉と戰つた朝鮮武將』, 六興出版, 1992.

金奉鉉,『秀吉の朝鮮侵略と義兵鬪爭』, 彩流社, 1995.

德富猪一郎,『近世日本國民史 豊臣氏時代』朝鮮役 上〜下, 民友社, 1921.

北島万次,『朝鮮日々記 高麗日記 - 秀吉の朝鮮侵略とその歷史的告發-』, 株式會
　　　　社そしえて, 1982.

北島万次,『豊臣政權の對外認識と朝鮮侵略』, 校倉書房, 1990.

北島万次,『豊臣秀吉の朝鮮侵略』, 吉川弘文館, 1995.

田川孝三,『李朝貢納制の研究』, 東洋文庫, 1964.

中里紀元,『秀吉の朝鮮侵攻と民衆・文祿の役』, 文獻出版, 1995.

中村榮孝,『日鮮關係史の研究』上・中・下, 吉川弘文館, 1935.

池內宏,『文祿慶長の役』, 吉川弘文館, 1914.

參謀本部 編,『日本戰史』朝鮮役 上〜下, 1923.

靑柳南冥 編著,『朝鮮史家の記せる豊太閤朝鮮役』, 京城新聞社出版部, 1934.

三軍聯合參謀大學,『中國歷代戰爭史』, 1976.

韋旭昇,『抗倭演義(壬辰錄) 研究』, 亞細亞文化社, 1990.

李光濤,『萬曆二十三年封日本國王豊臣秀吉考』, 中央研究院歷史言語研究所, 1967.

李光濤,『朝鮮 "壬辰倭禍" 研究』, 中央研究院歷史言語研究所, 1972.

다니가와 마치오・모리마시오 펴냄, 송정수 옮김,『중국민중반란사』, 혜안, 1996.

候外廬 외, 박완식 옮김,『송명이학사』1〜2, 이론과 실천, 1993.

ㄱ

곽수지 241
곽율 113, 142, 143, 147, 148, 150,
    151, 485
곽재우 42, 91, 115, 116, 118, 124, 125,
    131, 135, 137, 138, 165, 166,
    292, 485
곽준 145
관감록 63, 66, 74, 323
관란문집 58
관존보 265, 271, 280
관찰사 18
광해군 266
광해군일기 139
구강 287
구담촌 232
구전고승 370
구전대우 374
군 17
군공청 417, 425, 427
군사제도 23
군역 23
권경호 119, 237
권복시 67, 309, 452
권복흥 51, 450, 482
권사민 309, 319, 463
권사악 50, 475
권상일 463
권세춘 165
권양 142
권욱 241

권율 92, 326, 332, 361, 372
권응성 176
권응수 42, 66, 68, 197, 199, 202, 204,
    205, 207, 208, 209, 213, 219,
    220, 226, 229, 230, 247, 252,
    292, 332, 334, 339, 363, 453
권응심 366, 416
권응평 210, 327, 339
권제 165
권효창 241
금강문 47
금강성 191
금곡사 56
금난수 472
금살패문 290, 292, 299
금오중납언 392
금우옹 126
금장대 67, 69, 452
기룡산 195, 200
기재사초 267
길천가보 385
김광복 311, 472
김광우 149
김대명 48, 449, 480
김대현 241
김덕령 129, 436, 493
김득복 48, 71, 73, 310, 311, 312, 449,
    453, 457, 464, 475, 480
김득상 346, 465
김득추 429

This book is to study 'The army in the cause of justice' at Young-Nam region in Korea within Lim-Gin-Yoe-Ran[Hideyoshi's Invasion of Korea] (1592~1598) period. The main issues are why the righteous persons who the captain of that army rise willingly the troops and how their activities have influence on history.

The book has three chapters: first is Lim-Gin-Yoe-Ran, second is Jong-Yoo-Jae-Ran, and third chapter is the contention of national salvation and national prize for person who participates the activities of national salvation.

Chapter one has the research of the activities of the army in the cause of justice centering around the region of Yong-Nam from the war outbreak.

Chapter two is to study the defense strategy of Cho-Sun Government against Japan's reinvasion and the statements of special determination for national salvation. In addition to the study, this chapter has the research of the various activities of the righteous army around Kyong-Ju and Ul-San regions.

Chapter three is to show how the Chosun government supports and evaluates the troops around Kyong-Ju and Ul-San where are the front line of the war

최효식(*崔孝軾*)

1943년 京畿利川출생. 韓國史전공. 문학박사.
東國大學校 史學科 졸업. 東國大學校 大學院 史學科 수료.
현재, 東國大學校 國史學科 교수, 동국대학교 신라문화연구소장, 한국동학학회회장.

저서: 『慶州府의 壬辰抗爭史』(대한인쇄소, 1993.), 『朝鮮後期軍制史研究』(신서원, 1995.),
　　　『韓國鄕土史研究』(국학자료원, 2002.), 『壬辰倭亂期 嶺南義兵研究』(국학자료원, 2003)
공저: 『韓國史』(동국대학교 출판부 1985), 『慶州郡史』(군사편찬위원회, 1989.), 『博物館圖
　　　錄』(동국대학교 경주박물관 간, 1991.), 『慶州文化의 理解』(중문출판사, 1997.)
논문: 「御營廳研究」, 「草廬 李惟泰의 軍事改革思想」외 다수.

수상: 경주시 학술문화상(제6회, 1994)

임진왜란기 영남의병연구

인쇄일 초판 1쇄   2003년 09월 15일
        2쇄   2016년 04월 20일
발행일 초판 1쇄   2003년 09월 30일
        2쇄   2016년 04월 23일

지은이 최 효 식
발행인 정 찬 용
발행처   국학자료원
등록일 1987.12.21, 제17-270호

서울시 강동구 성내동 447-11 현영빌딩 2층
Tel : 442-4623~4 Fax : 6499-3082
www. kookhak.co.kr
E- mail : kookhak2001@hanmail.net

ISBN 978-89-541-0069-4 *93900
가 격 31,000원
*저자와의 협의 하에 인지는 생략합니다.
*잘못된 책은 구입하신 곳에서 교환하여 드립니다.